큰 죽음의 法身

불교방송 경전공부 열반경 강의록

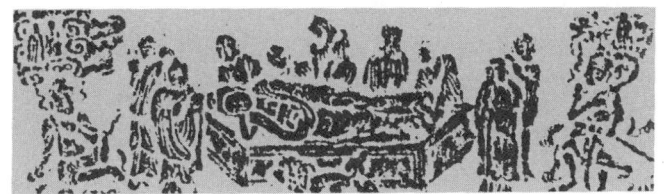

석지명

불교시대사
1995

책 머리에 붙이는 말

인연

　수년 전부터 강원도에 주석하는 오현 선사께서 나에게 포교에 관한 책자를 만들어 보라고 충고 겸 격려를 해주었다. 초보자를 위한 불교 입문서를 구상하던 중 93년 봄에 당시 불교방송 홍사성 편성부장의 권유로 약 8개월 간 "교리강좌"를 담당했다. 강좌를 끝내고 나니, 강의안 원고를 그냥 버리기가 아까운 생각이 들어서, 《허공의 몸을 찾아서》와 《깨침의 말씀 깨침의 마음》이라는 두 권의 책으로 엮어서 펴냈다. 책을 읽은 독자들이 찾아오거나 편지를 보내 불교교리에 대해서 진지하게 물을 때마다 조그마한 보람을 느끼곤 했다.
　그런데 94년 10월에 다시 불교방송의 김정학·유병직 두 차장이 "경전공부"를 맡아 달라고 교섭해 왔다. 《법화경》과 천태사상에 관심이 많았던 나는 《열반경》을 천태의 성구사상(性具思想)의 시각에서 풀이하고 싶었다. 그래서 쾌히 응낙했다.
　월간 불교 잡지 〈대중불교〉에서는 별책이나 권말 부록에 《열반경》 강의 교재를 실어 주었다. 이전까지는 경전공부 교재가 한문 원전과 그것의 번역으로 되어 있었다. 그런데 생각해 보니 《열반경》은 이전에 교재로 삼은 경전에 비해서 부피가 많았다. 원전과 번역을 다 싣기에는 곤란할 것 같아서 동국역경원 번역본 발췌와 매일 분의 교재를 요약한 '요점정리'만을 실었다.

　이번에도 경전공부 《열반경》의 강의안이 준비되었는데, 그것을 그냥 버리기가 아까웠다. 사람은 누구나 자기가 생각했던 것을 소중하게 여기는 경향이 있는데 나도 예외는 아니다. 강의를 시작할 당초의 의욕과는 달리 실제 내용은 형편없이 되었지만, 내가 생각했던 것을 정리해서 어떤 추억거리로 보관해 두고 싶은 자기 중심의 욕심이 생겼다. 이 책을 읽고 실망하는 독자들이 있게 된다면 그들에게는 참으로 미안한 일이다.

　이 책에 엉성한 약점이 또 있다. 본래 본 강의안이 구어체로 만들어졌기 때문에 정교하게 문장 정리가 되어 있지 않다. 책의 편집 형태도 상례와 다르다. 참고서적을 소개하려면 책 말미에 별도의 난을 만드는 것이 보통의 예이지만, 여기에서는 방송된 순서대로 실었다. 그러다 보니 강의안 중에 참고자료가 소개되는 이상한 꼴이 되었다. 다시 순서를 바꾸고 문장을 정리할까도 생각해 보았지만, 그렇게 하려면 또 다시 많은 시간이 들고 또 방송 강의안의 생동감도 떨어질 염려가 있어서 강의 원안을 그대로 쓰기로 했다. 그래서 말이 중복되거나 문법적으로 완전하지 않은 경우도 있을 것이다.

교재와 범위

　《대승열반경(大乘涅槃經)》 한역본(漢譯本) 가운데서 가장 중요하게 여겨져 온 것은 세 가지이다. 40권으로 된 북본(北本) 《대반열반경(大般涅槃經)》, 6권본 《불설대반니원경(佛說大般泥洹經)》 그리고 40권본과 6권본을 견주어서 36권으로 정리된 남본(南本) 《대반열반경(大般涅槃經)》이다. 36권본 남본 《대반열반경》 한글 번역본은 53-1권으로 만들어져 있다. 본 《열반경》 강의안의 교재는 36권본 남본 《열반경》을 교재로 삼고 있다.

　그런데 36권본 남본 《열반경》의 부피는 매우 크다. 교재만 해도 큰 책이 될 것이기 때문에 그 전체에 대한 강의안을 한 권으로 꾸미기는 어렵다. 그래서 남본《열반경》을 교재로 사용하되, 6권본《열반경》의 마지막 부분에 해당하는 〈일체대중소문품(一切大衆所問品)〉까지의 강의안만을 여기에 실었다.

교리적 기반

《열반경》의 핵심은 이미 예로부터 정리되어 왔다. 여래의 법신이 죽지 않고 항상하다는 것과, 모든 중생에게는 그 죽지 않는 법신을 자기로 살 수 있는 자질 즉 불성(佛性)이 있다는 것이다. 모든 중생에게 불성이 있다는 말을 극악(極惡)의 상징인 일천제(一闡提)도 성불할 수 있다는 말로 바꾸더라도 궁극적인 의미는 마찬가지이다. 여기에 정법을 보호하고 계율을 지키는 것 등이 있지만, 기본은 아무래도 법신상주(法身常住)와 실유불성(悉有佛性)이다.

그런데 이 법신이나 불성을 미혹 속에 있는 현실의 나와 어떻게 연관지어서 풀이하느냐의 문제가 있다. 천태종에서는 이미 성구사상으로《열반경》의 불성사상을 정리하고 있다. 우리는 본래성불(本來成佛)의 상태에 있는데, 법신이나 불성이 부처에게만 있는 것이 아니라 지옥・아귀・축생・아수라・인간 등에 똑같이 있기 때문에 부처의 길을 닦고 부처의 행동을 하는 사람이 바로 부처라는 것이다. 아무리 사소한 선행이라도 부처의 행동을 하면 바로 부처가 된다는 것은 만선성불(萬善成佛)사상으로 알려져 있다. 성구사상이 불성이 미치지 않는 곳이 없다고 하는 불성의 소재를 말한 것이라면, 만선성불사상은 불성이나 법신이 구체적 행동 속에서 나타난다는 수행을 말하는 것이다. 여기서 나는 법신이나 불성을 기본적으로 성구사상과 만선성불사상에 의해서 이해하려고 했다.

본래 성불한 부처의 성구(性具)는《법화경》후반부 본문에 있는 〈여래수량품(如來壽量品)〉에서, 성구에 입각한 만선성불사상은《법화경》 전반부 적문(迹門)에 있는 〈방편품〉에서 그 기본적인 아이디어를 가져왔다. 물론 《열반경》에도 본래부처·성구·만선성불을 전하는 부분이 있기는 하지만 《법화경》과 맥이 통하게 하기 위해서 아이디어를 가져왔다고 말하는 것이다. 《법화경》〈여래수량품〉과 〈방편품〉의 핵심이 《열반경》의 법신·불성사상과 일치한다고 말해도 좋다.

미혹의 역사 속에 사는 사람이 과거에 이미 부처를 이루었다는 것과 중생이 불성을 갖추고 있다는 말은 중생성이 불성을 갖추고 있고 불성이 중생성을 갖추고 있다는 말과 같다. 세상의 모든 것은 상대적으로 구별되기 마련인데, 한쪽은 그 반대쪽을 반드시 포함하고 있다는 것이다.

성구사상을 해부해 보면 그 뒤에는 공사상이 있다. 공사상은 만물이 인연생기의 상태에 있는 것을 달리 표현한 것이다. 그렇다면 이 《열반경》의 법신이나 불성은 인연법(因緣法)·무자성(無自性)·공(空)·성구와 한줄기로 되어 있다. 모든 중생이 불성을 갖추고 있다는 말은 바로 인연의존·공·성구의 상태에 있다는 뜻이다.

《열반경》은 헤아릴 수 없이 많은 비유를 쓰고 있다. 대승경전 가운데서 《열반경》처럼 많은 비유를 쓰는 불경도 없을 것이다. 《열반경》의 갖가지 비유들은 불성에 있는 여러 가지 특징들을 드러내고자 한다. 그러나 그 비유가 좋기는 하지만 이미 오래 전에 만들어진 것이어서 현대인들의 감각을 만족시켜 주지 못하는 비유들도 있다. 《열반경》은 처음부터 끝까지 법신상주와 천제성불을 가르치고 있는데 《열반경》에 소개된 지혜가 넘치는 귀한 비유들을 뽑아서 쓰되 내가 뽑은 이야기들을 첨가해서 《열반경》의 핵심을 설명하고 싶었다. 그래서 나는 법신·불성사상을 성구사상이나 만선성불사상으로 풀려고 함과 아울러 세상살이 속에 있는 이야기들을 끌어 쓰려는 시도도 해보았다.

그런데 세상의 가벼운 이야기로 법신상주나 실유불성이라는 무거운 주제를 설명하려는 데는 위험성이 있다. 《열반경》은 부처님이 돌아가

시기 직전에 설해진 것이고 그 최후의 가르침과 분위기는 매우 엄숙하다. 그런데 가벼운 세상 이야기를 비유로 써서 설명하다 보면 경에 있는 내용의 고상하고 무거운 분위기를 가볍고 싱겁게 만들 염려가 있다. 그렇지만 어쩌랴. 이렇게 말하거나 저렇게 말하거나 상관없이 나는 언어 속에 있고, 언어는 진제(眞諦)가 아닌 속제(俗諦)일 뿐이다. 특히 나의 관찰은 아주 좁고 조잡하다. 쓸 수 있는 이야기를 이용하는 것에 서슴지 않았다.

겨냥된 독자

늙거나 병들어서 죽어야 할 처지에 있는 사람, 자살하고 싶은 사람, 지금 죽지 않더라도 죽음에 관심이 있는 사람, 작은 나의 울타리에 갇혀서 무기수(無期囚) 생활을 하고 있는 사람 그리고 큰 나, 영원히 살아 있는 나에 관심이 있는 사람 등을 겨냥해서 이 책이 만들어졌다.

《열반경》은 부처님께서 죽음을 목전에 두었을 때 설해진 경전이다. 제자들은 제발 죽지 말라고 사뢴다. 부처님은 죽음에 대해서 설명해야 한다. 부처님은 사람이 무상법(無常法)의 지배를 받고 죽어야만 하는 현실의 처지와 영원히 사는 이상적인 목숨을 설명한다.

이 책의 제목에서 '큰 죽음'이라는 말을 썼다. 보통 사람들이 오랜 습관으로 이루어진 개인적인 나로 살다가 죽게 되는 것을 '작은 죽음'이라고 한다면 업으로 된 나를 과감히 벗어 버리고 전 우주를 자기로 사는 것을 '큰 죽음'이라고 할 수 있을 것이다. 작은 죽음은 타율적인 것이고 큰 죽음은 자율적인 것이라고 구분할 수도 있다. 여하튼 작은 나의 감옥으로부터 벗어나고 싶은 사람이 이 책의 독자가 되리라고 기대하고 있다.

이 책은 쉽게 쓰여졌다. 한문도 피하려고 했고 꼭 써야 할 경우에는 괄호에 넣었다. 불교를 모르는 일반인들을 위해서이다. 그러나 말이나 비유가 쉽다고 해서 너무 가볍게 취급해서는 안 된다. 생각하지 않고 읽으면 공(空)과 구(具)의 동시적 상태에 있는 법신이나 불성에 접근할 수가 없을 것이다.

읽는 방법

　세상에서 살아 봐야 세상의 맛을 안다. 애욕에 젖어 봐야 애욕의 문제를 안다. 튜브나 풍선에 바람이 차기 전에 바람을 빼는 식으로 인간적인 감정을 풀어 온 나는 세상의 진한 고통을 잘 모른다. 물론 나에게도 갖가지의 애욕이 일어나지만, 나는 그것이 어떤 뭉치로 커질 때까지 놔두는 용기를 가져서도 안 되고 가질 수도 없었다. 물이 있으면 파도가 일어나기 마련이지만 나에게서 일어난 파도는 크게 되기 전에 사그라져 버리게 할 수밖에 없었다. 그래서 내가 아는 세상 이야기들은 나와 상담하러 온 사람들로부터 듣거나 소설·시·영화 등에서 얻은 간접 경험들뿐이다. 이야기의 수도 많지 않다. 그래서 나는 《열반경》을 설명할 이야기 수집가들을 활용해서 썼다. 그러니 설명의 부피가 커질 수밖에 없다.

　교계 내에서 저술 활동을 많이 해온 한 스님이 이런 말을 하는 것을 들었다. 지금까지 과거의 조사 스님들이 불교를 너무 넓게 벌려서 설명해 왔기 때문에 이제부터는 작은 주제를 크게 풀이하는 것보다는 큰 주제를 좁게 설명해야 한다는 주장이었다. 자세히 설명한다고 많은 말을 사용하면 이해하기가 쉬울 것 같지만 실제로는 산만해져서 오히려 요점을 선명하게 파악하지 못할 수도 있다는 것이다.

　앞 스님의 말대로라면, 이 강의안은 마구 벌려서 늘어놓았다는 문제가 있다. 그렇지만 우리는 '한 티끌 가운데에 우주의 견본이 있다'는 말의 뜻을 알고 있다. 온 우주를 빠짐없이 둘러보아야 우주를 아는 것이 아니라 한 견본을 보면 전체를 알 수 있다는 말이다. 이 책을 전부 읽어야 《열반경》을 이해할 수 있는 것은 아니다. 한 페이지 한 문단 속에서도 《열반경》 전체의 핵심을 볼 수 있다. 독자들이 이 책 전체를 빠짐없이 읽어 주기를 기대하지 않는다. 어느 부분이든지 마음이 내키는 대로, 페이지가 열리는 대로 읽으면 된다. 한 부분에서 법신을 터득하면 다른 부분은 확인하기 위해서 읽으면 될 것이다.

고마운 이들

앞에서 말했듯이, 법신상주와 실유불성을 세상의 이야기 속에서 설명하려고 했기 때문에 많은 사람들로부터 세상 이야기를 수집하는 도움을 받아야 했다. 어떤 이는 문학 방면에서, 다른 이는 예술 방면에서, 또 다른 이는 생활 속의 체험 방면 등에서 자료를 추출해 주었다. 나는 강의안을 준비할 때마다 사람들에게 경험담을 묻곤 했기 때문에 도움 받은 사람이 너무도 많아서 그 이름들을 여기서 다 기억할 수도 열거할 수도 없다. 그러나 자기 일을 제쳐 두고 헌신적으로 자료수집 봉사를 한 몇 분은 꼭 적고 싶다. 이를테면 이계열·윤성현·최현순·김경호·강연희·안인숙·조용조·김희균 불자님 등이다.

이 책을 편집하는 데도 여러분들의 도움이 있었다. 컴퓨터 작업을 하는 데 강연희·안인숙·한순화·홍영숙·조용조·정홍자·서순자·김옥희 불자님 등의 노고가 있었다. 불교시대사에서는 전문 편집인들이 교정하는 일을 맡았다.

또 불교시대사의 편집고문으로 있으면서 현재는 불교텔레비전에서 일하는 홍사성 국장이 이 책을 출판해 보라고 권했다. 홍사성 국장이 격려하고 밀어 주지 않았다면 나는 이 책은 만들어 볼 엄두를 내지 못했을 것이다.

불교방송국 PD들도 많은 도움을 주었다. 유병직·이선희·윤우채 PD와 녹음 기사들을 비롯한 여러분이 인내심을 가지고 나를 이끌어 주었다.

무대에 오른 사람이 한 명이라면, 무대 뒤에서 뒷받침해 주는 사람은 헤아릴 수 없이 많다. 내가 부처님 집안에서 이렇게 자라고 공부하고 방송할 수 있었던 것은 나와 인연 있는 많은 스승과 도반과 후원자들의 은혜가 있었기 때문이다. 한 조각의 구름이 모이고 흩어지는 데도 온 우주의 연결된 신경이 작용된다. 《열반경》식으로 말하면 법신의 움직임이다. 그 모든 은혜에 깊이 감사드린다. 이 인연공덕이 마침내 부처와 중생을 한꺼번에 지우는 세계로 회향되기를 빈다.

불기 2539년 을해년 봄
청계산방에서
석지명 합장

차 례

책 머리에 붙이는 말 · 3

첫째 마당 열반경의 종류, 구조 그리고 사상
1. 대승 열반경의 위치를 나타내는 교판 ·············· 21
2. 소승 · 대승 열반경의 차이와 종류 ················· 26
3. 대승 열반경의 주석해설서 ························· 32
4. 열반의 의미와 종류 ······························· 38
5. 대승 열반경의 구성 ······························· 43
6. 대승 열반경의 핵심 ······························· 49
7. 순타와 가섭 보살 ································· 55

둘째 마당 열반 전후 과정의 사실적 묘사
8. 소승 열반경의 줄거리(소승 열반경 1) ·············· 63
9. 칠불쇠법(七不衰法)과 아사세 왕(소승 열반경 2) ···· 68
10. 부처님을 모시려는 마음들(소승 열반경 3) ········· 74
11. 여래의 무간섭 원칙과 자귀의 법귀의(소승 열반경 4) ··· 80
12. 순타의 공양, 발병, 부처님의 위로(소승 열반경 5) ··· 85
13. 입멸 전의 가르침과 삼매(소승 열반경 6) ·········· 90
14. 뒤늦게 도착한 가섭 존자(소승 열반경 7) ·········· 95
15. 사리의 분배와 봉양(소승 열반경 8) ·············· 101

셋째 마당 열반의 선포와 슬픈 탄식

16. 열반에 들겠다는 선포(서품 1) ···109
17. 관(觀)하는 임종 참배자(서품 2) ··114
18. 몸의 추악과 무상을 터득한 참배자(서품 3) ·····················119
19. 대승 보호와 비법 타파(서품 4) ··124
20. 마왕 파순도 부처님께 공양코자 함(서품 5) ·····················129
21. 여러 세계의 보살이 임종을 참배함(서품 6) ·····················134
22. 이 자리의 하나에서 온 우주를 봄(서품 7) ·······················139
23. 열반에 들기 전에 순타의 공양을 허락함(순타품 1) ·······144
24. 본래성불이지만 방편으로 공양을 받음(순타품 2) ···········149
25. 집착할 것이 없음을 노래함(순타품 3) ·······························154
26. 여래는 변하는 법이 아님(순타품 4) ···································160
27. 여래의 평등심(순타품 5) ···166
28. 순타에게 주는 무상 설법(순타품 6) ···································171
29. 북한에서 만든 팔만대장경 해제 소개 ·································176
30. 중생의 고통은 여래의 슬픔(애탄품 1) ·······························182
31. 차별을 두고 전수하는 약방문(애탄품 2) ···························187
32. 만나기 어려운 것(애탄품 3) ···193
33. 계정혜로 참다운 대승법을 얻어야(애탄품 4) ···················198
34. 법신·반야·해탈의 삼덕과 이자삼점(애탄품 5) ···············203
35. 무상이라는 잡초밭(애탄품 6) ···208
36. 오욕락의 숙취를 풀어 주셔야(애탄품 7) ···························213

37. 잘못 이해한 상락아정(애탄품 8) ······· 218
38. 우유를 금한 후 다시 쓴 의사(애탄품 9) ······· 224

넷째 마당 호법과 금강의 몸
39. 성문에게 불법 부촉 못해(장수품 1) ······· 231
40. 가섭 보살의 질문 게송(장수품 2) ······· 236
41. 장수하는 비결(장수품 3) ······· 242
42. 중생을 평등하게 사랑하는 법(장수품 4) ······· 247
43. 생명의 강이 모이는 여래의 목숨바다(장수품 5) ······· 253
44. 멸하지 않는 여래의 몸(장수품 6) ······· 258
45. 여래의 몸은 부술 수 없는 금강(금강신품 1) ······· 263
46. 금강의 몸은 계행에 의해 얻어져(금강신품 2) ······· 268
47. 법을 수호하는 이가 대승인(금강신품 3) ······· 274
48. 이익 챙기는 것을 금함(금강신품 4) ······· 279
49. 이양을 위한 권력과 재력을 금함(금강신품 5) ······· 284
50. 열반경의 명칭과 글귀의 공덕(명자공덕품 1) ······· 289
51. 열반경에 있는 여덟 가지 맛(명자공덕품 2) ······· 294

다섯째 마당 지워야 할 육신과 나투어야 할 법신
52. 자기를 바르게 하는 것(사상품 1) ······· 301
53. 다른 이를 바르게 하는 것(사상품 2) ······· 306
54. 지혜로 중생의 근기에 응함(사상품 3) ······· 311

55. 거짓 형상만 차린 수행자를 경계함(사상품 4) ·······316
56. 사물의 인연을 생각함(사상품 5) ·······321
57. 잘못에 의해 계율을 제정함(사상품 6) ·······326
58. 번뇌를 소멸한 여래는 물건이 아님(사상품 7) ·······331
59. 번뇌의 완전 소멸과 법신의 항상함(사상품 8) ·······336
60. 번뇌의 바다를 건넜다면 왜 결혼하였는가(사상품 9) ·······341
61. 중생·부처·열반의 모습을 보일 뿐(사상품 10) ·······346
62. 일천제로 가장한 부처님의 몸(사상품 11) ·······351
63. 번뇌의 불은 꺼져도 법신의 등잔은 남아(사상품 12) ·······356
64. 여래는 감춤이 없음(사상품 13) ·······361
65. 죽음을 위로해서 모두 죽는다고 했을 뿐(사상품 14) ·······366
66. 소승의 쌓아 둠과 대승의 쌓아 둠(사상품 15) ·······371
67. 신심 있는 이 치료 후에 떠나는 의사(사상품 16) ·······376
68. 해탈의 특징 1(사상품 17) ·······381
69. 해탈의 특징 2(사상품 18) ·······386
70. 스님에게 귀의함이 삼귀의의 기본(사상품 19) ·······391
71. 모든 것을 버린 후에 열반락을 받는 주체(사상품 20) ·······396
72. 바른 법과 네 종류의 사람(사의품 1) ·······400
73. 열반의 해가 뜨면 업의 안개는 사라져(사의품 2) ·······405
74. 방편으로 파계한 이는 공경해야(사의품 3) ·······410
75. 본래의 계는 있다(사의품 4) ·······415
76. 파계인과 지계인의 구별법(사의품 5) ·······420

77. 의법불의인(依法不依人)(사의품 6) ⋯⋯⋯⋯⋯⋯⋯⋯⋯⋯⋯⋯425
78. 의의불의어(依義不依語)(사의품 7) ⋯⋯⋯⋯⋯⋯⋯⋯⋯⋯⋯⋯430
79. 의지불의식(依智不依識)(사의품 8) ⋯⋯⋯⋯⋯⋯⋯⋯⋯⋯⋯⋯435
80. 의요의경불의불요의경(依了義經不依不了義經)(사의품 9)⋯440

여섯째 마당 거짓 없는 영원과 기쁨
81. 마군의 말과 부처님 말씀을 구별하는 법(사정품 1) ⋯⋯⋯⋯447
82. 깨닫지 못하고 깨달았다고 하는 바라이 죄(사정품 2) ⋯⋯⋯452
83. 대승의 바다에 불성이 있어(사정품 3) ⋯⋯⋯⋯⋯⋯⋯⋯⋯⋯457
84. 꿈속의 음행과 성기의 유무 문제(사정품 4) ⋯⋯⋯⋯⋯⋯⋯462
85. 법신의 항상함을 모르는 것이 괴로움(사제품 1) ⋯⋯⋯⋯⋯468
86. 법신상주를 모르는 것이 괴로움의 원인(사제품 2) ⋯⋯⋯⋯473
87. 법신상주를 아는 것이 괴로움의 소멸(사제품 3) ⋯⋯⋯⋯⋯478
88. 삼보와 해탈이 고통을 소멸하는 길(사제품 4) ⋯⋯⋯⋯⋯⋯484
89. 전도된 상락아정(사도품 1) ⋯⋯⋯⋯⋯⋯⋯⋯⋯⋯⋯⋯⋯⋯⋯489

일곱째 마당 번뇌의 인연과 본래불성
90. 여래성과 여래장(여래성품 1) ⋯⋯⋯⋯⋯⋯⋯⋯⋯⋯⋯⋯⋯⋯497
91. 본각의 나가 있는데 왜 문제가 생기나(여래성품 2) ⋯⋯⋯⋯502
92. 번뇌 맛을 내되 불변하는 불성(여래성품 3) ⋯⋯⋯⋯⋯⋯⋯507
93. 대승법은 감로도 되고 독약도 돼(여래성품 4) ⋯⋯⋯⋯⋯⋯512
94. 단견과 상견을 여읜 중도(여래성품 5) ⋯⋯⋯⋯⋯⋯⋯⋯⋯⋯517

95. 항상한 본래불성과 인연생의 법칙(여래성품 6) ⋯⋯⋯⋯523
96. 불성을 알아보기 어려운 이유(여래성품 7) ⋯⋯⋯⋯⋯528
97. 불성과 중생성(여래성품 8) ⋯⋯⋯⋯⋯⋯⋯⋯⋯⋯⋯⋯533

여덟째 마당 무상의 옷을 입은 진리의 몸
98. 법신불을 나타내는 문자의 상징성(문자품 1) ⋯⋯⋯⋯541
99. 열반경은 무상을 항상으로 바꿔(조유품 1) ⋯⋯⋯⋯⋯547
100. 해탈한 부처님에게 근심이 있는 이유(조유품 2) ⋯⋯⋯552
101. 왜 방일하지 않는 열반이 좋은가(조유품 3) ⋯⋯⋯⋯558
102. 같은 달도 때와 장소에 따라 달리 보여(월유품 1) ⋯⋯⋯564
103. 벙어리는 여래를 벙어리로 보아(월유품 2) ⋯⋯⋯⋯⋯570
104. 일천제가 법신을 해치지 못해(월유품 3) ⋯⋯⋯⋯⋯⋯576
105. 순간에 보이는 백천 만억 번의 열반(월유품 4) ⋯⋯⋯⋯582

아홉째 마당 중생의 병 부처의 아픔
106. 대열반의 광명이 평등히 비치는 이유(보살품 1) ⋯⋯⋯591
107. 발심하지 못한 이가 발심하는 이유(보살품 2) ⋯⋯⋯⋯597
108. 열반경의 선악과 인과(보살품 3) ⋯⋯⋯⋯⋯⋯⋯⋯⋯603
109. 사바라이 죄도 용서받는 이유(보살품 4) ⋯⋯⋯⋯⋯⋯609
110. 여래는 훌륭한 뱃사공(보살품 5) ⋯⋯⋯⋯⋯⋯⋯⋯⋯614
111. 같은 이름으로 불리는 네 가지 다른 것(보살품 6) ⋯⋯619
112. 열반경에 물을 타도 무량한 이익(보살품 7) ⋯⋯⋯⋯⋯624

113. 여성의 음욕업(보살품 8) ·················· 629
114. 각급의 불과에 있는 불성의 동일성(보살품 9) ·················· 634
115. 빠른 원을 세우는 이에게 빠른 수기(보살품 10) ·················· 639
116. 순타의 재등장과 마지막 공양(일체대중소문품 1) ·················· 644
117. 일천제를 빼고 모두에게 보시(일체대중소문품 2) ·················· 650
118. 파계자도 제도할 수 있어(일체대중소문품 3) ·················· 655
119. 남 탓 말고 자기를 살펴라(일체대중소문품 4) ·················· 661
120. 중생이 아프면 부처도 아프다(일체대중소문품 5) ·················· 667

첫•째•마•당

열반경의 종류, 구조 그리고 사상

대승 《열반경》 가운데서 가장 중요한 것은 세 가지이니, 북량(北涼)의 담무참(曇無讖)이 번역한 《대반열반경(大般涅槃經)》 40권, 동진(東晉)의 법현(法顯)과 불타발타라(佛陀跋陀羅)가 번역한 《불설대반니원경(佛說大般泥洹經)》 6권 그리고 송(宋)의 혜엄(慧嚴)·혜관(慧觀)·사령운(謝靈運) 등이 40권본과 6권본을 견주어 정리한 《대반열반경》 36권본이다.

크게 네 종류의 열반이 있다. 유여열반(有餘涅槃)·무여열반(無餘涅槃)·자성청정열반(自性淸淨涅槃) 그리고 무주처열반(無住處涅槃)이다.

대승 《열반경》의 핵심사상은 예로부터 불신상주(佛身常住)와 실유불성(悉有佛性) 또는 법신상주(法身常住)와 천제성불(闡提成佛)로 정리되어 오고 있다.

1. 대승 열반경의 위치를 나타내는 교판

> 대승불교의 4대 경전은 반야경·화엄경·법화경·열반경이다. 관점에 따라서 불경 전반에 대한 체계가 달라진다. 열반경은 방편과 진실을 지나서 모든 불경의 마무리와 같다.

《열반경》은 불교 일반 대중에게 어떤 위치를 차지하고 있으며, 얼마나 중요한 경전일까. 대승불교에는 불교의 핵심을 전하는 4대 경전이 있다고 하는데 그것들은 무엇이며, 《열반경》은 그 불경 가운데서 어떤 위치를 차지하고 있을까.

불교에는 경전들이 아주 많다. 무턱대고 읽어 가지고는 부처님 말씀의 줄기를 잡기가 어렵다. 그래서 예로부터 조사 스님들은 불경들을 각 분야별로 분류했다. 그리고 각 분야의 불경들을 내용적으로 맥이 통하도록 연결했다. 이것을 불교에서는 교상판석(敎相判釋) 또는 교판(敎判)이라고 부른다. 부처님의 가르침을 특징별로 판별해서 앞뒤가 맞도록 해석했다는 뜻이다. 그 특징이란 설법의 내용, 설법의 형식, 설법의 시기, 설법의 순서가 되겠다.

그런데 각 불경마다 그 자신을 가장 중요하게 말하고 있기 때문에 불경을 읽는 사람들이 어떤 경을 중시하느냐에 따라서 교판상에서의 경전의 위치가 달라진다. 가령 화엄종에서는 그 소의경전인 《화엄경》을 정점으로 해서 다른 불경들을 정리할 것이고, 천태종에서는 그 소의경전인 《법화경》을 중심으로 여타 불경들을 체계화할 것이다. 극락정토를 이상으로 삼는 정토종에서는 《무량수경》을, 계율을 중시하는 율종에서는 율을 중심으로 모든 불경들을 판단할 것이며 마찬가지로

《열반경》을 중히 여기는 열반종에서는 《열반경》을 위주로 교판을 할 것이다.

　대승불교의 4대 경전은 《반야경》《화엄경》《법화경》《열반경》이다. 비교적 원시경전인 《아함경》을 제외하고 대부분의 대승불경들은 이 네 가지 종류의 불경에 속하거나 이 경들로부터 가지를 쳐서 나온 것이다. 교판으로 볼 때는 《아함경》《반야경》《화엄경》《법화경》《열반경》의 대승 4대 경전이 어떤 자리를 차지하는가를 주의 깊게 살펴야 한다.

　먼저 급(岌) 법사의 3시교판에서는 불경들을 돈교(頓敎)・부정교(不定敎)・점교(漸敎)로 나누고, 점교를 다시 세 가지로 분류했다. 돈교란 궁극의 가르침을 바로 설하는 것으로 《화엄경》을 여기에 배당시켰다. 다음 부정교란 돈교적인 면과 점교적인 면이 일정하게 정해지지 않은 가르침을 말한다. 급 법사는 《승만경(勝鬘經)》을 돈점의 양면성을 가진 것으로 보았다. 다음 점교는 가르침을 받아들이는 근기를 생각해서 쉬운 것으로부터 차츰 어려운 것으로 옮기면서 상대를 인도하는 가르침을 말한다.

　이 점교는 3가지로 나뉘는데 《화엄경》을 설한 이후 처음 12년 동안은 부처님이 무엇인가 있다는 있을 유(有)자 유를 바탕으로 법을 설했고, 그 후 《열반경》을 제외한 모든 불경은 모양을 지우는 없을 무(無)자 무를 바탕으로 가르침을 주었다고 한다. 그리고 최후 사라쌍수 아래에서 하루 낮밤 동안 설한 것이 《열반경》이라고 한다. 급 법사의 교판에서는 《화엄경》을 돈교로 하고 《열반경》을 점교에 있어서의 궁극의 가르침으로 취급했다.

　열반종의 다른 교판 가운데는 부처님의 몸을 있음, 없음, 있음과 없음을 통합함 그리고 영원히 머무름의 네 단계로 분류한 것도 있다. 한문으로 말하면 유상교(有相敎)・무상교(無相敎)・동귀교(同歸敎)・상주교(常住敎)이다. 있다는 것을 바탕으로 삼아 설한 불경이 성도 후

12년 동안 설한 《아함경》이다. 없다는 것을 바탕으로 설한 불경은 《법화경》 전까지 설한 《반야경》《유마경(維摩經)》《사익범천소문경(思益梵天所問經)》《능가경(楞伽經)》 등이다. 있음과 없음, 즉 유와 무를 같이 포섭해서 설한 불경은 아무리 사소한 선행이라도 마침내 깨달음으로 회향된다는 만선성불을 설한 《법화경》이다. 마지막은 부처님이 이 세상에 항상 머무르시며 모든 중생에게 부처 될 성품이 있다고 가르친 《열반경》이다. 이 교판에 의하면 《열반경》은 있음과 없음, 그리고 이 두 가지의 통합을 한걸음 더 나아가서 설한 불경이라고 한다. 급 법사의 교판보다도 《열반경》의 우위를 강하게 나타내는 것이다.

도생(道生) 대사의 네 시기 교판은 또 다른 각도에서 《열반경》이 모든 경전 가운데서 최고라는 것을 나타내고 있다. 착하고 정직한 것, 상대의 근기를 알아서 방편을 베푸는 것, 진실을 말해 주는 것 그리고 가슴속에 있는 것을 남김없이 다 털어놓는 것이다. 한문으로 말하면 착할 선과 맑을 정으로 이루어진 선정법륜(善淨法輪), 방편법륜(方便法輪), 진실법륜(眞實法輪), 그리고 없을 무자와 나머지 여자로 이루어진 무여법륜(無餘法輪)이다. 여기서 법륜이란 법의 수레바퀴를 굴리는 것 즉 중생을 교화하는 것을 뜻한다. 착하고 깨끗함을 강조하는 선정법륜은 《아함경》이고, 방편을 중시하는 방편법륜은 공사상을 주로 하는 가르침이다. 진실을 바로 알려 주는 진실법륜을 《법화경》이라고 한다면, 남김없이 다 털어놓는 무여법륜은 바로 도생 대사가 부각시키고자 하는 《열반경》이다. 《열반경》은 도덕과 방편과 진실을 다 지나서 나온 궁극의 가르침이라는 것이다.

또 우유를 발효시키는 정도에 따라서 제품들이 달라지듯이 다섯 시기에 의해서 《열반경》을 돋보이게 하려는 교판도 있다. 대량 대사는 다섯 시기의 5시교판을 만들었고, 승량 대사는 다섯 가지 맛의 5미교판을 만들었다. 우유를 재료로 한 제품으로는 버터·크림·요구르트·

치즈 등이 있다. 경전에서는 우유의 발효 정도에 따라서 제품이 달라지듯이 낙미(酪味), 낙을 좀더 발효시킨 생소미(生蘇味), 생소를 좀더 발효시킨 숙소미(熟蘇味), 숙소를 완전히 발효시킨 제호미(醍醐味)가 있다. 제호미는 가장 맛있는 것으로 불교에서는 가장 완숙한 깨달음에 비유해서 쓰여진다. 이 5시교판은 말할 것도 없이 《열반경》을 제호미에 해당되는 것으로 높이고 있다. 《법화경》《반야경》《아함경》 등은 아직 미숙한 중생을 위한 가르침이라는 것이다.

《열반경》을 소의경전으로 삼는 열반종의 입장에서 만든 교판들을 살펴보았다. 열반종이 아니면서도 《열반경》을 중시하는 천태종의 5시교판은 어떤 것일까.

천태종의 5시는 《화엄경》《아함경》《방등경》《반야경》, 마지막으로 《법화경》과 《열반경》이다. 천태종에 의하면 부처님이 성도하신 후 21일 동안 삼매에 들어 깨달음의 내용을 직접적으로 드러내서 《화엄경》을 설했지만 중생들이 알아듣지 못했다고 한다. 그래서 실망한 부처님이 중생 교화를 포기하고 열반에 들려고 했으나 하늘 임금들이 간청했으므로 근기가 낮은 중생을 위해서 《아함경》을 설했고, 그 다음 좀더 수준을 높여서 《방등경》을 설했다고 한다. 수준을 높였다는 것은 모든 것이 다 항상하며 주체가 없는 빈 상태에 있다는 공사상의 맛을 조금 섞어 넣었다는 뜻이다. 방등부 경전이란 대승의 4대 불경 즉 《반야경》《화엄경》《법화경》《열반경》을 제외한 모든 불경을 말한다.

이어 《반야경》에서는 공사상을 아주 많이 넣었다. 하지만 공사상은 그 자체가 궁극이 아니라 중생의 집착심을 제거하기 위한 가르침일 뿐이다. 공사상은 인연법이 나타내는 사상 가운데 하나에 불과할 뿐이다. 공사상을 잘못 이해하면 허무에 빠질 염려가 있으므로 부처님은 공사상을 180도 뒤집은 완전한 갖춤의 사상을 설하셨다. 눈앞에 보이는 모든 사물 하나하나의 현상에 부처에서부터 지옥까지 모든 종류의 가치와 의미가 다 들어 있다는 것이다.
 그러나 《법화경》의 가르침으로 제도하지 못한 중생도 있을 것이고, 또 아무리 벼를 잘 거두었다고 하더라도 추수 후에 주울 수 있는 이삭도 있을 것이므로 이삭을 줍는 심정으로 《법화경》의 교화에서 빠진 중생을 구제하기 위하여 《열반경》을 설하셨다는 것이다. 그래서 천태종에서는 《법화경》을 높이면서 아울러 《열반경》도 높은 자리에 올려 놓았다.

2. 소승·대승 열반경의 차이와 종류

> 소승 열반경은 부처님의 입멸 과정을 사실적으로 그리고 있고, 대승 열반경은 그 입멸에 철학적이고 종교적인 의미를 붙이고 있다. 모든 이로부터 존경 받는 부처님께서 왜 열반에……

《열반경》의 기본적인 이름은 대반열반경이다. 그러나 이 이름만 갖고는 그것이 소승 열반경인지 대승 열반경인지 알 수가 없다. 소승 《열반경》도 대반열반경이라는 이름으로 번역된 것이 있고, 대승《열반경》도 대반열반경이라는 이름으로 번역된 것이 있기 때문이다. 같은 《열반경》이라고 하더라도 두 가지의 내용은 판이하게 다르다.

소승 《열반경》은 부처님이 열반에 드시는 과정을 사실적으로 묘사하고 있다. 석가모니 부처님께서 만년에 마가다의 수도 왕사성에서 쿠시나가라 지역의 사라쌍수에 이르기까지 여행하는 도중에 있었던 사건들과 법문들, 공양을 받고 병을 얻으신 일, 최후의 설법, 열반에 드시는 모습, 화장의 절차, 다비 후 얻어진 사리의 분배 등이 세밀하게 기록되어 있다.

소승 《열반경》이 부처님의 입멸 과정을 역사적인 사실로 서술하고 있는 데 반해서, 대승《열반경》은 역사적인 사실에서 한걸음 더 나아가 부처님이 열반에 드신 종교적 의미를 밝히려 하고 있다. 대승《열반경》에는 부처님이 여행하는 모습이라든지 열반에 드신 후 화장하는 모습들이 묘사되지 않고 있다. 대승 《열반경》의 최우선적 관심사는 하늘과 땅으로부터 존경을 받은 스승이신 부처님께서 왜 돌아가시느냐는 물음에 대한 설명이 주류를 이룬다. 이 기본적인 물음의 답은 육신은 무상법을 따라서 남들과 같이 흘려 보내지만 부처님의 법신은 항상 우리와 같이하고 있다는 것이다. 또 우리에게는 부처가 될 성품이 있는데, 그 불성이 바로 부처님이 항상 머무르시는 자리로 암시되기도 한다.

열반종과 천태종의 교판에서 《열반경》의 위치를 설명했듯이 《열반경》은 모든 가르침을 정리한 최후의 불경이다. 공사상의 《반야경》, 공사상을 뒤집은 성구사상의 《법화경》, 일체유심조 사상의 《화엄경》 등의 교리체계를 불신상주(佛身常住)와 실유불성(悉有佛性) 즉 부처님이 항상 이 세계에 머무르신다는 것과 모든 중생에게 불성이 있다는 정신으로 정리한다.

소승 《열반경》은 크게 팔리어본과 한역본으로 나뉘어진다. 팔리어본 마하파리닛바나 숫탄타(Mahāparinibbāna-suttanta)는 장부(長部, Dighanikāya) 제16경에 있다. 팔리어본의 장부 즉 Digha-nikāya는 한문 번역본 불경으로 말하면 《장아함경》을 말한다. 이 팔리어본은 당나라 의정(義淨) 대사가 한문으로 번역한 《근본설일체유부비나야잡사(根本說一切有部毘奈耶雜事)》의 제35~40문 사이에 있는 내용과 동일하다.

한역본에는 여러 가지 이역(異譯) 즉 다른 번역본이 있다. 장아함 제2경인 《유행경(遊行經)》 3권은 후진(後秦)의 불타야사(佛陀耶舍)와 축불념(竺佛念)이 함께 번역했다. 《불반니원경(佛般泥洹經)》 2권은 서진(西晉)의 백법조(白法祖)가 번역했다. 《반니원경(般泥洹經)》 2권이 번역되었지만 현존하지는 않는다. 《대반열반경(大般涅槃經)》 3권은 동진(東晋)의 법현(法顯) 대사가 번역했다. 또 《잡아함경》에도 소승 《열반경》의 이본이 있다.

편의상 소승 《열반경》이라는 말과 대승 《열반경》이라는 말을 쓰고 있지만, 불경의 제목 자체에 소승이나 대승이라는 말이 붙어 있는 것은 아니다. 보다 원시불교 계통의 것과 뒤에 일어난 대승불교 계통의 것을 구별하기 위해서 소승·대승이라는 말을 붙였을 뿐이다. 대·소승을 막론하고 팔리어 닛바나(nibbāna) 또는 범어 니르바나(nirvāṇa)의 한문음 번역인 '열반(涅槃)'과 '니원(泥洹)'이라는 말을 쓰기 때문에 소승과 대승이라는 말을 붙이지 않으면 어떤 것이 소승의 것이고 어느것이 대승의 것인지를 알 수가 없다.

인도에는 부처님의 말씀을 기록한 것으로 팔리어와 범어로 된 것이 현재 남아 있다. 그런데 학자들의 연구에 의하면 부처님은 당시 인도의 강국이었던 마가다국의 언어를 사용했다고 한다. 지금도 인도에는 방언이 많지만 당시에는 더 많은 방언이 있었을 것이다. 마가다어로 설해진 부처님의 말씀이 수차례 옮겨지면서 인도 방언 가운데 하나인 팔리어로 기록되어 팔리어 성전이 되었다고 한다. 범어는 고대 인도의 전통적인 고급 표준어이다. 부파불교시대의 설일체유부(說一切有部)에서도 범어로 경전을 썼고, 특히 뒤에 일어난 대승불교에서 편집한 불경들도 이 범어로 기록되었다. 현재 대부분의 원시경전은 팔리어로 기록되어 있고 모든 대승불경은 범어로 기록되었기 때문에, 팔리어 불경은 원시불교 또는 소승불교에 속하고, 범어 불경은 대승불교에 속한다고 보면 되겠다. 범어라는 말은 산스크리트(Sanskrit)어를 번역한 말인데, 이 말은 범천 즉 하늘이 만든 것이라고 전해진다.

소승은 본래 대승불교 입장에서 아비달마불교 즉 학문적으로 불교를 이해하려고 하는 사람들의 불교를 낮추어서 표현한 것이다. 아비달마불교 그 자신은 소승이라는 말을 받아들이지 않는다. 인도에서 대승불교가 일어났을 때 대승불교 이전의 불교와 대승불교라는 새로운 불교운동 사이에 격한 대립이 있었기 때문에, 새롭게 일어난 대승불교에서 이전의 불교를 소승불교라고 불렀다. 그러나 현재는 부처님 당시부터의 형식적 전통을 고수해 온 남방불교와 뒤늦게 일어나서 인도 북방 쪽으로 전파된 북방불교가 나름대로의 특색과 가치를 가지고 있기 때문에, 굳이 남방불교를 소승불교라고 낮추어서 말할 필요는 없다. 남방불교를 상좌부(上座部) 불교라고 불러도 좋지만 상좌부라는 말이 우리에게 익숙하지 않기 때문에 부득이 소승불교라고 부르는 것이다.

다음 대승《열반경》에는 범어본·티벳어본·한문본이 있다. 범어본 마하파리니르바나 수트라(Mahāparinirvāṇa-sūtra)는 전체의 원본은 발견되지 않았고 오직 일부만 전해지고 있다. 티벳어본은 두 가지가 있는데 한 가지는 범어본으로부터 번역된 것이고, 다른 한 가지는 한문본으로부터 번역된 것이다. 중국에서 한문으로 번역된 불경들이 인도에 있던 것이냐 아니냐를 판가름하기 위해서 티벳장경과 대조하는 방법이 쓰여진다. 즉 한문본이 티벳장경에도 있으면 그것은 인도의 범어 원전에서 번역된 것이고 그렇지 않은 불경은 중국에서 편찬되었을 수도 있다는 혐의를 받는다.

한문본 대승《열반경》은 종류가 많다. 가장 중요한 것으로는 북량(北凉)의 담무참(曇無讖)이 번역한《대반열반경》40권, 동진의 법현과 불타발타라(佛陀跋陀羅)가 번역한《불설대반니원경》6권, 그리고 송나라의 혜엄(慧嚴)·혜관(慧觀)·사령운(謝靈運) 등이 40권본과 6권본에 있는 내용을 견주어 보고 정리한《대반열반경》36권본이 있다. 두 가지《대반열반경》중에서 40권본을 북본(北本)이라고 하고, 36권본을 남본(南本)이라고 한다. 동국역경원의 한글대장경 53-1번은 남본《열반경》을 번역한 것이다.

부처님의 열반에 관해서 설한 대승《열반경》계통의 경전은 앞에 말한 세 가지 번역본을 합해서 23가지가 된다. 이 가운데는 없어진 것도 있다. 여러 가지의《열반경》번역본 중에서도 담무참이 번역한 40권 북본《열반경》이 송나라 이전에는 주요 교재로 쓰여졌고, 송나라 이후에는 남본《열반경》이 주요 교재로 쓰여져 왔다. 남본이라고 하지만 기본적으로는 담무참의 번역본을 교정한 것에 불과하다.

대승《열반경》의 기본이 되는 북본《열반경》의 번역자 담무참은 기구하게 순교를 당한 것으로 유명하다. 담무참은 중천축 즉 중인도 출생으로 6세에 아버지를 여의고 일찍 출가했다. 처음에는 소승법을 공부하다가 뒤에 대승《열반경》을 받고부터 대승법을 익혔다. 20세쯤에는 200만여 구절의 대소승 경전을 외울 정도로 불경에 통달했다.

담무참은 사형당한 종형의 죽음을 보지 말라는 왕명을 어기고 장례에 참여했다가 사형선고를 받았으나 패기로 당당히 왕에게 항의해서 죽음을 면했다.

담무참은 비밀다라니(秘密陀羅尼) 주술에 능했다. 그래서 국왕으로부터 존경을 받았지만 뒤에는 왕의 노여움을 받아《열반경》전반부 12권,《보살계경(菩薩戒經)》《보살계본(菩薩戒本)》을 가지고 구자국(龜玆國)으로 도망쳤다. 다음 하서왕(河西王) 저거몽손(沮渠蒙遜)의 도움을 받아서 중국말을 배우고 3년 후에는 경전 번역에 착수해서 《열반경》을 비롯한 여러 가지 불경을 번역했다. 처음에는《열반경》이 완본으로 이룩되지 못하였으나 뒤에 뒷부분을 추가 번역해서 40권본으로 완성했다.

당시 담무참의 주술 실력에 관한 명성이 드높아서 강국인 위(魏)나라의 세조(世祖) 태무제(太武帝) 탁발도(拓跋燾)에게까지 그 명성이 들어갔다. 그러자 위왕은 북량의 왕 저거몽손에게 담무참을 위나라에 넘겨주지 않으면 군사를 일으켜서 북량을 치겠다고 위협했다. 저거몽손은 난처했다. 담무참을 넘겨주면 적국인 위나라를 도와서 북량을 무너지게 할 염려가 있었고, 말을 듣지 않으면 당장 쳐들어 올 것이기 때문이다.

따라서 북량의 왕은 부득이 꾀를 내었다. 담무참을 넘겨주는 척하고 도중에 자객을 보내서 죽이자는 것이었다. 담무참은 그 눈치를 알았다. 주술의 대가가 자신을 죽이려는 마음을 간파하지 못할 리가 없었다. 담무참은 슬펐지만 죽음의 인연을 받아들이기로 하고 위나라로 가는 길목에서 살해되었다. 그때의 나이 49세였다. 그리고 머지않아 북량은 위나라에 의해서 멸망되었다. 담무참은 순교되었지만 그의 번역작품은 현재 한자 문화권의 불교도들에게 불신상주와 실유불성의 도리를 알려 주는 빛의 역할을 하고 있다. 담무참이 죽음을 받아들인 담담한 자세는 아마도 《열반경》의 대승법을 지키는 가르침으로부터 영향을 받은 바가 크다고 할 수가 있다.

3. 대승 열반경의 주석해설서

> 불교가 아무리 여러 종파로 갈라지고 교리를 새롭게 해석하더라도 불신상주와 실유불성의 사상은 밑바탕에 깔아야 한다. 따라서 모든 종파는 열반경을 중요시하지 않을 수 없다.

불교란 부처가 되는 길을 가르치는 것이다. 만약 불교를 공부하고도 언젠가 부처가 될 수 없다거나 부처님이 이 세상 어딘가에 어떤 형태로든지 계시지 않는다고 한다면 사람들은 불교를 믿거나 공부하려고 하지 않을 것이다. 부처님은 우리가 알 수 없는 전혀 다른 차원에라도 계시는 것이 분명하고 또 우리가 부처님의 가르침대로 닦아 나가면 부처가 될 수 있기 때문에 불교를 믿고 공부하고 전하는 것이다. 부처님이 항상 계시는 것을 불신상주(佛身常住)라고 하고, 모든 중생에게 부처가 될 성품이 있다는 표현을 실유불성(悉有佛性)이라고 한다. 불신상주와 실유불성을 전제로 할 때만 불교가 가능하다는 것이다.

중국에서 불교가 여러 종파로 갈라졌지만 종파에 상관없이 부처님은 이 세상에 계셔야 하고 중생들에게는 부처가 될 성품이 있어야 한다. 종파가 다르다고 해서 부처님 없이도 불교가 존재할 수 있는 것은 아니다. 그러므로 부처님이 계시고 불성이 있다는 것을 알려 주는 《열반경》에 관심을 가지지 않을 수가 없다.

《열반경》을 소의경전으로 삼고 《열반경》의 가르침을 중심으로 해서 불법을 공부하고 전하는 열반종에서는 당연히 《열반경》에 대해 연구를 많이 하였다. 그러나 열반종이 별개의 종파로서 번창했던 것은 아니다. 처음에는《열반경》만 전문으로 연구하는 스님들이 많아서 열반종이라고 할 수도 있었지만 나중에는 다른 종파를 표방하는《열반경》연구가들에게《열반경》공부의 주도권이 넘어갔다. 열반종의 대표적인 학자로는 법운(法雲) · 승민(僧旻) · 지장(智藏)의 3대 법사가 있었다. 이 3대 법사 이전의 학설을 양나라 보량(寶亮) 등이 모으고 송나라 혜엄(慧嚴) 등이 다듬어서《대반열반경집해(大般涅槃經集解)》71권을 만들었다. 이《대반열반경집해》는 36권으로 된 남본《열반경》에 대한 주석서인데, 여러 열반 학자들의 학설을 집대성한 것이므로 일목요연하게 조직적으로 되어 있지는 않다. 그러나 양나라 때에 번창했던 열반 학자들의 학설을 망라하고 있어서 후세《열반경》연구가들의 고전이 되고 있다.

    열반종 다음으로《열반경》에 대해서 관심이 많고《열반경》을 중시한 종파는 천태종이다. 열반종을 흡수했다고 할 정도로 천태종에서는《열반경》을 귀히 여기고《열반경》에 대한 주석서를 썼다. 천태 대사의 제자인 수의 관정(灌頂)은《대반열반경현의(大般涅槃經玄義)》2권과《대반열반경소(大般涅槃經疏)》33권을 찬술했다. 송의 지원(智圓)은 관정의《대반열반경현의》를 더욱 확실한 천태의 입장에서 주석을 해서《열반경현의발원기요(涅槃經玄義發源機要)》를 저술했다.

    그렇다면《법화경》을 소의경전으로 삼는 천태종에서는 왜《열반경》을 그토록 중요시하는가? 여기에는 이유가 있다. 천태 대사는《법화경》 28품 가운데 전반 14품은 석가모니 부처님의 역사적인 자취를 담았다고 보고 자취 적자와 문 문자를 써 적문(迹門)이라고 이름붙이고, 후반 14품은 본래 성불하신 부처님에 관한 이야기라고 해서 본래 본자를 써 본문(本門)이라고 이름을 붙였다. 그런데《법화경》후반부의 본래부처 이야기, 특히〈종지용출품〉과〈여래수량품〉에 나오는 구원겁 전에 성불하신 본래 부처님이《열반경》에 나오는 불신상주의 부처님과 일치한다.《열반경》에서는 부처님은 본래 오고 감이 없는데 중생을 위해서 죽음을 보인다고 설하고 있다. 그러나 이 부처님은 《법화경》〈여래수량품〉에서 실제로는 죽지 않지만 미친 아이들에게 치료약을 먹여 정상으로 되돌아오게 하기 위해서 짐짓 죽었다고 소문만 내는 부처님과 유사하다. 천태종에서는 본래부처의 위치를 확실히 잡아 두기 위해 《법화경》의 가르침을 뒷받침하는 데 《열반경》을 사용한 것이다.

또 천태종은 제법의 하나하나가 본래적으로 궁극의 경지를 담고 있다는 성구(性具)사상을 기반으로 해서 본래성불(本來成佛)과 만선성불(萬善成佛)을 핵심으로 가르친다. 천태종에서는 수행을 전제로 해서 중생과 부처, 원인과 결과, 번뇌와 지혜 등이 불이(不二) 즉 둘이 아님을 주창한다. 이 불이사상은 《법화경》〈방편품〉의 만선성불사상과 일치하는데 수행을 하기만 하면 부처가 된다는 것을 확실히 해두기 위해서 오고 감도 없이 항상 이 세상에 머무르시는 부처님과 모든 중생에게 갖추어 있는 불성(佛性) 즉 불신상주와 실유불성의 원칙을 보강할 필요가 있었던 것이다. 이런 이유로 천태종은 《열반경》을 천태사상의 받침대로 삼았다.

삼론종(三論宗)은 용수(龍樹)가 지은 《중론(中論)》《십이문론(十二門論)》과 제바(提婆)가 지은 《백론(百論)》을 중심으로 공사상을 연구하고 전하는 종파이지만 사물의 실상을 파악하는 점에서는 천태종과 맥을 같이한다. 삼론종이 사물의 실상을 텅 비었다는 공(空)으로 파악하려고 한다면 천태종은 사물의 실상을 꽉 차서 갖추어 있다는 구(具)로 파악한다고 할 수 있다. 삼론종이 공을 말하지만 그 공은 허무의 공이 아니라 빈 상태에 사물이 존재한다는 것을 밝히는 공이다. 이 빌 공자 공이 허무의 공으로 오해받는 것을 피하기 위해서 삼론종에서는 불신상주와 실유불성 즉 부처님의 몸이 항상 이 세계에 머무르시고 모든 중생에게 본래적으로 부처 될 성품이 있다고 가르치는 《열반경》을 이용할 필요가 있었다. 그래서 삼론종의 교조인 가상 길장(嘉祥 吉藏)은 《열반경》에 대해서 연구하고 그에 대한 해제의 책을 저술했다. 바로 《열반경유의(涅槃經遊意)》 1권이다. 삼론종의 다른 학자들도 《열반경》을 중요하게 여겼다.

지론종(地論宗)은 《십지경론(十地經論)》을 소의경전으로 하는 유식학 계통의 일파지만 지론종 학자인 정영사(淨影寺) 혜원(慧遠)과 담연(曇延)은 각기 《열반경》을 중시하고 《열반경》에 대한 주석서를 썼다. 담연의 저술은 남아 있지 않고 혜원의 것만 현존한다. 혜원의 《대반열반경의기(大般涅槃經義記)》 10권은 현재 남아 있는 것으로, 40권 북본 《열반경》에 대한 완전한 주석서이다.

현장(玄奘) 법사 이후 유식학파인 법상종(法相宗)에서도 《열반경》을 중요하게 생각했다. 왜냐하면 삼승방편 일승진실(三乘方便 一乘眞實)을 주장하는 측과, 일승방편 삼승진실(一乘方便 三乘眞實)을 주장하는 양측이 각기 그 주장의 근거를 《열반경》에서 마련하지 않으면 안 되었기 때문이다. 삼승이란 성문승·연각승·보살승을 말하고 일승이란 부처님을 말한다. 여기에서 승(乘) 자는 수레 승자로 자기 자신 또는 중생을 고통의 세계에서 열반해탈의 세계로 실어 나르는 것을 뜻한다.

법상종에서는 불도를 닦는 근기를 다섯으로 나눈다. 삼승이 방편이고 일불승만 진실이라고 보는 측은 낮은 단계의 불도를 이루는 것은 중간과정의 방편일 뿐이고, 오직 높은 단계의 불도 수행 성취만이 진실이라고 한 데 비해 일승방편 삼승진실을 주장하는 다른 측은 낮은 수준의 불도를 이루는 것만이 진실이고 높은 단계의 불도 성취는 낮은 근기의 사람을 이끌기 위한 방편이라고 주장한다.

이 대립에는 《열반경》의 천제성불(闡提成佛)과 천제불성불(闡提不成佛)이 큰 문제가 된다. 《열반경》에서는 일천제 즉 가장 극악무도한 사람도 성불할 수 있다고 설하는가 하면 다른 한편으로는 일천제가 성불을 하기는 하지만 일천제의 마음상태 그대로 성불하는 것이 아니라 보리심을 발해서 불도를 구해야 하기 때문에 결국 일천제의 상태를 바꾸지 않고는 일천제는 성불할 수 없다고 해석할 수도 있게끔 되어 있다. 그래서 근기가 아주 낮은 사람이 성불할 수 있느냐 없느냐의 논쟁에서 《열반경》을 증빙경전 제시용으로 쓰는 것이다.

선종(禪宗)에서도 사람에 따라서 《열반경》을 소중히 여겼다. 《육조단경(六祖壇經)》을 읽어 보면, 육조 스님이 오조 홍인(弘忍) 대사로부터 법을 받고 남쪽으로 내려왔는데 그곳의 인종(印宗) 법사가 《열반경》을 강설했고 인종 법사는 육조 혜능의 제자가 되었다고 나와 있다. 또 선종에서 말하는 삼처전심(三處傳心) 즉 세 군데서 부처님으로부터 법을 받은 가섭 존자는 소승경의 성문(聲聞)이 아니라 대승 《열반경》의 가섭 보살이다.

소승 《열반경》에서는 가섭 존자가 부처님의 임종을 지켜 보지 못하고 늦게 도착해 부처님의 발에 머리를 대고 예배를 올리자, 화장대에서 불이 저절로 피어 오르는 장면이 나온다. 이 장면을 선종에서 전하는 곽시쌍부(槨示雙趺) 이심전심(以心傳心)에서는 가섭 존자가 도착하자 부처님이 관 밖으로 두 발을 내민 것으로 되어 있다. 이같이 열반에 드신 부처님이 발을 내밀어 법을 전한다는 구상도 《열반경》에서 영향받은 바 크다고 할 수 있다.

율종(律宗)에서는 《열반경》을 더욱 중히 여긴다. 왜냐하면 열반에 드는 부처님이 이 세상에 상주하는 자신의 법신을 진리와 율(律)에 두기 때문이다. 부처님의 유언은 자신의 계율이 바로 부처님 자신이라는 것이다. 그래서 《열반경》에는 대승법과 계율을 지키려는 의지가 대단히 강하게 설해져 있다. 천태 대사는 《열반경》을 부율상담(扶律常談) 즉 '계율을 중시하고 부처님이 항상 이 세상에 머무르시는 것에 대해서 주로 설하는 것'으로 보았다.

정토종(淨土宗)도 또한 《열반경》에 관심이 많았다. 도작(道綽)은 《열반경》을 연구해서 24번을 강설하고 홍포했다고 한다. 뒤에 열반종을 버리고 정토종으로 들어가기는 했지만 《열반경》의 영향을 크게 받았다.

한국에서는 신라의 의적(義寂)·원효(元曉)·태현(太賢)·경흥(憬興) 등이 《열반경》을 연구했지만, 현재는 오직 원효의 저술인 《열반종요(涅槃宗要)》 1권만 남아 있다.

4. 열반의 의미와 종류

> 불도를 닦는다는 것은 번뇌를 소멸시키고 지혜를 생성케 하려 함이다. 속세를 떠나려는 것이 아니라 속세를 구하려는 데 그 목적을 둔다. 그렇다면 어떤 것이 바른 열반관인가……

'열반'이라는 말은 범어 니르바나(nirvāṇa)의 음을 한문으로 옮겨 적은 것이다. 본래는 '불을 입으로 불어서 끄는 것' 또는 '불이 꺼진 상태'를 의미하지만, 불교에서는 이것을 응용해서 '욕망의 불을 끄는 것' 또는 '욕망의 불이 꺼진 상태'의 의미로 사용한다. 불경에서는 '모든 탐욕이 사라지고, 성냄이 사라지고, 어리석음이 사라진 상태, 이것을 열반이라고 한다'고 정의한다.

그러나 열반이 꼭 탐진치(貪瞋癡) 삼독(三毒)이 소멸된 상태에만 쓰여지는 것은 아니다. 《열반경》에서는 열반을 부처님이 육신을 거두었다는 의미로 쓰이고 있다. 그리고 '큰스님이 열반에 드셨다'고 말할 때 그 열반은 분명히 죽음을 의미하고 있다. 그래서 일반 사람들은 이 열반을 스님이 죽어서 극락 세계에 가는 것쯤으로 이해하는 경우가 많다. 물론 불교에서는 스님의 도가 높아서 생전의 모든 번뇌의 불을 끄고 열반의 경지에 이미 이르러 업의 몸마저도 다 버렸으니 이제야말로 완전한 열반에 들었을 것이라는 뜻으로 쓰고 있다. 설사 망인의 도가 부족한 경우가 있더라도 높여서 이 같은 의미로 쓴다는 말이다.

그런데 공부를 많이 한 어느 노보살님이 돌아가셨다. 그 망인의 자손들은 어머니가 평소에 불심이 대단했기 때문에 어머니의 죽음을 높여서 말하느라고 "우리 어머님이 열반에 드셨다."는 표현을 썼다. 그 말을 들은 다른 신도들이 문의를 해왔다. 일반 신도의 죽음도 열반이라는 말로 표현할 수 있느냐는 것이다.

절집에서 일반적으로 신도의 죽음을 '열반했다'고 표현하지는 않지만, 똑같은 의미로 다른 말을 쓴다. 스님이 사망 소식을 듣고 망인에게 달려가서 제일 먼저 하는 일은 위패를 쓰는 것이다. 그런데 그 위패에 '신원적(新圓寂) 누구 누구 영가'라는 말을 쓴다. 새로울 신, 둥글 원, 고요할 적자를 쓰기 때문에, 그 뜻은 '새롭게 원만한 적멸에 드신 모모 영가'가 된다. 여기서 원적 즉 원만한 적멸은 바로 열반을 의미한다. 열반은 한문으로 고요할 적자, 멸할 멸자 등으로 번역되기 때문이다. 보통 스님이 돌아가신 것을 들 입자 고요할 적자를 써서 '입적(入寂)'이라고 부른다. 여기에서도 고요할 적자는 열반을 의미한다.

그렇다면 신도의 위패에 신원적이라는 말을 쓸 경우 '새로 열반에 드신'의 뜻이 되므로 신도의 죽음을 열반에 드셨다고 표현한다 해도 잘못은 아니다. 하지만 신도의 죽음을 큰스님의 죽음과 똑같이 표현하는 것이 미안하기 때문에 재가 신도의 경우에는 아무리 훌륭한 분이라고 하더라도 그 같은 표현은 쓰지 않는 것이 좋을 듯싶다. 물론 문상하는 스님이 망인을 높여서 말하느라고 열반이라는 말을 쓸 수도 있겠지만 신도의 입장에서 자칭 열반이라는 말을 쓰는 것은 어색하다는 말이다.

앞에서도 잠깐 언급했듯이 열반은 두 가지 의미로 쓰인다. 즉 탐진치 삼독의 번뇌의 불을 완전히 꺼버린 상태가 하나이고, 불도를 이룬 도인의 죽음이 다른 하나이다. 그래서 불교에서는 이 두 가지에 각기 이름을 붙였다. 유여열반(有餘涅槃)과 무여열반, 또는 유여의열반(有餘依涅槃)과 무여의열반이다.

먼저 유여열반이란 아직도 번뇌의 실마리가 남아 있는 열반이라는 뜻이다. 모든 욕망이 끊어지고 마음이 맑게 가라앉은 것을 열반이라고 하지만 몸이 아직 남아 있는 한, 그 몸에는 업이 따라 다니므로 업에 의해서 끊임없이 새로운 번뇌가 일어날 수 있다. 그래서 아직 몸을 가지고 번뇌를 끊은 상태를 몸의 업이 아직 남아 있는 열반이라는 뜻으로 유여열반이라고 부른다. 그러나 절집에서 공부를 열심히 한 수행자가 어떤 경지를 얻었다고 하더라도 불교의 각 종파에 따라 깨달음을 얻었다고 표현은 할지언정 그가 유여열반을 얻었다고 말하지는 않는다. 유여열반은 무여열반의 상대적인 말로만 쓰여질 뿐이다.

무여열반은 말 그대로 욕망의 불을 소멸했음은 물론 몸이나 몸에 따른 업마저도 완전히 없앤 경지, 일반적인 표현을 쓴다면 죽음에 드는 것을 말한다. 살아 있는 동안에 불도를 잘 닦아서 모든 미혹과 욕망의 번뇌를 쉬고 편안함을 얻었다고 하더라도 몸이 있으면 아직 장애가 있고 몸의 업에 따라 새로운 번뇌와 고통이 일어날 수 있기 때문에 아직 완전한 것은 아니다. 몸마저도 지워 버렸을 때 그것이 아무런 삼독번뇌의 남김이 없는 열반이라는 것이다.

그러나 몸이 있는 열반은 아직 찌꺼기가 남은 불완전한 것이고, 몸이 없는 열반이야말로 완전한 것이라는 생각은 진정한 불교의 입장에서는 받아들이기가 어렵다. 불도를 닦는 것은 번뇌를 소멸하는 데만 목적이 있는 것이 아니라 지혜를 생성하게 하는 목적도 있다. 속세를 떠나는 데만 목적이 있는 것이 아니라 속세를 구하려는 목적도 있다. 그럼에도 불구하고 몸이 있으면 불완전한 열반이고 죽어야만 완전한 열반에 든다고 한다면 이것은 바른 열반관이 아닐 것이다. 세상으로부터 도피해서 혼자 편하려는 소승적인 열반관일 것이다.

그래서 대승불교에서는 여기에 새로운 두 가지의 열반을 추가한다. 자성청정열반(自性淸淨涅槃)과 무주처열반(無住處涅槃)이다.

먼저 자성청정열반은 모든 중생이 본래 가지고 있는 불성의 청정함이 그대로 열반임을 선포하는 것이다. 단지 여기에는 조건이 있다. 수행을 전제로 할 경우 우리는 본래의 자성청정열반으로 돌아간다는 것이다. 이것은 《법화경》〈방편품〉의 만선성불사상과 비슷한 것이다. 《법화경》에서는 아무리 사소한 불도행을 닦더라도 그것이 성불의 씨앗이 된다고 한다. 어린아이가 장난으로 모래 바닥에 부처님을 그린다고 하더라도 그 인연으로 불도를 이룬다고 한다. 왜냐하면 중생들 누구나 다 본래부처이기 때문에 부처의 행동을 하면 그대로 부처가 된다는 것이다.

우리가 열반을 얻는 것은 없던 열반을 새롭게 만드는 것이 아니라 본래부터 우리가 가지고 있는 자성청정열반을 누리기만 하면 되는 것이다. 지옥·아귀·축생을 지나 부처에 이르는 십계(十界) 가운데서 우리가 지금 지옥에 있다고 할지라도 인연·공·성구의 원칙은 지옥에도 부처가 포함되어 있고 부처에도 지옥이 포함되어 있는 것이기 때문에 지옥에서 부처의 행동을 하면 부처가 되고, 부처에서 지옥의 행동을 하면 지옥이 된다. 똑같은 이치로 우리가 아무리 복잡한 번뇌 속에 있다고 하더라도 그 번뇌에는 이미 자성청정열반이 들어 있으므로 그것을 행동하기만 하면 번뇌를 떠나지 않고 그대로 열반에 있게 된다.

무주처열반은 대승불교에 있어서 가장 이상적인 열반이다. 진정으로 중생을 구하고자 하는 보살은 번뇌를 여의었기 때문에 열반에 들 수 있다. 그러나 보살은 열반에서 편안히 쉬고자 하지 않는다. 중생을 구제하기 위해서 번뇌가 있는 세계로 나온다. 보살은 번뇌를 떠나서 열반으로 나아가고 열반을 떠나서 번뇌로 나아가기 때문에 열반에도 머물지 않고 번뇌에도 머물지 않는 주처가 없는 열반을 누리게 된다.

어리석은 중생은 업에 끄달려서 고통의 세계를 윤회하지만 대승의 보살은 중생을 구제하겠다는 원력으로 지옥을 드나든다. 그러나 아무리 육도를 윤회하더라도 깨달음 속에 있으므로 지옥에 있는 것이 아니고 즐거움에 취하지도 않으므로 열반 세계의 안일에 빠지는 것도 아니다. 고통을 구하기 위해서 이 지옥 저 아수라의 세계를 방황하는 것이 그대로 열반이 된다. 이 무주처열반의 입장에서 보면 열반을 유여열반과 무여열반으로 나누는 것이 얼마나 소승적인 일인가를 확실히 알 수 있다. 중생의 번뇌를 구하는 길목에서 열반을 사는 것과 비교해 볼 때, 욕망을 떠나고 몸마저도 버리는 데서 완전한 열반을 찾으려고 하는 자세는 너무도 안일하며 자기 중심적이다.

　자성청정열반이 중생을 중심으로 말한 것이라면 무주처열반은 보살이나 부처님을 중심으로 해서 말한 것이다. 자성청정열반이 자기 수행으로 자기 불성의 본래청정이 빛을 발하게 하라고 강조하는 것이라면 무주처열반은 부처님이 중생을 교화하기 위해서 안락을 버리고 중생과 같이 머무르심을 강조한 것이다. 자성청정열반이 대승《열반경》의 일체중생 실유불성(一切衆生 悉有佛性)을 강조한 것이라면 무주처열반은 불신상주(佛身常住)를 강조한 것이다.

5. 대승 열반경의 구성

6권본 니원경	36권본 남본 열반경	40권본 북본 열반경
1. 序品(1권)	1. 序品(1권)	1. 壽命品(1~3권)
2. 大身菩薩品(1권)	1. 序品(1권)	1. 壽命品(1~3권)
3. 長者純陀品(1권)	2. 純陀品(2권)	1. 壽命品(1~3권)
4. 哀歎品(2권)	3. 哀歎品(2권)	1. 壽命品(1~3권)
5. 長壽品(2권)	4. 長壽品(3권)	
6. 金剛身品(2권)	5. 金剛身品(3권)	2. 金剛身品(3권)
7. 受持品(2권)	6. 名字功德品(3권)	3. 名字功德品(3권)
8. 四法品(3권)	7. 四相品(4,5권)	4. 如來性品(4~10권)
9. 四依品(4권)	8. 四依品(6권)	4. 如來性品(4~10권)
10. 分別邪正品(4권)	9. 邪正品(7권)	4. 如來性品(4~10권)
11. 四諦品(5권)	10. 四諦品(7권)	4. 如來性品(4~10권)
12. 四倒品(5권)	11. 四倒品(7권)	4. 如來性品(4~10권)
13. 如來性品(5권)	12. 如來性品(8권)	4. 如來性品(4~10권)
14. 文字品(5권)	13. 文字品(8권)	4. 如來性品(4~10권)
15. 鳥喩品(5권)	14. 鳥喩品(8권)	4. 如來性品(4~10권)
16. 月喩品(5권)	15. 月喩品(9권)	4. 如來性品(4~10권)
17. 問菩薩品(6권)	16. 菩薩品(9권)	4. 如來性品(4~10권)
18. 隨喜品(6권)	17 一切大衆所問品(10권)	5 一切大衆所問品(10권)
	18. 現病品(10권)	6. 現病品(11권)
	19. 聖行品(11~13권)	7. 聖行品(11~14권)
	20. 梵行品(14~18권)	8. 梵行品(15~20권)
	21. 嬰兒行品(18권)	9. 嬰兒行品(20권)
	22. 光明遍照高貴德王菩薩品(19~24권)	10. 光明遍照高貴德王菩薩品(21~26권)
	23. 獅子吼菩薩品(25~30권)	11. 獅子吼菩薩品(27~32권)
	24. 迦葉菩薩品(31~4권)	12. 迦葉菩薩品(33~38권)
	25. 憍陳如品(35, 36권)	13. 憍陳如品(39, 40권)

《열반경》의 구조에 대해서는 교재의 도표를 참조하면 되겠다. 남본 《열반경》을 중간에 두고, 양편으로 6권본 《니원경》과 40권본 북본 《열반경》을 대조하게 했다. 남본 《열반경》은 북본 《열반경》을 기본으로 하되 《니원경》에 있는 각 품의 명칭을 살려서 전체 13품을 25품으로 늘렸음을 알 수 있다.

① 서품(序品) : 부처님은 열반이 임박했음을 알리고 마지막 질문이 있으면 물으라고 한다. 그러나 비통에 잠긴 제자들은 물을 생각을 하지 않고 있다. 부처님의 열반이 가까워졌다는 소식을 듣고 헤아릴 수 없이 많은 대중이 쿠시나가라 사라쌍수 아래로 모여든다. 부처님에게 오는 이들마다 공양 올리기를 청하지만, 부처님은 공양할 때가 아니라며 공양 올리기를 허락하지 않는다.

② 순타품(純陀品) : 순타 장자가 부처님과 문수 보살을 상대로 공양을 올리는 진정한 의미에 관해서 대화를 나눈다. 부처님은 오고 감이 없는 법신이지만 짐짓 열반에 들고 공양을 받는 이유를 설명한다. 이 대화 속에서 문수 보살은 순타에게 많은 말을 시켜 보고는 순타가 보살의 경지에 이르렀음을 인정한다.

③ 애탄품(哀歎品) : 부처님이 열반에 들려고 하는 신호로 땅이 진동한다. 부처님은 법신(法身)·반야(般若)·해탈(解脫)의 삼덕을 설하는데 슬픔에 잠긴 대중들은 열반에 들지 말라고 애원한다. 이 법신·반야·해탈의 삼덕은 불교방송의 상징인 이자삼점(伊字三點)을 뜻한다. 이 삼덕은 혹업고(惑業苦) 삼도를 뒤집은 것이기 때문에 불교교리를 이해하는 데 아주 중요하다.

④ 장수품(長壽品) : 대중들은 부처님이 오래 살기를 탄원한다. 부처님은 진정한 수명장수(壽命長壽)는 무상한 세상에서의 육신으로는 절대로 이룰 수 없다고 대답한다. 수명을 늘리는 방법으로 남을 위하는 이타행(利他行)을 권한다. 인간에게 있어서 기본적인 문제는 이기적인 탐욕심에서 생긴다. 그 이기적인 탐욕심을 극복하려면 이타행을

하는 것이 가장 좋은 수행법이 될 것이기 때문이다.

⑤ 금강신품(金剛身品) : 사람들이 부처님 육신의 열반을 보고 부처님이 돌아가시는 것으로 생각할까 걱정이 되어 부처님은 자신의 진정한 법신(法身)은 금강(金剛) 즉 다이아몬드로 되어 있어서 부서지는 일이 없다고 설하신다. 물론 사실적인 의미에서 다이아몬드로 되어 있다는 것이 아니라 다이아몬드처럼 부서지거나 소실되는 일이 없다는 뜻이다.

⑥ 명자공덕품(名字功德品) : 대승《열반경》의 이름(名字)과 뜻과 그 가르침을 따르는 데서 얻어지는 공덕을 설하신다.《법화경》을 신앙의 대상으로 하는 곳에서는 나무묘법연화경이라고 주력하듯이 외우지만,《열반경》에는 그 같은 신앙형태가 없다. 그러나 경의 명칭을 한 번 외울 때마다 그 내용을 다 떠올릴 수 있을 정도로 공부를 해야 할 것이다.

⑦ 사상품(四相品) : 부처님의 영원한 몸을 찾기 위해서는 네 가지 일(四相)을 명심하라고 하신다. 첫째 자정(自正)으로 자신을 바르게 하고, 둘째 타정(他正)으로 남을 바른길로 이끄는 것이다. 셋째 능수문답(能隨問答)으로 어떤 근기의 물음에 대해서도 응해서 교화할 수 있어야 하고, 넷째 선해인연의(善解因緣義)로 사물을 여실하게 보는 데서 더 나아가 사물의 유래 인연을 파악해서 현상의 움직임에 흔들리지 않아야 한다는 것이다.

⑧ 사의품(四依品) : 여기서는 네 가지 의지할 법을 가르친다. 첫째 의법불의인(依法不依人) 즉 진리에 의지하고 사람에 의지하지 말라는 것, 둘째 의의불의어(依義不依語) 즉 뜻에 의지하고 말에 의지하지 말라는 것, 셋째 의지불의식(依智不依識) 즉 지혜에 의지하고 알음알이에 의지하지 말라는 것, 넷째 의요의경불의불요의경(依了義經不依不了義經) 즉 요의경에 의지하고 불요의경에 의지하지 말라는 것이다. 요의경이란《열반경》처럼 부처님의 마음을 툭 털어놓은 내용의 경을 뜻

한다.

⑨ 사정품(邪正品) : 여기서는 정(正)과 사(邪), 즉 부처님의 가르침과 마군이의 가르침을 분별해야 한다고 강조한다.

⑩ 사제품(四諦品) : 불교의 기본교리인 고집멸도(苦集滅道)의 사성제(四聖諦)를 불신상주(佛身常住)와 실유불성(悉有佛性)의 《열반경》 기본 취지에 입각해서 설명하였기 때문에 이 품의 명칭이 되었다.

⑪ 사도품(四倒品) : 여기서 네 가지 전도된 생각을 지적한다. 괴롭지 않은 것을 괴롭다고 하는 것, 항상한 것을 무상하다고 하는 것, 진정한 나를 무아(無我)라고 하는 것, 깨끗한 것을 부정하다고 하는 것 등이다. 열반에서 얻어지는 진정한 상락아정을 알아보지 못함을 힐책하는 것이다.

⑫ 여래성품(如來性品) : 여기서는 여래의 성품이 없어지지 않는 것을 갖가지 비유를 들어 설명한다. 가난한 집에 숨은 보배가 있다는 비유 등이 제시된다.

⑬ 문자품(文字品) : 불교에서 여러 가지 이론이설이 있더라도 그것들은 부처님의 말씀을 근본으로 하고 있기 때문에 그런 의미에서 모두 불설이라는 것을 범어 문자를 들어서 설명한다.

⑭ 조유품(鳥喩品) : 무상의 기반에는 항상한 여래·불성·열반이 있음을 밝히기 위해 새에 단짝의 성질이 있음을 비유로 설명한다.

⑮ 월유품(月喩品) : 여래 법신이 항상 이 세계에 계심을 달의 비유로 설명한다. 달이 구름 속에 가려 있다고 해서 달이 없어진 것이 아니듯이 변해 가는 무상의 구름에 여래라는 달이 가려 있다고 해서 여래의 달이 없어진 것이 아니라는 것이다.

⑯ 보살품(菩薩品) : 부처님이 모든 이들을 발심시켜서 불도를 이루게 하지만 일천제(一闡提)만은 구제불능이라고 설하신다. 일천제는 너무 악독해서 도저히 구제받을 수 없는 이를 뜻한다.

⑰ 일체대중소문품(一切大衆所問品) : 부처님은 문수 보살·가섭 보

살·순타 등에게 수기를 준다. 그리고 나서는 대중에게 방일하지 말고 마음을 닦을 것과 정법을 잘 호지(護持)할 것을 부촉한다.

⑱ 현병품(現病品) : 여래가 병을 보이더라도 진실로 여래에게 병이 있는 것이 아니라, 무상한 세계에 사는 중생들에게 무상을 확실히 알게 하기 위해서 방편으로 병을 나타낼 뿐이라고 말씀하신다. 단지 궁극적인 깨달음의 경지에 이르지 못한 이들에게는 병이 있다고 설하신다.

⑲ 성행품(聖行品) : 참으로 성스러운 행위는 계행을 잘 지키는 것이라고 정의를 내려 준다. 여기에 설산 동자의 수행담과 게송이 나온다.

⑳ 범행품(梵行品) : 대열반의 경지에 이르는 청정범행(淸淨梵行)으로 일곱 가지 선행, 자비희사(慈悲喜捨)의 사무량심(四無量心), 계행(戒行) 등이 강조된다. 여기에서 아사세 왕이 부처님에게 귀의한 이야기가 나온다.

㉑ 영아행품(嬰兒行品) : 여래의 법신이 아무리 오고 가더라도 실제로 오고 감이 없다고 하는 것을, 어린아이의 천진한 움직임에 비유해서 설명한다. 어린아이는 아무리 몸이 움직이더라도 마음이 움직이지 않아서 오고 감이 없는 것과 같다는 것이다.

㉒ 광명변조고귀덕왕보살품(光明遍照高貴德王菩薩品) : 부처님이 갑자기 이 광명변조고귀덕왕 보살을 상대로 법을 설하신다. 가섭 보살 대신 이 보살이 등장한 것이다. 여기서《열반경》을 닦는 사람의 열 가지 공덕을 설하신다.

㉓ 사자후보살품(獅子吼菩薩品) : 사자후 보살도 고귀덕왕 보살과 마찬가지로 가섭 보살 대신 갑자기 등장해서 부처님 설법의 대상이 된다. 여기서는 불성을 중심으로 중도(中道) 수행, 일체중생 실유불성이 새로이 강조된다.

㉔ 가섭보살품(迦葉菩薩品) : 고귀덕왕 보살과 사자후 보살이 없어지고 다시 가섭 보살이 등장한다. 이 품은 길지만 주된 주제는 불성에 관한 것이다. 일천제와 불성, 무명번뇌와 불성과의 관계, 불성의 비유

비무(非有非無) 등이 설해진다.

㉕ 교진여품(憍陳如品) : 지금까지 부처님의 설법 대상들은 보살이었다. 그런데 이 마지막 품에서는 보살이 아니고 성문(聲聞)인 교진여이다. 교진여는 석존의 성도 직후에 최초로 교화를 받은 5비구 중의 하나이다. 이 품에서는 다른 품과 달리 학문적으로 세밀하게 따지지 않고 외도의 잘못된 집착을 파해 나간다.

6. 대승 열반경의 핵심

> 부처님은 삼라만물의 형태로 몸을 나투어 이 세상에 항상 계시고, 극악무도의 상징인 일천제도 성불할 수 있다고 한다. 그렇다면 모든 중생이 성불할 수 있다는 말이 아니겠는가.

　대승 《열반경》의 핵심사상은 무엇인가. 어떤 작품을 읽을 때 작자가 주장하려고 하는 것을 미리 알고 읽는 것과 자신이 읽어서 대의를 파악하려고 하는 데는 각기 장단점이 있다. 다른 사람 특히 자기보다 월등히 높은 지적 수준과 권위를 가지고 있는 사람이 어떤 책의 대의를 말해 주고 그 대의를 중심으로 읽어 보라고 하면 읽는 사람 자신의 창조적인 관찰력이 압박을 당할 수가 있다. 미리 아무런 정보도 없이 읽을 때 나름대로의 독특한 이해가 나올 수 있다. 반면에 깊은 사상을 담고 있는 책을 읽을 때 그 책의 내용이나 대의 핵심에 대한 정보가 없으면 마치 지도 없이 운전하는 것과 같고 나침반 없이 항해하는 것과도 같다. 이처럼 《열반경》은 간단히 소화시킬 수 있는 경이 아니다. 보통 사람이 쉽게 잡을 수 없는 깊이가 있다.

　예로부터 《열반경》의 핵심사상을 불신상주(佛身常住)와 실유불성(悉有佛性)이라고 말해 왔다. 부처님의 몸이 이 세상에 항상 머물고 모든 중생은 부처가 될 성품을 가지고 있다는 것이다. 그렇다면 부처님의 몸이 어디에 머무르시는가 하는 의문이 생긴다. 바로 우리가 가지고 있는 불성에 부처님이 상주하고 있다고 대답할 수 있다. 부처님의 몸과 우리가 가지고 있는 불성은 귀한 것이기는 하되 어떤 개체적인 것이 아니다. 몸뚱이가 개별적으로 크다 작다고 할 수 있는 것이 아니고, 또 다이아몬드나 금으로 된 보물처럼 별도로 숨겨져 있는 것이 아니다. 부처님의 몸은 이 세상 전부이고 세상의 질서는 그 부처님 몸의 호흡작용이다. 우리 모든 중생들이 그 안에 살고 있다. 그래서 부처님의 몸이 우리 중생의 불성에 머물고 있다고 말해도 좋고 우리가 부처님의 몸으로 살고 있다고 해도 좋다. 그래서 '불신상주 실유불성'을 '모든 중생의 불성에 항상 계시는 부처님의 몸' 또는 '우주라는 부처님의 호흡 속에서 모든 중생들은 그 부처님의 몸을 향유할 권한을 가지고 있다'고 바꾸어 풀이할 수도 있다.

《열반경》의 대의를 말할 때, 불신상주 실유불성 대신에 불신상주 천제성불(闡提成佛) 즉 부처님의 몸은 이 세상에 항상 계시고, 아무리 극악무도한 일천제(一闡提)라도 성불할 수 있다는 말로 쓰기도 한다. 하지만 실유불성이나 천제성불이 크게 다를 바 없다. 극악무도의 상징인 일천제가 성불할 수 있다는 말은 모든 중생이 다 성불할 수 있다는 말과 같기 때문이다.

《열반경》의 대의 핵심을 말할 때 불신상주·실유불성·천제성불을 보조하는 것으로 상락아정(常樂我淨)·삼보일체(三寶一體)·삼승귀일(三乘歸一)·율행불신(律行佛身)을 들 수 있다. 열반사덕(涅槃四德)은 상락아정인데 열반에 들면 그 열반의 경지에서는 모든 것이 진정으로 항상하고 즐겁고 진정한 나이고 깨끗하다는 것이다. 삼보일체는 불법승(佛法僧)의 삼보(三寶)가 한 몸이라는 것이다. 삼승귀일은 낮은 수준의 삼승이 불성의 발현을 통해서 일승으로 돌아간다는 뜻이고, 율행불신은 정법을 지키고 행동하는 데에 부처님의 몸이 항상 머무른다는 뜻이다. 상락아정·삼보일체·삼승귀일·율행불신이 모두 불신상주와 실유불성 또는 불신상주와 천제성불의 사상을 보조적으로 나타내면서 그것들과 한 타래로 연결되어 있다. 그래서 불신상주·실유불성·천제성불·상락아정·삼보일체·삼승귀일·율행불신의 일곱 가지 가운데서, 어느것 한 가지만 들어도 다른 여섯 가지가 모두 끌려 나오고 그

하나에 포함되거나 그 하나를 뒷받침해 준다.

첫째, 불신상주는 부처님의 몸이 항상 이 세상에 머무르신다는 뜻이다. 우리 중생들은 육신에 의해서만 부처님을 보게 되므로 육신이 사라지는 것을 부처님의 죽음이라고 생각한다. 그러나 진정한 부처님의 몸은 육신으로 된 것이 아니라고 한다. 있는 것과 없는 것을 넘어선 저편에 있다고 한다. 이것을 법신(法身)이라고 한다. 육신을 물위에 비친 달이라고 한다면 법신은 하늘에 있는 달과 같다. 법신이 물위로 오지만 새롭게 온 것이 없고 물을 떠나지만 새롭게 떠날 것이 없다. 부처님의 몸은 법신으로서 옴도 없고 감도 없이 항상 이 세상에 계시다는 비유이다.

부처님이 오고 감이 없으면서도 열반에 드는 것은 중생들의 오해를 막기 위해서이다. 부처님의 진정한 몸은 몸을 떠나서 있는데 계속해서 육신에 머무르면 중생들은 부처를 이루면 오래 살 수 있는 것으로 잘못 알기 때문이다. 그래서 과거의 모든 부처님들이 열반에 들었던 것과 같이 석가모니 부처님도 열반에 드는 것이다.

둘째, 실유불성은 모든 중생에게 다 부처가 될 성품이 있다는 뜻이다. 모든 중생에게는 평등하게 부처가 될 수 있는 자질이 본래적으로 갖추어져 있다. 존재에는 반드시 존재의 가치가 갖추어져 있다는 말이다. 모든 중생은 욕망으로부터 해탈할 수 있고 또 열반이 주는 상락아정도 누릴 수가 있다. 존재 그 자체가 불성이어서 불성을 새롭게 만들어 내는 것이 아니므로 부처의 행동을 지으면 불성의 부처가 움직이는 것이 된다는 것이다.

셋째, 천제성불은 아무리 극악무도한 사람도 성불할 수 있음을 나타낸다. 영원히 구제받지 못할 사람을 불교에서는 일천제(一闡提, Ic-chantika) 또는 줄여서 천제(闡提)라고 부른다. 그런데 《열반경》은 그 일천제마저도 성불할 수 있다고 가르친다. 이것은 중생이 부처가 될 성품을 가지고 있다는 데서 더 나아가, 반드시 부처가 된다는 것을 밝힌 것이다.

우리가 아무리 불성을 가지고 있다고 하더라도 그 성품을 개발해서 부처를 이루지 못하면 아무 소용이 없다. 또 불성이 있더라도 악인은 성불하지 못한다고 하면 그 경우 악인에게는 불성이 없는 것과 같다. 일천제가 성불할 수 있다는 말은 아무리 욕심과 번뇌가 많은 우리도 반드시 성불할 수 있다는 확언인 것이다.

넷째, 열반사덕은 열반에 상락아정이라는 네 가지의 좋은 특징이 있다는 것이다. 중생들은 업과 욕망에 의해서 살기 때문에 항상하지 않은 것을 항상하다고 하고 즐겁지 않은 일을 보고도 즐겁다고 한다. 그러나 깨달음을 얻어 생사를 해탈한 이가 아니면 진정한 항상함(常)·진정한 즐거움(樂)·진정한 나(我)·진정한 청정(淨)을 음미할 수가 없다. 이 네 가지를 줄이면 상락아정(常樂我淨)이 되는데, 이것이 바로 열반에서 얻어지는 열반사덕이다.

다섯째, 삼보일체는 불법승의 삼보가 한 몸이라는 뜻이다. 부처님과 부처님이 가르친 진리와 그 가르침을 행하는 사람이 하나라고 새롭게 강조하는 데는 이유가 있다. 부처님의 몸은 어디에 있고, 불성을 가진 사람이 어떻게 부처를 이루는가를 새로운 각도에서 보여 주기 위해서이다. 먼저 승보(僧寶)의 사람을 중심으로 해서 말한다면, 부처님과 진리는 그것을 닦는 사람에게 있다는 것이고 부처님을 중심으로 해서 말한다면 진정한 수행자와 진리는 부처님에게만 있다는 것이다. 그리고 부처님과 승보는 진리에 의해서만 참으로 존재한다는 것이다.

이 삼보일체를 불도를 닦는 우리를 중심으로 좀 확대해서 표현한다면 우리가 부처님의 가르침대로 행하기만 하면 새롭게 부처를 이루거나 진리를 깨달을 필요가 없이 그대로 부처이고 그대로 진리라고 할 수 있다. 진정으로 불도를 행하는 사람은 바로 부처이며 진리이고, 반대로 행동하지 않는 부처님은 없으며 부처님은 반드시 행동한다는 것이다.

여섯째, 삼승귀일은 낮은 수준의 삼승이 불성의 발현을 통해서 일승으로 돌아간다는 뜻이다. 삼승이란 성문(聲聞)·연각(緣覺)·보살(菩薩)이다. 그리고 일승이란 일불승과 같은 말로 부처를 말한다. 삼승과 일승은 다같이 불도를 닦아서 얻은 결과이지만, 삼승이 낮고 미진한 수준의 것이라면 일승은 완전한 수준의 것이라고 할 수 있다. 낮은 수준의 불도 수행 성과인 삼승이 높은 수준의 불도 수행 성과인 일승으로 돌아간다는 말은 천제성불을 다른 각도에서 표현한 것이다. 극악한 일천제도 부처가 될 수 있다면 대승법에서 아직 부족하다고 생각되는 성문·연각·보살은 당연히 일불승으로 돌아갈 수 있다는 것이다.

또 다른 방면에서 말한다면 열반에 드시는 부처님이 항상 머무르시는 곳이 바로 일체중생의 불성이라고 했다. 일체중생의 불성이 바로 부처님의 몸이다. 아직 미혹의 중생에게도 일승의 부처님이 머무르신다면 상당히 공부가 진척된 삼승에게 법신 부처님이 머무르시는 것은 말할 필요도 없다. 《열반경》은 우리가 새롭게 불성을 만들어야 한다고 하는 것이 아니라 불성이 본래부터 있다고 했다. 그렇다면 부처님의 법신을 담고 있는 삼승이 불도를 행하기만 하면 그대로 일승이 아니고 다른 무엇이겠는가. 수행을 전제로 할 때 삼승은 그대로 일승이요 일승은 그대로 삼승인 것이다.

일곱째, 율행불신은 정법을 지키고 계율의 행동을 하는 데에 부처님의 몸이 항상 머무른다는 뜻이다. 《열반경》은 대승법을 두호하고 계율 지키기를 강조한다. 부처가 된다는 것은 새롭게 불성을 만드는 일이 아니라 이미 우리의 성품 속에 있는 부처가 움직이게 하는 것일 뿐이기 때문에 부처님의 가르침을 행하고 계율을 지킨다면 그 자리에 바로 부처가 나타난다. 그 부처는 열반에 들지만 이 세상에 항상 머무르시는 석가모니 부처님의 법신 부처님이다. 그러므로 계행을 강조하는 《열반경》에서 계율의 행은 바로 부처님 몸이 머무르는 곳이 된다.

이 율행불신이라는 말은 과거에 쓰던 말이 아니고 필자가 만들어 본 말이다. 그렇지만 그 발상은 이미 《열반경》과 조사 스님들의 《열반경》 풀이에 들어 있다. 부처님은 이미 진리와 계율에 의지하라고 말씀하셨으므로 계율을 지키는 데서 부처님의 몸이 나타나는 것은 당연한 일이다.

7. 순타와 가섭 보살

> 순타와 가섭이 소승 열반경과 대승 열반경에서의 역할과 성격이 다른 것은 소승 열반경과 대승 열반경의 차이에서 기인한다. 소승 열반경은 부처님의 열반을 사실적으로 묘사하는데⋯⋯

소승 《열반경》에서와 달리 대승 《열반경》에서의 순타(純陀)와 가섭 보살은 새로운 이미지로 등장한다.

소승 《열반경》에서 대장장이 아들 순타는 자신의 망고 동산에 머무르시던 부처님을 초청해서 스카라 맛다바(栴檀樹耳)를 공양으로 올렸었다. 순타의 공양물로 인해서 부처님은 열반에 드시게 된다. 부처님은 순타가 걱정되었다. 첫째는 자신이 올린 잘못된 공양에 대해서 스스로 괴로워할 것이고, 둘째는 다른 이들이 순타를 비방할 것이기 때문이다. 그래서 부처님은 열반에 드는 부처님에게 마지막 공양을 올리는 공덕을 쌓은 사람으로 순타를 높여서 위로하신다. 그러나 아무리 부처님이 순타를 위로하더라도 상한 음식을 부처님에게 올린 죄책감은 그대로 남을 수밖에 없다.

그런데 대승 《열반경》에서는 순타가 문수 보살도 상대하기가 쉽지 않은 보살의 경지에 이른 사람이 되어서 나타난다. 대승 《열반경》의 〈서품〉에서 부처님은 무량세계에서 오는 헤아릴 수 없이 많은 대중들이 부처님에게 공양 올리기를 청해도 응하지 않으셨다. 공양을 받을 때가 아니라는 이유에서였다.

그러나 〈순타품〉에서 부처님은 순타에게 열반에 들기 전에 최후의 공양을 올릴 수 있도록 허락하신다. 그러자 대중들은 순타를 찬탄한다. 그 칭송을 〈순타품〉에서 들어 보자.

　　착하도다, 착하도다, 희귀할사 순타여! 그대의 이름이 헛되지 아니하도다. 순타란 말은 '묘하게 안다'는 뜻이니 그대가 지금 이러한 이치를 세웠으므로 실제를 따르고 뜻을 의지하여 순타라는 이름을 지은 것이로다. 그대는 이제 이 세상에서 큰 이름을 얻고 공덕과 소원을 만족하였으니 기특하도다, 순타여. 사람의 세상에 나서 얻기 어려운 다시없는 이익을 얻었으니 착하도다, 순타여. 마치 우담바라 꽃이 세간에 희유한 것처럼 부처님이 세상에 나심이 어려운 일이고, 부처님 세상을 만나 신심을 내고 법문을 들음이 더욱 어렵고, 부처님이 열반에 드시려 할 때에 마지막 공양을 마련하는 것은 이보다도 더욱 어려우니라.

　　부처님의 세상 출현을 만나는 것, 부처님의 법문을 듣고 신심을 내는 것, 부처님이 열반에 들기 직전에 공양을 올리는 일은 삼천 년 만에 한 번씩 피는 우담바라 꽃을 만나기보다도 더 어려운데 순타가 바로 그 공양을 올릴 주인공이 되었다고 찬탄한다. 여기서는 순타가 공양을 올려서 부처님이 병을 얻은 것이 아니라 부처님이 열반에 들려고 할 때 일부러 순타의 공양을 받으려고 하는 것으로 되어 있다. 그래서 순타에게는 영광만 있을 뿐 죄가 될 만한 것은 흔적조차도 없다. 대장장이 아들 순타는 아주 다른 사람이 되어서 등장한다.

　　부처님・문수 보살・순타가 공양에 관한 대화를 나누는데 순타는 부처님이 더 오래도록 이 세상에 머물러 주시기를 부탁하면서도 다른 한편으로는 부처님의 법신은 오고 감이 없고, 음식을 받고 안 받음이 없다고 설파한다. 문수 보살이 순타에게 부처님께 이 세상에 오래 계시라고 떼를 쓰지 말고 변화하는 모든 사물의 성품과 모양을 관찰하라고 말하자 순타는 다음과 같이 대답한다.

문수사리여, 여래께서는 천상·인간에서 가장 높고 가장 훌륭하시니 이러한 여래가 어찌 변화되는 법이겠나이까. 변화되는 법이라는 것은 났다 없어졌다 하는 법이니, 마치 물거품이 고대 생겼다 고대 꺼지며, 굴러가고 굴러 오기를 수레바퀴와 같이하는 것이니, 모든 변화되는 법은 이런 것이 아닙니까. 내가 듣기에는 하늘들의 수명은 매우 길다는데 하늘 중에 하늘이신 세존의 수명이 이렇게 짧아서 백 년도 차지 못하겠나이까. 한 고을의 주인이 되어도 그 세력이 자재하고 그 자재한 세력으로 다른 사람을 다스리다가 그의 복이 다하여 빈천하여지면 다른 이의 경멸을 사고 남의 다스림을 받는다 하니 그것은 세력을 잃은 탓입니다. 부처님도 그리하여 모든 변화되는 법과 같을진대 변화되는 법과 같은 일을 어떻게 '하늘 중의 하늘'이라 하오리까. 변화되는 법은 나고 죽는 법인 탓이오니, 문수사리여, 여래가 변화되는 법과 같다고 하지 마사이다. 또 문수사리여, 여래가 변화되는 법과 같다는 것은 알고 하는 말입니까, 모르고 하는 말입니까. 만일 여래가 변화되는 법과 같다면 이 삼계 가운데서 하늘 중의 하늘로 자재하신 법왕이라 말할 수 없나이다.

여기서 순타는 부처님이 변화되는 법칙 아래에 있는 분이 아니라는 것을 강조한다. 하늘의 임금도 세상에서 변화되는 법으로부터 벗어나는데 하물며 하늘 중의 하늘인 부처님이 무상하게 변화되는 법칙의 지배를 받을 리가 없다는 말이다.

순타가 열반에 드는 부처님의 몸이 그저 떠나는 것이 아니라 이 세상에 항상 머무르신다는 불신상주의 도리를 문수 보살에게 자세히 설명하자 문수 보살은 마침내 순타가 보살의 경계에 이르렀음을 인정한다. 문수 보살은 "그렇다. 그대의 말과 같으니라. 나도 이 일을 모르는 것 아니지마는 그대에게 보살의 경계를 시험하려 한 것이니라."라 한다. 이외에도 문수 보살의 순타에 대한 칭찬은 요란하다. 부처님의 순타에 대한 칭찬도 있다.

문수 보살은 순타가 보살의 경계에 이르렀다고 인정하고, 부처님은 순타가 여래가 중생을 위한 방편으로 열반에 드는 줄을 안다고 칭찬한다. 소승 《열반경》에서는 죄인이던 순타가 대승 《열반경》에서는 부처님이 열반에 드는 깊은 뜻을 간파하는 높은 경지에 이른 사람으로 등장한다.

가섭 보살도 순타와 마찬가지로 대승 《열반경》에서 새로운 성격의 인물로 등장한다. 소승에서의 가섭 존자는 성문(聲聞)이었다. 소승 《열반경》에서 부처님이 열반에 드시고 7일째 되는 날 가섭 존자가 비구 500명을 이끌고 쿠시나가라로 가는 도중에서 부처님의 열반 소식을 듣고 다음과 같이 말한다.

그만두시오, 여러분! 비탄해 하지 마시오. 세존께서는 항상 말씀하지 않으셨던가? '아무리 사랑하고 마음에 맞는 이라도 마침내는 달라지는 상태, 별리의 상태, 변화의 상태가 찾아오는 것이다. 그것을 어찌 피할 수 있겠는가? 이 세상에 태어나고 만들어지고 무너져 가는 것, 그 무너져 가는 것을 붙잡고 무너지지 말라고 만류한다 해도 그것은 도리어 맞지 않는 것이다'라고. 여러분! 세존의 육신이라도 그것은 마찬가지인 것이오.

소승 《열반경》에서 가섭 존자는 슬퍼하는 비구들에게 슬퍼하지 말라고 하면서, 부처님이 평소에 가르치신 무상법을 상기시킨다. 그런데 여기서 중요한 것은 이 세상에 변화의 상태가 찾아오는데 그것은 누구도 피할 수가 없고 세존 즉 부처님의 육신도 마찬가지로 무너짐의 원칙을 벗어날 수 없다는 것이다. 부처님은 무너지는 것을 무너지지 말라고 붙잡아도 소용없다고 하셨으니, 부처님의 몸이 무너짐을 보고 슬퍼하는 일은 무의미하다는 것이다.

그렇지만 대승 《열반경》에서 부처님이 열반에 드는 것은 이런 이유에서가 아니지 않은가. 부처님과 가섭 보살은 대승 《열반경》〈금강신품〉에서 이런 대화를 나눈다. 먼저 부처님이 가섭 보살에게 말씀하신다.

"선남자여, 여래의 몸은 항상 머무르는 몸이며 깨뜨릴 수 없는 몸이며 금강 같은 몸이며 잡식하지 않는 몸이니, 바로 법신(法身)이니라."
가섭 보살은 부처님의 가르침을 따라 이렇게 말한다.
"세존이시여, 참으로 그러하옵니다. 거룩하신 말씀과 같이 부처님 법은 한량이 없고 헤아릴 수 없으며 여래도 그와 같이 헤아릴 수 없나이다. 그러므로 여래는 항상 있어 깨지지 아니하며 바뀌지 아니하는 줄을 알겠사오니, 나도 지금 잘 배우고 남에게도 이런 이치를 널리 연설하겠나이다."
그러자 부처님의 가섭 보살에 대한 칭찬이 뒤따른다.
"좋다, 좋다! 여래의 몸은 금강 같아서 깨뜨릴 수 없나니 보살들은 이렇게 바른 소견과 바른 지혜를 잘 배워야 하느니라."

부처님과 가섭 보살의 대화에서 보듯이, 대승 《열반경》에서 가섭 보살의 부처님 몸에 대한 이해는 소승 《열반경》에서 가섭 존자가 이해한 것이 아니다. 부처님 몸을 영원히 부서지지 않는 다이아몬드 같다고 이해하고 고백한다. 또 부처님으로부터는 바로 알았다고 인증도 받는다.

부처님의 몸을 영원히 부서지지도 없어지지도 않는 것으로 이해할 때, 그에 따라 다른 교리관도 모두 바뀌어진다. 대승 《열반경》에서 하나의 보살로 등장한 가섭은 소승 《열반경》에서는 도저히 상상할 수 없는 불신상주·실유불성·천제성불 등을 확실히 인정하고 터득한 입장에서 부처님의 가르침을 유도해 낸다.

선종에서 전하는 삼처전심(三處傳心) 가운데 곽시쌍부(槨示雙趺)

즉 가섭 보살이 늦게 도착해서 인사를 드리니까 부처님이 발을 관 밖으로 내보였다는 이야기는 대승적인 것이라고 하겠다.

   순타와 가섭이 소승 《열반경》과 대승 《열반경》에서 역할과 성격이 다른 것은 소승 《열반경》과 대승 《열반경》의 차이에서 기인한다. 소승 《열반경》이 부처님의 열반을 사실적으로 기술한 데 비해서 대승 《열반경》은 부처님의 열반을 종교적으로 차원을 높여서 해석하기 때문이다.

둘·째·마·당

열반 전후 과정의 사실적 묘사

―――――●―――――

밧지 족이 노인에게 공경·예배하고 공양하는 한, 그 나라에는 번영이 기대될 뿐 쇠망은 없을 것이다.
(소승 열반경)

릿챠비 족 사람들은 유녀 암바팔리에게 부처님께 공양을 올릴 수 있는 기회를 빼앗긴 데 대해서 땅을 치면서 안타까워했다.
(소승 열반경)

"아난다여! 내가 죽은 다음에 자신을 의지처로 하고, 진리를 귀의처로 하며, 다른 것에 의지하지 않고 산다면, 그런 사람은 어두운 세계를 초월하여 배움을 추구하는 사람이라고 할 수 있으리라."
(소승 열반경)

"비구들아! 이제 나는 너희들에게 알리노니, 만들어진 것은 모두 변하느니라. 게으름 피우지 말고 열심히 정진해서 수행을 완성토록 하라."
(소승 열반경)

8. 소승 열반경의 줄거리 (소승 열반경 1)

> 단 1겁 동안 만이라도 이 세상에 머무르시라고 부탁하는 아난 존자에게 부처님은 무량수명의 '삼매에 있으므로 수명을 늘릴 수 있지만 세상의 무상을 중생들에게 알리려고……

　80세에 가까워진 부처님은 당시 인도의 여러 나라 가운데서 중심지라고 할 수 있는 마가다국의 라자그리하 즉 왕사성에 계셨다. 그때 마가다국의 왕은 아버지 빈비사라 왕을 가두고 왕위를 빼앗은 아사세였다. 아사세 왕은 다시 이웃 나라인 밧지 국을 침략하리라 마음먹고 부처님에게 사신을 보내서 자문을 구했다. 힘을 덜 들이고 그 나라를 정복할 수 있는 지혜를 얻기 위해서였다.
　평화를 사랑하는 부처님이 침공에 필요한 지혜를 줄 리가 없다. 아사세 왕이 보낸 사신을 상대하지 않고 아난 존자에게 밧지 국 국민들의 생활 태도를 묻는다. 가정·사회·나라가 안정되는 기본 자세 일곱 가지를 묻고 아난은 밧지 국 사람들이 건실하게 산다고 대답한다. 부처님은 밧지 국 사람들이 그 일곱 가지 가운데 한 가지만 실천해도 정복할 수 없는데 하물며 일곱 가지를 다 지킨다면 도저히 그 나라는 무너뜨릴 수 없다고 말한다. 나라를 튼튼하게 하는 이 일곱 가지 법은 일반인들을 위한 것이므로 부처님은 다시 승려들이 지켜야 할 일곱 가지 법도를 설하신다.
　대화를 마치고 부처님은 쿠시나가라를 향해서 왕사성을 떠난다. 도중의 코티 마을에서 부처님은 다시 사성제(四聖諦)의 가르침을 설하신다. 이 세상은 괴롭다는 것, 괴로움의 원인은 미혹과 욕망의 집착에 있다는 것, 번뇌의 불을 끈 열반의 세계가 있는데 열반에 이르려면 도를 닦아야 한다는 것에 대해서 설하신다. 이것이 고집멸도(苦集滅道) 사성제인데 이 사성제는 부처님의 기본적인 가르침이기 때문에 자주 설하신다.

나디카라는 마을에 부처님이 머무르실 때, 아난 존자는 그 마을에서 죽은 승려와 신도들이 있음을 말하고 그들이 사후에 어디로 갔는지를 여쭙는다. 부처님은 공부에 따라서 좋은 세계에 태어난다고 설하신다. 더 많은 망인들의 사후 처소에 대해서 묻자 부처님은 사람이 죽을 때마다 일일이 여래의 처소에 찾아와서 죽은 사람의 간 곳을 묻는 것은 번거로운 일이므로 계율과 선정과 지혜를 잘 닦으면 누구나 좋은 데 태어나고 깨달음에서 물러나지 않는다고 대답하신다.

그런데 베살리 부근에서 우기 안거(安居)에 든지 얼마 되지 않아서 부처님은 중병에 걸리신다. 비가 오는 우기에는 부처님과 제자들은 일정한 수도 장소에 모여서 공부를 한다. 이것을 안거라고 한다. 안거 중에 독한 병에 걸린 것이다. 부처님은 극심한 고통에 시달리면서도 바로 열반에 들면 제자들이 어찌할 바를 모를 것이라는 것이 걱정되었다. 그래서 고통을 참으며 삼매에 들어서 수명을 지켰다.

병이 회복된 후에 부처님은 제자들에게 유명한 자등명 법등명(自燈明 法燈明) 즉 자기를 의지하고 진리를 의지할 것이며, 다른 것에 의지하지 말라는 가르침을 내리신다. 여기서 자기란 업이나 환경에 의해서 끌려가는 나가 아니라 홀로 있는 그 자리, 어떤 것에 의해서도 영향을 받지 않는 본래의 청정한 마음을 말한다. 진리는 바로 부처님이 가르치신 것인 동시에 우주의 모든 생명들로 하여금 아무런 충돌 없이 평화롭게 존재케 하는 정신적·육체적 우주질서를 말한다. 부처님은 자기와 진리를 나누어서 말씀했지만 진정한 자기는 우주질서에 어긋나지 않는 자기일 것이므로 결국 자기와 진리는 둘이 아닌 하나가 되는 것이다.

부처님은 아난 존자에게 자신이 마음만 먹는다면 1겁 이상의 수명도 누릴 수 있다는 말을 하면서 입멸(入滅)을 암시한다. 네 가지 신비한 능력을 통달해서 일상생활에서 실천할 수 있으면 원하는 대로 살 수 있는데, 부처님은 신비한 네 가지 능력을 다 성취하셨기 때문이다. 이 네 가지를 사신족(四神足)이라고 하는데, 즉 삼매의 신비로운 경계를 얻고자 하는 것, 삼매를 닦기 위해서 부지런히 노력하는 것, 마음이 삼매의 상태에 있는 것 그리고 그 삼매의 신비 경계를 여실히 관찰하는 것이다.
　이것은 항상 삼매 속에서 사는 것을 의미하는데 그렇다면 죽음이니 삶이니 할 것이 없으므로 수명의 길고 짧음을 말하는 것은 무의미하다. 그래서 부처님은 자신이 사신족의 삼매에 있으므로 수명을 자유롭게 늘이고 줄일 수 있다고 말씀하신다. 부처님은 다른 한편으로는 중생들에게 세상의 무상을 알려야 할 필요가 있다고 생각하신다. 그렇지 않으면 중생들이 부처님의 깨달음을 영구수명을 얻기 위한 것으로 오해할 염려가 있기 때문이다. 이런 뜻에서 부처님은 아난 존자에게 넌지시 수명의 자재를 말하면서 열반에 들 것임을 암시하지만, 아난 존자는 그 말을 제대로 알아듣지 못하고 1겁 동안 이 세상에 머무르시라는 부탁만 반복한다. 부처님은 아난의 청이 잘못되었다고 타이르신다. 여러 가지 법문을 설한 부처님은 마침내 유위(有爲)의 무상함을 말하면서 3개월 후에 열반에 들 것임을 예언하신다.
　파바(Pavā) 마을에서 부처님은 대장장이 아들 순타(純陀, Chunda)로부터 공양 초청을 받고 그것에 응하겠다고 승낙하신다. 부처님은 그 공양물로 인해 다시 회복할 수 없는 중병에 걸리신다.
　말라 족의 아들 풋쿠사로부터 화려한 금색의 옷을 받고 법문을 해 준 다음에 부처님은 쿠시나가라 근교 사라쌍수(娑羅雙樹) 숲속에서 완전히 열반에 들 것이라고 아난 존자에게 말씀하신다. 부처님의 열반은 순타의 공양에 원인이 있었지만 부처님은 순타를 원망하거나 꾸짖기는커녕 오히려 순타가 죄책감에 괴로워할 것을 염려하신다. 또 다른 이들로부터 부처님을 열반에 들게 한 장본인이라고 비난을 받을까도 걱정하신다. 그래서 부처님은 아난 존자에게 순타를 위로해 주라고 부탁하신다. 그리고 열반에 들기 전에 올린 공양의 공덕을 순타에게 말해 주라고 하신다. 순타가 무여열반에 드는 여래에게 올린 최후의 공양은 다른 어느 공덕보다도 더 크다는 것이다.

부처님은 쿠시나가라 사라쌍수 아래에서 머리를 북쪽으로 하고 오른쪽 허리는 아래로 하며 발은 겹쳐서 사자가 눕듯이 누우신다. 방에서는 우기의 하안거를 보낸 비구들이 부처님의 열반을 보기 위해서 구름처럼 몰려든다. 부처님은 화장의식의 절차를 일러주고 자신의 유해는 왕족·바라문·자산가들에 의해서 보존되도록 하라고 말씀하신다. 비통해 하는 제자들을 향해서 부처님은 그전에 가르친 법(法)과 율(律)을 상기시킨다. 부처님의 가르치신 진리와 계율을 터득하고 행동하면 자신의 가르침을 직접 듣는 것과 같다고 위로한다. 부처님이 아무리 오랜 세월을 이 세상에서 머무른다고 하더라도 다시 더 가르칠 것이 없다는 말씀이었다.

부처님은 사선(四禪)과 사무색정(四無色定)의 삼매 속을 넘나드신다. 산천도 조용히 있었고 비구들은 침 넘기는 소리도 내지 못한다. 마침내 부처님이 고요히 열반에 드신다. 출가와 재가의 제자들이 하늘이 무너진 듯이 비통해 한다. 이 세상에 있는 모든 것들도 다 슬퍼했다.

부처님의 시신에는 음악·꽃·향 등의 공양이 올려지고, 전륜성왕을 화장하는 의식에 따라서 부처님을 새 옷과 무명베로 5백 번 교대로 감싼 다음 철로 만든 관에 모신다. 그리고는 온갖 종류의 향기 나는 장작을 쌓아 올려 만든 화장대 위에 부처님의 시신을 모신다.

한편 화장 절차가 진행되는 시간에 부처님의 상수제자인 가섭 존자는 500명의 비구들과 함께 쿠시나가라로 가는 중이었다. 도중에 부처님의 열반 소식을 듣고 깊이 슬퍼한다. 그러나 부처님이 평소에 가르치신 무상·무아·고·공의 법을 생각하면서 복받치는 슬픔을 억누른다.
 부처님의 열반 터에서는 제자들이 다비대에 불을 붙이려 해도 도무지 불이 붙지 않았다. 가섭 존자와 500명의 비구들이 부처님의 열반을 지켜 보지 못했고, 아직 도착하지 못했기 때문인 듯 가섭 존자가 500명의 비구와 함께 부처님의 유해에 예배를 드리자, 화장대에서는 저절로 불이 피어 올랐다. 불가사의하게도 시신의 유골만 여덟 말로 남고, 살·근육·관절즙 등은 자취를 남기지 않고 깨끗하게 소각되어 사라져 버렸다.
 마가다의 아사세 국왕을 비롯한 여러 나라의 왕들이 부처님의 사리를 모시겠다고 사신을 보낸다. 그러나 쿠시나가라 지역의 말라족은 자기의 영역 안에서 부처님이 열반에 들었기 때문에 사리를 나누어 줄 의무가 없다고 말한다. 그러자 사리를 얻으려는 각국의 대표들 사이에 험악한 분위기가 감돈다. 잘못되면 사리를 얻기 위해서 싸움이 일어나고 마침내는 전쟁으로 확대될지도 모를 지경에 이르른다.
 그때 도나라는 바라문이 묘책을 낸다. 여덟 나라가 공평하게 사리를 나누어 모시자는 제안이었다. 각국의 대표들은 화해를 하고 여덟 말의 사리를 8개국에서 골고루 나누어 탑을 조성해 모신다. 도나 바라문은 사리를 담았던 항아리를 모셨고 뒤늦게 도착한 다른 부족은 다비할 때 남은 재만 모시게 되었다.

9. 칠불쇠법(七不衰法)과 아사세 왕(소승 열반경 2)

> 내가 사는 국토를 내 애인처럼, 내 자식처럼, 내 부모처럼 사랑한다면 공해 물질을 정화하지 않고 함부로 버리는 일도 없고, 관정을 방치해서 지하수를 오염시키는 일도……

소승 《열반경》에는 부처님의 나라가 발전하게 되는 일곱 가지 법과, 이웃 나라를 침공하려는 마가다국의 아사세 왕에 대한 이야기가 있다.

부처님이 마가다국 왕사성 영취산에 계실 때 마가다국 아사세 왕은 이웃 나라 밧지 국을 침공할 계획을 세우고 있었다. 아사세 왕은 사신을 부처님께 보내어 손쉽게 밧지 국을 정복할 지혜를 얻으려고 한다.

아사세 왕의 사신이 부처님에게 왕의 요청을 사뢰자 부처님은 그 사신에게는 대꾸도 하지 않은 채 아난 존자를 향해 다음과 같이 물으신다.

"아난아! 밧지 족은 자주 모임을 개최하고 그 모임에는 많은 사람들이 모인다는데, 너는 그 말을 들은 적이 있느냐?"

"예, 세존이시여! 저는 틀림없이 밧지 족이 자주 모임을 개최하고 그 모임에는 많은 사람들이 모인다고 들었사옵니다."

"아난아! 밧지 족에게는 번영이 기대될 뿐 쇠망은 없을 것이니라."

만약 어떤 집단이 자주 모임을 개최하고 모임에 그 집단의 구성원이 참석해서 집단의 문제를 상의하고 나아갈 방향을 정한다면 그 집단은 발전할 수밖에 없다는 말씀이다.

필자는 고등학교에 다니는 학생 두 명을 둔 어머니의 하소연을 들은 적이 있다. 어머니는 자식들의 공부가 걱정이 돼서 자주 공부하라고 말하는데 아이들은 그것을 간섭으로 생각하고 신경질적으로 싫어한다는 것이었다. 그래서 필자는 그 어머니에게 이런 방법을 일러드렸다. 일주일마다 하루를 정해서 정기적으로 가족회의를 가지라는 것이다. 그 회의의 주제는 가족에게 관계되는 일 전부로 잡고, 회의하는 중에 아이들에게 부모가 하고 싶었던 말과 아이들이 부모에게 하고 싶었던 말을 하게 하자는 취지였다.

필자가 말한 대로 그 어머니는 매주 주말마다 정기적으로 가족회의를 가졌다. 처음 몇 번의 모임에는 부모들의 고민을 주로 이야기했다. 어머니의 건강문제, 아버지의 직장에서의 어려움 등의 문제들을 주제로 삼자 아이들은 심각한 자세로 경청했다. 차츰 모임의 횟수를 더해 가면서 아이들의 생활 태도, 공부 자세 등도 화제에 올렸다. 아이들은 거부감 없이 자신들에게 지적되는 문제점을 일단 인정하고 고치려고 노력하는 것이었다. 아이들의 공부 태도뿐만 아니라 생활 자세도 달라졌다. 아이들뿐만 아니라 부모도 더욱 조심스러워졌다. 아이들의 움직임을 보는 대로 기분에 따라서 함부로 지적하는 일도 없어졌고, 말없는 부모의 태도를 아이들은 더욱 어려워했다. 그 집안의 정기 가족회의는 대성공을 거두었다. 그 집 큰 아이가 대학에 입학한 것은 물론이고, 둘째의 성적도 전에 비해서 현저히 높아졌다.

필자에게 무슨 특별한 도력이나 지혜가 있어서 그 어머니에게 가족회의를 해보라고 권한 것은 아니다. 이 아이디어는 바로 소승《열반경》의 부처님 말씀에서 얻었을 뿐이다.

나라가 번영하는 일곱 가지 방안의 두번째는, '모일 때와 헤어질 때에 뜻을 모으며 일족의 행사도 뜻을 모아 거행한다'는 것이다. 어떤 개인이나 그룹이 독단적으로 무슨 일을 처리하지 않고 무슨 문제가 생겼을 때 나라로 말하면 국론을 모으고, 가정으로 말하면 집안의 뜻을 맞춘다는 것이다. 내가 어떤 모임의 지도자나 최고 어른이라고 해서 그 모임을 위한다는 확신과 명분으로 혼자서 어떤 방향을 정하는 것이 아니라 그 모임 구성원의 뜻이 모여졌을 때 구성원들의 자발적인 협조를 끌어낼 수 있고, 일이 잘될 때는 다같이 보람의 기쁨을 나눌 수가 있다.

세번째는 '이미 정해지지 않은 것을 정하거나 반대로 정해진 것을 깨뜨리지 않고, 과거에 정해진 바에 따라 일족이 행동한다'는 것이다. 한 집단의 구성원들이 같이 생활을 할 때, 남에게 피해를 주지 않고 서로 이익되게 하기 위해서 다같이 지켜야 할 원칙을 정했으면 그것이 아무리 사소한 것이라고 하더라도 개인에 의해서 함부로 어겨서는 안 된다는 것이다. 지난 추석의 자동차 대이동 때에는 고속도로의 갓길로 달리는 사람도 없어졌고 고속도로 주변에 쓰레기를 버리는 사람도 거의 없어졌다고 한다. 그러나 오늘도 거리에 나가 보면 교통이 혼잡하다는 이유로 질서를 어기는 사람들을 많이 만나게 된다. 이미 정한 대로 행동하는 사람들로 가득한 사회는 건강하고 발전할 수밖에 없을 것이다.

네번째는 '일족 중에 늙은 노인을 경애하고 존중하며 숭배한다. 또 노인의 말씀을 잘 경청한다'는 것이다. 얼마 전에 우리는 70대의 노인 아들이 94세 된 어머니를 아내의 무덤으로 모시고 가서 살해한 사건을 들은 일이 있다. 70대 할아버지가 형제와 자식을 찾아가서 할머니 부양을 부탁했지만 모두 거절하자 할머니가 천대받으며 사는 것이 안타까워 이 같은 끔찍한 일을 저질렀다는 것이다.

만약에 어떤 사회의 구성원들이 자식을 공부시키고 출세시키기 위해서는 무슨 일이든지 다하면서 자신들의 부모나 조부모를 부양하는 것은 남의 일처럼 생각하거나 싫어한다면 그 사회는 멍든 사회이다. 그런 사회에는 황금주의와 이기주의가 팽배하게 될 것이다. 왜냐하면 부모는 나를 키워 주고 공부시켜 줄 때까지만 좋아할 사람이고 부모로부터 혜택받는 일이 끝나면 부모를 필요 없는 사람으로 생각하는 사회가 될 것이기 때문이다. 나와 나에게 베풀어지는 물질적 혜택만을 생각하는 자세가 바로 황금주의요 이기주의가 아니고 무엇인가. 그래서 부처님은 어떤 나라가 발전하려면 그 나라의 구성원들이 노인을 숭배하고 노인의 말씀을 경청하는 풍토가 선행되어야 한다고 가르치신다.

다섯번째는 '부인이나 규수를 폭력으로 붙잡아 가거나 구속하지 않는다'는 것이다. 여자는 약하기 때문에 잘 보호하라는 뜻 같다. 인도에서는 여러 가지 의미에서 힘 있는 사람이 여인을 함부로 붙잡아 가는 일이 있었던 것 같다.

서양 영화에 보면 전쟁중일지라도 적군에 속한 여자와 아이들은 다치지 않게 보호한다. 그런데 월남전쟁 때 미군들이 베트콩들과 전쟁을 하면서 뜻대로 전쟁이 풀리지 않자 남녀노소를 막론하고 한 마을 전체의 주민을 다 살해한 사건이 언론에 의해 폭로되어 미군의 도덕성이 크게 의심받은 적이 있다. 나라가 건강하려면 약한 여인들을 함부로 대하지 말고 잘 보살펴야 한다는 것이다.

여섯번째는 '일족에 속하는 국토와 국토 안의 모든 것을 소중히 여기고 공양하는 제식을 폐지하지 않는다'는 것이다. 국토와 국토 안에 있는 모든 것을 다 소중히 여기는 것은 환경이 함부로 파괴되는 요즘 더 절실하게 필요한 것 같다. 내가 사는 국토를 내 애인처럼, 내 자식처럼, 내 부모처럼 사랑한다면 공해물질을 정화하지 않고 함부로 버리는 일도 없고, 관정을 방치해서 지하수를 오염시키는 일도 없을 것이다. 산에 올라가서 쓰레기를 함부로 버리거나 차를 타고 가면서 거리에 담배꽁초나 껌 껍질을 서슴없이 버리는 일도 없을 것이다.

그리고 국토를 소중히 여기는 데서 한걸음 더 나아가 국토를 성지로 삼고 국토에 감사하는 고사의식 같은 것을 폐지하지 않고 실행해야 한다고 가르친다. 과학이 발달하고 도시가 커지면서 자연의 신비에 대한 경외심은 줄어들었지만 나라가 번창하려면 국토의 모든 것을 사랑하고 성스럽게 여겨야 한다.

일곱번째는 '존경받을 만한 이를 법으로 보호하고 존중해서 그들이 그 나라로 모이게 한다'는 것이다. 게으르고 꾀를 부리는 사람보다는 멍청한 듯하면서도 성실하게 일하는 사람, 이기적으로 공부하고 노력해서 출세하는 사람보다는 공부가 부족하고 출세하지 못했더라도 남을 생각하는 사람들이 존경받는 사회가 이룩되어야 나라가 번영하게 된다는 가르침이다. 우리 주변에는 존경받지 못할 사람이 존경을 받고 존경받아야 할 사람이 존경을 받지 못하는 경우가 많이 있다. 꼭 존경받을 만한 사람이 존경과 보호를 받고 그런 사람이 많이 모이는 나라가 될 때 그 나라는 번영할 수밖에 없다는 것이다.

소승《열반경》에 등장하는 아사세 왕은 석가모니 부처님이 처음 출가했을 때 가비라성으로 돌아가서 나라를 통치할 것을 권한 빈비사라 왕의 아들이다. 빈비사라 왕은 석가모니 부처님이 성도한 후에는 죽림정사를 지어서 바쳤고 왕비 위제희 부인과 함께 부처님을 의지하고 후원한 것으로 유명하다.

아사세 왕은 부처님 말년에 부처님의 이복형제인 제바달다의 꼬임을 받아서 아버지 빈비사라 왕을 가두고 왕위를 찬탈한다. 제바달다는 아사세의 힘을 빌려 교권을 장악하기 위해서 아사세를 충동질했으나 왕권 찬탈은 성공했음에도 불구하고 제바달다는 뜻을 이루지 못하고 만다.

아사세 왕을 생각하다 보면 감옥에 갇힌 남편 빈비사라 왕을 위해서 위제희 부인이 청결하게 목욕을 하고 온몸에 꿀과 쌀가루를 바르고 감옥을 찾아갔다는 이야기가 생각난다. 아사세 왕이 감옥에 있는 빈비사라 왕에게 음식을 주지 못하도록 엄명을 내리고 오직 위제희 부인만의 면회를 허용했으므로 빈비사라 왕의 먹을 것이라곤 오직 부인의 온몸을 혀로 핥는 데서 얻어지는 것뿐이었다. 이 이야기에 이르면 우리에게는 무엇인가 짜르르한 감동의 전율이 흐른다. 여기에는 왕권이 뒤바뀐 데서 오는 무상감·굶주림·미움·사랑 등이 미묘하게 얽혀 있기 때문이다.

아사세 왕은 조선시대의 세조처럼 악성 종기가 온몸에 퍼져서 고생했는데 과거의 죄를 부처님 앞에 나아가 뉘우치고 병이 나았다고 한다. 나중에는 부처님의 보호자가 되었고 부처님 열반 뒤에는 불경을 결집하는 데 큰 도움을 준다.

불경에는 영원히 미움을 받는 이는 아무도 없다. 아사세 왕도 나중에 자신의 죄값으로 지옥에 떨어지지만 자신의 잘못을 뉘우치고 부처님 앞에 나아가 참회한 공덕으로 벽지불이 되었다는 이야기가 전해진다. 또 부처님을 해친 제바달다마저도 용서된다. 그래서 《법화경》에는 그의 이름을 딴 〈제바달다품〉이 있다.

10. 부처님을 모시려는 마음들(소승 열반경 3)

> 부처님이 적을 두지 않았다는 말이 너무 부정적이고 소극적인 표현이라면 아끼고 사랑하지 않는 사람을 한 명도 두지 않았다는 표현이 더 적합할 것 같다. 부처님은……

 부처님에게 공양을 대접하려는 사람들의 열의에서 나타나듯이 부처님의 인격과 그에 대한 흠모는 대단하다.
 부처님이 베살리의 한 망고 동산에 머물게 되었을 때의 일이다. 그 동산은 암바팔리라는 기생의 소유였다. 암바팔리는 자신의 망고 동산에 부처님이 머무르신다는 말을 듣고 부처님 앞에 나아가 인사를 드리고 비구들과 함께 자신의 공양을 받아 주십사고 말씀드린다. 부처님은 침묵으로 암바팔리의 청을 수락하신다.
 암바팔리는 부처님을 모실 수 있다는 기쁨에 넘쳐서 공양을 준비하려고 마차를 타고 집으로 달려가는데 마침 도중에서 그 지역의 세력가인 릿챠비 족 사람들의 수레를 지나치게 된다. 그런데 암바팔리의 수레가 릿챠비 족 사람들의 수레를 쳐서 뒤집어지게 만들었다. 그러자 릿챠비 족 사람들은 화가 나서 암바팔리에게 항의한다. 암바팔리는 사죄를 드리고 부처님을 비구들과 함께 초청해서 공양을 올려야 하기 때문에 서두르느라고 그랬다는 사유를 말한다. 그러자 릿챠비 족 사람들은 자기들의 수레가 뒤집어진 것에 대해서는 잊어버리고 부처님과 비구들에게 공양할 수 있는 초청권을 10만 금을 받고 양도해 줄 수 없느냐고 묻는다. 그러자 암바팔리는 이 베살리 마을을 전부 다 준다고 해도 부처님을 모실 수 있는 영광을 넘겨줄 수는 없다고 대답했다. 릿챠비 족 사람들은 땅을 치고 후회하면서 여인에게 선수를 빼앗긴 것에 대해서 분해한다.

다음날 암바팔리의 정원에서 부처님과 비구들이 공양을 마친 후 암바팔리는 자신의 정원을 비구들에게 기증하고자 하오니 받아 주십사고 부탁드린다. 부처님은 그 청을 수락하신다. 그리고 다음과 같은 법문을 베푸신다.

이것이 계율이니라. 이것이 정신통일이니라. 이것이 지혜이니라. 또한 계율을 두루 닦은 정신통일에는 큰 과보와 이익 됨이 있고, 정신통일을 두루 닦은 지혜에도 큰 과보와 이익 됨이 있나니. 이렇게 지혜를 두루 닦은 마음은 애욕·생존·견해·근본무명 등의 번뇌로부터 바르게 해탈할 수 있느니라.

계율을 잘 지켜서 인격을 쌓고 잡된 망상에 흔들리지 않는 집중력을 가지고 또 지혜를 닦으라는 가르침이다. 간단히 말하면 계정혜(戒定慧) 삼학(三學)을 잘 닦으라는 것이다.

우리는 여기서 의문이 생긴다. 어떻게 부처님이 그토록 많은 사람들로부터 똑같은 흠모와 존경을 받을 수 있었느냐는 것이다. 옛날의 좋은 마차라면 지금의 고급 차와 같은데 자신의 고급 차가 뒤집어졌음에도 불구하고 부처님을 모시는 일을 더 소중히 여기고, 부처님과 비구들에게 공양을 올릴 수 있는 권한을 10만 금을 주고라도 사려고 하는 그 마음들이 부처님의 어떤 면을 보고 생겨나느냐는 것이다.

부처님이 누린 대중들의 흠모와 존경은 우선적으로 부처님의 자비에 찬 인격에서 유발된 것이라고 생각된다. 소승《열반경》의 전체 줄거리에서 느끼겠지만 부처님은 일생을 통해서 한 명의 적도 두지 않으려 하셨다. 아버지 빈비사라 왕을 죽이고 한때 부처님에게 적대감을 보이기도 했던 아사세 왕의 참회를 받아들이고 부처님의 위의에 도전한 제바달다도 탓하지 않는다. 또 잘못된 음식을 공양으로 올려서 부처님을 열반에 들게 한 순타도 부처님은 위로하신다.

부처님이 적을 두지 않았다는 말이 너무 부정적이고 소극적인 표현이라면 아끼고 사랑하지 않는 사람을 한 명도 두지 않았다는 표현이 더 적합할 것 같다. 부처님은 이 세상의 모든 사람을 마음의 밑바닥으로부터 사랑하는 일이 그 일생의 전부였다고 할 수 있다. 병에 시달리면서 다른 사람의 도움이 필요한 이들이 있을 때에는 부처님은 병자를 간호하는 것은 부처님을 모시는 것과 똑같은 복을 짓는다고 가르치셨고, 보살핌이 필요한 노인들이 있을 때에는 노인들을 잘 모시는 일이 부처님을 모시는 것과 똑같은 복을 짓는다고 설하셨다.

부처님은 용기도 대단하셨고 죽음을 두려워하지 않으셨다. 출가하기 전 왕실에서 싯달타 태자로 있을 때에 부처님은 온갖 스포츠에 능한 스포츠맨이었다. 앙굴마라가 부처님을 죽여서 살인 번호 백번을 채우겠다고 하면서 다가올 때 끄떡하지 않고 계시다가 흔들림 없는 눈길로 앙굴마라를 굴복시키고 교화한 것은 부처님에게 대단한 패기가 있었다는 것을 보여 준다. 부처님이 죽음을 무서워하지 않았다는 표현은 잘못된 것일 수도 있다. 부처님은 중생을 위해서라면 언제라도 자신의 목숨을 버릴 수 있는 자기 희생의 화신이었기 때문에 목숨의 있음과 없음에 관계없이 중생에게 사랑을 베풀기 위해서 다가가셨다.

부처님이 누린 인기의 원동력이 자비에 찬 인격에 있다고 보는 것은 한 스님의 자비행을 보고 그런 자비의 화신이라면 사랑하거나 존경하지 않고는 도저히 배겨낼 수 없음을 직접 느꼈기 때문이다. 필자가 알고 있는 그 스님은 사람들과 상담을 많이 하는데 아무리 피곤하고 설사 병이 걸린 경우라 하더라도 상담하러 오는 사람을 만나지 않겠다고 거절하는 것을 보지 못했다. 항상 그 스님 곁에 있었던 것은 아니기 때문에 같이 살고 있는 분에게 물어도 스님은 절대로 찾아오는 사람을 아무렇게나 대한 적이 없다는 것이었다. 스님은 한 사람 한 사람을 지금 당장 눈물을 떨어뜨릴 것 같은 자비심으로 대한다. 실제로 팔을 떼어 주는 것은 아니지만 필요하면 자기 몸이라도 한 쪽을 내 줄 것 같은 마음가짐으로 사람을 대하기 때문에 스님을 만나면 사랑하고 존경하지 않을 수가 없다. 부처님은 그 스님보다 더 높은 자비의 인격을 가졌을 것이니 공양 초청권 때문에 사람들이 법석을 일으키는 것이 하나도 이상한 일이 아니라고 확신할 수 있을 것이다.

암바팔리의 공양을 받고 난 다음 정원에서 설한 부처님의 법문에 의하면 계율과 선정과 지혜를 닦으면 완전한 인격이 생기고 그 인격은 모든 사람들이 좋아할 수밖에 없다고 한다. 계율과 선정과 지혜는 자비심의 인격과 깊은 관련이 있다. 계율을 바로 지켜 마음이 안정되어 정신이 맑을 때에는 남을 생각하는 여유가 있지만 그렇지 않으면 나를 중심으로 생각해서 나라는 감옥에 갇히고 만다.

근래에는 한국에서도 스님들의 육식이 큰 문제가 되지는 않는다. 또 계율상으로 보더라도 육식 그 자체가 파계가 되는 것은 아니다. 그럼에도 불구하고 한국인의 의식에는 스님들은 채식만 하는 것으로 못 박혀 있다. 그래서 필자도 대중들이 있는 곳에서는 음식 먹는 것을 조심하고 있다. 일반 대중이 가지고 있는 스님에 대한 이미지를 개선해 보겠다고 나설 필요는 없기 때문에 채식하는 것으로 정하고 있다.

필자가 운전을 하고 시골 절에 있는 스님네의 모임에 참석하러 갈 때였다. 고속도로 휴게소의 자율식당에서 점심을 먹게 되었는데 필자는 밥과 두부와 김치만을 골랐다. 앞에 서서 필자의 음식을 유심히 바라보던 50대 가량의 부인이, 필자의 밥값을 같이 계산하는 것이었다. 공양을 다 끝내고 신문을 보고 있는데, 옆 자리에 앉아서 점심을 끝낸 중년 부인은 필자의 밥상을 같이 치우겠다고 가져 가는 것이었다.

필자는 왜 그분이 나에게 친절을 베풀었을까에 대해서 곰곰이 생각해 보았다. 필자가 갑자기 잘 생긴 사람이 된 것도 아니고 도력이 높아진 것도 아닌데도 주위의 보살핌을 받는 것은 필자의 음식에 고기나 비린 것이 없었기 때문이었을 것이다. 사실상 필자는 특별히 계행을 지킨 것이 아님에도 불구하고 이 같은 보살핌을 받았는데 만약 참으로 부처님의 계율을 몸과 입과 뜻으로 행한다면 세상 사람들은 너도 나도 무엇인가 베풀고 싶어할 것이다. 절집에서는 계행을 잘 지키는 사람은 선신이 옹호한다고 말하곤 하는데, 그 선신이란 바로 세상 사람들 모두가 될 것이다.

고속도로 주변에서 일어난 또 하나의 일이다. 먼 길을 운전하고 가다 보니 피로하고 졸음이 왔다. 그래서 고속도로 휴게소에 있는 잔디밭에 반가부좌를 틀고 앉아서 단전호흡을 했다. 머리가 뜨겁기 때문에 밀짚모자를 쓰고 있었다. 약 30여 분이 지나자 주변의 지나던 사람들이 내 앞으로 몰려왔다. 도가 높은 사람이 참선하는 것으로 생각하고 필자에게 참선에 대해서 묻기도 하고 자기들의 운명을 감정해 달라고 부탁하기도 하였다. 그리고 필자에게 무엇인가를 사주고 싶어했다. 무엇을 먹겠느냐고 사람마다 묻는 것이었다. 몇 분 간의 가부좌가 이처럼 사람들의 마음을 움직일 수 있다는 데 놀랐다. 필자는 피로를 풀기 위해서 단전호흡만을 하고 있었는데도 그럴진대 부처님이 깊은 삼매에 잠겨 있는 모습을 보면 세상 사람들은 감동하고 존경하지 않을 도리가 없을 것이다.

필자는 오후불식(午後不食) 즉 오후에는 음식을 들지 않고 장좌불와(長坐不臥) 즉 항상 앉아 있고 눕지 않으면서 수행하는 스님을 알고 있다. 그 스님의 도가 높은지 어떤지는 알 도리가 없지만, 단지 오후불식하고 장좌불와하는 그것만으로도 그 스님은 스님들이나 신도들로부터 존경을 받고 있다. 그 스님은 재물을 쓸 일도 없지만 항상 스님의 주변에 공양과 재물이 끊어지지 않고 있다.

보통 사람도 부처님의 가르침을 100분의 1만 실천하면 사람들로부터 존경과 사랑을 받는데 계정혜 삼학을 실천하고 가르치는 부처님을 세상 사람들은 흠모하지 않을 수가 없을 것이다. 계행이 청정하고 마음은 항상 삼매에 들어 있으며, 항상 맑은 지혜가 샘솟는 부처님의 인격에 자비까지 겹치니 부처님의 공양 초청권을 두고 실랑이가 일어나는 것은 조금도 이상한 일이 아닐 것이다.

11. 여래의 무간섭 원칙과 자귀의 법귀의 (소승 열반경 4)

> 이 사회에 비리와 부정이 만연되고, '쓰고 보자'와 '뽐내고 보자'는 사람들이 꽉 차 있다고 해서 그것이 나의 잘못을 합리화시켜 주지는 못한다. 자기가 하는 것을 보고……

부처님께서는 소승《열반경》을 공부하는 제자들에게 무간섭의 원칙과, 자기를 의지하고 법을 의지하며 자기를 등불로 삼고 법을 등불로 삼으라는 자귀의 법귀의(自歸依 法歸依) 또는 자등명 법등명(自燈明 法燈明)에 대해서 가르치셨다.

부처님은 우기 안거 중에 병을 얻으셨다. 얼마 후 부처님은 회복되었지만 제자들은 부처님의 연세가 80이기 때문에 열반에 들지 않을까 걱정한다. 아난 존자가 '부처님이 제자들에게 지시를 내리지 않고 갑자기 열반에 드시는 일은 없을 것이다'라는 말을 하자 부처님은 자신은 교단의 지시자가 아니라고 타이른다.

이어서 부처님은 유명한 말씀을 하신다. 바로 자등명 법등명 즉 자기를 의지하고 타인을 의지하지 말며 진리를 등불로 삼고 다른 것을 의지하지 말라는 것이다.

그러므로 아난아! 너희들 비구도 자신을 의지처로 하고 자신에게 귀의할 것이며 타인을 의지처로 하지 말라. 또 진리를 의지처로 하고 진리에 귀의할 것이며, 다른 것에 귀의하지 말라. 아난아! 비구가 자신을 의지처로 하고 자신에게 귀의하여 지내는 것, 그리고 진리를 의지처로 하고 진리에 귀의하며 다른 것에 귀의하지 않고 지내는 것은 어떤 것이겠는가?

　여기서 아난아! 비구가 몸에 대해 그것을 잘 관찰하고 진정 바르게 의식을 보전하며, 바르게 사념하고 세간에 대해서도 탐욕·근심을 초월하여 사는 것 내지는 몸만이 아니라 감수(感受)와 마음 및 모든 존재물에 대해서도 마찬가지로 그것을 잘 관찰하고 진정 바르게 의식을 보전하며 바르게 사념하고 세간에 대해 탐욕과 근심을 초월하여 사는 것, 아난아! 이것이 비구가 자신을 의지처로 하여 자신에게 귀의하고 타인에게 귀의하지 않고 지내는 것이며, 또한 진리를 의지처로 하여 진리에 귀의하고 다른 것에 귀의하지 않고 지내는 것이니라.

　여기서 부처님은 자기를 의지하고 진리를 의지하라고 말씀하시고는 그 방법까지 말씀해 주신다. 수행자 자신의 몸, 바깥 세상, 감각과 마음 그리고 모든 존재물을 바르게 관찰하고 바르게 마음을 잡아서, 세상에 대해서 탐욕과 근심을 초월하는 것이 바로 자신과 진리를 의지하는 방법이라고 일러주신다.
　우리는 얼마 전에 세칭 '지존파' 살인 훈련 조직의 범행을 본 바가 있다. 그들은 좋은 차를 탄 사람, 돈 있다고 뽐내는 사람, 세칭 오렌지족이나 야타 족을 증오하면서 무작위로 사람을 잡아다가 죽이고 돈을 빼앗는 극악무도한 일을 저질렀다. 그리고 범행을 재연할 때까지도 자신들을 못 가진 자라고 규정하고 가진 사람들에 대한 적개심을 조금도 누그러뜨리지 않고 입에 담을 수 없는 험한 말을 했다.
　그런데 공교롭게도 이 살인조직이 발각되기 전 인천 북구청의 세무공무원들이 보통 사람은 그 규모를 상상하기도 어려운 돈을 영수증을 위조해서 착복한 사건이 발각되었다. 또 그 살인조직이 가지고 있던 한 백화점의 우수 고객 명단에는 1개월 사이에 1억 원이 넘는 돈을 쓴 사람도 있었고, 5천만 원이 넘는 돈을 쓴 사람도 있었다. 매월 수천만 원 어치씩 백화점에서 물품을 구입하는 사람도 많았다. 참으로 어이가 없는 일이다. 어떻게 한 집에서 그같이 엄청난 금액을 소비할 수 있는지 그 돈은 어디서 얻는지 도저히 이해할 수가 없다. 어젯밤에도 또 오늘밤에도, 야타 족들 가운데는 우리로서는 이해할 수 없는 곳에 돈을 낭비하며 방황을 하고 있는 이들이 있을 것이다.

우리의 마음은 정도나 의식적·무의식적이라는 차이는 있을지언정 세상의 불평등에 대해서 반감을 가지고 있다. 돈 없는 사람이 돈 많은 사람에 대해서 반감을 갖고, 공부를 못한 사람이 일류대학을 졸업한 사람에 대해서 시기심을 갖는다. 특히 세상의 부정이 폭로되는 것을 볼 때는 자기 자신을 제외한 대부분의 세상이 썩어 있는 것처럼 생각되기도 하고 부와 권력과 명예를 누리는 불특정한 무리에 대해서는 적개심까지 가지기도 한다.

세상에서 말하는 오렌지 족이나 야타 족의 낭비성에는 무어라고 꼬집어 말할 수 없는 파괴심리가 작용하고 있다. 또 기성의 문화·도덕·풍습에 대한 반발심리도 있을 수 있다. 옛날에 가난하게 살던 도시 주변의 농부가 부모로부터 물려받은 논밭의 땅값이 뛰어올라서 갑자기 부자가 되었을 때 그들이 돈을 물 쓰듯 하는 것은 이상한 일이 아니다. 그들은 못 쓰고 못 입고 가난하게 살던 때의 한풀이를 하고 싶을 것이고, 지금 얻은 것을 부숨으로써, '부'에 대해서 분풀이를 하겠다는 보복심리가 있을 수 있기 때문이다. 미친 듯이 과소비를 하는 사람들, 천박하게 물질이 많음을 뽐내는 사람들, 돈을 벌기 위해서 수단과 방법을 가리지 않는 사람들의 무의식 속에는 논리적으로 자기를 변호할 수는 없다 하더라도 자기들보다 많이 가지고 높이 올라간 이들에 대한 시기심과 응징 심리가 작용하고 있다. 드러나게 또는 드러나지 않게 부정과 비리를 저지르는 사람들은 세상이 다 비리로 차 있다는 냉소 심리로 자기를 합리화시키기도 한다.

'천인공노'라든지 '가증스러운' 또는 '극악무도한' 같은 말을 붙이기조차도 부질없는 일이라고 생각되는 저 '지존파' 살인 조직원들에 대해서는 일말의 동정심이나 연민심을 낼 수가 없다. 그러나 저 살인 마들의 제 분수를 모르는 사회에 대한 적개심과 복수심이 이 사회에 만연된 '자기를 보지 않고 남을 보는 풍조'에 그 뿌리를 두고 있다는 것은 인정하지 않을 수가 없다.

이 사회에 비리와 부정이 만연되고, '쓰고 보자'와 '뽐내고 보자'는 사람들이 꽉 차 있다고 해서 그것이 나의 잘못을 합리화시켜 주지는 못한다. '자기를 의지하고 타인을 의지하지 말며, 진리에 의지하고 진리가 아닌 것에 의지하지 말라'는 부처님의 말씀을 남의 잘못을 보고 자기 잘못을 정당화하는 그릇된 자세에 견주어서 풀이한다면 '자기가 하는 것을 보고 남이 하는 것을 보지 말며, 세상의 진리에 의지하고 진리 아닌 것 즉 비리에 의지하지 말라'는 뜻이 되겠다.

나의 주인은 나다. 남이 아니다. 나를 책임질 사람은 나 자신이다. 남이 나를 지배하게 한다면 나를 살지 않고 남을 사는 것이 된다. 남이 하는 일을 관찰하여 남이 좋은 일을 할 경우에만 남을 따라 좋은 일을 하고 좋은 사람이 되지만 그것은 자기를 사는 것이 아니라 남을 사는 것이다. 진정으로 자기를 사는 길은 자기의 길을 스스로 가는 것이다.

남들이 비리를 저지른다고 해서 이 우주의 진리가 없어지는 것이 아니다. 하늘에 검은 구름이 떠 있든 흰 구름이 떠 있든, 아니면 구름 한 점 없든지에 상관없이 밤하늘의 달은 항상 있다. 단지 가려서 보이지 않을 뿐이다. 이 세상에 아무리 부정과 비리가 판을 친다고 하더라도 또 바른 가치관으로 참답게 사는 이들보다는 물질에만 집착해서 물질을 모으고 소비하는 것으로 삶의 보람을 삼는 잘못된 가치관을 가지고 사는 사람들이 더 유별나게 눈에 띈다고 하더라도 세상의 진리가 없어지는 것은 아니다. 부정과 비리는 언제든 들통이 나서 그 죄보를 받게 되고 미혹과 집착으로 모아 소비하는 물질은 필경에는 무상함을 가르침으로써 끝을 맺는다는 만고불변의 진리는 항상 그대로 있다.

　세상이라는 연극 무대는 재미있다. 그 연극이 잘 진행되도록 이 세계를 아름답게 장엄해야 한다. 그렇지만 여기에는 맹점이 있다. 세상이라는 연극에는 그것에 참여하는 배우들이 연극인지 아닌지를 잊어버리게 하는 마취성이 있기 때문이다. 그래서 끊임없이 자기 자신을 관찰하고 깨어 있으려는 노력이 필요하다. 잠깐만 넋을 놓고 있으면 자신이 아닌 밖의 것과 진리가 아닌 비리에 흔들리게 되기 십상이기 때문이다.

12. 순타의 공양, 발병, 부처님의 위로 (소승 열반경 5)

> 순타의 공양에 잘못된 것이 섞여 있다는 것을 알면서도 부처님은 죽음의 인연을 그대로 받아들이셨다. 죽음을 피하지 않고 편안하게 받아들임으로써 오히려 죽음을 여의려고……

부처님이 파바 마을의 한 망고 동산에 머무르셨을 때였다. 그 동산은 바로 대장장이 아들 순타의 소유였다. 순타는 부처님이 자기의 망고 동산에 머무른다는 말을 듣고 부처님에게 나아가 자신의 집으로 비구들과 함께 공양하러 오시라고 청을 올린다. 부처님은 침묵으로 그 청을 받아들였다. 순타는 있는 정성을 다하여 갖가지 음식을 준비했는데 그 공양물 가운데는 스카라 맛다바라는 음식이 있었다. 중국에서는 이 스카라 맛다바를 전단수이(梅檀樹耳) 즉 전단나무의 버섯이라고 번역하고 있다. 전단나무의 버섯에는 독이 있기 때문에 독버섯과 같은 뜻이다. 스카라 맛다바는 돼지고기의 요리로도 알려지고 있다. 스카라 맛다바를 보신 부처님은 다른 비구들 앞에 있는 것을 모두 자신의 앞에 모으게 한다. 그리고는 그것을 혼자만 드시고 비구들에게는 다른 음식만 들게 한다. 공양이 끝난 다음에 부처님은 순타에게 먹다 남은 스카라 맛다바를 모두 땅에 묻게 한다. 이유는 부처님이 아니면 아무도 그것을 소화할 수 없다는 것이었다.

그 공양 이후에 부처님은 아주 독한 병에 걸리신다. 고통과 설사가 계속되었다. 고통 속에 있으면서도 부처님은 그것에 흔들리지 않고 삼매에 들어서 고요히 고통을 삭이신다. 고통이 좀 치유될 즈음 부처님은 제자들을 데리고 쿠시나가라로 향하였다.

부처님은 순타에게 쏟아질 비난과 순타가 죄책감에 시달릴 것이 걱정되셨다. 그래서 아난 존자에게 두 시기에 공양을 올리면 큰 공덕이 된다고 말씀하신다. 두 시기의 공양이란 첫째 여래가 완전한 정각을 이루기 전에 올리는 것이고, 둘째 여래가 완전한 열반에 들기 직전에 올리는 공양이라는 것이다. 순타는 부처님 열반 직전에 공양을 올렸으므로 그 공덕은 아주 커서 순타는 장차 수명장원과 안락을 성취할 수 있다는 말을 하신다.

부처님이 순타의 공양을 받고 다시 회복할 수 없는 중병에 걸리고 마침내 열반에 드는 장면에서 우리는 두 개의 문제를 만나게 된다. 첫째는 부처님의 순타에 대한 위로의 자세이고, 둘째는 부처님이 스카라 맛다바에 독이 있다는 것을 아시면서도 그것을 드셨다는 것이다.

사람은 죽음에 임박하게 되면 죽음에서 벗어나려고 애를 쓴다. 그것은 죽음을 맞는 사람들에게 있는 공통점이다. 죽음에 대한 두려움인 것이다. 속담에 '죽으려면 마음이 변한다' 는 말이 있다. 죽음이 임박했음을 느끼는 사람이 보이는 최초의 반응은 어떻게든지 살아 보려는 발버둥이다. 신기하게도 사람은 자기의 죽음을 예상하는 능력이 있는지 죽음의 그림자가 어른거리면 살기 위해서 온갖 방도를 다 써보려고 한다.

교리를 잘 모르고 건성으로 기복신앙만 하던 불자들 가운데는 죽음에 임박했을 때 타종교의 안수를 받고 살아 보겠다고 개종까지 하는 경우가 많이 있다. 안수를 받기 위해서 개종을 하겠다는 사람은 죽음이 다가왔음을 느끼고 일차적인 반응을 보이는 것이다. 불자들 가운데는 이런 예를 많이 보았을 것이다. 그런데 그렇게 개종을 한 사람들은 한결같이 얼마 지나지 않아서 죽는다는 것이다.

대대로 불교를 믿어 온 집안의 연로한 남편이 뇌종양 암에 걸려서 5년여를 고생하다가 몇 개월 전에 갑자기 개종해서 타종교의 안수를 받겠다고 하였다. 가족들은 깜짝 놀라서 어떻게 이 마당에 개종할 수 있느냐고 말렸지만 환자는 막무가내로 안수를 받겠다고 주장했다. 그래서 가족과 환자는 타협을 했다. 안수를 받기는 하되 개종하지는 않는다는 것이었다. 그런데 안수를 받은 지 7일 후에 그 환자는 운명했다.

불교 맹신주의 입장에서 불교에서 타종교로 개종하는 것이 무조건 나쁘다고 말하는 것은 아니다. 하필 죽음에 임박해서야 살아 보겠다고 타종교로 개종하는 것이 잘못되었다는 것이다. 종교를 갖는다는 것은 죽음에 대비하는 것을 뜻한다. 종교는 현세의 이익도 가르치지만 죽음과 삶을 한꺼번에 보는 안목을 어떤 방법으로든지 심어 줌으로써 그 결과로 현세의 이익도 얻게 한다. 그런데 일생 동안 불교를 믿어 왔다는 사람이 죽음을 당해서 개종하겠다면 도대체 그 사람의 일생은 무엇이었을까. 아무런 의미가 없지 않겠는가. 그런데 문제는 이처럼 죽음을 두려워하는 사람이 아주 많다는 것이다.

하지만 부처님의 죽음을 받아들이는 태도는 전혀 다르다. 만약 우리 같은 보통 사람이 어떤 초대에 응해서 공양을 받고 그곳에서 먹은 음식으로 인해 죽게 되었다면 우리의 반응은 어떠했을까. 공양을 대접한 사람에 대한 원망이 이루 말할 수 없을 것이다. 또 죽음이 너무도 어이없이 번지수를 잘못 찾아온 것이라고 보고 죽음을 일단 받아들이려 하지 않을 것이다. 그러나 부처님은 조용히 그 죽음의 인연을 있는 그대로 받아들였다. 오히려 자신을 열반에 들게 한 순타를 먼저 걱정하고 그를 위로했다. 부처님을 열반에 들게 하는 공양이 오히려 공덕이 된다는 말을 했다. 보통 사람은 도저히 상상할 수도 없는 뜻밖의 죽음에 대한 반응이다.

부처님은 공양 가운데서 가장 큰 공덕을 짓게 하는 것은 성불하기 직전에 올리는 공양과 열반에 들기 직전에 올리는 공양이라고 말씀하신다. 소승 《열반경》의 이 말씀은 대승 《열반경》에서도 나타난다. 부처님은 이 말씀으로 순타를 위로하려고도 하였지만 다른 한편으로는 열반을 성불과 동등하게 귀한 것으로 높이는 데 목적을 두었다고도 할 수 있다. 열반은 보통 사람이 경험하는 것과 같은 죽음이 아니라 성불하는 것과 같은 큰 성취라는 말이다. 성불이 그러하듯이 열반은 퇴보하는 것이 아니라 진보하는 것이다. 추락하는 것이 아니라 상승하는 것이라는 뜻이다.

순타에 대한 비난을 변호하고 순타를 위로하기 위해서 부처님이 성불과 열반을 동등시한 것은 즉 '부처님은 스카라 맛다바를 들게 되면 죽는다는 것을 알았으면서도 왜 그것을 드셨느냐'는 질문으로 되돌아온다. 열반에 드는 것, 보통 사람에게 있어서는 죽는 것을 대단한 것으로 생각한 일과, 스카라 맛다바가 사람을 죽게 하는 독물인 줄을 미리 아셨음에도 불구하고 그것을 혼자서만 일부러 드셨다는 것은 죽음을 부처님 자신이 선택했음을 나타내는 것이라고 할 수 있다.

우리는 죽음이 우리를 선택하는 것과 우리가 죽음을 선택하는 것이 어떻게 다른가를 생각해 볼 필요가 있다. 그 예로 죽음을 극복한 장자의 이야기를 들어 보자.

보통 사람은 자신이 죽음을 찾아간다거나 초대하지 못한다. 죽음을 부리기보다는 죽음에 의해 부림을 당한다. 죽음은 사람에게 온다는 날짜도 정해 주지 않고 무작정 기다리게 한다. 마치 나는 상대를 중요하게 여기지 않는데 상대가 나를 흠모할 때 자만심으로 상대가 나를 따르고 복종하는 것을 변태적으로 즐기듯이 죽음은 사람을 마음대로 가지고 논다.

죽음에게 놀림을 당하기보다는 자신이 죽음을 마음대로 해야 겠다며 장자가 죽음을 극복하려고 생각해 낸 방법은 죽음을 기다리는 것이 아니라 죽음이 오기 전에 미리 죽어 버리는 것이었다. 장자는 죽음을 자연의 법칙으로 생각하고 천명으로 받아들였기 때문에 죽음은 갑자기 나타나서 그의 마음을 흔들어 놓을 수가 없었다. 죽음을 극복하고 죽음에 의해서 흔들리지 않는 자기를 보이기 위해서 장자는 아내가 죽었을 때 춤을 추었다. 보통 사람은 일생을 같이 살아온 아내가 죽었을 때 운다. 설사 정이 없이 살았다고 하더라도 남의 눈이 있기 때문에 슬퍼하지 않을 수는 없지 않겠는가. 그러나 장자는 자신이 죽음으로부터 초탈했다는 것을 행동으로 보이고자 했던 것이다. 죽음을 자연의 법칙으로 처음부터 받아들이는 방식으로 죽음으로부터 해방되었고 죽음을 무서워하지 않게 되었다.

부처님도 장자처럼 미리 죽어서 더 이상 죽을 것이 없게 되기는 했지만 장자와는 차원이 다르다. 장자는 삶과 죽음을 따로 있는 것으로 생각했지만 부처님은 삶과 죽음을 본래 없는 것으로 풀이했다. 죽음이라는 것이 본래 있는 것이 아닌데 사람이 삶을 정해 놓았기 때문에 죽음이 생긴다는 것이다. 한 점의 구름이 모일 때 우리가 그것을 구름이라고 이름붙이지 않으면 구름이 흩어지거나 비가 되어 없어질 때 구름의 죽음이라고 할 만한 것이 없다. 구름의 죽음은 구름이 모아짐을 태어남이라고 이름붙임으로써 생긴 것뿐이다.

부처님의 기본적인 가르침인 인연법이 무엇인가. 이 세상의 모든 것은 상호 의존해서 존재하기 때문에 독자성이라는 것은 아예 처음부터 있을 수가 없다는 것이 아닌가. 독자성 없이 임시로 존재하는 것에 사람이 이름을 붙이고 무엇인가 있는 것처럼 생각하는 것이다. 그로 인해 본래 독자적으로 있지도 않은 것이 없어지기도 하고 죽기도 하는 것이다.

부처님께서 음식이 잘못되었음을 알면서도 그것을 드시고 또 순타에 대한 비난을 막고 순타를 위로할 수 있었던 힘은 부처님이 장자처럼 체념적으로 죽음을 받아들여서가 아니라 처음부터 죽음이 없다는 것을 체달하고 계신 데 있었다. 부처님에게는 열반에 드는 일이 슬프거나 무서운 일이 아니었다.

13. 입멸 전의 가르침과 삼매 (소승 열반경 6)

> 참다운 기쁨과 즐거움은 오직 깊은 삼매로부터만 얻을 수 있다. 삼매는 욕망을 떠나는 것으로부터 출발한다. 삼매는 열반의 시작이고 열반은 삼매의 끝이라고도 할 수 있다.

열반에 들려고 하는 자신을 보고 제자들이 슬퍼하자 부처님은 지금까지 가르쳐온 법(法)과 율(律)에 의지해서 공부하라는 유언을 남기신다. 부처님이 더 오랫동안 이 세상에 머무른다고 하더라도 제자들에게 행한 가르침이나 제자들의 질문에 대한 답은 그 법과 율의 범위를 벗어나지 못한다는 뜻이다. 그러나 부처님이 정한 계율이라고 해서 무조건 다 그대로만 따르라는 것은 아니다. 사소한 계율은 그 시대와 지역의 조건에 따라서 비구들의 모임에서 취소할 수도 있다고 계율의 실행에 여유를 두신다.

그리고는 물어 볼 말이 있으면 자신의 의문이나 동료의 의문을 막론하고 말해 보라고 하신다. 혹시 어려워서 질문을 삼갈까 걱정이 되어서 자신의 질문이나 옆에 있는 도반의 질문을 막론하고, 어느것이나 물어도 좋다고 자비롭게 말씀하신다. 그러나 슬픔에 잠긴 제자들은 아무 말도 하지 않는다.

부처님은 사선(四禪)과 사무색정(四無色定)의 삼매에 드나든 다음 고요히 열반에 드신다. 사선이란 초선(初禪)·이선(二禪)·삼선(三禪)·사선(四禪)인데, 초선이란 모든 욕망과 잘못을 떠나서 마음의 안과 밖을 예민하게 의식(尋, 覺)하고 또 관찰(觀)하는 상태이다. 이 관찰로부터 잔잔한 기쁨(喜)과 즐거움(樂)과 삼매(定)가 있다.

이선에서는 예민한 관찰이 멈추고 마음이 맑아지고 집중 통일된다. 초선과 마찬가지로 삼매로부터 기쁨과 즐거움이 생긴다. 삼선에서는 초선이나 이선에서 있었던 기쁨조차도 없어지고, 미련 없이 버림·바른 결심·바른 지혜·즐거움·삼매가 나타난다. 사선에서는 즐거움이나 괴로움, 기쁨이나 근심의 양변이 다 없어지고, 불고불락(不苦不樂)의 상태에서 일체를 버림으로써 생각이 아주 청정한 상태에 이른다.

사무색정이란 공무변처(空無邊處)·식무변처(識無邊處)·무소유처(無所有處)·비상비비상처(非想非非想處)이다. 먼저 공무변처는 마음의 집중을 막는 일체의 장애를 넘어 공간의 무한함을 관찰하고 터득하는 경지이다. 식무변처는 공간의 무한과 함께 인식의 무한함을 관하고 터득하는 경지이다. 인간이 생각하는 데는 존재와 인식이 기본을 이룬다. 공무변처는 존재의 무한을 느끼는 경지이고 식무변처는 인식의 무한을 느끼는 경지라고 하겠다.

다음 무소유처는 인식의 무한함에서 더 나아가 세상에 진정으로 영원히 소유되는 것은 아무것도 없다는 것을 관찰하고 터득하는 경지이다. 사무색정의 마지막 단계는 비상비비상처이다. 이는 무소유의 삼매를 지나서 존재와 인식과 소유를 초월했기 때문에 생각이 있다거나 없다고 말하기 곤란한 경지이다. 부처님은 이처럼 욕망, 잘못, 즐거움이나 괴로움, 기쁨이나 슬픔, 공간적·인식적 제한, 일체 소유에 대한 얽힘, 생각의 방황으로부터 완전히 벗어나서 마침내는 저 끝없는 침묵의 바다 열반에 드셨다. 소승《열반경》은 부처님께서 열반에 드시니 대지진이 일어나고 하늘이 북이 찢어지는 듯이 크게 울렸다고 전하고 있다.

우리가 특별히 관심을 가져야 할 것은 부처님의 유언 법문인 진리와 계율에 의지하라는 것, 사소한 계율은 비구들끼리 상의해서 바꾸어도 좋다는 것, 열반 전에 드신 삼매 등이 되겠다.

먼저 부처님께서 자신이 열반한 후에 자신을 보듯이 의지하라는 법과 율에 대해서 생각해 보자. 여기서 법이란 인간이 참답게 사는 진리를 말한다. 이 진리 속에는 우주 존재의 법칙도 포함될 수는 있지만 부처님이 말하는 진리는 자연과학적인 법칙보다는 그 법칙에 의해서 인간이 평화롭게 살아가는 깨달음의 지혜를 뜻한다. 우주 안의 모든 것이 서로 공존하는 법칙이 있다고 하더라도 그것을 터득해서 우리의 삶 속에서 풀어 내지 못하면 그 법칙은 우리에게 아무 소용이 없다. 따라서 여기에서 말하는 법이란 부처님께서 정각을 통해서 터득하고 우리 중생을 구하기 위해서 전해 주신 가르침이 되겠다. 부처님이 전하는 진리의 기본은 물론 세상의 모든 것이 서로 서로 의존하는 상태에서만 임시로 존재한다는 인연법이다.

계율은 보통 한 단어로 쓰여지지만, 범어의 계를 나타내는 쉴라(śila)와 율을 나타내는 비나야(vinaya)를 합한 말이다. 계는 본래 '좋은 습관'의 뜻으로 사람의 양심이나 도덕심에 의해서 자발적으로 지키는 것인 데 반해 율은 타율적인 규칙으로 여기서는 부처님께서 정하신 비구들의 행동규칙이 되겠다. 율이 각기 다른 개성을 가진 많은 사람들이 모여 사는 교단의 화합과 질서를 위해서 만들어진 강제규정이기는 하지만 수행이 깊어지면 자발적인 것과 타율적인 것의 차이가 없어지게 된다. 부처님의 계율을 자기의 일상생활 행동으로 삼아서 특별히 지켜야 겠다는 의식이 없어도 그것에 따라 행동하게 될 것이기 때문이다.

부처님은 참으로 자상하시다. 계율에 의지해서 살라고 말해 놓고는 그래도 걱정이 돼서 사소한 계율은 비구들끼리 상의해서 취소해도 좋다는 여유를 주신다. 행동규범이 때와 장소에 따라서 맞지 않을 수도 있기 때문에 그 처지에 맞지 않으면 사소한 계율은 지키지 않아도 좋다는 것이다. 인도의 기후나 풍습은 한국과 다른 점이 많다. 한국에서는 이곳의 처지에 맞게 계율을 지켜야 겠지만 근본적인 계율은 영원히 없앨 수가 없다. 가령 '살생하지 말라' 는 계율은 불교에 있어서 계율의 중추를 이루는 것이기 때문에 이 불살생의 원칙을 바꿀 수는 없을 것이다.
　제발 열반에 들지 말라고 간청하는 제자들에게 부처님은 그 동안 가르쳐 준 진리와 계율에 의지해서 살라고 당부하고, 더 이상 질문이 없느냐고 물었지만 제자들은 침묵을 지킨다. 제자들이 원하는 것은 부처님의 가르침뿐만 아니라 따뜻한 자비의 인격이었기 때문이다.
　다음은 부처님이 열반에 들기 전에 가진 삼매에 대해서 생각해 보자. 부처님은 사선과 사무색정에 드셨는데, 이 삼매는 중생의 세계를 여실히 관찰해서 '나'라든지 '내 것'이라든지 하는 것을 완전히 지우는 몸과 마음의 평정의 상태를 나타낸다.
　먼저 초선으로부터 시작되는 네 단계의 삼매인 사선은 기본적으로 욕망을 떠나는 데서부터 출발한다. 그런데 욕망이라는 것은 떠나고 싶다고 해서 마음대로 떠나지는 것이 아니다. 욕망을 떠나기 위해서는 그 이전에 '나'라고 하는 것이 인연법에 의해서 임시로 생겼다는 것, 그래서 그 '나'라는 것이 무상하고 무아라는 것을 확실히 체득했을 때 비로소 욕망을 여읠 수가 있다. 초선에 들어서 욕망을 여의고 몸과 마음의 안팎을 날카롭게 관찰하는 것은 여의었던 욕망이 다시 머리를 쳐들고 나오는 것을 막기 위해서이다. 욕망이라는 것은 끊임없이 솟는 샘물과 같아서 한 번 지워 버린다고 없어지는 것이 아니다. 순간 순간 새롭게 지워야 하기 때문에 정신을 바짝 차리고 몸과 마음의 상태를 관찰해야 한다. 이렇게 하다 보면 미묘한 기쁨과 즐거움이 생긴다고 한다.
　그러나 관찰만 계속하는 일은 힘든 일이다. 그 다음 단계로 넘어가야 한다. 이선에서는 관찰을 멈추고 마음을 맑게 해서 정신을 집중하고 통일한다. 이선에서는 아직까지도 삼매에서 오는 기쁨이 있지만 삼선에 이르러서는 기쁨마저도 없어진다. 그 동안 버리겠다고 다짐하면서도 버리지 못하던 세상사의 미련과 집착을 완전히 떨쳐 버린다. 그리고 깨달음의 길을 향해 더욱 확고부동한 결심을 하게 된다. 삼선에서는 그래도 아직 미묘한 즐거움이 남아 있지만 사선에 들어가면 즐거움이나 괴로움, 기쁨이나 근심과 같은 상대적인 감정이 완전히 쉬어 버린다. 양쪽의 것을 다 버리니 마음은 날아갈 듯이 가볍고 맑아진다.

사선을 지나서는 사무색정에 들게 되는데 처음 공무변처에서는 존재하는 것의 무한함을 터득하는 경지에 이른다. 허공의 무한은 존재의 무한과 아울러 모든 존재에는 허공과 같이 '나'라고 하는 주체가 없음을 나타내는 경지이다. 내가 허공처럼 없기 때문에 무한의 존재에 미칠 수 있다. 내가 무한대로 뻗어갈 때에 허공과 같은 무한의 우주는 내가 되고 나는 무한의 우주가 된다. '나'의 허공을 터득하고 나서는 그 허공과 같은 무한의 전체가 모두 마음의 무한 속에 있음을 아는 경지로 발전해 간다. 불법에 있어서 존재와 마음은 하나이다. 존재의 무한은 바로 마음의 무한이다. 이 마음을 떠나서는 가치적인 의미에서의 존재나 그것의 무한이 있을 수 없기 때문이다.

아무리 존재와 마음의 무한함을 깨닫는다고 하더라도 소유의 관념이 있으면 그르친다. 소유는 내 것과 네 것, 나와 너를 가르기 때문에 존재와 마음이 무한하다는 원칙에 위배된다. 소유가 없을 때 무한한 허공과 마음이 모두 나이고 내가 바로 무한의 허공이 된다. 이렇게 되면 선정 속의 마음은 생각이 끊어졌다가 이어졌다가 하는 경지를 체험하게 된다. 나와 마음과 우주가 다 허공이고 동시에 나이기 때문에 생각이 있지도 않고 없지도 않게 된다. 이것이 바로 비상비비상처이다. 부처님은 욕망을 벗어나는 초선으로부터 시작해서 비상비비상처까지 나아갔다가는 다시 사선을 넘나들며 마침내 열반에 드셨다. 사선·사무색정이 짧은 열반이라고 한다면 부처님의 열반은 긴 삼매라고 할 수 있다. 삼매는 열반의 시작이요, 열반은 삼매의 끝이라고 바꾸어 말할 수도 있겠다.

14. 뒤늦게 도착한 가섭 존자 (소승 열반경 7)

> 부처님 열반 후 7일이 지난 후에야 소식을 듣고 달려온 가섭에게 부처님은 관 밖으로 두 발을 내보이신다. 열반에 드셨지만 실제로는 이 세상에 항상 계시다는 것을 암시하는……

부처님의 임종을 지켜 보지 못했던 법통을 전수받은 상수제자인 가섭 존자는 열반 후에 부처님의 시신에 예배한다.

부처님이 열반에 드실 때 부처님의 대를 이을 가섭 존자는 그 자리에 있지 않았다. 가섭 존자는 500명의 비구들과 함께 다른 지역에서 수행을 하고 쿠시나가라로 가는 길이었다. 도중에 가섭 존자 일행은 부처님의 열반 소식을 듣는다. 열반한 지 벌써 7일째라는 것이다. 공부가 깊은 비구들은 고요하고 깊은 슬픔에 잠겼고, 아직 도에 깊이 들어가지 못한 비구들은 팔다리를 뻗기도 하고 땅에 뒹굴면서 통곡했다.

그런 와중에서도 뒤늦게 출가해서 아직 도의 맛을 보지 못한 스밧다라는 비구는 부처님의 열반을 슬퍼하기는커녕 잔소리꾼이 없어졌으니 마음대로 할 수 있어서 오히려 잘된 일이 아니냐고 외쳐댔다. 가섭 존자는 그 늦깎이 비구의 말을 무시한 채 누구의 몸에나 예외 없이 찾아오는 무상에 대해서 설명한다.

쿠시나가라에서는 화장대 장작 위에 부처님을 모시고 화장하기 위해서 불을 붙였지만 불이 붙지 않았다. 가섭 존자 일행이 도착해서 부처님 주위를 오른쪽으로 세 번 돌고 부처님의 발에 머리를 대고 예배하니 그때서야 안치한 화장 나무에서 저절로 불길이 타올랐다. 불가사의하게도 사리 즉 깨끗한 유해만 남고 다른 것은 아무런 그을음이나 재도 남기지 않은 채 없어졌다.
 이 중 몇 가지 관심 가는 부분이 있다. 열반 소식을 듣고 난 후 비구들이 수행의 차이에 따라 다르게 보인 애도의 반응, 스밧다라는 늦깎이가 부처님의 열반을 잔소리꾼이 없어져서 좋다고 외친 일, 가섭 존자의 부처님 열반에 대한 설명, 화장대에 불이 붙지 않는 기적을 통해 보여 준 법통을 받을 제자에 대한 예우 그리고 부처님에게 예를 올리는 방법 등이다.
 먼저 부처님의 열반 소식을 접한 가섭 존자 일행 비구들의 반응을 보자.

　세존의 입멸 소식을 들은 비구들은 모두 하나같이 깊은 슬픔에 젖었다. 그리고 아직 욕심을 완전히 떠나지 못한 비구들은 팔을 뻗고 슬피 울며, 또 어떤 이는 땅에 드러누워 마구 여기저기 뒹굴면서 비탄해 했다. 이와는 달리 욕심을 떠난 비구들은 '세상의 모든 행위는 항상하지 않는 것이다. 변해 가는 것을 어찌 머물게 할 수 있겠는가?'라고 하면서 바르게 생각하고 바르게 의식을 보전하여 지그시 슬픔을 참고 있었다.

 아직 수행이 덜 된 비구들과 수행이 무르익은 비구들의 태도에는 이렇게 차이가 난다. 아직 육신에 대한 속된 욕심을 떨쳐버리지 못한 비구들은 부처님의 열반에 대해서 팔을 뻗고 땅에 뒹굴며 요란한 반응을 보인다. 반면에 수행이 높은 비구들은 세상의 무상법에 대해 어찌할 수 없음을 통감하고 지그시 슬픔을 참고 있었다.
 필자가 상가집에 가서 염불을 하다 보면 갖가지 요란한 반응들이 나타난다. 특히 망인의 아들보다는 딸들이 더욱 요란하게 운다. 부모님의 사망 소식을 듣고 뒤늦게 도착한 딸의 경우, 대부분 기운이 빠질 때까지 온갖 사설을 늘어놓으며 울어댄다. 그러나 많은 경우 참으로 슬퍼하는 사람은 속으로 울지언정 소리 내어 통곡하지는 않는다. 그래서 불교식의 울음은 유교식의 것과 다르다. 유교식은 '아이고 아이고' 하면서 곡(哭)을 하지만, 불교식은 속으로 우는 읍(泣)을 한다. 경전에서도 체루비읍(涕淚悲泣)이라는 말을 쓰고 있다. 눈물은 흘리지만 밖으로 소리치며 곡을 하는 것이 아니라 속으로 운다는 뜻이다. 그래서 부처님의 열반 소식을 듣고 공부가 깊은 비구들은 안으로 울며 슬픔을 참았던 것이다.

다음은 부처님의 열반 소식을 듣고 스밧다라는 늦깎이 비구가 보인 반응이다. 그는 열반 소식을 듣고 슬퍼하지 아니하고 오히려 잔소리꾼이 없어졌다고 이렇게 외쳐댔다.

그만두시오, 여러분. 그렇게 울면서 슬퍼할 것 없소. 저 대사문은 지금까지 '이것은 해야만 한다, 저것은 하지 말아야 한다'라고 잔소리가 매우 심했소. 그러나 이제부터 우리들은 자신이 하고 싶은 것은 할 수 있고, 하기 싫은 것은 하지 않을 수 있소. 당연히 매우 기뻐해야만 할 일이 아니겠소.

부처님에게는 어떤 적도 없었다. 보통 사람의 마음 같아서는 아사세 왕·제바달다·순타가 적이 될 법하지만 부처님은 그들을 원망하는 일이 없었다. 제바달다는 비구였기 때문에 대승불교에 와서야 용서가 되었지만 순타나 아사세는 처음부터 부처님이나 그 직제자들과 적대적인 관계에 있지 않았다.

그렇지만 부처님이 누구나 평등하게 사랑한다고 해서 이 세상 모든 사람이 한결같이 부처님을 좋아해야만 한다는 전제적인 욕심을 부리지는 않는다. 부처님이 다른 이를 싫어하는 일 없이 모두를 사랑하지만 다른 이가 부처님을 싫어할 수 있는 여유는 허락한다. 이 여유가 불교의 위대한 점이다. 물론 스밧다라는 비구는 자신이 미혹해서 부처님의 열반을 오히려 후련하게 생각했지만 부처님과 그 제자들은 별 사람이 다 있을 수 있다는 것 그리고 그런 사람을 원망하지 않으면서 같이 살아야 한다는 것을 항상 인정하고 있었다.

가섭 존자는 스밧다의 반응을 보면서 부처님 열반 후의 교단에 큰 혼란이 있지 않을까 크게 걱정했을 것이 분명하다. 가섭 존자가 부처님의 가르침과 계율을 결집하기로 결심한 데는 스밧다의 망언이 상당히 영향을 미쳤으리라고 쉽게 짐작할 수 있다.

이어서 나온 가섭 존자의 반응은 부처님의 인간적인 면을 다시 부연하고 있다.

> 그만두시오, 여러분. 비탄해 하지 마시오. 세존께서는 항상 말씀하지 않으셨던가? '아무리 사랑하고 마음에 맞는 이라도 마침내는 이별과 변화의 상태가 찾아오는 것이다. 이 세상에 태어나고 만들어지고 무너져 가는 것, 그 무너져 가는 것을 붙잡고 무너지지 말라고 만류한다 해도 그것은 도리어 맞지 않는 것이다'라고. 여러분! 세존의 육신이라도 그것은 마찬가지인 것이오.

가섭 존자는 부처님의 평소 무상법문을 상기시키면서 부처님 자신도 그 무상의 법칙으로부터 예외가 될 수 없다고 말한다. 부처님도 육신을 가졌기 때문에 어쩔 수 없이 자신의 가르침대로 한다는 것이다. 부처님도 무상법칙 아래에 있다는 소승 《열반경》의 입장은 대승 《열반경》과 크게 대조를 이룬다. 대승 《열반경》에서는 부처님은 오고 감이 없지만 중생을 구제하기 위해서 짐짓 열반을 보인다는 입장인 데 비해서 소승 《열반경》에서는 부처님도 똑같이 늙음과 이별을 겪어야 한다는 입장이다. 대승 《열반경》에서도 가섭 존자가 등장하지만 소승 《열반경》의 가섭 존자가 아니라 새로운 캐릭터를 가진 가섭 보살이다. 대승 《열반경》에서는 부처님의 육신이 다른 사람의 육신과 실제로 같다는 생각은 허용되지 않기 때문이다.

다음으로는 가섭 존자가 부처님의 열반 터에 도착하지 않았을 때는 부처님의 화장 다비대에 불을 붙여도 불이 붙지 않다가 가섭 존자가 도착해서 예배를 올리고 난 다음에는 저절로 화장대에 불이 붙었다는 이야기의 문제이다. 가섭 존자는 부처님의 수제자로서 부처님 열반 후에 법통을 이어서 교단을 이끌어 갈 중요한 인물이다. 그 가섭 존자가 도착하지 않은 터에 마음대로 화장을 할 수는 없었을 것이다. 우리 나라 현재의 풍습에도 망인의 장남이 외국에 가 있을 경우 그 장남이 도착하지 않으면 장례식은 물론이고 염습까지도 보류하지 않는가? 가섭 존자가 부처님에게 오는 도중 부처님의 열반 소식을 들었을 때는 이미 열반 후 7일째였다. 가섭 존자가 도착한 다음에 저절로 불이 붙었다는 말은 열반 터에서 상수제자인 가섭 존자를 기다리다가 도착하자마자 바로 화장대에 불을 붙였다는 뜻으로 이해해도 좋겠다. 필자는 지금 가섭 존자가 도착하기 전에는 아무리 화장대에 불을 붙이려고 해도 불이 붙지 않다가 도착한 다음에 불이 저절로 붙었다는 기적을 믿지 않으려고 하는 것이 아니라, 가섭 존자가 도착하지 않으면 화장을 할 수 없는 당시의 상황을 가늠했을 뿐이다.

다음은 가섭 존자가 늦게 도착해서 부처님에게 올린 예배 방법이다. 가섭 존자는 부처님을 모신 화장대 앞에 합장하고, 부처님을 오른쪽으로 세 번 돈 다음에, 부처님의 발에 자신의 머리를 대고 예배했다. 부처님의 주위를 도는 것은 물론 부처님에 대한 존경과 두호의 표시이다. 그런데 돌 때는 반드시 오른쪽에서 왼쪽으로 돈다고 나타나 있지만 누가 중심이냐에 따라서 방향이 정해지므로 이 표현만 가지고는 방향을 알 수 없다. 현재 우리 나라에서 행해지는 탑돌이 방법은, 부처님을 중심으로 해서 오른편으로 탑의 뒷면을 돌아 탑의 앞면으로 나오는 방법으로 돌고 있다. 부처님을 시계바늘 방향으로 도는 것이다.

부처님을 돈 다음에 가섭 존자가 자신의 머리를 부처님의 발에 대고 예배했다고 했는데, 이 극적인 장면이 선종에서 전하는 삼처전심(三處傳心) 가운데 하나인 곽시쌍부(槨示雙趺)를 생각케 한다. 선종에서는 가섭 존자가 뒤늦게 도착해서 열반한 부처님에게 인사를 드리니 부처님이 관 밖으로 두 발을 내놓아 보임으로써 이심전심의 도리로 법을 전했다고 한다. 이 발을 내놓았다는 이야기는 부처님은 열반에 드셨지만 실제로는 항상 이 세상에 계시다는 메시지로 이해할 수도 있다.

15. 사리의 분배와 봉양 (소승 열반경 8)

> 사람들이 가장 쉽게 가까워질 수 있는 것은 부처님의 사리였다. 사리를 통해서 생전 부처님의 자비에 가득 찬 인격에 접근하려고 함으로써 대승불교를 일으키는 중요한 계기가……

 부처님을 화장한 후에 나온 여덟 말의 사리를 분배해서 모시는 과정, 사리의 정체, 사리가 불교사의 진행에 끼친 영향은 어떤 것일까.
 부처님을 화장한 결과 여덟 말의 맑은 사리가 나왔다. 당시 인도에 있던 여러 나라의 국왕들은 사신을 보내어 각기 부처님의 사리를 전부 가져다 모시겠다고 주장했다. 서로 자기 나라에서만 사리를 모시겠다고 우겨댔으므로 잘못하면 싸움이 일어날 지경에까지 이르렀다. 그때 도나라는 바라문이 그들을 화해시키기 위해서 다음과 같이 말했다.

 여러분 내 말을 들으시오. 부처님께서는 인내를 가르치셨는데, 인내를 가르친 부처님의 사리를 두고 분쟁을 한다면, 이 어찌 잘하는 일이라 하리오. 그대들 의좋게 여덟 등분해서 각자 하나씩을 모시는 것이 좋겠소. 각 지방에 사리탑을 세운다면 부처님의 몸이 온 세계에 가득할 것이오.

 도나 바라문의 중재에 의해서 사리는 여덟 등분되어서 여덟 나라에 모셔졌다.
 앞에서 암바팔리와 릿챠비 족이 부처님을 초청하기 위해서 애쓰는 것을 살펴보았을 때도 사람들의 부처님에 대한 흠모의 태도를 보고 놀랐는데 이번에는 부처님의 사리를 놓고 서로 모시려고 다투는 데서 부처님에 대한 존경과 믿음을 다시 한번 확인할 수 있다.

 사리(舍利)는 범어 샤리라(śarira)의 음을 그대로 한문으로 옮긴 것이다. 사리는 유골을 뜻한다. 그래서 부처님의 사리가 여덟 말이 나왔다는 말은 부처님 유골의 양이 여덟 말이라는 뜻이다.

 본래 사리의 뜻이 유골이기는 하지만 우리는 보통 화장하고 남은 모든 유골을 사리라고 부르지는 않는다. 사리의 의미를 약간 바꾸어서 쓰는 것이다. 지금 한국에서는 사리라면 영롱한 색이나 광채가 있거나 또는 유리나 사기 녹은 물 같은 매끄러운 성분이 굳은 것으로 이해하는 경우가 많다. 지난번에 성철 종정 스님의 열반 후에 화장을 하고 우리는 아주 영롱한 사리들을 본 바 있다. 그 사리가 많은 포교를 했다. 그런데 얼마 지나지 않아서 수행을 많이 한 어떤 노보살님을 화장했을 때 그곳에서도 많은 사리가 나왔다.

 사리가 어떻게 해서 생길까에 대해서 궁금해 하는 분들이 많다. 화학을 가르치는 어느 교수님은 사리를 담석증이나 신장결석증에서 생기는 돌 성분의 일종으로 이해하려고 했다. 우리가 재래식 소변통에 몇 년씩 소변을 보면 그 소변통에 돌 성분의 이끼가 끼는 것을 본다. 아주 단단한 고체이다. 필자는 그것을 보면서 소변에 그렇게 단단한 돌을 만드는 성분이 있다는 데 놀라곤 했다.

 그렇지만 사리는 결코 담석증에서 생기는 돌의 일종이 아니다. 왜냐하면 담석증이나 신장결석증으로 죽은 사람을 화장한다고 해서 사리가 나오지는 않기 때문이다. 사리가 나오는 사람을 보면 대개 독신생활을 오래 한 이들이 주류를 이룬다. 그냥 독신생활을 한다고 해서 모두 사리가 나오는 것은 아니다. 많은 경우 참선 공부를 한 사람들에게서 사리가 나오기 때문이다. 효봉 스님·청담 스님·성철 스님 등 입적 후에 사리가 나온 것으로 유명한 많은 스님들의 공통점은 바로 독신으로 정신을 집중하는 공부를 했다는 것이다. 꼭 스님들에게서만 사리가 나오는 것은 아니다. 앞에 말했듯이 참선이나 기도를 하면서 오랜 세월 동안 독신으로 산 보살님들에게도 사리가 나오는 예가 많았다.

사리가 나와야만 수행을 많이 한 도인인 것인가. 그러나 수행한다고 해서 누구에게서나 사리가 나오는 것은 아니다. 사람마다 체질이 다를 수가 있고 또 정신 집중이나 공부하는 방법도 다를 수가 있다. 모든 정력의 기를 모으면서 불도를 닦는 스님이 있는가 하면 기를 분산시키면서 공부하는 스님도 있을 것이다. 공부하는 방법에 따라서 사리가 나올 수도 있고 나오지 않을 수도 있다.

성철 스님은 화려한 사리를 보여서 세상의 관심을 집중시켰지만, 성철 스님의 아버질뻘 되는 스님이나 할아버지뻘 되는 스님들 중에는 사리를 보여 주지 않거나 사리가 있더라도 그것을 거두어 모으는 일을 금한 경우도 있었다. 사리는 수행의 결과로 나타날 수도 있고 나타나지 않을 수도 있는 것일 뿐 결코 사리를 얻기 위해서 수행을 해야 할 필요는 없는 것이다.

부처님은 여덟 말의 사리를 남기셨는데 필자도 스리랑카의 직책 높은 분으로부터 가져왔다는 부처님의 치사리 즉 이빨 사리 1과를 모시고 있다. 그 치사리는 우리 나라에서 전시하는 사리의 모양과는 좀 다르다. 그 치사리는 이빨 유골의 모양을 하고 있을 뿐이다.

그런데 부처님의 사리는 대승불교가 일어나는 데 중요한 계기를 마련했다. 부처님의 열반 후 육신을 중요하게 여기지 않는 스님네는 부처님의 유골인 사리에 대해서도 별다른 관심을 보이지 않았다. 부처님의 가르침을 깊이 있게 연구하는 데에만 몰두했다. 그러다 보니 스님들의 수행 태도는 학문적 또는 철학적으로 흘렀다. 부처님의 구제정신을 전체적으로 잡으려고 하기보다는 부처님 말씀 한마디 한마디를 세밀하게 파고드는 데에만 신경을 썼다. 자연이 스님네들이 일반 신자들을 구제하는 데에는 소홀해졌다.

스님네가 교리를 공부하는 데에만 전념하고 신도들을 본체만체하게 되자 신도들은 부처님의 사리탑을 중심으로 모여서 부처님이 남긴 육신과 바로 접하고자 했다. 일반인들에게 있어서 가장 쉽게 가까워질 수 있는 것은 부처님의 몸인 사리였고 사리를 통해서 생전 부처님의 자비에 찬 인격을 그릴 수가 있었다.
　부처님의 사리를 모신 탑에다가 공양물을 올리는 사람이 많아지니까 전문적으로 탑을 관리하고 탑에 몰리는 신도들에게 법을 설해 주는 사람이 생기게 되었다. 그런 일을 계속하다 보면 그 방면에 특출한 지도자가 생기기 마련이다. 그 지도자를 주축으로 해서 중생을 구제하는 불교로의 회귀를 주창하는 운동이 일어났는데 이 운동으로부터 발전된 것이 바로 대승불교이다.
　탑을 중심으로 모인 사람들은 재가신도들이 주류를 이루었다. 그렇지만 세월이 가고 사람이 많아지면서 그 재가신도들 자체로부터 출가 종교지도자도 생기게 되었다.
　부처님이 열반하신 후 부처님이 하셨던 대로 제자들이 중생구제에 관심을 많이 가졌다고 가정하더라도 부처님의 사리탑을 중심으로 종교색이 진한 불교운동이 일어날 가능성은 많았다. 부처님의 가르침을 교리적으로 공부하고 전하는 사람에 비해서 부처님의 사리에 공양을 올리며 부처님을 무조건적으로 따르는 사람의 종교성이 훨씬 강할 수밖에 없기 때문이다.
　요즘에도 참선을 전문으로 하는 선객과 교리공부를 전문으로 하는 학인을 비교할 때, 그 추진력의 차이를 쉽게 볼 수가 있다. 이상하게도 부처님의 말씀을 교리적으로 따져서 공부하는 사람들의 추진력보다는 부처님의 가르침을 많이 듣지 못하더라도 종교적인 신심으로 참선하는 사람들의 밀어붙이는 힘이 훨씬 강하게 나타나는 경우가 아주 많다.
　탑을 중심으로 한 부처님에 대한 앞뒤 살피지 않는 신앙심은 인도의 전통종교였던 힌두교로부터 멀어진 불교가 다시 힌두교와 가까워지는 계기를 만들게 되었다. 소승 《열반경》을 읽으면 부처님의 생각이 아주 합리적이고 또 그 자비에 찬 인격이 아주 훌륭하다는 것을 쉽게 느낄 수 있지만, 무엇인가 종교적인 맛이 물씬 스며 있는 것 같지는 않다고 느껴지기도 한다. 원시불교의 이 맛은 종교의 나라인 인도의 전통종교와는 다른 아주 맑고 신선한 것이었다. 그러나 탑을 중심으로 대승불교가 일어나면서 인도의 불교는 자신이 반발의 기치를 들고 뛰쳐나왔던 힌두교에 다시 가까워지게 되었다.

힌두교와 가까워진다는 것은 힌두교의 종교성을 불교의 교리에 가미시키는 것이다. 힌두교와 불교, 이 두 가지가 밀착되는 것을 불교 쪽에서는 힌두교의 불교화라고 하지만 힌두교 쪽에서는 불교의 힌두교화라고 부를 수도 있을 것이다. 그래서 남방불교에서는 대승불교를 힌두교화된 불교로 보고 있다.

필자는 그전에 남방에서 위파사나 공부를 많이 하고 한국에서도 남방의 승복을 입고 다니는 스님과 대화를 나눈 적이 있다. 그 스님의 의식은 어느새 남방불교화되어서 대승불교를 외도화한 것으로 말하는 것이었다. 외도란 물론 힌두교를 뜻한다. 자신의 말에 더욱 무게를 싣기 위해서 그 스님은 부처님이 범어를 쓰지 말라고 가르쳤다는 기록을 들먹이기도 했다.

실제로 불교의 한 학파와 힌두교의 어떤 학파와는 유사한 점이 많다. 그럼에도 불구하고 공사상과 일체유심조 사상이 불교의 기반을 이룬다는 점에서 힌두교와는 차이가 있다. 힌두교는 아무래도 완전한 공사상과 완전한 일체유심조 사상을 받아들일 수가 없기 때문이다. 부처님의 사리탑을 중심으로 대승불교가 일어나고, 그에 따라 불교가 힌두교화된 점도 있지만 공과 유심조의 원칙을 철저하게 지님으로써 대승불교가 전통적인 불교의 맥을 지켰다. 그래서 경을 읽을 때 주의해야 할 점은 항상 공과 일체유심조의 원칙에 맞도록 이해해야 한다는 것이다.

셋•째•마•당

열반의 선포와 슬픈 탄식

━━━━━━━━━━━━ ● ━━━━━━━━━━━━

그때 세존께서 큰 비구 80억 백천 인이 앞뒤를 둘러싼 속에서 2월 15일 마침내 열반에 드시려 하셨다.……
"세상이 비었소, 세상이 비었소. 이제 우리들을 구호해 줄 이도, 우러러 받들 이도 없소. 빈궁하고 외로울 것이오.……"
(서품)

"너무 울어서 마음을 어지럽게 하지 말고, 이 몸이 파초와 같고 아지랑이와 같고 물거품・요술・건달바성・날기와・번갯불 같으며, 물에 그린 그림, 사형수의 마지막 밥상, 다 짜고 남은 베틀, 방앗공이의 오르내림과 같은 줄로 관찰하라. 모든 행법은 독약이 섞인 음식과 같으며 하염 있는 법은 걱정이 많은 것을 관찰하라.
(순타품)

"모든 비구들이여, 부처님이 세상에 나기 어렵고 사람 되기도 어려우며, 부처님을 만나 믿는 마음을 내기는 더욱 어렵고, 참기 어려운 일을 참기가 또 어려우며, 계행을 빠짐없이 성취하고 아라한과(阿羅漢果)를 얻기는 더구나 어려운 것이어서 금싸라기나 우담바라를 구하기와 같은 것이어늘. 너희들 모든 비구들이 여덟 가지 어려운 것을 여의고 사람의 몸을 얻었으며, 또 너희들이 나를 만났으니 속절없이 지내지 말아야 할지니라."
(애탄품)

16. 열반에 들겠다는 선포 (서품 1)

> 보통 사람에게서 슬픔이 절실하게 느껴지려면 물질적으로 사랑을 베푼 예를 들어야겠지만 열반경에서는 우리의 혼을 당신의 외아들처럼 먹여 주고 입혀 주던 분을……

때는 2월 15일, 장소는 쿠시나가라 사라쌍수 아래, 비구 대중 80억 백천 인이 모인 가운데 하늘은 부처님이 열반에 들 것이라고 선포를 한다.

이렇게 내가 들었다.
어느 때 부처님이 구시나성(拘尸那城) 기운 센 장사들이 난 곳, 아지타바티이 강가에 있는 쌍으로 선 사라(娑羅) 나무 사이에 계시었다. 그때 부처님께서 큰 비구 80억 백천 인이 앞뒤를 둘러싼 속에서 2월 15일 마침내 열반에 드시려 하였다.
부처님은 신통한 힘으로 큰소리를 내시는데, 그 소리가 두루 퍼져 유정천(有頂天)에까지 이르고 곳에 따라 여러 가지 음성으로 중생들에게 널리 외치는 것이었다.
"오늘 여래(如來)·응공(應供)·정변지(正遍知)가 중생을 안아 주며 중생들을 외아들 라후라처럼 평등하게 보고 중생들을 위하여 귀의할 곳이 되어 주며 세간의 집이 되려 하노라. 대각(大覺) 세존이 곧 열반에 들려 하노니, 모든 중생들은 의심나는 데가 있거든 사양하지 말고 죄다 물을지어다. 이번이 마지막 물음이 되리라."

부처님이 열반에 들겠다고 선포하는 엄숙한 순간이다. 80억 백천 인이나 되는 수의 비구들이 부처님을 둘러싼다. 부처님의 위신력으로 하늘로부터 엄청난 선포가 온 세계에 울려 퍼진다. 중생을 평등하게 사랑하고 중생의 귀의처가 되어 왔던 부처님이 열반에 들려고 하니 의심이 남아 있으면 마지막으로 부처님께 여쭈어 보라는 말이다.

먼저 부처님이 중생을 외아들 라후라처럼 안아 준다는 말을 생각해 보자. 사랑하던 사람이 죽었을 때 누구나 슬퍼한다. 그러나 그 슬픔도 자기 위주의 것이다. 즉 그 사람이 계속 살아 있으면 나의 애정을 그에게 주거나 그에게 있는 것을 내가 받거나 할 터인데 그가 죽어 버리고 나면 나는 줄 수도 받을 수도 없다는 것이 슬퍼하는 이유 가운데 중요한 것이 된다고 한다. 30세 된 젊은 부인과 아이들을 두고 남편이 교통사고로 갑자기 죽었다고 치자. 죽은 사람이 불쌍해서 눈물이 나오기도 하지만 살아 있는 젊은 여인이 아이들을 데리고 어떻게 살 것인지가 안타까워서 눈물이 나오기도 한다.

필자의 주변에 한 어이없는 죽음이 있었다. 남편과 부인은 함께 통닭집을 운영하며 남편은 오토바이로 배달을 하고, 부인은 통닭을 튀기면서 같이 살림을 꾸려 갔다. 그런데 남편이 깊은 밤에 오토바이를 타고 가다가 뺑소니 차에 치여서 병원에서 며칠을 보내다가 죽었다. 부인은 이제 38세, 아이들은 3명이다. 통닭집을 부인 혼자서 운영하기도 어려운 데다가 한달 이상을 문을 닫았기 때문에 단골 손님도 거의 떨어졌다. 필자는 죽은 사람에 대해서 무척이나 불쌍하게 생각했지만, 통닭집을 운영하면서 아이들 셋을 키우며 살아갈 그 부인에 대해서는 마음을 바로잡기 어려울 정도로 걱정이 되고 측은한 생각이 들었다.

부처님이 열반에 들 것임을 하늘에서 선포할 때 불제자들은 중생을 당신의 외아들 라후라처럼 걱정해 준 부처님을 잃게 되는 것이 너무도 안타까웠다. 보통 사람에게서 슬픔이 절실하게 느껴지려면 물질적으로 먹여 주고 입혀 주는 일로 사랑을 베푼 예를 들어야 겠지만《열반경》에서는 우리의 혼을 당신의 외아들처럼 먹여 주고 입혀 주던 분을 다시는 돌아오지 않을 저 세계로 떠나 보낸다는 극도의 슬픔을 선포하고 있다.

하늘은 중생을 안아 주고 외아들처럼 보살피며 중생들을 위하여 귀의할 곳이 되고, 또 중생이 사는 세계의 집이 되어 주기 위해서 부처님이 열반에 들 것이라고 선포한다. 이 선포는 미래에도 부처님이 그렇게 중생을 보살피겠다는 것이지만 제자들이 들을 때는 과거에 자기들의 혼을 안아 주던 이, 돌아가 의지하던 곳, 그 안에 들어가 먹고 입고 잤던 집이 지금 이 순간부터 없어지는 것처럼 느껴진다.

친하게 지내던 한 친구가 죽는다고 치자. 그 친구가 과거에 나의 상담자가 되어 주고 나의 죄를 들어 주고 내가 처한 상황에 대해 할 수 있는 최선의 충고를 해주었는데 앞으로는 다시 그런 친구를 만나지 못한다고 생각하면 사람은 슬퍼하지 않을 수가 없다. 약 20여 년 전 불교계 신문에 오를 정도의 잘못을 저지르고 그 일 때문에 지금까지 숨어서 지내온 분을 만나서 대화한 적이 있다. 필자는 그분에게 왜 과거에 일을 감정적으로 처리했느냐고 물었다. 그러자 그분의 대답은 첫째 자신이 어리석었고, 둘째는 자신의 문제를 상의할 사람이 없어서 세상으로부터 지탄받고 자신의 일생을 그르칠 끔찍한 일을 저질렀다는 것이다.

요즘에도 가끔 신문에 나는 사건이 있다. 부부싸움 후에 부인이 친정으로 돌아갔는데, 장인 장모가 부인을 자기에게 돌려보내 주지 않는다고 큰일을 저지르는 술주정꾼 남편에 관한 이야기이다. 이 일은 아주 극단적인 것이지만 세상에서 일어나는 대부분의 나쁜 일이 상의할 지혜로운 사람이 없는 데서 일어나고 세상에서 일어나는 대부분의 좋은 일이 지혜를 주고 격려해 줄 사람이 있는 데서 일어난다.

부처님은 제자들의 혼을 안아 주고 키워 주고 재워 주는 집이었다. 그 부처님이 계셨을 때 방황에 지친 중생들은 돌아갈 곳이 있었고 어려운 일이 닥쳤을 때 물을 곳이 있었다. 그런데 그 부처님이 지금 열반에 들겠다고 한다. 마지막 기회가 될 터이니 물을 것이 있으면 지금 물어 보라고 한다.

이 청천벽력 같은 선포에 대한 제자들의 일차적인 반응을 보자.

이 모든 중생들이 이것을 보고 듣자, 크게 걱정하고 근심하여 한꺼번에 소리를 높여 슬피 울부짖으며 '아아, 어지신 아버지여! 애통하고 안타깝소이다.' 하면서 손을 들어 머리를 쥐어박기도 하고 가슴을 치며 크게 외치기도 하고 또 어떤 이는 온몸을 떨며 눈물짓고 흑흑 흐느끼기도 하였다.

이때에 땅과 산과 바다가 모두 진동하는데, 중생들은 서로 붙들고 위로하며 저마다 슬픔을 억제하면서 '너무 슬퍼하지만 말고 어서들 구시나성으로 가서 부처님을 뵙고 열반에 드시지 말고 한 겁 동안이나, 한 겁이 조금 모자라는 동안 만이라도 이 세상에 좀더 머물러 주십사고 청해 봅시다.' 하는 것이었다.

부처님이 열반에 들 것이라는 선포에 사람들은 걱정하고 근심하고 울부짖고 머리를 쥐어박거나 가슴을 치며 외치기도 하고 또 온몸을 떨면서 흐느낀다. 부처님의 열반 선포를 듣고 슬퍼하는 감정이 격하게 일어났다는 비유를 들어 보겠다. 김구 선생이 저격을 당해서 죽었을 때, 많은 사람들이 진정으로 슬퍼했다. 미국의 흑인 인권운동가 킹 목사가 살해되었을 때도 흑인들이 슬퍼하다 못해 폭동을 일으켰다. 인도의 국부 간디가 죽었을 때 인도인들이 보인 슬픔을 비유로 들면 이해가 되겠는가. 부처님의 열반이 선포되었을 때는 산과 바다가 모두 진동했다고 한다.

슬픔에 잠긴 사람들은 이렇게 슬퍼하고 있기만 할 것이 아니라 부처님에게 가서 최소한 일 겁 동안 만이라도 이 세상에 더 머물러 주십사고 청하려고 했다. 아무리 연세가 많은 부모님이 돌아가시게 되었을 경우에도 자식들은 부모님이 오래 살기를 원한다. 평소에 잘 모시지 못했으면서도 또한 그렇기 때문에 더욱 죄스럽고 앞으로 과거의 불효를 보상하고자 한다. 물론 다 그렇다는 것은 아니다. 대부분의 경우에 그렇다는 것이다. 일 겁은 우리의 셈으로는 헤아릴 수 없는 긴 세월이지만 사람들은 부처님이 일 겁 동안은 살아야 좀 마음이 가라앉겠다는 것이다.

그래서 부처님이 열반에 들려고 하는 순간에 사람들은 "세상이 텅 비고 중생들의 복이 다하여 착하지 못한 모든 업들이 자꾸만 세상에 나타나겠소. 여보시오들, 어서 갑시다. 부처님이 오래잖아 열반에 드실 모양이오."하고 조바심 쳤던 것이다.

부처님이 안 계시면 세상에 복 없는 일은 가득하고 좋은 일은 텅 빌 것 같은 생각이 드는 것은 당연하다. 부처님은 말씀으로 설법하실 뿐만 아니라 이 세계에 계시다는 그것만으로도 중생들의 마음을 순화시킨다. 영혼의 어른이 안 계실 때 사람들은 나쁜 업을 지을 것이니 그것을 걱정하고 있다. 부처님이 없는 세상은 배불러도 배고픈 것 같고 재산이 많아도 빈궁한 것 같을 것이다. 그래서 텅 빈 세상이 될 것이라고 걱정한다.

17. 관(觀)하는 임종 참배자 (서품 2)

> 중생의 업을 무시하거나 중생의 업을 없애고 나서 별도로 중생이 있다고 생각하는 것이 아니라, 중생의 업이 부질없이 순환함을 여실히 관찰함으로써 괴로움과 즐거움을……

부처님이 열반에 들 것이라는 말을 듣고 마하가전연·박구라·우파난타 등을 비롯한 팔십백천의 제 대비구와, 구타라녀·선현 비구니·우파난타 비구니·해의 비구니 등을 필두로 한 60억의 비구니와 그 외에 해덕 등의 보살들과 위덕무구칭 왕 우바새와 선덕 우바새를 선두로 해서 항하의 모래처럼 많은 우바새들이 몰려온다. 그 외에 우바이·대신·장자 등 52가지의 대중들이 열반에 드는 부처님에게 참배를 올리고 열반에 들지 마시라는 부탁을 하거나 마지막 질문을 하기 위해서 몰려오는 것으로 묘사된다. 위덕무구칭 왕 우바새 등도 부처님이 열반하리라는 선포를 듣고 몰려오는데, 그들은 대치(對治)하는 문(門)을 관찰하기를 좋아한다고 묘사하고 있다. 그들의 관법은 상대적인 개념을 대조해서 관하는 것인데 그 상대적인 것의 종류를 보자.

그들은 모든 대치하는 문을 관찰하기를 무척 즐기었으니 이른바 괴롭고 즐거운 것, 항상하고 무상한 것, 깨끗하고 더러운 것, '나'란 것과 '나' 없는 것, 참되고 참되지 못한 것, 돌아가 의지할 데와 돌아가 의지할 데 아닌 것, 중생과 중생 아닌 것, 늘 있고 늘 있지 않은 것, 편안하고 편안하지 않은 것, 하염있는 것과 하염없는 것, 끊어지는 것과 끊어지지 않는 것, 열반과 열반 아닌 것, 느는 것과 늘지 않는 것들, 언제나 이런 상대되는 법문을 살펴보기를 즐겨 하였다.

여기에서 상대적인 개념들이 여러 가지 제시되지만 괴롭고 즐거운 것, 항상하고 무상한 것, 깨끗하고 더러운 것, 나란 것과 나 없는 것의 네 가지가 앞에 나란히 놓였다. 열반사덕인 상락아정(常樂我淨)과 그 상락아정의 순서가 바뀌어서 열거되었다. 상락아정의 순서대로라면 항상한 것과 항상하지 않은 것, 즐거운 것과 즐겁지 않은 것, 나와 나 아닌 것, 그리고 깨끗한 것과 깨끗하지 않은 것의 차례가 되어야 겠다. 열반사덕으로서의 상락아정과 잘못 이해된 전도된 상락아정에 대해서는 앞으로 자주 다루어질 것이므로 여기에서는 상대적인 개념을 관찰하는 각도에서 풀이하겠다.

중생들은 자기를 살고 있는 것으로 생각하지만 실제로는 그렇지 않다. 자기의 업을 살고 있을 뿐이다. 다겁생래로 지어온 자기 업의 습성이 금생의 나를 움직이게 한다. 그래서 나는 업이라는 대본에 적힌 대로 행동하는 배우거나 꼭두각시다. 얼굴과 몸뚱이라는 간판은 내 것이지만 그 안에서 인생이라는 살림을 하는 것은 나의 업이다. 내 얼굴이나 몸조차도 내 것이 아니고 내 업이 나타난 것이다. 업에 따라 몸을 받고 업에 따라 표정이 달라지기 때문이다.

나의 업은 독자적으로 작용하는 것이 아니고, 내가 살고 있는 사회의 분위기에 영향을 많이 받는다. 사회가 '놀고 보자'의 분위기에 있으면 나의 업도 그것을 따라가고, '쓰고 보자'의 분위기에 있으면 그것을 따라간다. 남들이 장에 가면 나의 업도 장에 가고, 남들이 짝을 만나 결혼하고 아기를 낳으면 나의 업도 그렇게 한다. 내가 나를 사는 것도 아니고 나의 업을 사는데, 게다가 나의 업이라는 것도 자기 자신을 살지 못하고 주위의 분위기를 산다. 이 세상에는 부질없이 업을 따라 세상을 살다가 사라져 간 인생의 예가 너무 흔하기 때문에 여기서 별도로 예를 들 필요가 없을 것 같다.

그러나 우리 나라를 18년 동안이나 통치하다가 총탄을 맞고 죽은 한 전직 대통령의 업을 예로 생각해 보자. 그분은 자기와 같이 혁명을 일으킨 동지들과 원수가 되기도 했고, 아무에게도 후계자의 자리를 허용하지 않았다. 억지로 정권 연장을 계속하다가 자신의 부인도 총에 맞아 죽었고, 자신은 술자리에서 부하의 총에 맞아 죽었다. 아들은 마약 중독에 걸려서 치료 요양소에 있고, 두 딸은 이혼하거나 결혼하지 않은 채 독신으로 살고 있다.

두 딸이 각기 기자와 가진 인터뷰를 방송과 잡지에서 보고 읽은 바 있다. 그런데 두 사람의 세평은 한결같았다. 옛날에 아버지에게 목숨이라도 바칠 듯이 의리를 맹세하던 사람들의 마음이 세월에 따라 돌아선다는 것이었다. 한 딸의 말이 인상적이다. '이 세상은 강자에게는 너무 후하게 대하고 약자에게는 너무 야박하게 대한다'는 취지의 말이다.

필자는 지금 저 전직 대통령의 일생을 한 시각에서 좋다 나쁘다고 판단하여 규정하려 하는 것이 아니다. 그분이 이 나라의 보릿고개를 면하게 했고 경제 발전의 기초를 잡는 데 공을 세웠다는 것도 알고 있다. 단지 인생을 업과 관련지어서 생각할 때, 다른 이를 쓰러뜨리고 권력을 잡고 명예와 부를 얻는 것이 얼마나 부질없는 일인가를 조망하려고 할 뿐이다. 어디 그분의 일생뿐인가. 역사 속의 풍운아들이 바람을 일으키고 사라진 것이 그 얼마나 많으며, 나름대로 가장 아름다운 사랑을 마음에 품었다가 마침내 시들하게 된 청춘들이 얼마나 많은가. 지금의 우리가 그중의 하나가 아니겠는가.

얼마 전에 남해 보리암에 기도를 갈 기회가 있었다. 낮에 바다를 바라보니 섬들과 해변이 아주 아름다웠다. 밤에 내려다보니 밤 바다 위에서 많은 불빛들이 움직이는 것이었다. 주지 스님에게 물어 보니 고기 잡는 배에서 나오는 불빛이라고 대답했다. 왜 낮에 고기를 잡지 않고 밤에 고기를 잡느냐고 물어 보니 낮에는 고기들이 움직이지 않고 있다가 밤에 불빛을 보고 몰려들기 때문에 어부들이 밤에 일을 한다는 대답이었다.

　고기들이 빛을 따라 모이는 줄은 몰랐다. 그러나 생각해 보면 그럴 법도 했다. 고기들에게도 본능적으로 색다른 것에 대한 호기심이 있을 것이다. 물고기에게 사람이 품는 것과 같은 꿈과 이상이야 없겠지만 좋은 것을 보고 가까이하려는 극히 기초적인 본능은 있을 것이다. 그 본능이 물고기의 업이라고도 할 수 있다. 사람들은 물고기의 업을 이용해서 밤에 불빛을 내고, 그것을 따라 모이는 물고기를 잡는다. 물고기의 입장에서 보면 본능적인 호기심을 충족시키려고 하다가 죽게 되는 것이다.

　사람들은 밤에 불빛을 따라감으로써 어부에게 잡혀서 죽는 물고기를 어리석다고 할지도 모르지만 어디 물고기만 호기심을 충족시키려고 하겠는가. 호기심은 사람에게 더 많지 않겠는가. 사람이 밤에 빛을 쫓다가 어부에게 잡히는 것은 아니지만 세상의 부와 권력과 명예를 구하다가 쓰러지는 사람들이 얼마나 많은가. 부귀명예를 누려 보는 것이 그것을 누리지 않고 사는 것과 결과적으로 크게 다를 바 없음을 알면서도 사람들은 호기심을 충족시키기 위해서 그 부질없는 것을 누리려고 애를 쓴다.

　물고기가 밤배의 불빛을 따라가고 불나비가 불속으로 뛰어들고 사람들이 부귀명예를 찾아서 세상이라는 불난 집으로 뛰어드는 것은 모두 진정한 자기를 살지 않고 자신의 업을 살기 때문이다. 업은 그 자체로 업을 끊을 방도를 찾아내지 못한다. 업은 끊임없이 새로운 업을 자신에게 더 붙이려는 성질만을 가지고 있을 뿐이다.

　업을 끊을 수 있는 힘은 불도를 닦는 데서 얻을 수밖에 없다. 불도는 세상과 경쟁해서 얻는 것이 아니라 완전히 버림으로써 업을 벗어나는 것이다. 그래서 부처님은 왕궁을 버리고 설산으로 들어가셨고 모든 조사 스님들은 한결같이 속가를 버리고 산속으로 들어가셨다. 경허 스님은 산속에서 버리다 못해 더 버리기 위해서 이름까지 갈면서 속가로 와 숨어서 살다가 목숨을 마치기도 했다.

《열반경》에서 부처님이 열반에 들 것이라는 말을 듣고 부처님에게 달려가는 저 위덕무구칭 왕 우바새와 그 일행들은 부처님의 열반이 또 하나의 버리는 제스처임을 알고 있다. 왕궁을 버린 부처님이 일생을 버리는 법을 가르치면서 보내고는 마지막으로 다시 한번 더 크게 버리는 모습을 보이고 있음을, 저 우바새들은 눈치채고 있다. 중생의 업을 무시하거나 중생의 업을 없애고 나서 별도로 중생이 있다고 생각하는 것이 아니라, 중생의 업이 부질없이 순환함을 여실히 관찰함으로써 일어남과 사라짐을 확실하게 통달한다. 이같이 여실한 관찰과 통달에 의해서 괴로움과 즐거움, 항상함과 항상하지 않음 등의 상대적인 것에 아무런 흔들림이 없다.

상대적인 것에 흔들림이 없다고 하는 것은 너무 소승적이다. 상대적인 것을 동시에 넘나들고 동시에 초월한다고 해야 옳겠다. 가령 괴로움과 즐거움, 편안과 편안치 않음이 있을 때 그것들로부터 도망치는 것이 아니라 그것들을 나의 아래에 두고 마음대로 부리는 방식이다. 내가 나의 업에 굴복되어서 좋고 나쁨의 상대적인 감정에 흔들리는 것이 문제다. 업에서 과감히 벗어나서 상대적인 감정을 내가 깔고 앉아서 자유자재로 부리게 되면 바로 그것을 해탈이라고 한다.

18. 몸의 추악과 무상을 터득한 참배자 (서품 3)

> 인생은 '몸 시중을 드는 데 다 소비해 버리는 것'이라고 말할 수 있다. 우리 몸의 아홉 구멍에서 나오는 오물들을 청소하는 작업을 해야 하고, 또 이 몸을 먹여 주고 입혀 주고……

《열반경》은 참으로 묘한 구성을 하고 있다. 부처님의 열반을 나타내는 데, 직접적으로 부처님 자신에 관한 묘사나 제자들과의 대화에서 나타나는 가르침뿐만 아니라 《열반경》에 출연하는 사람들의 공부 됨됨이에 관한 설명을 이용하기도 한다. 《열반경》〈서품〉에서는 몸의 추악함과 무상에 대해서 자세하게 묘사한다. 여기에는 부처님의 임종 참석자들의 무상공부가 깊음을 전하는 데만 목적이 있는 것 같지는 않다. 부처님이 몸을 버리고 열반에 드는 것을 염두에 두고 간접적으로 육신의 추악함과 덧없음을 나타내려고 하는 것 같다.

《열반경》에서는 몸이 아무 쓸모 없다는 것을 다음과 같이 묘사하고 있다.

> 자기 몸 보기를 네 마리 독사와 같이하여 이 몸이란 항상 한량없는 벌레에게 빨아 먹힘이 될 것이요, 이 몸이란 더럽고 탐욕으로 얽매였으며, 이 몸이란 나쁘기가 죽은 개와 같으며, 이 몸이란 부정하여 아홉 구멍으로 더러운 것이 흐르며, 이 몸이란 성곽과 같아 피와 살과 뼈와 가죽으로 그 위를 덮었고 손과 발은 적을 물리치는 망루가 되고 눈은 성가퀴의 총구가 되고 머리는 전당(殿堂)이 되어 마음의 왕이 있는 곳인데, 이러한 몸의 성곽을 부처님들은 내어 버리지마는 보통 어리석은 자

들은 언제나 맛을 붙여 탐욕, 성내는 일, 어리석은 나찰(羅刹)들이 그 속에 살고 있으며 그리고 이 몸이 든든하지 못하기는 갈대 · 이란(伊蘭) · 물거품 · 파초와 같으며, 이 몸이 무상하여 잠깐도 머물러 있지 못한 것은 번갯불 · 이슬방울 · 아지랑이와 같고 물을 베는 것 같아서 베는 대로 곧 합하는 것이며, 이 몸이 무너지기 쉬운 것은 강가 절벽에 선 큰 나무와 같으며, 이 몸은 오래지 아니하여 여우 · 늑대 · 독수리 · 올빼미 · 까치 · 까마귀와 주린 개 따위에게 뜯기어 먹힐 것이니 지혜 있는 이라면 누가 이 몸을 즐거워하랴. 차라리 소 발자국에 바닷물을 담을지언정 이 몸의 무상하고 부정하고 더러운 것을 갖추어 말할 수는 없으며, 또 차라리 땅덩이를 비벼서 대추만큼 만들고 점점 더 작게 하여 겨자씨같이 만들고 나중엔 티끌만큼 만든다 할지언정 이 몸의 허물과 걱정을 갖추어 말할 수는 없는 것이다. 그러므로 이 몸 버리기를 침 뱉듯이 한 이들이었다.

먼저 우리의 몸이 벌레에게 빨아 먹히게 되는 것에 대해 생각해 보자. 필자는 전에 곰팡이 균에 대해서 잘 몰랐다. 우리 주변에는 많은 균들이 있다는 것을 근래에 와서야 신문광고를 보고 알았다. 우리 생활 주변에는 무수한 종류 무수한 수의 곰팡이 균들이 서식한다고 한다. 필자가 이 곰팡이 균에 대해서 관심을 갖게 된 것은 지난 20여 년간 가려움증에 시달려 왔기 때문이다. 여러 종류의 피부병 약을 써보았지만 근본적으로 치료되지 않았다. 오랜 기간 동안 피부병에 시달리다 보니 피부를 벗겨 내고 싶은 생각까지도 들었다. 신문광고를 보고 방 안이나 차 안에 뿌리는 약을 피부에 발라서 큰 효과를 보았다. 요즘에는 곰팡이 균을 씻어 내는 비누까지도 나와 있다.

살아 있을 때는 외부로부터 오는 갖가지의 크고 작은 곤충이나 균에 의해 사람의 몸이 시달림을 받지만, 죽게 되면 얼마 지나지 않아 이 몸 자체에서 벌레가 생긴다. 어떤 이들은 죽은 다음에 화장을 하면 불이 너무 뜨거울 것 같고 두 번 죽는 것 같아서 화장을 않겠다고 하지만 죽게 되면 바로 몸이 썩고 그곳에서 재래식 화장실의 구더기 같은 것이 나온다. 어떻든 우리 몸은 살아서나 죽어서나 벌레에 의해 시달려야 하는 몸이라고 관찰해야 겠다.

다음은 우리의 몸이 탐욕으로 꽉 차 있고 죽은 개와 같고 아홉 구멍으로 항상 더러운 것이 흐른다는 관찰이다. 몸에 달린 감각기관이 각기 좋은 것만을 탐하는 것은 누구나 쉽게 느낄 수 있다. 머리로는 좋은 생각을 내지만 실제로 몸이 부딪치면 마음대로 되지 않는다. 몸에는 다겁생래의 업력으로 온갖 종류의 탐욕이 꽉 차 있기 때문이다. 중생으로서 몸에 탐욕을 갖고 사는 것이야 공부가 깊어질 때까지 어쩔 수 없다고 하지만 최소한 우리 몸에는 탐욕이 있고 그 탐욕이 당연히 이해되고 허용되는 것이 아니라는 것만은 분명히 알아야 할 것이다. 보통 사람들은 몸이 탐욕으로 뭉쳐 있는 줄은 알지만 한편 사람이 탐욕을 가지는 것은 당연한 것이 아니냐는 생각을 가진다. 그렇게 되면 탐욕이 문제점으로 떠오르지도 않고 따라서 그것을 대치하기 위해 수행하겠다는 마음도 우러나지 않을 것이다.

우리의 몸을 죽은 개에 비유했지만 죽은 개가 왜 나쁘고 추한 지 필자는 개를 키워 보지 않아서 알 수가 없다. 단지 죽은 개를 보면 기분이 나쁠 것이라는 짐작은 간다. 우리의 몸에 있는 아홉 구멍에서 항상 더러운 것이 흐른다는 말은 너무도 공감이 간다. 하루만 세수를 하지 않아도 눈·귀·코·입에서 냄새가 나거나 딱지가 생긴다.

필자는 예전에 이런 생각을 했다. '이 자연은 그대로 두면 잘 돌아가게 되어 있다. 우리의 몸도 하나의 자연으로 태어난 것이다. 그러므로 몸을 일부러 씻지 않고 자연 상태로 두면 자연적으로 몸은 깨끗하게 될 것이다.'라는 식의 발상이다. 그래서 세수하는 일, 양치질하는 일, 목욕하는 일을 소홀히 했다. 그래서인지 필자의 코털에는 언제나 코딱지가 붙어 있고, 눈에는 눈꼽이 붙어 있고, 귀에는 귓밥이 머리를 내놓고, 입에서는 냄새가 났다. 하루는 도반 스님으로부터 몸에서 술 냄새가 난다는 말을 들었다. 술을 마시지 않았는데 어떻게 술 냄새가 난다는 것인지 이해가 가지 않았다. 곰곰이 생각해 보니 오랫동안 목욕을 하지 않아서 시큼한 냄새가 몸에서 풍긴다는 것임을 깨달았다.

20대나 30대에는 모르지만 40이 넘으면 몸에 윤활유가 없어지는 것을 느끼게 된다. 팔을 뒤로 뻗고 팔에 의지해서 한 시간만 앉아 있어도 팔이 뻣뻣해진다. 소화력은 약해지고 노쇠해지는 것을 뚜렷하게 느낄 수 있다. 운동을 해주지 않으면 몸에는 병이 붙게 된다.

인생이란 무엇인가에 대해 여러 각도에서 대답할 수 있겠지만 몸의 추한 문제와 관련지어서 생각할 때 인생은 '몸 시중을 드는 데 다 소비해 버리는 것'이라고 말할 수 있다. 우리 몸의 아홉 구멍에서 나오는 오물들을 청소하는 작업을 해야 하고, 또 이 몸을 먹여 주고 입혀 주고 재워 주어야 하고 또 운동까지 시켜 주어야 하기 때문에 몸 시중하는 일이 인생의 전부가 되는 것이다.

《열반경》은 또 우리의 몸을 성곽에 비유하기도 한다. 우리가 몸을 낡고 부서지는 성이나 집처럼 생각한다면 몸에 대한 집착이 없을 터인데 몸을 내 것으로 착각하기 때문에 문제가 된다는 뜻이다.

몸이 약한 것은 마치 갈대와 같고 물거품과 같고 파초와 같다고 한다. 또 무상하게 사라지는 것은 번갯불·이슬방울·아지랑이와 같다고 한다. 우리의 몸이 약하고 무상한 것은 누구나 다 잘 알 것이기 때문에 새로운 설명을 붙일 필요가 없겠다. 젊은이들은 이 몸의 무상에 대해서 실감하지 못할 것이다. 또 나이가 든 분들도 우리의 몸이 번갯불이나 아지랑이처럼 잠깐 사이에 없어지는 것은 아니지 않느냐고 생각하실지도 모르겠다. 그러나 그것은 중생의 마음으로 재어 본 시간 내에서 인생을 길게 생각하는 것이지 무량억 천만 년을 한마디로 잡는 시간관에서 볼 때는 인간의 일생은 번갯불 같다고 해도 과언이 아닐 것이다. 하루살이의 기준으로 볼 때 하루라는 시간은 상당히 길다고 하겠지만 우리가 볼 때는 하루살이의 일생이 얼마나 짧고 초라한가.

《열반경》은 몸의 허물을 다 말하기 힘들다고 한다. 소 발자국에 바닷물을 담을 수는 있어도 우리 몸에 있는 아홉 구멍의 더러움을 다 말할 수 없고, 지구를 비벼서 겨자씨 같은 가루를 만들 수는 있어도 이 몸의 약점을 다 말할 수는 없다는 표현을 쓰기도 한다.

이처럼 몸의 허물을 여실하게 체달한 이들은 우바이 즉 속가의 여신도들이다. 수덕 우바이 등 8만 4천 명의 우바이를 우두머리로 인더스 강 모래 숫자보다도 세 배나 많은 여신도 대중들이 우리가 읽은 것처럼 몸의 허물과 무상을 통달했다고 한다. 또 몸 버리기를 침 뱉듯이 할 수 있다고도 한다.

어떤 이들은 세상에서 가장 아름다운 것 중의 하나가 여자의 육체라고 말하기도 한다. 그래서 산의 아름다움도 여자 육체의 곡선에 비유해서 판단하기도 하고 또 풍수지리를 볼 때에도 여자의 육체를 하나의 기준으로 삼아 좋고 나쁜 지형을 판단하기도 한다. 그런데 아이러니하게도 몸의 추함과 무상을 철저하게 터득한 부처님의 열반 참배자들은 바로 여자들이다. 《열반경》 편집자의 교묘한 연출에 감탄할 따름이다.

19. 대승 보호와 비법 타파 (서품 4)

> 불교를 비방하는 상대의 혀를 육체적으로 자르는 것이 아니라 나의 신심과 지혜로 상대를 완전히 제압해서 상대가 더 이상 불교를 비방할 수 없게 만들어 놓는 것이다.

우바이 즉 속가 여신도들이 대승을 보호하고 또한 파계하거나 대승법을 해치는 이들을 쳐부수겠다고 다짐하는 것에 대해서 살펴보자.

부처님이 열반에 드는 법석에 참석하는 이들 가운데는 계행과 대승법을 두호하는 데 관심이 많은 우바이가 있었다. 이들은 스스로 다짐하기를 만약 대승법을 비방하는 이가 있으면 그의 혀를 끊을 것이라고 한다. 또 출가자가 지켜야 할 계율을 어기고 행동하면 그를 환속(還俗)시킬 것이라고 말한다.

학자들은 '혀를 끊는다'든지 '환속시키겠다'든지 하는 표현이, 이《열반경》의 성립시대 상황을 반영해 주는 것이라고 추측한다. 《열반경》이 결집될 시기에는 대승을 비방하는 사람들이 있었고 또 출가자들이 계행을 파하는 경우가 있어서 과감하게 대처하지 않고는 대승법을 지킬 수 없는 위급한 상황이었으리라는 짐작이다.

'원컨대 이제 우리들은 언제나 이 법을 배울 따름, 만일 부처님의 바른 법을 훼방하는 이가 있다면 반드시 그 혀를 끊어 버리리라.' 하였다. 그리고 또 원을 세우되 '만일 출가한 사람으로서 계행을 깨뜨리는 이가 있으면 우리들은 반드시 그를 파하여 환속시킬 것이요, 혹시 능력이 있어 바른 법을 좋아하여 두호하는 이면 우리들은 반드시 그를 부모와 같이 공경하여 섬길 것이요, 또 만일 스님네로서 능히 바른 법을 잘 닦는 이가 있다면 우리들은 반드시 따라서 기뻐하며 세력을 얻게 할 것이요, 또 항상 대승경전을 듣기를 좋아하고 듣고 나서는 다른 이를 위하여 연설하리라.' 하여 모두들 이런 공덕을 성취하였다.

대승을 수호하되 만일 대승을 질투하는 외도가 있으면 마치 우박이 초목을 부러뜨리듯이 꺾어 버리고, 계행을 보호하여 지니며 위의를 갖추어 온갖 세간 사람들이 잘 따라 제도되지 못한 이를 제도하고 이해하지 못한 이를 이해케 하며, 오는 세상에서 법수레를 운전하여 삼보의 씨를 이어 끊어지지 않게 하며, 대승을 배우고 큰 장엄으로 자신을 장엄하여 이렇게 한량없는 공덕을 성취하였으며, 중생들을 평등하게 사랑하기를 외아들처럼 하는 이들이었다.

《열반경》에서는 참으로 겁나게 말한다. 부처님 법을 비방하는 이가 있으면 그의 혀를 끊어 버리겠다는 결연한 의지를 보인다. 우리는 지하철역이나 지하철 안에서 광신적인 이교도를 만나는 경우가 많다. 삭발염의를 한 필자에게도 서슴없이 자기 종교를 믿어야 구제를 받는다고 외쳐댄다. 필자도 어렸을 때에는 그들과 토론해 보고자 나서기도 하고 맞대어 삿대질을 하면서 싸우기도 했지만, 나중에 가만히 그들을 관찰해 보니 그들은 정상인이 아니었다. 완전히 미쳐 있었다. 미친 사람들과 싸우는 것은 마치 술 주정하는 사람과 싸우는 것과 다를 바가 없다. 그들은 이교도 가운데서도 아주 삿되게 변형된 사교에 빠져 있기 때문에 이교도 내에서조차도 이단시되고 있다. 그들과 논쟁을 벌이는 것은 공연히 힘만 낭비하는 것이 된다.

요즘 이교도 가운데는 전문적으로 가정을 방문하며, 자기 종교에 대해서 한 시간만 들어 보라며 억지로 집안으로 밀고 들어오는 이들이 있다고 한다. 그런 사람들은 제법 교육을 받은 듯이 보이고 합리적인 사고를 가진 것처럼 보이기도 한다. 그래서 그들의 말을 들어 주고 불교를 설명하는 불교인들도 있지만 그것도 역시 소용없는 일이 되고 만다. 왜냐하면 그들은 가정방문을 하면서 자기 말만 하고 상대방의 말은 받아들이지 않기로 작정하고 나온 사람들인 듯하기 때문이다. 합리적인 이야기를 하면 자신들의 신앙으로 우기고, 상대하기 귀찮아서 가만히 있으면 자기들이 신앙의 지도자나 되는 것처럼 입에 거품을 물고 세뇌시키려 한다고 한다. 또 그들이 이쪽의 말을 듣고 마음속으로는 수긍하는 점이 있다고 하더라도 자신을 관찰하고 자신을 변화시켜 보려는 시도는 절대로 하지 않는다고 한다.

불교인들 가운데는 광적으로 자기 종교를 선전하는 이교도들을 보고 자기 신앙에 저처럼 깊이 빠져들 수 있는 것이 얼마나 좋은 일이냐는 말을 하면서 그들의 종교적인 신심을 대견하게 높이 보아 주는 사람들도 있다. 그러나 그것은 잘못 생각한 것이다. 무조건적인 믿음은 맹신이다. 미혹한 믿음은 미신이라고 한다. 진리를 알지 못하고 왜 믿어야 하는지를 알지 못하면서 그저 믿고 보자는 식의 믿음은 바른 신앙이 될 수 없다. 금방 불의 심판이 이 땅에 있을 것이라는 믿음이나 그 불의 심판을 피하려면 또 어찌 어찌 해야 한다고 하는 것도 잘못된 신앙이다. 맹신과 미신에 대해서 불쌍한 생각을 낼지언정 그 믿음을 우러러보는 선심까지 쓸 필요는 없겠다.

그리고 서양 이교도들이 불교인들에 대해서 상투적으로 쓰는 억지가 있다. "불교는 우상숭배야. 미신이야. 믿음의 종교가 아니고 철학이야. 불교가 종교라고 하더라도 불교는 알기 어려워. 부처는 신이 아니고 인간이야." 등등의 전략적인 비방이다. 이런 말이 극히 유치하다는 것은 신학대학교를 나온 정도의 지적 수준이면 훤히 알고 있다. 그럼에도 불구하고 그들은 이런 비방 전략이 지난 30여 년 동안 먹혀들어 가는 것을 보아왔다. 그래서 그들은 무식한 지도자거나 유식한 지도자거나에 관계없이 이 비방을 자기들의 포교 전략으로 꾸준히 쓰고 있는 것이다. 물론 이 비방들의 어느것도 불교에는 해당되지 않는다.

다시 불교를 비방하는 이가 있으면 혀를 자르겠다는 말로 돌아가자. 앞으로 우리는《열반경》에서 이보다 더한 말을 듣기도 할 것이다. 《열반경》은 불법을 보호하기 위해서 총칼이라도 들고 나서야 한다고 설하기 때문이다. 이 문제는 다음에 나올 것이거니와 《열반경》에서 우바이들이 불교를 비방하는 이들의 혀를 자른다고 해서 현대의 우리가 길거리에서 불교를 비방하는 광적인 이교도들의 혀를 실제로 다 자를 수는 없다. 필자는 이 말을 이렇게 풀이하고 싶다. 불교를 비방하는 상대의 혀를 육체적으로 자르는 것이 아니라 나의 신심과 지혜로 상대를 완전히 제압해서 상대가 더 이상 불교를 비방할 수 없게 만들어 놓는 것이다. 그러면 결과적으로 상대의 혀가 잘린 것과 같게 된다. 불법을 지키기 위해서는 총칼을 들고 나서야 한다는《열반경》의 입장에서 볼 때는 필자의 방법에 동의하지 않을지도 모른다. 또《열반경》은 혀를 자른다는 말을 할 때, 결과적으로 나타나는 효과를 충분히 예측하면서 방편으로 이 말을 썼을 뿐인데 필자가 너무 안일하게 풀이한다고 나무랄지도 모른다.

다음에는 "출가자로서 계행을 파하는 이가 있으면 반드시 그를 환속시킬 것이다."라는 말이다. 이 말을 하는 사람은 우바이이다. 계를 파하는 출가 승려를 보면 그를 반드시 환속시키겠다는 것이다. 스님네들이 대만을 여행하면서 음식점을 들어가 보면《열반경》의 이 입장이 국민들 사이에 퍼져 있는 것을 알 수 있다. 대만에서는 승려가 육식을 하지 않는 것으로 되어 있다. 그 지역의 관습뿐만 아니라 교단의 방침도 육식을 일체 금한다. 그래서 승려가 식당에 들어가서 육류가 든 음식을 주문하면 음식점 주인은 아예 주문을 받지 않는다. 설사 주문을 받아서 음식을 내준다고 하더라도 인상이란 인상은 다 동원해서 쓰고 얼굴을 찡그리고 눈을 흘기기 때문에 불안해서 고기가 든 음식을 먹을 수가 없다. 음식에 고약한 독약을 넣지 않았을까 염려도 되고 또는 두들겨 맞지나 않을까 걱정도 된다.

그렇지만 한국에서는 스님네들에게 거의 모든 음식이 개방되어 있다. 스님네가 자신의 수행이나 건강을 위해서 자율적으로 음식의 종류를 제한할지언정 음식이 타율적으로 규제되어 있지는 않다. 물론 사찰 밖에서 그렇다는 이야기이다. 또 한국에는 종파가 많다. 독신 승려 종단도 있지만 결혼을 허용하는 종단도 있다. 많은 종단 가운데는 질서가 잡혀서 규율이 서 있는 종단이 있는가 하면, 아무런 통제도 없는 종단도 있다. 또 독신승 종단이라고 하는 조계종에서조차 예전에 대처(帶妻)했던 승려들의 기득권이 인정되고 있다. 그래서 독신승과 결혼승이 같이 사는 셈이다. 이런 마당에 신도들의 신심이 아무리 견고하고 승려가 계율을 파하는지 어쩐지를 감시하겠다고 마음먹더라도 누구를 기준으로 어떻게 해야 할지 알 수가 없을 것이다.

부정적으로 계율을 파하는 이를 혼내 주려고 하는 것보다는 그 다음의 구절에 관심을 가져야 할 것 같다. "혹시 능력이 있어 바른 법을 좋아하여 두호하는 이면 우리들은 반드시 그를 부모와 같이 공경하여 섬길 것이요, 또 만일 스님네로서 능히 바른 법을 잘 닦는 이가 있다면 우리들은 반드시 따라서 기뻐하며 세력을 얻게 하리라."는 것이다. 정법을 좋아하며 보호하고, 수행을 잘하는 스님네가 있으면 우바이들은 그분들을 부모처럼 섬기고, 그분들이 세력을 얻게 하겠다고 다짐하고 있다. 이 구절이 중요하다. 삿된 법이 아닌 정법을 받들고 수행을 잘하는 스님네를 아주 높이 받들어 모시고 그분들에게 힘을 모아 드리면 겉 모양만 승려 행장을 하면서 삿된 법으로 사는 이들은 점점 도태될 것이다.

20. 마왕 파순도 부처님께 공양코자 함 (서품 5)

> 우리가 불법을 닦는 이유는 좋은 사람을 좋게 하는 데 목적이 있는 것이 아니라 나쁜 쪽에 있는 사람을 좋은 쪽으로 돌리는 데 있다. 중생을 위해서 무엇을 해보겠다는 이가……

마왕 파순(波旬)은 방해자의 상징, 심술자의 상징 그리고 죄악의 상징이다. 마왕 파순은 지옥문을 열어 놓고 대중과 함께 부처님에게로 와서 공양을 청한다.

욕계의 마왕 파순이 그 권속과 하늘의 채녀(婇女)들과 한량없고 그지없는 아승지 무리들을 데리고 지옥문을 열어 놓고 서늘한 물을 뿌리면서 말하되, "너희들은 지금 할 만한 아무 일도 없다. 다만 여래·응공·정변지만을 생각하고 마지막으로 따라 즐겨하는 수희(隨喜) 공양을 세우라. 반드시 너희들로 하여금 길고 긴 밤중에서 편안함을 얻게 하리라." 하였다. 그때 파순은 지옥 속에서 창과 칼의 한량없는 고초를 모두 소멸시키고, 이글이글 타는 불길도 비를 내려 없애고, 부처님의 신통력으로 좋은 마음을 내어 모든 권속들로 하여금 칼과 활과 갑옷과 병장기와 창과 갈퀴와 철퇴와 도끼와 바퀴와 오랏줄을 버리게 했는데 그들이 마련한 공양거리는 온갖 천상 인간에서 베푼 것보다 갑절이나 더 훌륭하여 작은 일산(日傘)도 중천 세계를 덮을 만하였다.

"세존이시여, 이 주문을 지니는 사람은 제가 그를 보호하기를 거북이 여섯 군데를 감추듯 하오리이다. 세존이시여, 저희들이 지금 아첨하느라고 이런 일을 말하는 것이 아니오며, 이 주문을 가지는 이는 제가 지성으로 그 세력을 더하게 하겠사오니, 바라옵건대 세존께서는 저희를 가엾이 여기사 이 마지막 공양을 받으시옵소서."

그때 부처님은 마왕 파순에게 말씀하되, "나는 너의 음식 공양은 받지 않겠으나 네가 말한 신기한 주문은 이미 받았으니 그것은 모든 중생과 사부대중을 편안케 하기 위함이니라." 하였다.

마왕 파순이 많은 권속들을 거느리고 부처님이 열반에 드실 장소에 와서 공양과 주문을 올리고자 하는데 부처님께서 공양은 받지 않고 주문만 받는 장면을 그리고 있다.

여기서 제일 먼저 우리의 관심을 끄는 것은 마왕 파순이 부처님에게 공양을 올리게 하는 《열반경》 편집자의 연출이다. 마왕 파순은 남이 잘되는 것은 절대로 참지 못하는 성미다. 좋은 일에는 어떻게든지 심술과 방해를 놓으려고 한다. 선을 무너뜨리는 것을 목적으로 삼는 최악의 상징이다. 부처님이 보리수 아래에서 정각을 이루고 부처를 이루고자 할 때, 마왕 파순은 여자와 괴물들을 보내어 부처님을 유혹하기도 하고 위협하기도 했었다. 일차적으로는 생각만 해도 소름끼치는 괴물들을 보내어 겁을 주려고 했고, 그 위협이 통하지 않자 아주 예쁜 여자들을 보내 미인계로 유혹해서 정각의 경지에 이르지 못하도록 방해했다. 이처럼 나쁜 일만을 하던 마왕이 부처님이 열반에 드는 자리에 참석해서 공양을 올리고자 하는 것이다. 우리는 이 장면을 보고 마왕마저도 부처님의 열반을 슬퍼한다면 이 세상에 부처님의 열반을 슬퍼하지 않을 사람은 아무도 없는 것이 되고 부처님에게 공양할 수 있기를 바라지 않는 사람은 하나도 없음을 알 수 있다.

그러나 필자는 이 장면에서 《열반경》의 연출가들이 '부처님이 원수를 갚는 방법은 이와 같다'는 것을 보여 주려고 한다는 느낌을 받는다. 보통 사람들은 아주 중요한 기회에 자기가 하는 일을 방해하고 자기에게 해를 끼친 상대를 원수로 생각하고 복수하고 싶어한다. 중국의 무협지를 보면 천편일률적으로 복수하는 줄거리로 되어 있다. 상대에게 복수한다는 말은 상대에게 곤란이나 낭패를 당하게 하는 것을 뜻한다. 마왕 파순이 비록 부처님이 정각을 이루는 것을 방해한 원수요, 이 세상 좋은 일을 하는 모든 이들의 원수라 하더라도 부처님이 일반 사람들과 똑같이 마왕 파순을 멸망시켜서 원수를 갚을 수는 없지 않은가. 그래서 《열반경》 연출가들은 마왕 파순이 부처님의 열반을 슬퍼하고 부처님에게 공양을 올리려고 하는 구도를 만든 것 같다.

복수하는 방법을 다섯 등급으로 나누어서 생각해 본다면 이렇다. 먼저 가장 저급한 초단의 복수는 상대를 해롭게 하는 것이다. 조금 더 높은 2단의 복수는 원수를 잊어버리는 것이다. 좀더 높은 3단의 복수는 내가 상대에게 잘해 주는 것이다. 좀더 높은 4단의 복수는 상대가 나에게 호의를 갖고 대하게 하는 것이다. 그리고 최상의 5단 복수는 상대로 인해 이쪽에게 아무리 나쁜 일이 있다 하더라도 그것이 처음부터 원수 관계가 되지 않음을 통달케 하는 것이다.

이 등급에 의해서 보면 《열반경》은 4단과 5단의 복수방법을 택하고 있다. 마왕 파순이 마음을 돌려 부처님에게 공양을 올리려고 하는데 부처님에게는 마왕 파순이 자신을 괴롭혔다든지 괘씸하다든지 하는 의식이 아예 처음부터 없었던 것으로 표현하고 있다. 그러니 부처님은 최상의 복수 즉 원수는 처음부터 없었고 설사 있었다고 하더라도 그것은 인연의 얽힘일 뿐 원수가 아니고, 또 원수를 갚지 않는 것이 가장 잘 원수를 갚는 길이라는 것을 마왕 파순의 공양신청 장면을 통해서 보여 주고 있다.

마왕 파순의 부처님 예방은 여러 가지 부수적인 좋은 일도 만들어 낸다. 마왕이 지옥문을 열고 이글이글 끓는 화탕지옥을 차가운 물을 뿌려 식힌다. 지옥을 없애는 것이다. 또 마왕에게 속해서 마왕의 명령에 의해서 창칼을 들고 온갖 나쁜 짓을 하던 헤아릴 수 없이 많은 마왕의 권속들도 모두 무기를 버리고 부처님을 대접할 공양거리를 준비한다.

그런데 마왕의 권속들이 만든 공양물이 아주 거창하다. "그들이 마련한 공양거리는 온갖 천상 인간에서 베푼 것보다 갑절이나 더 훌륭하여 작은 일산도 중천 세계를 덮을 만하였다."라고 《열반경》은 밝히고 있다. 모든 천상과 인간 세계에서 준비한 공양보다도 마왕의 부하들이 준비한 공양들이 배나 더 좋다는 말이다. 이것은 악에 자신의 에너지를 쏟았던 사람들이 마음을 백팔십도 돌려서 선으로 향할 때 다른 사람보다 더 강렬한 선을 향한 의지와 힘이 나타날 수 있음을 보여 준다고 할 수 있다.

하지만 우리는 보통 악인을 미워한다. 꼭 악인이 아니라고 하더라도 게으른 사람, 무능한 사람, 남을 속이는 나쁜 습성이 있는 사람, 자기만 잘난 체하는 사람 등이 있을 경우 대부분 그들에게 호의를 갖기가 쉽지 않다. 그러나 선인과 악인, 기대되는 사람과 기대할 것이 없는 사람 사이에는 오직 종이 한 장의 차이가 있을 뿐이다. 부처님이 중생을 위해서 열반에 들고 우리가 불법을 닦는 이유는 좋은 사람을 좋게 하는 데 목적이 있는 것이 아니라 나쁜 쪽에 있는 사람을 좋은 쪽으로 돌리는 데 있다. 선한 사람은 이미 선하고 좋은 사람은 이미 좋은데 그들을 위해서 공연히 열반이나 불교라는 평지풍파를 일으킬 필요는 없다. 이 세상에서 누구든지 중생을 위해서 무엇인가를 해보겠다는 이가 있다면 악인을 선인으로 쓸 수 있는 능력이 최상의 것이고 좋은 사람을 그대로 좋은 사람으로 쓸 수 있는 능력은 있어도 되고 없어도 되는 평범한 것이라고 하겠다.

다음으로 마왕 파순이 부처님에게 올리고자 한 것은 두 가지이다. 한 가지는 공양물이고 다른 한 가지는 외우는 이를 마왕이 지켜 주는 주문이다. 그러나 부처님은 두 가지 가운데서 공양은 받지 않고 주문만을 받는다. 여기에 우리가 관심을 가져야 할 의미가 있다.

마왕의 주문은 사실 부처님에게는 필요 없는 것이다. 부처님이 세계에서 공인받은 강대국이라고 한다면, 마왕은 마피아 같은 폭력 조직의 두목이라고 할 수 있다. 강대국은 이미 핵폭탄을 가지고 있고 마피아 조직도 핵폭탄 종류는 아니지만 재래식 전투에서는 성능을 발휘할 수 있는 비밀의 무기를 개발해 가지고 있다. 마왕이 자기의 주문을 부처님에게 올리겠다고 하는 것은 마치 마피아 조직이 개발한 소규모의 무기를 강대국에게 넘겨 주겠다는 격이다. 부처님은 삼계의 대도사로서 더 강한 힘을 발휘하는 주문이 헤아릴 수 없이 많을 터인데 마왕 파순이 부처님에게 자신의 주문을 바치겠다고 하는 것이다. 부처님이 마왕의 주문을 받았다고 하는 것은 강대국이 마피아로부터 규모는 작지만 성능은 상당한 무기를 받은 것과 비슷한 입장이다.

왜 이 점을 부각해서 이야기하려고 하는가 하면, 어두운 밤에 등불도 없이 길을 가다가 횃불을 가진 도둑을 만났을 때, 상대가 도둑임에도 불구하고 그가 가진 횃불을 이용해서 길을 찾아가야 하겠느냐는 문제가 제기된다. 절집에서는 그 불빛이라도 이용해서 길을 찾아야 한다고 한다. 선한 사람이 악인에게서라도 배울 것이 있으면 배워야 한다는 뜻이다. 부처님이 마왕 파순으로부터 주문을 받은 일이 밤길을 가던 중에 도둑의 횃불을 만나 그것에 의지해서 자기의 갈 길을 찾은 격은 아니지만 부처님은 상대가 최악의 상징인 마왕인 것을 알면서도 그가 주는 주문을 중생을 위해서 받아들였다.

그렇다면 우리는 부처님이 마왕으로부터 주문을 받은 것에서 두 가지의 의미를 생각할 수 있다. 첫째는 부처님이 자신의 주문보다 못한 것이라고 할지라도 중생을 위해서 받으신 것이고, 둘째는 부처님이 마왕에게 속한 악의 힘을 중생을 보호하는 선의 힘으로 전향시키려 하였다는 것이다.

《열반경》의 구도는 정말 놀랍다. 마왕 파순을 등장시키고 두 가지를 올리게 하는 데서 여러 가지의 의미심장한 가르침을 주기 때문이다.

21. 여러 세계의 보살이 임종을 참배함(서품 6)

> 열반경의 연출자는 부처님의 직접적인 가르침뿐만 아니라, 부처님의 열반 장소에 참석한 대중들의 묘사 속에서 교묘하게 석가모니 부처님이 열반하는 의미를 설명하려고 한다.

사바 세계 동쪽에는 아주 멀리 떨어진 곳에 의락미음(意樂美音)이라는 세계가 있다. 그 세계의 허공등 부처님이 사바 세계의 석가모니 부처님이 열반하는 것을 아시고, 무변신 보살을 단장으로 한 임종 참배단을 파견한다.

그때 동쪽으로 한량없고 수없는 아승지 항하의 모래 수와 같은 세계를 지나가서 부처님 세계가 있는데 이름은 의락미음(意樂美音)이요, 부처님 이름은 허공등 여래(虛空等 如來)·응공(應供)·정변지(正遍知)·명행족(明行足)·선서(善逝)·세간해(世間解)·무상사(無上士)·조어장부(調御丈夫)·천인사(天人師)·불(佛)·세존(世尊)이었다.

그때 그 부처님이 제일 큰 제자에게 말씀하되 "선남자여, 너 지금 서쪽 사바 세계로 가라. 그 땅에 부처님이 계신데 이름은 석가모니 여래·응공·정변지·명행족·선서·세간해·무상사·조어장부·천인사·불·세존이시다. 그 부처님이 오래잖아 열반에 드실 것이다. 선남자여, 너는 이 세계의 향기로운 밥을 가지고 가서 저 부처님 세존께 드려라. 이 아름다운 밥을 드시면 편안하실 것이다. 세존께서 잡수시고는 열반에 드시리라. 선남자여, 너는 아울러 예배하고 의심나는 것을 물을 지어다."라고 하였다.

그때 무변신(無邊身) 보살마하살이 부처님의 가르침을 받들고 자리에서 일어나 부처님 발에 예배하고 오른쪽으로 세 번을 돌고 한량없는 아승지 보살 대중과 함께 그 나라를 떠나서 이 사바 세계로 왔다.

마침 이때 이 삼천대천 세계는 땅이 여섯 가지로 진동하였다. 대중들은 땅이 진동함을 보고 몸에 소름이 끼치며 목구멍과 혀가 마르고 놀라 떨면서 사방으로 헤어지려 하는데 제 몸을 보니 광명이 없어지고 가졌던 위엄과 공덕조차 모두 사라져 아무것도 없었다. 이때 문수사리 법왕자가 자리에서 일어나 모든 대중에게 말하되 "모든 선남자들아, 너희들은 놀라지 말지어다. 너희들은 놀라지 말지어다. 왜 그런고 하니, 무변신 보살이 한량없는 보살들과 함께 여기 와서 부처님께 공양하려 하나니, 그 보살의 위엄과 신력으로 말미암아 너희들의 몸에 있는 광명이 나타나지 못하느니라. 그러므로 너희들은 기쁜 마음을 가질 뿐 두려운 마음은 품지 말지어다." 하였다.

의락미음 세계의 허공등 부처님이 무변신 보살과 많은 대중들을 석가모니 부처님의 열반 터에 참여케 했는데, 그들이 오자 열반 터에 있던 대중들의 광명과 공덕이 남김없이 사라진다. 대중들이 놀라고 두려워하자 문수 보살이 일어나 그 연유를 설명한다. 다른 부처님 세계에서 파견한 무변신 보살과 그 일행이 왔기 때문에 그 신력으로 이 자리에 있던 대중들의 광명과 공덕이 다 숨어버린 것이니 걱정하지 말라는 것이다. 그때 대중들이 의락미음 세계의 부처님과 대중들을 바라보니 마치 곁에 계신 석가모니 부처님을 뵙는 듯하다. 문수 보살이 다시 그 까닭을 설명한다. 석가모니 부처님의 신통스런 힘으로 대중들이 다른 세계의 부처님과 보살 대중들을 볼 수 있다는 것이다. 열반 터에 있던 대중들은 부처님의 열반이 임박했음을 느끼고 애달프다고 외치며 슬퍼한다.

《열반경》의 연출자는 부처님의 직접적인 가르침뿐만 아니라 부처님의 열반 장소에 참석한 대중들의 묘사 속에서 교묘하게 석가모니 부처님이 열반하는 의미를 설명하려고 한다. 열반 장소에 모여서 부처님에게 공양을 올리고자 하는 대중들에 관한 묘사는 바로 부처님을 비추기 위한 조명장치와 같다.

먼저 동쪽으로 무량아승지 항하사 수의 세계를 지나서 다른 부처님의 세계가 있다는 것부터 생각해 보자. 보통 사람은 이 사바 세계를 전부로 알고 있다. 이 세계를 중심으로 생각하면 부처님의 탄생은 오는 것이 되고 열반은 떠나는 것이 된다. 그러나 이 세계뿐만 아니라 많은 다른 세계가 있다면 부처님의 열반을 보고 이것이 끝이라고 생각할 수가 없다. 왜냐하면 이 세계가 중생들 삶 터의 전부가 아니기 때문이다.

우리가 알고 있는 우주의 비밀은 아주 조금뿐이다. 우리는 달이 지구를 돌고 있다는 것, 지구가 많은 다른 위성들과 함께 태양을 돌고 있다는 것 그리고 우리가 살고 있는 태양계뿐만 아니라 헤아릴 수 없이 많은 다른 태양계도 있을 수 있다는 것만 짐작할 수 있다. 이 우주에 대해서 더 많이 알아야 한다는 것이 아니라, 이 지구를 나 위주로 생각해 가지고는 참으로 큰 생명의 비밀을 알 수 없다는 것이다. 그래서 《열반경》은 인더스 강의 모래 수에 헤아릴 수 없이 많은 숫자를 곱한, 많은 세계를 지나서 있는 다른 세계를 소개하고 우리가 살고 있는 이 세계말고도 다른 세계가 많이 있다는 것을 보여 주고자 한다. 부처님의 무대는 여기가 전부가 아니라는 말이다.

《열반경》은 다른 세계가 있음을 알리는 것으로 만족하지 않는다. 이번에는 갖가지 이름으로 열반의 의미를 설명하고자 한다. 다른 부처님 세계의 이름과 그 부처님의 이름 그리고 그 부처님이 파견하는 보살의 이름을 보자. 그 세계의 이름은 의락미음이요, 부처님의 이름은 허공등이다. 그리고 석가모니 부처님의 열반 터에 사신으로 갈 대표단장 보살의 이름은 무변신이다.

그 세계의 이름인 의락미음(意樂美音)은 뜻 의, 즐거울 락, 아름다울 미, 소리 음자이다. 풀이하면 '마음이 즐겁고 아름다운 소리가 울려 퍼지는 세계'라는 뜻이다.《열반경》이 마음이 즐겁고 아름다운 풍악이 울리는 세계를 이유 없이 소개하지는 않을 것이다. 부처님 열반 내면의 세계를 형상화시켜서 중생의 눈에 보이게 하자는 것이 아니겠는가.

그 세계 부처님의 이름은 허공등(虛空等)이다. 저 허공과 같다는 뜻이다. 허공은 완전히 비어 있음으로써 세계의 모든 것을 그 안에 남김 없이 담고 있다. 허공은 아무런 걸림이 없다. 그곳에서는 온다든지 간다든지 죽는다든지 하는 것이 있을 수가 없다.《열반경》이 허공등 즉 허공과 같다는 것을 다른 세계 부처님의 이름으로 쓰는 데는 목적이 있다는 생각이 들지 않는가.

그리고 무변신(無邊身)이라는 보살의 이름을 곰곰이 생각해 보면,《열반경》이 의도적으로 부처님의 열반을 설명하기 위한 이름을 쓰고 있다고 확신하게 된다. 무변신이란 끝이 없는 몸이라는 뜻이다. 마치 허공이 끝이 없듯이 그 보살의 몸이 끝이 없다는 말이다. 석가모니 부처님은 열반에 드시지만, 이것으로 부처님의 몸이 끝나는 것이 아니라 그 몸이 끝이 없음을 알리고 싶어서《열반경》이 그 이름을 썼다고 보아야 할 것이다.

의락미음 즉 마음이 즐겁고 아름다운 소리로 가득 찬 세계라는 이름, 허공등 즉 허공과 같다는 부처님의 이름 그리고 무변신 즉 몸의 끝이 없다는 부처님 열반 사절 대표보살의 이름, 이 세 가지가 모두 석가모니 부처님의 허공과 같이 끝이 없는 몸과 마음이 즐겁고 아름다운 소리가 퍼지는 경지인 열반의 내용을 나타낸다고 할 수 있다.

다음은 무변신 보살과 그 일행이 석가모니 부처님이 열반하실 장소에 이르렀을 때 그 자리에 있던 대중들의 광명과 공덕이 온데간데 없이 사라져 버리자 대중들은 놀라서 두려워하고 문수 보살이 그 연유를 설명하게 하는 장면이 있다.《열반경》의 이 연출도 우리의 눈에 보이는 것이 전부가 아니라 세계는 넓다는 것을 형상화하기 위해서라고 할 수 있다. 그 대중 가운데는 둘째가라면 서러워할 자신만만한 하늘의 왕들이 있었다. 범천왕·제석천왕·사천왕·마왕 파순 등이다. 그들은 하늘을 마음대로 주무르는 왕들이기 때문에 기백이 대단하고, 대단한 공덕을 지었고, 중생들을 위해서 큰 일을 해오고 있다는 자신감에 꽉 차 있었을 것이다. 그런데 그들에게서 갑자기 기운이 쫙 빠지고 맥이 없어진다. 얼굴은 파랗게 질리고 오들오들 떤다. 입에는 침이 말라 목구멍의 혀가 껄끄럽고 뻣뻣해진다. 이것을 《열반경》은 그들에게 있던 광명과 공덕과 위엄이 사라졌다고 표현하고 있다. 허공등 부처님의 세계에 있던 무변신 보살의 일행이 그 자리에 나타남으로써 그렇게 된 것이다.

 이것은 마치 제법 내노라고 하는 상당히 높은 직책의 공무원들이 위세를 부리고 있는 자리에, 장관이나 대통령이 나타났을 때 그 공무원들의 기가 갑자기 죽어 버리는 분위기와 같다고 할 수 있겠다. 그렇다면 무변신 보살 일행이 나타남으로 인해 다른 대중들의 풀이 죽게 되는 장면을 연출한 《열반경》의 의도가 드러난다. 이 세계에서 떵떵거리고 큰소리치는 사람들도 헤아릴 수 없이 많은 다른 세계의 대중에 비하면 아주 초라하다는 것을 보이는 데 목적이 있다고 하겠다.

22. 이 자리의 하나에서 온 우주를 봄(서품 7)

> 불법은 결코 공간적인 넓이를 외적으로 쫓아가서
> 마음을 넓히려고 하지 않는다. 지금 여기 이 자리
> 에서 만법인연의 실상을 보려고 한다. 털구멍에서
> 연꽃을 보고 연꽃에서……

 이때 대중은 모두 무변신 보살과 그 권속들을 보았다. 그 보살의 몸에는 털구멍마다 큰 연꽃이 솟아나고, 연꽃마다 7만 8천 고을(城邑)들이 있는데 길이와 넓이가 비사리성과 같고, 담벼락과 해자(垓字)들은 칠보를 섞어 쌓았고 보배로 된 다라 나무가 일곱 겹으로 줄지어 섰으며 백성들이 번성하여 편안하고 즐거우며, 염부단금으로 망루가 되었는데 망루마다 칠보로 된 숲이 있어 꽃과 열매가 무성하고, 실바람이 불 때마다 아름다운 음성을 내니 그 소리가 화평하여 마치 하늘 음악을 내는 듯 성안에 사는 백성들이 이 음성을 듣고는 곧 가장 좋은 쾌락을 얻으며, 여러 해자 안에는 맑은 물이 가득하여 향기롭고 깨끗함이 진주 유리와 같으며, 이 물위에는 칠보로 된 배가 있어 모든 사람들이 마음대로 타고 다니면서 목욕도 하고 유희도 하며 즐겁게 노니는 쾌락이 그지없다.

 동쪽으로 헤아리기 어려울 만큼 많은 세계를 지나 의락미음이라는 세계가 있다고 살펴본 바가 있다. 그곳의 교주로 계시는 허공등 부처님이 석가모니 부처님의 열반이 임박함을 아시고, 무변신 보살을 대표로 해서 많은 대중들로 하여금 석가모니 부처님의 열반 장소에 참배케 했다. 그런데 대중들이 무변신 보살을 보니 보살 몸의 털구멍

하나하나에서 큰 연꽃이 솟아나고, 연꽃마다 7만 8천의 고을이 있는데 그 고을들 하나하나의 크기가 비사리성만 하고, 고을은 평화롭고 모든 면에서 풍요롭다고 한다. 그리고 여러 종류의 연꽃이 소개된다.

이 장면을 단순히 부처님의 열반을 신비롭고 거창하게 꾸미기 위한 문학적인 장엄으로 보아 넘길 수도 있다. 그러나 부처님의 열반을 풀이하는 것으로 볼 수도 있다. 《열반경》은 부처님 열반 터에 참석하는 대중들에 관한 묘사를 통해서 교묘하게 열반의 의미를 나타내려고 하고 있다.

불교의 깊은 교리를 설명하기 위해서 불교에서는 연꽃을 비유로 많이 든다. 그래서 《묘법연화경》에는 연꽃으로 불경의 제목을 붙였고, 대부분의 불상 받침대는 연꽃 모양을 하고 있다. 또 불교에서 연꽃을 귀히 여기다 보니까 요즘의 타종교에서는 연꽃을 불교의 꽃으로까지 생각하고 있다. 그런데 타종교 사람들의 직접적이거나 간접적인 영향으로 인해 서울의 경복궁 연못과 천안의 독립기념관 연못에서 연뿌리를 다 뽑아내 버린 일이 있었다. 법정 스님이 신문 칼럼에서 이 문제를 지적한 후에 다시 두 곳에 연꽃을 심었다고 한다.

연꽃에는 불교의 깊은 뜻을 쉽게 이해시키는 데 편리하게 쓰일 수 있는 몇 가지 특징이 있다. 보통은 진흙이라는 더러운 곳에서 피어난 연꽃이 진흙에 물들지 않는다는 특징을 대표적인 것으로 이해하고 있지만 이외에도 세 가지의 특징이 더 있다. 전체적으로는 네 가지가 되는 셈이다.

연꽃에 있는 특징의 첫째는 방금 말한 처염상정(處染常淨) 즉 더러운 데 있으면서도 그것에 물들지 않고 항상 깨끗하다는 것이다. 둘째는 인과불이(因果不二) 즉 원인과 결과가 둘이 아니라는 것이다. 연꽃이 필 때는 반드시 연밥도 같이 있다. 다른 꽃의 경우, 꽃이 피고 난 후에 열매가 맺지만 연꽃은 꽃과 열매가 동시에 이루어진다고 한다. 그래서 꽃이라는 열매의 원인과 연밥이라는 결과가 둘이 아니라는 것이다. 셋째는 취염토련(取染吐蓮) 즉 더러운 진흙을 삼키고 깨끗한 연꽃을 토해 내는 것이다. 연꽃은 더러운 진흙으로부터 양분을 받아 그것을 깨끗한 연꽃으로 꽃피워 낸다. 넷째는 본래연화(本來蓮華) 즉 연꽃은 진흙 속에 뿌리를 박고 있으면서도 결코 진흙으로 돌아가지 않기 때문에 본래부터 연꽃이고 영원히 연꽃으로 남는다는 것이다.

그렇다면 이 네 가지 연꽃의 특징을 부처님 열반의 의미를 풀이하는 데 배대시켜 보기로 하자. 먼저 처염상정 즉 진흙 속에 있으면서도 진흙에 물들지 않는다는 것은 부처님이 중생들과 똑같이 나고 죽음을 보이지만 부처님은 결코 나거나 죽는 일이 없다는 것이다. 나고 죽는 것은 윤회의 세계이니 진흙과 같고 법신으로 항상 남아 있는 것은 해탈의 세계이니 연꽃과 같은 것이다.

연꽃의 둘째 특징인 인과불이 즉 원인과 결과가 둘이 아니라는 것은 부처님은 항상 이 세상에 머무르시고 모든 중생들은 본래부처이기 때문에 중생들이 죽듯이 부처님도 생사를 보이지만 항상 법신의 자리에 그대로 있는 것이 아무런 차이도 없다는 것이다. 나고 죽음을 보이면서 중생을 교화하는 일로 불도를 닦음은 원인이라고 할 수 있고, 법신자리에 처음부터 도달해 있음은 결과라고 할 수 있다. 부처님이 생사를 보이는 것과 법신자리에 이미 도달해 있는 것이 하나라는 뜻이다.

연꽃의 셋째 특징인 취염토련 즉 진흙으로부터 영양을 받아서 연꽃으로 토해 내는 것은 부처님이 중생들과 같이 생사의 물결 속에 있기는 하지만, 항상 미혹의 중생을 부처의 세계로 이끄는 일만 하기 때문에 중생 세계라는 진흙을 흡수해서 해탈법신이라는 깨달음으로 토해 내는 것과 같다는 것이다.

연꽃의 넷째 특징인 본래연화 즉 연꽃은 아무리 진흙 속에 있더라도 결코 진흙으로 돌아가지 않기 때문에 영원히 연꽃으로만 남는다. 마치 부처님이 아무리 중생을 구하기 위해서 생사의 바다에 떠돌더라도 본래부터 진정으로 생사에 빠진 적이 없고 또 앞으로도 영원히 생사에 빠지지 않을 것이므로 진흙 속에 있는 본래 연꽃과 같다는 것이다.

《열반경》이 연꽃의 네 가지 특징을 의식하고 연꽃을 등장시켰는지는 모르겠지만 처염상정·인과불이·취염토련·본래연화라는 특징만 가지고도 우리는 부처님의 열반 또는 《열반경》의 대의인 불신상주와 실유불성에 대해서 보다 깊이 있게 이해할 수 있다.

다음은 무변신 보살의 털구멍마다에서 나온 하나하나의 연꽃에, 각기 7만 8천의 큰 고을들이 나타난다는 문제이다. 타방 세계로부터 무변신 보살이 여기 사바 세계로 왔지만 하나의 털구멍마다 연꽃을 보고 연꽃마다에서 많은 마을을 본다고 하는 것은 외적인 공간의 넓이에서 이제는 내적인 마음의 넓이로 옮겨 가는 것으로 이해할 수 있다. 다시 말하면 그전에는 밖으로 넓은 세계를 설하다가 이제는 마음에서 넓은 세계를 보게 하려고 하는 것이다.

불교를 공부할 때는 반드시 인연법·공사상·구(具)사상·일체유심조 사상으로 자신의 이해를 점검해야 한다. 불경도 공사상이나 유심사상과 어긋나게 읽으면 사도가 되고, 외도의 가르침이라도 공사상과 유심사상으로 해석하면 정도가 된다. 앞에서 허공등 부처님이 계시는 다른 세계를 말하기는 했지만 일체유심조의 원칙을 전제로 한 것이다. 지금 여기의 이 자리에서 바로 모든 세계를 다 볼 수 있어야 한다. 불법은 결코 공간적인 넓이를 외적으로 쫓아가서 마음이 넓어지는 것이 아니라 한 발자국도 옮기지 아니하고 서 있는 바로 그 자리에서 마음이 세계 곳곳에 미치지 않는 곳이 없게 하고자 한다. 털구멍에서 연꽃을 보고, 연꽃에서 7만 8천의 고을을 본다고 하는 것은 바로 이 점을 나타낸다. 단순히 신통변화를 부리는 것으로 이해하고 넘겨서는 안 될 것이다.

연꽃의 비유도 바로 현재의 이 자리가 중요하다는 것을 나타낸다. 아직 욕망이 있고 번뇌가 있는 지금의 나 즉 진흙과 조금도 다름없는 나의 마음에서 연꽃과 같은 발심을 해서 욕망 속에 있으면서 욕망을 초월해야 한다는 것이다. 또 욕망을 지혜로 바꾸어 내고 욕망으로 다시 되돌아가지 않음으로써 내가 본래 부처님의 법신을 품고 있는 사람 또는 본래부처라고 자부해야 한다는 것이다.

〈서품〉의 끝 부분에 이르러 《열반경》은 부처님의 열반 터에 모인 사람들을 정리해서 이렇게 말한다.

그때 쌍으로 선 사라 나무 숲 복된 땅은 가로 세로가 32유순인데 대중들이 가득 차 빈틈이 없었고 사방에서 모여 온 무변신 보살과 그 권속들이 앉은 곳에는 송곳과 바늘을 세운 듯하였고, 시방의 티끌 같은 부처님의 세계에서 모든 큰 보살들이 모였고, 염부제의 모든 대중들도 모였는데, 오직 마하가섭 존자와 아난 존자 두 분과 아사세 왕과 그 권속들만을 빼고는, 보기만 하여도 사람이 죽는 독사·전갈·말똥구리와 열 여섯 가지 나쁜 짓을 행하는 것들까지 모두 모였으며, 영원히 성불할 수 없는 일천제(一闡提)만은 거기에 들지 않았다.

여기서 가섭 존자·아난 존자·아사세 왕 가족 그리고 일천제만 제외하고 온 세계 대중이 다 모였다고 한다. 이 세계의 모든 대중이 빠짐없이 다 모인 것을 강조하기 위해서 특별히 몇몇 사람을 일부러 밝힌다. 그곳에 모인 대중들이 부처님의 열반을 무척 슬퍼하는 것으로 《열반경》의 〈서품〉은 끝이 난다.

23. 열반에 들기 전에 순타의 공양을 허락함(순타품 1)

> 우리가 더 많이 소유하려고 하는 마음, 상대적인 비교의 마음, 억울하다고 생각하는 마음에서 벗어나려면 소유의 정반대인 보시를 해야 한다. 그래서 부처님은 순타에게……

다른 대중들의 공양을 물리치고 부처님은 순타의 공양을 허락한다. 순타가 부처님께 공양을 청하는 말을 인용해 보겠다.

그때 모인 대중 가운데 한 우바새가 있었는데 구시나성에 사는 공교한 이의 아들로서 순타(純陀)였다. 그 동류 십오 인과 함께 세상 사람들로 하여금 선한 과보를 얻게 하려고, 몸의 위의를 버리고 자리에서 일어나 오른 어깨를 벗어 메고 오른 무릎을 땅에 대고 합장한 후 부처님을 향하여 슬픈 감격으로 눈물을 흘리면서 부처님의 발에 예배하고 이렇게 아뢰었다.
"바라옵건대 세존이시여, 비구대중이시여, 저희들을 가엾이 여기시고 한량없는 중생을 건지시기 위하여 마지막 공양을 받아주소서. 세존이시여, 저희들은 이제부터 주인도 없고 어버이도 없고 구원해 줄 이도 없고 보호해 줄 이도 없고 돌아갈 데도 없고 나아갈 데도 없사오이다. 가난하고 궁하고 굶주리고 곤고할 것이옵기에 여래를 따라 장래의 먹이를 구하려 하나이다. 바라옵건대 저희를 불쌍히 여기사 이 작은 공양을 받으신 뒤에 열반에 드시옵소서. 세존이시여, 마치 인도의 네 성인 찰제리·바라문·비사·수다라로서 가난하고 곤궁하여 다른 나라에 가서 농사를 지을 적에 길 잘든 소를 얻고 번듯한 좋은 밭에 모래와 자갈

이 없고 나쁜 풀이 자라지 않고 다만 하늘에서 비가 오기만 바라는 것과 같사오이다. 세존이시여, 이제 저의 몸에는 길 잘든 소와 좋은 밭이 있고 나쁜 풀을 매어 버렸삽고 다만 여래의 감로 같은 법의 비만을 바랄 따름이옵니다. 가난한 네 가지 종성(四姓)은 곧 저의 몸으로서 위없는 재물에 가난함이오니 바라옵건대 가엾이 여기사 저희들의 가난과 곤궁함을 없애 주시고, 고통받는 한량없는 중생을 건져 주소서. 저희들의 이 공양은 보잘것없사오나 부처님과 대중에게 만족함이 되시옵소서. 저는 지금 주인도 없고 어버이도 없고 돌아갈 데도 없사오니, 아드님 라후라처럼 어여삐 여기옵소서.

순타가 부처님 앞에 나아가 무릎을 꿇고, 부처님과 비구 스님들에게 마지막 공양을 받으시라고 사뢰는 내용이다. 부처님에게 공양을 올리는 일은 그대로 큰 복을 짓는 일이고, 복을 지어야 복을 받는다. 그래서 순타는 자신이 돌아갈 데도 없고 의지할 데도 없으며, 구원해 주거나 보호해 줄 이도 없다고 자신의 처지를 불쌍한 것으로 말한다. 만약 부처님과 인연이 없다면 목숨이 없는 것과 같고 가난하고 곤궁한 것 같다. 부처님과 스님네에게 공양을 올리는 것은 농사 준비를 완벽하게 해놓고 비가 내리기를 기다리는 것과 같다고 한다.

그런데 순타는 여기 대승《열반경》에서 소승《열반경》의 순타와는 완전히 다른 성격의 인물로 등장한다. 소승《열반경》에서 순타는 부처님에게 잘못된 음식을 올리고, 그로 인해 부처님이 중병에 걸려서 열반에 들게 한 죄인이다. 물론 부처님이나 불제자들이 순타에게 고의성이 없었음을 인정하고 오히려 순타를 위로하기는 했지만 순타가 저지른 잘못에 대한 흔적은 그대로 남아 있었다. 그러한 순타가 대승《열반경》의 이〈순타품〉에서는 부처님에게 잘못된 음식을 올린 사람이 아니라 부처님이 열반에 들려고 하실 때 마지막 공양을 올리고자 하는 사람으로 출연한다. 소승《열반경》에서는 순타의 공양 후에 부처님이 열반에 들려고 했지만 대승 《열반경》에서는 부처님이 열반에 들려고 하면서 일부러 순타의 공양을 선택하는 것으로 되어 있다는 말이다. 그러니 순타에게는 추호의 잘못도 없다. 오히려 순타에 대한 찬탄만 있다.

순타는 부처님에게 공양 올리는 것을 허락해 주십사고 청하면서, 인도의 카스트제도에 있는 사성계급을 언급한다. 사성계급이란 범어로 브라흐마나(brāhmaṇa)・크샤트리야(kṣatriya)・바이샤(vaiśya) 그리고 수드라(śudra)이다. 한문으로 바라문(婆羅門)・찰제리(刹帝利)・비사(毘舍)・수다라(首陀羅)로 음사해서 읽는다. 바라문이라는 말은 불경에서도 자주 등장한다. 바라문은 인도의 전통적인 종교철학을 전문으로 하는 승려계급으로 네 가지 계급 가운데서 가장 높다. 그 다음 계급이 찰제리계급이다. 찰제리는 정치인이나 지도자 계급에 속한다. 부처님은 왕족이었기 때문에 본래 이 찰제리계급에 속해 있었다. 비사는 농업・공업・상업에 종사하는 평민계급을 말한다. 그리고 수다라는 가장 낮은 천민 노예계급을 뜻한다.

인도에서는 이 네 가지 계급을 운명적인 것으로 받아들이고 있다. 힌두교에서 이 사성계급을 주창하는데 종교가 다르다고 해서 이 계급제도에서 벗어나는 것은 아니다. 이슬람교가 들어오면 그 이슬람교도들도 이 사성제도에 흡수되고 서양 종교가 들어와도 마찬가지로 사성제도의 의식을 벗어나지 못한다. 옛날에만 이 계급의식이 있었던 것이 아니라, 핵을 개발하고 인공위성을 쏘아 올리는 현대에도 똑같이 있다.

석가모니 부처님의 위대한 점은 이 카스트제도 즉 계급 차별제도를 거부한 데서 나타난다. 부처님은 3000년 전 그 옛날에 이미 계급제도의 타파를 외치셨다. 이 계급 타파를 말하다 보면 우바리 존자의 일화가 먼저 떠오른다. 우바리 존자는 본래 왕궁의 이발사였는데 왕자들과 함께 출가했다. 그런데 출가한 이후에도 왕자들은 우바리 존자를 이발사로 취급하는 것이었다. 그것을 보고 부처님은 여럿의 강줄기에서 각기 다른 물이 흘러내린다고 하더라도 일단 불법의 바다에 들어오면 바닷물의 짠맛 한 가지뿐이듯이 일단 불법에 들어온 사람은 누구나 평등하다고 가르치신다. 뒤에 우바리 존자는 계율을 가장 잘 지키고 공부해서 십대제자 중의 하나인 계율제일 존자가 되었다.

순타는 사성계급 가운데서 비사계급 즉 농공상의 평민에 속했다. 대장장이의 아들이었으니 공업의 직책을 갖고 있는 것이 된다. 여기 대승《열반경》에서는 순타의 재산이 언급되지 않았지만 소승《열반경》에 보면 부처님이 순타의 망고 동산에 머물러 계실 때 순타가 부처님과 스님네에게 공양을 대접한 것으로 보아 순타는 상당한 재산가였다.

여기서 순타가 사성계급을 언급하기는 했지만 자신이 비사계급에 속한 것을 한탄하고 있지는 않다. 계급 문제를 들고 나와서 한탄하는 것은 부처님의 가르침과 맞지 않기 때문이다. 부처님은 계급간의 차별도 싫어하시지만 설사 계급의 차이가 있다고 하더라도 그로 인해 대립하는 것도 싫어하신다.

한때 우리 나라에서 운동권의 바람이 강하게 분 적이 있었다. 운동권은 가진 자와 못 가진 자, 핍박하는 자와 핍박받는 자를 2원적으로 구별해서 못 가진 자와 핍박받는 자의 편에 서서 가진 자를 공격하기도 했다. 이 바람을 타고 불교계 운동권 일부에서도 가진 자보다는 못 가진 자에 대해서 관심을 더 많이 쏟으려고 한 적이 있다. 그러나 불교에서는 어려운 이를 도와야 한다는 당연한 원칙과 가진 자와 못 가진 자를 차별해서 상대한다는 원칙은 구별하고 있다. 가진 자보다는 못 가진 자에게 도움이 필요하기 때문에 못 가진 자를 도와야 하기는 하지만 가진 자에 대해서도 똑같이 보살핌의 마음을 가져야 한다는 것이 부처님의 입장이다.

옛날에 가섭 존자가 탁발을 다니는데 어려운 집 사람들은 자기들 먹고 살기도 어려울 것 같아서 부잣집에만 가서 탁발을 해왔다. 그것을 보고 부처님은 어려운 이나 부자에게 똑같이 복을 짓게 해야 하기 때문에 돈 있고 없음을 가리지 말고 방문해서 탁발을 해야 한다고 가르치신다. 똑같은 논리로 못 가진 자와 가진 자를 평등하게 보살펴야 한다는 것이 부처님의 기본적인 입장이다. 가짐과 못 가짐의 차이는 상대적인 것이다. 상대보다 못 가졌고 상대보다 많이 가졌다는 것이다. 그래서 이 상대 감정이 있는 한 인간의 욕구는 영원히 자기 자신을 가난한 사람으로 만든다. 더 많이 갖고 싶어하기 때문이다. 그래서 가진 자와 못 가진 자의 공통적인 문제는 물질이 아니라 마음이다.

순타는 계급 세계에 살면서도 물질적인 계급의 차이를 한탄하는 것이 아니라 어느 계급이나 똑같이 부처님의 자비가 필요하다는 입장을 취한다. 그래서 순타가 부처님에게 바라는 것은 '여래의 감로 같은 법의 비'일 뿐이다. 부처님도 순타에게 주는 것을 이렇게 말씀하신다. "착하도다, 착하도다. 내가 지금 너의 가난함과 곤궁함을 끊어 주고 위없는 법비를 너의 몸 밭에 내려 법의 싹이 트게 하리라." 순타와 부처님이 말하는 가난함과 곤궁함을 확실하게 드러내는 구절이다. 법의 비 즉 부처님의 깨우침이 없어서 마음이 가난하고 곤궁한 것이지 사성계급 때문에 문제가 되지는 않는다는 말이다.

이 세상에 자신이 가난하고 곤궁하다고 나름대로 생각하는 사람은 많다. 또 평등치 못하고 억울한 대우를 받으면서 살고 있다고 생각하는 사람도 많다. 우리의 마음속에 이런 의식이 있기 때문에 저 극악무도한 지존파가 생겨나고 택시를 훔쳐서 무작정 살인하는 사람이 생기는 것이다. 우리의 문제는 못 먹고 못 입는 것이 아니다. 남들과 비교해서 자신이 잘 살지 못한다고 독단적으로 내리는 결론에 문제가 있다. 그래서 순타와 부처님은 비교의 마음에서 해탈하게 하는 법의 비를 이야기하고 있는 것이다.

더 많이 소유하려고 하는 마음, 상대적인 비교의 마음, 억울하다고 생각하는 마음에서 벗어나려면 소유의 정반대인 보시를 해야 한다. 그래서 부처님은 순타에게 보시의 하나인 공양 올리기를 허락하신다.

24. 본래성불이지만 방편으로 공양을 받음 (순타품 2)

> 부처님은 자신이 본래 법신불이라는 것을 전제로 해서 성도하기 직전의 자기와 열반하기 직전의 자기를 동등하게 생각하고 있다. 성도하기 직전이란 수행을 해서 그것이……

 정각을 이루기 직전의 사람에게 올리는 공양과 열반에 들기 직전의 부처님에게 올리는 공양의 공덕이 똑같이 크다. 부처님은 순타에게 공양을 올리는 것을 허락하면서 이렇게 말씀하셨다.
 "순타여, 음식을 보시하면 두 가지 과보가 차별이 없다. 무엇이 두 가지인고 하면 첫째는 받고서 아뇩다라삼먁삼보리를 얻는 것이요, 둘째는 받고서 열반에 드는 것이니라. 나는 지금 너의 마지막 공양을 받고 너로 하여금 보시(布施)바라밀다를 구족하게 하리라."
 수행자가 공양을 받고 아뇩다라삼먁삼보리 즉 최고의 지혜를 얻거나 부처님이 공양을 받고 열반에 들면 그 두 가지의 공양을 올린 공덕이 차이가 없이 크다는 말씀이다.
 이 말을 듣고 순타가 일어나서 성도하기 전과 열반 전에 올린 공양의 공덕이 어떻게 같을 수 있느냐고 이의를 제기한다.

 부처님께서 말씀하신 두 가지 보시의 과보가 차별이 없다는 것은 그렇지 않겠나이다. 왜냐하면 앞에 보시를 받은 이는 번뇌가 다하지 못하여 일체종지(一切種智)를 이루지 못하였으므로 중생으로 하여금 보시바라밀다를 구족케 할 수 없사옵고, 나중 보시받은 이는 번뇌가 이미 다하여 일체종지를 또한 이룩하였으므로 능히 중생들로 하여금 널리 보시바라밀다를 구족케 할 수 있사오니, 앞에 보시받은 이는 아직 중생이옵고 나중 보시받은 이는 하늘 중의 하늘이겠사오며, 또 앞에서 보시받은 이는 잡식하는 몸이고 가이 있는 몸이고(後邊身) 무상한 몸이 온데, 나중 보시를 받은 이는 번뇌 없는 몸이고 금강 같은 몸이고 법신이고 늘 있는 몸이고 가이 없는 몸이옵거늘, 어찌하여 두 가지 보시의 과보가 평등하여 차별이 없다 하시나이까.

앞에 보시받은 이는 보시바라밀다와 지혜바라밀다를 구족하지 못하였사오며 오직 육신의 눈만 얻고 부처님의 눈이나 지혜의 눈을 얻지 못하였지마는 나중에 보시받은 이는 보시바라밀다와 지혜바라밀다를 구족하였사오매 부처님의 눈과 지혜의 눈을 구족할 것이거늘 어찌하여 두 가지 보시가 평등하여 차별이 없다 하시나이까. 세존이시여, 앞에 보시받은 이는 받아 먹어 배에 들어가 소화되어 수명을 얻고 빛깔을 얻고 힘을 얻고 걸림 없는 변재를 얻을 것이지마는 나중에 보시를 받은 이는 먹는 것도 아니고 소화되는 것도 아니라 다섯 가지 과보가 없을 것이어늘, 어찌하여 두 가지 보시의 과보가 평등하여 차별이 없다 하시나이까.

순타의 생각에 정각을 이루기 전의 사람은 아직 번뇌가 다 끊어지지 않고 세상을 여실히 보는 지혜를 얻지 못한 중생이고 잡식하면서 사는 무상하고 끝이 있는 몸이다. 또 육바라밀과 지혜의 눈을 구족하지 못했고 음식을 먹으면 그것을 소화해서 수명을 연장하고 세상을 살아갈 힘을 얻는 수준에 있다. 반면에 열반에 들기 전의 부처님은 번뇌가 다하고 일체종지를 이루었으며, 금강과 같은 법신의 몸을 가졌다. 또 육바라밀과 지혜의 눈을 갖추었으며 음식을 먹더라도 먹는 것도 소화되는 것도 아니다. 그래서 정각을 이루기 전의 사람과 열반에 들기 직전의 사람 사이에는 큰 차이가 있는데 어째서 부처님은 정각을 이루기 전에 올리는 공양과 열반에 들기 전에 올리는 공양이 똑같다고 하느냐고 부처님에게 여쭌다. 즉 정각을 이루기 전의 싯달타는 우리와 같은 범부였고 지금 열반에 들기 직전의 어른은 부처님인데, 그 둘은 엄연히 차이가 있을 것이 아니냐는 물음이다.
부처님의 대답을 다시 인용하자.

 선남자여, 여래는 이미 한량없고 가이 없는 아승지겁 전부터 잡식하는 몸, 번뇌 있는 몸이 아니고, 또 뒤의 가이 있는 몸이 아니고, 늘 있는 몸이며 법신이며 금강 같은 몸이니라.
 선남자여, 여래의 몸은 이미 한량없는 아승지겁부터 음식을 받지 않지마는 모든 성문(聲聞)들을 위하여서 먼저 난타(難陀)와 난타바라의 소 기르는 두 여자가 받드는 우유죽을 받고 그 뒤에 아뇩다라삼먁삼보리를 얻었다고 말하는 것이어니와 나는 실로 먹지 않는 것이며, 지금도 내가 여기 모인 대중을 위하여 너의 마지막 공양을 받기는 하되 실상은 먹지 않는 것이니라.

여기서 부처님은 본래의 자기 모습을 드러낸다. 부처님은 금생에 태어나서 보리수 아래에서 성도한 것이 아니라 무량아승지겁 이전부터 이미 법신이고 금강의 몸이라고 한다. 오래 전에 법신이 되어서 음식을 받아 먹지 않지마는, 짐짓 성문들을 제도하기 위해서 소 기르는 두 여자의 우유죽을 받아 먹고 아뇩다라삼먁삼보리를 얻었다고 했다는 것이다. 또 지금 순타가 올리려고 하는 공양을 실제로는 받지 않지마는 열반 터에 모인 대중을 위해서 짐짓 음식을 받는 척한다는 말씀이다. 부처님이 가비라성을 나와 6년 동안 고행을 하고 수도해서 성불을 했지만 그것은 중생들을 위해서 그런 모양을 취했을 뿐이고 부처님은 오랜 옛 겁 전부터 영원한 법신이어서 정각을 이루기 전이나 후가 다르지 않다는 아주 중대한 선언이다.
부처님은 분명히 역사 속에 태어나서 미혹한 중생의 모습을 보였고 수행해서 성도하셨다. 부처님은 자신이 본래 법신불이라는 것을 전제로 해서 성도하기 직전의 자기와 열반하기 직전의 자기를 동등하게 생각하고 있다. 성도하기 직전이란 수행을 해서 그것이 무르익은 단계이고, 열반이란 번뇌를 완전히 소멸하고 이제 남은 몸마저도 버리려고 하는 단계이다. 성도 직전이라는 것이 수행해서 열매를 맺기 직전이라고 하지만 순타가 지적하는 대로 아직 미혹의 중생 상태에 있는 것은 분명하다. 열반 직전의 상태는 분명히 완전한 깨달음에 이른 상태이다. 부처님이 두 가지가 다르지 않다고 한 것은 미혹의 상태와 열반의 상태가 다르지 않다는 것이다. 부처님은 자신의 마지막 공양 공덕을 말할 때 성도 직전에 올리는 공양을 같이 말함으로써 중생과 부처, 번뇌와 보리, 생사와 열반이 둘이 아님을 간접적으로 밝힌 것이다. 물론 여기서 부처님의 말씀은 중생과 부처가 둘이 아님을 말하는 데 목적이 있는 것이 아니라, 부처님은 구원겁 전에 이미 성불하신 법신임을 밝히는 데 목적이 있다. 그럼에도 불구하고 《열반경》의 연출가는 순타의 입을 통해서 성도하기 전과 성도한 후가 다르다는 것을 말하게 하고 부처님의 말씀을 통해서는 본래부처이므로 그 둘이 차이가 없다고 선언하게 한다.

그런데 중생과 부처가 둘이 아니지만 그냥 둘이 아닌 것이 아니라 성도 직전까지의 수행을 전제로 해서 하나라고 한다. 이것을 간단히 줄여서 말하면 수행을 전제로 해서 중생과 부처가 둘이 아니라고 할 수 있다. 중생과 부처가 둘이 아닌 것은 일체중생 실유불성의 원칙에서도 나온다. 모든 중생에게 부처가 될 성품이 있고 수행을 하면 그 성품을 개발해서 부처가 될 수 있으므로 수행을 전제로 하는 한 중생과 부처는 하나라는 말이 된다. 또 열반에 드는 부처님의 법신이 항상 머무르시는데 그 장소가 바로 일체중생을 떠나서는 있을 수가 없다. 중생을 떠나서 부처님의 법신이 항상 머무른다고 하면 그 법신상주는 중생들에게 아무 소용이 없는 것이 아니겠는가.

수행을 앞세운 중생과 부처가 둘이 아님이 필요한 것은 바로 우리를 위해서이다. 우리는 중생이다. 중생이란 번뇌의 덩어리를 말한다. 중생에게 있어서는 존재 그 자체가 번뇌의 덩어리가 아닌가. 우리가 번뇌 덩어리라고 하더라도 불도를 닦기만 하면 그 자리에서 부처와 다름없다는 것이다.

앞에서 예를 들었던 38세의 부인을 다시 생각해 보자. 남편은 아이들 셋을 남겨 놓고 갑자기 교통사고로 죽었다. 통닭집은 혼자 운영해야 한다. 부인은 이제 부처님을 의지하며 남은 여생을 살기로 작정했다. 매일 《천수경》을 외우고 지장 보살을 염한다. 염불을 앉아서만 하는 것이 아니라 닭을 만지는 일을 하면서도 지장 보살을 생각한다. 어떤 때는 산 목숨을 죽여야 할 때도 있지만 그런 경우에는 더 많은 염불을 한다. 많은 불경에서 염불을 하면 성불한다고 한다. 염불하는 소리가 귓가에 슬쩍 스치기만 해도 불도를 이룬다고 하는 불경도 있다. 부인은 미혹의 삶을 살면서도 지금 자신의 처지에서 자기가 할 수 있는 일은 염불하는 일뿐이다. 그녀는 자기가 할 수 있는 최선의 불도를 닦고 있는 것이다. 그렇다면 그녀는 최선의 수행을 한다는 점에서 바로 부처이다. 부처는 최상의 행복이다. 그녀는 그녀가 얻을 수 있는 최상의 행복 속에 있다.

물론 그녀가 염불 속에서 이루는 부처는 《열반경》의 부처님과 비교할 때 중생의 교화력에서 차이가 있다. 그러나 부처님 가운데는 말씀을 하는 분도 있고 침묵을 지키는 분도 있다. 부인은 침묵을 지키는 부처 아니 벙어리 부처이다. 부처님이 순타와 공양 올리는 공덕에 대해 나눈 대화에서 전하려고 하는 궁극적인 메시지는 이 자리에서 최선을 다해서 불도를 닦으면 바로 본래성불의 법신 부처님이 나타난다는 것이다.

25. 집착할 것이 없음을 노래함(순타품 3)

> 세속의 길은 묶이는 것이요 열반의 길은 속박을 풀어 버리는 것이다. 인간은 자기가 만든 일에 자신을 얽어 매지만 부처님은 당신의 몸마저도 기꺼이 버려 애착의 줄을 끊으려고……

부처님께서는 순타에게 세상의 무상을 게송으로 들려 주신다.

이 세상에 난 것이란 죽고야 말고
목숨이 길다 해도 끝이 있나니.
성한 것은 반드시 쇠하여지고
모인 것은 마침내 헤어진다네.

젊었던 나이라도 오래 못 가고
건강에는 병고가 침노하나니.
이 목숨은 죽음이 빼앗아 가서
항상 있는 법이라곤 하나도 없네.

이 두 게송에서는 늙음과 병듦과 죽음의 무상을 노래하고 있다. 늙음·병듦·죽음 즉 노병사(老病死) 세 가지는 유식한 사람과 무식한 사람을 가리지 않고 찾아온다. 돈 많은 사람과 없는 사람, 권력과 명예가 있는 사람과 없는 사람도 가리지 않는다. 건강한 사람과 허약한 사람을 구별하지도 않는다.
얼마 전에 신도님 한 분이 갑자기 뇌졸중으로 쓰러진 것을 보았다.

그분은 평소에 아주 건강했다. 비만증이나 혈압도 전혀 없었다. 쓰러진 후 병원에 가서 조사해 보았지만 의사들은 뇌졸중이 온 원인을 찾아내지 못했다. 다행히 생활하는 데 불편이 없을 정도로 회복이 되기는 했지만 그렇게 쓰러진 이후로 신도님의 인생관은 바뀌었다. 옛날에 가졌던 자만에 가까운 자신감이 없어졌고 죽음은 언제고 찾아올 수 있다는 것을 절감하는 듯했다. 뇌졸중 때문에 본인과 가족 친지들이 놀라서 안 되기는 했지만 그 사건으로 인해 그분은 인생에 대해서 더 많이 느끼고 생각하게 되었다고 말했다.

서양종교는 어린이들에게 어려서부터 신앙심을 심어 준다. 서양인과 서양종교의 성향에 따라 아이들을 좋게 말하면 진취적으로 만들고 나쁘게 말하면 공격적으로 만든다. 요즘 대학에 들어가려면 내신성적이 좋아야 한다. 그러다 보니 학교 급우들이 모두 경쟁상대이다. 그런데 어이없는 현상은 각기 다른 교회에 다니는 학생들이 서로 시험 잘 치르기 경쟁을 벌이면서 시험을 잘 본 학생은 자기 교회의 신이 다른 교회의 신보다 더 힘이 세다고 자랑한다는 이야기를 들은 적이 있다.

그러나 불교의 가장 근원적인 종교심은 무상을 느끼는 데서부터 우러나와야 한다. 인생무상을 느끼지 못하고 불교를 닦는 것은 수박의 겉을 핥는 것과 다를 바 없다. 여기에 어린이들에게 불교의 핵심을 바로 알려 주기 어려운 점이 있다. 불교를 참답고 바르게 사는 방법으로 가르칠 수는 있지만 그것만 가지고는 불교를 충분히 알려 주지 못하고 무엇인가 빼놓은 것 같은 아쉬움을 갖게 된다. 그렇지만 불교를 배운 어린이는 경쟁심은 없지만 생각은 아주 깊다. 부처님이 왕궁을 버리고 출가했다는 이야기부터가 아이들로 하여금 깊이 생각하게 한다. 다음은 부처님이 무상을 읊은 게송이다.

나라의 임금들은 멋대로 하고
서슬 푸른 세력이 짝이 없지만

온갖 것 무상하여 옮아 가나니
알뜰한 이 목숨도 그러하니라.

권력을 누렸던 이들이 무상의 법칙하에서 너나없이 사라져 간 것을 노래하고 있다. 요즘 진시황 전이 전국을 다니며 행해지고 있다. 진시황의 무덤 속에서 나온 보병들, 기마병들, 갖가지 진귀한 물건들의 견본이 전시된다. 참으로 엄청난 물건들이 진시황의 무덤에서 나왔다. 생전에 진시황은 책에 불을 지르고 학자들을 땅에 묻을 정도로 강권을 행사한 것으로 유명하다. 또 불로장생 약을 먹으려고 온갖 노력을 다한 것으로도 전해져 있다. 그러나 어떤가. 진시황도 죽을 수밖에 없었다. 그의 왕권을 다 동원해서도 어김없이 찾아오는 죽음을 막지 못했다.

대통령을 오래도록 계속하기 위해서 부정선거도 주저하지 않았던 이승만 대통령도 저승으로 갔다. 이 나라에 보릿고개의 배고픔을 없애려면 자신이 대통령직을 계속해야 한다고 생각했던 박정희 대통령도 마찬가지이다. 중앙정보부장의 권력을 행사하면서 무서운 사람으로 살았던 김형욱 씨도 죽었다. 덕이 있고 인기를 누렸던 권력가들도 죽었고, 악명이 높았던 사람들도 다 죽었다. 부처님은 서슬 푸른 세력들도 무상의 법칙을 벗어날 수 없음을 노래하고 있다. 다른 게송을 보도록 하자.

시끄러운 번뇌에 얽혀지는 일
누에가 고치 속에 들어 있듯이
누구나 지혜 있는 사람으로서
이것이 즐겁다고 애착하리오.

이 몸은 온갖 고통 모여서 된 것

하나하나 모든 것 더러울 따름
눌리고 얽매이고 헌 데 투성이
근본부터 보잘것없는 일이니.

인간에나 천상에 태어나는 몸
누구나 한결같이 다 그러하여
온갖 탐욕 모두가 무상하거니
그러기에 이내 몸 애착 않노라.

 여기서 부처님은 자신이 몸에 대해서 애착하지 않는 이유를 설명하신다. 우리가 산다고 하는 것은 무엇인가 일을 꾸미는 것인데 그 모든 도모는 결국 번뇌가 될 수밖에 없다. 그런데 인간은 살기 위해서 무엇인가 해보겠다고 일을 벌이지만 한참 있다 보면 그 일 속에 자신이 얽매여 있는 것을 보게 된다. 마치 누에가 실을 뽑아 내놓지만 자기가 만든 실이 자기를 가두는 감옥이 되는 것과 같다는 것이다.
 우리 나라의 불교 조계종에서는 독신을 원칙으로 하고 있지만 일본 불교는 다르다. 대부분의 종파들이 승려의 결혼을 허용하고 있다. 그런데 일본불교의 특이한 현상은 절에서 결혼하지 않는 승려를 오히려 걱정한다는 것이다. 이유는 결혼해서 부인과 아이로 승려를 묶어 놓지 않으면 떠돌이가 되거나 환속할 염려가 있다는 것이다. 그렇다. 무엇이든지 내 것으로 가지려고 하면 묶이게 되어 있다. 세속의 길은 묶이는 것이요, 열반의 길은 속박을 풀어 버리고 훨훨 날아가는 것이다. 지금 부처님은 열반에 드시려고 하고 있다. 그래서 부처님은 부처님을 묶는 것으로부터 해방되는 것은 물론이거니와 당신 자신의 몸마저도 기꺼이 버릴 준비가 되어 있다고 노래하고 계시다.
 여기서 우리에게는 의문이 생긴다. 부처님의 몸은 이 세계에 항상 계시다고 한다. 금생에 왕궁에 태어나서 출가한 모습을 보인 것은 중생들을 위해서 모양을 갖춘 것일 뿐이고, 실제로 부처님은 오랜 겁 전에 성불했다고 한다. 그렇다면 그러한 부처님이 왜 새삼스럽게 무상을 말하고 벗어남을 말해야 하느냐는 질문이 생긴다.

우리 중생들의 한계가 여기에 있다. 부처님이 구원겁 전에 성불했고 이 세계에 항상 머무르신다고 할 때 우리는 그 부처님을 어떤 실체로 생각하기가 쉽다. 이를테면 투명인간이 옷을 입으면 사람의 모습으로 나타나고 옷을 벗으면 보이지 않는 것처럼 그런 부처님으로 생각하기 쉽다. 그러나 그와 같은 부처님은 공사상의 원칙에 어긋난다. 부처님이 세상의 모든 것은 변하지 않는 것이 한 가지도 없다고 말씀하시고는 다시 나 자신만은 예외로 한다고 말하는 것이 되기 때문이다.

부처님도 무상과 무아와 공사상의 법칙하에 있어야 한다. 그러면서 동시에 언제나 이 세계에 항상 머무르는 법신으로 계셔야 한다. 그렇다면 그와 같은 부처님은 어떤 분일까. 여기서 우리는 부처님이 말하는 본래 성불하신 법신을 다시 점검해 볼 필요가 있다. 우리가 본래 성불하신 부처님과 중생들 누구나가 본래부터 가진 불성을 두 가지로 보는 데서 이와 같은 착오가 생기지 않을까. 본래 성불한 법신이 부처님에게만 있고 중생에게는 없다는 생각을 하니까 부처님의 무상 노래와 본래 성불하신 법신이 어울리지 않게 된다. 부처님과 중생은 똑같이 본래 성불한 법신이지만 부처님은 그것을 체득했고 중생은 그것을 불성으로서만 가지고 있다는 데 차이가 있을 뿐이다.

부처님은 법신 자리를 체득해서 온다고 해서 새삼스럽게 온 것이 아니고 죽는다고 해서 새삼스럽게 갈 것이 없다는 것을 통달하고 계시기는 하지만 금생에 받은 부처님의 몸은 버려야만 하게 되어 있다. 부처님은 그 몸을 가지고 80평생을 사셨다. 제자들과 정도 많이 드셨다. 법신을 터득해서 중생들처럼 죽음을 두려워하거나 죽음을 체념적으로 받아들이지 않고 죽음을 당연한 것으로 만족하게 받아들이기는 하지만 그럼에도 불구하고 무상한 세월의 강물에 자신을 떠나 보내야 하는 잔잔한 아쉬움이 있다.

  그리고 무상과 법신상주의 원칙이 공존하기 위해서는 또 한 가지 주의해야 할 점이 있다. 무상법이 모든 부처와 중생에게 공통적으로 적용되는 것처럼 법신상주 즉 법신이 이 세계에 항상 머무른다고 하는 것도 모든 인간에게 공통적으로 적용된다. 뒤집어서 말해도 좋다. 법신상주의 법이 모든 부처님과 중생들에게 공통적으로 적용되는 것처럼 무상법도 모든 중생들과 부처님에게 공통적으로 적용된다는 것이다.

  이 말은 부처님과 중생이 공평한 기반에 있다는 것이다. 부처님이 구원겁 전에 성불하신 혜택이 부처님과 우리 중생에게 똑같이 돌아간다는 것이다. 석가모니 부처님이 이룩한 구원겁 전의 성불이 석가모니 부처님 개인의 것은 아니다. 모든 중생이 공유하는 것이다. 석가모니 부처님에게만 특별한 프리미엄이 붙지 않는다는 것이다. 그래서 석가모니 부처님은 금생에 새로 수행을 시작해서 성도하셔야만 했고 무상법의 원칙을 따라 몸을 버려야만 했다. 그렇기 때문에 법신을 터득한 부처님에게도 무상의 노래가 있게 되는 것이다.

26. 여래는 변하는 법이 아님 (순타품 4)

> 어떤 장사가 천 명을 대적할 만큼 힘이 세다고 할 때, 실제로 한꺼번에 천 명을 대적한다는 말이 아니라 그의 힘이 천 명을 대적할 수 있다는 것을 뜻함과 같이 여래의 수명도……

　부처님이 모든 것의 무상을 게송으로 노래하기를 마치자 순타는 부처님에게 열반에 들지 말고 오래 이 세상에 머무르시라고 사뢴다. 그때 옆에 있던 문수 보살이 순타에게 타이른다. 세상의 모든 사물은 변화한다는 것을 관하라 이른다. 그러자 순타는 자기가 보는 부처님의 수명에 대해서 이야기한다.
　다음은 그 비유들이다.

　내가 듣기에는 하늘들의 수명은 매우 길다는데, 하늘 중에 하늘이신 세존의 수명이 이렇게 짧아서 백 년도 차지 못하겠나이까. 한 고을의 주인이 되어도 그 세력이 자재하고 그 자재한 세력으로 다른 사람을 다스리다가 그의 복이 다하여 빈천하여지면 다른 이의 경멸을 사고 남의 다스림을 받는다 하니, 그것은 세력을 잃은 탓입니다. 부처님도 그러하여 모든 변하는 법과 같을진대 변하는 법과 같은 일을 어떻게 '하늘 중의 하늘'이라 하오리까. 변하는 법은 나고 죽는 법인 탓이오니, 문수사리여, 여래가 변하는 법과 같다고 하지 마사이다.

　하늘 가운데 하늘인 부처님은 당연히 수명이 길어야 하고 무상하게 변화되는 법으로부터 벗어나 있어야 하는데, 어째서 부처님의 수명을 나고 죽고 변화되는 사물들 속에 포함시키느냐는 말이다. 다른 비유를 또 보자.

마치 어떤 임금에게 큰 역사가 있어 그의 힘이 천 사람을 대적할 수 있다면 그를 당할 사람이 다시 없으므로 천 명을 대적하는 역사라 하여 임금이 사랑하고 벼슬을 높여 녹과 상품이 풍부하리니. 천 명을 대적하는 역사라는 말을 듣는 것은 그 사람이 반드시 천 명을 대적할 힘이 없더라도 그의 여러 가지 기술이 천 사람을 이길 수 있으므로 천 명을 대적한다 하나이다. 세존도 그와 같아서 번뇌의 마군, 오음(五陰)의 마군, 하늘 마군, 죽음의 마군의 항복을 받사와 삼계의 가장 높은 이라 일컫나니, 저 역사가 천 명을 대적한다는 말과 같나이다.

천명을 대적하는 장사라고 할 경우, 그 장사가 실제로 천 명을 대적해서 싸운다는 말이 아니라 만약에 싸운다면 천 명을 대적할 수 있음을 뜻하는 것과 같이 부처님의 수명이 끝이 없다고 할 때 실제로 부처님이 수명을 계속해서 누리는 것이 아니라 마음만 가진다면 수명을 끝없이 누릴 수 있음을 뜻한다는 것이다. 다음 비유를 계속해서 보자.

마치 큰 부자 어른이 아들을 낳았을 적에 관상쟁이가 상을 보고 단명하리라 하면 부모가 듣고는 가문의 영화를 계승하지 못할 줄 알고 초개같이 여기고 다시 돌아보지 않으리라. 단명한 사람은 사문·바라문 등 남녀노소의 공경을 받지 못하는 것이온대 만일 여래가 변하는 법과 같다면 어떻게 천상·인간 모든 중생의 공경을 받사오리까.

속가에서도 어린아이를 키울 때 아이가 단명해서 가업을 잇지 못할 것으로 판단되면 아이에 대해서 큰 기대를 하지 않는 것과 마찬가지로 부처님의 수명이 길지 못하다면 어떻게 천상·인간으로부터 공경을 받을 수 있겠느냐는 말이다. 다음은 네번째 비유다.

어떤 사람이 먼 길을 가다가 도중에 피곤하여 남의 집에 들어가 잠이 들었을 적에 그 집에 불이 일어나 깜짝 놀라 깨어 보니 뛰어 나갈 기운이 없어 죽을 것이 틀림없으나, 부끄러운 생각을 머금고 옷으로 몸을 둘렀더니 목숨을 마치고는 도리천에 태어나고, 그 뒤부터 여든 번이나 대범천왕이 되었으며 백천대가 되도록 인간으로 태어나서 전륜왕이 되었고, 다시는 나쁜 갈래에 나지 아니하고 항상 안락한 곳에 난 것과 같사옵니다.

잠자는 중에 불이 났을 때, 어떤 여인이 목숨을 건지기 위해서 발가벗고 집 밖으로 뛰어나가기보다는 차라리 불에 타죽어서 천상에 태어났다는 이야기와 마찬가지로 부처님께서도 이 삼계라는 화택에서 혼자 오래 사는 모습을 보이지 않고 남들처럼 죽는 모습을 보이지만 실제로는 죽지 않는다는 말이다.

순타는 여기서 네 가지의 비유를 들었지만, 그 비유와 주장을 다시 한번 정리하면 이렇다.

첫째, 하늘의 수명은 아주 길다고 하는데 부처님의 수명이 무상의 법칙을 넘지 못하고 끝나야 한다면 어떻게 하늘 중의 하늘이라고 할 수 있으며 남들로부터 경멸을 받지 않을 수 있겠느냐는 것이다.

둘째, 어떤 장사가 천 명을 대할 만큼 힘이 세다고 할 때 실제로 그 장사가 한꺼번에 천 명을 대적한다는 말이 아니라 그의 힘이 천 명을 대적할 수 있다는 것을 뜻함과 같이 부처님의 경우도 그와 같아서 부처님이 번뇌나 죽음의 마군들의 항복을 받는다고 할 때, 부처님이 실제로 낱낱의 번뇌와 죽음을 대적한다는 말이 아니라 대적할 수 있다는 말이라는 것이다. 부처님이 오래 이 세상에 계실 수도 있지만 중생 교화의 방편으로 죽음을 보이는 것을 무상법(無常法)에 굴복당하는 것으로 오해하지 말라는 뜻이다.

셋째, 만약 관상쟁이가 부잣집 아이를 보고 아이의 명이 짧을 것이라고 하면 그 부모가 실망하듯이 부처님의 수명이 무상법에 따라서 짧다고 하면 외도들을 비롯한 모든 중생들로부터 공경을 받지 못한다는 것이다.

넷째, 어떤 여인이 길을 가다가 밤에 남의 집에 들러 잠을 자는데 그 집에 불이 났다. 여인은 옷을 벗은 채로 도망쳐 나오면 살 수도 있었지만 부끄럽게 사느니보다는 차라리 불에 타죽는 길을 택해서 그 공덕으로 천상에 무수히 태어난 것과 같이 부처님도 무상법을 어기고 수명을 무한히 연기할 수도 있지만 그것은 부처님의 입장에서 중생을 생각하지 않는 일이라 차라리 목숨을 거두는 길을 택하려 한다고 해석해야 한다는 것이다.

앞서 부처님이 읊은 게송에서는 세상만사의 무상을 말했지만 여기서 순타는 어떻게 해서든지 부처님의 수명은 한량없지만 중생을 위해서 죽음을 보인다는 것을 부각시키려고 한다. 부처님과 순타가 양변에서 이리 치고 저리 치고 하는 격이다. 부처님은 세상의 무상을 강조하고 순타는 반대로 부처님 수명의 무한함을 강조하는 것이다.

그런데 순타가 하는 말은 철없는 어린아이가 죽어 가는 100살 된 할머니에게 손가락을 펴보이며 천살 만살을 살라고 떼를 쓰는 것과 같은 것이 아닌가. 왜냐하면 문수 보살이 순타의 말을 전부 인정해 주고 있기 때문이다. 《열반경》은 문수 보살이 순타의 말을 인정해 주고 찬탄하는 것을 이렇게 그린다.

그때 문수사리 법왕자는 순타의 말에 감탄하여 말했다.

잘하는도다, 잘하는도다, 선남자여. 그대는 지금 장수할 인연을 짓고 여래가 항상 머무르는 법이며 변하지 않는 법이며 하염없는 법임을 자세하게 알았도다. 순타여, 마지막 공양을 부처님과 스님네에게 올리려거든 많거나 적거나 만족하거나 만족치 못하거나 간에 시기를 놓치지 말고 빨리 베풀 것이니 부처님은 지금 곧 열반에 드실 것이다.

여기서 우리는 《열반경》이 왜 이처럼 순타를 등장시켜서 부처님의 수명이 한량없음을 여러 가지 비유를 들어 강조해야만 하는가에 대해서 생각해 보아야 하겠다. 순타는 부처님 앞에서 자기가 하고 싶은 말을 하고, 문수 보살은 순타를 칭찬한다. 부처님도 그것을 그대로 보고 계시니까 순타의 말을 인정하고 있는 셈이다. 그렇다면 오래 사실 수는 있지만 중생에게 무상법을 가르쳐 주기 위해서 열반에 드시려고 하는 부처님 수명의 무한함을 강조하는 순타의 말을 기분 좋게 듣고 계시다는 말이다.

이유는 간단하다. 바로 우리 중생들의 근기 때문이다. 중생들은 가능하면 부처님이 육신으로 살아서 우리 곁에 항상 계시기를 바라고 열반하시더라도 그 법신은 우리와 같이 있기를 바란다.

불교를 새로 배우는 어떤 대학생이 이런 질문을 해온 적이 있다. 부처님은 가비라성에서 출가할 때 만류하는 아버지 정반 왕에게 만약 자기가 죽지 않을 수만 있게 해주신다면 아버지의 만류대로 출가하지 않겠다고 말한 적이 있다. 그 말에 정반 왕은 두 손을 들었다. 아들에게 오는 죽음을 막을 수는 없기 때문이다. 그러나 부처를 이루어서 죽음을 벗어나신 부처님도 다른 사람들과 마찬가지로 죽었다. 물론 불교에서는 열반에 드셨다고 하지만 불교를 모르는 일반인들이 외형만 볼 때는 분명히 죽은 것이다. 그 대학생의 질문은 부처님이 죽음을 벗어나기 위해서 아버지의 명을 어기고 출가했지만 결국 죽지 않았느냐는 것이었다.

세상에는 이 대학생과 같이 생각하는 사람들이 많다. 부처님의 열반을 죽음으로 생각하는 것이다. 순타가 등장해서 부처님의 수명이 한량없음을 강조하는 이유는 바로 여기에 있다. 부처님께서 구원겁 전에 성불하셔서 옴도 없고 감도 없다는 것은 불교교리를 깊이 이해하는 사람만이 받아들일 수 있는 말이다. 일반인들에게는 순타가 든 것과 같은 비유가 더 이해하기 쉬울 것이다. 부처님의 수명이 하늘 임금들의 수명보다 길다는 설명은 죽어서 극락에 가려는 사람들에게는 쉽게 다가올 것이다. 결국 중생들의 근기에 응해서 부처님 법신은 영원하지만 죽음을 보이는 이유를 설명하는 것이다.

27. 여래의 평등심 (순타품 5)

> 부처님의 사랑은 공기나 물과 같이 항상 무심하게 그 자리에 있는 것과 같다. 어미 소가 새끼를 보살피는 것과는 다르다. 어미 소의 사랑은 눈이 멀어 있지만 부처님의 사랑은……

문수 보살은 부처님께서 이제 바로 열반에 드시려고 하니 공양을 올리려거든 어서 올리라고 순타에게 말한다. 그러자 순타는 부처님은 법신이기 때문에 이 같은 공양으로 잡식하지 않는다고 말한다. 그 말을 듣고 문수 보살은 순타가 큰 지혜를 이루었으며 대승의 경지에 잘 들어갔다고 인정해 준다. 아울러 부처님께서 순타를 좋아할 것이라고 말해 준다. 그러자 순타는 부처님은 인위적으로 특별히 누구를 좋아하지 않고 모든 중생을 다 좋아한다고 대답한다. 다음은 순타가 문수 보살에게 하는 말이다.

당신은 여래께서 좋아하신다고 말하지 마사이다. 좋아하는 것은 뒤바뀐 생각이니 뒤바뀐 생각이 있으면 그것은 나고 죽는 것이요, 나고 죽음이 있으면 곧 하염 있는 법이오. 그러니까 문수사리여, 여래가 하염 있는 법이라 말하지 말아야 하나이다. 만일 여래가 하염 있는 법이라 말하면 나와 당신이 모두 뒤바뀜을 행함이 되나이다. 문수사리여, 여래에게는 사랑하여 염려함이 없나니 사랑하여 염려한다 함은 저 어미 소가 새끼를 사랑하여 염려하므로 비록 돌아다니면서 꼴과 물을 찾다가도 넉넉하건 못하건 간에 홀연히 돌아오는 것 같나이다. 부처님들은 이런 생각이 없기 때문에 모든 중생을 '라후라'와 같이 평등하게 생각하시나니, 이렇게 생각하심은 곧 부처님들의 지혜의 경계입니다.

부처님의 사랑은 공기나 물과 같이 항상 무심하게 그 자리에 있는 것이어서 어미 소가 새끼를 보살피는 종류의 것과는 다르다는 것이다. 어미 소가 새끼들을 보살필 때, 새끼를 위해서 꼴과 물을 찾다가 찾지 못하면 그냥 '새끼에게 돌아오는 눈먼 사랑을 보이지만, 부처님은 시간·공간을 막론하고 평등하게 중생을 살피되 살핀다는 생각도 없고 모양도 일부러 보이지 않는다는 것이다.

부처님이 중생을 사랑하되 인위의 경계를 떠난 것이 마치 금시조가 하늘 위에서 낱낱의 지상 생물을 다 보는 것과 같아서 범부의 눈먼 사랑과 다르다는 것이다. 부처님은 중생으로부터 직접 음식을 받고 마음을 내는 분이 아니기 때문에 부처님의 경계를 헤아리는 것은 말이 끌고 달리는 수레를 나귀가 끄는 수레로 쫓아가려 하는 것과 같다는 순타의 말이다.

여기서 순타는 어미 소의 눈먼 사랑과 부처님의 눈뜬 사랑이 다르다는 문제를 제기한다. 소의 새끼 사랑과 같이 자식 사랑에 있어서 소와 사람 사이에는 차이가 없다. 부모의 자식에 대한 사랑, 특히 어머니의 사랑은 맹목적이다. 자식에 대한 사랑은 본능이기 때문에 이유를 설명할 수가 없다. 그저 사랑스럽기 때문이다. 또 자식이 많으면 일정한 사랑의 양이 분배되기 때문에 여럿의 자식들에게 돌아가는 사랑의 양이 적어지지 않겠느냐고 생각할 수도 있지만 그렇지 않다. 자식에 대한 사랑은 자식이 많고 적음에 상관없다. 하나를 둔 부모가 자식에게 쏟는 사랑의 양과, 열 명의 자녀를 둔 부모가 하나하나의 자식에게 쏟는 사랑의 양 사이에는 차이가 없다. 자식 사랑은 불가사의한 모든 부모의 본능이다. 그래서 한 손가락이든 열 손가락이든 깨물면 똑같이 아프다는 속담도 전해진다.

그런데 사랑 그 자체는 고귀한 것이지만 근래 우리 주위에서 보는 맹목적인 자식 사랑은 자칫 자식을 위하기보다는 잘못된 길로 가게 할 수가 있다. 사람들은 요즘의 부모들이 아이들을 과잉 보호한다는 말을 많이 한다. 대부분의 부모들은 자식을 가능하면 좋은 대학에 보내려 한다. 그리고 대학에 보낸다는 목표에 위배되지 않는 한 자녀에게 생기는 모든 잘못들을 문제삼지 않는다. 공부만 잘하면 버르장머리가 없어도 좋고 어른에 대한 예의가 없어도 좋다. 이기심과 시샘이 많은 아이들이 공부를 잘하는 경우가 많다. 때문에 지나친 이기심도 그냥 눈감아준다. 공부를 잘하는 아이의 경우 아이가 가진 갖가지 성격적 결함까지도 하나의 장점으로 봐주는 경우도 있다.

자식 사랑에 깊이 빠진 부모는 아이들이 잘못을 저질러도 내버려둔다. 자기 집이 아닌 공공장소에서 다른 사람에게 피해를 주고 남의 물건을 파손할 경우에도 그냥 방치한다. 이유는 간단하다. 아이의 기를 죽이기 싫다는 것이다.

사람들은 요즘 부모들의 자녀에 대한 광적인 애정에 대해서 부모들이 자식을 통해서 대리만족을 느끼려 하거나 부모의 한을 자식을 통해서 풀어 보려고 한다는 분석을 한다. 자녀들을 꼭 대학에 보내야 한다는 그 목표를 위해서 다른 모든 것을 희생시키는 것은 자식을 생각해서라기보다는 자기가 세운 목표를 자식을 통해서 달성하려고 하는 무의식적 작용이기도 하다. 또 자신이 이루지 못한 한을 자식을 통해서 풀어 보려고 하고, 자식이 좋은 대학에 들어가지 못하면 부모의 체면이 깎인다고 생각하는 이도 많다고 한다.

또 자녀의 학비와 용돈에 너무 고액을 지출해 아이들을 버리게 하는 경우도 있다. 자녀들을 오렌지 족이나 야타 족을 만들었을 때만 자녀가 잘못된 것이 아니다. 그렇게 드러난 잘못은 고칠 수도 있다. 더 심각한 문제는 아이들을 이기적으로 만들고 그 이기심이 결국 자신과 가족과 사회를 불행하게 만든다는 것이다.

이 세상에서 좋은 사람이 되는 조건은 간단하다. 남을 생각하는 사람이다. 좋은 남편, 좋은 아내, 좋은 아들이란 상대를 생각해 주는 사람이다. 그러나 공부 중심·출세 중심·편안 중심·자기 중심에 찌든 아이들이 커서 갑자기 남을 위하는 사람이 되지는 않는다. 설사 일시적 또는 부분적으로 남을 생각한다고 하더라도 결국에는 자신에게 익숙했던 습성이 드러나고 만다. 고생을 해보지 못한 아이들은 어려운 일을 만났을 때 쉽게 좌절하게 된다. 돈이 없으면 죽는 것으로 생각한다. 고생을 피하고 돈을 벌 궁리만 하게 된다. 그런 사람들이 모여 있는 세상은 추잡하게 될 수밖에 없다. 근래에 문제를 일으키는 흉악범들은 잡아서 가두거나 사형시킬 수가 있다. 그러나 이 사회 각계 각층에 끼여들어서 교묘히 작용하는 잘못 길들여진 마음들의 움직임은 잡아내기조차 힘들다.

순타는 여기서 어미 소의 새끼에 대한 맹목적인 사랑과 부처님의 중생들에 대한 사랑은 크게 다르다고 말한다. 물론 공통점도 있다. 어머니가 자식을 생각하듯이 부처님도 중생을 불쌍히 여기고 사랑하는 것이다. 《열반경》에서 부처님은 자신의 외아들 라후라를 사랑하듯이 일체중생을 사랑한다는 말을 자주 한다. 부모의 자식에 대한 사랑으로 부처님의 중생에 대한 사랑의 간절함을 나타내고자 하는 것이다.

그러나 어머니의 맹목적인 애정과 부처님의 중생에 대한 넓은 사랑은 다른 점이 많다. 첫째 사랑의 공간적인 범위가 다르다. 어머니는 자기 뱃속으로 난 새끼에 대해서만 우선적으로 관심을 많이 갖는다. 만약 남편의 전 부인이 아기를 낳고 이혼했거나 죽었다고 할 때 전처가 남긴 아이를 자신이 낳은 자식처럼 보살피지 않는다. 설사 그 아이에게 필요한 음식과 옷가지를 잘 제공한다고 하더라도 자기 뱃속으로 난 아이를 향해 솟아나는 그러한 애정은 없다. 만약 후처가 아기를 가질 수 있을 정도로 젊을 경우 대부분 자신의 아기를 갖고 싶어한다. 어머니의 사랑은 아무래도 혈연에게 제한되어 있기 때문이다. 그러나 부처님의 사랑은 일체중생을 향해서 똑같이 일어난다. 모든 중생에 대해서 부처님은 똑같이 연민의 마음을 가지고 있기 때문에 조금도 소홀한 사람이 있을 수가 없다. 모두 자식과 같다. 그래서 부처님은 자신의 아들 라후라를 위하듯이 일체중생을 사랑한다는 말을 하곤 한다.

둘째, 어머니의 사랑은 일정한 상황을 가정해서 자식 하나만을 위하기 때문에 그 사랑이 편벽되고 잘못된 사랑으로 자식의 장래를 그르치게 할 수도 있다. 내 자식이 아무리 귀해도 남과 같이 살아야 한다. 남과 같이 살려면 남을 생각하고 남을 도울 줄 알아야 한다. 그러나 어머니는 자식이 남을 생각하는 것도 좋지만 우선 자기 자신이 잘되기를 바란다. 물론 부처님의 사랑은 여럿이 같이 사는 상황을 가정해서 베풀어진다. 이웃이 다 잘못되더라도 이 사람만 잘되게 하고 보자는 식의 사랑은 아예 처음부터 내지를 않는다.

셋째, 어머니의 사랑이 젖이나 우유 같은 것이라고 한다면 부처님의 사랑은 공기나 물과 같은 것이다. 결혼한 여자라고 해서 누구에게나 젖이 나오지는 않는다. 자기의 아기를 낳았을 때만 젖이 나온다. 그러나 부처님의 사랑은 언제나 우리 주위에 있다. 공기나 물에 비유할 수 있을 것이다. 너무 우리에게 가까이 있고, 우리가 항상 누리고 있기 때문에 그것이 부처님에게서 오는 사랑이라고 느낄 수조차 없다. 물론 부처님의 사랑은 우리에게 진정한 생명과 삶의 의미를 알려 주는 정신적인 것이기 때문일 것이다.

28. 순타에게 주는 무상 설법 (순타품 6)

> 우리는 사형선고를 받아 놓은 상태에 있다. 아무리 사형집행이 연장되더라도 사형수는 결국 죽을 수밖에 없다. 사형수와 차이가 있다면 사형수는 철창 안에 있고 우리는……

부처님이 여러 가지의 광명을 내시고 그 광명이 문수 보살에게 비치니 문수 보살은 그 광명이 바로 부처님께서 열반에 드신다는 뜻임을 알아차린다. 그래서 순타에게 어서 마지막 공양을 올리라고 재촉한다. 순타는 소리를 높여 통곡하면서 부처님께 열반에 들지 말도록 청한다. 그러자 부처님이 이렇게 말씀하신다.

"너무 울어서 마음을 어지럽게 하지 말고, 이 몸이 파초와 같고 아지랑이와 같고 물거품·요술·건달바성·날기와·번갯불 같으며 물에 그림 그리기, 사형수의 마지막 밥상, 다 짜고 남은 베틀, 방앗공이의 오르내림과 같은 줄로 관찰하라. 모든 행법은 독약 섞인 음식과 같으며 하염 있는 법은 걱정이 많음을 관찰하라."

그러자 순타가 부처님에게 이렇게 사뢴다.

"여래께서 세상에 오래 계시지 않으려 하시니, 제가 어떻게 울지 않겠나이까. 안타깝소이다. 안타깝소이다. 세간이 텅 비려 하오니, 바라옵건대 세존이시여, 저희들과 모든 중생을 불쌍히 여기사 오래오래 세상에 머무르시고 열반에 들지 말아 주소서."

부처님께서 다시 순타에게 타이르신다.

"순타여, 너는 그와 같이 '우리를 불쌍히 여겨서 이 세상에 오래 머물라'는 말을 하지 말지어다. 나는 너와 중생들을 가엾이 여기기 때문에 오늘 열반에 들려는 것이니라. 왜냐하면 부처님네가 으레 그렇고 하염 있는 법도 그러하니라. 그러므로 부처님들은 이런 게송을 말씀하였느니라.

하염 있는 법이란
그 성품이 무상하여
나고서는 머물지 않아
없어짐이 낙이니라.

순타여, 너는 지금 이렇게 관찰할지어다. 온갖 행법은 잡란하고, 모든 법은 '나'라고 할 것이 없고 무상하고 머물지 않으며, 이 몸에는 한량없는 걱정이 있어서 마치 물거품 같느니라. 그러니까 너는 울지 말지어다.

《열반경》은 순타가 엉엉 우는 모습을 그린다. 너무 울어서 눈이 부어 있을 것 같기도 하다. 소승《열반경》에서는 수행이 무르익은 사람들은 부처님께서 평소에 가르치신 바를 생각하면서 슬픔을 속으로 삭이고 수행이 부족한 사람들은 가슴을 치고 땅에 뒹굴면서 요란스럽게 울었다고 했다. 여기 대승《열반경》에서도 그 원칙 즉 수행이 된 제자들은 속으로 슬픔을 참고, 수행이 부족한 사람들은 통곡하는 룰이 지켜지고 있다. 부처님께서 순타에게 마지막 공양을 올리도록 허락하기는 했지만, 또 부처님과 문수 보살이 순타가 상당한 불도의 경지에 이르렀다고 칭찬하기는 했지만, 순타는 아직 속가에 있는 신도의 몸이다. 성문 비구도 아니고 보살도 아니다. 그래서《열반경》은 순타에게 마음대로 울 수 있도록 허락하고 있는 것 같다.

부처님에게 열반에 들지 말라고 외치면서 펑펑 울어대는 순타에게 세상의 무상함을 여러 가지 비유를 들어 설명하신다. 이 세상은 파초・아지랑이 · 물거품 · 요술 · 번갯불 · 물에 그린 그림 · 사형수의 마지막 밥상 등과 같이 덧없이 스러지고 사라진다는 것이다.

《금강경》을 많이 읽은 불자들은 《금강경》 가운데 세상 무상을 관하게 하는 게송에 익숙할 것이다. '일체유위법 여몽환포영 여로역여전 응작여시관(一切有爲法 如夢幻泡影 如露亦如電 應作如是觀)' 즉 '속세의 눈으로 보는 모든 것은 꿈 · 환상 · 물거품 · 그림자 · 이슬 · 번개와 같으니. 그 무상함을 관하라'는 것이다. 여기에는 여섯 가지 무상을 나타내는 확실한 비유가 들어 있다. 우리 주변에서 볼 수 있는 것들이므로 꿈이나 물거품이 덧없다는 것은 누구나 쉽게 느낄 수 있다.

《열반경》에서는 《금강경》의 무상게에 나와 있지 않은 비유들이 추가되어 있다. 그런데 옛날 인도에서 만들어진 비유이기 때문에 지금의 한국 사람들에게는 잘 이해가 가지 않는 비유도 있다. 예를 들면 건달바성(犍闥婆城)은 건달바신에 의해서 허공에 환상적으로 만들어진 성이라는 말이지만, 건달바신이나 그 신들이 만드는 조화에 대해서 잘 모르는 사람들에게는 이 비유가 잘 이해되지 않을 것이다. 그러나 파초 · 아지랑이 · 요술 · 물에 그린 그림 · 사형수의 마지막 밥상 등의 비유는 쉽게 공감할 수 있는 것들이다. 이 가운데서도 사형수의 마지막 밥상은 인상적이다. 사형 직전에는 아무리 맛있는 음식을 먹더라도 맛을 느끼지 못할 것이다. 영화에서 사형을 집행하기 전에 간수가 사형수에게 담배 한 대를 피우게 하는 장면을 가끔 본다. 마지막 피우는 담배 맛이 궁금하지만 필자의 짐작으로는 자포자기의 상태에서 그 담배 맛이 기분 좋을 것 같지는 않다.

사형이 집행될 때 사형수에 따라 여러 가지의 반응을 보인다는 말을 들었다. 어떤 사형수는 죽음을 억울하게 생각하는가 하면 또 다른 사형수는 자신이 저지른 잘못을 더욱 깊이 뉘우친다고 한다. 어느 쪽이든지 사형수의 마지막 담배 맛은 생각을 깊게 할지언정 행복하게 만들지는 못할 것이다.

우리 인간은 다 늙고 병들고 죽으므로 모두 사형선고를 받아 놓은 상태다. 우리의 생각으로는 우리가 먹을 밥상의 수가 많은 것처럼 느껴지지만 아무리 사형집행이 연장되더라도 사형수는 결국 죽을 수밖에 없다. 사형수와 우리의 차이가 있다면 사형수는 철창 안에 있고 우리는 철창 밖에 있다는 것이다. 우리가 사형 언도를 받고 있다는 것을 항상 마음에 새긴다면 불도를 닦지 않고는 못 배길 것이다. 진정한 생명을 찾지 못하고 죽음만을 최후로 생각하면서 사는 사람에게는 항상 허무주의가 그림자처럼 따라다니게 될 것이다. 남에게 피해를 주면서 일을 저지르는 사람들에게 나타나는 공통점은 허무주의가 강하게 깃들어 있다는 것이다. 허무주의를 극복하는 길은 오직 《열반경》에서 말하는 법신상주와 실유불성을 체달하고 실천하는 것뿐이겠다.

다시 부처님이 순타에게 주는 인생무상의 비유를 정리해 보자. 《금강경》의 비유까지 합쳐서 우리가 쉽게 공감할 수 있는 것들을 모아 본다면 이렇다. 꿈·환상·물거품·그림자·이슬·번개·파초·아지랑이·요술·물에 그린 그림·사형수의 마지막 밥상 등이다. 방앗공이의 오르내림이나 다 짜고 남은 베틀 같은 것도 있지만, 앞에서 든 열 가지 비유만 가지고도 우리가 인생의 무상함을 느끼는 데는 부족함이 없을 것이다.

부처님은 또 이 세상이 독약 섞인 음식과 같다고 하신다. 세상을 살다 보면 독약을 먹은 듯이 취해서 부질없는 것에 매달리고 집착하게 된다는 말이다. 이 세상에 있는 독은 보통 다섯 가지로 나뉜다. 다섯 가지 독이라는 말이 별도로 있는 것은 아니고, 오욕락(五欲樂)을 오독(五毒)이라고 하는 것이다. 재물·색·음식·명예·안락이다. 물론 이 다섯 가지 자체가 나쁜 것은 아니지만 여기에는 독성이 있어서 보통 사람을 취하게 한다는 말이다.

돈만 아는 사람을 비방할 때 '돈독이 올랐다'는 말을 많이 쓴다. 이말은 나에게 잘 베풀어 주지 않는 사람이나 돈을 빌려 달라고 부탁했을 때 돈을 가지고 있으면서도 빌려 주지 않는 사람에게 하는 욕이다. 사람은 누구나를 막론하고 재물에 약하다. 젊었을 때는 돈을 모르고 돈에 대해서 아무런 욕심을 가지고 있지 않던 사람도 결혼을 하고 아이들이 있으면 돈은 많을수록 좋다고 생각하는 경우가 있다. 또 돈을 모르는 젊은이가 한 여자와 결혼하고자 하는데 돈이 없다는 이유로 여자 집에서 박대를 받았을 경우 돈독이 오르게 된다. 어디 돈독만 있겠는가. 사랑의 독, 권력의 독, 명예의 독, 안락의 독도 있다. 끊임없이 애무해 주는 사람이 없으면 허전해서 못사는 이, 권력을 잡기 위해서 혈안이 되어 있는 이, 안락하지 않으면 안정을 잃는 이, 이런 사람들이 다 오욕락의 독에 취한 사람들이 아니고 무엇이겠는가.

부처님은 중생들을 위하기 때문에 열반에 든다고 하신다. 나고 죽는 법을 지워야만 그곳에 무위(無爲)의 즐거움이 있기 때문에 중생들에게 모범을 보이기 위해서라도 육신의 죽음을 보여야 한다는 것이다. 만약 부처님이라고 해서 육신을 계속해서 보존하면 세상의 독을 먹고 사는 중생들은 생사를 벗어나려고 하기보다는 물질로 된 몸을 계속해서 보존하는 것이 부처인 줄로 잘못 받아들일 염려가 있기 때문이다. 그래서 과거의 모든 부처님들이 으레 열반에 드는 모습을 보였고 부처님 자신도 그 예를 따른다는 것이다.

순타는 부처님이 열반에 드는 이유를 듣고 기쁨과 슬픔을 교차해서 느낀다. 중생을 위해서 겉으로는 무상의 법칙에 순응하는 모습을 보이지만 실제로는 오고 감이 없이 항상 우리 속에 계시다는 것을 생각하면 기쁘나 막상 부처님과 헤어질 것을 생각하면 슬프다.

순타는 자신의 경계가 부처님이 열반에 드심과 오고 감이 없음을 확실히 알 수 있는 경계까지 이르지 못했다고 실토한다. 많은 대중들이 슬픔 속에서 오열하는 가운데 문수 보살과 순타는 물러나 부처님과 대중의 공양을 준비하는 것으로 〈순타품〉은 끝난다.

29. 북한에서 만든 팔만대장경 해제 소개

> 우리 나라의 예술품으로서 세계 어느 나라, 어느 시대의 문화재와 비교해도 손색이 없는 작품은 아마도 팔만대장경과 석굴암 부처님일 것이다. 우리 민족의 마음이 모아지려면……

 팔만대장경과 남북한에서 행해지고 있는 이 대장경의 번역과 해제 작업을 소개하고자 한다. 당초의 뜻은 북한에서 출판한 팔만대장경 해제 가운데에 36권본 남본 《대반열반경》의 해제를 소개하려 했지만 그러자면 팔만대장경에 대해서 알아야 할 것 같아서 먼저 팔만대장경에 대해서 살피려고 한다.
 우리 나라는 지형적으로 큰 나라에 인접해 있다. 그래서 예로부터 이웃 나라들의 침략을 많이 받아 왔다. 특히 고려시대에 이르러 우리 선조들은 이웃 나라의 침공을 막는 데 군사적인 힘만이 아니라 부처님의 가피를 빌려서 나라를 보호해야겠다고 생각하게 되었다. 그래서 부처님의 위신력으로 나라를 보호하고 국난을 타개하기 위하여 두 차례에 걸쳐 불경과 장소(章疏)를 모아 대장경을 새기고 간행하였다. 고려 때 만들어졌기 때문에 팔만대장경은 고려대장경이라고도 부른다.
 먼저 제1차 초조대장경(初雕大藏經)과 속장경(續藏經)을 보자. 첫 번째의 대장경은 고려 현종 2년(1011)부터 선종 4년(1087)까지 77년에 걸쳐서 만들어진다. 송나라의 대장경과 또 이전부터 전해져 오던 국내본 등을 기본으로 해서 6천여 권을 만들었지만 몽고의 침입을 받아 고종 19년(1232)에 대구 부인사(符仁寺)에서 아깝게도 소실되었다.

첫번째 대장경에 이어서 속장경도 만들었다. 문종의 넷째 왕자인 대각 국사 의천이 송나라에서 각종 장소(章疏) 3천여 권을 모아 속장경 4,740여 권을 만들었지만 다시 몽고군의 병화로 소실되었다. 참 안타까운 일이었다.

그러나 우리 나라 국민성에는 끈기라는 것이 있지 않은가. 몽고군이 불질러 버린 데 굴하지 않고 다시 제2차 팔만대장경을 조성할 계획을 세운다. 고려는 몽고의 침입으로 수도를 강화도로 옮기게 되었는데, 이때 조정에서는 부처님의 가피로 외적을 물리치고 나라를 지키고자 했다. 그래서 고종 23년(1236)부터 38년(1251)까지 16년 간에 걸쳐서 1,511부 6,802권 81,258판을 만들었다. 고려 때 두번째로 만들어진 이 대장경을 팔만대장경이라고 하는 이유는 경판의 장수가 8만여 장이 되기 때문이었다. 하나의 경판을 앞뒤로 찍을 수 있기 때문에 실제 페이지 수는 그 배가 되겠다.

이 대장경은 처음에는 강화에 경판각(經板閣)을 짓고 봉안하였다가 다시 강화 복원사(福源寺)로 이전된다. 그 후 조선 태조 7년(1398) 서울의 지천사(支天寺)에 잠시 모셔졌다가 다시 해인사에 현재와 같이 모셔지게 되었다.

중국에는 고려 이전에도 대장경들이 있었다. 그러나 그 모든 대장경들 가운데서도 우리 나라 팔만대장경이 가장 잘 만들어졌다. 이 대장경은 여러 가지의 불서 목록을 참조해서 만들었기 때문에 중국에서 만들어진 어느 대장경보다도 탈자(脫字)나 오자(誤字)가 없다. 그 옛날에 만들어진 대장경에 탈자나 오자가 없다는 것에서 조성할 때에 얼마나 간절한 정성을 쏟았을까를 짐작할 수 있다. 글자를 새기는 사람들은 글자 한 자를 쓰고 새길 때마다 절을 했다고 한다.

팔만대장경의 인쇄술과 출판 문화는 지금도 세계인이 놀랄 정도로 높은 수준에 달해 있다. 팔만대장경은 현재 대장경판 가운데서 가장 오래 된 것이다.

이 대장경의 재목은 거제도와 제주도에 있는 자작나무를 썼다고 한다. 그런데 자작나무를 가져다가 그냥 글씨를 새긴 것이 아니라 좀먹거나 썩지 않도록 하기 위해서 바닷물에 절여 말린 다음 각 판마다 뒤틀리지 않게 하기 위해 두 끝에다 각목(角木)을 붙였다. 그렇지 않으면 뒤틀려서 판을 찍어 낼 수 없기 때문이다. 각 판의 네 귀퉁이는 구리로 장식하고 전면에는 칠을 발랐다. 각 경판의 한 끝에 경의 이름, 권수, 장수를 천자문 순서로 새겨서 표시했다. 팔만대장경은 불경판이면서 동시에 그 자체로 아름다운 예술작품이다.

　우리 나라의 예술품으로서 세계 어느 나라, 어느 시대의 문화재와 비교해도 손색이 없는 작품은 아마도 팔만대장경과 석굴암 부처님일 것이다. 그래서 우리 민족의 마음을 모으려면 우리 민족이 가장 자랑스러워하는 것을 귀하게 여기고 그 민족문화를 계승 발전시키는 데서부터 출발해야 할 것이다. 한국과 북한에서는 각기 팔만대장경에 대해서 관심을 갖고 내용을 번역하거나 해제를 만들어 왔다.

　먼저 한국에서 한 일은 대장경의 영인본을 출판하고 그것을 번역하는 사업이었다. 동국대학교에서는 이선근 총장 당시 고려대장경 영인본을 만들었다. 이 영인본이 만들어지게 된 데는 당시 박정희 대통령의 팔만대장경에 대한 관심이 크게 작용했다고 한다. 박 대통령은 항상 우리의 민족혼을 생각하였고 불교를 떠나서 민족혼을 찾을 수 없다고 생각하였다. 박 대통령 때 이후로 현재의 사찰들이 국가의 문화재 보호 정책에 따라서 많이 보수되고 복원되었다. 그러나 민족혼에 관심이 없고, 서양 종교 세력의 눈치를 보기에 급급한 이들은 사찰의 성보(聖寶)를 문화재라는 이름으로 묶어 놓기만 하고 그 문화재를 낳아온 불교를 종교로서 발전시키는 데는 관심을 두지 않고 있다.

　팔만대장경을 한글화하는 작업도 박 대통령 때에 동국역경원에 국비를 지급해서 시작되었다. 그러나 민족의 긍지와 혼을 지키는 일보다는 서양 종교의 투정에 신경을 더 많이 쓰는 사람들이 정권을 잡은 이

후 팔만대장경 한글화 사업을 위한 국비가 끊어져 버렸다. 서양 종교를 믿는 이들이 왜 특정 종교의 성전을 번역하는 데 국가가 돈을 내야 하느냐고 항의했기 때문이라고 한다. 그런데 다행스럽게도 금년부터 정부에서 방침을 바꾸어서 팔만대장경 한글화 작업에 국비를 지급하기로 했다고 한다. 그러나 그 액수는 너무도 적어 적극적으로 번역을 하기에는 힘이 부친다고 동국역경원 관계자들은 걱정하고 있다.

최근에 해인사의 장경연구소에서는 팔만대장경을 전산화하기 위해서 애쓰고 있다. 그 노력의 일환으로 세계전자불전회의를 개최한 바 있다. 그러나 대장경 전산화도 한 사찰의 연구소에서 해내기에는 너무 벅찬 일이다. 민족문화를 전승하는 차원에서 국가적인 일로 추진되어야 할 것이다.

한국에서 민족공동의 보배인 팔만대장경의 영인본이 출판되고, 또 그것을 한글화하는 한글대장경 번역 사업이 진행되자 북한에서도 시샘이 생긴 듯하다. 우리 민족의 자주성을 선전해 온 그들이 남한보다 민족의 긍지와 혼을 지키는 사업에 뒤졌기 때문이다. 그래서 북한에서는 고전 번역사업을 위한 한문학자들을 양성해서 팔만대장경 해제를 출판하게 되었다.

북한은 처음에 25권으로 해제본을 만들었는데 관리의 편의를 위해서 다시 15권으로 줄여서 모았다. 남한에서는 북한본을 수입하기 위해서 법타 스님이 애를 썼다. 북한은 처음에 법타 스님과 대장경 해제본을 남한에 주기로 계약을 했지만 더 많은 돈을 주겠다는 한 캐나다 교포 사업가의 제의를 받고 일방적으로 법타 스님과의 계약을 파기해 버렸다.

교포사업가는 한국에 2천만의 불교도가 있으니 한 집에서 한 질씩만 구입하더라도 큰 돈을 벌 수 있을 것이라고 계산했던 듯하다. 그러나 한국의 불교도들은 값비싼 해제본에 관심이 없었다. 그러자 그 사업가는 북한과 맺은 계약을 취소하려 했고 당황한 북한은 다시 법타 스님과 해제본 보급을 위한 재계약을 맺으려고 했다. 그러나 이미 이 대장경 해제본의 해적판이 남한에 나돌기 시작했다. 남한의 더 좋은 종이에 더 좋은 인쇄술로 해제본이 복사돼서 나오기 때문에 질 낮은 종이와 장정으로 비싼 값이 매겨진 북한 원본이 팔릴 리가 없었다. 북한은 꿀 먹은 벙어리 냉가슴 앓는 신세가 되었다. 자기들이 일방적으로 계약을 파기한 잘못을 알기 때문에 항의할 수도 없게 되고 만 것이다.

북한판 팔만대장경 해제에는 36권 남본《대반열반경》이 있는데 그 내용의 문제점을 잠깐 살피도록 하자.

첫째, 공산주의자들은 팔만대장경의 조성 정신 자체를 무의미한 것으로 깎아 내린다. 대장경 조성 불사를 부처님의 보호를 받는다는 미명하에 막대한 물자와 노력을 낭비한 일로 생각하고 있다. 부처님의 가르침을 중심으로 뭉쳤던 민족혼을 무시하고 있는 것이다.

둘째, 이 경을 해제하겠다고 나선 사람들이 불교나 불경에 대한 신앙심은 고사하고 존경심마저도 없다는 것이다. 우선 부처님에 대한 용어와 수식 동사는 찾아볼 수가 없다. 북한 사람들은 부처님을 반드시 '부처'라고 부른다. 따라서 '부처님께서 무엇 무엇 하셨다'고 해야 할 표현을 '부처가 무엇 무엇 했다'로 적고 있다.

셋째, 부처님을 부처라고 부르는 사람들이 부처님의 몸이 이 세계에 항상 머무르신다는 불신상주(佛身常住)나 모든 중생에게 불성이 있다는 실유불성(悉有佛性) 사상 등을 받아들일 리가 없다.

넷째, 경에 대해서 해제를 만드는 일은 한문 지식만으로 되는 것이 아니라는 것이다. 불교교리 전반에 대한 지식이 있어야 한다. 그러나 해제를 만든 이들은 그러한 지식이 없는 것 같다. 그래서《열반경》에 대한 아주 기초적인 내용과 이야기의 줄거리만 언급하고 있다.

그러나 다른 한편으로 경전 공부를 하는 독자들은 이처럼 전문가가 아닌 일반적인 입장에서《열반경》을 보는 태도에서 도움을 받을 수도 있다. 왜냐하면 전문가의 설명은 너무 깊이 들어가기 때문에 어려울 수도 있고 신앙심이 너무 강하게 나타나는 해석은 도리어 부담이 될 수도 있기 때문이다.

30. 중생의 고통은 여래의 슬픔 (애탄품 1)

> 흉악범죄 발생의 큰 요인 중의 하나가 나만 잘살면 되고 다른 사람은 아무래도 좋다는 풍조에 있다. 그래서 다른 이가 행복하지 않은 한 혼자서 행복할 수 없다는 부처님의……

중생의 고통은 부처님의 슬픔이다. 하늘·용·건달바신·아수라 등은 울면서 부처님에게 열반에 들지 마시라고 매달리며 그냥 울기만 하는 것이 아니라 부처님이 열반에 드는 일이 부당하다는 것을 세 가지 비유를 들어 이야기한다.

첫째, 부처님이 중생을 버리고 열반에 드시는 것은 임금이 왕자들에게 기술을 잘 가르쳐 놓고 버림으로써 왕자들을 천민으로 만드는 것과 같다는 것이다. 둘째, 어떤 이가 논리를 배우고 그 논리를 스스로 무서워하는 것과 같이 부처님도 법을 깨달으시고 그 법을 스스로 무서워하는 것과 같다는 것이다. 그러니 계속 머무르시면서 법을 설해 주셔야 한다는 말이다. 셋째, 어떤 이가 잘살게 되는 법을 배우고서 감옥에 갇히게 되었을 때 스스로 생각하기를 '여기 감옥만 벗어나면 안락을 누리게 되리라.' 하듯이 부처님도 중생을 위하여 괴로운 행을 닦았으므로 중생을 다 구제한 다음에야 편안하게 될 터인데 어째서 아직도 고통받는 중생을 두고 열반에 드시느냐는 것이다. 즉 수행해서 정각을 이루는 것은 출세하고 잘 살게 되는 길을 터득한 것과 같고 중생들이 아직 괴로움 속에 있는 것은 일이 잘못 풀려서 임시로 감옥에 갇힌 것과 같다. 그리고 중생들의 고통을 구제하는 것은 감옥에서 나오는 것과 같은데 왜 중생을 구제하는 일을 마치지 않고 열반에 드시려 하느냐고 애원하는 것이다.

　첫번째 왕자들에게 기술을 잘 가르쳐 놓고 왕자들을 버리는 것과 같다는 비유는 부처님께서 제자들에게 깨달음을 얻는 길을 가르쳐 주고 모든 제자들이 그 가르침대로 실천해서 결실을 얻기 전에 열반에 드는 것을 지적한 것이다. 부처님의 제자 가운데는 높은 경지에 오른 이들도 많겠지만 모든 제자들이 다 그 같은 경지에 이른 것은 아니다. 더욱이 이 세상에 있는 모든 중생들을 들먹거린다면, 무수히 많은 사람들이 아직 부처님의 인도를 필요로 하고 있다.

　이 세상에서는 각 연줄에 따라서 이끌어 주고 밀어 준다. 학연·지연·인맥 등은 없어져야 하지만 현실적으로 그렇지 못하다. 가령 같은 학교 내에서도 지도교수가 누구냐에 따라서 인맥이 달라진다. 지도교수는 각기 자기의 제자를 잘 가르치고 이끌어 주고 싶어한다. 직장에서도 자기 학교나 자기 동향의 후배가 있을 경우 사람들은 보통 자기의 인연에 관심을 많이 갖게 마련이다. 무예를 가르치는 스승들도 자신의 제자가 다른 스승의 제자와 대결하여 지는 것을 좋아하지 않는다. 자신의 제자가 뛰어나기를 바란다. 절집도 다를 바가 없다. 큰스님네는 각기 제자들을 높은 도의 경지로 이끌고자 한다. 내 제자를 보다 훌륭하게 키우고 싶어한다.

　부처님은 어떤 특정한 사람들만을 애제자로 키우려는 분이 아니다. 모든 사람들을 깨달음으로 인도하고자 할 뿐이다. 모든 중생은 부처님의 사도와 마찬가지이다. 그런데 부처님이 그들을 다 보살피지 않고 열반에 드는 것은 스승과 제자 간의 상식적인 관계를 저버리는 것이 아니냐고 열반 터의 천왕들은 조심스럽게 부처님께 호소하고 있다.

　두번째 비유는 누구나 이길 수 있는 무서운 논리를 배운 이가 스스로 자기가 배운 논리를 무서워하듯이, 부처님께서 영원한 생명을 깨달으시고 열반에 들려고 하는 것은 자신의 깨달음을 감당하지 못할까 두려워서 도망치려는 것이 아니냐고 따지는 것이다. 세상에서는 무서운 법을 만든 사람은 자기가 만든 법에 당할 확률이 많다고 한다. 가령 사형제도를 만든 사람은 그 제도에 의해서 자기가 사형을 당할 확률이 많고, 무서운 정보부를 만든 사람은 자신이 그 기관에 의해서 당할 확률이 많다는 것이다. 다른 사람을 꼼짝못하게 할 논리를 개발한 사람은 자기가 그 논리에 의해서 당할 확률이 많다고 한다. 인연에 의해서 생겨나고 인연에 의해서 소멸하는 인연법과 무상법을 터득한 부처님도 그 무상법의 원칙에 따라서 이 세상을 하직해야 하는 것이 아니냐는 물음이다.

세번째 비유는 사람이 세상의 부귀영화를 다 누릴 수 있는 직장의 시험에 합격하거나 높은 직위에 오르거나 잘 나가는 회사를 인수받았는데, 사소한 일로 감옥에 가게 되었다. 감옥에서 나오기만 하면 좋은 일만 앞에 놓여 있어 현재 그 사람에게는 감옥에서 나오는 일만이 중요하다. 부처님에게는 영원히 행복할 수 있는 비결이 있다. 그런데 부처님은 혼자서 행복할 수가 없다. 모든 중생과 같이 행복하지 않으면 자신이 가진 행복의 비결은 아무 쓸모가 없다. 다만 부처님이 행복할 수 있는 비결은 모든 중생에게 그 비결을 전달해서 모든 중생과 함께 행복해지는 즉 부귀영화를 누릴 수 있는 사람이 감옥에서 일단 나와야 하는 처지와 같다는 것이다.

여기서 열반 장소에 있는 천왕들은 울면서 세 가지의 비유를 들었지만 부처님을 비방하거나 부처님을 궁지로 몰아넣자고 하는 뜻이 아니다. 이렇게 부처님께 말하는 사람은 보살이나 비구제자가 아니다. 깨달음이 낮은 단계에 있는 하늘의 임금들이다. 《열반경》은 도가 높을수록 부처님의 열반을 그대로 받아들이는 태도를 가지게 하고, 도가 낮을수록 격하게 슬퍼하는 태도를 취하게 한다. 부처님에게 비유를 들어 가면서까지 따지기는 하지만 이 세 가지 비유가 모두 부처님의 위대함을 전제로 해서 열반에 들지 말아 주십사는 부탁을 하고 있다.

첫째 임금이 왕자들에게 기술을 가르쳐 주고 버린다는 비유는 부처님이 중생들에게 참다운 삶을 향한 가르침을 주었고 제자들은 그것을 받았다는 것을 나타내고 있다. 부처님이 제자들을 가르치지 않았다거나 잘못 가르쳤다고 항의하는 것이 아니다. 둘째 논리를 배운 사람이 자기가 배운 논리를 스스로 무서워한다는 비유도, 부처님이 나고 죽는 무상법을 초탈하는 법을 터득했다는 것을 전제로 하고 있다. 영원한 목숨인 법신을 깨달아서 그 법신자리에 살기 위해서 인위적으로 태어나고 죽는 법을 뒤집지 않는다는 것을 은근히 나타내고 있다. 셋째 잘 살게 될 사람이 당장 감옥에서 나와야 한다는 비유도 중생들이 고통을 받고 있는 한 부처님 혼자서 안락할 수 없다는 것을 나타내고 있다. 그러니 이 비유도 부처님의 위대성을 전제로 해서 열반에 들지 말고 이 세상에 오래 머물러 주십사고 부탁하는 것이다.

　천왕들이 든 세 가지의 비유들은 모두 중생들의 고통이 남아 있는 한 부처님이 편안하지 않다는 구절로 집약될 수 있다. 부처님은 행복할 수 있지만 중생들과 같이 행복하지 않고는 혼자서 행복할 수 없다는 정신이 대단히 귀중하게 여겨진다.

　보통 사람들은 나 혼자만 잘되면 행복할 수 있을 것으로 생각한다. 나 혼자 출세하고, 나 혼자 돈을 많이 벌면 행복이 넘칠 것으로 생각하지만 그렇지 않다. 왜냐하면 인간은 남과 비교해서 자신을 높이고 싶은 마음도 있지만 남은 어려운데 나만 혼자 높으면 불안해 하는 마음이 있다. 그 불안을 모르는 체하고 덮어 둔다고 하더라도 혼자서 높은 자리를 지키자면 신경이 많이 쓰인다. 또 불안감과 신경 쓰이는 것을 극복한다고 하더라도 나보다 너무 현격하게 못사는 사람들이 나에게 도전하게 된다.

　미국 사람들은 처음에 농사를 짓기 위해서 아프리카로부터 흑인들을 노예로 데리고 왔다. 오랫동안 노예로 부리면서 흑인도 백인과 똑같은 사람이라는 것을 깨닫기 시작했다. 미국의 남북 전쟁이 일어난 데는 흑인을 노예로부터 해방시키는 문제가 한 요인이 되었다. 북군의 승리로 흑인들은 노예에서 해방되었지만 그것은 오직 정치적인 선언에 불과했다. 남부에서는 여전히 흑인에 대한 차별이 심했다. 교육을 받지 못하고 차별대우를 받는 흑인들에 의한 범죄가 심해졌다. 못사는 사람들의 범죄 문제는 인종 문제의 차원을 넘어섰다. 그래서 최근에는 백인들이 정책을 바꾸었다. 흑인들에게도 교육을 시키고 흑인들이 잘 살도록 돕는 것이다. 그래야 범죄가 줄어들고 백인들도 편안하게 살 수 있다는 것을 깨달은 것이다. 근래에 한국에서도 흉악범죄가 많이 발생한다. 그 같은 흉악범죄 발생의 큰 요인 중의 하나가 나만 잘살면 되고, 다른 사람은 아무래도 좋다는 풍조에 있다. 따라서 부처님의 원력 즉 다른 이가 행복하지 않은 한 내가 행복할 수 없다는 다짐을 본받아야 한다.

31. 차별을 두고 전수하는 약방문(애탄품 2)

> 드라마의 남자 주인공은 처음부터 작가의 마음속에서 죽게 되어 있었다. 죽어야만 시청자들의 가슴에는 아쉬움이 더욱 진하게 남고 작가는 그 작품을 마무리하기가……

천왕과 용들은 계속해서 부처님께 열반에 들지 마시라고 만류한다. 이미 깨달음을 얻은 사람과 얻지 못한 사람을 차별하는 것과 같다고 말한다. 천왕이 드는 비유와 부처님의 답변 장면을 보도록 하자.

세존이시여, 마치 어떤 의사가 약과 방문을 잘 알고서 비밀한 방문은 그 아들에게만 가르쳐 주고, 다른 데서 온 제자들에게는 가르쳐 주지 아니하듯이, 여래도 그러하여 깊고 깊은 비밀한 법장은 문수사리에게만 가르치시고 우리들은 버려 두시고 불쌍히 여기지 않으시나이까. 여래께서는 법에 대하여 감추심이 없을 것이옵니다. 의사가 그 아들에게만 가르치고 밖에서 온 다른 제자에게는 가르치지 않는 것은 낫고 못하다는 관념이 있어 널리 가르치지 못하므로 아끼는 것이오나, 여래의 마음에는 낫고 못한 것이 없을 것이어늘 어찌하여 이같이 가르치지 않으시나이까. 바라옵건대 오래도록 세상에 머무르시고 열반에 들지 마시옵소서.

천왕들은 부처님의 열반이 야속하기만 하다. 부처님이 자신들과 보살들을 차별하는 것처럼 느껴진다. 그래서 차별대우하는 의사의 비유를 든다.

비밀리에 전해 내려온 비법을 가지고 있는 의사가 있다. 그가 많은 사람들을 치료할 때, 그 비법으로 치료되지 않는 병이 없다. 그 비법을 배우는 이는 명성과 돈을 한꺼번에 얻는 것과 다를 바 없다. 그 의사는 제자들을 많이 두었는데 자기 아들도 제자들 가운데 포함되어 있었다. 의사가 진실한 스승이라면 비법을 제자들에게 골고루 전해 주어야 할 것이다. 그러나 의사는 비법을 오직 자기의 아들에게만 전해 주어서 아들만 명의가 되게 키운다. 다른 제자들은 헛공부를 한 셈이 된다. 마찬가지로 지금 열반에 들려고 하시는 부처님이 문수 보살 같은 분에게는 부처님께서 깨달은 영원한 생명의 비밀법을 전하고, 다른 이들에게는 전하지 않았다는 것이다. 부처님은 일체 중생에 대해서 차별이 없어야 할 터인데 어찌 차별을 두느냐는 말이다.

이처럼 병을 치료하는 비법을 자기 아들에게만 전해 주는 비유를 들면서 부처님이 차별하고 있다고 호소하는 이는 아직 깨달음을 얻지 못한 천왕들이다. 보통 사람 생각에 비법을 평등하게 전해 주지 않는 것이 아닌가 하고 생각하는 것은 있을 수 있는 일이다. 왜냐하면 어렵게 얻은 비법은 아무에게나 전해 주지 않기 때문이다.

신도 중에 복어요리 장사를 하는 이가 있다. 그 신도는 주방장을 두고 식당을 운영한다. 그런데 수년 동안을 한 식당에서 같이 살아도 주방장은 복 다루는 법을 식당 주인에게 알려 주지 않는다고 한다. 복을 잘못 다루어서 음식을 만들면 그것을 먹은 사람이 죽기 때문에, 복을 다룰 줄 아는 사람만이 요리해야 한다는 것이다. 우리는 20년 동안 복을 다루던 주방장이 복 요리를 먹고 죽었다는 신문보도를 본 적도 있다. 그런데 식당 주인이 혹시 일이 있어서 주방에 들어가면 복을 다루던 주방장이 칼을 도마에 척 꽂아 놓고 주방에서 나가 버린다고 한다. 식당주인에게 요리법을 설명해 주기는커녕 요리하는 것을 보여 주기도 싫어한다는 것이다.

지금은 학교에서도 국악을 배우지만 옛날의 창 스승들은 제자들을 가르칠 때 다 가르쳐 줘도 제자가 필요한 한두 가지만은 가르쳐 주지 않고 남겨 둔다고 한다. 스승의 말로는 창을 배워서 싸구려 장사를 할 수 있는 것을 가르쳐 주면 제자가 창을 다 배우기 전에 잘 부르지도 못하는 노래를 팔아 먹는 길로 잘못 빠지기 때문이라는 것이다. 제자가 창을 사랑하고 창을 위해 일생을 걸고 창을 전공할 자질이 있다고 확신할 때까지는 스승은 제자에게 모든 것을 다 가르쳐 주지 않는다는 것이다.

지금은 옛날처럼 손으로 만지는 수공시대가 아니고 모든 것을 기계로 처리하기 때문에 스승이 가진 비법을 제자에게 물려주는 일이 별 의미가 없게 되었지만, 아무리 시대가 바뀌더라도 스승이 제자에게 넘겨주는 비법이나 그와 유사한 것은 반드시 있을 것이다. 스승으로부터 성공하는 비법을 물려받으려면 자질과 성실성으로 자신이 그 분야의 재목이라는 확신을 심어 주어야 할 것이다.

천왕들이 부처님에게 차별대우를 한다고 비유를 들어 항의를 하기는 했지만 참으로 차별한다고 생각해서 그렇게 말한 것은 아니다. 자기들이 지금 당장 부처님의 법을 깨달을 자질이 못되는 것을 인정하고 장래에 법을 전해 받으려면 부처님이 열반에 들지 말고 계속 사셔야 한다는 뜻이다.

천왕들이 열반에 들지 말라는 만류에도 불구하고 부처님은 이렇게 말씀하신다.

"너희들 비구여, 다른 범부나 천상 세간 사람들처럼 근심하며 울지 말고 부지런히 정진하여 마음을 바른 생각에 매어 둘지어다."

비구들은 범부나 천상 인간들처럼 울어서는 안 되고 부지런히 수행에 전념하면서 항상 바른 생각만 가지라는 말씀이다. 여기서도 《열반경》은 슬픔을 소화하는 태도에 있어서 공부가 높은 비구와 일반 대중 사이에 차이를 둔다. 비구들에게 다른 천상 인간처럼 속스럽게 울지 말라고 말하고 있기 때문이다. 그리고 수행자들의 우선적인 관심은 자신의 수행정진과 마음이 흐트러지지 않게 하는 것이다.

부처님은 비구들을 향해서 울지 말라고 말씀하셨지만 천왕들은 그 말이 자기들에게도 해당된다는 것을 알아차린다. 그래서 크게 울지도 못하고 아들을 먼저 저승으로 보낸 사람이 장사를 치르고 나서 울음을 참는 것처럼 슬픔을 삼킨다. 세상에서 가장 슬픈 일이 자식을 먼저 보내는 것이라고 한다. 그러나 부모의 슬픔은 너무 크기 때문에 큰소리가 나오지 않는다. 그러나 자식을 생각나게 하는 사건이나 이야기가 있으면 순식간에 눈물을 글썽이게 된다. 필자는 절집에 있으면서 아들이나 딸을 먼저 보낸 부모들을 많이 보아 왔다. 그래서 자식을 먼저 보낸 부모의 슬픔이 어떻게 나타나는가를 잘 알고 있다.

부처님은 슬픔을 참는 제자들에게 이렇게 게송으로 말씀하신다.

너희들은 마음을 활짝 풀고서
그렇게 수심하고 괴로워 말라.
부처님의 모든 법이 그런 것이니
그러므로 마땅히 잠잠하여라.

방일하지 않는 행을 좋아하면서
마음을 잘 지키고 바로 생각하여
잘못된 모든 법을 멀리 여의면
저절로 즐거움을 받게 되리라.

죽음이라고 하는 것은 누구나 맞아야 할 법이고 또한 부처님의 법이기도 한 것이니 슬퍼하지 말고 마음을 풀라고 말씀하신다. 문제는 방일하지 않고 마음을 지키며 잘못을 멀리하는 일이라는 것이다.

지난달에 '서울의 달'이라는 드라마가 끝을 맺었다. 이 드라마는 시청률이 계속 40% 이상이 될 정도로 인기를 누렸다고 한다. 서울의 달이 인기를 누렸던 주된 이유는 서울의 달동네 사람들이 가난한 가운데서도 아기자기한 삶을 누리는 면을 그렸고, 배우들이 각기 연기를 잘했기 때문이라고 한다. 주인공은 가정 형편이 어려워서 중학교밖에 졸업하지 못하고 상경해서 제비족으로 살다가 여자의 마음을 상하게 한 인과응보로 여자 때문에 죽는다는 줄거리로 되어 있다. 극은 제비족 청년과 달동네의 처녀가 서로 사랑하는 사이로 진행되지만 두 사람의 환경은 두 사람을 자꾸 떨어지게 만든다. 시청자들은 제비족을 미워하면서도 그 제비족이 과거를 청산하고 주인공 여자와 결합하기를 바란다. 그러나 작가는 처음부터 제비족을 죽이기로 했기 때문에 드라마는 시청자들의 바람과는 달리 여주인공과 제비족의 비극으로 끝난다. 남자 주인공은 처음부터 작가의 마음속에서 죽게 되어 있었다. 남자 주인공이 죽지 않으면 주체성이 살지 못하기 때문이다. 주인공이 죽어야만 시청자들의 가슴에는 아쉬움이 더욱 진하게 남고 극의 뒷마무리를 하기가 편리했기 때문일 것이다.

여기 《열반경》에서도 부처님은 '부처님의 모든 법이 그러하니 잠잠하라'고 말씀하신다. 모든 인간이 태어나기 전부터 죽도록 짜여져 있는 것처럼 부처님도 마찬가지로 열반에 들도록 짜여져 있다는 것이다. 죽도록 되어 있다는 말이 숙명론을 의미하는 것은 아니다. 숙명론은 인간의 의사와 관계없이 삶과 죽음이 진행되는 것을 말하고, 여기서의 죽음이란 모든 인간이 반드시 보여 주어야 하는 법칙이라는 뜻이다. 앞에 소개한 드라마에서 남자 주인공이 죽지 않으면 그 드라마가 생명력을 잃는 것처럼 부처님께서 열반에 들지 않으신다면 부처님을 중심으로 한 이 세계의 드라마는 생명력을 잃는다는 말이다.

앞에서 천왕들은 부처님이 문수 보살과 자기들 사이에 차별을 두어서 문수 보살에게는 깨달음의 비법을 전해 주고 자기들에게는 전해 주지 않은 채 열반에 드신다고 하였지만 부처님이야말로 참으로 차별을 보이지 않으셨다. 왜냐하면 자기 자신까지도 모든 중생들과 마찬가지로 열반이라는 죽음을 보이기 때문이다. 부처님은 자기 자신을 불로

장생하는 사람으로 미화하려고 하지 않는다. 진정한 삶은 이 몸의 살고 죽음에 있는 것이 아니라 방일하지 않고 수행에 집중하는 데 있기 때문이다.

32. 만나기 어려운 것 (애탄품 3)

> 열반에 들려는 부처님에게 천왕들은 법신에 대해서 묻지 않고 열반에 들지 말라는 부탁만 드린다. 부처님은 답답하다. 영원한 만남의 장소는 외면하고 바로 헤어져야 하는……

사람의 몸을 받고 부처님을 만나는 것은 얼마나 어려운 것인가. 앞에서 부처님이 열반에 들 것이니 물을 것이 있으면 물으라고 하니 천왕들이 부처님의 법신에 대해서는 묻지 아니하고 열반에 들지 말라는 부탁만 드렸다. 부처님은 그렇게 슬퍼하지 말고 수행에 전념하라고 말씀하시면서 만나기 어려운 것에 대해서 설하신다.

내 마땅히 묻는 대로 대답하여 줄 것이며 또는 너희에게 먼저 감로 같은 법을 말하고 그런 뒤에 열반에 들리라.
모든 비구들이여, 부처님이 세상에 나기 어려운 것이고 사람 되기도 어려우며, 부처님을 만나 믿는 마음을 내기는 더욱 어렵고, 어려운 일을 참기가 또 어려우며, 계행을 빠짐 없이 성취하고 아라한과를 얻기는 더구나 어려운 것이어서 금싸라기나 우담바라를 구하기와 같은 것이어늘 너희들 모든 비구들이 여덟 가지 어려운 것을 여의고 사람의 몸을 얻었으며 또 너희들이 나를 만났으니 속절없이 지내지 말아야 할지니라.

부처님이 여기서 설하신 만나기 어려운 것 여덟 가지를 정리하면 이렇다. 첫째 부처님이 세상에 출현하기 어렵다. 둘째 우리가 사람의 몸을 받기가 어렵다. 셋째 부처님을 만나기가 어렵다. 넷째 부처님 법을 만나도 정법을 만나기가 어렵다. 다섯째 정법을 만나도 믿는 마음을 내기가 어렵다. 여섯째 정법을 행하면서 어려운 일을 참기가 어렵다. 일곱째 부처님이 정해 주신 계율을 모두 지키기가 어렵다. 여덟째 마침내 불도를 이루기가 어렵다.

첫째, 부처님이 세상에 출현하기 어렵다는 것은 부처님이 몇만 년이나 몇억 년 간격으로 자주 출현하지 않음을 나타낸다. 불경에 과거의 부처님에 관한 언급이 많이 있지만 부처님과 부처님이 출현한 간격은 무량아승지겁이 된다. 일겁만 해도 헤아리기 어려운 기간이고, 백겁이나 천겁도 아닌 헤아릴 수 없는 무량겁의 간격으로 부처님이 출현하시니 어렵다고 하는 것이다. 석가모니 부처님과 미륵 부처님 간의 출현시기가 그중에서 제일 가깝게 되어 있다. 석가모니 부처님 다음으로 미륵 부처님이 56억 7천만 년 후인 용화 세계에 출현한다고 되어 있기 때문이다. 석가모니 부처님이 열반에 드신 지 아직 3천 년도 못 되었다. 만 년만 해도 긴 시간인데, 56억 7천만 년은 우리 중생의 머리로는 가늠할 수가 없다.

부처님의 출현은 시간적인 면에서 어렵다는 뜻도 있지만 다른 한편으로는 완전한 정각을 이루어서 부처님으로 등장하기가 어렵다는 말도 된다. 누구나 다 부처가 될 수 있다고 하면서 동시에 부처님이 출현하기 어렵다고 하면 이상하게 들릴 수도 있지만 《열반경》에서 출현이 어렵다는 부처님의 개념과 누구나 다 될 수 있다는 부처의 개념은 다르다. 《열반경》에서의 부처님은 한 세계의 교주로서 이름을 드러내 놓고 교화활동을 하는 신앙 대상을 뜻한다. 석가모니 부처님이 그 예가 된다. 그러나 누구든지 다 이룰 수 있는 부처는 일차적으로 내면적인 깨달음을 뜻한다. 깨달음을 이루었다고 해서 교주로서 중생을 교화하는 부처님이 되는 것은 아니다. 한 세계에는 오직 한 부처님만이 교주로 계셔야 하기 때문이다. 마치 한 나라에 여러 임금이 있어서는 안 되는 이치와 같다. 그래서 보통 사람이 깨달음을 얻어서 부처를 이루 있다고 하더라도 그것을 교주이신 석가모니 부처님에게 바쳐야 한다. 쉽게 말하면 석가모니 부처님의 이름으로 중생교화의 일에 참여해야 한다는 것이다.

둘째, 우리가 사람의 몸을 받기 어렵다고 한다. 불교에서는 사람의 몸을 받기 어려운 것을 맹구우목(盲龜遇木)으로 표현하곤 한다. 눈먼 거북이가 500년 만에 한 번씩 바다의 수면 위로 머리를 내미는데 그때 마침 나무가 하나 바다에 떠 있어 그 나무를 붙잡는 것과 같다는 것이다. 바다에 나무가 떠 있기도 어려운데 500년 만에 잠깐 바다 위로 머리를 내미는 거북이가 나무를 만나기는 더욱 어렵다. 게다가 거북이는 눈이 멀었기 때문에 설사 나무가 있더라도 그것을 잡기는 더욱 어렵다. 학생 때에 공부를 하지 못하면 공부할 기회를 놓치듯이 사람의 몸을 받았을 때 불도를 닦지 못하면 불도 닦기가 어려우므로 이때에 수행을 열심히 하라는 뜻으로 이런 말을 한 것이다.

불교에서는 육도 윤회를 말하지만 지옥·아귀·축생·아수라·인간·천상 가운데서 인간을 통해서 불도를 이루어야 한다고 가르친다. 지옥은 성냄으로 괴로워서 공부를 못 하고, 아귀는 탐심으로 배를 채우느라고 공부를 못 하고, 축생은 어리석어서 공부를 못 한다. 아수라는 싸우느라고 공부를 못 하고, 천상은 너무 편해 공부를 못 한다. 오직 인간에게만 고통과 즐거움이 반반씩 있으므로 정신을 차려서 불도를 닦으면 이룰 수 있다고 한다. 너무 괴로워도 공부가 안 되고 너무 즐거움이 많아도 공부가 안 된다고 보는 부처님의 관찰은 대단히 놀랍다. 부처님이 6년 동안 고행을 하다가 태도를 바꾸어 목욕을 하고 우유죽을 받아 드신 다음에 공부하신 것과 같다. 부처님은 인간을 통해서 불도를 이룰 수가 있는데 인간의 몸을 받기 어려우므로 인간의 몸을 받았을 때 방일하지 말고 열심히 정진하라는 것이다.

셋째, 사람으로 태어났더라도 부처님을 만나기가 어렵다고 한다. 인도에서 부처님이 나셨지만 인도 사람이라고 해서 모두 부처님 법을 만난 것은 아니다. 서양에는 서양 종교가 강하지만 서양 사람 가운데 서도 부처님 법을 믿는 사람들은 많이 있다. 또 부처님 당시에 태어나서도 부처님의 가르침을 만나지 못한 이가 있는가 하면 부처님이 열반하신 지 3천 년이 지난 지금 태어나 부처님 법을 만나기도 한다. 부처님은 사람으로 태어나도 부처님을 만나기가 어려운데 만났으니 불법을 잘 닦으라 하시는 것이다.

  넷째, 불법을 만나도 정법을 만나기 어렵다고 한다. 모든 사람이 다 똑같지 않다. 각기 성향이 다르고 근기가 다르다. 그래서 불교에서는 갖가지 근기에 응해서 여러 가지의 방편을 베푼다. 참선을 가르치기도 하고 교리를 가르치기도 한다. 또 염불이나 계행을 위주로 불법을 닦으라고 하기도 한다. 어느 방면에서 불도를 닦아도 좋지만 주의할 점이 있다. 경을 읽을 때에도 불교의 기본인 공사상과 일체유심조 사상으로 항상 점검해야 하고 여러 형태의 불법을 닦을 때도 똑같이 공사상과 일체유심조 사상으로 점검해야 한다. 여기서 어떤 것이 정법이고 어떤 것이 삿된 법이라고 말하기는 곤란하다. 왜냐하면 상황에 따라서 불교의 형태는 얼마든지 다를 수가 있기 때문이다. 큰 절에서 행하는 불도라고 해서 모두 정법이라는 보장이 없고, 작은 골방에서 소원성취 기도를 드린다고 해서 삿된 법이라고 할 수도 없다. 공사상과 일체유심조 사상이 불법을 닦는 데 기본이 되는지 어쩐지를 잣대로 삼아서 나름대로 정법을 가릴 수밖에 다른 방법이 없다.

  다섯째, 정법을 만나더라도 믿는 마음을 내기가 어렵다고 한다. 보통 사람은 삿된 법에 유혹되기가 쉽다. 삿된 법일수록 당장의 이익을 제시하기 때문이다. 삿된 법은 최면술과 독심술도 동원한다. 상대가 나의 마음을 읽는 듯하기도 하고 나의 과거와 미래를 훤히 들여다보고 있는 것 같기도 하다. 또 그런 상대 앞에 서면 고양이 앞에 쥐처럼 되어 버리듯이 꼼짝못하게 된다. 반면에 정법을 펴는 이를 만나면 무엇인가 끈끈하게 달라붙는 맛이 없고 맨송맨송하다. 그래서 중간에 방편이라는 이름의 술수를 쓰지 않는 정법을 만나면 그것을 그대로 받아들이고 믿기가 어렵다. 바른 불법을 만났다 싶을 때는 미련 없이 모든 의심과 의혹을 떨쳐 버리고 확실하게 믿고 들어야 할 것이다. 가령 《열반경》을 공부하는 데 있어서 불신상주(佛身常住)와 실유불성(悉有佛性) 즉 부처님의 법신은 항상 이 세계에 머물고 모든 중생에게 불성이 있다는 가르침은 정법이다. 이 정법을 만났을 때는 확고한 믿음으로 받아들여야 한다. 불교는 아무런 설명 없이 믿음만을 강요하는 종교는 아니다. 지적 수준이 부족해서 이해해서 받아들이지 못할 때는 믿음으로 받아들여야 한다.

여섯째, 정법을 행하면서 어려운 일을 참기 어렵다는 것이다. 정법을 행하는 길은 험난하다. 왜냐하면 재물과 색욕, 명예의 끊임없는 유혹을 물리쳐야 하기 때문이다. 사람으로서 즐거움을 버리고 고달프고 외로운 길을 가기는 쉽지 않다. 불도를 닦다 보면 그 속에서 미묘한 즐거움이 나오기는 하지만 오욕락의 겉 즐거움에 흔들리기 십상이다. 마치 감주를 만들 때 본래는 엿기름에서 나오는 단맛으로 깊은 맛을 삼아야 하는데 설탕을 넣어 단맛을 내는 것과 같다. 엿기름의 당분이 도의 맛이라면 설탕 맛은 오욕락의 맛이라고 할 것이다. 사람들은 설탕을 넣지 않은 엿기름의 감주 맛을 보기가 어렵다는 것이다.

일곱째, 부처님이 정한 계율을 그대로 지키기가 어렵다는 것이다. 그렇다. 설사 모든 개인적인 즐거움을 버리고 정법을 행한다고 하더라도 자신의 몸가짐과 마음가짐을 부처님이 정한 계율대로 행하기는 쉽지 않다. 불자들은 기본 오계만 잘 지켜도 큰 수행이 될 것이다.

여덟째, 아라한과를 얻기가 어렵다고 했으나 바꾸어 말하면 불도를 이루기가 어렵다는 뜻이다. 앞에 있는 일곱 가지의 어려움을 다 뚫어야만 불도를 이루는 것이기 때문에 이 어려움은 더 언급할 필요가 없겠다. 불도의 험난함을 팔난법(八難法) 즉 여덟 가지 만나기 어려운 것을 통해서 알 수가 있다.

33. 계정혜로 참다운 대승법을 얻어야 (애탄품 4)

> 보살 수행자는 나를 바보로 생각하고 싶은 이에게는 바보가 되어 주기도 하고, 나를 놀리고 싶은 이에게는 놀림감이 되어 주기도 한다. 그러나 그 자비가 항상 지혜의 뒷받침을……

부처님께서는 비구대중을 위선자라고 꾸짖기도 하신다. 그래서 수행자가 닦아야 할 공덕과 계정혜(戒定慧) 삼학(三學)에 대해서도 생각해 보아야 할 것이다.

너희가 지금 불법의 보배성을 만났으니 헛된 가짜의 것을 가져서는 안 되리라. 마치 장사치가 참말 보배의 성을 만나고도 기왓장을 가지고 집으로 돌아가듯이 너희들도 그와 같이 불법 보배성을 만나고서 헛된 가짜의 것을 가지는도다. 너희 모든 비구들은 용렬한 마음으로 넉넉하다는 생각을 내지 말지어다. 너희가 지금 비록 출가는 하였지마는 이 대승에는 사모하는 마음을 내지 못하였으며, 너희 모든 비구들이 몸에는 물든 가사를 입었으나 마음은 대승의 깨끗한 법에 물들지 못하였으며, 너희 모든 비구들이 비록 걸식하느라고 여러 곳으로 돌아다니되 대승의 법식은 아직 구하지 못하였으며, 너희 모든 비구들이 비록 머리카락과 수염은 깎았으나 바른 법으로 번뇌의 맺힌 것을 끊지 못하였으니, 너희 모든 비구들아, 이제 참으로 너희를 가르치노라.

부처님은 비구들이 출가를 하고 삭발염의하고 걸식을 하지만 그 내면에서는 대승법을 받아들이지 않는다고 꾸짖고 있다.

불자들 가운데는 불자 관록을 20년, 30년 말하는 분들이 많이 계시지만 부처님의 말씀이 무엇인가 진지하게 알아보고 부처님의 말씀을 실천하려고 하는 사람들은 많지 않다. 그래서 부처님은 불법이라는 보배를 놔두고 기왓장과 같은 작은 소원만 가진다고 꾸짖으신다. 불법을 믿으면서 진정한 깨달음의 맛을 보려고 하지는 아니하고 싸구려의 맛만 보려고 하기 때문에, 부처님은 우리가 장사치처럼 가짜의 것만을 고른다고 한탄하신다. 여기서 부처님은 스님네가 대승법으로 올라서지 않는다고 꾸짖으시지만, 독자들도 마찬가지로 대승정신으로 올라서야 할 것이다.

대승정신이란 무엇인가. 부처님의 깨달음으로 일체중생을 구하겠다는 것이다. 내가 아무리 행복의 요건을 갖추고 있다고 하더라도 남들이 행복할 때까지는 나도 행복할 수 없다는 정신이 기본을 이루는 것이 대승정신이다. 나만 생각하는 것을 소승이라고 한다면 남과 나를 같이 생각하는 것을 대승이라고 할 것이다. 형태만을 고집하는 것을 소승이라고 한다면 형태뿐만 아니라 내용이 중요하다고 생각하는 것이 대승이 될 것이다.

부처님은 대승이라는 법보의 성곽을 쌓는 방법을 이렇게 말씀하신다.

> 너희 비구들이여, 법보의 성곽을 어떻게 장엄할 것인가. 가지가지 공덕 보배를 갖추고 계행과 선정과 지혜로써 성벽과 해자를 삼을 것이니라.

공덕은 보배가 되고 계정혜 삼학은 성벽과 성을 두루는 해자가 된다는 말씀이다. 먼저 공덕은 남을 위해서 베푸는 것을 말한다. 꼭 필요한 장소에서 필요한 이에게 물질을 줄 수도 있고 마음을 줄 수도 있다. 줄 물건이나 마음도 없다면, 하다 못해 길거리의 담배꽁초나 휴지를 줍는 것도 공덕이 될 것이다. 지하철 역에 있는 가짜 거지나 절 입구에 항상 자리를 잡고 있는 게으른 구걸인들에게 속아 주는 것도 좋은 일이다. 나를 바보로 생각하고 싶은 이에게는 바보가 되어 주기도 하고, 나를 놀리고 싶어하는 이에게는 놀림감이 되어 주는 것도 좋다. 그러나 부처님께서 말씀하시는 이 공덕은 단순히 주기만 하는 것이 아니다. 계정혜 삼학 가운데 있는 지혜에 바탕해서 베풀어야 하기 때문이다.

남을 돕는다고 해서 자살하는 이나 도둑질하는 이를 도와서도 안 될 것이다. 그런데 남을 돕는 데 있어서 지혜를 동원하더라도 판단이 어려운 경우가 있다. 손님을 모시고 식당에 간 적이 있다. 요즘에는 부엌에서 일할 사람이 부족하기 때문에 중국 교포를 많이 쓴다고 한다. 식당으로 법무부 이민국 직원들이 불법으로 취업하는 중국 교포들을 잡으러 들어왔다. 그곳에서 불법으로 일하던 한 교포 여인은 우리 일행이 앉아 있는 방으로 뛰어 들어와서 숨겨 달라고 부탁을 했다. 우리는 얼떨결에 그분을 숨겨 주기는 했지만 숨겨 주는 일이 잘한 일인지 아니면 나라 전체를 생각하지 않고 눈앞의 정만을 생각한 무책임한 행동인지 확실한 판단이 서지 않는다. 여하튼 공덕을 쌓으면서 남을 돕는 일을 해야 하겠지만 항상 성성한 지혜가 있어야 한다는 것이다.

대승법의 공덕을 말하면서 그 공덕이 나에게 돌아올 것을 생각하는 것은 보배를 놔두고 기왓장을 안고 가는 어리석은 장사꾼과 같지만 공덕을 쌓은 사람은 확실히 자기가 쌓은 공덕에 대한 보답을 받게 마련이다. 즉 복이 있게 된다는 말이다. 설사 도둑질을 하면서도 공덕에 반대되는 일을 피하고 공덕이 되는 일을 할 수 있는 대로 한다면 언젠가 자기가 지은 공덕이 빛을 발하게 된다.

절집에는 이런 이야기가 있다. 사냥만을 하면서 죄를 많이 지은 사람이 어느 날 산속에서 사냥감을 찾으며 헤매다가 거미줄에 걸려서 고생하는 조그마한 아기새 한 마리를 살려 주었다. 사냥꾼이 죽어서 염라대왕 앞에서 재판을 받게 되었는데, 아기새를 한 마리 살려 준 공덕이 업경대에 나타났다. 일생 동안 죽이는 일만을 해온 사냥꾼에게 아기새를 살려 준 것은 유일한 선행공덕이었다. 사냥꾼은 그 작은 공덕으로 최악의 지옥을 면하게 되었다. 공덕을 지으면 아무리 사소한 것이라 할지라도 지은 공덕의 무량억 천만 배에 상응하는 좋은 일이 뒤따른다는 것이다.

  공덕과 아울러 삼학의 첫번째인 계행을 지켜야 한다. 재가 불자들은 삼귀의(三歸依)와 오계(五戒)를 받는다. 삼보에게 의지하고 삼보를 보호하며 불자의 기본 계율을 지켜야 한다는 것이다. 그런데 부처님과 부처님의 가르침을 존중하는 것은 쉽게 생각하면서도 스님네를 공경하고 보호하는 것에 대해서는 마음이 내키지 않는다고 생각하는 이들이 있다. 여러 종파의 스님네가 뒤범벅이 되어 있어 길에서 만난 스님에게 절을 해야 하는지 탁발하는 스님네도 존경해야 하는지, 계행이나 수행면에서 부족하다고 생각되는 스님네도 존경해야 될지 모르겠다는 태도이다. 그러나 가장 불자적인 자세는 아무리 부족하다고 생각되는 스님네에게도 무조건 합장하고 인사를 드리는 것이다.

  계행을 지키는 일도 쉽지는 않다. 오계를 한꺼번에 다 지키기 힘들 수도 있다. 그렇다고 전체를 포기하지 말고, 먼저 지킬 수 있는 것을 골라서 지킨 다음에 차례로 다른 계율도 지키면 되겠다. 하나를 파했다고 해서 전체를 포기해서는 안 될 것이다. 또 대승정신의 계율은 소극적으로 정해진 것을 지킬 뿐만 아니라 적극적으로 자기의 행동습관 가운데 잘못된 점을 꾸준히 찾아내고 그것을 고쳐야 한다.

  다음 계정혜 삼학의 두번째로 정을 닦아야 한다. 정을 닦는 것은 마음을 가라앉히고 집중하는 생활을 하는 것이다. 불교의 가장 기본적인 마음 살피는 방법은 몸과 마음의 주관과 그 대상인 객관 그리고 주관과 객관의 부딪침에서 일어나는 현상의 생김과 사라짐을 여실히 관찰하는 것이다. 이 기본으로부터 지관법(止觀法)이나 화두참선법(話頭參禪法)이 발전했다. 흔들리지 않는 마음은 자신을 여실히 관찰하는 데서 얻어진다.

삼학의 세번째로 지혜를 닦아야 한다. 지혜를 닦는 것은 부처님의 가르침을 배우고 가르침에 입각해서 판단하고 생각을 하는 것이다. 기본적으로는 인연법·십이인연·공사상·사성제·일체유심조·법신상주·실유불성사상 등이 되겠지만 하나의 교리는 다른 것과 연결되어 있어서 하나가 이해되면 다른 것도 다 이해가 된다. 가령 인연법을 터득하면 공사상·실유불성사상 등을 자연히 터득할 수밖에 없음을 알게 된다.

보통은 계정혜 삼학이 한 묶음으로 되지만 여기서는 공덕이 합쳐진다. 공덕과 삼학이 육바라밀로 바뀌어질 때는 공덕이 보시가 되고, 인욕과 정진을 더 붙여서 삼학을 세분하게 된다. 계율을 그릇이라고 한다면 선정은 그 그릇에 담긴 물과 같고 지혜는 물에 비친 달과 같다고 흔히들 비유하고 있다. 계율의 그릇이 안정되어야 선정의 물이 잔잔하고 아울러 지혜의 달이 선명하게 비친다는 것이다. 또 계율은 도에 오르는 사다리와 같고 선정은 사다리가 흔들리지 않게 하는 것이고 지혜는 사다리를 타고 올라가서 얻는 것이라고 비유하기도 한다. 또 공덕을 지은 사람이 삼학을 닦을 수 있고 삼학을 닦는 사람이 참다운 공덕을 쌓을 수 있다고도 할 수 있다.

34. 법신·반야·해탈의 삼덕과 이자삼점 (애탄품 5)

> 부처님의 법신·반야·해탈과 중생의 삼덕이 조금도 다를 바 없이 똑같다. 그래서 우리가 수행을 하기만 하면 바로 우리 속에서 법신을 볼 수가 있고 같은 자리에 반야지혜가……

법신·반야·해탈의 삼덕은《열반경》의 교리체계를 이해하는 데 아주 중요하다. 삼덕을 상징하는 이자삼점(伊字三點)에 대해서 살펴보아야 하겠다.

모든 비구들이여, 마치 땅과 모든 산의 약초가 중생을 위하여 쓰이듯이 나의 법도 그러하여 묘하고 좋은 감로의 법맛을 내어 중생들의 가지각색 번뇌병을 고치는 약이 되느니라. 내가 이제 모든 중생과 나의 제자인 사부대중으로 하여금 모두 비밀장(秘密藏) 속에 머물게 하며, 나도 역시 그 가운데 머물러서 열반에 들려 하노라. 어떤 것을 비밀장이라 하는가. 마치 '이'자(伊字 ; ∴)의 세 점이 나란히 있어도 '이'자가 되지 못하고, 세로로 있어도 '이'자가 되지 못하거니와 마혜수라(摩醯首羅)의 얼굴 위에 있는 세 눈과 같아야 '이'자가 되는 것이고, 세 점이 따로 있어도 '이'자가 되지 못하느니라. 나도 그와 같아 해탈법도 열반이 아니고 여래의 몸도 열반이 아니고 마하반야도 열반이 아니며 세 가지 법이 제각기 달라도 열반이 아니니, 내가 지금 이러한 세 가지 법에 있으면서 중생을 위하여 열반에 든다 하는 것도 세상의 '이'자와 같은 것이니라.

여기서 부처님은 자신의 비밀법을 약초에 비유한다. 약초가 중생을 위해서 쓰여지듯이 부처님의 비밀장도 중생의 번뇌병을 고치는 데 쓰여진다는 것이다. 비밀법 속에서 부처님이 열반에 들려고 하고 일체중생도 비밀법 속에서 평화를 얻게 하려고 한다. 그 비밀법은 다름 아닌 이자삼점이다. 이 세 점은 마혜수라천왕 즉 대자재천왕의 눈 모양을 하고 있다. 마혜수라천왕의 눈은 세 개인데 삼각형을 이루고 있다고 한다.

부처님은 자신의 비밀장 또는 비밀법을 이자삼점이라고 말하고는 삼점이 상징하는 것으로 법신·반야·해탈의 삼덕을 들고 있다. 법신이란 우주의 진리자리이고, 반야란 수행을 해서 얻은 지혜이다. 그리고 해탈이란 해탈하기 위해서 수행하는 것을 말한다.

그런데 부처님은 이자삼점이 종으로 나란히 있어도 이자삼점이 안 되고 횡으로 나란히 있어도 이자삼점이 안 된다고 한다. 또 삼점이 떨어져 있어도 안 된다고 한다. 이 말은 삼점이 삼덕을 상징하고 그 삼덕은 바로 부처님의 열반 내용으로 삼덕이 한 뭉치로 같이 있지 않으면 열반의 내용을 바로 전달하지 못한다는 것이다. 삼점을 가로나 세로로 줄을 지어 놓은 것은 어떤 것이 먼저이고 다른 것은 뒤에 온다거나 하나는 원인이고 다른 것은 결과라고 생각할 수 있기 때문이다. 법신·반야·해탈로 말한다면 법신이나 해탈 수행이 있은 다음에 반야라는 지혜가 나왔거나 순서가 바뀐 것이 아니라 법신·반야·해탈이 항상 한 뭉치로 있어야 한다는 것이다.

이자삼점 또는 법신·반야·해탈 가운데 어느것이 먼저거나 나중이 아니고 또한 따로따로 떨어져 있으면 안 된다는 말은 부처님의 열반이나 법신이 무엇인가를 나타내 주고 있다. 즉 부처님의 열반에서는 법신과 반야 지혜와 해탈 수행이 같다는 말이다.

부처님의 열반에 있어 법신·반야·해탈이 같다는 말은 여러 각도에서 이해될 수 있다. 첫째는 부처님이 열반에 드는 그 자체가 바로 중생을 교화하기 위한 해탈 수행이며, 동시에 열반의 지혜이고 법신자리라는 해석이다. 깨달음의 지혜는 무상한 세계의 법칙을 따라 죽는 것을 벗어나서 따로 있는 것이 아니라 무상법에 순응하는 그곳에 있다는 것이다.

둘째는 열반에 든다고 해서 부처님이 없어지는 것이 아니라 우리가 수행을 하기만 하면 부처님의 법신과 깨달음의 지혜는 바로 그 자리에 있다는 해석이다. 이것은 중생의 입장에서 열반에 드는 부처님에게 다가가는 방법을 찾아보는 데서 나온 것이다.

셋째는 부처님의 법신·반야·해탈과 중생인 우리의 법신·반야·해탈이 다를 바가 없이 똑같다는 해석이다. 그래서 우리가 수행을 하기만 하면 바로 우리 속에서 법신을 볼 수가 있고 법신을 보는 것이 바로 지혜가 된다. 아울러 우리가 본 법신과 지혜가 부처님의 것과 다르지 않다. 여기에서 부처님의 법신은 이 세계에 항상 머무르며 모든 중생에게 불성이 있다는 것으로 연결된다. 부처님의 몸은 개인적으로 있는 것이 아니라 땅속의 물과 같기 때문에 누구든지 지하수를 파기만 하면 그곳에 물이 있듯 수행을 하기만 하면 부처님의 법신을 만날 수 있다는 것이다.

필자가 법신·반야·해탈을 이리 굴리고 저리 굴리고 하니까 독자들은 도대체 무슨 말을 하고 있는가 의아해 할 것이다. 그런데 이 법신·반야·해탈은 《열반경》의 알맹이를 이해하는 핵심이 된다. 독자가 어려워한다고 해서 그냥 슬쩍 넘어갈 수는 없다. 이 삼덕을 확실히 해두지 않고는 불신상주와 실유불성사상에 접근해 들어갈 수가 없기 때문이다.

그렇다면 이 삼덕이 나온 원류부터 차근차근 생각해 보자. 부처님께서 깨달으신 내용은 바로 인연법이다. 이것이 있음으로써 저것이 있고 이것이 일어남으로써 저것이 일어나며 이것이 없으면 저것이 없고 이것이 없어지면 저것이 없어진다는 법칙이다. 눈이 있을 때 그림이 있고, 그림이 있음으로써 눈이 있다는 식의 말과 같다. 귀가 있음으로써 소리가 있다는 것도 마찬가지이다. 이 인연법을 이용해서 어떻게 인간에게 번뇌와 생사가 벌어지는가를 설명한 것이 바로 십이인연이다. 즉 혼돈의 어리석음이 있어서 업의 행위가 있고, 이어 인식이 있다는 식으로 진행된다.

그런데 인연법을 기본으로 해서 인간이 나고 죽는 것을 길게 늘이면 12가지가 되지만 그것들을 간단하게 세 가지로 줄여서 분류하면 미혹과 악업과 고통이 된다. 미혹이 있어 악업을 짓고 악업을 지어서 고통을 받는다는 것이다. 그런데 주의할 점은 순서가 정해져서 나오는 것이 아니고, 한 가지가 있으면 다른 두 가지는 동시에 있게 된다는 것이다. 예를 들면 지금 고통이 있다고 하면 바로 그 자리에 미혹과 악업이 있고, 악업이 있기만 하면 바로 그 자리에 미혹과 고통이 있다는 것이다. 미혹과 악업과 고통이 시간적으로 떨어질 수 없는 사이라는 것이다. 물론 논리적으로는 미혹이 있어야 악업이 있고 악업이 있어야 고통이 있는 것으로 된다. 그렇지만 불교의 일체유심조 입장에서 보면 세 가지는 동시적이라는 것이다. 불교는 자연과학적인 사실을 설명하고자 하는 것이 아니라 인생을 가치적인 면에서 설명하기 때문에 마음을 중심으로 보아 미혹과 악업과 고통은 동시적이 된다는 말이다.

앞에서 연기법의 기본을 볼 때 이것이 있음으로써 저것이 있고 이것이 일어남으로써 저것이 일어난다고 했다. 이것은 중생이 번뇌를 일으켜서 미혹의 윤회 세계로 가는 원리가 된다. 어리석음이 있으면 번뇌가 있고 번뇌가 있으면 업을 짓고 식(識)으로 이어질 것이기 때문이다. 이것은 윤회로 가는 연기이다. 그런데 이것이 없으면 저것이 없고 이것이 없어지면 저것도 없어진다는 것은 미혹과 갈애와 번뇌의 소멸 과정으로 활용할 수가 있다. 미혹이 없으면 악업이 없고 악업이 없으면 고통이 없다는 식이 되겠다. 이것은 윤회로 가는 연기의 반대인 해탈로 가는 연기가 되겠다. 이것을 가치적 연기라고 부르기도 한다.

그러나 미혹과 악업과 고통이 없다는 것은 부정적인 표현이다. 이것을 긍정적인 말로 뒤집어서 나타낼 필요가 있다. 미혹의 반대말은 지혜가 된다. 지혜를 범어로 표현하면 반야가 된다. 또 악업의 반대말은 수행이 된다. 이 수행은 해탈이 목적이므로 해탈 수행이라고도 하고 그냥 해탈이라고도 부를 수 있다. 미혹과 악업의 반대말은 찾았지만 고통의 반대말은 무엇인가. 고통의 반대말은 즐거움이 아니다. 고통이라는 것은 사물의 인연을 있는 그대로 살피지 못해서 생긴 것이기 때문에 사물의 실상을 있는 그대로 보는 것은 바로 우주 질서의 몸 즉 법신을 보는 것이 된다. 그래서 고통의 반대는 법신이 된다. 혹업고 즉 미혹·악업·고통은 윤회의 길인 삼도가 되고, 법신·반야·해탈은 해탈의 길인 삼덕이 된다.

이 삼덕은 짝들이 많다. 부처님의 세 가지 몸인 법신·보신·화신도 이 삼법과 같은 의미로 해석할 수 있다. 법신은 양쪽이 다 같다. 보신은 닦아서 얻은 결과이므로 반야와 같다. 또 화신은 중생을 교화해서 불도를 닦는 것이므로 해탈 수행과 같다. 불법승 삼보·경지행(境智行) 삼궤(三軌)·삼불성(三佛性)·삼열반(三涅槃) 등도 이 삼덕과 같은 맥락에서 이해되는 것들이다. 불교방송의 삼점 마크도 이 삼덕을 이자삼점으로 나타낸 것이다.

35. 무상이라는 잡초밭 (애탄품 6)

> 부처님이 전생에 성불하셨다고 하더라도 그 효과는 석가모니 개인과 모든 중생에게 공평하게 미친다. 전생에 성불했다고 해서 그 효력을 개인적으로 쓰고 있는 것이 아니라……

비구들은 부처님께 열반에 들지 말기를 간청한다. 부처님이 열반에 들지 말아야 할 이유를 비유를 들어 설명한다. 무상법을 체달하는 것은 무상법을 극복하기 위함인데 부처님이 일생 동안 무상법을 체달하고 설명하시고서 아직까지도 그 무상법에 끌려 다니느냐는 물음이기도 하다.

세존이시여, 여래께서 만일 무상하다는 생각을 여의었사오면 지금 열반에 들지 아니하실 것이옵고, 만일 여의지 못하였을진대 어찌하여 무상하다는 생각을 닦아 삼계의 탐애와 무명과 교만과 무상하다는 생각을 여의리라 말씀하시나이까. 세존이시여, 마치 농사꾼이 가을에 땅을 깊이 갈면 여러 가지 풀을 없앨 수 있듯이 무상하다는 생각도 그러하여 온갖 욕계의 탐애와 색계·무색계의 탐애와 무명과 교만과 무상하다는 생각을 없앨 수 있나이다. 세존이시여, 마치 밭을 가는 데는 가을에 가는 것이 으뜸이요, 발자취 중에는 코끼리 발자취가 가장 승하고, 모든 생각 중에는 무상하다는 생각이 제일이 되나이다.

비구들이 부처님에게 열반에 들지 마시라고 어리광 비슷한 호소를 하는 형식으로 되어 있지만, 아주 심각한 교리적인 문제를 제기하고 있다. 비구들은 먼저 잡초가 우거진 밭을 가는 것을 비유로 든다. 농부가 밭을 깊이 파서 뒤엎는 것은 잡초를 없애고 농사를 짓기 위해서이다. 잡초를 키우기 위해서가 아니다. 잡초는 뒤엎지 않아도 잘 자라기 때문이다. 부처님께서 무상법을 체달하는 것도 무상하게 살기 위해서가 아니다. 그 무상법을 벗어나서 무상하게 살지 않기 위해서이다.

그런데 제자들이 보기에 일생 동안 무상법을 터득해 오신 부처님께서 무상법을 따라서 열반에 드시려고 한다. 제자들은 부처님에게 따질 수밖에 없다. 만약 부처님이 무상하다는 생각을 여의었으면 지금 열반에 들지 아니할 것이 아니냐는 물음이다. 또 일생 동안 무상법을 닦아서 무상법의 손아귀로부터 벗어나지 못했다면 왜 제자들에게는 탐욕과 교만과 무상한 것으로부터 벗어나라고 가르치시곤 했느냐는 것이다. 제자들 생각에 의하면 부처님은 무상법의 밭을 일생 동안 뒤집고도 잡초를 제거하지 못하고 무상이라는 잡초에 파묻힌 격이다. 일생 동안 무상이라는 잡초밭을 뒤엎으라고 제자들에게 가르쳐 온 부처님이 이상하게만 생각된다.

비구들은 우리가 앞에서 한 번 다룬 바 있는 중요한 문제를 제기한 것이다. 우리는 〈순타품〉에서 부처님이 부른 무상의 노래를 읽었다. 오랜 옛 겁 전에 이미 성불하신 부처님께서 이 세상에 다시 중생의 몸으로 태어나 다시 성불해서 부처님이 되는 순서를 밟으셨는데 왜 열반에 드시기 전에 다시 중생들에게나 어울림직한 무상의 노래를 불러야 하는가를 생각해 본 바 있다. 석가모니 부처님이 헤아릴 수 없이 많은 무량억 천만의 전생에 이미 성불했고 금생에 다시 성불했는데 왜 무상하다는 세상의 법칙에 꼼짝못하고 끌려 다니느냐는 물음이다.

이 같은 물음에는 부처님을 어떤 실체적인 것으로 생각하는 전제가 들어 있다. 석가모니 부처님이 까마득히 오래 된 전생에 성불해서 법신자리를 얻었다고 해서 그 법신이 일체법이 공하다고 하는 법칙을 초월해서 있는 것이 아니다. 부처님이 법신자리를 얻어서 이 세상에 항상 꽉 차 있는 것은 마치 허공의 공기나 지하에 항상 흐르는 물처럼 전체적으로 있는 것이지 어떤 이가 보물을 찾아서 개인적으로 숨겨두고 혼자서만 꺼내 쓰듯이 개인적으로 있는 것이 아니다. 그래서 부처님이 전생에 성불하셨다고 하더라도 그 효과는 석가모니 개인이나 모든 중생에게 공평하게 미친다. 석가모니가 전생에 성불했다고 해서 그 효력을 혼자 개인적으로 쓸려고 하거나 쓸 수 있는 것이 아니라 모든 중생이 누구나 다 평등하게 이용할 수 있는 것이다. 마치 어떤 과학자가 새로운 발명품을 만들어 냈을 때 그것을 사용할 수 있는 권한이 모든 인간에게 똑같이 있는 것과 같다. 인간 세상에서는 새로운 발명품이 있을 경우 특허청에 등록을 해서 일정한 기간 동안 발명품에 의해 얻어지는 이익을 개인적으로 누리지만 성불해서 법신의 자리를 얻는다고 하는 문제에서는 특허청이 별도로 있지도 않거니와 별도로 그 권한을 등록해서 혼자만 누리지도 않는다는 것이다.

그렇다면 무량겁 전에 성불하신 석가모니 부처님이라고 하더라도 금생에 태어나서는 다시 수행의 과정을 밟아서 부처가 되어야 한다. 이 세상의 모든 인간이 석가모니 부처님처럼 수행의 과정을 밟아서 부처가 될 수도 있다. 따라서 특권을 누리지 않아야 하는 부처님은 다른 모든 중생이 그러하듯이 육신이 늙고 병들어 죽어야 한다. 그래야만 모든 인간이 공평하기 때문이다. 그래야만 부처님이나 중생이 오랜 겁 전에 성불하신 법신의 부처님을 평등하게 누릴 수 있고 그 법신 부처님과 하나가 될 수 있기 때문이다.

우리가 열반에 들면서 무상을 노래하는 부처님에게 왜 항상 이 세상에 머무르는 법신이면서 무상의 법칙을 따르느냐고 묻는 것은 아직 무상법을 철저하게 체달하지 못하고 열반을 어떤 다이아몬드와 같이 실체적인 것으로 생각하기 때문이다. 부처님은 무상이라는 강이나 바람의 흐름을 완전히 파악해서 그 흐름을 따라 유유히 태평스러워질 수 있지만, 우리 중생들은 무상이라는 법칙의 흐름을 알지 못하고 그것을 거역해서 거슬러 올라가려고 하기 때문에 부처님에게 왜 무상에 따라 떠내려가느냐고 묻는 것이다. 마치 부처님은 돛단배를 탈 때 무상이라는 바람을 이용해서 자유 자재로 배의 방향을 잡을 수 있는 데 비해서 중생들은 무상이라는 바람의 방향도 모르고 그 바람을 이용할 줄도 모르기 때문에 가고 싶은 곳으로 배를 움직일 수 없는 것과 같다.

 영원히 이 세상에 머무르는 법신에 대해서 관심을 가져온 한 독자는 법신을 다음과 같은 의미에서 해석하면 어떠냐고 물어 왔다. 그는 '사랑과 영혼'이라는 영화를 봤다고 한다. 그 영화에서 사랑하는 남자가 교통사고를 당해서 갑자기 죽는다. 남자는 여자를 깊이 사랑하고 여자도 이쪽을 똑같이 사랑했기 때문에 남자는 죽기는 했지만 항상 곁에 있는 것처럼 느껴진다는 것이다. 인간이 사랑하는 사람을 보내지 않으면 상대가 아무리 떠나더라도 항상 곁에 있는 것과 같이 부처님이 열반에 든다고 하더라도 우리가 부처님을 보내지 않으면 부처님이 항상 우리 곁에 있는 것이 아니냐는 것이다. 즉 우리가 떠나 보내지 않고 항상 간직하는 부처님을 이 세상에 항상 머무르는 법신으로 생각하면 어떻겠냐는 질문이다.

 불신상주와 실유불성 즉 부처님은 이 세상에 항상 머무르시고 모든 중생에게 불성이 있다는 것도 우리가 그와 같이 믿고 받아들이는 것이기 때문이다. 부분적으로는 내 마음에서 보내지 않은 이를 영원한 법신으로 생각할 수도 있겠다. 그렇지만 이 같은 법신의 개념에는 문제가 있다. 무상이라는 법칙을 어기고 있기 때문이다. 첫째 상대를 항상 내 곁에 두어야 한다는 발상이 실체론적이다. 무엇인가 변하지 않고 항상한 것을 구하는 태도이다. 항상한 것을 구하는 것은 좋지만, 그 항상은 자기를 지우고 자기와 우주를 하나로 만듦으로써 얻어져야지 이쪽에서 상대가 죽지 않았다고 집착함으로써 얻으려고 해서는 안 될 것이다. 둘째 이 세상에 항상 머무른다고 하는 부처님의 몸은 앞에서도 강조했듯이 개인적이 아니라 전체적이기 때문에 한 얼굴이 아니라 무량억 천만의 얼굴로 나타난다. 그래서 차라리 산이나 들이나 강이나 하늘이나 구름에서 내가 보내지 않은 님을 본다는 것은 좋지만 옛날에 님이 남기고 간 그 얼굴을 그려서만 님을 보려고 하면 너무 개인적인 법신이 될 것이다. 즉 법신이 우주 전체의 몸으로 나타난다는 원칙에 위배된다는 것이다.

 어떤 독자는 또 이런 질문을 해왔다. 석가모니 부처님께서도 일생 동안 인생의 무상을 가르치면서 그것을 초월해야 한다고 말씀하셨지만 결국 열반이라는 이름으로 죽었다. 불도를 잘 닦아서 열반이라는 이름으로 죽는 것과 불교를 전혀 알지 못하고 그냥 죽는 것과 무엇이 다르냐는 물음이었다.

 우리는 거짓보다는 참다운 것을 나쁜 것보다는 좋은 것을 그리고 추한 것보다는 멋있는 것을 추구하고자 한다. 죽음이 아니고 열반을 얻는 것은 참답고 좋고 멋있게 살기 위해서이다. 또 죽음과 열반이 진정으로 다르지 않기 위해서 우리는 불도를 닦고 있는 것이다. 잘 죽기란 쉬운 일이 아니다.

36. 오욕락의 숙취를 풀어 주셔야 (애탄품 7)

> 물에는 일정한 모양이 없음에도 불구하고 둥근 그릇에 담으면 둥글게 되고, 네모난 그릇에 담으면 네모를 이루듯이, 본래의 나는 정해진 욕망의 습관이 없지만 우리는 욕망에……

우리는 아상(我相)・인상(人相)・중생상(衆生相)・수자상(壽者相) 등을 가지고 오욕락에 깊이 취해 있다. 제자들도 부처님께 그 숙취에서 깨어나게 한 다음 열반에 드시라고 부탁을 한다.

세존이시여, 우리가 중생이 아닌데 중생이란 생각을 가졌으므로 여러 갈래로 돌아다니면서 나고 죽는 고통을 받는 것이 저 술 취한 사람이 부정한 속에 누웠듯 하옵거늘, 여래께서 지금 법의 약을 주시어 번뇌의 나쁜 술을 토하게 하시오나 아직 깨달은 마음을 얻지 못하였사온데 여래께서는 어찌하여 문득 저희를 버리고 열반에 들려 하시나이까.
세존이시여, 마치 어떤 이가 파초를 속이 단단하다고 찬양한다면 옳지 못한 것처럼 중생이 만일 칭찬하기를 나란 고집, 사람이란 고집, 중생이란 고집, 오래 산다는 고집, 양육하는 것, 알음알이 소견, 짓는 이 받는 이가 진실하다고 하는 것도 옳지 못하거늘, 저희들은 이와 같이 내가 없다는 생각(無我想)을 닦나이다. 세존이시여, 마치 거른 찌꺼기는 다시 소용이 없는 것처럼 이 몸도 그와 같아서 나도 없고 주재(主宰)도 없나이다. 저희들도 그와 같이 마음으로 내가 없다는 생각을 항상 닦사오니 부처님이 말씀하시기를 '온갖 법이 나도 없고 내 것도 없으니, 너희 비구들은 그렇게 닦으라. 그렇게 닦으면 나라는 교만이 없어지고, 나라는 교만을 여의면 문득 열반에 들리라' 하였나이다. 세존이시여, 마치 새의 발자취가 공중에 나타날 수 없듯이 내가 없다는 생각을 닦는 이에게는 모든 소견이 있을 수 없나이다.

비구들은 우리 중생들이 번뇌의 나쁜 술을 마시고 누워 있지 않아야 할 윤회의 세계에 누워 있는데 부처님이 법의 약을 주어서 뱃속의 독을 완전히 토하게 하지 않고 이렇게 훌쩍 열반의 세계로 떠나시면 어떻게 하느냐고 매달린다.
아울러 비구들은 중생이 가진 '나'라고 하는 생각에 문제가 있음을 인정한다. 그 나라는 고집을 기본으로 사람이라는 고집, 중생으로 살 수밖에 없다는 고집, 목숨이 길게 남아 있다는 고집 등을 갖게 된다는 것이다. 비구들은 부처님께서 평소에 가르친 것을 잘 기억하고 고백하기도 한다. 나라는 것과 내 것이라는 것을 여의면 문득 열반에 들 것이라는 부처님의 말씀이다. 또 새의 발자취가 공중에 나타날 수 없듯이 내가 없다는 생각을 닦는 이에게는 죽음을 개인적으로 받아들이는 문제가 없어질 것이라고 사뢴다. 비구들의 고백을 듣고 부처님은 제자들의 이해가 바른 코스로 들어갔다고 칭찬하신다.
사물을 실체적으로 생각하는 원류가 바로 '나'에 대한 집착에 있기 때문에 여기서 나라는 생각에서 일어나는 문제에 눈을 돌린 것이다.
나를 중심으로 한 문제를 여러 가지 들었지만 중요한 것은 아상·인상·중생상·수자상의 사상과 업을 짓고 받는 이가 진실하다고 보는 것이다. 먼저 사상(四相)의 상호관계를 생각해 보자. 《금강경》에서는 이 사상 즉 네 가지 고집이 여러 번 반복된다. 공사상을 펴고자 하는 《금강경》의 목적은 '나'라고 하는 것을 지우는 데 있기 때문이다. 《금강경오가해》 가운데 육조 스님의 해석을 보면, 아상·인상·중생상·수자상 즉 나라는 고집, 사람이라는 고집, 중생이라는 고집, 목숨이 길다는 고집을 관련시켜서 풀이하고 있다. 이 네 가지 중에서 나라는 고집이 기본을 이루는데 이 고집이 현재와 과거와 미래로 뻗친다는 것이다. 즉 아귀나 축생의 목숨이 아니라 사람의 목숨을 받았다고 하는 자부심을 현재에 가지고 있는 것이다. 이것이 사상의 두번째인 인상이다. 또 중생들의 윤회를 볼 때 이 몸 저 몸으로 뒤바뀌어지지만 생명은 연속되고 있는데, 이 생명이 연속되는 것은 과거로부터 현재까지 계속된다고 계산하는 것이다. 이것이 사상의 세번째인 중생상이다. 또 사람들은 자신의 수명을 생각할 때 상당히 길다고 생각한다. 이것은 현재부터 미래까지 나의 수명이 계속될 것이라고 믿고 있는 수자상이다. 사상 가운데 네번째가 되는 것이다.

아상을 기본으로 해서 인상은 현재의 내 목숨에 대해서 고집하는 것이다. 중생상은 과거로부터 현재까지 내가 계속된다고 고집하는 것이고, 수자상은 나의 목숨이 현재로부터 미래까지 계속된다고 고집하는 것이다. 사상이라는 네 가지 고집 전체가 결국 나에 대한 고집이 된다.

사상 즉 네 가지 나에 대한 고집은 인간의 잘난 체하는 습성에 대한 흥미 있는 관찰이다. 아상 즉 나라고 하는 상은 기본이 되거니와 인상은 다른 것에 비해서 내가 잘났다고 하는 것이다. 인간의 욕망은 끝이 없다. 하나를 가지면 둘을 가지고 싶어하고, 말을 타면 종을 부리고 싶어한다. 욕망이 무한할 뿐만 아니라 남보다 더 오르고 싶은 마음도 있다. 하지만 모든 인간의 그 같은 욕망은 다 충족될 수가 없다. 이때에 인간은 남에 비해서 자기가 아쉬운 대로 잘산다고 생각한다. 또 남에 비해서 못산다고 생각하기도 한다. 이 '남에 비해서'라는 생각이 현재의 생활에 만족하면서 살게 만드는가 하면 더 높은 곳을 향하여 일을 저지르게 만들기도 한다.

중생상 즉 나는 깨끗한 체할 것도 없고 혼탁한 세상과 그럭저럭 어울려서 살면 된다는 생각은 사람으로 하여금 미혹의 진흙 구덩이에서 벗어나지 못하게 만든다. 재래식 화장실에 구더기가 우글거리는 것처럼 이 탁세에서의 삶을 전부로 알게 만드는 것이다. 이 중생상에서 볼 때 부처님의 열반은 이상하게만 생각된다. 이 세상을 버림으로써 진정한 법신을 얻겠다는 것이 완전히 이해가 가지 않는 것이다. 또 수자상 즉 우리가 목숨을 가졌다는 생각 때문에 부처님이 별도로 가지고 있던 목숨을 버리는 것처럼 부처님의 열반을 오해하게 된다.

어떤 이는 '나'라는 고집이 문제가 된다는 말을 듣고 열반사덕인 상락아정에도 '나'가 있는데 어째서 여기서는 다시 나라는 생각이 잘못되었다고 하는가 하고 의아해 할 수도 있다. 그러나 상락아정의 나와 아상의 나는 다르다.

아상의 나는 실제로 나가 아닌 것을 나라고 집착하는 것이다. 현재 이 자리에 있는 나는 다겁 전생의 습관이 뭉쳐서 된 것이다. 우리가 태어난 것도 인간들이 오래 전부터 해오던 습관에 의해서 이루어졌고 눈과 귀와 코와 혀와 몸의 요구에 따라서 갖가지 좋아하는 것을 접촉하고자 하고 재물·명예·권력 등을 탐하는 것도 다겁생래의 습관 때문이다. 마치 물에는 일정한 모양이 없음에도 불구하고 둥근 그릇에 담으면 둥글게 되고 네모난 그릇에 담으면 네모를 이루듯이 본래의 나는 정해진 욕망의 습관이 없지만 중생으로서의 우리는 욕망에 길들여져 있다. 전생의 습관에만 길들여져 있을 뿐만 아니라 현재 한국의 문화에도 길들여져 있다. 수십 년 동안 서양의 노래를 들어온 우리는 우리 나라의 전통 노래인 창을 즐겨 듣지 않는다. 늘어지는 곡을 좋아했던 우리는 이제 빠르다 못해 곡조까지 붙이지 않은 것을 좋아하기에까지 이르렀다. 어떤 시대의 문화 습관에 길들여지는 것이야 별문제가 아니지만 욕망의 충족에 길들여졌다는 데 문제가 있는 것이다. 그래서 중생인 나는 진실한 나가 아니라 업의 뭉치이고, 업이 조종하는 대로 움직이는 꼭두각시에 불과하다. 설사 업을 나라고 치더라도 업은 전달성만 있을 뿐이고 영구적인 실체성이 없다. 마치 불이 옮겨 붙을 때에 먼저의 불이 뒤로 이동하는 것이 아니라, 불기운만 옮겨서 새로운 불을 연속적으로 만드는 것과 같다.

  부처님이 열반에 드시는데, 그 열반에 진정한 나가 있는 것을 모르고 무상하게 변화되는 법에 굴복되었다고 보는 것은 중생들이 실체가 없는 업의 나를 붙잡고 영원을 구하고자 하기 때문이다. 부처님이 열반을 통해서 얻은 진정한 나 즉 열반사덕인 상락아정의 하나인 나는 업으로 되어 있는 개인적인 나를 완전히 소멸함으로써 얻어진 것이다. 나뭇잎으로 목숨을 삼는 작은 나를 버리고 봄·여름·가을·겨울 전체를 목숨으로 삼는 우주아를 깨닫는 것이다. 그래서 그 우주아는 나되 이미 나가 아니다. 개인적인 나를 떠났기 때문이다.

  물론 여기에도 주의해야 할 점은 있다. 부처님이 가을이면 떨어지는 나뭇잎의 목숨을 떠나서 사계절 자체를 몸으로 삼는다고 해서 인간의 육체를 가졌던 부처님이 갑자기 하늘을 날게 되거나 육체가 없어지는 것이 아니다. 그 몸은 이 땅 위에서 조그마한 공간을 차지하고 있을 수밖에 없다. 늙음과 병듦과 죽음을 회피할 수 없는 초라한 인간의 모습을 그대로 지니고 살아야 한다. 또 죽어야 한다. 그러나 업에 의해서 조종받는 나에게 집착하지 않기 때문에 늙음과 죽음은 우주의 숨결에 불과하다. 숨을 내쉴 때의 삶이 숨을 들이쉴 때의 죽음으로 나타날 수도 있다. 그래서 나를 지운 부처님에게는 죽음이 있을 수 없다. 열반에 뒤따르는 항상함과 미묘한 즐거움과 진정한 나와 깨끗함만 있을 뿐이다.

37. 잘못 이해한 상락아정 (애탄품 8)

> 욕망이 완전히 쉴 때 완전히 버릴 수 있고 완전히 버릴 수 있을 때만 영원한 사랑을 얻을 수 있다. 완전한 버림으로 얻은 사랑에 의해서만, 아무래도 지울 수 없는 즐거움을……

일생 동안 무상·무아·고·공 즉 인생의 덧없음과 괴로움과 내가 없음과 좋을 것이 없음을 가르쳐 오던 부처님께서 이제는 그것들만이 전부가 아니고 참다운 항상함·즐거움·나·청정함이 있다고 설하신다. 이전의 무상·무아·고·공은 중생들의 잘못된 집착을 부수기 위해서 강조했거니와 이제 그 모든 번뇌를 여의고 불도를 이루어 열반의 경지에 들게 되면 그곳에는 무상·무아·고·공의 정반대 되는 것이 있다는 것이다.

너희들이 말하기를 우리도 무상하고 괴롭고 내가 없다는 생각들을 닦는다 하지만 그 세 가지 닦는다는 것이 진실한 것이 아니니라. 내가 이제 썩 좋은 세 가지 닦는 법을 말하리라. 괴로운 것에 즐겁다는 생각을 내고 즐거운 것에 괴롭다는 생각을 내는 것이 뒤바뀐 법이요, 무상한 것에 항상하다는 생각을 내고 항상한 것에 무상하다는 생각을 내는 것도 뒤바뀐 법이요, 내가 없는 것에 나라는 생각을 내고 나에게 내가 없다는 생각을 내는 것도 뒤바뀐 법이요, 부정한 것에 깨끗하다는 생각을 내고 깨끗한 것에 부정하다는 생각을 내는 것도 뒤바뀐 법이니, 이렇게 네 가지 뒤바뀐 법이 있으므로 사람이 법을 옳게 닦을 줄 모르느니라. 너희 모든 비구들이 괴로운 법 속에서 즐겁다는 생각을 내고 무상한 속에서 항상한 생각을 내고 내가 없는 속에서 나라는 생각을 내고 부정한 속에서 깨끗하다는 생각을 내는 것이니라.
　세간에도 항상하고 즐겁고 나이고 깨끗함이 있고, 출세간에도 항상하고 즐겁고 나이고 깨끗함이 있거니와 세간법은 글자만 있고 뜻이 없는 것이요, 출세간법은 글자도 있고 뜻도 있는 것이니라. 왜냐하면 세간법에는 네 가지 뒤바뀜이 있으므로 뜻을 알지 못한다 함이니라.

　부처님은 당신이 그 동안 가르쳐 온 것이 있으므로 제자들이 무엇을 닦는가를 잘 알고 있다. 바로 무상하고 괴롭고 나가 없다는 것이다. 그러나 부처님은 그것이 진실한 것이 아니라고 말씀하신다. 그리고 보통 사람들이 잘못 생각하는 것 네 가지를 낱낱이 일러주신다. 첫째 무상한 것에는 항상하다는 생각을 내고 항상한 것에는 무상하다는 생각을 내는 것, 둘째 괴로운 것에는 즐겁다는 생각을 내고 즐거운 것에는 괴롭다는 생각을 내는 것, 셋째 내가 아닌 것에 나라는 생각을 내고 나인 것에는 내가 아니라는 생각을 내는 것, 넷째 더러운 것은 깨끗하다 하고 깨끗한 것은 더럽다고 하는 것이 뒤바뀐 견해라고 하신다. 물론 속세에서도 무상과 항상, 고와 낙, 무아와 아, 부정과 청정이 있기는 하지만 그것은 보통 사람들이 생각하는 일반적인 구분이다. 출세간에서 말하는 진정한 구별은 알지 못한다는 것이다.
　첫째, 보통 사람들이 무상한 것을 항상하다고 하고 항상한 것을 무상하다고 하는 것부터 생각해 보자. 권력이 무상한 것은 길게 이야기하지 않아도 잘 알기 때문에 새롭게 거론할 필요가 없을 것 같다. 우리 나라 장관의 평균 수명은 일년 남짓 될 정도로 짧다. 이리 몰리고 저리 쏠리고 하는 정객들을 늘 보아오고 있는 터이다. 요즘에는 인기 스타도 부침(浮沈)의 템포가 아주 빠르다. 예전의 스타들은 한번 마음에 두면 일생의 연인이었는데 요즘에는 그런 일은 없다. 새 스타에 대해서 정이 들기 전에 그의 인기가 사라져 버리기 일쑤니까 말이다. 명예도 마찬가지다. 명예의 허무함은 정권이 바뀔 때마다 충분히 보아 왔다. 재물의 무상도 쉽게 가늠할 수 있다. 만약 재벌의 총수가 한 수만 잘못 놓으면 그 재벌 전체가 몰락하는 것은 시간 문제이다. 이것들은 모두 외적인 것이다.

모든 사람이 가장 중요하게 여기는 것은 사랑이다. 부모 자식 간의 사랑이야 본능적인 것이니 그것의 무상을 거론할 필요가 없을 것 같다. 문제는 혈연 관계가 없는 사람 간의 사랑 특히 남녀간의 사랑이다. 이 세상에 분명히 사랑의 인연은 있다. 만나면 공연히 기쁘고 울렁거리는 상대가 있을 수 있다. 하지만 그 울렁거림이 얼마나 가는가. 신선한 사랑과 감동은 대부분의 경우에 3년을 넘지 못한다. 외국에서 순수한 사랑의 감정이 얼마 동안이나 계속되느냐는 설문 조사를 한 적이 있다. 그런데 사람이 같이 있을 경우 계속적인 사랑의 감정은 3개월을 넘기지 못하는 것이 대부분이라고 한다. 물론 장애가 있고 떨어져야만 하는 사랑일 경우 수십 년 동안 지속적으로 이어질 수도 있지만 같이 있을 경우 그렇다는 것이다. 그 다음은 죽을 때까지 예의의 사랑 의무의 사랑으로 산다는 대답이었다. 우리 나라 속담에도 있지 않은가. 처음에는 사랑으로 살지만 나중에는 정으로 산다는 말이다. 세상을 살아보고 사랑을 해본 사람은 사랑이라는 것도 별수가 없다는 것을 알게 된다. 상대가 나쁘다거나 상대가 변하기 때문에 사랑이 변하는 것이 아니라 이 세상의 모든 것이 변해서 사랑까지도 변하지 않으면 안 되게 되어 있는 것이다. 친구나 이웃 간의 인간 관계도 역시 무상하다. 권력이나 재물이 개입될 때 친하던 사람이 소원해지는 예는 얼마든지 있다.

그러나 우리 범부들은 항상하지 않은 것을 항상하다고 생각한다. 나와 내 것이 항상 있을 수 있다고 생각한다. 그러나 부처님은 나와 내 것은 항상한 것이 아니고 오직 여래의 법신만 항상하다고 한다. 법의 몸은 다 버리는 데서 얻어지는 것이다. 다 버리는 데서 얻어지기 때문에 잃어버릴 것도 변할 것도 없다. 변할 것이 없으니 항상할 수밖에 없다.

다음은 즐거운 것과 괴로운 것을 혼돈하는 문제이다. 세상에서 무엇이 가장 즐거운가. 먹는 것일까. 입는 것일까. 심리학자들은 가장 즐거운 것으로 음식과 섹스를 꼽고 있다. 그런데 요즘에는 음식이 너무 풍부해서 음식의 즐거움은 실감이 나지 않을 것이다. 섹스에서 오는 즐거움을 생각해 보자. 한 청년이 파트너를 만나서 한동안 연애를 했다. 주로 만나서 차 마시고 대화하고 등산을 하면서 지냈다. 3년이 지나도록 손을 잡는 일도 없었다. 그러다가 어느 날 손을 잡고 대화하게 되었다. 약 6개월을 손을 잡으면서 연애를 했다. 그런데 남자가 곰곰이 생각해 보니 손을 잡지 않고 지내던 3년 동안 느꼈던 사랑의 감정이 나지 않는 것이었다. 여자 쪽도 마음이 시들해졌다. 결국 그 연애는 끝나고 말았다. 이 경우에 사람들은 궁합이 맞지 않아서 그렇게 되었다고 말할 것이지만 심리학자들은 모든 인간은 손을 잡는 순간 대결의식이 생긴다고 한다. 이 대결의식이라는 말은 성 심리학자가 쓰는 말이기 때문에 정확하게 무슨 의미인지는 모르겠다. 여하튼 남녀는 대결적인 긴장 속에서 순수한 사랑보다는 정복감이나 예속감을 얻으려고 한다는 것이다.

성적인 즐거움이 별것이 아니라면 더 이상 즐거운 것은 무엇이 있겠는가. 사람들이 끊임없이 미련을 갖고 즐거움을 얻기 위해서 덤비지만 그 같은 욕망의 충족으로는 진정한 즐거움을 맛볼 수 없다고 한다. 오직 번뇌를 완전히 소멸해 버린 열반에서만 참다운 즐거움을 얻을 수 있다고 한다. 욕망이 완전히 쉴 때 완전히 버릴 수 있고 완전히 버릴 수 있을 때만 영원한 사랑을 얻을 수 있다. 지워도 지워도 지울 수 없는 즐거움을 얻을 수 있다.

다음은 거짓 나와 참다운 나의 혼동이다. 중생들은 업 덩어리를 나로 착각하는 경우가 많다. 이 업 덩어리는 우리가 살아온 다겁생래의 관습이 모인 것이다. 그 업 뭉치는 오욕락을 향해서 지침 없이 달려가는 과거의 습관이 있기 때문에 그 습관을 따라주지 않으면 내가 괴롭다. 마치 신기 들린 사람이 자기에게 들린 신기가 시키는 대로 따르지 않으면 신기가 심술을 내고 몸을 아프게 하는 것과 같다. 그러나 업 습관이 시키는 대로 따라가다 보면 몸과 마음을 망치게 된다. 열심히 출세를 위해서 노력하면 돈과 명예를 얻을 수도 있겠다. 그러나 그것은 겉모양이고 그 내면으로 깊숙이 들어가 보면 인생을 살피지 않고 멍하게 살고 있거나 인생을 생각하기만 하면 내부로부터 무엇이라고 규정하기 어려운 무상감이나 허무감이 느껴진다. 그래서 부처님은 진정한 나를 세상의 업에서 찾으려고 하면 그것은 전도된 나이고 오직 모든 욕망의 마군을 쳐부수고 우뚝 일어서 여래의 몸에서 얻어야 한다고 가르치신다.

상락아정(常樂我淨)의 열반사덕 가운데 마지막으로 깨끗함과 더러움의 혼돈 문제가 있다. 여기에서는 속세에 있는 것은 무조건 더러운 것이고, 출세간의 것은 무조건 깨끗한 것이라고 규정할 수가 없다. 왜냐하면 인간이 몸을 가지고 있다고 하는 사실 그 자체가 속세에 있는 것이기 때문이다. 몸은 입혀 줘야 하고 먹여 줘야 하고 적당한 사랑을 주면서 양육해야 하기 때문에 몸을 가지고 있는 한 아무리 깊은 산으로 도망치더라도 그곳은 추한 세상이 될 수밖에 없다. 보통 사람들은 옷을 깨끗이 입고 돈도 많이 소유하지 않고 나쁜 마음도 먹지 않으면 깨끗한 것이라고 생각한다. 그것은 깨끗한 것이 아니고 깨끗한 모양을 한 것뿐이다. 그 모양 속에 숨어 있는 인간의 중생심은 항상 꿈틀거리고 있기 때문이다.

따라서 더러움과 깨끗함에 혼돈되지 않는 길은 우리가 그전에 생각해 본 바 있는 연꽃의 비유에서 나타나는 정신을 실천하는 것뿐이다. 연꽃의 네 가지 비유 가운데에는 진흙 속에 있으면서도 진흙에 물들지 않는다는 처염상정(處染常淨), 진흙에서 양분을 얻어서 연꽃으로 토해 낸다는 취염토련(取染吐蓮) 그리고 끝까지 진흙으로 돌아가지 않는다는 본래연화(本來蓮華)가 있다. 이러한 자세로 우리는 부처님과 보살의 길을 살아야 하는 것이다.

38. 우유를 금한 후 다시 쓴 의사 (애탄품 9)

> 부처님은 마음속의 참다운 나를 인정하지만 외도들을 굴복시키기 위해서 내가 없다고 말했다. 외도들도 내가 있다고 말하기는 하지만 그 나와 부처님이 말하는 나는 다르다.

《열반경》에서 처음에는 우유 약을 폐지하게 하고, 뒤에 다시 우유 약을 쓰게 한 비유는 아주 중요한 의미를 갖는다. 왜냐하면 항상 제자들에게 무상·무아·고·공을 가르치던 부처님께서 이제 완전히 그 반대를 설하시기 때문이다. 이 비유의 이야기는 길기 때문에 인용하기보다는 그 줄거리만을 간추리는 편이 좋을 것 같다.

옛날에 어리석은 임금과 어리석은 의사가 있었다. 임금은 의사의 실력도 알지 못하면서 무조건 의사만을 믿고 의사의 처방대로 약을 쓰게 했다. 의사는 병이나 약에 대해서는 잘 몰랐다. 전국적으로 아프다는 이가 있으면 무조건 우유로 만든 약을 먹게 했다. 그때 한 손님 의사가 그 나라에 들러서 그 같은 행태를 보고 그 나라 백성을 위해서 약 쓰는 법을 바로잡기로 마음먹었다. 어리석은 의사의 소개로 왕을 만난 손님 의사는 왕에게 병과 약에 대한 것을 자세히 설명함으로써 왕이 지금까지 데리고 있던 의사가 엉터리라는 것을 깨닫게 했다. 그래서 왕은 그전의 의사를 파면하고 손님 의사를 새로 채용했다.

손님 의사가 가장 먼저 한 일은 왕의 명령으로 그전에 엉터리 의사가 먹게 했던 우유 약을 아무도 먹지 못하게 하는 것이었다. 만약 우유 약을 먹으면 목을 베겠다고 엄포도 놓았다. 그런데 임금 자신이 나라에 유행하던 병에 걸렸다. 의사가 진찰해 보니 그 병에는 우유 약이 필요했다. 의사는 왕에게 우유 약을 먹어야 한다고 말했다. 그러자 왕은 펄쩍 뛰며 놀랐다. 우유 약을 먹으면 목을 베겠다고 전국민에게 공포한 지가 엊그제인데 이제 임금 자신이 우유 약을 먹어야 한다고 하니 기가 막힐 일이었다. 그래서 임금은 새 의사가 미친 것이 아닌가 하고 의심하기도 했다. 그러나 새 의사의 진지한 설명과 설득을 듣고 우유 약을 먹은 다음에 병이 말끔히 나았다.

이제는 그 병에 걸린 국민들이 먹어야 할 차례이다. 의사는 왕으로 하여금 우유 약을 먹도록 전국민에게 공포하게 했다. 왕이 그랬듯이 국민들은 이게 무슨 소리냐고 의아해 했다. 그 약을 먹으면 큰일난다고 하더니 이제 다시 같은 약을 먹으라고 하는 처사가 어이없었기 때문이다. 그러나 왕의 설득에 국민들이 우유 약을 먹고 모두 병이 나았다. 이 비유를 말하고 나서 부처님은 비유로 나타내고자 하는 뜻을 밝히신다.

너희 비구들이여, 여래도 그와 같아 훌륭한 의사로서 세간에 나서 모든 외도인 나쁜 의사를 항복받는 것이며, 사부대중에게 말하기를 '나는 유명한 의사인지라 외도들을 굴복시키기 위하여 나란 고집도 없고, 사람이란 고집, 중생이란 고집, 오래 산다는 고집도 없고, 양육과 지견과 짓는 이나 받는 이가 모두 없다'고 하였느니라.

비구들이여, 외도들이 '나'라고 말하는 것은 벌레가 나뭇잎을 먹어 글자를 이룬 것과 같느니라. 여래가 불법에는 내가 없다고 말하였으니 이는 중생을 조복하기 위한 것이며 시기를 아는 까닭이니라. 그래서 나랄 것이 없다고 하다가 인연이 있어서 또 내가 있다고 하였으니 저 명의가 우유의 약 되는 일과 약 되지 않는 일을 잘 아는 것과 같은 것이고, 범부들이 억측하는 '나'라는 것과는 같지 아니하니라. 범부나 어리석은 사람이 나라고 억측하는 이는 혹은 크기가 엄지손가락 같다고 하고 혹은 겨자씨 같다고 하고 혹은 티끌 같다고 하거니와 여래가 말하는 나란 것은 그런 것이 아니니라.

 그러므로 모든 법이 내가 없다고 하지마는 진실로 내가 없는 것도 아니니 어떤 것이 나인가. 만일 어떤 법이 진실하고 참되고 항상하고 주재가 있고 의지가 있어서 성품이 변하지 아니하면 이것을 나라고 할 것이니 저 명의가 우유 약을 잘 아는 것과 같느니라. 여래도 그와 같아서 중생을 위하는 까닭으로 모든 법 가운데 진실로 내가 있다고 말하는 것이니 너희 사부대중은 이렇게 이 법을 닦아 익힐지니라.

 부처님은 마음속의 참다운 나를 인정하지만 외도들을 굴복시키기 위해서 내가 없다고 말했다는 것이다. 외도들도 내가 있다고 말하기는 하지만 그 나와 부처님이 말하는 나는 다르다는 것이다. 외도들이 말하는 나는 마치 저 어리석은 의사가 병이나 약에 대해서 아무것도 모르면서 무조건 우유 약을 먹으라고 말한 것과 같고 또 벌레들이 나뭇잎을 갉아 먹다가 우연히 글자가 된 것과 같다는 것이다. 외도들은 내가 무엇인지 모르면서 내가 있다고 주장한다는 말이다. 그래서 외도들은 나를 실체적인 것으로 생각해서 그 나라고 하는 것을 엄지손가락 크기만 하다고 말하기도 하고 또는 겨자씨나 티끌만 하다고 말하기도 한다는 것이다. 그러나 부처님이 말하는 나는 저 새 의사가 우유 약을 금한 다음에 다시 우유 약을 쓴 것과 같아서 진실로 참되고 항상하고 주재가 있는 법이라는 주장이다.

 부처님은 자신이 오랫동안 세상이 무상하고, 내가 없고, 괴롭다고 말해 온 것을 잘 알고 계신다. 이 《열반경》에 들어서 무상함을 항상함으로 바꾸고, 괴로움을 즐거움으로 바꾸고, 또 나란 것이 없음을 나란 것이 있음으로 바꾸다 보니 왜 그래야 하는지를 자세히 설명할 필요가 있다고 생각하신 것이다. 그래서 이렇게 긴 우유 약의 비유를 든 것이다. 또 앞에서 부처님은 무상함과 내가 없음과 괴로움을 설한 데는 각각에 해당되는 상대가 있었다는 말씀도 하신다.

내가 없는 것은 생사요, 나라는 것은 여래며, 무상하다는 것은 성문과 연각이요, 항상한 것은 여래의 법신이며, 괴로운 것은 모든 외도들이요, 즐거운 것은 열반이며, 부정한 것은 하염 있는 법이요, 깨끗한 것은 부처님과 보살이 가지는 바른법이니라.

여기서 부처님은 무상하고, 내가 없고, 괴롭고, 깨끗하지 못한 것이 무엇인가를 밝히고 아울러 진정으로 항상하고, 나이고, 즐겁고, 깨끗한 것이 무엇인가도 나타낸다. 부처님이 내가 없다고 한 것은, 나고 죽는 것이 내가 없다고 한 것이지 여래마저도 내가 없다는 뜻이 아니라는 것이다. 여래는 내가 있다는 것이다. 또 무상하다는 것은 아직 성문과 연각이며 여래의 법신은 항상하다는 것이다. 또 괴로운 것은 외도들이요 열반이 아니며 열반은 즐겁다는 것이다. 그리고 깨끗하지 못한 것은 인간의 억지적인 의지가 작용하는 인위적인 것이고 바른법은 깨끗하다는 것이다.

《열반경》은 없다고 하는 데서보다는 있다고 하는 데서부터 출발하려고 한다. 그런데 열반에 나타나는 네 가지 좋은 것으로 항상하고, 즐겁고, 나이고, 깨끗한 것이 있다고 하지만 그 대상을 법신·열반·여래·진리로 한정하고 있다. 지금 우리 중생으로서의 내가 있다는 것이 아니다. 그래서 불교 일반의 기본적인 가르침과 조금도 어긋나는 점은 없다.

그렇다면 《열반경》은 요즘 사람들에게 불교를 설명하는 데 새로운 방법을 제시한 셈이다. 불교는 지금까지 내가 없다는 말을 계속해 왔는데, 그 없다고 하는 것 때문에 사람들이 불교를 어려워한다. 우리는 보통 나와 너를 구별해서 대화를 하고 인간관계를 맺는데 똑같은 말로 내가 없다고 하니까 분명히 이 자리에 있는 나는 무엇인가 하고 의아해 하기 십상이다.

만약 불교에서 내가 있다고 말하되 다만 우리에게 나라고 볼 수 없는 것이 무엇 무엇이라고 밝히면 진정한 나를 보는 데 훨씬 도움이 될 수도 있다. 우리에게 있는 습관의 업이라든지 찰나 찰나 변화하는 몸이라든지 또 몸을 구성하고 있는 지수화풍(地水火風) 사대나, 현대식으로 말해서 몸을 구성하는 원소가 다 주체가 없는 상태에 있으므로 그것들을 빼고 난 다음 진짜의 나를 찾아야 한다고 말한다면 사람들은 불교를 이해하기가 훨씬 쉽다고 생각할 수도 있을 것 같다. 물론 내가 없다고 말함으로써 인간 존재의 실상을 보게 하려고 하다가 뒤집어서 내가 있다고 함으로써 거짓 나를 벗겨 내려고 하는 것은 조삼모사와 다를 바 없다. 하루에 원숭이의 식사로서 주는 도토리의 양은 똑같으면서 아침에 주는 도토리 숫자와 저녁에 주는 도토리 숫자를 바꾸는 것과 같다는 말이다.

 불교가 설명하기도 어렵고 이해하기도 어려운 이유 가운데 하나는 있다는 말과 없다는 말이 어떤 현장감을 지니고 다가오지 않기 때문이다. 특히 없다는 말을 쓸 경우에 더욱 그러하다. 멀쩡히 살아서 말하는 사람보고 내가 없다고 하니까 불교를 추상적으로 이해하고 지나치려고 하게 된다. 《열반경》처럼 있다는 말로 기본을 잡고, 진실로 있는 것만을 밝히면 될 것이다. 가령 우리의 몸과 마음을 볼 때 있다고 하는 데서 시작한다면 먼저 확실하게 있는 것으로 우리 몸과 마음의 기능을 들 수 있을 것이다. 몸과 마음이 움직이는 효과는 경험적으로 확실하게 우리가 직접 느낄 수 있기 때문이다. 그런데 사람들이 깊이 생각해 보지 않아서 없는 것을 있다고 생각해 온 것이 있다. 바로 몸과 마음의 실체이다. 몸과 마음은 일정한 시간 동안만 있다는 것을 전제로 해서 있는 것으로 영원히 있는 것을 전제로 해서 본다면 없는 상태이다. 이처럼 우리에게 나라는 것이 있다는 데서부터 시작하더라도 깊이 생각하면 실제로 없는 것을 가려내게 된다. 《열반경》에서 내가 있다는 데서부터 가르침을 주려고 하는 이유도 여기에 있는 것 같다.

넷 • 째 • 마 • 당

호법과 금강의 몸

―――――――――― • ――――――――――

"여래께서 중생들에게 원망하고 미워하는 마음을 낸
것이 아니오이까. 세존께서는 예전에 무슨 죄악을
지었사오며, 얼마나 되는 생명을 살해하였삽길래 이렇게
단명하여 백 년도 향수하지 못하나이까."
(장수품)

"선남자여, 그러기에 법을 보호하려는 우바새들은 칼과
작대기를 들고 법을 지닌 비구를 옹호하여야 하느니라.
설사 5계를 받아 가지었더라도 대승이라고 말하지
못하려니와, 5계를 받지 않고도 바른 법을 수호하는 이는
대승인이라고 할 것이니, 법을 수호하는 이는 칼이나
병장기를 들고 법사를 호위할 것이니라."
(금강신품)

"선남자여, 비유하건대 농부가 봄에 씨를 뿌리고 항상
풍년들기를 희망하다가 가을에 열매를 거두면 모든
희망이 쉬듯이, 선남자여, 모든 중생도 그와 같아서……
이 대반열반은 모든 중생들로 하여금 나고 죽는
물결에서 벗어나게 하는 연고니라."
(명자공덕품)

39. 성문에게 불법 부촉 못해 (장수품 1)

> 부처님의 말씀을 전해 주지 않으면 부처님의 입을 봉하는 것과 같고, 부처님의 마음을 전해 주지 않으면 부처님의 뜻을 버리는 것과 같다. 아무리 불법이 참 생명의 빛이라도……

누가 부처님의 법통을 잇기에 적합한 것일까. 비구들은 열반에 드는 부처님께 대를 이어서 법을 전할 후계자를 선정하는 문제를 상의한다. 제자들은 소승 비구들은 적합치 않고 대승 보살에게 전해야 한다고 사뢴다. 이와 관련해서 우리는 전법의 중요성과 왜 소승 제자가 아닌 대승 제자에게 법통을 전해야 하는지에 대해서 알아야 할 것이다.

세존이시여, 저희들은 여래에게 문자올 지혜가 없나이다. 세존이시여, 이를테면 어떤 노인이 나이는 120살인데 오랫동안 병들어 누워 마음대로 일어나지도 눕지도 못하며 기력이 허약하여 남은 수명이 많지 못하였는데, 한 부자가 볼일이 있어 타관으로 떠나가면서 황금 1백 근을 이 노인에게 맡기고 말하기를 '나는 볼일이 있어 타관으로 가게 되었기에 이 보물을 맡기니 10년이나 20년 후에 내가 다시 돌아오거든 돌려달라'고 하였나이다.

노인이 부탁을 받았으나 자손이 없었고 그 뒤에 오래지 않아 병이 더하여 죽어 버렸고 맡았던 재산도 모두 잃어버리고 말았나이다. 그 후에 부자가 돌아왔으나 맡겼던 재산을 찾을 길이 없었나이다. 이 어리석은 사람이 재산을 맡겨도 무방할지 어떨지를 요량하지 못하였으므로 다녀와서도 찾을 데가 없었고 그 인연으로 재산을 잃었나이다.

세존께서도 그와 같아서 만일 법보를 아난이나 여러 비구들에게 부촉하시면 오래도록 세상에 머물지 못할 것이옵니다. 왜냐하면 모든 성문이나 대가섭은 다 무상하여서 늙은 사람이 남의 보물을 맡은 것과 같기 때문입니다. 그러므로 위없는 불법을 보살들에게 부촉하시옵소서. 보살들은 문답도 잘하는 터이므로 부촉하신 법보가 오래도록 머물러 있어서 한량없이 오랜 세월을 내려가면서 더욱 성행하여 많은 중생을 안락케 함이 장정이 남의 재산을 맡은 것과 같겠나이다. 그러므로 보살들이라야 물을 수 있으려니와 저희들의 지혜는 모기나 등과 같사오니 여래의 깊은 법을 어떻게 묻사오리까.

〈장수품〉에 들어와서 부처님은 다시 계율에 대해서 물을 것이 있으면 물으라고 비구들에게 말씀하신다. 그러나 비구들은 지혜가 없어서 물을 수가 없다고 대답한다. 물을 줄 알면 벌써 반 이상을 배운 것과 같다. 요점이 되는 것을 물으려면 그 문제에 대한 기본 지식과 연구가 있어야 하기 때문이다. 비구들은 묻기도 어렵거니와 물음에 대해서 부처님이 응답을 했을 때 그것을 소화할 수 있는 준비가 되어 있지 않다는 것이다.

비구들은 아난이나 가섭 존자 같은 소승 비구들에게 불법을 맡겨 두고 부처님이 열반에 드시면 불법이 제대로 후세에 전해지지 못할 것이라고 사뢴다. 그 이유를 설명하기 위해서 비유를 든다. 소승 비구들에게 불법을 위촉하는 것은 자식도 없고 나이가 많은 노인에게 황금을 맡겨 두고 길을 떠나는 것과 같다는 것이다. 여기서 비구들은 대승 보살들에게 불법을 맡겨야 한다고 주장을 하고 부처님도 그 생각이 옳다고 칭찬하신다.

모든 불경들은 한결같이 불법을 남에게 전해 주는 것을 강조하고 있다. 조사 스님들도 부처님의 은혜를 갚는 길은 불법을 널리 전하는 일이라고 한다. 부처님을 머리에 이고 삼천대천 세계를 다 돌아다닌다고 하더라도 불교를 전파하지 않으면 그 지극한 노력과 정성이 무용지물이 된다고 한다. 아무리 불법이 참 생명의 빛과 같은 것이라 하더라도 사람들에게 전해져서 이익을 주지 못하고 사장되어 버리면 아무 소용이 없기 때문이다. 부처님의 말씀을 전해 주지 않으면 부처님의 입을 봉하는 것과 같고, 부처님의 마음을 전해 주지 않으면 부처님의 뜻을 버리는 것과 같다.

필자는 얼마 전에 아들을 결혼시킨 후에 크게 후회하고 상심하는 불자를 만나서 대화한 적이 있다. 그 불자는 시댁의 전통을 따라서 불교를 믿어 왔다. 시댁은 대대로 불교 집안이었다고 한다. 옛날에는 불교를 믿는다고 하면서도 일년에 서너 번만 절에 가면 되는 것으로 알고 있었으나 요즘에는 사찰 법회가 많이 열리기 때문에 매월 1회 이상은 절에 다닌다고 한다. 그 불자님은 불교에 대해서 잘 알지는 못하지만 불교신자로서의 긍지는 대단했다. 며느리를 얻으면 집안의 대를 이어서 불교를 믿게 해야겠다고 작정하기도 했다. 그렇게 하려면 본인이 직접 며느릿감을 골라야 하는데 뜻밖의 일이 생겼다. 어느 날 아들이 사귀는 여자를 데리고 와서 결혼시켜 달라고 조르는 것이었다. 그 불자는 처음에는 반대했지만 자식을 이기는 부모 없다는 말처럼 아들의 뜻대로 결혼을 하게 했다. 그러나 며느리에게 종교만은 불교를 택해야 한다고 단단히 다짐을 해두었다.

그런데 약속과 달리 며느리가 서양 종교의 교당에 나가는 것이었다. 그것도 아주 극단 광신적인 교파에 들어가 있었다. 시어머니는 아들에게 종교 문제를 이야기했지만 나중에는 아들마저도 며느리를 따라가는 것 같았다. 아들에게 물어 보니 며느리가 무엇을 배우는지 알아서 못 나가게 하려고 방편으로 나갈 뿐이라고만 대답했다. 삼 년을 그렇게 지내면서 아들은 타 종교 교당에 나가지 않게 되었지만 며느리는 그 종교에 광적으로 빠지다 못해 미쳐 버리고 말았다. 마침내 정신병원에 입원하게 되었고 이제는 이혼 문제를 거론할 지경에 이르렀다. 그 불자는 필자에게 후회막심하다는 말을 했다. 어렸을 때부터 부처님에 대해서 아들에게 이야기해 주고, 공양할 때마다 합장을 하게 하고, 부처님의 가르침 몇 가지만 일상생활에서 실천하게 했어도 아들이 종교 문제로 그처럼 흔들리지는 않았을 터인데 자신이 너무 어리석고 게을렀다고 뉘우쳤다.

이같이 후회할 일은 지금 말한 불자에게만 해당된 것이 아니다. 절에서 어린이나 청소년을 위한 법회가 제대로 운영되지 않는다는 핑계로 불자들은 자녀들의 종교교육에 소홀하다. 그러나 어렵게 불교를 가르치려고 할 필요가 없다. 삼귀의 · 오계 · 육바라밀 같은 것만 실천하게 하고, 공양할 때 합장하는 마음, 새벽이나 밤에 1분씩이라도 기도하는 시간을 갖게 하면 그것만으로도 아쉬운 대로 종교교육을 시킬 수 있다. 어머니의 헌신적인 사랑과 불교가 섞이면 자녀들은 불교를 어렵지 않게 접할 수 있다.

요즘에는 어린이나 청소년을 위한 불교 서적도 많이 나와 있다. 어려운 교리를 전달하려고 애쓸 필요도 없다. 사성제나 인연법을 알려줄 수 있으면 좋고 몰라도 상관없다. 절집에 널리 알려진 고승들의 공부 일화나 영험담 몇 개만을 이야기해 줘도 된다.

비구들이 소승과 대승을 구별하고 소승에게 불교 전법을 부탁하는 것은 120세 먹은 노인에게 황금을 맡겨 두는 것과 같다고 하지만, 소승 비구를 그렇게 보는 이유는 그들이 불교를 전하는 데 소극적이기 때문이었다. 만약 소승 비구들에게 불교를 펴라고 부탁하면 늙은 노인이 황금을 버리고 죽어 버린 것과 같이 될 것이라는 걱정이다. 그래서 대승 보살에게 불법 전수를 맡겨야 한다고 주장한다.

《맹자》에는 자신의 도를 전해 주는 데 주의해야 한다는 것을 일깨워 주는 이야기가 있다. 중국 하나라 때에 예라는 사람은 활을 잘 쏘는 명궁이었다. 그러다 보니 사람들이 궁술을 배우기 위해서 몰려들었다. 그중에서 봉몽이라는 사람의 재주가 특출한 것을 보고 스승은 그에게 비법을 전해서 명궁을 만들었다. 그런데 제자인 봉몽이 궁술을 다 배우고 나서 활쏘기에서 자신이 제1인자가 되어야 겠는데 자신의 스승이 마음에 걸렸다. 활을 잘 쏘기는 하지만 스승을 능가할 수는 없기 때문이다. 그래서 제자인 봉몽은 스승을 죽여 버렸다. 이 말을 들은 맹자는 스승인 예에게도 잘못이 있다고 말했다. 제자들이 깜짝 놀라서 이유를 묻자 맹자가 설명해 주었다. 스승이 죽은 것은 사람을 잘못 선택해 비법을 전수해 주었기 때문이라는 것이다. 재능을 기르는 것은 좋으나 그 재능이 바르게 쓰여질 것인가를 먼저 생각해 보았어야 한다는 말이다.

《열반경》에서의 소승 비구와 대승 보살의 차이는 궁술을 배운 다음 스승을 해치는 사람의 예와 같이 좋고 나쁨이 드러나는 것은 아니다. 오직 어느 쪽이 부처님의 진의를 바르게 그리고 열심히 전하느냐에 차이가 있을 뿐이다. 그러나 맹자의 평 즉 제자가 배운 것을 바른 용도로 사용할 것인지 아닌지에 대해서는 스승이 미리 생각해 봐야 한다는 원칙만은 분명히 해두어야 할 부분이다.

《열반경》에서 소승 비구와 대승 보살을 구별하는 것은 옛날 《열반경》이 설해질 때의 이야기이다. 북방불교에서는 태국·미얀마·스리랑카 등의 남방불교를 소승불교라고 부르기는 하지만 이것은 남방불교가 불교를 전하지 않고 북방불교만 불교를 전한다는 뜻이 아니다. 단지 아무리 불교를 열심히 전하더라도 내용에서 남방불교와 북방불교 간에는 차이가 있다. 남방불교에서는 여기 《열반경》에서 말하는 불신상주·실유불성·천제성불 같은 이야기를 알지도 못하고 인정하지도 않는다.

40. 가섭 보살의 질문 게송 (장수품 2)

> 순타품에서 순타 보살이 부처님에게 마지막 공양을 올릴 수 있는 영광을 받았고, 장수품에서는 가섭 보살이 부처님에게 마지막 질문을 할 수 있는 영광을 누리게 된다.

《열반경》에서 가섭 보살의 등장과 질문 게송은 아주 중요한 의미를 갖는다. 《열반경》의 대부분이 가섭 보살이 부처님에게 가르침을 이끌어 내는 형식으로 되어 있고 여기 〈장수품〉에 있는 물음에 의해서 《열반경》의 대부분이 설해졌기 때문이다.

〈장수품〉에 처음 등장하는 가섭 보살은 남본 《열반경》 25품 가운데 19품에 걸쳐서 부처님의 법문 파트너가 된다. 우리가 이미 읽은 〈서품〉 〈순타품〉 〈애탄품〉과 뒷부분에 있는 〈광명변조고귀덕왕보살품〉 〈사자후보살품〉 〈교진여품〉 이상 6품을 제외하고는 가섭 보살이 나타난다. 그러니까 이 〈장수품〉에 등장한 가섭 보살은 제21 〈영아행품〉까지 계속해서 머물다가 22품과 23품인 〈광명변조고귀덕왕보살품〉과 〈사자후보살품〉에서는 보이지 않는다. 다시 24품인 〈가섭보살품〉에 나타났다가 마지막 제25품인 〈교진여품〉에서는 다시 등장하지 않는다.

이 대승 《열반경》의 가섭 보살은 소승 《열반경》의 마하가섭과는 다르다. 대승 《열반경》에서 소승 비구인 가섭 존자를 부처님의 법문 파트너로 출연시킬 수 없는 두 가지의 이유가 있다. 첫째는 역사적으로 볼 때 가섭 존자는 부처님의 임종을 지켜 보지 않았다. 《열반경》은 부처님이 열반하기 직전에 설하신 법문을 기록한 경인데, 그 자리에 있지도 않았던 가섭 존자를 부처님에게 묻고 대답할 사람으로 만들 수가 없는 것이다. 가섭 존자 대신 가섭 보살이 등장해야만 하는 두번째의 이유는 소승과 대승의 차별이다. 가섭 존자는 소승의 성문(聲聞) 비구이다. 《열반경》은 대승경전인데 소승의 성문 비구에게 대승경전을 전하게 할 수는 없는 것이다. 대승경전은 대승 보살이 가르침을 받은 것으로 해야만 했다. 그래서 《열반경》은 "대승 가운데 한 동자 보살마하살이 있었으니, 다라 마을의 바라문인 대가섭이다."라고 설한다. 가섭 존자와 이름은 같지만 다른 사람이다. 소승의 가섭 존자는 왕사성 부근에 있는 마하사타라촌(摩訶娑陀羅村)의 바라문이었다. 가섭 존자는 나이가 많고 가섭 보살은 청년이다. 아마도 구도심이 왕성한 것을 나타내기 위해서 젊은 사람을 등장시켰을 것이다. 그리고 가섭 존자는 비구이지만 가섭 보살은 우바새의 모양을 하고 있다.

　가섭 보살을 등장시키기는 했지만 여기에도 문제가 있다. 《대지도론(大智度論)》에 보면 소승 삼장과 대승경전을 결집한 사람들이 각기 다르다. 소승경전은 가섭 존자의 주도에 의해서 결집되었고, 대승경전은 문수 보살이나 미륵 보살 같은 대보살에 의해서 이루어졌다. 이런 마당에 문수 보살이나 미륵 보살의 권위를 누르고 더 높은 자리에 가섭 보살을 앉게 할 수는 없는 것이다. 그래서 《열반경》은 가섭 보살을 부처님의 법문 파트너로서만 제한해서 출연시킨다.

　《열반경》의 〈서품〉〈순타품〉〈애탄품〉에 이르기까지 부처님의 열반 장소에 모인 대중들이 부처님께 묻고 대답한 일은 있었지만 그 물음들은 모두 부처님께서 열반에 들지 않아야 된다는 이유를 드는 것뿐이었다. 부처님께서 〈서품〉 서두에서 열반에 들겠으니 물을 것이 있으면 물으라고 말씀한 것에 대한 질문이 아니었다. 이 〈장수품〉에 들어와서 부처님은 다시 그곳에 모인 대중들에게 계율에 대해서 물을 것이 있으면 물으라고 말했고, 소승 성문 비구들은 지혜가 없어서 물을 수가 없다고 대답한다. 아울러 부처님의 법을 대승 보살에게 맡겨야지 소승 보살에게 맡기면 안 된다고 사뢴다. 부처님은 그 말이 옳다고 칭찬하신다. 즉 대승 보살에게 불법을 전하도록 부탁한다는 말이다.

그 다음에 가섭 보살이 나타나서 부처님께 게송으로 질문을 드리게 되었다. 소승의 성문 비구들은 물을 지혜가 없어서 부처님께 감히 묻지 못하겠다고 했는데 가섭 보살이 부처님께 질문을 드릴 수 있게 되었으니 대단한 특권을 받은 것이다. 〈순타품〉에서는 순타 보살이 부처님에게 마지막 공양을 올릴 수 있는 영광을 받았고, 〈장수품〉에서는 가섭 보살이 부처님에게 마지막 질문을 할 수 있는 영광을 누리게 된 것이다. 《열반경》은 소승 비구들이 물을 지혜가 없다고 말하게 함으로써 가섭 보살에게는 물을 지혜가 있다는 것을 반사적으로 나타내고 있다.

그런데 대승 《열반경》의 특이한 점은 순타 보살과 가섭 보살이 다 같이 출가하지 않은 재가 신도로서 보살의 위치를 누린다는 것이다. 재가 신도의 모습을 한 이들이 출가해서 삭발한 승려들보다도 더 높은 자리를 차지하고 있는 것이다. 이것은 《열반경》을 연출해 낸 대승 불교의 기반에 재가 신도가 중요한 역할을 했음을 나타낸다.

가섭 보살은 부처님에게 23개의 게송으로 질문을 올린다. 그런데 한 게송이 한 질문으로만 된 것이 아니고, 두 가지 이상의 질문이 포함된 것도 있기 때문에 예로부터 《열반경》을 연구한 학자들 사이에 질문의 수가 일치하지 않는다. 질문의 수가 32개라는 것부터 시작해서 42개까지 된다고 하는 학자도 있다. 《열반경》을 연구한 중요한 학자 가운데는 천태 대사의 제자 관정(灌頂)과 정영사 혜원(慧遠)이 있다. 관정은 질문의 수를 34개로 보았고 혜원은 42개로 보았다. 그러나 질문의 수가 몇 개인지 상관없이 이후에 설해지는 《열반경》이 이 가섭 보살의 질문 게송에 대한 응답설법이라고 보는 데는 모든 학자들 간에 이의가 없다.

그런데 구체적으로 어떤 품이 어떤 물음에 대한 응답인지를 구별하기는 어렵다. 그래서 어떤 학자는 이 게송의 질문에 대한 답이 《열반경》끝까지 계속되고 있다고 보는 이가 있는가 하면 경의 중간인 〈일체대중소문품〉까지가 이 게송에 대한 답이라고 보는 이도 있다. 양나라 시대의 열반학자들과 정영사 혜원은 질문에 대한 답이 《열반경》끝까지 계속되었다고 보았고, 관정은 〈일체대중소문품〉까지라고 보았다.
가섭 보살은 부처님께 다음과 같이 게송으로 여쭙는다.
처음 게송의 질문은 이렇다.

어떻게하면 장수하고 금강과 같은
깨뜨릴 수 없는 몸을 얻겠사오며
그리고 어떠한 인연으로야
견고하고 큰 힘을 얻겠습니까.

인간의 수명을 길게 하고 몸을 튼튼하게 할 수 있는 방법을 묻고 있다. 이 물음에 대한 부처님의 대답이 바로 〈장수품〉과 〈금강신품〉이다. 여기서는 총체적으로 묻고 있기 때문에 가섭 보살의 우선적인 관심이 무엇인가를 보자. 이 처음의 게송은 부처님의 열반을 앞두고 있는 만큼 진정으로 긴 수명은 무엇이며 참으로 무너지지 않는 몸은 어떤 것이냐는 데 가장 우선적으로 관심을 보이고 있다. 부처님의 열반은 수명의 한계와 몸의 튼튼함과도 관련이 있기 때문이다.
이런 게송의 질문도 있다.

감당하기 어려운 마군의 시험
어떻게 하면 그것을 알고 견디며
부처님 말씀인지 마의 말인지
어떻게 분별하여 알으오리까.

인간의 욕망에 호소하는 갖가지의 유혹은 모두 마군의 시험과 같은 것인데 그것은 참으로 감당하기 어렵고 견디기 어렵다는 실토이다. 재물과 이성이나 명예 같은 확실히 드러나는 유혹도 있지만, 수도의 길목에 깊이 들어가 있는 가운데도 미묘한 유혹과 흔들림은 항상 있다. 가령 잠이 오는 것과 게으른 것은 눈에 띄게 드러나지도 않고 남에게 직접적으로 큰 피해를 주는 것은 아니지만 수행자에게는 감당하기 어려운 유혹들이 된다. 잠자고 게으르다 보면 제대로 수행을 할 수 없기 때문이다. 그래서 가섭 보살은 그 같은 유혹을 이기는 방법을 묻고 있다.

또 부처님의 말씀과 마군의 말을 구별하는 방법도 묻는다. 경을 읽을 때는 경은 글씨로 적혀 있기 때문에 분별이 쉽지만 똑같은 부처님의 가르침도 어떻게 해석하느냐에 따라서 진짜 부처님의 말씀이 되기도 하고 마군의 말이 되기도 한다. 가령 일체중생에게는 불성이 있고 모두 다 성불할 수 있다는 말을 들을 때 그 불성을 확실히 믿고 어떻게 해서든지 열심히 불도를 닦아서 이루어야 겠다고 마음먹으면 좋지만, 만약 '누구나 불성이 있고 성불할 것이라면 내가 지금 잘못을 저지른들 무슨 대단한 문제가 되겠느냐. 필경 성불할 것이 아니냐'는 식으로 이해한다면 부처님의 말씀을 마군의 말로 바꾸어서 듣는 것이 된다.

이런 질문도 있다.

어떻게 하면 흐린 세상에 있으면서도
물 안 묻는 연꽃과 같게 되오며
어떻게 하면 번뇌 속에 살아가면서도
번뇌에 물들지 않게 되리까.

탁세에 살면서도 탁세에 물들지 않고 번뇌 속에 있으면서도 번뇌에 물들지 않을 수 있겠느냐는, 불교에서 아주 원칙론적인 질문이다. 그러나 여기에서 가섭 보살은 인간이 처해 있는 상황을 있는 그대로 인정하고 있다. 인간은 탁한 세상에 있고 번뇌 속에 살고 있다는 것이다. 물속에서 수영한다고 해서 탁한 세상이 바뀌어지는 것도 아니고, 하늘로 수천 미터 높이 올라간다고 해서 번뇌가 없어지는 것도 아니라는 것이다. 번뇌는 항상 있는데, 불법을 어떻게 닦아야 번뇌가 있는 바로 이 자리에서 저 연꽃처럼 번뇌에 물들지 않을 수 있느냐는 질문이다.

41. 장수하는 비결 (장수품 3)

> 열반경에서 가르쳐 주고자 하는 장수는 육체적인 장수가 아니다. 나를 지우고 내가 가진 것이라고는 남김없이 버림으로써 별도로 취함이 없이 누려지는 대자유의 목숨이다.

선남자여, 자세히 들으라, 자세히 들으라. 그대에게 여래가 얻은 장수(長壽)의 업(業)을 말하리라. 보살이 이 업의 인연으로 장수함을 얻나니, 그러므로 지극한 마음으로 들으라. 어떤 업이 보리의 인이 될 만한 것은 지성으로 그 이치를 들어야 하며, 듣고는 다른 이에게 말하여 줄 것이니라. 선남자여, 나는 이러한 업을 닦았으므로 아뇩다라삼먁삼보리를 얻었으며 지금 그 이치를 여러 사람에게 연설하느니라. 선남자여, 마치 왕자가 죄를 짓고 옥에 갇혔을 적에 임금이 그 아들을 대단히 가엾게 여기며 염려하여 몸소 발걸음을 돌려 감옥까지 감과 같이 보살도 그와 같이 장수함을 얻으려거든, 마땅히 모든 중생을 아들처럼 보호하며, 대자·대비·대희·대사한 마음을 내어 살생하지 않는 계행을 일러주고 선한 법을 가르치며, 모든 중생들을 오계(五戒)와 십선(十善)에 머물도록 할 것이며, 또 지옥·아귀·축생·아수라 등의 모든 갈래로 다니면서 그 속에서 고통받는 중생들을 제도하여 해탈하지 못한 이를 해탈케 하고 제도되지 못한 이를 제도하며 열반을 얻지 못한 이에게 열반을 얻게 하여 공포에 떠는 모든 중생들을 위로하나니, 이런 업을 짓는 인연으로 보살은 수명이 길고 지혜에 자재하여 목숨을 버리고 천상에 나게 되느니라.

부처님은 여기서 장수하는 방법을 가르치는데 자기의 지혜나 복을 위해서 닦아야 할 것과 남을 위해 베푸는 것을 하나로 보고 있다. 즉 보리심을 발하는 그 자체가 남을 해탈의 길로 인도하는 것이 된다. 그래서 장수하려면 중생들을 대자대비(大慈大悲)와 대희대사(大喜大捨)한 마음으로 보살펴야 한다고 한다. 중생들이 오계와 십선을 지킬 수 있는 분위기를 만들어야 한다.

또 나 혼자 편안한 곳을 얻으려고 해서는 안 된다. 어려움이 있는 곳을 찾아가야 한다. 지옥처럼 괴로운 곳, 아귀처럼 배고픈 곳, 축생처럼 어리석은 곳을 찾아가서 그들을 보살펴야 한다.

부처님은 중생을 보살피는 간절한 마음의 자세를 비유로 설명하신다. 어느 나라의 왕자가 죄를 지어 감옥에 가 있을 경우에 그의 아버지인 임금은 아들에 대해서 무척 걱정한다. 그래서 임금 자신이 몸소 감옥까지 찾아가서 아들을 보살핀다. 마찬가지로 수명을 길게 늘이고자 하는 이들은 일체중생들을 감옥에 갇힌 아들처럼 생각해서 그들이 어려움에 처한 곳을 직접 찾아가서 구해야 한다는 것이다.

부처님이 장수하는 비결을 일러줄 것이라는 말을 처음 들었을 때는 어떤 신기한 약을 소개해 주거나 또는 건강하게 되는 생활 비법을 소개해 주시는 것이 아닌가 기대하는 이들도 있었을 것이다. 그러나 부처님의 장수법이라는 것은 어떠한가. 건강이나 수명과는 아무런 관계가 없는 말씀을 하고 계신다. 발심해서 보살도를 닦으라는 것은, 처음부터 다짜고짜 다른 사람을 위하는 일을 하라는 말이다. 그것도 보통 위하라는 것이 아니다. 감옥에 가 있는 아들을 걱정하듯이 위하라고 하신다.

그렇다면 부처님이 이 《열반경》에서 가르쳐 주고자 하는 장수 즉 수명을 길게 하는 것은 육체적인 장수가 아니라는 것을 알 수 있다. 이 몸이 늙지 않고 죽지 않게 하는 그런 종류의 장수가 아니라 나를 지우고 내가 가진 것이라고는 남김없이 버려서 얻어지는 대자유의 목숨을 얻으라는 것이다. 무엇인가를 챙기려고 하고 나와 내 것을 지탱하려고 하면 오히려 그것에 묶이게 되니 정반대로 중생을 위하고 중생을 살피는 일로 목숨을 삼으라는 말씀이다.

 부처님은 여기서 대자대비와 대희대사를 말씀하시는데 각 글자의 앞에 붙은 대자를 빼고 나면 자비희사가 남는다. 이 자비희사는 바로 사무량심(四無量心)이다. 자비는 보통 발고여락(拔苦與樂) 즉 상대방의 고통을 제거해 주고 상대에게 즐거움을 주는 것이다. 우리가 일상생활에서 어떤 이를 자비롭다고 할 때는 보통 부드럽고 친절하게 해주는 사람을 의미한다. 그러나 진정한 자비는 친절하고 부드럽기만 한 정도를 훨씬 넘어 상대의 어려움이 무엇인가를 알아 그 어려움을 해결해 주고 그가 즐거운 삶을 살도록 돕는 것을 말한다.

 그러나 자비를 베푸는 방법이 문제가 된다. 자비의 방법을 생각하기 위해서는 이 말의 범어가 뜻하는 것을 점검해 봐야 한다. 범어로 자비는 마이트리 카루나(maitri-karuṇa)이다. 불쌍히 여기면서 슬퍼하는 것을 뜻한다. 그런데 나의 자비를 받을 사람이 내 맘에 드는 사람만 있는 것이 아니다. 증오심을 유발하는 사람도 있고 답답한 사람도 있다. 그런 사람에 대해서 자비를 베푼다는 말은 상대를 불쌍히 여기면서 슬퍼하는 것인데 이것은 상대방의 입장이 되어서 생각하는 것을 의미한다. 나를 지우고 상대의 입장에서 생각하니 상대방의 시각으로 문제가 보여서 그 문제를 풀어 줄 수가 있고 아울러 즐거움도 줄 수 있게 될 것이다. 나를 지우고 상대방의 입장이 되어서 생각하면 그곳에서 바로 지혜가 생긴다. 지혜는 다른 것이 아니다. 자기 중심으로 생각하는 것을 탈피하고 전체를 한꺼번에 살피는 데서 나오는 것이다. 자비를 닦는 것이 바로 지혜를 기르는 것이 된다.

 이 자비에도 세 가지 단계가 있다. 중생연자비(衆生緣慈悲)·법연자비(法緣慈悲)·무연자비(無緣慈悲)의 삼연자비가 그것이다. 첫째 중생연자비는 보통 사람들이 평등한 마음을 내는 것이다. 둘째 법연자비는 세상의 무상과 무아를 여실히 보아서 연민의 마음을 일으키는 것이다. 셋째는 무연자비이다. 인연이 있는 이에게나 없는 이에게나 똑같이 베푸는 것이다. 나를 완전히 지운 단계에 있기 때문에 세상 모두가 동시에 나의 인연이고 동시에 아무 인연이 없다. 우주를 한꺼번에 내려다보는 가장 높은 차원의 이상적인 자비이다. 부처님께서는 장수하기 위해서는 자비를 베풀라고 하신다. 만약 우리가 이 무연자비를 베풀 수가 있다면 우리는 이미 장수를 구할 필요가 없는 곳에 있게 된다. 무연자비는 자기를 완전히 지우고 제법의 실상을 여실히 보는 데서 얻어지기 때문이다.

다음은 희사(喜捨)를 보자. 희자는 남이 기뻐하는 것을 보고 같이 기뻐해 주는 것이고, 사자는 남에 대해서 특별히 좋아하거나 싫어함이 없이 평등하게 대하는 것을 말한다. 희사를 같이 붙여서 쓰면 기쁘게 재물을 베풀어 주는 것을 뜻한다. 법당의 불전함을 희사함이라고 쓴 것을 종종 보았을 것이다. 경우에 따라서는 희사함이라는 말 대신에 복전함이라는 말을 쓰기도 한다. 복의 밭에다 씨앗을 뿌린다는 뜻이므로 복을 짓는 것을 의미한다.

《열반경》에서는 자비희사의 사무량심에 각기 대자를 붙여 참으로 큰 자비와 큰 희사를 실천하라고 강조하고 있다. 이것은 자리를 잡고 앉아서 나에게 오는 사람만 도와주라는 뜻이 아니다. 지옥이나 아귀나 축생·아수라의 세계를 내가 찾아가서 그들을 구하라고 한다. 부처님은 감옥에 왕자를 보낸 임금의 비유를 든다. 임금의 비유까지도 들 필요가 없다. 이 세상의 어느 부모를 막론하고 자식이 감옥에 가 있을 경우 감옥에 쫓아가지 않을 부모가 있겠는가.

자식으로 태어나서 부모에게 가장 알리고 싶지 않은 소식이 바로 자기가 감옥에 있다는 것일 것이다. 부모가 놀랄 것을 걱정하기 때문이다. 특히 시골에서 상경해 도시의 뒷골목에서 살던 사람이 길을 잘못 들어서 범죄를 저지르고 감옥에 갔을 때 가장 괴로운 일은 자기가 감옥에 있는 것이 아니라 어렵게 사는 시골의 부모에게 서울로 간 자식이 감옥에 들어갔다는 소식을 알리는 것이라고 한다. 자식이 감옥에 있는 것을 부모에게 알리고 싶지 않다고 하는 것을 뒤집어서 말하면 모든 부모들은 자식이 감옥에 가 있을 경우 물불을 가리지 않고 구해 내려고 한다는 것이 된다.

  부처님은 지옥에 있는 중생, 아귀로 있는 중생, 축생으로 있는 중생, 아수라로 있는 중생을 감옥에 가 있는 자식으로 생각하고 구해 내라고 한다. 그런데 독자들 가운데는 아직도 많은 사람들은 부처님이 말씀하시는 것처럼 모든 지옥 중생을 감옥에 간 아들처럼 여길 정도의 높은 도에 이르지는 못했다. 그렇다면 우리는 불도를 닦아서 장수할 자질이 없다는 말인가. 그렇지는 않다. 지금 부족한 이대로 시작하면 된다. 부처님은 뱁새보고 지금 당장 황새가 되라고 하지 않는다. 강아지보고 말과 경주를 하라고 하시지는 않는다. 우리가 이 자리에서 할 수 있는 것부터 시작하면 된다.

42. 중생을 평등하게 사랑하는 법 (장수품 4)

> 공사상은 실체가 없다는 것이다. 이것을 형상화해서 나타낼 경우 화신사상이 된다. 이 화신사상을 나투지 않는 곳이 없이 베푼다는 쪽에서 받아들이면 평등자비를 실천하는······

부처님께서는 중생들을 평등하게 사랑하신다. 세상에는 좋은 사람도 있고 나쁜 사람도 있다. 귀여운 짓을 하는 사람도 있고 미운 짓을 하는 사람도 있다. 선업을 짓는 사람과 죄업을 짓는 사람을 부처님께서는 어떻게 평등하게 대할 수 있느냐는 문제가 생긴다. 가섭 보살은 부처님께 바로 이 문제를 제기한다.

세존이시여, 보살마하살이 중생 보기를 아들처럼 한다 함은 그 뜻이 깊고 은밀하여 저로서는 이해할 수 없나이다. 세존이시여, 여래께서는 보살들에게 모든 중생들에 대하여 아들처럼 평등한 마음을 닦으라고 말씀하지 마십시오. 왜냐하면 불법 중에는 계행을 파하는 이도 있고 역적죄를 짓는 이도 있고 불법을 훼방하는 이도 있사온데 어떻게 이런 사람들에게까지 아들과 같은 생각을 하겠나이까.

부처님께서는 평소에 모든 중생을 당신의 외아들 라후라처럼 생각한다는 말씀을 자주 하셨다. 아무리 부처님의 마음이 바다와 같이 넓다고 하더라도 계율과 어긋나는 행동을 하는 사람, 불법을 해치고 비방하는 사람, 또 전체 대중에게 손해를 끼치는 사람들까지 어떻게 평등하게 사랑할 수 있느냐는 물음이다.

이 물음에 대해서 부처님의 대답은 간단하고 분명하다. "그러하다, 가섭이여. 나는 중생을 실로 아들처럼 생각하여 라후라같이 여기노라." 부처님은 아무런 망설임이나 머뭇거림이 없이 모든 중생을 평등하게 사랑한다고 대답하신다. 불법을 해치고 계행을 어기는 일이 있다고 하더라도 그들에 대한 사랑이 줄어드는 일이 없다는 단호한 말씀이다. 이 말씀에 대해서 가섭 보살은 언뜻 수긍이 가지 않는다. 왜냐하면 부처님은 잘못을 저지르는 이에게 벌을 주는 것을 인정하기 때문이다. 그래서 다시 부처님께 여쭌다. 가섭 보살의 질문을 들어 보자.

세존이시여, 지난 보름날 스님들이 포살할 때에 어떤 동자가 몸과 말과 뜻의 세 가지 업을 깨끗이 닦지 못하고 으슥한 곳에 숨어서 몰래 계를 들었더니, 밀적금강(密跡金剛)이 부처님의 신력을 받아 금강저로 쳐서 그를 티끌같이 부수었나이다. 세존이시여, 금강신이 매우 포악하여 동자의 목숨을 끊었사온데, 어찌하여 여래께서 중생을 보기를 아들 라후라와 같이한다 하오리까.

포살(布薩)이란 비구들이 매월 두 번씩 그믐날과 보름날에 모여서 지난 15일 간에 있었던 각자의 행동을 계율에 견주어 보고 잘못이 있으면 참회하는 행사이다. 이때에 바라제목차(波羅提木叉) 즉 불교의 계율 조항을 외우는데 청정한 승가 대중 내에서 비밀이 보장되어야 하기 때문에 계행을 지키지 않는 사람이 그것을 엿들으면 안 된다. 비구 대중들이 모두에게 공개하기 어려운 개인적인 잘못을 고백하고 참회하는데 그것을 듣고 소화할 만한 수행 인격을 갖추지 못한 사람이 들으면 그 고백을 잘못 쓸 수도 있기 때문이다. 이 비밀 보장의 원칙은 천주교의 고백 제도에서도 마찬가지라고 한다. 우리 나라에 북한의 주체사상에 물든 사람이 많다는 정보를 한 신부가 폭로한 적이 있다. 그 정보가 신자들의 고백에서 얻은 것이냐 아니냐로 논란이 있었다.

천주교단은 그 신부를 감싸서 신자들이 고백한 내용을 폭로한 것이 아니라고 결론을 내리기는 했지만 그 사건으로 인해 신앙적인 고백을 다른 목적으로 사용해서는 안 된다는 것에 주의를 환기시켜 주었다.

포살의 고백 비밀 보장 원칙을 어기는 사람에게는 벌을 주게 되어 있는데 계행이 청정치 못한 한 동자가 비구들의 포살을 몰래 엿들었다고 한다. 밀적금강이라는 신장은 그 죄를 물어서 동자에게 철퇴를 내렸고 동자는 가루가 될 정도로 박살이 났다. 이 일을 본 가섭 보살이 의심을 가지는 것은 당연하다. 부처님의 자비가 평등하다고 하면서, 잘못을 범한 동자를 박살내는 일은 어떻게 설명해야 할지 모르겠기 때문이다. 가섭 보살의 생각에 부처님이 자비가 있다면 동자가 죽도록 내버려 둘 수는 없다. 그 일은 분명히 평등한 자비의 원칙과 어긋나는 것처럼 보인다. 그래서 가섭 보살은 어떻게 모든 중생을 아들처럼 생각하는 부처님이 그런 일이 생기게 그냥 둘 수 있느냐고 묻는다. 그러자 부처님은 이렇게 대답하신다.

가섭이여, 그대는 그런 말을 하지 말라. 그 동자는 화현으로 생기었고 참 사람이 아니니 계행을 파하고 법을 허무는 이를 쫓아 내어 대중에게서 나가게 하기 위하여 밀적금강이 그런 것을 보였느니라. 가섭이여, 정법을 훼방하거나 일천제(一闡提)거나 혹 살생도 하고 나쁜 소견을 가지고 일부러 계율을 범하는 이라도 나는 그들에게 자비한 마음을 내어 아들인 라후라처럼 여기느니라.

부처님은 동자가 실제의 인물이 아니고 잘못을 저지르는 사람이 있으면 엄한 과보가 반드시 뒤따른다는 것을 보이기 위해서 화현으로 나타났다고 대답하신다. 그래서 그런 일이 있음에도 불구하고 부처님은 일천제나 살생을 범한 사람이나 일부러 계율을 범하는 사람에게조차도 평등하게 사랑하는 마음을 한번도 버린 적이 없다는 것이다. 잘못을 저지른 사람에게 벌을 주면서도 사랑하는 마음에는 조금도 차이가 없다는 부처님의 말씀에서는 두 가지 문제가 떠오른다. 하나는 잘못을 저지른 사람이 실제의 인물이 아니라, 우리에게 인과응보의 길을 보여 주려고 화현했다고 하는 것이고 다른 하나는 죄를 지은 사람에게 반드시 그에 상응하는 벌을 내린다는 것이다.

먼저 신장에 의해서 가루가 되어 버린 동자가 화현으로 나타났다는 것부터 생각해 보자. 사실 불교의 공사상을 엄격히 적용해서 세상사를 풀이하면 우리 모두는 실체가 있는 것이 아니고 화현해서 나타난 사람들일 뿐이다. 나와 세상에는 영원불변하는 어떤 주체라든지 알맹이가 없기 때문이다. 그래서 불경에서는 이 세계를 꿈과 같고 환상과 같고 아지랑이 같고 아침 이슬과 같다고 한다. 항상한 실체가 없기 때문에 무상하고 무아하다고 말한다. 불교의 기본 원칙인 무상·무아·공을 확실히 이해하면 우리가 임시로 화현해서 나타나 있다는 것을 알게 된다. 물론 우리 자신이 주체적으로 화현한 것은 아니다. 우리 마음대로 신선도 되고 사람도 될 수는 없으니까 말이다. 상호의존의 연기 상태에 살고 있는 우리가 임시로 변화된 것과 같다는 것이다.

춘원 이광수 선생은 그의 육바라밀 시에서, 님을 우리에게 육바라밀을 일러주기 위해서 화현하신 부처님으로 풀이하고 있다. 님에게 무엇이든지 다 주려고 하는 마음에서 보시를, 님을 위해 단장하는 데서 지계를, 님의 괄시를 참는 데서 인욕을, 자나깨나 님을 향하는 데서 정진을, 오직 님 한 사람만을 생각하는 데서 선정을, 님과 합쳐질 때 무아의 지혜를 배운다. 그러므로 님은 육바라밀을 일러주기 위해서 화신으로 나타났다는 것이다.

불교의 공사상은 실체가 없다는 것이다. 이것을 형상화해서 나타낼 경우 화신사상이 된다. 이 화신사상을 어떤 주체의 자의적인 활동으로 이해하면 오히려 공사상과 배치되지만 실체가 없다는 쪽에서 받아들이면 공사상을 훌륭하게 전달하는 방법이 된다. 그래서 불교의 궁극점은 산하대지와 온 우주를 부처님의 몸이 화현한 것으로 보는 것이다. 나도 마찬가지이다. 나도 무한히 화현해서 나타날 수 있다. 내가 죄를 지으면 그에 대한 과보를 받는 모양을 보여 주어야 그 드라마가 제대로 되는 것이다. 죄를 짓고 과보가 따르지 않으면 말을 할 때 주어만 있고 동사는 없는 격이다. 그러나 아무리 과보를 받더라도 전체가 다 텅 비었고 전체가 다 한 유기체임을 터득한 상태에서는 과보가 괴로운 것이라기보다는 재미있는 무대예술이 된다. 부처님께서 벌을 받은 동자는 인과를 보여 주기 위해서 화현으로 나타났다고 하는 것은 바로 이를 뜻한다.

다음은 잘못을 저질렀을 경우에 그 죄값을 치르게 하는 것이 진정한 사랑이라는 생각이다. 중생의 근기는 천차만별이고 상황에 따라서 사람은 좋은 일을 하기도 하고 나쁜 일을 저지르기도 한다. 그런데 평등하게 사랑한다고 해서 각기 다른 생각을 가진 사람을 모아서 하나로 만들 수는 없다. 중생 각자의 근기와 개성을 존중해야 한다. 단지 잘못을 저질렀을 경우에는 그에 대한 벌을 받게 해야 한다. 잘못된 길로 가는 사람을 바로잡아 주는 것이 진정한 자비이다. 죽을 짓만 하는 사람을 방치해 본인도 괴롭고 남도 괴롭게 해서는 안 되겠다. 그래서 부처님은 나쁜 짓을 하는 중생에게 벌을 주는 것은 그에게 길을 바꿀 수 있게 광명을 비쳐 주는 것과 같다고 말씀하신다. 부처님은 죄 지은 이에게 벌을 주는 것이 자비가 된다는 것을 설명하기 위해서 몇 개의 비유를 드신다.

어떤 임금이 포악한 일만 하다가 중병에 걸렸을 때 이웃 나라 임금이 군대를 이끌고 와서 그 나라를 치려고 하면 그 임금은 과거의 잘못을 뉘우치고 바르게 통치를 하게 되듯이 악을 다스리는 것이 오히려 자비가 된다고 한다. 또 집이나 밭에 해로운 독초가 있을 경우 그것을 제거하고, 젊은 사람의 머리에 새치가 났을 경우 흰 머리카락을 뽑는 것이 좋듯이 잘못된 사람을 바로잡아 주는 것이 자비가 된다고 한다.

부처님은 또 이런 비유도 드신다. 국왕이나 대신이 여러 아이들을 교육시키고자 해서 선생에게 맡길 때, 필요한 경우 선생이 아이들에게 여러 가지의 체벌을 가할 수 있게 하는 것은 당연하다는 것이다. 부모와 선생이 말을 잘 듣고 모범이 되는 아이들에게는 상품을 내리고 그렇지 않고 잘못을 저지르는 아이들에게는 엄한 벌을 주었을 경우 부모가 아이들을 평등한 자비로 대하지 않았다고 할 수는 없다는 것이다. 마음이 아프지만 아이들에게 체벌을 주는 것 자체가 사랑의 표현이라는 것이다.

43. 생명의 강이 모이는 여래의 목숨바다 (장수품 5)

> 모든 강물이 전부 여래의 목숨바다로 들어간다. 부처님은 텅 빈 바다를 목숨으로 삼기 때문에 이 세상의 모든 크고 작은 생명의 물줄기가 항상 살아 있는 것이다. 그래서……

부처님이 누리는 긴 수명에 대해서 생각해 보자. 부처님은 모든 중생을 아들과 같이 평등하게 사랑해서 장수를 누린다고 말씀하셨지만 지금 이 자리는 부처님께서 열반에 들려고 하는 곳이다. 열반에 드는 부처님께서 장수를 한다고 하는데 그렇다면 부처님의 수명이라는 것이 도대체 어떤 종류의 것이냐가 문제가 된다.

보살이 평등한 마음을 닦아서 중생들을 아들같이 생각하므로 장수함을 얻고 지나간 세상 일을 잘 안다 할진댄 세상에 항상 머물러서 변함이 없어야 할 것이온데 이제 부처님께서는 무슨 인연으로 수명이 극히 짧아 세상 사람이나 다름없나이까. 여래께서 중생들에게 원망하고 미워하는 마음을 낸 것이 아니오이까. 세존께서는 예전에 무슨 죄악을 지었사오며 얼마나 되는 생명을 살해하였삽길래 이렇게 단명하여 백년도 향수하지 못하나이까.

부처님께서는 모든 중생을 아들과 같이 평등하게 사랑한다고 하셨다. 그 사랑은 바로 수명을 길게 하는 조건이었다. 중생에 대한 사랑으로 목숨을 길게 한다는 것 참으로 멋있는 발상이다. 그런데 가섭보살은 혼란스럽게 된다. 그렇게 부처님이 중생을 사랑하셔서 수명장수하는 업을 닦으셨으면 오래 살아야 할 터인데 80세에 열반에 드시려고 하니 보통 사람들의 수명과 다를 바가 없다. 그렇다면 부처님이 그렇게 좋은 일을 했으면서도 다른 한편으로는 무슨 잘못을 저지른 것이 아닌가 의심이 가기도 한다. 부처님의 가르침에 의하면 전생에 살생을 많이 하면 단명보를 받는다고 했다. 부처님께서 어느 생엔가 살생을 많이 하지는 않았는지 우리가 알 수 없는 죄를 짓지는 않았는지 참으로 이상하기만 하다. 그래서 가섭 보살은 부처님의 짧은 수명은 부처님의 가르침과 배치되지 않느냐고 여쭌다.

그러자 부처님은 이렇게 대답하신다.

선남자여, 너는 지금 어찌하여 여래 앞에서 이렇게 거친 말을 하느냐. 여래는 모든 수명 중에 장수하였음이 가장 승(勝)하며 얻은 바 항상한 법은 온갖 항상한 가운데서 가장 제일이니라.

가섭 보살이 부처님의 수명이 짧다고 말하니 부처님은 가섭이 함부로 말한다고 힐책하신다. 부처님 자신은 수명 가운데서 가장 긴 수명이고, 항상한 것 가운데서 가장 항상한데 가섭의 거친 말이 잘못되었다는 것이다. 가섭 보살도 여기에서 물러서지 않는다. 지금 열반에 드시는 부처님이 가장 긴 수명을 누리고 가장 항상하다 하시니, 도대체 무슨 종류의 수명인지 궁금하다. 그래서 이렇게 묻는다. "세존이시여, 어찌하여 여래께서 한량없는 장수를 얻는다 하시나이까." 이 물음에 부처님은 다음과 같이 대답하신다.

선남자여, 저 여덟 큰 강과 같으니라. 이 여덟 큰 강과 모든 다른 작은 강들이 모두 바다로 들어가느니라. 가섭이여, 이와 같이 모든 인간이나 천상이나 땅이나 공중에 있는 생명의 강들이 모두 여래의 목숨바다로 들어가는 것이므로 여래의 목숨이 한량없느니라. 또 가섭이여, 마치 아나바답타 못이 흘러서 네 개의 큰 강이 되듯이 여래도 그러하여 온갖 목숨을 내느니라. 가섭이여, 온갖 항상한 것 가운데 허공이 제일이듯이 여래도 그러하여 모든 항상한 것 중에 가장 제일이니라. 가섭이여, 모든 약 가운데 제호가 제일이듯이, 여래도 그러하여 여러 중생들 가운데 수명이 제일이 되느니라.

부처님의 대답에서 우리는 참으로 멋있는 말을 듣는다. 모든 강물이 전부 여래의 목숨바다로 들어간다는 것이다. 부처님은 바다를 목숨으로 삼기 때문에 이 세상의 모든 크고 작은 물줄기가 부처님의 목숨바다가 된다는 것이다. 그런데 부처님의 목숨바다는 단순히 육지에서 흘러내려 오는 강물들을 받아들이기만 하는 것이 아니라 강물을 만들기도 한다. 마치 큰 연못에서 흘러내리는 물이 여러 개의 강줄기를 만들듯이 부처님의 목숨연못은 많은 강줄기와 같은 생명을 만든다.

우리 같은 범부 중생의 마음은 한 방울씩 떨어지는 빗방울과도 같다. 갈라지고 작기 때문이다. 좁은 생각으로 자기의 행복이 그리고 자기가 그린 것이 마음대로 되지 않을 때 좌절하고 괴로워한다. 또 내가 마음먹은 대로 되어도 문제가 생긴다. 더 많은 것, 더 높은 것, 더 좋게 생각되는 것을 원하기 때문이다. 이것은 마치 생각의 물줄기가 작은 것과 같다. 접시에 물이 담기면 그것을 목숨으로 삼고 물이 얼어서 얼음 덩어리가 되면 그것도 목숨으로 삼는다. 세상 전체를 보아서 그 전체에 속한 생명으로 목숨을 삼지 않고 조그마한 냇물로 목숨을 삼는 것이다. 나뭇가지에 달린 잎을 목숨으로 삼아 그 나뭇잎이 떨어지면 죽음으로 생각한다. 사계절 전체를 목숨으로 삼으면 죽음이 없을 터인데 사계절의 물감이 그리는 작은 장면 하나만을 붙잡고 목숨으로 삼으니 죽음이 생긴다는 것이다. 부처님이 강줄기를 목숨으로 삼지 않고 바다로 목숨을 삼는다는 것은 바로 나뭇잎을 목숨으로 삼지 않고 사계절 자체를 목숨으로 삼는 것과 같다고 생각할 수 있다.

부처님은 목숨을 바다에 비유한다. 불교에서는 전하고자 하는 뜻을 바다의 특징을 이용해서 설명하기도 한다.《해팔덕경(海八德經)》에서는 바다의 특징을 여덟 가지로 나누고,《화엄경》〈십지품(十地品)〉에서는 열 가지로 나누고 있다.

먼저《해팔덕경》에 있는 여덟 가지의 특징을 보자. 첫째는 바다가 넓어서 끝이 없다는 것이다. 마찬가지로 부처님의 수명도 넓어서 끝이 없다는 것이다. 둘째는 밀물과 썰물의 조수가 때를 어기지 않는 것이다. 부처님의 육신이 오고 감은 밀물과 썰물에 해당된다. 그러므로 바다라는 수명은 항상 그대로 있는 것이다. 셋째는 썩어서 냄새나는 것을 놔두지 않는다. 바다는 송장이나 오물을 반드시 바닷가로 밀어 낸다. 부처님의 수명에서도 더러움을 떠나는 것은 아니지만 끊임없이 더러운 것을 밀어 낸다. 중생의 번뇌가 없는 것은 아니지만 계속 지워 버린다는 말이다. 넷째는 온갖 보물을 가지고 있다. 마찬가지로 부처님의 수명은 사람에게 참다운 법을 전해 주는 보배의 창고와 같다.

다섯째는 모든 강물이 다 들어와도 옛 이름이 없는 것이다. 바다는 강물에 따라 차별을 두지 않는다. 부처님의 목숨에서는 모든 중생을 평등하게 대한다는 것이다. 여섯째는 폭우가 내려도 증감이 없는 것이다. 바다는 언제나 그대로이다. 장마가 졌다고 해서 바닷물이 많아지거나 가뭄이 든다고 해서 줄어들지 않는다. 물론 지난 여름의 심한 가뭄이 바닷물의 온도를 높여 물고기들이 죽었다는 보도를 보기는 했지만 그것은 바닷가의 일이고 깊은 바다에서는 항상 그대로이다. 부처님의 목숨도 오욕락이 있으면 더 길다거나 없으면 더 짧다거나 하는 일이 없다는 것이다. 일곱째는 수많은 종류의 물고기가 함께 사는 것이다. 마찬가지로 부처님의 목숨에서는 온갖 근기의 중생들이 함께 산다. 아니 부처님의 목숨이 따로 있고 중생들의 목숨이 구분되어 있는 것이 아니라 여러 중생의 삶이 바로 부처님의 목숨이 된다. 마지막 여덟째는 짠맛이 한가운데나 변두리나 똑같은 것이다. 마찬가지로 부처님의 목숨이 가지는 자비도 한결같다. 시간적인 면에서는 병듦과 늙음을 초월해서 있는 목숨이기 때문에 젊었을 때는 힘차고 늙었을 때는 쇠약해지는 목숨이 아니다. 공간적으로도 항상 여여해서 깊은 마음을 대할 때나 옅은 마음을 대할 때나 차별이 없다. 상근기나 하근기, 선인이나 악인을 대할 때 아무런 차별 없이 똑같은 짠맛의 사랑이 난다는 것이다.

《화엄경》〈십지품〉에 나오는 바다의 열 가지 공덕도 마저 보자. 첫째는 차츰차츰 깊어지는 것, 둘째는 송장을 보관해 두지 않는 것, 셋째는 강물이 바다에 들어가면 본래의 모양을 잃는 것, 넷째는 깊은 바다 옅은 바다, 동해바다 서해바다 할 것 없이 모두 한 가지 짠맛이라는 것, 다섯째는 바다 안에 한량없는 보물들이 감추어져 있다는 것, 여섯째는 깊이를 알 수 없을 정도로 깊은 것, 일곱째는 바다가 넓고 커서 한량이 없다는 것, 여덟째는 큰 물고기들이 산다는 것, 아홉째는 밀물과 썰물이 항상 제 시간을 지킨다는 것, 열째는 아무리 많은 비가 와도 바다가 넘치는 일은 없다는 것이다.

《해팔덕경》의 여덟 가지 공덕이나 《화엄경》〈십지품〉의 열 가지 공덕이 가짓수만 다를 뿐 크게 다를 바 없다. 《화엄경》에서는 바다가 점점 더 깊어진다는 것, 바다의 깊이를 알 수 없다는 것, 큰 물고기들이 산다는 것이 추가되어 있지만, 이 같은 의미는 《해팔덕경》의 여덟 가지에 이미 스며 있다.

《화엄경》은 십지의 수행 경계를 나타내기 위해서 바다의 특징을 비유적으로 이용하고 있지만 이것을 부처님의 목숨바다로 바꾸어도 상관이 없다. 여래의 목숨도 처음에는 우리가 알 것 같지만 차츰차츰 깊어져서 마침내는 헤아릴 길이 없고 한량없다. 그 속에 노니는 큰 물고기란 부처님의 중생을 생각하는 큰 마음으로 해석해도 상관이 없겠다. 나머지의 특징은 앞에서 살펴본 여덟 가지 특징과 똑같기 때문에 반복할 필요가 없을 것 같다.

44. 멸하지 않는 여래의 몸 (장수품 6)

> 어둠 속이어서 그림자가 보이지 않을지언정 나무가 있는 곳에 반드시 그림자가 있다. 마찬가지로 나를 버리고 나를 지우는 곳에는 영원히 무너지지 않는 법신의 목숨이 있다.

부처님의 몸은 어떻게 존재하는가. 중생을 평등하게 보살펴서 수명이 길다면 어째서 열반에 들어야 하는가. 부처님은 자신의 목숨을 모든 강물이 모이는 바다와 같다고 하신다. 생명의 강이 모이는 부처님의 목숨바다라는 말은 아직 추상적이다. 좀더 구체적으로 부처님이 어떻게 계시는지를 알고 싶다. 그래서 가섭 보살은 이렇게 묻는다.

세존이시여, 부처님 법의 성품은 그 뜻이 어떠합니까. 세존이시여, 저는 지금 법의 성품의 뜻을 알고자 하오니 여래께서 불쌍히 여기시어 말씀하소서. 법의 성품이란 말은 곧 몸을 버리는 것이요, 몸을 버린다 함은 있는 바가 없다는 말이니, 만일 있는 바가 없다면 몸은 어떻게 존재하며, 몸이 만일 존재한다면 어떻게 몸에 법의 성품이 있다고 말하오며, 몸에 법의 성품이 있다면 어떻게 존재할 수 있나이까. 제가 어떻게 하면 이런 뜻을 알겠나이까.

가섭 존자는 부처님이 어떤 방식으로 존재하는지가 궁금하다. 그래서 부처님에게 부처님의 성품이 어떤가를 묻는다. 부처님께서 지금까지 가르쳐 온 바로는 사물이 존재하는 실상은 어떤 실체적인 주체로서의 몸을 버리는 것이다. 그리고 버린다는 것은 존재하지 않는다는 것을 뜻한다. 만일 모든 사물의 성품이 본래적으로 존재하지 않는 것이라면 부처님의 몸이 어떻게 존재할 수 있느냐는 물음이 나온다. 또 몸이 존재한다면 고정적으로 존재하지 않는 상태에 있는 사물의 성품이 어떻게 부처님의 몸에 존재할 수 있느냐는 문제도 제기된다. 부처님의 수명이 길어서 오래오래 존재한다는 것, 부처님이 일생 동안 가르쳐 온 공사상의 원칙에도 어긋난다는 질문이다. 이 물음에 대해서 부처님은 이렇게 대답하신다.

> 선남자여, 그대는 멸하는 것이 법의 성품이라는 말을 하지 말라. 법의 성품은 멸이 있지 아니하니라. 선남자여, 마치 무상천(無想天)이 색음(色陰)을 성취하였지마는 색음이 없음과 같느니라. 이에 대하여 '이 하늘들은 어떻게 있어서 즐겁게 낙을 받으며 어떻게 생각을 가지며, 어떻게 보고 듣느냐'고 묻지 말 것이니, 선남자여, 여래의 경계는 성문이나 연각으로는 알 수 없는 것이니라. 선남자여, '여래의 몸은 멸하는 법이라'고 말하지 말라. 여래의 멸하는 법은 부처의 경계이므로 성문이나 연각들로는 미칠 수 없느니라. 선남자여, 그대는 지금 생각하기를 여래는 어느 곳에 머물며 어느 곳에 다니며 어느 곳에서 보며 어느 곳에서 즐거워하느냐고 하지 말지니라. 선남자여, 이러한 이치는 그대들의 알 바가 아니니 부처님들의 법신과 가지가지 방편은 헤아릴 수 없는 것이니라.

일차적인 부처님의 대답은 사물의 실상은 없어지는 것이 아니라는 것이다. 겉으로 파도가 아무리 일더라도 바닷물은 항상 그대로이듯 겉으로 아무리 무상하더라도 부처님의 생명바다는 언제나 그대로 있다는 것이다. 이차적으로 부처님이 열반에 드는 법은 부처님만이 알 수 있는 경계이고 소승의 성문 비구들은 알 수 없다는 것이다. 부처님이 있는 곳이나 부처님이 열반락을 음미하는 것 그리고 부처님의 갖가지 방편을 우리로서는 알 바가 아니라는 말씀이다.

　가섭 보살이 부처님은 어느 곳에 어떻게 계시느냐고 묻자 부처님이 대답을 하기는 했지만 별로 새로운 것을 알려 준 것이 없다. 겉으로 보기에 부처님이 무상법을 따라서 열반에 들기는 하지만 실제로는 이 세계에 항상 계시다는 말씀이다. 그러나 이것은 가섭 보살의 질문에 충분하게 대답한 것이 아니다. 그리고 부처님이 머무르시는 곳은 부처님이나 알 수 있는 경계이지, 우리들이 알 바가 아니라는 말씀도 새로운 것을 일러주는 대답이 아니다. 마치 어린아이들이 어른들에게 설명해 줘도 알 수 없는 것을 물었을 때, 어른들의 반응은 "너희 어린이들은 몰라도 돼." 하고 쫓아 버리는 수가 있는데 가섭 보살의 질문에 대한 부처님의 반응도 마치 이와 같다.

　부처님이 열반 후에 어떻게 존재하느냐 하는 문제는 《열반경》에서 처음 나온 것이 아니다. 이미 원시불교 시대부터 제기된 문제이다. 만동자가 부처님에게 부처님은 사후에 존재하느냐고 물었을 때 부처님은 침묵을 지키셨다. 왜일까.

　첫째는 있다 없다로밖에 이해할 수 없는 우리들에게 있다 없다의 개념을 초월한 경지를 설명할 수 없기 때문이다. 예를 들면 여기에 촛불이 있다고 치자. 그 촛불은 있는 것인가 없는 것인가. 보통은 촛불이 있다고 대답한다. 그렇다면 촛불을 끄고 나서 다시 똑같은 질문을 한다면 어떠한가. 불이 있다고 하면, 지금 당장 눈앞에 불이 꺼져서 안 보이니 틀린 말이 된다. 만약 없다고 하면 언제나 불을 켜면 다시 불이 나타나므로 불이 없다고도 할 수 없다. 그래서 부처님은 침묵으로 응답하셨다.

　둘째로는 언어의 한계가 있다. 인간의 언어는 임시로 정해진 개념에 의해서 뜻을 전달한다. 무엇을 설명하기 전에 설명하려고 하는 것에 대한 개념이 정립되어야 어떤 것을 설명할 수도 있고 그 설명을 듣고 이해할 수도 있다. 만약 설명하려는 것에 대한 개념이 없다면 설명할 수도 없고 이해할 수도 없다. 열반한 부처님의 몸에 대해서 언어의 개념으로 정할 수가 없다. 부처님의 몸을 나타낼 만한 개념이 없을 뿐만 아니라 설사 정한다고 하더라도 부처님의 몸은 그 개념을 벗어나고 말 것이다. 왜냐하면 부처님의 몸이 어떤 개념에 묶일 때, 이미 그것은 부처님의 몸이 아니기 때문이다. 부처님의 몸은 항상 생생하게 살아 있는 것이어서 죽은 언어로 묶어 놓을 수가 없다는 것이다. 그래서 침묵만 있었다.

셋째로는 인간의 개념화하는 사고에 문제가 있다. 보통 사람들은 어떤 것에 대한 묘사를 이해할 때, 직관적으로 받아들이기보다는 어떤 고정된 개념에 의해서 받아들인다. 그래서 부처님이 열반한 후 자신의 몸을 설명하기도 어렵거니와 설사 설명한다고 하더라도 우리가 그것을 이해할 수가 없다.

부처님이 아주 큰 그릇이라면 우리 중생은 아주 작은 그릇이다. 큰 그릇을 설명해 준다고 하더라도 작은 그릇에 담을 수가 없다. 물론 큰 그릇을 깨어서 작은 그릇에 담을 수는 있겠다. 그러나 작은 그릇에 담긴 깨어진 큰 그릇은 이미 큰 그릇이 아니다. 그래서 침묵 외에는 다른 방도가 없었다.

넷째로는 공사상과 배치되는 전제를 받아들이는 결과가 된다. 만약 부처님의 몸이 있다 없다 하고 대답하게 되면 묻는 사람이 이미 전제한 것을 인정하는 셈이 된다. 즉 묻는 사람은 부처님의 몸을 실체화해서 있거나 없는 것으로 생각하고 그 바탕 위에서 묻기 때문에 있다고 대답해도 중생의 실체 개념 속에 있는 것이요, 없다고 해도 중생의 실체 개념 속에 없는 것이다. 이 실체 개념 자체가 부처님이 가르치신 인연법과 공사상에 위배된다. 그래서 부처님은 침묵할 수밖에 없었다.

그러나 뒷날 용수 보살은 부처님의 침묵정신을 바꾸어 변증법으로 실체론자들을 대했다. 가령 우리가 열반에 드신 부처님의 몸이 지금 어디에 있느냐고 묻는다면 이 질문은 우리가 알고 있는 개념에 바탕을 둔 것이다. 그래서 불로장생하고 살아 있기를 기대한다. 또 살아 있는 것은 설사 귀신의 모양이라도 물질적으로 존재하는 것이 증명되어야 한다고 생각한다. 그러나 앞에 부처님이 침묵을 지킬 수밖에 없는 이유에서 말했듯이 상대의 전제를 인정하면 곤란하게 된다. 그래서 용수 보살은 있다 없다를 네 가지 형태로 답하여 상대를 자기 모순에 빠지게 만들었다. 가령 있다, 없다, 있기도 하고 없기도 하다, 또는 있지도 않고 없지도 않다는 말을 이용해서 상대를 몰아붙일 경우 상대는 꼼짝없이 자기 모순에 빠지는 결과에 이른다. 이 변증법은 이쪽을 설명하기 위해서가 아니라 상대가 가진 실체론적인 집착을 쳐부수는데 목적이 있었다. 그러므로 용수 보살의 변증법도 부처님의 침묵정신을 계승한 것이다.

부처님의 침묵과 용수 보살의 변증법 취지를 구마라집은 '묘할 묘' 자로 표시했다. 열반 후 부처님의 몸이 있어도 묘하게 있고 없어도 묘하게 없어서 역시 무어라고 인간의 개념으로는 규정할 수 없음을 나타낸다. 이 묘할 묘자와 같은 뜻으로 불가사의(不可思議)라는 말도 있다. 알음알이로 헤아릴 수 없다는 뜻이다.

〈장수품〉 마지막에서 부처님은 이렇게 말씀하신다.

가섭이여, 그대는 '나무는 있어도 그림자는 없다'고 말하지 말라. 단지 육안으로만 볼 수 없을 뿐이니라. 선남자여, 여래도 그러하여 그 성품이 항상 있어서 변역하지 않건만 지혜 없는 눈으로는 보지 못하는 것이니 마치 어둠 속에서 나무 그림자를 보지 못함과 같느니라.

어둠 속이어서 그림자가 보이지 않을지언정 나무가 있는 곳에 반드시 그림자가 있고 부처님이 열반하는 곳에 항상한 부처님의 몸이 있다는 것이다.

45. 여래의 몸은 부술 수 없는 금강 (금강신품 1)

> 부처님의 몸이 허공이나 물과 같다고 할 경우 부서질 수가 없다. 부서질 것이 아예 없기 때문이다. 그렇지만 그것은 모양이 아니면서도 모든 모양을 장엄한다.

부처님의 몸은 금강석과 같아 절대로 부서지지 않는다. 《열반경》은 부처님께서 열반에 들기 전, 하루 낮과 하루 밤, 즉 만 하루에 걸쳐서 설해진 것이기 때문에 주된 관심사는 부처님의 수명과 몸일 수밖에 없다. 〈장수품〉에서는 부처님의 수명이 무량하다는 것에 대해서 이야기했다. 〈금강신품〉에서는 부처님의 몸이 견고해서 부서지지 않는다는 것에 대해서 가섭 보살이 묻고 부처님이 대답하신다.

부처님이 가섭 보살에게 부처님의 몸은 이 세계에 항상 머물고, 깨어지지 않고, 잡된 것을 들지 않는 법신 즉 진리의 몸이라고 설하신다. 그러자 가섭 보살이 부처님에게 묻는다.

> 세존이시여, 부처님께서 말씀하신 그러한 몸을 저는 보지 못하옵고, 다만 무상하고 깨뜨릴 수 있고 티끌 같고 잡식하는 몸만을 보옵나니, 왜냐하면 여래께서 지금 열반에 드시려는 연고입니다.

가섭 보살은 당연히 이렇게 물을 수밖에 없다. 지금 열반에 들려고 하는 부처님께서 자신의 몸이 금강석처럼 깨어지지 않고, 항상 이 세계에 머무르신다고 하니, 아무래도 이해가 가지 않는 것이다. 그러자 부처님은 다음과 같이 자신의 몸에 대해서 설명한다.

가섭이여, 그대는 지금 여래의 몸이 견고하지 못하여 깨뜨릴 수 있음이 범부의 몸과 같다고 말하지 말라. 선남자여, 그대는 이제 여래의 몸은 한량없는 억겁 동안에 견고하여 깨뜨릴 수 없으며 인간·천상의 몸이 아니며 두려워 떠는 몸이 아니며 잡식하는 몸이 아닌 줄을 알아야 하느니라. 여래의 '몸'은 몸이 아니니 이 몸은 나지도 않고 없어지지도 않고, 가고 옴이 없으나 가고 오기도 하며, 공하기도 하고 공을 여의기도 하며, 항상 머물지도 않으나 고대 멸하는 것도 아니며, 하나도 아니고 다른 것도 아니며, 형상도 아니고 모양도 아니면서 모든 모양으로 장엄하며, 여래가 모든 중생을 제도하면서도 제도함이 없으므로 중생을 해탈케 하고, 해탈함이 없으므로 중생을 깨닫게 하고, 깨달음이 없으므로 실상과 같이 법문을 말하며, 두 가지가 아니므로 요량할 수 없으며, 같을 리 없으되 같으며, 평화롭기 허공과 같아서 형상이 없으며, 생멸이 없는 성품과 같아서 끊임도 없고 항상함도 아니며, 항상 일승(一乘)을 행하나 중생은 삼승(三乘)을 보며, 오음(五陰)·육입(六入)·십팔계(十八界)가 아니면서 오음·육입·십팔계이기도 하며, 여래의 몸이 이와 같이 한량없는 공덕을 성취하였느니라.

부처님은 자신의 몸은 중생이 생각하는 몸이 아니라고 말씀하신다. 부처님이 금강석과 같은 몸을 가졌다고 하면 우리 중생들은 우선 형상의 몸을 생각한다. 그러나 부처님은 자신의 몸이 형상으로 되어 있지 않다는 것이다. 그래서 가섭 보살의 질문과 부처님의 대답도 서로 이가 맞지 않는 것처럼 들린다. 가섭 보살은 우리가 형상으로 볼 수 있는 몸에 대해서 이야기하고, 부처님은 형상을 떠난 몸을 말씀하신다. 형상을 떠난 몸이기 때문에 이 세계에 특별히 오거나 이 세계로부터 떠나갈 일이 없다는 것이다.

부처님께서 단호하게 말씀하시기 때문에 가섭 보살은 더 이상 그 문제를 제기하지 않았지만 우리에게는 아직도 부처님의 몸이 형상을 떠나서 있다면 도대체 어떻게 있느냐는 의문이 남는다. 과학이 발달한 20세기 후반에도 부처님의 형상 없는 몸에 대해 설명할 방법이 없다. 그러나 우리가 형상으로 보지 못한다고 해서 부처님의 몸이 없다고 생각하는 것은 곤란하다. 옛날에 우리는 육안으로 직접 보는 것만 볼 수 있었다. 그러나 지금은 그림과 음성을 전달할 수 있는 전파가 있다. 전파가 처음부터 음성이나 형상을 전달하는 것은 아니다. 음성이나 형상을 전파 기록으로 바꾸어서 보관했다가 그것을 다시 원래의 음성이나 형상으로 풀어서 나타나게 한다고 한다. 이 시대는 수천수만 리 떨어진 사람과도 글씨나 음성이나 표정을 주고받으면서 대화할 수 있는 시대이다. 하지만 우주의 비밀 가운데서 인간이 발견해 낸 것은 무량억 천만분의 일도 안 된다. 동작이나 음성을 보관하고 전달하는 것은 이제 우주 신비의 기초를 파악한 단계라고 할 수 있다.

부처님은 자신의 몸이 형상을 떠나서 있으므로 태어남과 죽음도 없고 다이아몬드와 같이 단단하다고 말씀하신다. 현재 우리가 가지고 있는 과학지식으로는 이 엄청난 신비를 설명하고 이해할 수가 없다. 형상 없는 부처님 몸에 대한 해답은 과학이 더 발달된 먼 훗날에나 얻을 수 있을 것이다. 이것은 과학적인 설명이 어렵다는 말이다. 만약에 우리가 믿음으로 부처님의 부서지지 않는 몸을 받아들인다면 지금 당장 이 자리에서도 부처님의 법신을 스스로 확신할 수가 있을 것이다.

부처님은 자신의 몸을 여러 가지로 설명한다. 가고 옴이 없으나 가고 오기도 하는 것, 공하기도 하고 공을 여의기도 한 것, 항상 머물지도 않으나 고대고대 멸하지 않는 것, 형상이 아니면서 모든 모양으로 장엄하는 것, 여래가 모든 중생을 제도하면서도 제도함이 없는 것, 항상 일승을 행하지만 중생에게는 삼승으로 보이는 것, 오음(五陰)·육입(六入)·십팔계(十八界)가 아니면서 오음·육입·십팔계이기도 하다는 것이다. 여기에는 공통점이 보인다. 부처님의 몸은 형체가 없기도 하고 동시에 있기도 하다는 것이다. 가고 옴이 없으면서 가고 오고, 형체가 없으면서 모든 형체를 장엄하고, 육신이 아니면서 동시에 육신이기도 하다고 설하기 때문이다. 그렇다면 형체가 있기도 하면서 동시에 없기도 한 것은 무엇이 있는가.

우선 허공을 생각해 볼 수 있다. 허공은 형체가 아니면서 다른 형체가 그 허공 안에 서게 되면 다른 형체 때문에 허공의 형체가 나타난다. 허공은 자신이 없으면서 그 안에 모든 것을 다 포함한다. 형체가 없으면서 형체를 장엄한다. 허공말고 또 무엇이 있는가. 물은 어떤가. 물은 일정한 형체가 없으면서 만물의 형체로 나타난다. 이 세상에서 물의 도움 없이 자랄 수 있는 것은 아무것도 없다. 또 물은 어느 곳에든지 다 있다. 하늘에는 구름으로 있고, 바다에는 물로 있다. 땅속에서는 지하수로 있고 공기 중에는 습기로 있다. 또 물은 그것을 담는 그릇에 따라서 자기의 모양을 보여 준다. 둥근 그릇에 담으면 둥근 모양을, 네모진 그릇에 담으면 네모진 모양으로 나타난다. 부처님의 몸이 허공이나 물과 같다고 할 경우 부처님의 몸은 부서질 수가 없을 것이다. 왜냐하면 부서질 것이 아예 없으니까 말이다. 그러면서도 그것은 세상의 만물에 영향을 미친다. 그야말로 모양이 아니면서 모양을 장엄하는 것이다.

우리가 형체가 있으면서도 없는 것으로 허공과 물을 들어 보았지만 이것도 비유적인 것일 뿐이다. 부처님의 몸이 허공이나 물일 수는 없다. 부처님의 몸은 이 우주에 꽉 찬 생명력이 아닐까. 세상에는 헤아릴 수 없이 많은 생명들이 있는데 그 생명의 원천이 부처님의 몸이라고 할 수 있다. 그러나 살아 있는 것들이 법신 부처님이라는 생명본부로부터 목숨을 받아 왔다는 그 사실 자체는 아무 의미가 없다. 중요한 것은 세상의 모든 생명은 부처님의 법신과 유기적인 관계에 있다는 부처님의 가르침을 깨닫고 실천하는 일이다.

부처님의 법신이 어떤 모습으로 어떻게 계시느냐는 우리 범부 중생은 알 수도 없고 알아도 불도를 닦는 데 도움이 되지 않는다. 단지 부처님의 법신은 생명의 원천이고 우리는 그 부처님 법신의 지부라는 가르침을 받아들이는 일이 중요하다. 꼭 형태가 있는 부처님의 몸을 원한다면 부처님의 법신에 관한 설법을 부처님의 몸으로 생각해도 좋다. 열반에 드신 부처님은 직접 말하지 않는다. 우리에게 남긴 항상 살아 있는 법신에 관한 말씀으로 우리와 의사소통을 할 뿐이다. 부처님의 가르침을 바로 부처님의 몸으로 받아들인다는 말이다.

부처님은 자신의 몸이 금강과 같은데도 불구하고 열반에 드는 이유를 이렇게 설명하신다.

가섭이여, 여래가 일부러 병의 고통을 나타내는 것은 중생들을 조복(調伏)하기 위함이니라. 선남자여, 그대는 이런 줄을 알라. 여래의 몸은 금강 같은 몸이니, 그대는 오늘부터 전심으로 이 이치를 항상 생각하고 잡식하는 몸을 생각지 말며 남들을 위하여서도 여래의 몸은 곧 법신이라고 연설하여라.

여기서 부처님 자신도 우리를 혼란시키는 말씀을 하신다. 부처님의 몸은 견고한데도 일부러 중생을 위하여 병이 나고 열반을 보인다는 것이다. 이 경우에 사람들은 부처님의 몸을 부처님이 살아온 일생의 육신으로 오해할 수가 있다. 그러나 《열반경》에서의 육신은 부처님의 금강석 같은 몸이 아니라는 것이 분명하다.

46. 금강의 몸은 계행에 의해 얻어져 (금강신품 2)

> 사자는 부처님을 나타낼 때 쓰는 표현이다. 사자가 모든 동물의 왕이듯이 부처님도 모든 중생의 왕이라는 뜻이다. 사자로서의 부처님은 그저 높기만 한 것이 아니라 상대를……

부처님의 법신은 금강과 같이 단단하다. 여래의 몸이 다이아몬드처럼 견고해서 무엇에 의해서도 파괴되지 않으려면 불법을 적극적으로 보호하는 문제가 제기된다. 나쁜 사람들이 칼과 창으로 불교를 해칠 때 평화를 사랑하는 불교인들은 어떻게 해야 할 것이냐가 문제가 된다. 《열반경》에서는 필요할 경우에 칼이나 활이나 창을 들고 계행을 지키는 사람을 보호해야 한다고 가르치고 있다. 무기를 들고 불법이나 수행자를 보호하라고 가르치는 것은 《열반경》의 독특한 점 가운데 하나이다.

부처님의 법신이 금강과 같다는 말을 듣고 가섭 보살은 일단 부처님의 가르침을 수긍하고 받아들인다. 그리고 이렇게 묻는다.

    세존이시여, 여래께서 이런 공덕을 성취하였사오니, 그러한 몸에 어찌 병의 고통이나 무상함이나 파괴됨이 있사오리까. 저는 오늘부터 여래의 몸이 항상한 법신이며 안락한 몸임을 생각하겠사오며 남들에게도 그렇게 말하겠나이다. 그러나 세존이시여, 여래의 법신이 금강과 같아서 깨뜨릴 수 없는 그 원인을 알지 못하나이다.

가섭 보살은 여래의 법신이 항상하고 견고한 것을 인정하면서도 그렇게 되는 원인이 무엇일까에 대해서도 알고 싶어한다. 부처님의 몸이 금강석 같다고 해서 별도로 주물을 부어서 만들지는 않았을 것이다. 어떤 의미에서 여래의 법신이 단단하다고 하는지 알고 싶어 부처님에게 여쭈어 보는 것이다. 그러자 부처님은 다음과 같이 대답하신다.

가섭이여, 바른 법을 보호하여 유지한 인연으로 금강 같은 몸을 이루었나니. 가섭이여, 내가 옛적에 법을 수호한 인연으로 지금 이 금강 같은 몸이 항상 머물러 파괴되지 아니함을 얻었느니라. 선남자여, 바른 법을 수호하여 유지하는 이는 오계도 받지 않고 위의도 닦지 않아도 칼이나 활이나 창 같은 것을 들고 계행을 잘 지키는 청정한 비구를 보호할 것이니라.

부처님은 자신의 몸이 금강석과 같이 단단하게 된 것은 정법을 잘 보호한 인연 때문이라고 한다. 그리고는 엄청난 말씀을 하신다. 바른 법을 수호하는 이는 계율을 받아 지니지도 않고 수행자로서의 품위를 갖추지 않고서도 칼이나 활이나 창 같은 것을 들고 계행을 잘 지키는 청정비구를 보호한다는 것이다. 첫째는 수행도 중요하지만 정법을 지키는 것이 더 중요하다는 것이고, 둘째는 정법을 지키는 데 있어서 무기를 사용해도 좋다는 것이다. 이 《열반경》은 옛날에 설해진 경전이다. 그때에는 창칼과 활이 가장 큰 무기였다. 지금은 총도 있고 대포도 있다. 핵폭탄도 있고 화학무기도 있다. 옛날에 허용한 최대의 무기를 현대의 최대 무기로 바꾼다면 핵폭탄이나 화학무기가 되겠다. 핵폭탄을 쓰면 많은 살상이 있고 화학무기를 써도 마찬가지이다. 《열반경》이 정법을 보호하는 데 무기를 허용했다고 하는 것은 아주 특이한 일이다.

부처님은 본래 평화주의자이다. 나쁜 사람이 와서 귀찮게 굴 때 부처님이 할 수 있는 최대의 저항은 묵빈대처(默賓對處) 즉 아무 말도 하지 않고 침묵으로 대하는 것이었다. 이러한 전통은 계속 지켜졌다. 불교는 서양 종교와 달리 종교로 인해서 전쟁을 한 적이 없다. 그러나 서양 종교는 다르다. 예전에는 30년의 종교전쟁도 있었다. 최근에 중동에서 행해지는 수십 년 간의 전쟁도 부분적으로는 종교전쟁이라고 할 수 있다. 이슬람교 나라들이 유대교와 서양 종교 나라들을 상대로 싸우고 있기 때문이다. 또 불교의 전파는 침략군과 함께 이루어지지 않았다. 불교가 인도에서 중국이나 티벳으로 건너갈 때 전쟁과는 아무런 관련이 없었다. 우리 나라 일본에 불교가 들어간 것도 마찬가지이다. 그러나 서양 종교는 다르다. 서양 종교는 다른 나라의 군사적 침략과 함께 심어지는 경우가 많았다. 어떤 나라가 다른 나라를 정복할 때 일차적으로는 무기의 힘으로 제압하고 이차적으로는 종교를 전파시켜서 그곳 원주민의 혼을 뽑아 버린다.

그런데 평화주의 원칙을 가지신 부처님께서 무기를 들고 정법을 수호해야 한다고 말하니 가섭 존자가 어리둥절할 수밖에 없다. 수행하는 것을 강조하기 위해서 무기를 들고 수행자를 보호하라는 것인지 아니면 정법을 지키는 것을 강조하기 위해서 창칼 같은 무기를 말씀하시는 것인지 알 수가 없다. 언뜻 가섭 존자는 부처님이 수행을 강조하는 것으로 생각하고 이렇게 부처님께 사뢴다.

세존이시여, 만일 비구가 수호하는 일을 떠나서 고요한 무덤 곁이나 나무 아래에 혼자 있으면 그런 사람은 진정한 비구라 하려니와 만일 수호하는 이를 따라 다닌다면 그런 사람은 '머리 깎은 거사'라 하겠나이다.

가섭 보살은 진정한 수행자와 거짓 수행자를 이렇게 구분한다. 고요한 곳에서 조용히 마음을 닦고 있으면 진정한 수행자요 무기나 들고 다니면 거짓 수행자라는 것이다. 고요한 장소에서 수행을 하고 있으면 그를 진정한 비구라고 할 수 있거니와, 만약 총칼 같은 무기를 들고 불법을 수호한다고 주장하면서 다니는 사람과 동행하는 이가 있다면 그는 진정한 비구가 아니고 겉모습만 수행자인 '머리 깎은 거사'라는 것이다. 가섭 보살의 이 같은 생각은 극히 상식적인 것이다. 여러분의 판단도 가섭 보살과 같을 것이다. 진정한 수행자라면 불법을 보호하기 위해서 칼을 들기보다는 수행에만 전념해야 한다는 생각이 전혀 잘못된 것이 아니다. 그러나 《열반경》〈금강신품〉에서 부서지지 않는 금강의 몸에 대해 이야기하는 부처님의 생각은 정반대이다. 수행보다는 불법을 지키는 일이 우선이다.

가섭이여, 머리 깎은 거사라 하지 말라. 만일 비구가 가는 곳마다 몸을 이바지함을 만족히 여기며 경전을 읽고 생각에 들어 좌선하다가 법을 묻는 이에게 보시하고 계행 갖는 공덕과 탐욕을 없애고 만족한 줄 알라는 법문을 말하여 준다면 그는 비록 이렇게 여러 가지 법을 말한다 하여도 사자후를 하지 못하며 사자들에게 호위받지 못하며 법답지 않은 나쁜 사람을 굴복시키지 못하리라. 이런 비구는 저를 이익케 하고 중생을 이익케 하지 못하는 것이니 이런 무리는 게으르고 나태한 사람으로서 비록 계행을 가지고 깨끗한 행을 수호한다 하여도 아무 일도 할 수 없느니라.

여기서 부처님은 소극적으로 불도를 닦는 것이 잘못이라고 지적한다. 호법 즉 불법을 지키는 것을 우선적으로 해야 한다는 것이다. 어떤 이에게 불교를 가르칠 때, 번뇌와 탐욕을 없애고 계행을 잘 지키라고만 말한다면 그런 지도자는 아무리 독경과 좌선을 잘하고 고요한 곳에서 수행을 잘하더라도 또 설법을 잘하더라도 사자후를 하지 못하고 사자의 보호를 받지 못한다고 한다. 그런 비구는 아무리 계행이 있어도 내면적으로 보면 게으르고 나태해서 자기나 남을 위해서 이익을 주지 못한다는 것이다.

여기서 부처님은 사자후를 못 하고 사자의 보호를 받지 못 한다는 표현을 쓰고 있는데 사자는 부처님을 나타낼 때 많이 쓰는 표현이다. 사자가 모든 동물의 왕이듯이 부처님도 모든 중생의 왕이라는 뜻이다. 사자로서의 부처님은 그저 높기만 한 것이 아니라 상대를 꼼짝못하게 할 위엄이 있다는 것이다. 그래서 부처님께서 앉는 자리를 사자좌라고 하고 부처님의 법문을 사자후라고 한다. 요즘에는 법사에게 설법해 주기를 청하는 청법가에 사자좌와 사자후라는 말이 들어 있다.

부처님은 불법 수호를 강조하면서 무기까지 들라고 하셨다. 《열반경》을 공부하는 불자들은 어떻게 불법을 지켜야 하겠는가. 그런데 이 《열반경》이 설해질 때의 무기와 현재 우리가 사용할 수 있는 무기를 잘 견주어서 생각해 봐야 할 것 같다. 옛날에는 창칼이 사람을 죽이는 무서운 무기였지만 지금은 그런 무기가 무섭지 않게 되었다. 왜냐하면 첫째 창칼로 덤비는 사람이 있으면 공권력이 그것을 막아 줄 것이고, 둘째 불교를 해치는 사람들이 창칼을 들고 쳐들어오지 않기 때문이다.

요즘 같은 민주주의 시대에 가장 무서운 무기는 불자들이 무리를 이루어 조직적으로 움직이는 것이다. 텔레비전에 사회부조리를 고발하는 프로가 있다. 언젠가 서양 종교 기도원의 치병 실태에 대해서 보도한 적이 있다. 보도 내용은 안수라는 이름의 안마기도가 병을 치료한다는 명목으로 행해질 때 도리어 여러 가지 병을 전염시킨다는 것이었다. 그 예로 서양 종교 안수사의 안마를 받은 어린 여자아이가 당치도 않은 성병에 걸린 사실을 들었다. 국민들은 치병을 주로 하는 기도원들에 대해서 미심쩍은 생각을 가지기는 했지만 막상 그 같은 고발을 텔레비전 화면을 통해서 직접 보고는 큰 충격을 받았다. 그런데 그 방송에 의해서 고발당한 기도원과 교당의 신자들 천여 명이 방송국 앞에서 일주일이 넘게 항의 농성을 벌였다. 그리고 마침내 방송사로부터 유리한 타협안을 끌어냈다.

그러나 불교의 경우 어떠한가. 지난 80년 10월 27일 전국 이름 있는 스님들이 정치적인 목적에 의해서 한꺼번에 구속되었을 때에도 불자님들은 고요히 침묵을 지키고 있었다. 총칼을 들어야 한다는 말이 아니라 몇 명이라도 모여서 항의의 뜻이라도 나타냈더라면 그렇게 처참하게 당하지는 않았을 것이라는 말이다. 현대에 대중이 쓸 수 있는 무기는 창칼이 아니라 모여서 의사표시를 하는 것이라면 앞으로 불교가 부당한 어려움을 당할 때 불자들은 분연히 일어서야 할 것이다.

47. 법을 수호하는 이가 대승인 (금강신품 3)

> 부처님께서는 무기를 들고 불법을 지키라고 가르치면서도 살생하는 데 사용하는 것은 금했다. 무기로 위엄을 보이되 중생심으로 무기를 사용해서는 안 된다는 뜻이 숨어 있다.

《열반경》에서 부처님은 불도를 닦는 사람 특히 재가 신자는 창칼이나 활을 들고 불법을 보호하라고 말씀하신다. 계행을 지키더라도 불도를 보호하지 않으면 대승법을 믿고 행하는 사람이 아니라고 하신다. 설사 계행이 없더라도 불법을 보호하는 일을 하면 대승법을 행하는 사람이라는 것이다. 그렇지만 우리는 부처님이 평화주의자인 것을 잘 알고 있다. 불교를 보호한다는 이름으로 함부로 싸우라는 뜻은 아닐 것이다. 서양 종교가 배타적이고 공격적이라면 불교는 포용적이라고 할 수 있다. 공격적인 종교와 포용적인 종교가 맞부딪치게 될 때 포용적인 종교는 물러서게 되고 손해를 보는 경우가 많이 있다. 그러나 불교의 특성은 포용적이다. 서양 종교를 이기기 위해서 서양 종교와 같이 공격적 대응은 하지만 이때는 불행한 일이 생기게 된다. 공격적인 불교는 이미 불교가 아니기 때문이다. 아무리 상대가 얄밉게 굴더라도 상대를 닮을 수는 없다. 부처님은 무기를 들고 불법을 보호하라고 하시지만 그러나 그 내면에는 불교의 특성을 지키는 원칙과 한계가 있을 것이다.

가섭 보살과 부처님이 대화를 주고받으면서 먼저 계를 받지 않았더라도 무기를 들고 대승을 보호하는 사람이 대승인이라고 말한다.

가섭 보살이 부처님께 여쭌다.

"세존이시여, 여래의 항상한 몸은 마치 돌에다 형상을 새긴 것 같겠나이다."

〈금강신품〉 즉 부처님의 법신이 금강석과 같이 단단해서 부서지지 않는다는 것을 나타내는 말이다. 부처님이 불법을 보호하는 이야기를 하시지만 그렇게 불법을 지킴으로써 부처님의 몸이 견고하게 된다는 의미이다. 앞에서 불법의 보호에 대해서 부처님의 가르침을 들은 가섭보살은 그렇게 무기를 들고서라도 불법을 보호하면 불법이 잘 보존되어서 부처님의 몸을 돌에다 새긴 형상과 같을 것이라고 말한다. 그러자 부처님께서 다음과 같이 설하신다.

선남자여, 그러한 인연으로 비구·비구니·우바새·우바이들은 마땅히 부지런히 바른 법을 수호할 것이니 법을 수호한 과보는 한량없이 크고 넓으니라. 선남자여, 그러기에 법을 보호하려는 우바새들은 칼과 작대기를 들고 법을 지니는 비구를 옹호하여야 하느니라. 설사 오계를 갖추어 받아 가졌더라도 대승인이라고 말하지 못하려니와, 오계를 받지 않고도 바른 법을 수호하는 이는 대승인이라고 할 것이니 법을 수호하는 이는 칼이나 병장기를 들고 법사를 호위할 것이니라.

여기서 부처님은 출가한 비구나 비구니 그리고 재가 신도인 우바새와 우바이가 다같이 불법을 보호해야 한다는 것을 강조하면서도 특별히 무기를 드는 일은 우바새 즉 남자 재가 신도에게 맡긴다. 여기에서도 부처님은 대승을 믿고 행하는 사람의 기준을 계행에 두지 않고 불법을 옹호하느냐 않느냐에 둔다. 어떤 이가 설사 오계를 받아 지니더라도 불법을 보호하지 않으면 그는 대승법을 닦는 사람이 아니고, 오계를 받지 않았더라도 정법을 지키는 사람은 대승법을 닦는 사람이라는 것이다. 불법을 수호하는 이는 칼이나 병장기를 들고 법사를 호위하라고 한다.

그러나 가섭 보살은 아직까지도 부처님의 진의를 완전히 파악하지 못했다. 그래서 "세존이시여, 만일 비구가 칼과 작대기를 가진 우바새들과 동무가 되지만 스승이 있다 하리까, 스승이 없다 하리까. 계행을 가짐이오니까, 계행을 깨달음이오니까." 하고 여쭌다. 비구는 수행에만 전념하고 싸우는 일에 말려들면 안 되는데 그러한 비구의 몸으로써 무기를 가진 재가 신도와 동무가 되지만 그 비구는 바른 스승을 만나서 공부하지 않고 계행을 파하는 것이 아니냐는 물음이다.

이 물음에 대해서 부처님은 "가섭이여, 이런 사람을 파계하는 사람이라고 하지 말라."고 대답하신다. 그러자 가섭 보살의 질문은 계속된다.

"세존이시여, 그렇게 계행을 가진 사람으로서 바른 법을 수호하려는 이가 어떻게 시골이나 도시로 다니면서 교화할 수 있사오리까."

비구들이 계행을 잘 지키고 불법을 보호한다 하더라도 창칼을 든 우바새들과 같이 어울려 다닌다면 어떻게 일반 대중을 자비정신의 불교로 이끌 수 있느냐는 물음이다. 이에 대해서 부처님이 대답하신다.

선남자여, 그래서 내가 지금 계행을 지니는 사람이 칼과 작대기를 가진 사람들과 동무가 되라고 허락한 것이다. 임금이나 대신이나 장자나 우바새들이 법을 수호하기 위해서는 비록 칼이나 작대기를 가지더라도 그 사람은 계행을 갖는 이라고 말하느니라. 비록 칼과 작대기를 가졌더라도 생명을 끊지는 말아야 하나니. 그렇게 하는 이는 제일로 계행을 갖는다고 말할 것이니라.

여기에서 창칼을 가진 사람이 계행을 가진 이와 같다는 설명이 나온다. 불법을 수호하기 위해서 무기를 가지더라도 생명을 끊는 일을 하지 않기 때문이라는 것이다. 부처님은 불법 보호하기를 강조하고 그러기 위해서는 무기까지 들어야 한다고 말씀하셨다. 그러나 실제로는 생명을 끊는 일을 금하셨기 때문에 지녀도 좋다고 허락한 무기들이 아무 쓸모가 없어졌다.

그렇다면 부처님께서는 왜 무기를 들고 불법을 지키라고 가르치면서도 살생하는 데 사용하는 것은 금했을까. 우리는 두 가지 방면에서 생각할 수 있다. 첫째는 무기로 위엄을 보이는 것만으로 불법을 보호하는 효과가 있다는 것이고, 둘째는 무기를 중생심으로 사용하지 않게 하는 것이다.

첫째 무기를 위엄을 보이기 위해서 사용하는 것부터 생각해 보자. 세계 각국들은 자기 나라의 안보를 위해서 핵을 가지고자 한다. 특히 적대 관계에 있는 나라를 견제하기 위해서 핵을 가지고자 한다. 인도와 파키스탄은 본래 한 나라였지만 영국이 독립을 시키면서 힌두교와 이슬람교의 나라로 분리되었다. 종교가 다르다고 해서 모두 적대 관계가 되는 것은 아니지만 본래 같은 나라였기 때문에 감정의 골이 깊기가 쉽다. 그래서 인도와 파키스탄은 각기 실질적으로 핵을 보유하고 있다. 그런데 핵을 가지는 것은 그것을 실제로 쓰기 위해서라기보다는 핵의 엄청난 위력을 엄포로 상대의 공격을 예방하자는 데 있다. 그래서 저 가난한 나라 인도는 많은 돈을 들여서 핵을 개발하는 것이다.

불법을 수호하는 사람이 무기를 지녔을 경우 설사 그것을 쓰지 않는다고 하더라도 다른 이가 무기를 가진 사람에게 함부로 덤빌 수가 없다. 따라서 상대가 불교를 공격해서 악업을 짓는 것을 예방할 수가 있다. 현재 우리 나라 실정으로는 스님네나 신도들이 무기를 들고 불법을 보호할 수는 없다. 민주주의 시대의 주무기는 많은 사람들이 조직적으로 행동하는 것이다. 불교에게 부당한 불이익이 있을 경우에 불자들이 수백만 명 또는 수십만 명이 모여 평화적으로 그 부당함을 지적하고 개선되도록 호소하면 불교의 정당한 권익을 찾을 수가 있다.

불교신도들이 집단적으로 움직여서 불교에 대한 훼방을 막은 일이 있다. 일부 몰지각한 서양 종교인들은 부흥회라든지 간증이라는 행사를 통해서 불교를 비방하는 일이 종종 있다. 그런데 비방하는 효과를 높이기 위해서 그들은 전에 승려 생활을 했다고 경력을 조작하는 일도 있다. 승려 생활을 하면서 보니 불교에는 진리도 없고 온갖 잘못들만 판치고 있어 종교를 바꾸고 보니 너무도 좋다는 식의 비방이다. 그들은 조작한 사진을 곁들인 벽보까지 붙이고 선전하면서 부흥회라는 것을 개최하고 녹음 테이프를 만들어서 여기저기 뿌리기도 한다. 그것을 보던 불교신도들이 집단으로 몰려가서 항의했다. 불교청년회에서는 그런 말을 하는 부흥사가 거짓말을 하고 있다는 것을 낱낱이 조사해서 세상에 알렸다. 그러자 그 부흥사는 어디론가 숨어 버렸다. 이처럼 불자들이 집단으로 움직이는 일이 옛날의 무기와 같은 효력으로 불교를 보호하는 것이다.

　무기를 쓰게 하면서도 살생을 금한 둘째 이유는 무기를 중생심으로 사용하지 않게 하기 위해서이다. 부모들이 아이들을 혼낼 때 처음에는 교육을 위해서 혼내지만 어떤 때는 자기 감정에 도취되어서 혼내는 일도 많다고 한다. 사람들이 보통 말다툼을 벌일 때도 처음에는 좋은 뜻으로 상대에게 충고했지만 뒤에는 오해에 오해가 겹쳐서 이성을 잃어버린 감정 싸움으로 발전되는 경우가 많이 있다. 《열반경》에서 말하는 옛날 식의 무기를 사용하지 않고 현대식인 대중의 조직적인 움직임을 쓴다고 하더라도 살생하지 않아야 한다는 기본 원칙으로부터 벗어나서는 안 될 것이다. 즉 우리의 움직임에 의해서 부당하게 마음의 상처를 받는 사람들이 생기게 해서는 안 되고 또 감정적으로 상대를 대해서는 안 된다는 것이다. 무기를 쓰면서도 그 무기에 매이지 않을 수 있는 것이 최고의 수양이요 지혜일 것이다.

48. 이익 챙기는 것을 금함 (금강신품 4)

> 열반경에서 부처님이 경계하는 것은 가람을 수호하기 위해서 시주를 받는 것이 아니다. 개인적인 이익을 위해서 권력자나 부자와 친해지는 것이다.

정법을 수호하는 사람은 이익을 위해서 부자나 권력자와 친근해지지 않는다. 부처님은 자신의 몸이 다이아몬드처럼 단단하다는 문제를 다루지만 그것은 외면적인 형식이고 실제로는 불법이 부서지지 않도록 보호하는 문제를 취급하고 있다. 즉 불법이 견고한 것과 자신의 몸이 견고한 것을 동일시하고 있는 것이다. 앞에서는 외부에서 불법을 해치고자 할 때, 무기를 들면서까지라도 불법을 보호해야 한다고 말했지만 안으로부터 불교가 무너지는 경우도 있다. 사실은 외부적인 공격에 의해서 불교가 쇠락하기보다는 내적인 타락에 의해서 붕괴될 가능성이 더 많다. 그래서 부처님은 정법을 지키는 사람들이 타락하지 않고 청정을 지키게 하기 위해 어떻게 해야 하는가를 다음과 같이 말씀하신다.

가섭이여, 법을 수호하는 이는 바른 소견을 갖추고, 대승경전을 널리 연설하며 임금의 일산이나 기름병이나 곡식이나 과일 따위를 손에 가지지 아니하며, 이양(利養)을 위해서 임금이나 대신이나 장자들과 친근하지 아니하며, 시주들에게 아첨하는 마음을 가지지 아니하고, 위의를 갖추어서 파계한 나쁜 사람들의 항복을 받나니 이런 사람이야말로 계행을 갖고 법을 수호하는 스님이라 할 것이다. 중생의 진정한 선지식이 되며 마음이 넓고 너그러워 바다와 같느니라. 가섭이여, 어떤 비구가 이양을 위하여 다른 이에게 법을 말하고 그의 무리들도 스승을 본받아 이양을 탐한다면 그 사람은 이렇게 스스로 대중을 깨뜨리는 것이니라.

먼저 정법을 보호하는 이는 항상 바른 생각 속에서 대승법을 펴되 부자나 권력자로부터 혜택받는 일을 삼가해야 한다고 한다. 여기서 임금의 우산, 기름병, 곡식, 과일 따위를 가지지 않아야 한다고 되어 있는데 이것들은 옛날에 권력가나 부자로부터 받을 수 있는 것들이었다. 일산은 요즘 말로 하면 우산이나 양산이 되겠다. 옛날에는 수행자들이 그 일산이나 기름·곡식·과일을 귀한 선물로 받는 일이 많았던 모양이다. 옛날에는 이처럼 현물로 선사했지만 요즘에는 현금이나 수표가 유통되니 그 같은 선물은 크게 사치스러운 것이 아니다. 여하튼 부처님은 법을 보호하는 수행자라면 권력자로부터 혜택받는 것을 조심해야 한다고 말씀하신다.

부처님은 또 이양을 위해서 권력자나 부자들과 친근하려고 해서도 안 된다고 말씀하신다. 앞에서는 권력자가 스스로 주는 것을 경계하고 그 다음에는 수행자 쪽에서 자기의 이양을 위해서 의도적으로 권력자에게 접근하는 것을 금한다.

어떤 분은 이런 의문을 가지기도 할 것이다. 불사를 하려면 권력자와 돈 많은 사람들로부터 시주를 받아야 할 터인데 그들로부터 도움을 받지 못하게 하는 것은 불교를 발전시키는 데 곤란하지 않겠느냐는 물음이다. 물론 그럴 수도 있다. 공적인 불사에 시주를 받지 말라는 뜻이 아니다. 불사가 아닌 개인적인 이익을 위해서는 받지 말라는 뜻이다.

사찰의 힘으로 불사하기가 어려웠던 20여 년 전 정부의 도움을 받아서 불사를 이룩한 한 일화는 유명하다. 지금은 손꼽히는 관광지가 되었지만 옛날에는 자동차 길도 제대로 뚫리지 않은 큰 사찰이 있었다. 그곳은 천년고찰이기 때문에 국보와 보물들도 많았다. 큰 부처님도 계신데 오래 되어서 무너져 내릴 지경에 이르렀다. 나라 전체가 가난했기 때문에 깊은 산골의 신도들이 시주해도 큰 도움이 되지 않았다. 생각다 못한 주지 스님은 대통령이 사는 정문 앞에 서서 며칠 동안 기도를 했다. 그때는 박 대통령 시절이었는데 그 스님의 간절함에 감동을 받은 대통령의 특별한 관심 속에서 그 산속 사찰은 길도 크게 확장되고 불사도 이룩되었다.

한국의 사찰들은 문화재의 80% 이상을 보유하고 있다. 한국에서 관광지라고 하면 사찰이 대표적인 곳으로 되어 있다. 정부는 큰 사찰 지역을 국립공원으로 선정하고 사찰의 입구에서 국립공원 입장료를 받고 있다. 따라서 정부가 문화재 사찰의 보수를 돕는 것은 당연한 일이다. 또 문화재 사찰이나 관광사찰이 아니라고 하더라도 대부분의 사찰들은 지역민들의 공원처럼 이용되고 있다. 시청이나 구청에서는 일부러 시민공원을 만들기도 한다. 따라서 이미 시민공원으로 이용되는 사찰의 진입로·주차장·쓰레기 처리장·약수터 등 시설을 돕는 것은 의당 해야 할 일이다. 《열반경》에서 부처님이 경계하는 것은 가람을 수호하기 위해서 도움을 받는 것이 아니다. 개인적인 이익을 위해서 권력자나 부자와 친해지는 것을 경계하는 것이다.

만약 개인적인 이양을 위해서 권력자와 친해지고 권력자의 도움을 받을 경우 두 가지 면에서 불교 내적인 타락 현상이 올 수가 있다. 첫째는 수행자가 물질적인 이양에 탐착하는 것이요, 둘째는 권력과 부에 예속되는 것이다. 수행자가 물질에서 쾌락을 얻게 되면 수행이 제대로 될 리가 없다. 공부나 포교보다는 이익을 우선적으로 생각하게 될 것이다. 개인적인 이익을 생각하는 수행자들이 많아지면 그 집단은 외부에서 공격하지 않아도 자연히 망하게 될 수밖에 없다. 외부로부터의 불교에 대한 훼손이나 방해는 눈에 두드러지게 보이기 때문에 막을 수가 있다. 그러나 수행 집단이 내적으로 타락하게 되면 겉으로는 잘

드러나지 않는다. 따라서 그 폐해를 예방하기도 힘들다. 둘째로 권력에 예속되는 문제도 심각하다. 사람이 개인적으로 도움을 주고받으면 속된 말로 공짜가 없다. 반드시 보답을 해야 한다. 권력이 요구하는 대로 말을 들어주어야 한다. 권력의 속성은 그것을 유지하거나 보호하기 위해서 수행자라도 무자비하게 이용한다. 수행자의 품위는 땅에 떨어질 것이고 그렇게 되면 사람들의 마음은 불교로부터 멀어지게 된다. 대중의 인기가 없고 대중으로부터 지지를 받지 못하는 종교는 그 진리가 아무리 좋다고 하더라도 설 자리를 잃게 된다. 이것은 불법을 보호하는 길과 정반대가 되는 것이다. 그렇기 때문에 불법을 보호하기 위해서 권력과 무기를 가진 사람들과 접촉은 할지언정 그들로부터 개인적인 이양을 취하지 말라는 것이다.

그런데 한 가지 주의해야 할 일이 있다. 수행자는 개인적으로 재물을 취하지 않는다고 해서 현재 한국의 스님네가 보시받은 것마저도 빼앗으려고 해서는 안 된다는 것이다. 남방불교 즉 태국·스리랑카·미얀마 등지에서는 현재도 비구들이 돈을 직접 만지지 못하게 되어 있다. 스님들이 비행기를 타고 외국을 여행할 때도 돈을 지불하는 사람이 대동해야 한다. 그러나 한국이나 일본에서는 스님네들이 생활을 하거나 약을 사는 데 필요한 보시는 받도록 허용하고 있다. 또 부전(副殿) 생활을 하면서 받은 보시를 모아 두었다가 요긴할 때 쓰기도 한다. 그러나 조계종의 그전 종헌종법에는 스님들이 개인적으로 돈을 소유하지 못하도록 되어 있었다. 지난 1980년의 10·27법난 때 군인들은 이 종헌을 근거로 스님들이 보시받아서 모아 놓은 돈을 부정축재라고 몰아붙이며 그것을 몰수했다. 뒤에 그 돈을 모두 원래의 주인에게 돌려주기는 했지만 이런 일이 있은 후로 조계종에서는 스님네가 개인적으로 돈을 소유할 수 없다는 법률 조항을 삭제해 버렸다. 물론 현재의 종헌에 스님네의 재물 소유를 금하지 않았다고 해서 무한정 재물을 소유해도 좋다고 허용하는 것은 아니다. 권력기관이 그 법을 악용해서 스님네를 탄압하지 못하게 하자는 뜻이다. 몇 년 전에 정신대 할머니를 위한 나눔의 집을 건립하는 모금을 할 때였다. 한 큰스님께서 1억 5천만 원을 선뜻 희사했다. 그 스님께서는 오랫동안 받은 보시를 모아 두었다가 좋은 일에 쓰신 것이다.

부처님은 또 이런 말씀도 하셨다. 정법을 수호하는 수행자는 시주하는 사람들에게 아첨하지 않는다는 것이다. 일반적으로 사람들은 세상으로부터 몰려서 더 이상 후퇴할 길이 없을 때 이런 말을 하는 경우가 많다. '머리 깎고 중이나 되어서 산속으로 들어가 버릴까'라고 한다. 또 이런 말도 한다. '조그마한 암자나 하나 짓고, 부전 스님이나 한 분 두고 조용히 살까'라고 한다. 두 말 모두 스님네를 함부로 생각해서 하는 말이다. 물론 세상의 허무를 알고 출가하거나 절을 짓는 것은 좋지만 출가를 속 편한 도피처로 생각하거나 일반인이 승려를 고용할 수 있다고 생각하는 것은 잘못이다.

산속이나 도시에 암자나 포교당을 건립할 경우에도 승려가 주도하고 신도가 돕는 형식으로 불사가 이루어져야지 그렇지 않으면 집중력이 없어서 일이 잘되지 않는다. 대승불교의 기본정신은 승려나 신도를 구별하지 않고 다같이 부처님 일에 동참하는 것이지만 국민의 의식은 그렇지 않다. 아무리 부족하고 못났더라도 머리 깎고 출가한 승려는 믿고 따라 주어야 한다. 또 당연히 출가자를 최고 어른의 자리에 모셔야 한다. 최근에는 개척 포교당이 많이 생겨나고 있다. 그러나 운영 중에 신도들이 스님들의 권위를 추월하는 경우가 간혹 있다는 소식을 듣고 있다. 시주금을 내는 신도를 포교당의 고용주로 여기고 그곳에서 포교를 하는 스님네를 고용인으로 생각하는 문제가 발생한다는 것이다. 새로운 시대의 조류에 의해서 이런 형식으로 신도와 승려가 힘을 모아 포교하는 일도 있을 수는 있지만 주의할 점은 스님네가 시주하는 신도에게 아첨하게 해서는 안 된다는 것이다.

49. 이양을 위한 권력과 재력을 금함(금강신품 5)

> 부처님은 자기 자신이 계행을 잘 지키느냐 않느냐
> 보다는 내외적으로 불법을 파괴시키는 사람들을 물
> 리치거나 바로잡는 데 우선적인 관심을 두고 있다.
> 설사 계행을 못 지키……

부처님께서는 지금까지 부처님의 수명을 길게 하고 몸을 단단하게 하기 위해서는 밖으로는 무기를 들고서라도 불법을 수호하고, 안으로는 개인적인 이양을 구하지 말라고 말씀하셨다. 그렇다면 부처님께서 이상적으로 생각하는 수행자상이 있을 것이다.

가섭이여, 대중에 세 가지 종류가 있으니, 하나는 파계하는 잡승이요, 둘은 어리석은 중이요, 셋은 청정한 중이니라. 파계하는 잡승은 깨뜨리기 쉽거니와 계행을 갖는 청정한 대중을 이양하는 인연으로는 깨뜨릴 수 없느니라. 어떤 것을 파계한 잡승이라 하는가. 만일 비구가 계행을 가지면서도 이양을 위하여서 파계한 이들과 함께 따라다니며 서로 어울리어 사업을 함께하는 이는 파계한 이요, 잡승이라 하느니라. 어떤 것이 어리석은 중인가. 만일 비구가 고요한 도량에 있으나 총명치 못하고 흐리멍덩하여 욕심이 적고 걸식을 행하며, 계를 말하는 날에나 자자(自恣)하는 때에는 제자들로 하여금 깨끗이 참회하게 하지만 잘못된 제자가 계율을 범하는 일이 많아도 깨끗하게 참회하도록 가르치지 못할 뿐 아니라 그들과 더불어 함께 계율을 말하고 자자한다면 그런 이는 어리석은 중이라 하느니라. 어떤 것이 청정한 중인가. 어떤 비구들이 있는데 백천억 마군들로도 깨뜨릴 수 없고, 보살이어서 성품이 청정하며 위에 말한 두 종류의 중들을 조복하여 청정한 대중 가운데 있게 하면 그들은 법을 수호하는 대사라 할 것이니라.

부처님은 출가승려를 세 가지로 분류한다. 첫째는 파계잡승, 둘째는 우치승, 셋째는 청정승이다. 첫째 파계잡승이란 파계한 이들과 어울려서 자기의 이양을 도모하는 사람을 말한다. 수행자 자신만은 계행을 지키지만 어울리는 파계자들을 교화하지 못하거나 안 한다. 파계잡승에게 있어서 문제점은 어떤 이양을 위해서 파계한 이들과 어울린다는 것과 그렇게 어울리면서도 파계한 이들을 교화하지 못한다는 것이다.

그런데 부처님께서 파계잡승을 규정하는 기준에 주의를 기울여야 할 것 같다. 개인적으로 계행을 잘 지키는 것만으로는 충분하지 않다는 것이다. 외적으로 불교를 해치는 이들과 내적으로 불교를 좀먹는 사람들을 교화해야 한다는 것이다. 외적으로 불교를 해치는 사람들은 부처님이 정한 계율을 지키지 않는 이들이고, 내적으로 불교를 부패시키는 사람들은 바로 이양을 구하는 자신이다. 부처님은 자기 자신이 계행을 잘 지키느냐 않느냐에 관심을 두기보다는 내외적으로 불법을 파괴시키는 사람들을 물리치거나 바로잡는 데 우선적인 관심을 두고 있다. 설사 개인적으로 계행을 지키지 못하더라도 불법을 수호하기 위해 불법을 해치거나 이양을 구하는 사람들을 교화하는 이가 있다면 부처님은 그를 파계잡승이라고 부르지 않고 청정승이라고 부를 것이다. 오계를 받고 계행을 지키더라도 불법을 지키기 위해서 무기를 들지 않으면 대승법을 행하는 사람이 아니고, 반면에 오계를 받지 않았더라도 무기를 들고 불법을 수호하면 대승법을 행하는 사람이라고 부처님은 단호히 말씀하신다.

두번째는 우치승이다. 우치승에 대한 규정도 재미있다. 어떤 비구가 고요한 도량에서 살면서 욕심도 없고 걸식하면서 아주 모범적인 수행자의 모습을 하고 살더라도 정신이 맑지 못하고 흐리멍덩하면 그는 우치승이 된다. 아무런 욕심이 없다는 것, 모범적인 수행자의 모습을 가지는 것만으로는 참다운 승려가 되기에 부족하다는 것이다. 항상 맑은 정신을 가져야 한다는 것이다. 맑은 정신이란 잘못을 저지른 다른 사람들을 바르게 이끄는 자세이다. 설사 자기 자신이 계행을 잘 지키고 제자들을 잘 지도한다고 하더라도 계율을 범하는 이들이 있을 때 그들을 바로잡지 못하면 그는 우치승이 된다. 이 우치승의 기준도 자기 자신의 계행보다는 남들을 교화하는 데 있다. 자신이 아무리 고요한 곳에 있고 걸식을 할 정도로 검소한 생활을 한다고 하더라도 불법을 해치는 파계자들을 보았을 때 그들을 물리치거나 교화하지 않으면 그는 멍청한 수행자라는 것이다. 파계잡승과 우치승이 개인적으로 계행을 잘 지킨다는 것과 불법을 해치는 사람들을 보았을 때 그들을 바로 이끌지 못하는 것은 공통적이다. 다른 점은 파계잡승은 파계한 이들과 이양을 위해서 어울리지만 우치승은 이양을 구하지 않고 걸식을 행하면서 조용한 곳에서 수행한다는 것이다.

셋째 청정승은 내적·외적으로 불법을 수호하는 수행자를 말한다. 이 청정승은 내적으로는 백천 만억의 마군 승도 깨뜨릴 수 없을 정도로 불법에 대한 신심이 단단하다. 외적으로는 앞에서 말한 파계잡승과 우치승들을 항복시키고 바로 이끄는 사람이다. 이 청정승은 가장 이상적인 승려상인데 아무리 많은 마장이나 유혹이 있어도 물리칠 수 있는 사람이다. 산에 사는 승려에게 무슨 마장이나 유혹이 있겠느냐고 의아해 하겠지만 사람이란 존재는 참으로 묘한 것이다. 아무리 혼자 가만히 앉아 있어도 그 마음은 온 세계를 다 휘젓고 다닌다. 자신이나 남에 대해 분노의 마음을 내어 지옥의 세계도 가고 무엇이든지 잡으려고 손을 허우적대는 아귀의 세계도 간다.

그런데 인간은 그렇게 헤매는 자신의 모습을 바라보기 싫어한다. 그래서 혼자 벽을 보고 앉아 있으면 자기를 보지 않으려는 본능적인 차단성 때문에 사람은 답답한 마음을 가지게 된다. 일반 신도들과 같이 참선을 해보면 신도들이 아주 답답해 하는 것을 볼 수 있다. 이 답답해 하는 것은 바로 인간이 방황하는 자기 자신을 있는 그대로 보지 않으려는 성질이 작용하고 있기 때문이다. 일반 신도들과 달리 전문적인 수행자는 이 같은 답답함이야 쉽게 극복하겠지만, 궁극의 경지에 이르기 전까지는 지워도 지워도 답답함은 나타나고 또 나타난다. 그래서 순간 순간의 자신을 여실히 바라보는 일을 쉬지 않아야 한다.

또 수행자에게도 유혹과 협박은 있다. 우리는 부처님이 성도하기 전날 밤에 겪은 일을 알고 있다. 부처님이 성도하려는 것을 보고 마왕 파순은 자기의 예쁜 딸들을 보내서 부처님을 유혹하게 했다. 그 딸들이 부처님 앞에서 갖은 교태를 다 부려도 부처님은 끄떡하지 않으신다. 그러자 마왕은 딸들을 철수시키고 무서운 짐승들을 보낸다. 우리가 참선을 하고 앉아 있는데 우리 앞에 여러 마리의 독사가 혀를 널름거리며 머리를 쳐들고 우리를 노려보고 있다면 어떻겠는가. 대부분의 범부들은 무척 무서울 것이다. 하물며 부처님 앞에 독사뿐만 아니라 갖가지의 독충들과 무서운 짐승들이 으르렁거린다고 상상해 보라. 얼마나 무섭겠는가. 그러나 부처님은 그 같은 무서운 짐승들의 유혹에도 끄떡하지 않으신다. 부처님이 성도하기 전날 밤에 마왕 파순이 여자와 무서운 짐승들을 실제로 보냈느냐 말았느냐는 중요하지 않다. 불경이 이 같은 사실을 묘사하는 것은 수행하는 사람들에게 이와 같은 유혹과 협박이 있다는 것을 간접적으로 나타내는 것이라고 할 수 있다. 《열반경》의 부처님이 말하는 청정승은 이와 같이 어떠한 답답함과 유혹과 무서움의 마군이 덤벼들어도 끄떡하지 않을 수 있어야 한다는 것이다.

청정승의 두 가지 요건 가운데 자기 자신이 마군에게 굴복하지 않는 것이 그 하나에 속한다. 또 하나의 요건은 잘못된 사람들을 바로 이끌어야 한다는 것이다. 《열반경》에서 두드러지게 잘못된 사람은 이양을 구하는 사람과 불법 지키는 일을 소홀히 하는 사람이다. 이양을 구하는 사람은 불법을 내부로부터 썩게 만드는 사람이고 불법을 지키는 데 소홀히 하는 사람은 외부로부터의 침로를 방치하는 사람이다.

　불자 가운데는 이런 분들이 계신다. 자기 자신이나 집안이 대대손손 불법을 신봉해 왔는데 세상이 달라지면서 요즘에는 아이들이나 젊은이들이 불교에 대해서 관심을 두지 않는다. 심지어는 다른 종교를 택하기까지 한다. 이때 많은 불자들은 참으로 우치승 같은 태도를 취한다. '종교는 자유니까' '저만 잘되면 되지'라는 말을 속으로만 되뇌이다가 나중에 자식들이 도리어 부모에게 불교를 믿지 말고 다른 종교로 개종하라고 말하면 그들을 혼내 주기는커녕 "내가 이제 다 늙어서 종교를 바꾸어서 무얼 하겠나." 하고 말한다. 참으로 어이없는 태도이다.

　또 자식들의 결혼 문제에 종교가 개입될 때 많은 불자들은 패배주의에 빠진다. 한국에서는 보통 시집을 가면 가정의 평화를 위해서 시집의 종교를 따르는 것이 상식으로 되어 있다. 그런데 딸을 다른 집에 시집 보낼 때는 그 집안의 종교를 따르게 하고 다른 종교를 가진 사람을 며느리로 맞이할 때는 며느리에게 '종교는 자유'라는 말을 듣는 것으로 이야기를 끝낸다. 이 또한 우치승의 소행이다.

50. 열반경의 명칭과 글귀의 공덕 (명자공덕품 1)

> 세상 사람들이 말하는 죽음, 불가에서 말하는 열반을 앞에 두고 설해진 열반경은 이 세상 모든 사람들에게 죽음으로부터 벗어나는 방법을 알려 주는 죽음 해방비법 공개장과도 같다.

《대반열반경》이라는 말만 들어도 그 공덕이 무량하다는 뜻에서 〈명자공덕품〉이라고 이름붙였다. 이 품에서 《열반경》의 공덕을 찬탄하고, 《열반경》에 의지하도록 권하는 것은 이 품에 이르러 《열반경》의 내용이 일단 종결을 이룬다는 것을 뜻한다. 불교에서는 결론 부분을 유통분(流通分)이라고 하지만 이 경의 유통분에서는 《열반경》을 찬탄하고 널리 전하려고 한다는 점에서 일반 책의 결론 부분과 다르다. 이 〈명자공덕품〉에서는 《열반경》을 들으면 큰 공덕이 된다고 말하고 그것을 뒷받침하기 위해서 몇 가지의 비유를 드는데 그 비유를 살펴보고 왜 《열반경》을 수지하면 공덕이 되는가를 살피도록 하겠다.

선남자여, 그대는 지금 이 경의 글자와 구절이 지니는 공덕을 잘 알아라. 만일 선남자·선여인이 이 경의 이름을 들으면 네 가지 나쁜 갈래에는 나지 아니하리라. 왜냐하면 이 경전은 한량없고 갓이 없는 부처님들이 닦아 익힌 것이니 그 공덕을 내가 이제 말하리라.
가섭이여, 이 경의 이름은 대반열반(大般涅槃)이니 윗말도 선하고 가운데 말도 선하고 아랫말도 선하며, 의미가 매우 깊고 글도 좋으며 순일하게 청정한 범행(梵行)을 갖추었으며, 금강의 보배가 광이 가득하여 모자라는 일이 없으니, 그대는 자세히 들으라. 내가 이제 말하리

라. 선남자여, '대'는 항상하다는 뜻이니 마치 8대 강이 큰바다에 들어가는 것처럼 이 경도 그와 같아서 모든 번뇌와 마의 성품을 항복받고 그런 뒤에 대반열반에서 몸과 목숨을 버리는 것이므로 대반열반이라 이름하느니라.

선남자여, 마치 어떤 의사에게 좋은 비방(秘方)이 있으면 그것이 모든 의술을 포함하는 것같이 여래도 그와 같아서 말한 바 가지가지 묘한 법의 비밀하고 깊은 이치의 문이 모두 이 대반열반에 들었나니 그러므로 이름을 대반열반이라 하느니라. 선남자여, 비유하건대 농부가 봄에 씨를 뿌리고 항상 풍년들기를 희망하다가 가을에 열매를 거두면 모든 희망이 쉬듯이, 선남자여, 모든 중생도 그와 같아서 다른 경전을 배울 적에는 항상 좋은 재미를 희망하지만 이 《대반열반경》을 듣고 나서는 다른 경에서 희망하던 재미가 영원히 쉬나니, 이 대반열반은 모든 중생들로 하여금 나고 죽는 물결에서 벗어나게 하는 연고니라.

먼저 부처님은 《열반경》의 글자와 구절에 큰 공덕이 있어서 이 경의 이름을 들으면 나쁜 곳에 떨어지지 않는다고 한다. 《대반열반경》 가운데서 '대'자는 항상하다는 뜻으로 바다가 모든 강줄기의 물을 모아서 항상한 것과 같다고 한다. 부처님께서 생전에는 모든 번뇌를 항복받고 이 대반열반에서 몸과 목숨을 버리므로 대반열반이라는 말이 큰 의미가 있다는 것이다. 우리가 이미 살펴본 바와 같이 열반이라는 말은 모든 번뇌를 여읜다는 뜻이다. 보통 때에 번뇌를 여의는 것은 아무리 그것이 고통스럽고 어렵다고 하더라도 죽음만큼 어렵지는 않다. 부처님은 지금 얼결에 정신없이 죽는 것이 아니고 일부러 열반에 들려고 하는 중이다. 남은 육신의 목숨을 버리는 일은 어떠한 번뇌를 여의는 것보다도 더 어렵고 모든 고통 가운데서 가장 고통스러운 것이다. 또 두려움으로 말하면 육신의 목숨을 버리는 두려움보다 더 무서운 두려움은 없다. 《열반경》은 어려움 중에 어려움, 고통 중에 고통,

두려움 중에 두려움을 여의면서 설한 경전이므로 가장 크고 가장 위대하다는 것이다.

부처님은 이《대반열반경》을 병을 치료하는 비법을 많이 담은 약방문에 비유한다. 명의는 전대로부터 물려받았거나 자신이 개발한 비법을 가지고 있다. 그 비법을 써서 병에 따라 약을 쓰고 치료할 때 명의가 된다. 부처님은 이《대반열반경》에 중생의 번뇌를 치료하고 중생의 죽음을 치료하는 온갖 비법을 다 담고 있기 때문에 용한 의사가 가진 비법의 약방문을 모은 책과 같다고 한다. 부처님께서 이《열반경》을 특별하게 찬탄하지 않더라도《열반경》이 중생의 죽음을 치료하는 여러 가지 비법을 담은 책이라는 것은 분명하다. 《열반경》은 죽음에 대한 공포를 여의게 하고 죽음이 아닌 열반을 얻는 법을 가르치고자 한다. 그렇게 하기 위해서 어떤 때는 인생의 무상을 철저하게 추궁해 나가기도 하고, 다른 때는 부처님의 법신이 모든 중생이 가지고 있는 불성에 담겨 있다는 것을 설하기도 하신다.

세상에서 남과 비교해서 자신을 사는 사람들은 모두 죽음에 쫓기는 사람들이다. 왜냐하면 자신의 일생이 유한하다는 것을 알기 때문에 남과 대등하게 되고 싶어하고, 남보다 더 높이 오르고 싶어한다. 만약 일생이라는 시한이 없다고 한다면 오늘 안 되고 내일 안 되는 일에 대해서 크게 근심하지 않을 것이다. 금생에 몇 년이나 몇십 년 남보다 늦은 일을 크게 근심하지 않을 것이다. 영원한 시간이 자기 앞에 놓여 있는데, 몇십 년의 시간 몇백 년의 시간에 왜 쫓기겠는가. 그래서 시간에 쫓기는 사람은 자기가 의식하거나 의식하지 않거나에 상관없이 죽음을 두려워하는 셈이다. 이 세상 사람 모두가 시간에 쫓긴다면 이 세상 사람 모두가 죽음을 두려워하는 것이다. 세상 사람들이 말하는 죽음, 불가에서 말하는 열반을 앞에 두고 설하시는 부처님의 말씀은 이 세상 모든 사람들에게 죽음으로부터의 해방비법을 공개하는 죽음해방비법 공개장과도 같다. 부처님은《대반열반경》이 죽음 해방비법 공개장이라는 점에서 큰 의미가 있다고 힘주어 말씀하신다.
 부처님은 또 《열반경》을 가을의 추수에 비유하신다. 봄에 씨앗을 뿌리는 것은 그 씨앗이 열매를 맺은 후 추수하기 위해서이다. 가을의 추수는 겨울 동안 웅크리고 있다가 봄에 기지개를 켜고 일어나서 모든 희망을 담아 뿌린 씨앗의 결실을 거두는 바람 성취의 결말과 같다. 그와 마찬가지로 부처님께서 일생 동안 여러 경을 설하셨지만 《열반경》은 그 결실이라는 것이다.
 우리는 죽음을 마침표로 삼아서 일생이라는 시간에 쫓기며 살기 때문에 어린 시절과 청춘이 좋지만 만약 죽음이 끝이 아니라면 어린 시절만 좋고 늙음이 나쁠 것이 없다. 오히려 청춘은 봄·여름과 같고, 늙음은 화려한 가을의 단풍과 같을 것이다. 또 죽음은 완전한 결실이 된다. 부처님은 그전에 깨달음을 얻어서 삶의 실상을 통달하고 이미 죽음을 여의었지만 이제는 죽음 앞에서 죽음이 마침표가 아니라 결실이라고 더욱 확실하게 말씀하고 계신다.
 부처님은 이런 말씀도 하신다. 다른 경에서 희망하던 재미가 이 경에서 영원히 쉰다는 것이다. 즉 다른 불경들이 봄에 씨앗을 뿌리고 여름에 잡초를 뽑아 내서 곡식을 가꾸는 경이라고 한다면, 《열반경》은 가을에 추수를 하는 경전과 같다는 것이다. 물론 씨앗을 뿌리고 농토를 가꾸어야 추수를 할 수 있기 때문에 씨앗 뿌리는 단계의 경이 하열하고, 결실을 거두는 단계의 경이 수승하다는 뜻이 아니다. 봄에 씨앗을 뿌리는 단계의 불경들이나, 논밭의 김을 매는 단계의 불경들도 다 좋지만 추수를 하는 단계의 《열반경》이 그중에서 가장 수승하다는 것이다. 또 《열반경》은 부처님께서 일생 동안 설해 온 가르침을 매듭짓는 결론과 같다는 것이다.
 어떤 불경이나 그 불경에 나오는 부처님과 보살의 명호를 외우면서 염불하는 수가 있다. 우리 나라의 한 법회에서는 《반야경》의 이름을 따서 '마하반야바라밀'을 외우면서 정근하고, 《법화경》을 소의경전으로 삼는 종단이나 신행 단체에서는 '나무묘법연화경'을 외우면서 정근한다. 《법화경》〈관세음보살보문품〉은 독립해서 유통될 때 《관음경》이라고 불리기도 하는데, 여기에 나오는 보살의 명호를 따라서 관세음 보살을 부르며 정근한다. 또 《지장보살본원경》에는 지장 보살에 관한 이야기가 나오는데 지장 보살을 좋아하는 사람들은 지장 보살을 부르면서 정근한다. 《아미타경》에 의지하는 사람은 그 경에 나오는 아미타불에 의지해서 나무아미타불이라고 정근한다.

그렇다면 《열반경》을 배우는 우리는 어떻게 정근해야 하는가. 여기에는 부처님과 그 상대역으로 가섭 보살이 주로 출연하지만 부처님이 주연이고 가섭 보살은 보조역이다. 그래서 주연의 명호를 부른다면 석가모니 부처님이 되겠는데, 이 명호는 일반적으로 부르는 석가세존의 이름과 똑같다. 《열반경》의 특징을 나타내고자 한다면 '나무대반열반경'을 외우면 좋을 것 같다.

《대반열반경》이라는 이름만 들어도 공덕이 된다고 하는데 그 이름을 부르는 사람에게는 얼마나 더 큰 공덕이 있겠는가. 단지 주의할 점은 그냥 불경의 이름만을 부르기보다는 《대반열반경》 전체의 내용과 대의를 마음에 새기며 정근한다면 더욱 좋겠다.

51. 열반경에 있는 여덟 가지 맛(명자공덕품 2)

> 자기 중심적인 번뇌의 불을 끄고 열반에 드는 것은 자기 중심의 만남을 버리고 세상의 무상을 있는 그대로 받아들이는 것이다. 이 경지에서는 모든 변화가 그대로 항상함이 된다.

불경의 종류는 많다. 또 모든 불경은 다 좋지만 각 경전은 나름대로의 특징이 있다. 《열반경》은 부처님의 열반, 일반인들의 말로 하면 부처님 육신의 죽음을 받아들이는 문제가 주제이다. 우리는 부처님의 열반을 통해서 우리의 죽음도 해결하려 이 경을 읽고 있다. 《열반경》의 여덟 가지 맛에서 우리가 죽음을 두려워하지 않을 수 있는 방안을 얻어야 할 것이다.

선남자여 좋은 타락에는 여덟 가지 맛이 구족하듯이 대반열반에도 여덟 가지 맛이 구족되어 있으니 첫째는 항상한 것, 둘째는 변치 않는 것, 셋째는 편안한 것, 넷째는 서늘한 것, 다섯째는 늙지 않는 것, 여섯째는 죽지 않는 것, 일곱째는 때가 없는 것, 여덟째는 쾌락한 것이리라. 이것이 여덟 가지 맛이니 여덟 가지 맛을 구족하였으므로 대반열반이라 하느니라. 모든 보살마하살들이 이 속에 편안히 머물면 간 데마다 열반을 나타낼 수 있으므로 이름을 대반열반이라 하느니라. 가섭이여, 선남자·선여인으로서 이 대반열반에서 열반하고자 하면 모두 이렇게 배울 것이니, 여래는 항상 머무르는 것이며 법과 스님네도 그러하니라.
　세존이시여, 매우 신기하옵니다. 여래의 공덕을 헤아릴 수 없으며 법보·승보도 헤아릴 수 없으며 이 대열반도 헤아릴 수 없사오니 이 경전을 배우는 이는 바른 법의 문을 얻어서 유명한 의사가 될 것이오며 배우지 못한 이는 소경과 같이 지혜의 눈이 없으며 무명에 가리운 줄을 알겠나이다.

여기서 타락이란 우유를 발효시킨 음식을 말한다. 타락에 여덟 가지 미묘한 맛이 있듯이 부처님의 열반에도 여덟 가지 맛이 있다고 한다. 또 불교를 배우고 실천하고자 하는 이들은 이 대반열반에서 편안함을 얻고, 가는 곳마다 열반을 나타낼 수 있기 때문에 대반열반이 된다고 한다. 부처님의 열반이 그것을 받아들이는 사람의 것이 되어서 부처님의 열반 그 자체에서도 편안함을 얻지만, 편안함은 그 자리에서 끝나는 것이 아니고, 어느 곳 어느 때에서든지 그것을 누리고 나타낼 수 있다는 것이다. 그러므로 부처님의 대열반을 남의 집 불 구경하듯이 볼 것이 아니라 내 일로 생각하라는 것이다.

가섭 보살은 부처님의 말씀을 듣고 부처님, 부처님의 가르침, 스님네 그리고 열반의 공덕을 찬탄한다. 《열반경》을 배우는 사람은 많은 비법을 가진 의사처럼 중생의 마음 가운데 일어나는 갖가지의 병을 치료하는 의사가 될 것이고 그렇지 않은 사람은 지혜의 눈이 멀어서 소경과 같이 된다고 한다.

그러면 부처님의 열반에서 얻어지는 여덟 가지 맛을 보자. 그 여덟 가지란 항상함·변치 않음·편안함·서늘함·늙지 않음·죽지 않음·더러움이 없음 그리고 쾌락함이다. 이 여덟 가지를 보면 열반사덕인 상락아정(常樂我淨)의 범위를 벗어나지 못한다는 것을 알 수 있다. 《열반경》은 부처님의 열반에 대해서 말하기 때문에 부처님의 열반을 말하자면 자연히 열반의 네 가지 좋은 특징인 열반사덕을 말하지 않을 수가 없다. 그래서 《열반경》에서는 열반사덕을 바로 드러내서 말하기도 하고 또 변형시켜서 설하기도 한다. 상락아정을 직설적으로 설한 곳, 같은 상락아정을 설하되 상황과 용도를 달리해서 설한 곳, 또 상락아정을 이렇게 저렇게 변형해서 설한 곳 등이 여러 곳이 있다.

여덟 가지 열반의 맛 가운데서, 항상함과 변치 않음은 상락아정 가운데 항상하다는 상(常)에 속한다. 편안함과 서늘함은 즐겁다는 낙(樂)에 속한다. 늙지 않음과 죽지 않음은 진정한 나를 누린다는 아(我)에 속한다. 그리고 더러움이 없다는 것과 쾌청하다는 것은 깨끗하다는 정(淨)에 속한다.

우리가 열반을 좋게 말할 때면 늘 그것들을 획일적으로 개념화해서 상락아정에 끌어다 붙이는 것도 문제가 있다. 설사 부처님께서 상락아정을 염두에 두지 않고 생각나는 대로 열반의 좋은 점을 이야기했더라도 우리는 머리 속에 이미 정해둔 체계 속에 그것을 정리하기 위해서 그것들을 끌어다가 억지로 맞추려고 하기 때문이다. 말로 나온 것은 이미 개념화된 것이다. 이미 개념화된 것도 다시 자기 생각의 체계 속으로 끌어들이려고 하는 속성이 있기 때문에 말로 되어 있지도 않고, 개념화되어 있지도 않은 것은 더욱 인간의 마음대로 개념화하려고 할 것이다. 부처님께서 궁극의 문제에 대해서 직설적으로 답변하기를 회피하고 부처님의 경계를 소승 성문이나 일반 중생들이 알 바가 아니라고 말씀하시는 것도 인간이 자기 마음대로 개념화하는 데 이유가 있다.

여덟 가지 맛 가운데 먼저 항상함과 변치 않음을 부처님의 열반과 관련해서 생각해 보자. 세상에서 영원한 사랑에 관한 이야기는 예외 없이 이별이 전제되어 있다. 인간의 속성상 인간은 이별하지 않으면 언젠가 반드시 권태나 싫증을 느끼게 되어 있다. 물론 그 싫증의 정도가 심하거나 심하지 않을 수도 있고 또 권태가 있다고 하더라도 겉으로 보기에는 아무렇지 않을 수도 있다. 권태를 느끼는 사람 자신도 그것을 의식하지 못할 수가 있기 때문에 권태라는 현상이 일어나는지도 모르는 사이에 권태 현상이 일어날 수 있다. 그래서 영원한 사랑에 관한 이야기에는 반드시 이별이 있어야 한다. 소설·드라마·시·노래·

미술 등 모든 분야에서 마찬가지이다. 또 영원을 노래하는 사랑 이야기에 이별이 전제되지 않았다면 그 경우는 사랑만 묘사한 것이다. 마치 영화를 찍을 때 남녀가 어려움을 헤치고 결혼하는 장면까지만 찍고 그 뒤에 아기를 낳고 속 썩이고 변심하는 것은 그 영화에 포함시키지 않는 것과 같다는 말씀이다.

그렇다면 우리에게는 이런 질문이 생길 수 있다. 세상에서 영원한 만남은 이별이 전제되어야 하므로 부처님께서도 중생과의 영원한 만남을 위해서 열반이라는 이별을 보이는 것이 아닌가. 그러나 부처님의 열반이 이별을 통한 영원한 만남이기는 하지만 세상에 있는 그러한 이별이 아니다. 세상 사람들은 자기가 사랑하는 사람과 이별을 할 때, 그 이별을 당연한 것으로 받아들이지 않는다. 이별하지 않으면 안 되게 되어 있는 것도 자기 중심으로 세상을 보기 때문에 슬픔과 안타까움을 느끼게 된다. 그 안타까움 안에서 인간은 자기 나름대로 영원한 사랑을 품게 된다. 그러나 부처님의 열반은 다르다. 죽음의 이별이 열반 터에 있을 뿐만 아니라 모든 곳 모든 때에 있다고 생각한다. 인간의 마음에는 순간 순간 태어남이 있고 순간 순간 죽음이 있다고 한다. 또 순간 순간 지옥의 마음도 있고, 천상의 마음과 부처의 마음도 있다고 한다. 인간이 자기 중심으로 보기 때문에 찰나 찰나 애증이 교차되는 것이다. 번뇌의 불을 끄고 열반에 든다고 하는 것은 이 같은 자기 중심의 만남을 버리고 세상의 무상을 있는 그대로 받아들이기 때문에 모든 변화가 그대로 항상함이 된다. 그래서 부처님의 대열반은 항상하고 변하지 않는 맛이 있다는 것이다.

다음은 편안함의 맛이다. 인간들은 끊임없이 '나'라는 것을 세우고, 내 것을 만들기 때문에 괴롭다. 없을 때는 끌어 모으느라고 괴롭고, 끌어 모은 다음에는 그것을 지키기가 힘들다. 또 남에게 준다고 하더라도 많이 줄 것인가 적게 줄 것인가의 문제로 괴롭다. 많이 주면 다 잃는 것 같아 괴롭고 적게 주면 체면이 서지 않거나 적게 받았다고 생각하는 사람으로부터 욕을 얻어 먹지는 않을까 걱정이 되어 괴롭다. 그러나 나와 내 것을 중심으로 일어나는 번뇌의 불길을 잠재우고 대열반에 들게 되면 그 같은 괴로움이 없어지고 편안하게 된다는 것이다.

다음은 서늘함의 맛이다. 요즘은 언론 매체들이 합동으로 지적하기 때문에 화투놀이가 좀 주춤해졌지만, 얼마 전까지만 해도 곳곳에서 그 놀이를 하는 사람들을 많이 볼 수 있었다. 그런데 화투를 치는 사람들은 가끔 "나 지금 열 받았어."든지 "나 열 고로 나갈 꺼야."라는 말을 한다. 화투놀이가 제대로 풀리지 않아서 열이 올랐고, 그래서 계속 화투를 치겠다는 말이다. 그들이 교환하는 돈의 액수가 많지 않은데도 서로 다투는 수가 있다. 액수 자체보다는 그 놀이에 빠져서 손해보는 것이 싫기 때문이다. 대열반에서는 소규모의 화투놀이가 아니라 우주를 판돈으로 삼기 때문에 세상의 자질구레한 열받는 일에서도 서늘함을 즐길 수가 있다.

다음은 늙지 않고 죽지 않는 것이다. 이 몸을 가진 그대로 늙지 않고 죽지 않을 수는 없다. 그런데 우리의 늙음이란 지금 가지고 있는 몸을 기준으로 삼아서 생각하기 때문이다. 이 몸의 나를 버리고 우주의 나를 얻었기 때문에 늙음이나 죽음이 없다는 것이다. 큰 죽음을 통해서 작은 나를 버리고 큰 나를 얻는다는 말이다.

마지막으로 더러움이 없고 쾌청한 것이다. 나와 내 것을 만들려고 하면 남과 남의 것도 생기게 된다. 나와 남, 내 것과 남의 것이 있는 세상에서는 자연히 경쟁이 있을 수밖에 없고 경쟁이 있는 곳에서는 여러 가지 감정의 충돌이 있게 된다. 큰 열반에 든다고 하는 것은 작은 나를 원천적으로 지우고 큰 나를 살기로 작정하는 것을 뜻한다. 그러므로 상대의 경쟁과 감정적인 충돌이 없으므로 더러움이 없고 쾌청한 마음을 즐길 수가 있다.

다·섯·째·마·당

지워야 할 육신과 나투어야 할 법신

●

"부처님의 말씀이 '나는 이미 번뇌의 바다를 건넜노라' 하였사오나, 부처님이 만일 번뇌의 바다를 건넜사오면 무슨 인연으로 야수다라를 맞아 라후라를 낳았나이까. 이 인연으로 보아 여래께서는 번뇌의 바다를 건너지 못한 듯 하나이다. 바라옵건대 그 인연을 말씀하여 주십시오."
(사상품)

"부처님이 말씀하심과 같이 비구들은 네 가지 법에 의지하여야 하오리니, 무엇을 네 가지라 하나이까. 법에 의지하고 사람에게 의지하지 말며(依法不依人), 이치에 의지하고 말에 의지하지 말며(依義不依語), 지혜에 의지하고 식에 의지하지 말며(依智不依識), 요의경에 의지하고 불요의경에 의지하지 않는 것이니 (依了義經不依不了義經), 이 네 가지 법은 네 종류 사람이 아닌 것을 알아야 하리이다."
(사의품)

52. 자기를 바르게 하는 것 (사상품 1)

> 스님네께 1배를 하거나 3배를 하거나 절하기는 마찬가지다. 또 서서 합장만 하거나 엎드리거나 경의를 표하는 것은 마찬가지다. 문제는 스님네를 받드는 마음이 있느냐……

대반열반의 의미를 드러내 보이는 데는 네 가지 방법이 있다. 그 첫번째인 자정(自正) 즉 자기를 바르게 하는 것에 대해서 생각해 보겠다. 〈사상품〉의 사상(四相)이란 열반을 터득하고 전하는 네 가지 양상이라는 뜻이다. 네 가지란 첫째 자정으로 자신을 바르게 하는 것이고, 둘째 타정(他正)으로 남을 바른 길로 이끄는 것이다. 셋째 능수문답(能隨問答)으로 어떤 근기의 물음에도 응해서 교화할 수 있어야 하는 것이다. 넷째 선해인연의(善解因緣義)로 사물을 여실하게 보는 데서 더 나아가 사물의 유래 인연을 파악해서 현상의 움직임에 동하지 않아야 하는 것이다.

불교는 자리이타(自利利他)의 종교이다. 자기도 이롭고 남도 이롭게 하는 것이다. 흔히 쓰는 상구보리 하화중생(上求菩提 下化衆生)이라는 말도 위로 부처님의 지혜를 얻고 아래로 중생을 교화한다는 뜻인데, 위로 부처님의 지혜를 구하는 것은 자기를 위하는 자리(自利)와 같고 중생을 교화하는 것은 이타(利他)와 같다. 사상의 구조 가운데 자정과 타정 즉 자기를 바르게 하는 것과 남을 바르게 하는 것도 이 자리이타의 구조와 같다. 사상 가운데 자정과 타정은 부처님 열반의 취지를 스스로 깨닫고 남에게 전하는 기본이 된다. 능수문답과 선해인연의 즉 어떤 근기의 물음에 대해서도 척척 대응할 수 있는 능력과 모든 사물의 유래 인연을 파악하는 것은 그 보조수단이 된다. 즉 능수문답은 중생의 근기를 알아서 그에 응하는 방편적인 재치를 갖추는 것이고 선해인연의는 이전의 숨은 인연을 살펴서 현상의 움직임에 흔들리지 않는 것이 되겠다. 그럼 사상 가운데 자정 즉 자기를 바르게 하는 것을 알아보자.

가섭이여, 어떤 것이 스스로 바르게 함인가. 여래가 모든 인연을 보고 말씀하는 것이니 마치 비구가 큰 불더미를 보고 말하기를 '나는 차라리 이 이글이글하는 불더미를 안을지언정, 여래께서 말씀한 12부(部) 경전이나 비밀한 법장에 대하여 비방하기를 이 경은 마군이가 말한 것이라 하거나 불·법·승 삼보가 무상하다고 말하리라 한다면, 이렇게 말하는 이는 자기를 속이고 다른 이까지 속이는 것이니, 차라리 예리한 칼로 혀를 끊을지언정, 마침내 불·법·승이 무상하다고 말하지 아니할 것이며, 다른 이가 그렇게 말하는 것을 듣더라도 믿지 아니하고 이렇게 말하는 이에게 가엾은 생각을 낼 것이니, 여래와 교법과 스님네는 헤아릴 수 없느니라' 할 것이니라. 이러한 생각을 가지고 스스로 자기의 몸을 볼 적에 불더미와 같이하면 이것이 스스로 바르게 함이니라.

12부 경전이나 비밀장(秘密藏)이 부처님의 말씀이라는 것과, 불법승(佛法僧) 삼보(三寶)가 항상 이 세상에 머무르는 것을 확신해서 어떤 어려움이 있더라도 자신의 믿음을 굽히지 않는 것이 자기를 바르게 하는 자정이다. 여기서 부처님은 우리가 차라리 예리한 칼로 혀를 자르거나 이글이글 타는 불더미를 끌어안을지언정 불법승 삼보가 영원하다는 것을 부정해서는 안 된다고 말씀하신다. 또 다른 이가 삼보는 영원하지 않다고 해도 믿지 말고 오히려 그렇게 말하는 사람을 불쌍히 생각하라고 하신다.

이 사상 가운데 첫번째인 자정 즉 자기를 바르게 하는 것은 불법승 삼보가 영원하다고 확신하는 것을 그 기본으로 한다. 이 삼보의 상주는 법신·반야·해탈의 삼덕과 열반사덕인 상락아정(常樂我淨)과도 관련이 있다. 열반사덕에서 항상한 것은 법신, 즐거운 것은 열반, 나라고 하는 것은 부처님 그리고 깨끗한 것은 법이라고 살핀 바 있다. 법신이 항상하면 불법승 삼보 가운데에 법보는 바로 법신과 같으므로 부처님의 법이 항상한 것이 된다. 그런데 불법승 삼보 가운데 법보만 떨어져 있는 것이 아니다. 우리가 법신·반야·해탈의 삼덕에서 살펴본 것처럼 법신과 반야와 해탈은 바로 한 몸체이다. 불법승 삼보를 법신·반야·해탈에 연결시킨다면 법은 법신, 부처님은 보신 그리고 스님은 해탈이 된다. 이미 《열반경》은 상락아정의 열반사덕을 설명하는 가운데에 법신이 이 세상에 항상 머무르신다는 것을 천명한 바 있다. 법신·반야·해탈이 한 몸체라고 밝힌 바 있으므로 삼보가 이 세상에 항상 머무른다고 하는 것은 새로운 생각이 아니다.

  사실 불법승 삼보가 이 세상에 항상 머무른다고 하는 것은 법신상주 또는 불신상주를 좀더 구체적으로 밝히는 것도 된다. 부처님의 법신이야 중생의 마음에 관계없이 항상 이 세상에 머무르겠지만 중생이 그것을 터득하는 것은 별도의 문제이다. 만약 중생이 그것을 믿고 밝혀 내지 못한다면 미혹한 중생들에게서는 법신은 없는 것과 마찬가지가 된다. 그러므로 모든 중생들에게 부처님의 법신이 항상 있으려면 그것을 공부하고 깨달아서 중생들에게 전하는 스님네가 있어야 하고 깨달음이 있어야 한다. 불보가 있으려면 법보와 승보가 있어야 하고 법신이 있으려면 반야지혜와 해탈수행이 있어야 한다.

  불법승 삼보를 그대로 이해할 때는 불은 부처님, 법은 부처님이 전하는 진리, 승은 스님네가 되지만 법신·반야·해탈과 삼보를 동일하게 보는 관점에서 삼보를 이해할 것 같으면 법보는 이 세상에 항상 머무르시는 법신이 되고, 불보는 스님네가 공부해서 깨달은 지혜가 된다.

  근래에 일본에서 들어온 불교종파나 한국에서 일어난 신흥종교 사람들이 석가모니 부처님의 효력이 다 지나갔다고 주장하는 것을 가끔 본다. 일본의 일련종 일파 사람들은 석가모니 부처님의 시대가 다 지나서 말세가 되었으니 석가모니 부처님을 믿지 말고 자기들의 교주를 믿으라고 말한다. 한국에서 일어난 신흥종교는 간판과 교리의 대부분은 불교에서 빌려다 붙이고 불교의 교리를 가르치지만 석가모니 부처님의 시대는 다 지나갔으니 이제는 본래의 법신불을 믿어야 한다고 말한다. 그리고는 둥근 원상을 만들어 놓고 그것을 불상으로 모신다. 말로는 불상을 모시지 않는다고 하지만 실제로는 원상을 불단처럼 신성시한다. 또 부처님 오신날에는 한국불교의 전통을 따라서 등불을 밝히기도 한다. 사람이 죽으면 49재를 지낸다. 그러나 불교 종파들의 모임인 불교종단협의회라든지 불교 관계 행사에는 일체 발을 빼고 참여하지 않는다. 자기들은 불교 종파가 아니라는 주장이다. 그러나 그 종파는 불교의 교리를 가르치면서 불교가 아니라고 주장하지만 상당히 성실하게 신행생활을 하고 있다. 포용력이 강한 불교 각 종파에서는 그 신흥종교가 이단이라느니 불교가 아니라느니 하는 말을 일체 하지 않는다. 그들이 불교가 아니라고 말하면서도 불교를 열심히 닦으면 그것으로 족하다고 생각하기 때문이다.

 단지 일본불교 종파나 신흥종교의 부처님에 관한 주장은 정통불교 교리로 볼 때 문제가 있다. 석가모니 부처님을 약효가 떨어진 부처님으로 부정하기 때문이다. 그러나 이 세계는 분명히 사바 세계이고 이 세계의 교주는 석가모니 부처님이다. 한 세계에 한 교주만이 있어야 하는 원칙으로 볼 때 석가모니 부처님을 치우고 다른 부처님을 내세우는 것은 옳지 않다. 물론 아미타불이나 약사 여래 또는 미륵 부처님에게도 의지할 수 있지만 그렇게 의지하는 것도 석가모니 부처님의 가르침을 기본으로 한 것이다. 그래서 현재 이 세계에 상주하시는 부처님의 법신은 분명히 석가모니 부처님의 것이고 우리가 배우고 있는 《열반경》은 석가모니 부처님이 설한 것이다.

요즘에 타종교인들이 불교를 비방할 때 우상숭배니 미신이니 하지만, 부처님의 가르침 즉 일반인들이 쓰는 말로 불교의 진리가 심오하다는 것은 인정한다. 그래서 타종교인들조차도 자기 종교의 교리를 깊이 공부하기 위해서는 불교를 배우고 철학이나 문학을 하는 사람들의 대부분이 불교의 진리에 대해서 관심이 많다. 근래는 유명한 작가들도 불교를 소재로 다룬 소설이나 수필을 써 대히트를 쳤다. 얼른 생각나는 분들로는 만다라를 쓴 김성동 씨, 길 없는 길을 쓴 최인호 씨가 있다. 사람들 가운데는 불교의 승단에 대해서는 부정적인 생각을 가진 이들도 많지만, 부처님의 가르침 자체는 좋아하는 편이다.

요즘 한국에서는 부처님과 부처님의 가르침을 좋아하는 것과 달리 스님들을 받드는 문제에 이르면 여러 가지 다른 의견을 내놓는 분들이 많이 있다. 불교계 주간지에 유명한 칼럼니스트가 쓴 불교계 예절에 관한 글이 실렸다. 주된 내용은 신도들이 스님에게 삼배를 올리는 것이 옳지 않다는 것이었다. 그 이유로 스님들의 무례를 지적했다. 자기의 부인을 절에 데리고 갔는데 신심 장한 부인이 나이 어린 스님에게 삼배 드리는 것을 보고 아주 민망했었다는 것이다. 그런데 1배를 하거나 3배를 하거나 절하기는 마찬가지이다. 또 서서 합장으로만 인사하거나 엎드려서 인사하거나 경의를 표하는 것은 마찬가지이다. 문제는 스님네를 받드는 마음이 있느냐 없느냐에 있다. 스님네가 무식하고 수행이 부족하게 보이는 것은 스님네가 극복해야 할 일이고 신도들은 스님네를 공경해 모셔야 한다. 스님네가 있어야만 삼보상주(三寶常住)를 깨닫고 전할 수 있기 때문이다.

53. 다른 이를 바르게 하는 것 (사상품 2)

> 개인적인 의미에서 무아만 아는 이는 소승이고 우주 전체적인 의미에서 무아를 뒤집어서 항상한 법신까지 아는 이는 대승 보살이다. 다른 이를 바르게 하는 것은 바로 이 법을……

타정(他正)은 다른 이를 바르게 하는 것이다. 반대로 자정 즉 자기를 바르게 하는 데서도 삼보의 상주를 설명하는 가운데 법신상주를 은근히 나타내신다. 여기 타정에서는 이 법신상주를 대승 보살에게 전해 주는 이유를 계속해서 설명하고 있다. 부처님은 처음부터 바로 법신의 항상함을 설하지 않고 무상과 무아를 설하시다가 나중에 내가 있음을 설하는 이유를 근기의 차이 때문이라고 말씀하신다. 처음에 근기가 하열할 때는 내가 없다고 설하다가 뒤에 근기가 높아졌을 때 부처님은 비밀히 감추어진 창고의 보물 즉 비밀장을 다 털어서 보인다는 것이다.

한 여인이 아기를 데리고 와서 부처님께 예배를 올린다. 부처님께서 여인에게 아기가 좋은 음식을 먹어도 소화가 잘 안 되지 않느냐고 물으시자 여인은 깜짝 놀란다. 아기가 좋은 음식을 먹어도 소화시키지 못하는 것을 부처님이 아시기 때문이었다. 여인은 부처님에게 어떻게 하면 아이를 건강하게 키울 수 있는지를 여쭈었다. 그러자 부처님은 이렇게 대답하셨다.

아이가 자라서 제 발로 다니게 되면 소화하기 어려운 것도 넉넉히 소화할 터이니 본래 주던 타락(酡酪)은 줄 필요가 없느니라. 나의 성문

제자들도 그와 같으니 네 어린아이처럼 항상 머무르는 법을 소화하지 못하겠으므로 내가 먼저 괴롭고 무상하다고 말하였거니와 만일 내 성문들의 공적이 갖추어져서 대승경전을 닦을 만하면 내가 이 경에서 여섯 가지 맛을 말할 것이니라. 무엇이 여섯 가지 맛인가. 괴로움은 신맛, 무상함은 짠맛, '나'가 없음은 쓴맛이며, 즐거움은 단맛, '나'라 함은 매운 맛, 항상함은 싱거운 맛이라 말함이니라. 세간에 세 가지 맛이 있으니 이른바 무상과 '나'가 없음과 즐거움이 없음인데 번뇌를 땔나무로 삼고 지혜로 불을 삼아 그 인연으로 열반이란 음식을 만들면 항상하고 즐겁고 '나'가 되어 모든 제자들로 하여금 모두 맛있게 먹게 하리라.

그대여, 나도 그와 같아서 열반에 들 때에 여래의 비밀하고 위없는 법장은 성문 제자들에게는 주지 아니하나니 네가 보배광을 나쁜 아들에게 보이지 않음과 같고 여러 보살에게 부촉할 것이니 네가 보배광을 선한 아들에게 맡김과 같느니라. 왜냐하면 성문 제자들은 변동한다는 생각으로 여래가 참으로 멸도한다 하지만 나는 참으로 멸도함이 아니니 마치 네가 먼 길을 가서 돌아오지 않았을 적에 나쁜 아들은 네가 죽었다고 말하지마는 네가 실상 죽지 않은 것과 같고, 보살들은 말하기를 여래는 항상 변역하지 않는다고 하는 것은 선한 아들은 네가 죽지 않았다고 말함과 같느니라. 이런 이치로 나는 위없고 비밀한 법장을 보살들에게 부촉하는 것이니라.

아이에게 음식을 줄 때는 소화력을 참작해서 주어야 한다는 것이다. 아무리 음식이 좋다고 하더라도 아이가 그것을 먹고 소화시키지 못하면 아무 소용이 없기 때문이다. 마찬가지로 부처님도 처음에는 소승의 성문 제자들에게 무상과 무아와 고통을 설하셨다. 부처님도 제자들에게 최고의 진리인 항상함과 영원히 존재하는 나를 일러주고 싶었지만 참으셨다. 왜냐하면 아무리 진리가 좋다고 하더라도 그것을 듣는 사람이 소화하지 못하면 그것은 아무런 소용이 없기 때문이다. 부처님 생각에 소승 성문들은 영원히 멸하지 않는 법신 부처님을 받아들일 만한 능력이 없다고 판단했다는 것이다.

　부처님은 여섯 가지 맛을 말씀하신다. 이 가운데서 세 가지는 근기가 낮은 소승의 성문 비구들에게 설한 것이요, 나머지 세 가지는 대승의 보살들에게 일러주는 것이다. 소승의 성문 비구들에게 설해 준 세 가지 맛은 괴로움의 신맛, 무상함의 짠맛, '나'가 없음의 쓴맛이다. 그리고 대승의 보살들에게 설해 준 세 가지 맛은 즐거움의 단맛, '나'라는 매운 맛, 항상함의 담백한 맛이다. 소승 비구들은 항상함과 즐거움과 나라는 맛을 소화할 수 없기 때문에 대승 보살들에게만 준다는 것이다.

　부처님은 또 보배를 많이 쌓아 둔 보배광의 비유를 든다. 보배광에 많은 보물을 쌓아 둔 사람이 그것을 상속시키고자 할 때 나쁜 아들은 쫓아 버리고 좋은 아들에게 물려준다는 것이다. 마찬가지로 진정한 '나'와 여래의 법신이 항상하다는 가르침을 소승 비구에게는 줄 수가 없고, 대승 보살들에게 넘겨준다는 것이다. 부처님이 아껴 두었다가 대승의 보살들에게 넘겨준 보배의 비밀장과도 같다고 한다.

　부처님은 또 아버지가 멀리 갔을 때 아버지가 죽었다고 생각하는 나쁜 아들과 살아 있을 것이라고 생각하는 선한 아들의 비유도 든다. 부처님께서 열반에 드는 것을 보고 부처님이 참으로 죽는 것이라고 생각하는 소승의 성문 비구는 나쁜 아들과 같고, 우리 눈에 보이고 보이지 않음에 관계없이 부처님이 항상 살아 계시다고 생각하는 대승의 보살은 좋은 아들과 같다는 것이다.

　부처님은 수준이 낮은 소승에게는 내가 없다고 가르쳤고 수준이 높은 대승에게는 내가 항상하다고 가르쳤다고 하시는데, 독자 가운데는 혼란스럽게 생각하는 이도 있을 것이다. 왜냐하면 보통 사람들은 몸을 가지고 태어난 나, 어제와 오늘의 나, 또 어렸을 때와 늙었을 때가 한 몸인 나가 있다고 생각한다. 그러나 부처님은 진정한 나는 없다고 가르치신다. 우리는 무엇인가 있을 것 같다고 생각하지만 부처님의 말씀에 무아라고 하니 무아라고 알 수밖에 없다. 그렇지만 무아가 논리적으로 수긍된다고 해서 감정적으로까지 받아들여지는 것은 아니다. 그 무아를 받아들이기도 어려운데 이번에는 부처님께서 진정한 내가 항상 있다고 말씀하신다. 그러면서 근기가 낮은 사람에게는 내가 없다고 가르치고 근기가 높은 사람에게는 내가 있다고 설하셨다는 것이다. 평범한 중생들이 생각하는 것과 다른 의미에서 부처님은 내가 있다고 말하고 상근기만 알 수 있는 것이라고 하니 혼란스럽다.

그러나 우리가 생각하는 나와 부처님이 생각하는 진정한 나는 다르다. 세상에서 내가 있다고 생각하는 것을 세 가지로 구분할 수 있다. 첫째는 세상의 처음부터 끝까지 나는 있을 수도 있고 없을 수도 있는데 그것은 숙명적으로 정해져 있다는 것이다. 나를 이루는 기본이 물질적이거나 정신적이거나 물질과 정신이 결합된 것이거나 또는 물질도 아니고 정신도 아닌 다른 무엇이거나 상관없이 무엇인가가 있는데 단지 존재의 형태가 숙명적으로 정해져서 인간의 의지로는 어떻게 할 수 없다는 것이다. 부처님은 이것을 숙명론으로 분류한다.

둘째는 나는 세상의 처음부터 끝까지 있을 수도 있고 없을 수도 있는데 그것은 순전히 어떤 조물주의 뜻에 달렸다는 것이다. 서양 종교의 절대신론은 이 창조신론에 바탕해서 나를 세우는 경향이 강하다. 인간은 부산물이고 신 본위이다. 부처님은 이것을 창조신론으로 구분한다.

셋째는 물질적이거나 정신적으로 나는 있을 수도 있고 없을 수도 있는데 있게 되고 없게 되는 것은 순전히 우연이라는 것이다. 삶의 어떤 마디 예를 들면 사람이 태어나서 죽을 때까지의 마디 가운데서 인간의 의지가 부분적으로 작용할 수도 있지만 전체적인 기본틀에는 인간의 의지가 작용되지 않고 우연히 존재하거나 우연히 존재하지 않게 된다는 것이다. 부처님은 이것을 우연론으로 분류한다.

넷째는 인간이 상대적인 의존 관계에 의해서 존재한다는 것이다. 인간인 것과 인간이 아닌 것, 주관과 객관, 나와 너, 있는 것과 없는 것 등과 같은 상대가 되는 것에 의해서 상대적으로 존재하기 때문에 인간의 존재는 항상 상대의 변화에 예속되어 있다. 독자적으로 존재할 수가 없다. 부처님은 이것을 상대인연론으로 구분했다.

부처님은 인간이 존재하는 데 있어서 인간의 의지를 중요하게 여긴다. 인간이 자기 의지 없이 사는 것은 아무 의미가 없다는 것이다. 숙명론이나 조물주론이나 우연론에는 인간의 의지가 인정되지 않는다. 그래서 인간이 존재한다고 하더라도 자기 뜻대로 가치 있는 삶을 살 수가 없다. 모든 일이 숙명적이거나 신의 뜻이거나 우연히 이루어지기 때문이다. 또 부처님의 인연론과는 상치되는 실체론이다.

부처님의 상대인연론에서는 내가 없는 상태에 있다고도 말할 수 있고 있는 상태에 있다고도 말할 수 있다. 개인적이거나 독자적인 나를 말하면 그런 나는 분명히 없다. 반면에 모든 것이 필연적으로 의존 관계에 있다면 세상에 있는 모든 것 하나하나에 자기 이외의 다른 모든 것이 관계되어 있고 포함되어 있다. 즉 온 우주 전체를 인연의 관계 속에서 하나로 보는 의미에서 부처님의 영원한 몸이 있다. 부처님의 몸을 내 몸이라고 해도 좋지만 인간의 몸이라고 하면 개인적인 것으로 오해할까 봐서 여래의 법신이 항상하다고 말하는 것이다. 그렇다면 우리가 생각하는 개인적인 나는 없고 우주아만 있다는 결론이다. 《열반경》에서는 개인적인 의미에서 무아만 아는 이는 소승 비구이고 전체적인 의미에서 무아를 뒤집어서 항상한 법신까지 아는 이는 대승 보살이라고 한다.

54. 지혜로 중생의 근기에 응함 (사상품 3)

> 열반경과 능가경 등에서는 육식을 금하고 있다. 중국 양나라의 무제는 열반경의 가르침을 따라서 엄격하게 고기를 먹지 않았다고 한다. 그런데 남방불교에서는 부처님 전통을……

능수문답(能隨問答)은 타정 즉 다른 이를 바르게 이끄는 데 있어서 상대의 근기를 살피는 능력을 발휘하는 것이고 아울러 상대의 반발이나 도전을 기지로 제압하는 것을 뜻한다. 여기서는 육식을 금하는 문제가 제기된다. 부처님 당시의 음식 전통과 육식 금지가 《열반경》에 추가된 이유를 생각해 보자.

가섭이여, 어떤 것이 '묻는 대로 대답함'인가.
어떤 사람이 여래에게 묻기를 "어떻게 하면 재물을 허비하지 않고도 큰 시주라는 이름을 얻겠나이까." 하였다. 여래가 대답하기를 "만일 사문이나 바라문들이나 욕심이 적어 만족할 줄 알고 부정한 물건을 받지도 않고 기르지도 않는 이에게는 종이나 하인을 보시하고 범행을 닦는 이에게는 여자를 보시하고, 술과 고기를 끊은 이에게는 주육을 보시하고 오후에 먹지 않는 이에게는 오후에 음식을 대접하고, 꽃과 향을 찾지 않는 이에게 꽃과 향을 보시하면 대시주라는 소문이 천하에 자자하면서도 자기의 재물은 조금도 줄지 아니할 것이니라."라고 한다면 이것이 묻는 대로 대답하는 것이니라.

여기서 부처님은 능수문답 즉 상대의 물음을 받고 상대의 근기에 따라 법을 설해서 상대를 인도하는 방법의 예를 설명한다. 어떤 이가 재물을 없애지 않고도 큰 시주라고 소문낼 방법을 부처님께 여쭌다. 부처님은 이렇게 하라고 대답하신다. 일체의 돈이나 물건을 받지 않는 청정한 사람에게 재물을 보시하는 것, 독신 생활을 하면서 수도하는 이에게 여자를 보시하는 것, 술이나 고기를 먹을 줄 모르는 이에게 술과 고기를 보시하는 것, 오후 불식으로 오후에는 음식을 먹지 않는 이에게 오후에 음식을 대접하는 것, 꽃이나 향을 가까이하지 않는 이에게 꽃이나 향을 대접하는 것, 이 같은 일을 하면 돈을 조금도 쓰지 않고도 큰 시주라는 이름을 얻을 수 있다는 것이다.

그러나 이 대답에는 장난기가 많이 섞여 있는 것 같다. 시주를 하지 않으면서도 대시주라는 이름을 얻을 궁리를 하는 사람이 있다면 부처님은 그를 바로 인도해야 하거늘 오히려 그에게 동조하는 것은 이상하다. 그러나 부처님의 본의는 장난하는 것이 아닐 것이다. 상대가 시주하지 않으려고 할 때 시주하지 않아도 되는 방법을 역설적으로 강조함으로써 상대방으로 하여금 자신을 되돌아보게 한다. 인간에게는 양심이라는 것이 있기 때문에 부처님으로부터 시주를 한푼도 하지 않으면서 대시주가 되는 방법을 듣는다면 미안한 생각을 내고 오히려 무엇인가 시주할 궁리를 할 것이다.

보기 좋은 떡이 먹기도 좋다는 말이 있다. 듣기 좋은 말이 받아들이기도 쉽다. 불교에는 설화·비유·영험담이 많이 있다. 어느것을 사람들에게 들려주더라도 대부분 좋아한다. 그런데 한국의 불교신자들은 다른 이가 하는 이야기를 들으려고만 하지, 도무지 본인이 불교 이야기를 기억해 두었다가 전해 주려고는 하지 않는다. 불교신자들의 귀에 박힌 법문 수준은 대학생급쯤 되지만 입으로 불교를 말하는 수준은 유치원생급쯤 된다.

어느 노보살의 딸에게 역경(逆境)을 불교적으로 풀이해 준 일이 생각난다. 노보살의 딸이 음식점을 개원했다. 스님들을 모셔다가 고사도 잘 지냈고 방마다 스님들의 글씨도 표구해 걸어 놓았다. 개업 후에 장사가 상당히 잘되었지만 이웃집의 화재로 음식점이 완전히 불타버렸다. 낙담한 딸에게 노보살은 이런 이야기를 해주었다. 어느 머슴이 일생 동안 일한 품삯을 모아 두었다가 사찰의 불사에 시주했다. 그 후 머슴은 장님·벙어리·앉은뱅이가 되었다. 그러나 그렇게 된 것은 시주의 공덕을 톡톡히 받은 것이라고 역설적으로 해석해 주었다. 머슴은 한 생은 장님, 다른 한 생은 벙어리, 다른 한 생은 앉은뱅이로 태어날 터인데 시주한 덕분에 한 생에 모든 업장을 다 녹였다는 것이다. 마찬가지로 딸의 음식점에 불이 난 일도 업장을 녹이고 일이 잘되는 징조라고 딸을 위로했다. 딸은 특별히 절에 나가본 적이 없었지만 오직 친정어머니로부터 그 이야기를 들은 후 발심하고 열심히 일해서 지금은 살림 기반도 잡고 절에도 다니고 있다. 노보살이 딸에게 들려 준 이야기가 일종의 능수문답이라고 할 수 있다.

  노보살처럼 쉬운 이야기로 불법을 전해 주고 사람들을 감화시킬 수 있는 불자들도 있지만 불교에 대한 이야기만 나오면 멍해지는 분들도 많이 있다. 특히 새로 절을 찾은 초보자들에게 불교를 설명할 줄 모르는 사람들이 많고 불교를 공격하는 이교도들을 만나면 더욱이나 겁을 내는 사람들이 많다. 세상에는 선배와 후배가 있다. 후배는 선배에게 존경을 바치고 선배는 후배에게 지도로 보답한다. 그러나 불자들의 경우에는 불교를 배우고 전하는 데에 선배와 후배가 없다. 왜냐하면 아무리 법문을 배워도 귀로만 들을 뿐이고 입으로 전해 줄 수 없기 때문이다. 또 문제의식을 가지고 깊이 생각하지 않기 때문에 이교도들이 불교의 교리에 대해서 시비를 걸어도 어떻게 답변할 줄을 모른다. 불교교리는 어려운 것이 아니다. 인연법이나 일체유심조 사상을 몇 마디만 전해 주더라도 사람들은 깜짝 놀란다. 왜냐하면 이 심오한 법은 오직 불교에만 있기 때문이다. 이제부터라도 불교를 내 입으로 전하도록 해야 겠다.

다음은 육식을 금하는 문제이다. 부처님께서 능수문답을 설명하는 가운데 고기를 먹지 않는 사람에게 고기를 보시하려 하면 보시하지 않고도 대시주라는 이름을 얻을 수 있다고 말씀하셨다. 그 말을 받아서 가섭 보살은 고기를 먹지 않는 것이 공덕이 된다고 말한다. 그 말을 듣고 부처님께서 이렇게 말씀하신다.

> 좋다, 좋다! 그대가 이제야 나의 뜻을 옳게 알았으니, 법을 수호하는 보살은 마땅히 그래야 하느니라. 선남자여, 오늘부터는 성문 제자의 고기 먹는 일을 허락하지 아니하리니 만일 단월의 보시를 받게 되거든 그 음식을 보고 아들의 살과 같이 생각할 것이니라.

가섭 보살이 바로 알고 있다고 칭찬한 부처님은 이제부터 성문 비구에게 고기를 먹지 못하게 하리라고 선언하신다. 만약 비구가 신도들로부터 보시받은 고기가 있으면 그 고기를 아들의 살로 생각해야 한다는 것이다.

이 말을 들은 가섭 보살은 고기를 먹지 않아야 하는 이유에 대해서 묻는다. 불살생의 원칙 때문에 고기를 먹지 않아야 하는 것인지 아니면 고기를 먹게 되면 성욕이 생기기 때문에 먹지 말아야 하는 것인지 확실히 알고 싶다는 것이다. 그런데 부처님이 육식을 금하는 이유는 불살생계나 성욕의 문제가 아니다. 고기를 먹으면 자비 종자가 끊어지기 때문이라는 것이다. 고기는 산것들의 송장인데 송장을 먹다 보면 아무래도 자비 종자가 끊어질 것이다. 첫째는 고기를 먹는 사람 내부로부터 무자비한 마음이 조금이라도 파도칠 수 있을 것이고, 둘째는 중생의 몸을 먹는 사람에 대해서 중생들이 편안한 마음보다는 두려워하는 마음을 가질 것이다.

부처님이 일체의 육식을 금하겠다는 말을 듣고 가섭 보살이 옛날에 부처님이 세 가지 청정한 고기를 먹도록 허락한 사실을 상기시킨다.

세 가지 청정한 고기 즉 삼종정육(三種淨肉)이란, 첫째 자신을 위해 죽이는 것을 직접 보지 않은 짐승의 고기, 둘째 남으로부터 그런 사실을 듣지 않은 짐승의 고기, 셋째 내가 먹도록 하기 위해서 죽였을 것이라는 의심이 가지 않는 짐승의 고기를 말한다. 이 삼종정육에 두 가지를 더해서 오종정육도 있다. 즉 수명이 다해서 죽은 짐승의 고기와 맹수가 먹다 남은 짐승의 고기이다. 이 오종정육에 다시 네 가지를 합하면 구종정육이 된다. 네 가지란 먹는 사람 자신을 위해 죽지 않은 고기, 자연히 죽은 후 시간이 지나서 말라붙은 고기, 미리 먹을 것이라고 약속하지 않고 우연히 먹게 된 고기 그리고 일부러 죽인 것이 아니라 이미 죽어 있는 짐승의 고기이다.

그러나 부처님은 이전에 허락한 삼종정육뿐만 아니라 구종정육까지도 금한다고 다시 한번 확인한다. 처음에 고기를 먹도록 허락한 이유는 소승 성문 비구들을 이끌기 위해서라는 것이다.

대승불경 가운데 《열반경》과 《능가경》에서는 육식을 금하고 있다. 중국 양나라의 무제는 《열반경》의 가르침을 따라서 엄격하게 고기를 먹지 않았다고 한다. 그런데 현재 부처님 당시의 전통을 가장 유사하게 전하고 있다고 하는 남방불교의 승려들은 육식을 하고 있다. 짐작컨대 《열반경》에서 육식을 금하는 이유는 대승불교가 힌두교와 가까워지면서 힌두교가 소를 신성시하는 것에 영향을 받지 않았나 짐작된다.

그런데 부처님은 뒤에 이런 말을 붙이기도 한다.

보살은 고기를 먹지 않아야 하며, 중생을 제도하기 위하여 일부러 고기를 먹기도 하나 보기에는 먹는 것 같되 실상은 먹지 않느니라.

진묵 대사의 일화가 생각난다. 진묵 대사는 물고기 찌개를 먹고 산 물고기를 항문에서 뽑아 냈다. 고기를 먹는 경우도 있으나 그것은 겉모양일 뿐 실제로는 육식하지 않는다는 것이다.

55. 거짓 형상만 차린 수행자를 경계함(사상품 4)

> 정법이나 상법이나 말법의 시기는 석가모니 부처님과 시기적으로 얼마나 가까우냐를 기준으로 정할 것이 아니라 불법을 얼마나 바르게 닦느냐를 기준으로 정해야 할 것이다.

알맹이는 없고 거짓 형상만 차린 잘못된 수행자들의 예를 보자.

선남자여, 내가 열반한 뒤 여러 백년 동안에 네 종류의 성인(四道聖人)이 모두 다시 열반하여 정법이 없어진 뒤 상법(像法) 시대에 비구들이 겉으로는 계율을 지니는 듯하면서도 경전을 읽지 않고 맛난 음식을 즐겨 호사롭게 지내면서, 몸에 입은 옷은 추악하고 얼굴이 여위고 위의가 초라하며 소와 양을 기르고 땔나무를 지고 다니며 머리카락·수염·손톱을 길게 기르고 가사를 입었으나 사냥꾼 같으며 자세하게 보고 천천히 걷기를 마치 쥐를 엿보는 고양이같이 하면서 항상 말하기를 "나는 아라한도를 얻었노라." 하고 여러 가지 병고로 더러운 데서 누워 자며, 겉으로는 점잖은 체하나 속으로는 탐욕과 질투가 가득하여 벙어리 모양을 하는 바라문 같아서, 실지로는 사문이 아니지만 사문 행세를 하며, 나쁜 소견이 치성하고 바른 법을 비방하나니, 일산을 받고 가죽신을 신고 임금이나 대신이나 장자를 따라다니며, 관상을 보고 천문을 말하고 의술을 배우고 종을 두고, 금·은·폐유리·차거·마노·파리·진주·산호·호박·보석·보패와 가지각색 과실을 쌓아 두며, 그림을 그리고 불상을 조성하고 글자를 만들고 글을 가르치고 초목을 심고 가꾸고 방자하는 방법과 주문(呪文)과 환술 따위며 약을 만들고

풍류를 배우며 꽃과 향수로 몸을 단장하고 바둑과 놀음과 여러 가지 야릇한 기술을 배울 것이니라. 그런 때에 어떤 비구가 이러한 나쁜 일들에서 벗어나는 이가 있다면 그 사람이야말로 나의 진정한 제자라 이름할 것이니라.

먼저 부처님이 열반한 뒤 수백 년이 지난 뒤에 여러 단계의 불과를 얻은 성인들이 열반에 들면 상법의 시대가 온다고 한다. 이때에는 수행자들이 겉모습만 갖추고 실제로는 수행이 없다는 것이다. 여기서 《열반경》은 두 가지 문제를 제기한다. 하나는 부처님 열반 후의 수백 년이고 다른 하나는 상법의 시대이다. 《열반경》이 부처님의 열반 수백 년 후를 예언했다는 것은 이 경이 그 무렵에 이루어지지 않았나 하는 짐작을 가지게 한다. 또 모양만 수행자 상을 하고 있다는 상법의 시대를 말하면, 바로 부처님의 정법이 펴지는 정법의 시대와 불법이 쇠퇴하는 말법의 시대도 있게 된다.

여기에서는 부처님 열반 후에 수백 년을 말하지만, 다른 불경에서는 후오백세(後五百世)라는 말이 자주 등장한다. 《대집경(大集經)》에는 부처님 열반 후의 5백 년을 다섯 가지로 나눈다. 처음의 5백 년은 정법이 왕성한 시대로 수행해서 깨달음을 얻는 사람들이 많다. 그 다음의 5백 년은 선정을 잘 닦는 이가 많다. 다음의 5백 년은 불법을 열심히 듣는 이들이 많다. 다음의 5백 년은 사원을 건립하는 등 불사를 하는 이들이 많고, 다음의 5백 년은 자기 말만을 내세우고 다른 이의 말을 비방하는 다툼의 시대가 된다고 한다. 이 가운데서 후오백세는 최후의 5백 년이 된다. 《대집경》에서 불교가 바르게 펴지거나 잘못되는 데 따라서 다섯 가지의 5백 년을 분류하기는 했지만 최근의 학자들의 경향은 이 후오백세를 그렇게 해석하지 않는다. 경전에서 말한 그대로 부처님 열반 후 5백 년경에 대승경전이 만들어졌기 때문에 후오백세라는 말을 썼다는 것이다.

다음은 정법(正法)·상법(像法)·말법(末法)의 문제이다. 정법은 부처님의 가르침이 바르게 펴지는 기간이고, 상법은 불교의 형태만 남아 있는 기간이다. 그리고 말법은 불법이 쇠퇴하는 기간이다. 《잡아함경》에는 정법과 상법의 기간만 있지만, 《대승동성경》에는 말법까지 나와 있다. 정법·상법·말법의 기간에 여러 설이 있는데 보통 정법 기간은 부처님 열반 후 5백 년, 상법 기간은 그 후 천 년 그리고 말법 기간은 1만 년으로 생각한다.

이렇게 불법의 성쇠 시기를 분류하는 데는 어떤 의도가 있을 것이다. 새로운 가르침을 제시하려면 이미 성행하는 불법이 타락된 것이라고 규정해야 되기 때문이다. 또 새로운 종파를 만들고 새로운 교주를 내세우려면 기존의 것이 이제는 세력을 잃었다고 깎아 내려야 한다. 그래서 정법이나 상법이나 말법의 시기도 석가모니 부처님과 시기적으로 얼마나 가까우냐를 기준으로 생각하기보다는 불법을 얼마나 바르게 닦느냐를 기준으로 삼아야 할 것이다. 부처님 당시에 태어났더라도 불법을 바로 실천하지 못하는 이가 있었는가 하면 부처님 열반 후 1만 년 후에 태어났더라도 부처님의 가르침을 제대로 실천하는 사람이 있을 것이다.

부처님은 수행자들이 형상으로만 불도를 닦는 체하면서 실제 하는 일은 불교와 관계없는 일을 한다고 꾸짖으신다. 그런데 《열반경》은 옛날에 만들어졌기 때문에 나쁘게 말하는 것도 현재의 우리가 볼 때는 좋은 것들도 있다. 예를 들면 천문을 보는 것, 의술을 배우는 것, 그림을 그리는 것, 불상을 조성하는 것, 글을 가르치는 것, 초목을 가꾸는 것, 여러 가지 기술을 배우는 것 등이다. 요즘에 스님들 가운데서도 한약이나 침술로 사람들의 병을 고치면서 포교하는 분들이 많이 있다. 그림을 그리는 일이나 불상을 조성하는 것도, 요즘에는 그리 나쁘게 여겨지지 않고 있다. 일생을 탱화를 그리는 일로 보낸 스님이나 불상을 조성하는 일로 수행을 삼는 스님들도 존경을 받고 있다. 또 시골에서 농사를 짓거나 글을 모르는 이에게 글을 가르쳐 주는 일도 결코 나쁜 일이라고 보여지지 않는다. 오히려 수행자들이 게을러서 그런 일이라도 한 가지씩 붙잡고 매달리지 않는 것을 안타깝게 여기는 세상이다.

부처님이 농사 짓는 일을 하는 것조차도 잘못된 일로 규정하는 것은 그것들이 일반적으로는 나쁜 일이 아니지만 그것은 일반인들에게 해당되는 일이고 수행자의 본분에서 볼 때는 바른 길이 아니라는 것이다. 수행자에게 있어 출가의 본의는 깨달음을 얻어서 생사대사를 해결하고자 하는 것인데 자기가 전문으로 해야 할 일을 버려 두고 엉뚱하게 지엽적인 일로 방황하면 일반인들과 다를 바 없다는 것이다. 그런 일은 출가수행자가 아닌 다른 누군가가 얼마든지 할 수 있는 일이고 출가수행자에게는 꼭 해야 할 일 그리고 할 수 있는 일이 따로 있다는 말이다.

스님 가운데는 지관도 있고 관상과 사주를 보는 이도 있다. 또 손으로 사람을 만지거나 기를 넣어서 불치병을 치료하는 이도 있다. 방편으로 중생들을 불법으로 인도하는 것은 긍정적이다. 그러한 방편을 쓰는 스님들이 경을 공부하고 참선하는 스님네 못지않게 한국불교 포교에 이바지해 왔다고 생각한다. 불교 종단이 비구승·대처승으로 나뉘어져 다투는 모습이 국민들에게 그대로 비쳐질 때, 더욱이 비구 승단 내에서조차도 화합이 안 될 때, 그러한 방편을 쓰는 분들은 각기 자기가 처한 곳에서 누가 알아 주든 말든 상관치 않고 열심히 포교를 해 왔다. 설사 자기의 생계를 위해서 그런 방편을 쓰는 경우가 있었다 하더라도 그들의 공로는 크다. 관상과 사주를 보는 분만 밥먹고 자는 것이 아니고 세상 사람은 누구나 먹고 자야 하기 때문에 그들이 개인적인 생계를 꾸린다는 이유로 나쁘게 말할 필요는 없다. 스님들뿐만 아니라 일반 신도들이 그런 방편을 쓰면서 불법을 전하는 것도 긍정적인 한 면일 수 있다. 한국불교가 겉으로는 관상과 사주를 보지 말라고 하면서도 실제로는 관상과 사주를 보는 이들의 덕을 입은 바도 많다. 그들이 고객들에게 절에 가서 기도하거나 천도재를 올리라고 인도하기 때문이다. 또 그들이 아니면 도저히 제도할 수 없는 취향을 가진 사람들도 이 세상에는 많이 있기 때문에 전체적으로 볼 때 갖가지의 방편이 필요하다.

그럼에도 불구하고 출가수행자에게는 출가수행자로서 전문적으로 해야 할 본분사가 있다. 그 본분사를 제쳐 두고 지엽적인 일을 하면 출가의 본의와 멀어지게 되는 것이다. 그리고 사람을 불법으로 인도하는 일도 밝고 넓은 길이 있는가 하면 어둡고 좁은 길이 있다. 참다운 수행자라면 대도를 가는 것이 바람직하다. 만약 두 사람이 있는데 한 사람은 경을 보거나 참선을 해서 부처님의 정법을 바로 가르치고, 다른 한 사람은 관상과 사주를 보아서 사람들을 교화한다고 할 경우, 처음에는 방편을 쓰는 사람이 대중을 더 많이 모을 수 있을지 몰라도 결과적으로 길게 보면 정법을 펴는 사람에게 더 많은 대중이 몰리게 된다. 또 주지직 같은 것을 맡으면서 행정 일로 불교에 이바지하는 분들과, 순수하게 참선 공부를 하고 참선법을 펴는 분들을 비교해 볼 경우에도 작은 대중은 행정승들이 모으지만 참으로 한국불교를 움직이는 힘은 참선 수행을 전문으로 하는 스님들에게 있다.

부처님은 또 이런 일도 지적한다. 풍류를 배우는 것, 바둑, 장기, 기타 놀음을 하는 것, 권력자들을 따라다니는 것, 금·은 같은 보배들을 모으는 것 등의 일이 수행자의 길과 멀다는 것은 다시 언급할 필요가 없을 것 같다.

56. 사물의 인연을 생각함 (사상품 5)

> 눈앞에 벌어진 사건만을 보는 것이 아니라 그런 사건이 일어난 배경과 문제의 근원을 살피는 태도는 그대로 자기 수행이 될 것이고 남을 편안하게 이끌 수 있는 방편이 된다.

선해인연의(善解因緣義) 즉 사람들을 교화할 때 인연을 잘 파악하고 상황에 따라 그에 적합한 방법을 써야 한다는 선해인연의에 대한 부처님의 설명을 읽어 보자.

가섭이여, 어떤 것을 가지고 '인연의 뜻을 잘 안다'고 하느냐.

어떤 사부대중이 와서 나에게 묻기를 "세존이여, 이러한 이치를 여래가 처음 나셨을 적에 어찌하여 바사익 왕에게 이런 깊고 묘한 법문을 말씀하지 아니하고, 어떤 때는 깊다고 말하고 어떤 때는 얕다고 말하며 혹은 범한 것이라 말하고 혹은 범하지 않는다 말하며, 무엇을 타락이라 말하고, 무엇을 계율이라 말하고, 무엇을 바라제목차(波羅提木叉)라 말하였나이까." 하였다.

여래가 말하되 바라제목차는 몸과 말과 뜻으로 짓는 선하지 아니한 삿된 업을 여의는 것이요, 계율은 계율의 위의와 깊은 경과 좋은 이치에 들어가서 모든 부정한 인연을 받지 않는 것이며, 역시 4중(重)·13승잔(僧殘)·2부정법(不定法)·30사타(捨墮)·90단타(單墮)·4회과법(悔過法)·백중학(百衆學)·7멸쟁(滅諍)들이며…… 이런 죄를 밤낮으로 짓고 뉘우치지 아니하느니라. 뉘우치지 아니하므로 늘어만 가며 이 비구들은 범한 죄를 드러내어 참회하지 아니하고 점점 많아만 지느니

라. 그래서 여래는 이런 일을 알고는 점점 제정하게 되었고 한꺼번에 막지 아니하였느니라.

　여기서 부처님은 선해인연의 즉 사람들을 교화할 때 인연의 뜻을 잘 아는 것을 계율 제정의 측면에서 설명하고 있다. 부처님은 계율을 정할 때 처음부터 금하는 것을 한꺼번에 정하지 않고 어떤 일이 있을 때마다 그 경우를 참작해서 정했다. 그런데 어떤 법을 범해도 중한 것이 있고 가벼운 것이 있듯이 계율을 범하는 일도 마찬가지이다. 부처님은 자문자답하는 형식으로 계율의 조목이나 경중을 일시에 정하지 않은 이유를 설명하신다. 바사익(波斯匿) 왕은 부처님이 계율을 설명할 때의 대화 파트너 역할을 한 일이 있기 때문에 처음부터 바사익 왕에게 다 털어놓지 않은 이유를 설명하는 것이다.

　바사익 왕은 우리가 전에 본 바 있는 빈비사라(頻毘娑羅) 왕과 마찬가지로 부처님에 대한 믿음이 대단했다. 각기 아들에게 왕위를 빼앗기고 죽었다는 데 공통점을 가지고 있다. 바사익 왕은 또 사위국 범수(梵授) 왕의 왕자로 태어났는데 공교롭게도 부처님과 생년월일이 같다. 바사익왕은 부인이 두 명으로 행우(行雨) 부인과 말리(末利) 부인이다. 말리 부인은 본래 가비라국의 노예였지만 부처님께 귀의해서 왕과 인연을 맺게 되었다. 말리 부인에게서 왕자가 태어났는데 그가 바로 악생(惡生)이었다. 악생 왕자는 커서 자신의 어머니 말리 부인이 천민 노예 출신인 것을 알고 그 충격으로 갑자기 횡포스러워졌다. 마침내는 아버지 바사익 왕을 죽이고 왕위를 빼앗을 마음까지 내게 되었다. 그러나 왕위를 찬탈하려면 나라 중신의 협조를 받아야 하는데 중신이 왕자의 마음을 알고 역모를 말렸다. 그러던 어느 날 중신이 바사익 왕을 모시고 부처님이 계신 왕사성으로 가게 되었다. 왕이 오래도록 부처님의 법문을 듣느라고 나오지 않자 망설이던 중신의 마음이 갑자기 흔들려서 왕궁으로 돌아왔다. 그리고는 악생 왕자를 왕으로 하고 바사익 왕의 두 부인을 내쫓았다. 쫓겨난 행우 부인과 말리 부인이 부처님과 바사익 왕이 있는 왕사성으로 가던 중 왕을 만났다. 왕은 자기를 쫓아 낸 악생 왕자의 친모인 말리 부인은 사위성으로 되돌려 보내고 행우 부인만을 데리고 왕사성으로 갔다. 당시 왕사성은 마갈타국의 수도였는데 마갈타국은 강국이었으므로 아사세 왕의 협조를 받기 위해서였다. 바사익 왕은 성밖에 있는 한 숲속에 머물면서 배고픔을 면하기 위해서 그곳 농장 주인으로부터 무를 다섯 개 얻어먹었다. 또 갈증을 푸느라고 많은 양의 물을 마셨다. 그리고는 탈이 나서 죽었다. 뒤에 마갈타국의 아사세 왕이 장사를 잘 지내 주었다고 한다. 아사세 왕 자신도 아버지 빈비사라 왕으로부터 왕위를 찬탈했는데 왕위를 아들에게 빼앗기고 죽은 바사익 왕을 장사지낸 것은 아이러니컬한 일이다.

수행자에게 바른 생각이 일어나려면 먼저 행동을 바르게 해야 한다. 육체적인 행동은 마음의 움직임에 영향을 미친다. 바른 행동에서 바른 습관이 나오고 바른 습관에서 바른 마음과 바른 인격이 나온다. 흐트러진 마음에서는 지혜나 바른 생각이 나오지 않는다. 그래서 바른 수행과 바른 깨달음의 저변에는 계율이 있다. 그래서 계율은 깨달음이라는 높은 성곽에 올라가는 사다리라고 한다.

바라제목차는 계본(戒本)이라는 뜻이다. 즉 계율의 조목이나 목차를 말하는 것이다. 부처님은 바라제목차가 몸과 입과 뜻으로 짓는 선하지 못한 업을 여의게 하고 모든 부정한 인연을 받지 않게 한다고 한다. 계율의 수는 사분율장을 중심으로 할 때, 출가 비구의 250계와 비구니의 348계가 있지만 큰 목차는 8가지이다.

첫째 바라이(波羅夷)는 죄 가운데서도 가장 무거운 극중죄에 해당한다. 비구에게는 음행·도둑질·살인·큰 거짓말의 4가지가 있는데 이것을 사바라이 죄라고 한다. 비구니에게는 여덟 가지이기 때문에 8바라이 죄가 되겠다. 바라이 죄를 범하면 교단으로부터 완전히 축출된다. 세간에서 사형에 처하는 것과 같다.

둘째 승잔(僧殘)이란 사바라이 다음의 중죄이다. 이것을 범하면 일정 기간 승려로서의 권리를 박탈당하고 격리된다. 죄를 범했다고 하더라도 참회하고 처벌을 받으면 승려로서 남아 있을 수 있다는 뜻에서 승려 승자와 남을 잔자를 쓴다. 세간으로 보면 징역이나 금고형에 해당된다.

셋째 부정(不定)은 비구에게만 해당되는 죄이다. 남녀 관계가 문제될 때 목격자가 증언하는 데 따라서 죄가 무거울 수도 있고 가벼울 수도 있다. 남들이 보는 곳이나 보지 않는 곳에서 여자와 법답지 않은 대화를 했을 때 그것을 목격한 사람이 나쁘게 증언하면 승잔의 중죄로 처리되고 좀 좋게 증언하면 죄가 가벼운 사타(捨墮)에 속한다. 아직 죄의 경중이 정해지지 않았다는 의미에서 부정이라고 한다.

넷째 사타(捨墮)는 남의 물건을 부정한 방법으로 취득한 죄이다. 이에 대한 벌은 물건을 승가 대중 앞에 내놓고 참회하는 것이다. 비구·비구니에게 30사타가 있는데 18가지는 공통되는 내용이고 나머지 항목은 같지 않다. 세간으로 말하면 재산몰수·벌금·과태료에 해당된다.

다섯째 단타(單墮)는 잘못을 저지른 가벼운 죄로 대중 앞에서 참회만 하면 된다. 사소한 거짓말을 하는 것, 축생을 죽이는 것 등이 여기에 해당된다. 살생을 하더라도 인명을 해치면 바라이 죄에 속하고, 축생을 죽이면 사타에 속한다. 비구에게는 90가지가 있고, 비구니에게는 78가지가 있다. 공통적인 것이 69가지이지만 나머지는 같지 않다. 단타는 세간의 견책에 해당된다.

여섯째 회과(悔過)는 식사에 관한 잘못이다. 사소한 것이기 때문에 한 사람에게만 고백하고 참회하면 된다. 비구에게는 네 가지 비구니에게는 여덟 가지가 있다.

일곱째 중학(衆學)은 일상 생활에서 학습할 것을 행하지 않은 죄이다. 이것은 스스로 반성하기만 하면 된다. 식사·복장·설법에 따르는 예절에 관한 세칙 규정을 어긴 죄이다. 똑같이 어긴 죄라고 하더라도 고의성이 있는 것과 없는 것에 차이가 있다. 고의성이 있으면 선배가 되는 비구 앞에서 고백하고 참회해야 하고, 고의성이 없으면 혼자 마음속으로 참회하면 된다.

여덟째 멸쟁(滅諍)은 죄가 아니다. 교단 내에서 비구와 대중 간에 쟁론을 없애거나 해결하는 방법이다. 다툼에는 기본적으로 네 가지가 있는데 교리적인 시비를 따지는 데서 일어나는 언쟁, 비구가 범한 죄를 밝히는 데서 일어나는 다툼, 죄의 경중을 정하는 데서 일어나는 다툼, 다른 이의 계율 관계 작법이 옳고 그름을 따지는 데서 일어나는 다툼이다. 이 다툼을 없애기 위해서 대면·진술·다수결 등의 일곱 가지 방법이 있다.

부처님은 선해인연의 즉 교화할 때 인연의 뜻을 살피는 것을 설명하는데 계율을 차제로 제정한 이유와 계율의 조목을 소개한다. 계율이 교단 내 사건이 일어날 때마다의 인연에 의해서 차제로 이루어졌기 때문이고, 또 계율의 내용에서 일의 인연을 자세히 밝히게끔 되어 있기 때문이다. 바라이 죄로부터 시작해서 차츰차츰 죄가 가벼워지는 것이라든지, 죄를 가리는 방법이라든지, 정해진 죄에 대해서 그에 상응하는 벌을 주는 것은 현대 법률을 전공한 사람들이 깜짝 놀랄 정도로 합리적이다. 이렇게 합리적인 계율이 탄생되려면 독단적으로 판단하는 것이 아니라 그러한 일이 일어나게 된 주위 상황의 인연을 충분히 살필 수 있어야만 가능할 것이다. 눈앞에 벌어진 사건만을 보는 것이 아니라 그런 사건이 일어난 배경과 문제의 근원을 살피는 태도는 그대로 자기 수행이 될 것이고 남을 편안하게 이끌 수 있는 방법이 될 것이다.

57. 잘못에 의해 계율을 제정함(사상품 6)

> 불법은 인간을 여러 방향으로 흩어서 방목하는 것이다. 계율은 사람을 묶어 놓기 위해서 정하는 것이 아니라 방목하기 위해서 정하는 것이다. 부처님은 계율의 틀 안에 인간을……

선해인연의 가운데 미리 계율을 정해서 사람들이 죄를 짓지 않게 하지 않고 어떤 일을 당해서 계율을 정한 이유에 대해서 생각해 보겠다. 열반 터에 참석한 대중들이 생각해 볼 때 계율을 미리 정해 놓고 모든 사람들이 그것을 범하지 않게 하면 아무도 아비지옥에 가는 사람이 없을 터인데 그렇게 하지 않은 부처님이 이상하게 생각되었을 것이다. 그래서 부처님께 중생들이 지옥에 가는 것을 방관한 것이 아니냐고 여쭈었다. 미리 계율이라는 이정표를 꽂아 놓으면 중생들이 헤매지 않을 것이 아니냐는 물음이다. 이러한 질문은 열 가지 착한 일의 공덕과 의미를 오직 하늘 중의 하늘이신 부처님만이 말씀할 수 있기 때문에 묻는다는 것이다. 이에 대한 부처님의 대답을 들어 보자.

선남자여, 여래가 중생에게 열 가지 선한 일의 늘어가는 공덕을 말할 수 있다고 한다면 그것은 여래가 여러 중생들을 라후라처럼 평등하게 본다는 것이어늘 어찌하여 세존이 장차 중생으로 하여금 지옥에 들어가게 하려 함이 아니냐고 말하느냐. 나는 한 사람이라도 아비지옥에 떨어질 만한 인연을 보면 그 사람을 위하여 한 겁이나 한 겁이 조금 못되는 세월을 이 세상에 있으면서 중생들에게 큰 자비를 베푸는 것인데, 무슨 일로 아들처럼 생각하는 이를 속여서 지옥에 들어가게 하겠느냐.

선남자여, 마치 임금이 그 나라 안에 누더기 입은 이가 있으면 그 옷에 구멍이 뚫린 것을 보고야 깁게 하나니, 여래도 그러하여 중생들이 아비지옥에 들어갈 인연이 있음을 보게 되면 곧 계율의 선한 것으로 깁게 하느니라. 선남자여, 비유컨대 전륜왕이 먼저 중생들을 위하여 열 가지 선한 법을 말하고 그런 뒤에 점차로 나쁜 짓을 하는 이가 있으면 왕이 그런 일이 있을 적마다 끊게 하며, 나쁜 짓을 끊은 뒤에는 스스로 임금의 법을 행하게 되나니, 선남자여, 나도 그러하여 비록 말할 것이 있으나 먼저 제정하지 아니하고, 비구들이 법답지 아니한 일을 행함에 따라 제정하거늘, 법을 좋아하는 중생들이 가르친 대로 닦아 행하며 그런 중생이라야 여래의 법신을 보느니라.……

여기서 부처님은 모든 중생 한 사람 한 사람을 외아들 라후라처럼 생각하기 때문에 그런 중생을 속여서 무간 지옥에 빠지게 할 리가 있겠느냐고 대답하신다. 그리고 그 뒷받침으로 이런 비유를 든다. 어떤 임금이 사회복지제도를 잘 시행해서 나라 안에 구멍 뚫린 옷을 입고 추위에 떠는 사람이 한 명도 없게 하고 싶더라도 옷이 아직 해지지도 않았고 구멍이 뚫리지도 않았는데 미리부터 멀쩡한 옷을 깁게 할 수는 없다는 것이다. 마찬가지로 부처님도 중생들이 지옥에 가는 죄를 범하지도 않는데 미리부터 지옥에 가는 길을 예방할 수는 없다는 것이다.

부처님은 또 이런 비유도 든다. 전륜성왕 즉 불교에서 이상적인 왕도를 실천하는 왕 중의 왕이 덕으로 정치를 베풀어서 열 가지 착하게 사는 법을 공포할 때, 처음부터 그 법을 위반하는 사람들을 잡아 가두는 것이 아니라 미리 계도 기간을 두어서 범하는 사람들이 있으면 잘못을 고치도록 한 뒤에 법을 시행한다는 것이다. 마찬가지로 부처님께서도 말할 것이 많이 있지만 미리 계율을 제정하지 아니하고 중생들이 법답지 않은 일을 할 때에 이르러서야 그것을 고치게 하고 계율 규정을 정한다는 것이다.

　부처님은 구멍 뚫리지 않은 옷을 미리 깁지 않는다거나 처음부터 법을 엄격하게 시행하지 않는다는 예를 들어 미리부터 계율을 정하지 않은 이유를 설명하시지만 필자는 다른 방면에서 그 주된 이유를 풀이하고 싶다. 부처님은 자연 그대로의 인간을 최대한 살리는 범위에서 중생이 잘못되는 것을 고치고자 하기 때문에 미리 계율을 정하지 않았다는 것이다. 마치 많은 소를 기를 때 울타리를 10평의 둘레에 치는 것과 100만 평의 둘레에 치는 것과는 다르다. 한걸음 더 나아가 산이나 들에다 방목하면서 멀리 도망가는 소만 데려오는 것은 더욱이나 다르다. 부처님이 계율을 미리 정하지 않은 것은 울타리 안의 범위를 아주 넓게 잡거나 방목하다가 소가 너무 멀리 떨어져서 잘못된 경우가 있을 때에만 그것을 바로잡는 방법을 쓰는 것과 같다는 것이다.

　계율은 일종의 인위적인 법률과 같은 것이다. 인간의 마음을 자연 그대로 흐르게 하는 것과는 배치될 수 있다. 부처님이 처음부터 계율을 정할 경우 우리는 계율이라는 감옥에 갇히게 된다. 부처님은 인간의 몸이나 마음이 본래부터 악의 원천이라고 생각하지 않는다. 더욱이 인연법(因緣法)・무자성(無自性)・공(空)・성구(性具)・성구불성(性具佛性)으로 이어지는 《열반경》의 취지로 볼 때 인간에게는 선과 악의 요소, 생사와 열반의 요소가 똑같이 갖추어져 있다는 것이다.

　인간은 가만히 두어도 선의 요소와 악의 요소가 적당히 조화되어 삶이라는 무대를 꾸밀 수가 있다. 인간의 삶은 똑같은 벽돌을 찍어 내는 것이 아니다. 모든 사람이 각기 독특한 삶을 누릴 수 있다. 인간에게 다툼이 있는 것은 서로 같은 방향으로 몰리기 때문이다. 권력・재물・명예・인기를 누릴 수 있는 곳으로 사람들이 몰리다 보니 그곳에서 험악한 경쟁의 갈등과 충돌이 생긴다. 불법은 인간을 여러 방향으로 흩어서 방목하는 것이다. 계율은 사람을 묶어 놓기 위해서 정하는 것이 아니라 방목하기 위해서 정하는 것이다. 부처님은 계율을 먼저 정하고 그 틀 안에 인간을 집어 넣지 않으려고 하는 것이다.

　요즘 어린이들에게 조기 천재교육을 시키는 사람이 많다고 한다. 숫자개념으로부터 시작해서 공간개념·반복개념·유사와 반대개념 등을 지도한다고 한다. 그런데 전문가들이 천재교육을 받은 어린이들과 교육을 전혀 받지 않은 어린이들을 비교해서 시험해 보니 천재교육을 받은 어린이들은 자기가 배운 분야의 배운 것에서는 우수한 점수를 받았지만 교육을 받지 않은 어린이들에 비해서 뒤떨어지는 것이 있었다. 바로 자발적 독창성이다. 교육을 받지 않은 분야에서 과거에 시험을 치르지 않은 방식으로 시험을 보았을 때 천재교육을 받지 않은 어린이들이 더 높은 점수를 얻는 것이었다. 이 시험 결과는 천재교육이 어린이들의 지능을 특정한 분야에서는 개발시킬 수도 있지만, 반면에 교육에서 불가피하게 뒤따르는 개념의 고정성은 다른 많은 분야에서의 독창성 발휘를 해칠 수가 있다는 것이다. 부처님이 미리부터 계율을 정해 놓는 것은 무한히 펼쳐질 수 있는 사람들의 사고를 어떤 틀에 묶어 놓는 것과 같다. 깨달음은 사람을 묶는 데서 얻어진다기보다는 더 넓고 높은 무한의 세계에 들어가는 데서 얻어진다. 계율의 목적은 사람을 구속하는 데 있는 것이 아니라 깨달음을 얻는 데 도움을 주기 위해서 있다. 천재교육을 시킨다고 어린이들의 독창력을 막지 말아야 하듯이 부처님도 미리부터 계율을 정해서 수행자들의 해탈 세계로 향하는 무한한 독창력을 막지 않는다는 것이다.

　자연스러운 인간 그대로에는 부끄럽고 더러운 것이 없다. 좀더 넓게 보면 인간의 사랑과 질투, 좋아함과 싫어함이 하나의 아름다운 인간 마음의 춤이 된다. 우리가 해탈하기가 어려운 것은 우리의 마음이 돌이나 죽은 나무처럼 되기가 어렵기 때문이 아니다. 돌이나 기왓장의 상태가 성불이라고 한다면 돌이나 기왓장에게 실컷 성불이나 해탈을 즐기도록 하면 되지 인간이 구태여 그것들을 모방하겠다고 애쓸 필요는 없다. 참으로 어려운 것은 인간의 마음속에 있는 사랑과 미움을 자연스럽게 흐르게 하면서도 인간이 우주 전체를 내 몸처럼 사랑하고 우주 전체를 나의 파트너로 생각하는 경지에 이르는 것이다. 부처님이 열반사덕에서 말하는 깨끗함은 사람의 마음에서 미움의 요소를 완전히 빼고 사랑의 요소만 남겨 두는 것이 아니다. 사랑과 미움의 요소는 그대로 두면서도 작은 사랑과 작은 미움을 참으로 큰 사랑을 이루게 하는 원동력이 되게 하는 데서 모든 더러운 것은 그대로 깨끗한 것이 된다.

    부처님이 계율을 정하는 것은 인간의 마음에서 일어나는 모든 애증을 바짝 말려 버리고자 하는 것이 아니다. 인간의 애증이 이리저리 흐르는 것을 관찰하다가 그것이 너무 과도하게 흐르거나 잘못된 방향으로 흐를 때만 약간 교정하기 위해서 계율을 정한 것이다. 만약 계율을 미리 정해 놓는다면 인간의 자연성에 미리 제한을 두는 데서부터 출발하는 것이 된다. 부처님은 결코 엄숙주의자나 고행주의자가 아니다. 초자유주의자이고 중도주의자이다. 바로 이 자리에서 이 몸 이 마음을 가지고 열반을 얻어야 한다고 가르치는 분이다. 그래서 계율 뒤에 사람의 마음을 둔 것이 아니라 사람의 마음 뒤에 계율을 둔 것이다. 부처님께서 계율을 미리 제정하지 않는 것은 이 같은 자연 존중의 의미가 있다. 《화엄경》에서 온 세계를 다 법신불의 몸으로 삼은 것과 통하는 대목이다.

58. 번뇌를 소멸한 여래는 물건이 아님 (사상품 7)

> 만약 부처님이 아내에 대한 사랑 불감증 때문에 출가했다면 일체 중생에 대한 부처님의 사랑은 아무 의미가 없다. 목석과 같은 사랑은 사람보다는 돌이나 나무가 더 잘할 것이다.

번뇌를 여의고 열반에 드는 부처님은 물건이 아니라는 것에 대해서 생각해 보겠다. 먼저 사상 즉 자기를 바르게 하고 중생을 교화하는 네 가지 모양에 대한 부처님의 정리를 보자.

스스로 바르게 한다 함은 이 대반열반을 얻음이요, 다른 이를 바르게 한다 함은 내가 비구들에게 여래가 항상 있어서 변역하지 않는다고 말하는 것이요, 묻는 대로 대답한다 함은 가섭이여, 그대의 물음은 인연으로 보살과 비구·비구니·우바새·우바이들을 위하여 깊고 미묘한 이치를 말하게 되는 것이요, 인연의 이치라 함은 성문이나 연각은 이와 같은 깊은 이치를 알지 못하며 이자(伊字)의 3점이 해탈·열반·마하반야를 이루며 비밀장을 이루는 것을 듣지 못하였으므로 내가 여기서 열어 보이며 분별하여 성문들로 하여금 지혜의 눈을 뜨게 함이니라.······ 스스로 바르게 함과 다른 이를 바르게 함과 묻는 대로 대답함과 인연의 뜻을 해설한다는 뜻도 그와 같아서 대열반과 평등하여 다름이 없느니라.

부처님은 중생을 교화하는 네 가지 모양을 대열반과 같은 것으로 보신다. 부처님의 죽음 즉 열반은 그대로 사상이라는 것이다. 자정(自正) 즉 자기를 바르게 함은 부처님이 대열반에 드는 것이고, 타정

(他正) 즉 다른 이를 바르게 하는 것은 열반에 드는 부처님이 항상해서 없어지지 않는다는 것이다. 능수문답(能隨問答) 즉 사람들의 물음을 받고 그들의 근기에 맞는 대답을 해서 바로 이끄는 것은 지금 열반 터에서 제자들의 물음을 받고 사부대중을 위해서 미묘한 도의 이치를 말하는 것과 같고, 선해인연의(善解因緣義) 즉 중생을 교화할 때 모든 인연의 뜻을 잘 파악하는 것은 해탈과 열반과 반야가 이루는 이자삼점을 풀어서 사람들의 눈을 뜨게 하는 것과 같다고 한다. 부처님의 열반과 열반 직전에 베푸는 관찰과 법문이 바로 중생을 교화하는 네 가지 모양이 된다는 것이다.

여기서는 법신·반야·해탈의 삼덕이 열반·반야·해탈의 삼덕으로 바뀌어졌다. 법신 대신에 열반이 들어섰다. 법신과 열반이 같다는 것을 나타낸다. 우리는 그전에 십이인연을 혹업고(惑業苦) 삼도로 압축한 적이 있다. 그리고 혹업고 삼도 즉 미혹과 악업과 고통은 논리적으로 선후가 있을지언정 시간적으로는 동시라고 했다. 미혹이 있으면 그 자리에 악업과 고통이 있다는 것이다. 혹업고 삼도가 동시적이므로 그것을 뒤집은 열반·반야·해탈의 삼덕도 또한 동시적이다. 그렇다면 부처님의 열반은 해탈 수행인 동시에 지혜가 되고 수행이 바로 열반이 된다.

부처님의 일생은 수행의 연속이었다. 설산에서 6년 고행을 한 것만 수행이 아니라 일생 동안 중생을 구제한 것도 수행이다. 마침내는 열반조차도 수행이 된다. 부처님의 일생을 수행의 측면에서 볼 때는 모든 것이 수행이지만 열반의 측면에서 볼 때는 부처님의 모든 수행이 바로 열반이 된다. 6년 고행이 열반이요 도를 깨닫고 부처를 이루는 것이 열반이다. 또한 일생 동안 중생을 교화하신 행적도 남김없이 열반의 연속이었다. 부처님 일생의 모든 순간이 다 열반이라는 것 그리고 부처님의 열반이 하나의 수행이라는 것은 참으로 멋있는 착상이다. 착상이라는 말은 부처님에게는 그것이 바로 삶의 모습 그대로이니까 말이다.

　부처님은 열반은 바로 수행이고 지혜라는 것, 또 당신의 열반이 바로 중생을 교화하는 네 가지 모양이라는 것을 말씀하고 나서 중생들이 당신의 열반을 다시 돌아오지 않는 죽음으로 생각할까봐 걱정한다. 그래서 자문자답하는 형식으로 법신이 변하지 않고 항상 머무르는 것에 대해 묻고 대답하신다.

　　만일 선남자·선여인이 "여래가 무상하다 하나니, 어떻게 무상한 줄을 알겠나이까. 부처님의 말씀과 같이 모든 번뇌를 멸한 것을 열반이라 하나니, 마치 불이 꺼지면 아무것도 없는 것같이 번뇌를 멸한 것도 그와 같으므로 열반이라 한다고 하셨는데 어찌하여 여래는 항상 머무르는 법이어서 번역하지 않는다 하나이까." 한다면 가섭이여, 이렇게 따지는 것을 잘못된 힐난이라 하느니라. 가섭이여, 그대는 여래의 성품이 소멸해 없어진다는 생각을 하지 말아야 하느니라. 가섭이여, 번뇌를 멸한 이는 물건이라 하지 않나니, 왜냐하면 영원히 끝나는 것이므로 항상한 것이라 이름하느니라.

　부처님은 사람들이 열반에 든 부처님을 어떤 물건으로 잘못 알고 항상한 것에 대해서 의심을 가진다고 말씀하신다. 가령 열반은 번뇌를 여의는 것이고 번뇌를 여의는 것은 불이 꺼진 것과 같은데 불이 꺼져서 아무것도 없는 마당에 부처님은 무엇을 근거로 해서 부처님의 법신이 변하지 않고 항상 머무른다고 하느냐는 물음이다. 부처님은 스스로 만든 물음에 대해서 이렇게 대답하신다. 우선 여래의 성품은 물건이 아니라는 것이다. 만약 물건이라면 타고 남은 재에 아무것도 없는 것처럼 소멸되지만 물건이 아니기 때문에 소멸될 것이 없다는 것이다. 물건의 세계로부터 완전히 초탈해 있는 여래의 성품 즉 법신은 항상하다는 말이다.

이 《열반경》은 부처님이 열반에 들기 전에 기본적으로 부처님의 법신이 항상하다는 것을 말하고자 하는 것이므로 죽은 다음에 무엇이 있는가 없는가의 문제는 끊임없이 제기된다. 우리는 앞에서도 이 문제를 여러 번 여러 각도에서 다룬 바 있고 앞으로도 이 문제가 자주 제기될 것이다. 열반에 든 다음에 세상에 항상 머무르시는 부처님의 법신이 물건이 아니라는 것은 특이한 표현이다.

사람들은 두 가지밖에 모른다. 있다는 것과 없다는 것이다. 물론 이 두 가지를 합성시키면 한량없이 많은 종류의 있다 없다를 만들어 낼 수 있다. 가령 있기도 하고 없기도 하다든지, 있지도 않고 없지도 않다든지, 동시에 있기도 하고 없기도 하며 있지도 않고 없지도 않다는 식으로 끊임없이 많은 있음과 없음의 변형을 만들 수가 있다. 그러나 아무리 많이 만들어도 그것들은 최초의 가정 즉 있다와 없다의 범위를 벗어나지 못한다.

그런데 이 있다 없다는 반드시 어떤 정신적이거나 육체적인 실체를 전제로 한다. 가령 영혼이 있다든지 영혼이 없다고 할 경우 그 영혼이 정신적인 것이든지 육체적인 것이든지 일정한 실체를 가지고 있다는 가정하에서 말하는 것이다. 그리고 있다 없다를 말하는 사람들의 머리 속에는 대개 어떤 형태의 물건 같은 것이 그려진다. 정신적인 것일 경우 물건은 아니지만 육체일 경우에 물건에 해당되는 어떤 고정된 개념이 그려지기 때문에 물건과 다를 바 없다. 부처님은 여기서 여래의 성품 즉 부처님의 법신이 물건이 아니라고 말씀하신다.

부처님은 고정된 물체나 고정된 개념에서 완전히 벗어났다. 인간의 번뇌는 무엇인가 있다는 데서부터 나온다. 내가 있다로부터 내 것이 있다로 이어지고, 다시 남과 남의 것, 얻음과 잃음이 벌어지기 때문이다. 사람은 얻으면 좋다고 하고 잃으면 싫다고 한다. 중생의 생각에는 부처님의 사후에 무엇인가 있으면 얻는 것이요 없으면 잃는 것이 된다. 그러나 부처님은 나와 남, 내 것과 남의 것을 분별하는 차원에 있지 않다. 그런 분별로 있는 것은 물건이 있고 없고의 차원이고, 부처님은 그런 분별을 완전히 벗어난 차원에서 존재한다는 것이다.

부처님은 부인 야소다라와 아들 라후라를 버리고 성을 넘어 출가했다. 부처님에게 아내와 아들에 대한 사랑이 없었던 것이 아니다. 만약 부처님이 아내에 대한 사랑 불감증 때문에 출가했다면 일체중생에 대한 부처님의 사랑은 아무 의미가 없다. 목석과 같은 사랑은 사람보다는 돌이나 나무가 더 잘할 것이다. 그런데 부처님은 인간의 사랑에 권태라는 한계가 딱 버티고 있는 것을 보았다. 모든 사랑은 반드시 권태를 만나게 되는데 권태를 만나는 사랑은 영원할 수가 없다. 부처님은 자신의 사랑을 영원하게 만들고 싶었다. 늙음과 젊음에 관계없는 영원한 사랑을 만들고자 했다. 그런데 자신의 사랑은 자신을 중심으로 한 이기적인 사랑에 불과하다는 것을 깨달았다. 야소다라와 라후라 그리고 일체중생에 대한 참으로 영원한 사랑은 이기적인 사랑을 완전히 버리는 데서만 가능하다는 것을 체득했다. 사랑뿐만이 아니다. 목숨도 마찬가지이다. 나의 목숨을 버리지 않는 한 우주의 목숨과 대립되게 된다. 그것은 영원할 수가 없다. 그래서 부처님은 철저하게 이기적인 사랑을 버리고 이기적인 목숨을 버림으로써 영원한 사랑과 영원한 목숨을 얻었다.

부처님의 목숨 즉 법신이 세상에 항상 머무른다고 하지만 그것은 개인적인 목숨이 아니다. 모든 중생의 불성으로서 모든 중생 가운데 있다. 누구든지 영원히 변치 않는 부처님의 목숨을 보고자 한다면 부처님을 따라 이기적인 사랑과 이기적인 목숨을 버리기만 하면 된다. 부처님의 법신은 물건의 차원이 아니라 완전히 비우는 차원에 있기 때문이다.

59. 번뇌의 완전 소멸과 법신의 항상함 (사상품 8)

> 마당에 돋아난 잡초를 제거한다고 할 때 우리 중생들은 땅 밖으로 나온 것만 잘라서 죽이는 것과 같고, 부처님은 잡초의 뿌리를 뽑아 버리는 것과 같다. 중생들은 눈앞에……

번뇌의 불이 꺼진 다음에 부처님의 몸이 머무르는 곳은 어디일까. 보통 범부들은 번뇌가 없어진다고 하더라도 다시 생기고 또 없어지고 하는데 부처님의 경우에는 번뇌의 소멸 상태가 어떠한지 그리고 번뇌가 소멸한 다음에는 어떤 의미에서 부처님의 법신이 항상할 수 있는지에 대해서 생각해 보겠다. 먼저 가섭 보살의 문제 제기와 부처님의 대답을 보자.

만일 번뇌의 불이 꺼지면 여래도 멸할 것이니 그렇다면 여래는 항상 머무를 곳이 없겠나이다. 저 쇠똥을 뿌리며 흩어지는 무쇠가 빨간 빛이 없어지면 이르른 곳을 알 수 없나니, 여래의 번뇌도 그와 같아서 멸하면 이르른 곳이 없을 것이며, 또 무쇠의 빨갛게 단 것과 붉은 빛은 꺼지면 없어지듯이 여래도 그와 같아서 멸하면 무상하리니 번뇌의 불을 멸하고 열반에 든다면 여래도 무상한 줄을 알겠나이다.

선남자여, 무쇠는 범부를 말하는 것이니, 범부들은 번뇌를 멸한다 하더라도 멸한 뒤에 다시 생기므로 무상하다 하고 여래는 그렇지 아니하여 멸하고는 다시 생기지 아니하므로 항상하다 하는 것이니라. 가섭이여, 그대는 여래가 무상하다는 말을 하지 말라. 왜냐하면 여래는 항상한 까닭이니라. 선남자여, 나무가 타서 없어지면 재가 되듯이 번뇌가 멸하면 열반이 되느니라. 가섭이여, 무쇠는 식은 것을 다시 빨갛게 하려니와 여래는 그렇지 아니하여 번뇌를 끊어 버리면 끝까지 청량하여서 번뇌의 뜨거운 불이 다시 생기지 않느니라.

가섭 보살은 번뇌의 소멸이 열반이라는 것을 전제로 부처님이 번뇌를 소멸하고 열반에 들면 무상하게 없어져서 어디에 있는지 알 수 없을 것이라고 말한다. 그 비유로 대장간에 빨갛게 단 무쇠에서 튀기는 무쇠불똥을 든다. 무쇠불똥이 흩어질 때 빨간 빛이 없어지면 그것이 간 곳을 알 수 없듯이 부처님의 몸도 번뇌를 소멸하고 열반에 들면 간 곳을 알 수 없지 않겠느냐는 물음이다.

그러나 부처님은 번뇌를 소멸하는 것이 중생의 경우와 부처님의 경우가 다르다고 한다. 중생이 번뇌를 소멸할 경우에는 다시 번뇌가 일어날 수 있지만 부처님의 경우에는 한번 소멸하면 다시 번뇌가 생기지 않으므로 부처님의 법신이 항상하다고 한다. 가령 빨갛게 불에 단 무쇠의 경우에는 식은 다음에도 다시 빨갛게 될 수가 있지만 부처님에게서는 한번 번뇌를 끊어 버리면 영원히 그 번뇌가 쉬어 버리기 때문에 부처님의 몸이 항상하다는 것이다.

우리 중생들의 마음은 오욕락을 찾아서 끊임없이 방황하는 상태에 있다. 이것을 얻으면 저것이 좋아 보이고 저것도 얻으면 더 좋은 다른 것이 없을까를 생각한다. 지방의회 의원을 하겠다고 발을 내민 사람은 국회의원이 되고 싶고 국회의원이 되면 무슨 위원회 위원장이라도 되고 싶다. 위원장이 되면 또 다른 직책에 손짓을 한다. 이렇게 끊임없이 얻으려고 하는 사람에게는 반드시 원하는 바를 얻지 못할 날이 온다. 이미 가진 것마저도 놓아야 할 날이 온다. 그런 사람에게는 고뇌와 방황이 있을 수밖에 없다. 뜻대로 안 될 때 체념하고 돌아선다. 그렇지만 체념한다고 해서 욕망이 없어지는 것은 아니다. 휴화산처럼 언제나 살아 있다. 때만 되면 언제든지 그 욕망이 다시 발동될 것이다.

이 사람에게는 한번의 죽음으로 번뇌가 끝나지 않는다. 번뇌가 완전히 소멸된 것이 아니기 때문이다. 그래서 부처님은 중생들은 번뇌가 다시 일어나기 때문에 죽음이 있게 된다고 한다.

사람들은 정치가의 예를 보고 공감이 가지 않는다고 생각할지도 모른다. 우리 같은 보통 사람이야 정치를 하지 않으니까 그런 방면에 관심이 없기 때문이다. 그러나 우리는 다른 면에서 무엇인가를 얻으려고 한다. 가령 재물을 모으는 것도 마찬가지이다. 이 사회의 구조상 모든 사람이 전부 많은 재물을 모을 수 있게 되어 있지 않다. 상층부에 있는 소수만 재물을 모을 수 있는 기회를 갖게 되지만 재물을 모을 수 있는 위치에 있지 않다고 해서 재물을 모으고 싶은 마음이 없는 것은 아니다. 그래서 대부분의 세상 사람은 재물을 모을 마음을 내려는 대기상태에 있다고 할 수 있다.

재물을 모으는 일에 매달리는 것을 빗댄 유명한 이야기가 있다. 아마도 독자들은 일곱 개의 황금단지 이야기를 알고 있을 것이다. 어떤 이에게 일곱 단지의 황금이 생겼는데 마지막 일곱번째의 단지는 반만 차 있었다. 그 사람은 그 단지에도 황금을 가득 채우고 싶었다. 그래서 부지런히 일을 해서 황금을 사다가 단지에 넣었지만 아무리 새로운 황금을 넣어도 도대체가 황금이 더 많아지지 않는 것이었다. 오랜 세월을 그렇게 보낸 다음에 알고 보니 단지는 가득 채워질 수 없는 것이었다. 마구니가 단지를 가지고 장난을 하고 있었기 때문이다. 그 사람은 '구부득고(求不得苦)' 즉 '얻으려고 하는 것을 마음대로 얻을 수 없는 고통'이라는 마구니의 놀림을 받고 있었다.

세상 사람들은 보통 여기까지의 줄거리만 생각한다. 그 사람은 재물을 모으는 일이 부질없는 줄을 알고 재물 모으기를 포기했을 것이라고 생각하는 것이다. 하지만 부처님은 마지막 단지에도 황금을 가득 채우려고 하는 사람의 이야기가 끝나지 않았다고 하신다. 재물을 끝없이 많이 모으는 일이 불가능하고 또 모은다고 하더라도 부질없는 일이니까 재물 모으기를 포기하겠지만 근본적으로 재물을 모으려는 마음이 없어진 것은 아니라는 것이다. 언제든지 때가 되어서 재물을 모을 수가 있다면 다시 재물을 모으려고 시도할 것이라는 것이다. 중생의 마음은 이렇기 때문에 일시적으로 소멸된 번뇌와 욕망은 언젠가 때가 되면 다시 고개를 쳐들고 일어난다. 따라서 중생에게는 윤회가 있고 소멸이 있다는 것이다.

모든 사람에게는 애욕이 있다. 젊은이에게 있는 것은 물론이고 어린이에게도 있고 노인에게도 있다. 애욕을 밝히는 사람에게도 있고 점잖은 체하는 사람에게도 있다. 프로이트가 어린아이의 모든 움직임까지도 애욕으로 분석했을 때 사람들은 좀 과장이 심하다고 생각했다. 그러나 현대의 정신분석학이나 심리학에서는 갓난아이들에게도 애욕이 있다고 발표하고 있다. 사람의 일생은 애욕에 의해 눌려 살거나 애욕을 억누르려는 과정의 연속이라고 해도 과언이 아니다. 애욕은 모든 사람에게 바짝 붙어다닌다.

한 파트너와 일생 동안 푹 파묻혀서 마음껏 애욕을 누렸다고 하는 사람이 있다고 치자. 또 바람둥이가 되어서 천만 명의 파트너를 바꿔가면서 애욕을 나눈 사람이 있다고 치자. 이 두 사람은 이제 싫증나도록 애욕을 누렸으니까 더 이상 애욕이 없을 것이라고 생각하면 그것은 틀린다. 애욕이 습관이라는 업이 되어서 때가 되면 향수를 즐기듯이 더욱 강하게 나타날 것이다. 한번도 자신의 애욕을 풀어 보지 못한 사람이 있다고 치자. 일찍부터 거세를 당하고 궁중에서 일해 온 내시가 있다고 치자. 내시는 몸으로는 애욕을 풀 수가 없다고 하더라도 마음만은 보통 사람과 똑같이 애욕으로 가득 차 있다고 한다. 노인의 경우에도 마찬가지이다. 이제는 늙고 기운이 없어서 애욕을 채울 의욕이 없기는 하지만 그렇다고 해서 애욕의 뿌리가 없어진 것은 아니라고 한다. 노인 심리학자들의 말을 들어 보면 노인에게도 젊은 사람 못지 않은 애욕이 항상 있다고 한다. 단지 그것이 의식적으로나 외형적으로 나타나지 않을 뿐이라는 것이다. 그렇다면 이 세상의 모든 중생에게는 애욕이 있는 것이다. 그들이 애욕이라는 번뇌를 소멸시켰다고 하지만 그것은 애욕의 번뇌가 잠복한 상태로 숨어 버린 것일지언정 근본적으로 소멸된 것은 아니라는 것이다.

그러나 부처님이 이룬 번뇌의 소멸은 다르다. 부처님은 근본적으로 명예·권력·재물·이성에 대한 욕망의 뿌리를 잘라 버렸다. 마당에 돋아난 잡초를 제거한다고 할 때 우리 중생들은 땅 밖으로 나온 것만 잘라서 죽이는 것과 같고, 부처님은 잡초의 뿌리를 뽑아 버리는 것과 같다. 중생들은 눈앞에 보이는 것만 임시로 지우려고 하지만 부처님은 이 우주 가운데에 있는 인간 존재의 실상을 여실하게 체달함으로써 번뇌를 뒤집어서 지혜로 만들고 생사를 뒤집어서 열반으로 만든다. 부처님에게는 이제 일체 번뇌 종자가 말라 버렸다. 다시 고개를 쳐들고 일어날 번뇌가 없어졌다. 다시는 번뇌에 의해서 흔들리지 않게 되었다. 이 상태에서 부처님의 법신은 항상하다는 것이다.

그렇다면 번뇌가 없다고 해서 왜 부처님의 몸이 항상하느냐는 물음이 나온다. 그 답은 간단하다. 번뇌란 '나'를 중심으로 일어난다. 나와 너, 나와 우주가 대립된다. 번뇌가 없어진다 함은 내가 지워지는 것을 뜻한다. 내가 지워지고 나와 남, 나와 우주가 하나가 되니, 육신의 목숨과는 관계없이 항상한 법신의 목숨을 얻게 되는 것이다. 부처님의 목숨과 몸은 우주에 가득 차 있게 된다.

60. 번뇌의 바다를 건넜다면 왜 결혼하였는가 (사상품 9)

> 석가모니 부처님께서 무량겁 전에 성불하셨다고 해서 그로부터 받는 혜택이 석가모니 부처님에게 특별히 더 많이 돌아가는 것은 아니다. 금생에 와서는 석가모니 부처님도……

부처님이 일체의 번뇌를 소멸하여 다시는 그 번뇌가 되살아나지 않는다면 왜 본래 성불하신 부처님이 다시 번뇌를 일으켜서 부인 야소다라를 얻고 아들 라후라까지 두었느냐는 문제가 제기된다. 부처님은 이 문제를 아주 작은 것 가운데 온 우주를 다 집어 넣을 수 있다는 이야기로 돌려서 대답하신다.

가섭 보살이 부처님에게 묻는다.

"부처님의 말씀이 '나는 이미 번뇌의 바다를 건넜노라.' 하였사오니 부처님이 만일 번뇌의 바다를 건넜사오면 무슨 인연으로 야소다라를 맞아 라후라를 낳았나이까. 이 인연으로 보아 여래께서는 번뇌의 바다를 건너지 못한 듯하나이다. 바라옵건대 그 인연을 말씀하여 주십시오."

가섭 보살의 물음에 대해서 부처님이 이렇게 대답하신다.

"가섭이여, 그대는 그런 말을 하지 말라. 만일 보살마하살이 대열반에 머물면 수미산이 그렇게 높고 넓더라도 모두 가져다 겨자씨 속에 넣되 수미산을 의지하고 있던 중생들은 비좁지도 아니하고 가고 오는 줄도 몰라서 전과 같이 변동이 없는 줄 여기거니와 제도를 받을 만한 이는 보살이 수미산을 겨자씨 속에 넣기도 하고 도로 본고장에 가져다 두기도 하는 줄을 아느니라.

　선남자여, 또 보살마하살이 대열반에 머물면 삼천대천세계를 털구멍 속에 넣기도 하며 도로 본고장에 두는 일도 그와 같느니라. 선남자여, 또 보살마하살이 대열반에 머물면 온갖 시방의 한량없는 불세계를 자기의 몸에 넣더라도 그 가운데 사는 중생들은 비좁지도 아니하고 가고 오는 것이나 어디 있다는 생각도 없거니와 제도를 받을 만한 중생은 보기도 하고 본고장에 두는 것도 아니라.

　선남자여, 보살마하살이 대열반에 머물면 이렇게 가지각색 한량없는 신통 변화를 나타내나니. 그러므로 대열반이라 하느니라. 이 보살마하살의 나타내어 보이는 한량없는 신통 변화는 모든 중생들이 측량할 수 없는 것이어늘 그대가 여래의 애욕을 가까이하여 라후라를 낳는 일을 어떻게 알겠느냐."

　부처님은 앞에 이미 번뇌의 바다를 완전히 건너서 이제 또다시 일어날 일체의 번뇌가 없다는 말을 했다. 영원히 번뇌를 소멸했기 때문에 부처님의 법신이 우주와 한 몸뚱이가 되어서 이 세계에 항상 머물러 계시다는 것이다. 이 말을 들은 가섭 보살은 부처님이 결혼하고 아들을 둔 것에 대해서 묻는다. 번뇌의 바다를 건넜다면 왜 야소다라 부인을 맞아서 결혼을 하고 아들 라후라까지 낳았느냐는 것이다.

　이 물음에 대해서 부처님은 자신의 높고 깊은 대열반의 세계는 번뇌의 개념에 의해서 분별하는 범부 중생들이 알 수가 없다고 한다. 중생들이 알 수 없는 높은 경계를 설명하기 위해서 부처님은 아주 작은 것 안에 모든 세계를 다 집어 넣을 수 있다는 이야기를 하신다.

　부처님은 세상에서 가장 크고 높은 수미산을 겨자씨 속에 넣되 수미산에 의지해 사는 중생들이 그 겨자씨 안에서 조금도 비좁지 않게 살 수 있다고 한다. 또 수미산을 본래의 자리로 다시 가져다 놓을 수도 있다고 한다. 부처님의 열반을 보고 제도받을 만한 이는 이러한 도리를 안다는 것이다.

 겨자씨같이 작은 것 속에 전 세계를 다 집어 넣을 수 있다는 것을 여러 번 반복하는데 그 예가 달라진다. 우리는 부처님이 대열반 상태에서 겨자씨 속에 수미산을 집어 넣을 수 있다는 것을 본 바 있다. 다음에는 겨자씨에 삼천대천세계를 집어 넣을 수 있다고 한다. 또 털구멍 속에 삼천대천세계를 넣을 수 있고 시방 세계를 모두 바늘에 꿸 수가 있다고 한다. 삼천대천세계를 몽땅 들어서 손바닥에 올려 놓을 수도 있고, 시방 세계를 티끌 속에 넣을 수도 있다고 한다. 이와 같은 신통 변화는 무궁무진하기 때문에 중생들은 부처님이 야소다라를 맞이해서 애욕을 일으키고 라후라를 낳은 경계를 알 수가 없다는 것이다.

 가섭 보살의 질문은 모든 번뇌를 다 여읜 부처님이 어째서 결혼하고 아이를 낳았느냐는 것이고, 부처님의 대답은 자신의 열반에서 보통 사람이 도저히 알 수 없는 불가사의한 일이 진행된다고 말씀하는데 그 예가 바로 시방 세계를 작은 것 속에 넣을 수 있다는 것이다. 부처님이 너희들은 말해 줘도 모르니까 설명해 주지도 않겠다고 하면 우리로서야 어쩔 수 없이 가만히 있어야 한다.

 경의 내용을 파악하는 면에서 두 가지를 전제하고 달려들었다. 첫째 부처님이 가르치고자 하는 궁극의 경지는 말이 아니라 침묵으로 전해지는 것이기 때문에 말로 이해하려고 해서는 안 된다는 것이다. 둘째 아무리 궁극의 경지가 언어를 벗어났다고 하더라도, 부처님께서 이왕에 입을 열고 설명해 주시기로 했다면 또 경이라고 하는 것이 부처님의 친절한 설명을 담은 것이라면 우리는 말을 통해서 우리가 들어갈 수 있는 만큼 깊이 들어가야 할 것이다.

 그렇다면 부처님이 아주 작은 티끌·겨자 씨·털구멍 등에 수미산이나 삼천대천세계를 다 집어 넣을 수 있고 그렇게 한 경우에도 그 안에 사는 중생들이 조금도 비좁지 않게 지낼 수 있다는 것을 단서로 잡아 부처님의 뜻하는 바를 조금이라도 더 파악하려고 노력해야 할 것이다. 작은 티끌 속에 삼천대천세계를 다 집어 넣을 수 있다는 말을 우리는 크게 두 가지 관점에서 이해할 수 있다.

첫째는 현재 이 자리에 있는 작은 나에서 온 우주의 생명을 다 산다고 이해하는 것이다. 불법에 있어서 궁극의 행복을 얻는 길은 밖으로 무엇인가를 잡아들여서 내 앞에 굴복시키는 것이 아니다. 반장이 통장 되고, 통장이 동장 되고, 동장이 시장 되는 식으로 승진해서 얻어지는 것이 아니다. 현재 내가 서 있는 이 자리에서 내 마음 자세를 크게 바꿈으로써 세상을 바로 보고 바로 사는 것이다. 내가 바로 본다고 해서 바깥 세상이 달라지는 것이 아니다. 바로 보게 되면 잘못 보았을 때 추하고 괴롭던 것이 바로 잡아지게 된다.

또 내 마음 안을 바로 보면 그 안에 지옥으로부터 시작해서 부처의 경계까지 있다. 번뇌를 소멸하고 열반을 얻는다고 하는 것은 현재 내 마음에 있는 지옥을 다 없애 버리고 부처의 세계만 남게 하는 것이 아닙니다. 또 본래 지옥은 거짓이고 부처의 세계만 참이라고 보는 것도 아닙니다. 처음부터 끝까지 지옥과 부처가 우리 마음속에 있는 것을 확실히 보되 지옥의 마음은 쉬게 하고 부처의 마음만 움직이게 하면 바로 부처가 되는 것이다.

부처님이 일체의 번뇌를 소멸하고 열반에 든다고 해서 부처님의 마음에는 부처의 세계만 있고 지옥의 세계가 없는 것이 아니다. 부처님의 마음에도 지옥의 세계에서 부처의 세계까지 있고 중생의 마음에도 부처의 세계로부터 지옥의 세계까지 있다. 번뇌를 소멸한다고 하는 것은 지옥이 처음부터 없었다고 부정하거나 있던 지옥을 없애는 것이 아니라 지옥의 마음은 완전히 쉬고 부처의 마음만 움직이게 하는 것을 뜻한다. 그런데 이 원칙은 부처님에게나 중생에게나 평등하게 적용된다. 석가모니 부처님께서 무량겁 전에 성불하셨다고 해서 그로부터 받는 혜택이 석가모니 부처님에게 특별히 더 많이 돌아가는 것이 아닙니다. 금생에 와서는 석가모니 부처님도 우리와 같은 처지에서 애욕을 여의고 불도를 닦아야 한다. 그래서 석가모니 부처님도 야소다라와 결혼하고 아들 라후라를 낳은 것이다. 석가모니 부처님에게도 지옥이 있고 부처의 세계가 있다는 것을 형상적으로 보여 주는 것이다.

 부처를 이미 이룬 이나 아직 부처를 이루지 못한 이를 막론하고 누구에게나 지옥에서 부처까지 있다고 할 때 현재 이 자리에서 번뇌에 허덕이는 나는 보잘것없는 작은 것이다. 작다는 것은 크기가 작다는 것이 아니라 마음이 작고 깨달음이 작고 애욕을 가지고 부인 야소다라와 아들 라후라를 둘 정도로 미혹한 상태에 있다는 것을 말한다. 애욕도 있고 지옥의 마음도 있는 이 작은 것 속에 삼천대천세계를 다 집어 넣는다는 것은 지옥이라는 작은 것 속에 있으면서도 지옥이라는 작은 것은 쉬고 부처라는 큰 것, 삼천대천세계라는 큰 것을 산다는 뜻이 된다. 부처님이 작은 겨자씨나 티끌 속에 삼천대천세계를 다 집어 넣는다고 하면서 가섭 보살의 물음에 직접적으로 대답하지 않은 것은 이와 같은 복잡한 사정이 있기 때문이다. 그래서 부처님은 중생들이 쉽게 알 수 없는 경계라고 말한다. 만약 인간의 마음속에 지옥에서 부처의 마음까지 있다는 것을 설명하려고 한다면 열반 터에 있던 청중들 가운데는 바로 알아듣지도 못하고 오해하는 사람도 많을 것이다.

 둘째는 큰 것이 작은 것 속에 들어간다는 말, 작은 것이 큰 것 전체에 스며든다는 말로 이해하는 것이다. 《열반경》의 대의는 불신상주와 실유불성이다. 부처님의 몸이 일체중생의 불성으로 스며들 때 수미산이나 시방 세계를 움직일 필요도 없이 모든 세계는 자유로이 작은 티끌 속에 있는 것이 되기도 하고, 본래의 그 자리에 있는 것이 되기도 한다는 것이다. 이 경우에는 야소다라와 아들 라후라는 우리 중생 모두가 된다. 부처님의 법신이 미혹한 중생 세계로 젖어드는 것이 되기 때문이다.

61. 중생·부처·열반의 모습을 보일 뿐 (사상품 10)

> 부처님은 이미 모든 욕망의 번뇌로부터 벗어났기 때문에 얻으려고 해도 얻을 것이 없고 잃으려고 해도 잃을 것이 없다. 법신의 사랑을 전하기 위해 중생의 옷을 입고……

　부처님께서는 무량겁 전에 이미 성불하셨다. 중생들을 교화하기 위해서 일부러 중생의 모습을 짓기도 하고 일부러 부처와 열반의 모습을 보이셨던 것이다.

　선남자여, 이 남섬부주 룸비니 동산에서 마야 부인의 태로부터 태어나서 동쪽으로 일곱 걸음을 걸으면서 말하기를 '인간이나 천상이나 아수라 중에서 내가 가장 높다' 하니, 부모나 천상 사람·세간 사람들이 보고 기뻐하여 희유하다는 생각을 내고 그 사람들이 나를 어린 아기라 하지만 나의 몸은 한량없는 옛적부터 이런 몸을 여의었으니 이 몸은 곧 법신으로 살이나 피나 뼈로 된 몸이 아니지만 세간의 중생들을 따르느라고 어린 아기인 듯 보인 것이니라.
　……또 남섬부주에서 일부러 태자로 태어나매 중생들은 내가 태자가 되어 다섯 가지 애욕으로 즐겁게 낙을 받는 줄로 알지만 나는 벌써 한량없는 옛적부터 오욕락을 여의었으나 세상 법을 따르느라고 이런 일을 보인 것이며 관상쟁이 등이 나의 상을 보고 출가하지 않으면 전륜왕이 되어 남섬부주의 임금이 되리라 하며 모든 중생이 그렇게 믿었지만 한량없는 옛적부터 전륜왕의 지위를 버리고 법륜왕(法輪王)이 되어 남섬부주에서 궁녀와 오욕락을 여의었으며, 늙은이·병든 이·죽은 이와

사문을 보고 출가하여 도를 닦으매 중생들은 싯달다 태자가 처음 출가하였다 하거니와 나는 벌써 한량없는 옛적부터 출가하여 도를 배웠지만 세상 법을 따르느라고 이런 일을 보인 것이며, 사람들은 내가 처음으로 도량의 보리나무 아래에서 마군의 항복을 받았다고 하거니와 나는 벌써 한량없는 옛적부터 항복받았지만 억센 중생들을 굴복시키기 위하여 이런 일을 나타낸 것이니라.

또 내가 뒤 보고 소마 보고 숨쉬는 일을 보이매 사람들은 내가 참으로 그런 일이 있는 줄 알지만 내가 얻은 과보로는 이런 일이 없건마는 세상을 따르느라고 이런 일을 보이는 것이니라.

가섭 보살이 부처님에게 질문한 것에 대한 대답의 일부이다. 부처님은 이미 번뇌의 바다를 완전히 건너서 다시는 번뇌가 생기지 않는다고 하면서 왜 야소다라 부인과 애욕을 나누고 아들 라후라를 두기까지 했느냐고 가섭 보살이 물은 바 있다.

부처님은 자신이 태어난 것부터가 중생들의 모양을 따르기 위해 일부러 화신으로 이 세상에 나타난 것이라고 하신다. 어머니 마야 부인의 태중에 들어간 일, 태어나서 동쪽으로 일곱 걸음을 걸으며 '천상세계나 인간 세계에서 가장 높다'고 한 일, 관상쟁이가 부처님의 상을 보고 전륜성왕이나 부처님이 될 것이라고 예언한 일, 궁녀들과 오욕락을 즐기던 중, 노인·병든 이·죽은 이 그리고 출가사문을 보고 성을 넘어 출가한 일, 수도해서 마침내 마군의 항복을 받고 부처를 이룬 일 등이 모두 일부러 보인 것이라고 한다. 또 부처님은 대변이나 소변을 볼 일도 없지만 세상의 관습을 따르느라고 대소변을 본다는 것이다.

부처님은 무량겁 전에 성불해서 법신으로 있었음에도 불구하고 중생들의 모습을 취하고 중생들의 풍습을 따른다고 하는데 여기서 우리는 의문이 생긴다. 왜 부처님이 금생에 다시 중생의 모습을 나투고 부처님으로서 열반하는 모습을 보여야 하느냐는 것이다. 이미 법신으로

이 세계에 항상하신 부처님이 중생의 모습으로 우리 앞에 나타나야 할 이유를 여기서는 분명히 밝히지 않고 있다.

　이 세 가지 관점에서 이미 무량겁 전에 불도를 이룬 부처님이 중생의 모양을 취한 것을 해석할 수 있겠다. 첫째는 석가모니 부처님이 이미 오래 전에 부처를 이루었지만 그 성과를 중생들과 함께 누리려 한다는 것이다. 보통 사람의 경우 노력해서 성공하면 그 성공을 혼자서만 누리려 한다. 그러나 부처님은 자신의 성불을 모든 중생과 함께 누리려 한다. 그래서 부처님이 과거에 성불해서 얻은 효과는 모든 중생에게 똑같이 배분되어 있다. 없었던 부처를 새로 만들어 내기는 어렵지만 이미 이룬 부처를 다시 찾아서 누리는 일은 쉽다. 부처님은 우리가 조금만 노력하면 이미 이루어져 있는 법신인 부처님을 우리의 것으로 누리거나 나타나게 할 수 있다는 것을 알리고자 하는 것이다.

　법신 부처님이 중생으로 나타난 두번째의 이유는 중생들에게 모범을 보이기 위해서라고 풀이할 수 있다. 아무리 좋은 것이라 하더라도 중생들과 너무 멀리 떨어져 있으면 아무 소용이 없다. 법신 부처님은 중생들 가까이에 있어야 하고 중생들이 볼 수 있어야 한다. 또 법신 부처님으로만 중생 앞에 나타나면 중생들이 너무 어려워한다. 중생들이 보고 느낄 수 있도록 하기 위해서 법신의 부처님은 마야 부인의 태중에 들어서 가비라성의 왕자로 태어났고 온갖 고행을 통과해서 부처를 이루는 과정을 보인 것이다.

　세번째는 법신 부처님이 중생으로 나타난 이유가 무엇이냐는 우리의 물음이 잘못된 것이라고 생각할 수 있다. 우리가 왜냐고 묻는데는 어떤 전제가 들어 있다. 즉 무슨 일을 하기 위해서는 반드시 이유와 목적이 있어야 한다는 것이다. 그런데 어떤 일의 이유와 목적을 생각하는 저변에는 우리가 이 세상을 사실적 또는 실체적으로 보는 태도가 깔려 있다. 가령 무대 위에서 거지의 역을 맡은 사람이 "왜 내가 이 무대에 올라와서 거지가 되어야 하는가."라고 묻는다면 그 사람은 연극의 내용을 사실적으로 생각하는 것과 같다. 연극은 그 자체로 좋은 것이다. 어떤 사람이 꿈속에서 헤맬 경우 거기에는 이유가 있지 않다. 그는 그저 꿈속에서 헤맬 뿐이다.

부처님은 높은 산에 올라가서 중생들이 사는 세계를 내려다보는 심정으로 중생의 세계에 참여하고 있다. 이미 모든 욕망의 번뇌에서 벗어났기 때문에 부처님이 아무리 무엇인가를 얻으려고 해도 새롭게 얻어지는 것이 없고 아무리 잃는다고 해도 새롭게 잃어버릴 것이 없다. 세상에 참여하는 모든 일이 짐짓 일부러 하는 것이다.

그러나 이런 가운데서도 중요하게 여기는 것이 있다. 사랑이다. 부처님이 중생 세간에 살면서 중생들과 주고받는 사랑이다. 이 사랑의 힘은 엄청나고 맛은 오묘하다. 부처님은 이 사랑의 맛과 힘을 보고 가르쳐 주려고 하는 것이다.

만해 스님의 시 가운데 인도의 시성 타골에 관한 이야기가 나온다. 들리는 말로는 스님은 감옥에 있으면서 영어도 익히고 타골의 시를 읽었다고 한다. 만해 스님의 시집 가운데 본래의 제목은 잊어버렸지만 필자가 임의로 '보살의 화신 아기'라는 제목을 붙인 타골의 시가 있다. 이 시를 보면 부처님이 왜 중생 세간에 변장을 하고 나타났는가에 대한 대답을 어렴풋이 잡을 수 있을 것이다. 다음은 타골의 시 '보살의 화신 아기'이다.

아기는 원하기만 한다면 당장이라도 하늘까지 날아갈 수가 있습니다.
아기가 우리에게서 떠나지 않는 데는 까닭이 없는 것도 아닙니다.
아기는 어머니 가슴에 머리를 대고 쉬기를 좋아합니다.
그래서 어머니를 떨어져서는 잠시도 견딜 수 없는 것입니다.

세상에 그 뜻을 이해하는 이가 적을지언정 온갖 지혜로운 말을 압니다.
아기가 도무지 말하고 싶어하지 않는 데는 까닭이 없는 것도 아닙니다.

아기가 원하는 것 중 한 가지는 어머니의 말을 배우고자 하는 일입니다.
아기가 참으로 순진하게 보이는 이유는 여기 있습니다.

아기는 금과 진주를 무더기로 가지고 있습니다.
그러나 아기는 마치 거지와도 같이 이 땅 위에 왔습니다.
아기가 이처럼 변장을 하고 온 데는 까닭이 없는 것도 아닙니다.
이 어여쁜 발가숭이 어린 동냥중은 어머니의 사랑의 보화를 구하고자 전혀 힘이 없는 체합니다.

아기는 이 가냘픈 초승달의 땅 위에서는 온갖 구속을 물리치는 자유의 몸입니다.
아기가 자유를 포기하는 데는 까닭이 없는 것도 아닙니다.
아기는 어머니의 가슴속 한귀퉁이에 무한한 기쁨이 깃들일 여유가 있음을 알고 있습니다.
그래서 어머니의 품에 꼭 안기는 것이 자유보다 훨씬 정다운 것입니다.

아기는 울 줄을 모릅니다. 아기는 행운의 극치의 땅에 살고 있습니다.
아기가 눈물을 흘리기로 마음을 먹은 데는 까닭이 없는 것도 아닙니다.
아기는 어여쁜 얼굴에 미소를 띠고, 어머니의 그리운 가슴에 갖다 대지마는 그래도 조금 불편할 때 아기는 조금씩 울어 사랑과 가엾음의 이중의 인연을 맺는 것입니다.

부처님이 변장하고 우리에게 오신 까닭을 타골의 시는 확실하고 아름답게 알려 준다. 부처님은 항상 우리 곁에 머무르는 법신의 사랑을 알려 주기 위해서 중생의 옷을 입고 우리 곁에 오셨다.

62. 일천제로 가장한 부처님의 몸(사상품 11)

> 부처님 자신이 극악죄를 저지른 적이 있다고 말하는 것은 부처님의 마음 안에도 부처의 마음 외에 지옥의 마음·아귀의 마음·축생의 마음이 있다는 것을 인정하는 것과 같다.

부처님은 악인으로 가장해서 중생 앞에 나타나시기도 한다.

　내가 또 남섬부주에서 세간에 난 것을 중생들은 내가 처음으로 성불하였다 하지만 나는 벌써 한량없는 옛적에 할 일을 모두 마치고 세상법을 따르느라고 남섬부주에서 처음 성불함을 보였으며 내가 또 남섬부주에서 일부러 계행을 가지지 않고 네 가지 중대한 죄를 범한 것을 중생들이 보고는 내가 참으로 범하였다 하지만 나는 벌써 한량없는 옛적부터 계행을 굳게 가지고 깨뜨리지 아니하였으며, 내가 또 남섬부주에서 일천제가 되었거든, 사람들이 보고 일천제라 하지만 나는 실로 일천제가 아니니 만일 일천제였다면 어떻게 아뇩다라삼먁삼보리를 이루겠느냐. 내가 또 남섬부주에서 일부러 화합승(和合僧)을 파하거든 중생들은 내가 참으로 화합승을 파한 줄 알지만 내가 보기에는 천상·인간에서 화합승을 파할 이가 없으며, 내가 또 남섬부주에서 바른 법을 수호하거든 사람들은 내가 법을 수호한다고 이상하게 여기지만 부처님들이 으레 그렇게 하는 것이어서 이상하게 여길 것이 아니며, 내가 또 남섬부주에서 마왕 파순으로 나타나거든 여러 사람들이 나를 파순이라 하지만 나는 벌써부터 오래도록 마군의 일을 여의어서 깨끗하기 연꽃과 같느니라.

부처님은 대단히 엄청난 말씀을 하신다. 부처님 자신이 가지가지 악행을 다 저지르는 사람이라는 것이다. 부처님은 계행을 파하기도 했다고 한다. 그것도 바라이 죄 즉 죄 가운데서도 가장 무거운 죄를 지었다는 것이다. 또 부처님은 일천제 즉 가장 극악무도한 사람 또는 영원히 구제받을 수 없는 사람이었던 적도 있다고 말한다. 그뿐이 아니다. 남이 잘되는 것을 보고 참지 못하고 남이 잘못되도록 하는 것을 직업으로 삼는 마왕 파순으로 행세한 적도 있었다는 것이다. 다만 부처님은 자신이 바라이 죄를 범한 사람이나 일천제나 마왕 파순으로 보인다고 말하면서도 단서를 붙인다. 자신은 이미 오래 전에 불도를 이루어서 실제로는 악인이 아니라는 것이다. 중생들이 보기에 당신이 갖가지 악을 저지르는 사람으로 보이지만 실제로는 악인이 아니라는 말이다.

부처님의 이 말씀 즉 중생들은 당신을 보고 악인이라고 말하지만 실제로 자기는 악인이 아니라는 말은 달리 해석할 수도 있다. 부처님이 본래 성불해서 법신으로 있기 때문에 이 세상에서 악인으로 오해받는다고 해도 부처님의 본성이 달라지지 않는다는 것이다. 부처님은 실제면에서 볼 때 일체의 악을 떠났다고 해석하는 것이다. 그러나 부처님이 이런 말씀을 하게 된 것은 가섭 보살의 질문 때문이다. 부처님은 번뇌의 바다를 완전히 건너 다시는 번뇌가 일어나지 않는다고 하면서도 왜 금생에 부인 야소다라와 아들 라후라를 두었느냐고 가섭 보살이 물은 것이다. 이 물음에 대해서 부처님은 짐짓 중생의 모습을 하고 중생의 풍습을 따른다고 대답한 바 있다. 여기서는 바라이 죄도 범하고 일천제가 되기도 한다고 한다. 그렇다면 아무리 내용적으로 부처님이 오랜 겁 전에 성불하신 법신이라고 하더라도 현실에서는 일천제나 마왕 파순의 몸이 되기도 한다는 것을 인정한 셈이 된다.

부처님이 극악죄를 저지른 사람으로 나타나기도 한다는 이 선언은 부처님이 우리 중생에 대해서 대단히 큰 자비를 베푸는 것이다. 중생이란 무엇일까. 죄로 뭉쳐 있다. 죄 뭉치가 바로 우리 중생이다. 그런데 부처님 자신도 죄 뭉치로 나타나는 수가 있다고 한다. 이 말은 우리에게 아주 큰 격려가 된다. 부처님이 한때 마왕 파순으로 나타나는 경우가 있다고 하면, 우리처럼 마음이 좁고 이상이 낮고 욕망에 꽉 차 있는 사람도 부처님처럼 될 수 있기 때문이다.

가령 중학생인 아들이 학교에서 시험을 잘못 치러 낮은 점수를 받았다고 하자. 그것을 본 담임 선생님은 많은 학생들이 있는 곳에서 그 아이에게 열심히 공부하지 않는다고 꾸중까지 했다. 그 중학생은 대단히 의기소침해졌다. 집에 돌아와서 아버지에게 자기는 지능이 낮아서 공부를 잘하지 못하는 것이 아닌가 하고 하소연을 한다. 이때 아버지는 아들의 성적이 뚝 떨어진 것을 보고 자신도 어렸을 때에 시험을 그르친 적도 있고 반 학생들이 보는 앞에서 선생님으로부터 꾸중을 들은 적도 있었다고 아들을 격려한다. 그 말을 들은 아들은 금방 생기가 돈다. 자기가 가장 존경하는 아버지도 어렸을 때에 시험을 잘못 치른 경험이 있었다면 지금 자기가 일시적으로 성적이 떨어진 것은 그리 절망적인 문제가 아니라고 생각하게 된다.

부처님이 우리에게 부처님도 사바라이 죄를 범한 적도 있고 마왕 파순의 역할을 한 적도 있다고 말하는 것은 마치 아버지가 시험을 잘못 치른 아들을 격려하는 것과 같다. 아무리 우리가 나쁜 일을 한다고 하더라도 우리는 그것으로부터 벗어날 수 있다. 부처님은 나쁜 일 가운데서도 최악인 바라이 죄를 범하기도 했기 때문이다. 부처님이 바라이 죄를 범하면서도 법신의 자리에서 유유히 노닐 수 있다면 우리 중생들도 부처님처럼 그렇게 도를 이룰 수 있게 될 것이다.

그런데 우리는 부처님의 말씀을 해석하는 데 참 이기적이다. 왜냐하면 부처님도 잘못한 적이 있기 때문에 우리도 잘못할 수가 있고 잘못을 저지른 적이 있는 부처님이 저렇게 불도를 이룰 수 있다면 우리도 부처님처럼 불도를 이룰 수 있다는 생각을 한다. 나를 중심으로 생각한다는 말이다. 그러나 우리는 이 말을 돌려서 다른 사람의 잘못을 용서하는 면에서도 풀이할 수 있어야 한다. 아주 나쁜 잘못을 저지르는 사람이 있다고 할 경우 내가 그를 용서할 수 있어야 한다. 부처님이 인정하는 것처럼 나도 과거에 또는 다겁생래에 상대처럼 나쁜 일을 저지른 적이 있다고 인정한다면 나는 쉽게 상대를 용서할 수 있을 것이다.

지금까지 부처님이 악인으로 보이기도 한다는 말을 악인도 선인이 될 수 있고 일천제나 마왕도 성불할 수 있다는 뜻으로 해석했다. 그러나 똑같은 이 말을 다른 관점에서도 해석할 수 있다. 하나는 부처님의 마음에 선악이 공존한다는 것을 다시 한번 확인하는 것이다. 다른 하나는 이 세계는 연극이나 꿈처럼 실다운 것이 없고 오직 허깨비 같은 것으로 차 있다는 것이다.

우리의 마음은 복잡하다. 지옥의 마음・아귀의 마음・아수라의 마음이 있는가 하면 보살의 마음과 부처의 마음도 있다. 애인의 임신중절 수술비를 마련하기 위해 여학생을 흉기로 위협한 청년이 붙잡혔는데 청년의 전력을 조사해 보니 그는 모범시민상을 받은 사람이었다. 청년이 과거에 길을 가다가 행인을 강탈하는 범인을 추적해 잡은 일이 있었던 것이다. 같은 사람이 모범시민이 되기도 하고 거리의 강도가 되기도 한 것이다. 우리들은 선으로만 뭉쳐 있지 않다. 그렇다고 악으로만 되어 있지도 않다. 선과 악을 똑같이 갖추고 있다. 보통 때는 드러나지 않다가도 자신이 관심을 갖는 직접적인 문제와 부딪치면 그 선악의 마음이 즉각 발동하게 된다.

부처님이 자신을 극악죄를 저지른 적이 있는 사람으로 말하는 것은 부처님의 마음 안에도 부처의 마음 외에 지옥의 마음・아귀의 마음・축생의 마음이 있다는 것을 인정하는 셈이 된다. 단지 부처님과 중생에게는 다른 점이 있다. 부처님은 지옥이나 아귀의 마음을 쉬고 부처의 마음만 움직이게 하고, 우리 중생들은 부처의 마음은 쉬고 지옥이나 아귀의 마음만 움직이게 한다. 또한 부처님은 자신이 본래 성불한 법신불이라는 것을 알아보는 반면에 우리 중생들은 우리가 본래 부처라는 것을 알 수가 없다. 부처님은 한마음에 극악죄인과 부처가 있을 경우에 거짓으로 극악 죄인을 나타내고 부처가 본래의 자기라고 생각하지만 우리 중생들은 부처는 이름만 있는 것이고 실제로 자기는 악을 짓는 죄인이라고 생각한다.

세상에는 위선자라는 말이 있다. 사람들은 위선하는 경우가 많다. 남이 보는 앞에서는 옳은 말은 모두 골라서 하고 점잖을 빼는 사람들 가운데도 차를 타고 운전할 때에는 담배꽁초를 거리에 버리는 사람들이 아주 많다. 그러나 부처님은 어떤가. 중생들과 반대로 위악자(爲惡者)이다. 부처님이 일천제로 보인다고 하는 말은 악인을 가장하는 것과 같다. 중생들은 작은 일에서 위선자이고 부처님은 큰 일에서 위선자라고 말할 수 있다.

6.3. 번뇌의 불은 꺼져도 법신의 등잔은 남아 (사상품 12)

> 부처님은 목숨을 자신의 육신에 걸지 않고 세상에 태어나는 모든 목숨들에게 걸기 때문에 영원히 죽을 수가 없다. 자신을 완전히 소멸함으로써 이제는 태어남과 죽음을 따질……

열반에 들어도 법신이 남아 있는 것을 등불은 꺼지더라도 등잔은 남아 있다는 것에 비유한다. 법신은 어떻게 존재하는 것인지에 대해 생각해 보자.

"여래를 어찌하여 항상 머무른다 하나이까. 부처님이 말씀하시기를 등불이 꺼지면 간 곳이 없다 하시니, 여래도 그와 같아서 한번 멸도(滅度)하면 간 곳이 없으리이다."

"선남자여, 그대는 그런 말을 하지 말라. 등불이 꺼지면 간 곳이 없으니 여래도 그와 같아서 한번 멸도하면 간 곳이 없으리라고 생각하지만 선남자여, 마치 남자나 여인이 등을 켤 적에는 등잔에 기름을 가득히 부었으므로 기름이 있을 때까지 밝은 빛이 있다가 기름이 다하면 밝은 빛도 꺼지나니, 밝은 빛이 꺼짐은 번뇌가 없어짐과 같으며, 밝은 빛은 꺼지나 등잔은 남는 것같이 여래도 그러하여 번뇌가 없어져도 법신은 남느니라. 선남자여, 어떻게 생각하느냐. 밝은 빛과 등잔이 함께 없어진다 하느냐."

"세존이시여, 그렇지 않나이다. 비록 함께 없어지지는 않사오나 모두 무상한 것이오니 법신을 등잔에 견준다면 등잔이 무상한 것이고 법신도 역시 무상하겠나이다."

"선남자여, 그대는 세간에서 말하는 그릇과 같다고 말하지 말라. 세존은 위없는 법 그릇(法器)이어서 저 무상한 그릇은 여래가 아니니 온갖 법 가운데 열반이 항상한 것이며 여래는 그것을 체달하였으므로 항상하다 하느니라."

가섭 보살은 번뇌의 소멸이 등불이 꺼지는 것과 같다는 부처님의 가르침을 상기시킨다. 등불이 꺼지면 아무데서도 그 불을 찾을 수가 없듯이 부처님도 번뇌를 소멸하고 열반에 들면 간 곳이 없이 사라질 터인데, 어디에 법신이 머무른다는 것이냐고 여쭌다. 이에 대해서 부처님은 등불이 꺼지면 등불이 간 곳이 없기는 하지만 등잔만은 남아 있는 것이 아니냐고 대답하신다. 마찬가지로 번뇌가 소멸한다고 하더라도 그 번뇌를 담고 있던 법의 그릇은 남아 있다는 것이다.

가섭 보살은 그 말에도 수그러들지 않는다. 등불이 없어지고 등잔만 남는다고 하더라도 등잔도 역시 무상하기는 마찬가지가 아니냐고 반문한다. 사실 등불과 등잔을 비유해서 등불은 무상하고 등잔은 무상하지 않다는 말은 합당하지 않기 때문이다. 등불은 연료가 타면서 없어지는 점에서 무상하지만 등잔도 역시 세월의 흐름에 따라 없어지기는 마찬가지라는 것이다. 등불과 등잔이 다같이 무상하다면 번뇌와 법신도 마찬가지로 무상하다는 말이 된다. 가섭 보살은 부처님의 비유대로 따라간다고 하더라도 법신이 항상하다는 근거를 찾을 길이 없지 않느냐고 묻는다.

이에 대해서 부처님은 등잔은 비유일 뿐이고 등잔이 그대로 법신과 같은 것은 아니라고 말씀하신다. 우리가 어떤 물건의 색깔이 눈처럼 희다고 말했을 때 그 물건의 색깔 한 가지만을 눈의 흰 색깔에 비유한 것이지 눈이 가지고 있는 모든 성질까지 포함해서 비유하는 것은 아니다. 눈처럼 희다고 해서 그 물건이 눈처럼 햇빛에 녹는다는 뜻으로 이해해서는 안 된다. 마찬가지로 부처님의 법신을 등불이 타고난 다음에도 남아 있는 등잔에 비유했을 때 남아 있다는 그 점만 비유로 쓰여야지 등잔이 가지고 있는 모든 성질을 법신의 성질과 동일하게 생각할 수는 없다. 그러나 부처님은 이 같은 설명은 하지 않은 채 부처님은 세간의 등잔이 아니라 법의 그릇이기 때문에 항상하다고 단언적으로 말씀하신다.

가섭 보살의 질문을 다른 각도에서 대답할 수도 있을 것이다. 약 1개월 전에 중풍에 걸려서 고생하다가 죽은 일흔한 살 된 노모를 따라 자살한 스물네 살의 여자에 관한 기사를 읽은 적이 있다. 어머니는 마흔일곱 살에 뜻하지 않게 아기를 가졌다. 여자 아이를 낳았는데 막내이기도 하고 또 뒤늦게 얻은 딸이기도 해서 딸을 아끼고 귀여워했다. 그런데 늘그막에 어머니가 중풍에 걸렸다. 딸은 가정 형편이 어려워서 고등학교만 졸업하고 직장에 다녔는데 어머니를 보살피기 위해서 직장을 그만두었다. 동네 사람들이 감동할 정도로 지극한 정성으로 어머니를 보살폈지만 어머니는 병을 이기지 못하고 끝내 죽고 말았다. 딸은 어머니가 돌아가시자 시체 앞에서 농약을 먹고 자살했다. 딸은 평소에 어머니가 죽으면 따라 죽겠다고 말하곤 했다고 한다.

어머니를 따라 죽는 딸의 사랑은 하늘에서 별똥이 떨어지듯이 갑자기 만들어진 것이 아니다. 어머니가 만든 것이다. 어머니가 지극한 마음으로 딸을 사랑했기 때문에 딸은 어머니를 지극히 사랑했다. 어머니와 딸 사이에는 아무런 간격이 없다. 어머니의 목숨이 딸의 목숨이고 딸의 목숨이 어머니의 목숨이다. 이 이야기를 듣고 감동을 받은 많은 사람의 마음이 그 딸을 따라 죽었을 것이다.

그렇다면 처음에 딸을 낳고 사랑하고 죽음을 만들어 낸 어머니는 죽었지만 실은 죽지 않았다. 딸의 죽음에서 그리고 많은 사람의 죽음에서 어머니의 목숨이 이어질 것이기 때문이다. 사람들은 어머니의 목숨이 이어지려면 쉬지 않고 계속 뒤따라 죽는 사람이 있어야 한다고 생각하지만 그것은 마치 불이 살아 있으려면 쉬지 않고 계속 타야 한다고 생각하는 것과 같다. 불은 껐다가도 켜면 다시 살아난다. 살아 있다가도 끌 수가 있다. 항상 불이 타고 있는 것과 불이 존재하는 것과는 별개의 문제이다. 성냥을 가지고 있을 경우 불을 켜기만 하면 된다. 마찬가지로 어머니의 죽음을 딸이 따르고 또 많은 사람들이 감동을 받았을 경우 그 이야기를 몇천만 년 후에 새로 태어날 사람에게 들려주더라도 새로운 감동을 만들어 낼 것이다. 언제든지 불을 붙일 수 있는 성냥과 같다.

늙음에 대해서 생각해 보자. 50대 이후의 나이 드신 분들이라면 요즘의 텔레비전의 오락 프로를 재미있게 감상하기는 어렵다. 왜냐하면 대부분의 오락 프로가 10대를 중심으로 해서 꾸며지기 때문이다. 또 요즘에 100만 장 이상 팔리는 음반은 모두 10대를 위한 것들이다. 중년층 이상의 사람들은 음반을 사는 사람들이 많지 않고 음반을 사지 않으니까 청소년층의 노래만 만들어진다. 그러다 보니 중노년층은 더욱 음반을 사지 않게 된다. 음반이나 텔레비전으로부터 푸대접을 받는 중년층 이후의 사람들은 이제 세상으로부터 따돌림을 당하는 것처럼 느껴진다. 신나게 움직이는 젊은이들의 춤 동작도 보기 싫어진다. 어떤 때는 젊은 사람들에 대해서 심술도 생기고 늙음에 대해서 좌절감도 생긴다.

그러나 늙음을 앞에 둔 사람들이 느끼는 이 같은 소외감이나 좌절감은 지금 가지고 있는 몸으로 시간의 처음부터 시간의 끝까지 모든 젊음과 쾌락을 다 누리고 싶어하는 데서 나온 것이다. 그러나 우리는 그렇게 할 수가 없다. 늙음과 죽음은 누구에게나 찾아오는 일반적인 법칙이다. 지금의 젊은 사람이 아무리 활발하게 뛰놀더라도 백 년을 넘기지 못한다. 아직 태어나지 않은 뱃속의 아기도 80년만 지나면 늙은 사람이 된다. 그렇다면 생각을 돌려서 지금 가진 몸으로 젊음을 살려고 할 것이 아니라 계속해서 생겨날 젊은이들을 통해서 영원한 젊음을 누리려 한다.

내가 음식을 먹는다고 할 때 실제로 음식을 받아들이는 부분은 입이다. 내가 돈을 많이 가지고 있다고 할 때 실제로 돈을 보관하고 있는 곳은 은행이거나 금고이다. 내가 재벌의 회장이라고 할 때 그 재벌의 방계 회사에서 만들어 내는 모든 제품은 내가 직접 만드는 것이 아니고 다른 사람을 써서 만든다. 마찬가지로 젊음을 내가 직접 누리려고 할 필요가 없다. 세상에 나타나는 모든 젊은이들에게 나의 젊음을 의탁해서 누리면 되는 것이다. 이렇게 되면 나는 아무리 늙더라도 영원히 젊은 사람이 된다. 나는 나의 젊음을 이 몸을 가지고 누리려고 하지 않기 때문이다.

부처님은 누구인가. 자기를 버린 분이다. 자기를 지운 분이다. 일찌감치 자기를 죽인 분이다. 자기를 지움으로써 부처님은 세상의 모든 사람을 다 산다. 부처님은 목숨을 자신의 육신에 걸지 않고 세상에 태어나는 모든 목숨들에게 걸기 때문에 영원히 죽을 수가 없다. 그래서 자신을 소멸함에 의해서 영원히 늙음이 없는 젊음과 죽음이 없는 목숨을 사는 것이다. 등불은 꺼져도 등잔이 남는다는 말은 바로 이 경지를 뜻한다고 할 수 있다.

64. 여래는 감춤이 없음 (사상품 13)

> 하늘에서 용왕이 비를 내릴 때 그 비를 이용해서 농사를 잘 짓고 잘못 지음은 농부들의 할 일이다. 농부가 농사를 짓지 않았다고 해서 하늘용이 잘못 했다고 할 수 없다.

 부처님은 중생들에게 아무것도 감추지 않지만 아직 근기가 낮은 중생에게는 혼란시키지 않기 위해 자세히 알려 주지 않는 수가 있다.
 부처님은 비밀장(秘密藏)에 대해서 말씀하신 바 있다. 대승의 비밀장은 소승 성문이 알 수 없다는 말씀이었다. 그 말을 상기해서 가섭 보살이 부처님께 여쭌다. 실제로 부처님은 무엇이든지 남김없이 다 드러내 보이기 때문에 별도로 감추고 있는 것이 아무것도 없다. 비밀한 말이 있을 수는 있지만 비밀하게 감추는 것은 없다고 하면서 이런 비유를 드신다. 마술사가 마술을 시행할 때 자기는 어떻게 마술을 부리는지 알지만 관객들은 그 내용을 모른다. 모르기 때문에 신기해 하고 감탄한다. 그러나 부처님은 마술사와는 다르다. 부처님은 무엇인가를 감추어서 사람들에게 신비감을 불러일으키지 않고 있는 그대로 다 보인다는 것이다.
 그 말을 듣고 부처님은 가섭 존자를 칭찬하면서 여러 가지 비유를 들어 자기가 감추는 것이 아무것도 없음을 나타낸다. 만약 금은 보배를 감추어 두고 남에게 인색하게 쓰지 않는 사람이 있다면 그는 감추는 사람이라 하겠다. 부처님은 그렇지 않다고 한다. 어떤 불구자가 자기의 불구를 남에게 보이기 싫어서 몸을 가린다면 감춘다고 하려니와 부처님은 그렇지 않다고 한다. 남에게 돈을 많이 빌려 쓴 사람이 빚쟁이가 무서워서 숨을 때 감춘다고 하거니와 부처님은 그렇지 않다고 한다. 세상 사람들은 남근이나 여근을 감추지만 부처님은 흉한 성기가 없기 때문에 감추지 않는다고 한다.

　이처럼 아무것도 감추지 않는다는 것을 확실히 하고 난 부처님은 때로 감출 필요가 있기도 하다는 비유를 든다. 가령 어떤 장자가 아들에게 교육을 잘 시키려고 하는데 아무리 좋은 내용을 가르치고 싶어도 유치원 나이의 어린이에게 대학 과정을 가르칠 수는 없다. 그래서 어린이에게 필요한 과정만 배우게 하는데 여기에서는 두 가지의 물음이 생긴다. 한 가지는 유치원 과정만 배운 어린이가 대학 과정을 배우지 않고도 알 수 있겠느냐는 것이고 어린이에게 처음부터 대학 과정을 가르치지 않는 아버지나 스승에게 감추는 것이 있다고 할 수 있겠느냐는 것이다. 부처님은 이 두 가지 질문을 가섭 보살에게 던진다. 가섭 보살은 그렇지 않다고 대답한다. 첫째 유치원 과정만 공부한 어린이는 대학 과정을 공부하지 않고서는 알 수가 없고, 둘째 아버지나 스승이 나이가 어리기 때문에 대학 과정을 처음부터 말해 주지 않았을지언정 아들을 시기하거나 질투해서 대학 과정의 공부를 감추지는 않았다는 것이다.

　부처님은 자신의 깊은 가르침을 아무에게도 감추지 않는다고 말씀하셨다. 어린이에게 쉬운 기초 과정만 가르치고 어려운 고급 과정을 가르치지 않은 것은 감추지 않는다는 원칙에서 벗어나지 않는다는 것을 강조하신다. 이것은 부처님이 처음에 소승경전을 가르치고 뒤에 대승경전을 가르치지만 별도로 대승의 가르침을 감출 의도가 있지는 않았다는 것을 말하기 위해서이다. 부처님의 말씀을 들어 보자.

　　좋다, 좋다! 선남자여, 그대의 말과 같이 미워하고 질투하고 아끼는 마음이 있으면 감춘다 하려니와 여래는 그런 마음이 없거늘 어찌 감춘다 하겠느냐. 선남자여, 장자는 여래에 비유하였고 외아들은 모든 중생에 비유하였나니, 여래가 모든 중생을 외아들처럼 생각하느니라. 외아들을 가르친다는 것은 성문 제자를 말함이요, 반쪽 글자는 아홉 종류 경전을 말함이요, 성명론이란 것은 방등(方等) 대승경전을 말함이니라. 성문들이 지혜가 없으므로 여래가 반쪽 글자인 아홉 종류 경전만을 말하고, 성명론인 방등 대승경전은 말하지 아니하였느니라. 저 장자의 아들이 자라서 배울 만하여도 성명론을 가르치지 않으면 '장'이라 할 것과 같이, 성문들이 대승 성명론을 배울 만한 힘이 있어도 여래가 아끼고 가르치지 않는다면 여래는 비밀한 장이 있다고 말하려니와 여래는 그렇지 아니하므로 여래는 비밀한 장이 없느니라. 그 장자가 반쪽 글자를 가르치고 다음에 성명론을 말하듯이 나도 그와 같이 제자들에게 반쪽 글자인 아홉 종류 경전을 말하고 다음에 성명론을 연설하노니 그것이 여래가 항상 머물고 변역하지 않는다 하는 것이니라.

부처님은 여기서 반쪽 글자와 성명론을 대조해서 쓰신다. 반쪽 글자란 9부로 된 소승경전을 뜻하고, 성명론이란 대승경전을 말한다. 불경을 설해진 형태나 내용에 따라 12가지로 구분하고 이것을 12부경이라고 한다. 12가지에서 3가지를 빼고 9가지로 나눈 것을 9부경이라고 한다. 소승과 대승에 각기 12부경과 9부경이 있다.

아버지가 아무리 아들에게 좋은 교육을 시키고 싶어도 처음부터 어려운 것을 가르쳐 주지 않듯이 부처님께서도 근기가 낮은 소승 성문 비구들에게 대승의 불경을 가르쳐 주지 않았다는 것이다. 만약 소승 성문들이 배울 만한 능력이 있음에도 불구하고 부처님이 가르쳐 주지 않았다면 부처님에게 감추는 것이 있다고 하겠지만 소승을 생각해서 소승의 힘에 벅찬 대승법을 가르쳐 주지 않았기 때문에 부처님에게는 감춘 허물이 없다는 것이다. 뿐만 아니라 부처님은 소승법만 배운 성문 비구들에게 다시 대승법을 설했기 때문에 그 대승법을 받아들이고 받아들이지 않음은 소승 성문 자신들의 문제지 부처님에게 잘못이 있는 것은 아니라고 한다. 마치 하늘에서 용왕이 비를 내릴 때 그 비를 이용해서 농사를 잘 짓고 잘못 지음은 농부들의 할 일이지 농부가 농사를 짓지 않았다고 해서 비를 평등하게 내린 하늘용이 잘못했다고 할 수 없는 것과 같다고 한다.

부처님은 감춘 것이 아무것도 없지만 단지 중생의 근기에 따라서 처음에는 소승 성문에게 소승경을 설하고 뒤에 대승경을 설했다고 하는 것은 크게 두 가지의 문제를 제기한다. 첫째는 소승경전은 궁극 점을 말한 것이 아니므로 대승경전에서 부처님이 가르치고자 하는 바를 배워야 한다고 하는데 이미 대승불경을 배우고 있는 우리에게 이 말이 무슨 의미가 있겠느냐 하는 것이다. 둘째는 불교는 신비주의인가 아닌가 하는 점이다.

태국·스리랑카·미얀마 같은 남방불교에서는 소승경전에 의지해서 불교를 닦지만 한국은 대승불교권이기 때문에 소승불교를 받아들이지 않았다. 설사 《아함경》 같은 비교적 일찍 결집된 원시경전을 읽는다고 하더라도 대승불교의 시각으로 이해하려고 한다. 그렇기 때문에 우리에게는 부처님이 《열반경》에서 소승을 부정하고 대승법을 강조하는 것이 심각하게 생각되어지지 않는다. 그렇지만 여기에도 주의해야 할 점이 있다. 《열반경》은 불신상주(佛身常住)와 실유불성(悉有佛性)을 가르치고자 하기 때문에 《아함경》이나 《반야경》에서 강조하던 무상·무아·고·공이 부정되고 항상함·영원한 나·즐거움·깨끗함이 강조된다. 《반야경》이나 《열반경》을 나란히 놓고 객관적으로 볼 때에는 어느 쪽으로 말하든지 상관이 없지만 《열반경》의 시각에서 볼 것 같으면 무상함보다는 항상함에 초점을 맞추어야 한다는 것이다.

사람들은 인간이 갈대와 같다고 한다. 동쪽에서 바람이 불면 서쪽으로 기울고 서쪽에서 바람이 불면 동쪽으로 기운다. 돈이 가까이 오면 돈과 악수하기도 하고 색욕이 찾아오면 그에 빠지기도 한다. 그뿐이 아니다. 늙음이 찾아오면 늙어야 하고 병이 찾아오면 병들어야 한다. 죽음이 찾아오면 죽어야 한다. 그렇지만 우리가 아무리 갈대처럼 흔들린다고 하더라도 《열반경》에서 말하는 항상 우리와 같이 계신 부처님을 모신다고 한다면 아무리 어려운 처지에 있다고 하더라도 어렵지 않을 수가 있다. 항상 계시는 법신 부처님에게 돌아갈 수가 있기 때문이다. 반면에 우리가 오욕락의 유혹을 받을 때에도 그것을 과감히 뿌리칠 수가 있다. 오욕락의 즐거움이 일시적으로 좋은 것이기는 하지만 부처님의 열반에는 더 좋은 즐거움이 있기 때문이다. 병과 죽음이 찾아온다 하더라도 인생의 무상을 아쉬워하기는 하되 두려워하지 않을 수가 있다.

《열반경》에서 부처님이 말씀하신 대로 불교에는 아무것도 감추는 것이 없어서 신비주의와는 거리가 먼 것인가 하는 문제를 생각해 볼 차례이다. 필자는 한때 도력이 높은 큰스님과 대화를 나누면서 선에 신비주의적인 면도 많이 있다고 말했다. 그러자 큰스님은 너는 아직 멀었다고 쏘아붙였다. 선에는 신비주의가 전혀 없다는 뜻이다. 그래서 필자는 설명을 붙였다. 도를 깨달은 도인은 이미 훤히 보기 때문에 신비할 것이 아무것도 없지만 미혹한 중생은 모르기 때문에 아무리 쉬운 것도 신비하게 보인다고 하자 큰스님은 고개를 끄덕였다. 선뿐만 아니라 불교 일반도 마찬가지일 것이다. 모르는 사람에게는 모든 것이 신비해서 부처님이 선명하게 가르쳐 주지 않은 것 같고 아는 사람에게는 모든 것이 너무도 또렷하게 생각된다는 것이다.

65. 죽음을 위로해서 모두 죽는다고 했을 뿐 (사상품 14)

> 이 세상의 모든 것들의 진짜 주인은 개인이 아니고 우주 전체이다. 인간은 임시 보관자일 뿐이다. 등기소에 등기를 하는 것은 임시 보관증이지 영구소유를 증명하는 것이 아니다.

부처님은 죽은 사람의 가족을 위로하기 위해서 성인이나 범부가 다 죽는다고 말했지만 여래는 그렇지 않다고 하셨다. 가섭 보살이 묻고 부처님이 대답하신다.

"저는 지금 여래께서 비밀한 장이 없음을 알았사오나 부처님이 말씀하신 성명론에서 여래가 항상 머물러 변역하지 않는다 함은 그렇지 않나이다. 왜냐하면 옛적에 부처님이 말씀하신 게송에 '모든 중생의 목숨이 다한 것을 죽었다 하나니. 부처님이나 연각이나 성문 제자들도 이 몸을 버리거늘 하물며 범부이겠소'라고 하였는데 지금에는 항상 머물고 변역하지 않는다 하시니 무슨 이치입니까."

"선남자여, 나는 모든 성문 제자들에게 반쪽 글자를 가르치느라고 그런 게송을 말하였느니라. 또 선남자여, 바사익 왕이 어머니가 죽은 뒤에 슬프게 울고 부르짖으며 나에게 왔길래 '대왕은 어찌하여 이렇듯이 설워하느냐'고 물었더니, 왕의 대답이 나라의 태후가 돌아가셨는데 누구든지 어머니의 명을 도로 살릴 사람이 있다면 나라와 코끼리와 칠보와 목숨까지 버려서 은혜를 갚겠노라고 하였다. 그래서 내가 말하기를 '대왕은 그렇게 설워하고 통곡하지 마시오. 모든 중생의 목숨이 다한 것을 죽었다 하나니. 부처님이나 연각이나 성문 제자들도 이 몸을 버리거늘 하물며 범부이겠소'라고 하였느니라.
 선남자여, 나는 바사익 왕에게 반쪽 글자를 가르치느라고 이 게송을 말하였거니와 지금은 성문 제자들에게 성명론을 말하는 터이므로 여래는 항상 머물러서 변역함이 없다고 하느니라. 만일 어떤 사람이 여래는 무상하다고 말하면 어찌 그 사람의 혀가 빠지지 아니하랴."

 부처님은 중생들에게 자신의 깨달은 바를 숨기는 일이 없다고 말씀한 바 있다. 그러나 어린이에게 너무 높은 수준의 공부를 시킬 수 없듯이 소승 성문 제자들에게 성명론 즉 대승경전을 가르칠 수는 없다. 대승경전의 주요 내용은 부처님의 법신이 항상 이 세상에 머물고 있어서 변화되거나 없어지지 않는다는 것이다. 그런데 가섭 보살이 옛날에 부처님이 읊은 게송을 생각해 보니 모든 사람은 다 죽는다고 노래한 적이 있다. 성인에 속하는 성문이나 연각도 죽는데 보통 범부들이 죽는 것이야 너무도 당연하다는 것이었다. 그래서 가섭 보살은 그 게송을 상기시키면서 부처님에게 반문한다. 예전에 이런 말을 한 것으로 보아 지금 열반에 드는 부처님은 무상하게 변화되거나 사라질 것이 분명하지 않느냐는 것이다.
 부처님은 가섭 보살의 물음에 펄쩍 뛰신다. 예전에 그런 말을 한 것은 바사익 왕을 위로하기 위해서였다는 것이다. 바사익 왕의 어머니가 죽었을 때 바사익 왕이 너무도 그 죽음을 슬퍼해서 왕을 위로하느라고 모든 중생이나 부처는 반드시 죽는다고 말했다는 것이다.
 경전에는 이런 이야기가 있다. 외아들을 잃은 부인이 부처님에게 와서 아들을 살려 달라고 매달렸다. 부처님은 부인에게 '만약 죽은 사람이 한 명도 없는 집을 몇 군데만 찾는다면 죽은 아들을 살려 주겠다'고 말한다. 부인은 사람이 죽지 않은 집을 찾을 수가 없었다. 부처님은 부인에게 모든 중생이 다 죽는다는 것을 일깨워 슬픔을 가라앉히게 했다. 부처님이 바사익 왕을 위로한 방식도 이와 같다는 것이다.

보통 사람은 물론이고 성인까지 다 죽는다고 말함으로써 바사익 왕을 달랬다는 것이다. 그렇지만 그것은 방편의 이야기이고 대승법의 진실한 가르침으로는 부처님의 법신은 절대로 변하지 않고 항상하다고 한다. 만약 부처님이 무상법에 지배를 받아서 없어진다고 말하는 사람이 있다면 그의 혀가 빠질 것이라고 한다. 아주 무서운 말이다.

그렇다면 모든 사람이 예외 없이 죽는다는 원칙과 부처님의 법신은 영원하다는 원칙이 상충되지 않도록 정리할 필요가 있을 것 같다. 부처님께서는 예전에 소승 성문들에게 무상하다고 가르쳤고, 지금 대승 보살들에게는 항상함을 가르치는 것으로 되어 있다. 그러나 인생이 무상하다는 것과 번뇌를 소멸하고 열반에 들었을 때 그 법신이 항상하다는 것은 전혀 상충되는 것이 아니다.

모든 사람은 항상 젊고 건강하고 매력 있는 몸으로 살고 싶어한다. 그렇지만 그것은 인간의 바람이고 모든 사람은 늙고 병들고 죽어야 한다. 병 가운데는 치매 즉 노망도 있다. 옛날에는 노망이 병인 줄 몰랐는데 근래에 신경 계통의 이상에서 오는 병이라고 밝혀졌다. 미국의 레이건 전 대통령은 자기가 치매에 걸렸다고 발표하기도 했다. 이 병에 걸리면 살아 있으면서도 기억력과 판단력이 파괴되어서 결과적으로 인격 파탄자가 되고 만다고 한다. 살아 있으면서도 죽은 것과 마찬가지가 되는 것이다. 대부분의 인간이 백 년을 넘기지 못하고 죽어야 하고 아무리 장수하는 사람이 있다고 하더라도 2백 년을 넘기지 못한다. 이러한 처지에 있는 인간이 육신을 가지고 늙지 않고 죽지 않겠다고 하거나 자기의 목숨을 개인적으로 영원히 누려야 겠다고 생각한다면 거기서부터 괴로움이 생긴다. 《열반경》에서는 사람이 죽지 않으려고 하는 것보다는 자기의 목숨을 개인적으로 누리려고 하는 것이 더 문제가 된다고 한다.

필자는 개인적으로 상당한 친분이 있는 신도의 집을 방문한 적이 있다. 그 집에는 정원이 아름답게 꾸며져 있었다. 필자는 그 집을 다른 신도들에게 보여 주고 싶은 욕심이 생겼다. 그래서 집 주인에게 집을 여러 신도들에게 한번 공개하면 어떻겠느냐고 물었다. 음식을 대접하려면 복잡하니 공양 시간을 피해서 차와 과일만 먹으면 충분하다고 말했다. 그분은 난처한 표정을 지으면서 한참 생각하다가 '부득이 아니오라고 말할 수 있는 자유를 누리는 사람이 되어야 겠다'고 대답했다. 왜 좋은 집을 사람들에게 보여 주는 것이 싫으냐고 물으니까 별다른 이유는 없고 공연히 친절을 베풀기도 싫고 한마디로 말해서 신경을 쓰기가 싫다는 것이었다.

　순간적으로 섭섭한 생각에 "세상에서 좋은 것을 가지는 것은 좋은 일이지만 그 좋은 것을 혼자 개인적으로 소유하고 있다고 생각하면 안 된다. 이 세상의 모든 좋은 것들의 진짜 주인은 개인이 아니고 우주 전체이다. 인간은 임시 보관자일 뿐이다. 등기소에 등기를 하는 것은 임시 보관증이지 영구 소유를 증명하는 것이 아니다." 등등의 말을 한참 늘어놓으면서 인간은 임시 관리자이거나 임시 보관자일 뿐이라는 생각을 하다 보니까 생각은 다른 데로 옮겨 갔다. 정원이 좋은 집을 다른 사람들에게 보여 주느냐 마느냐는 까마득히 잊어버리게 된 것이다. 이제 주된 관심사는 인간이 임시로 보관하고 있다는 착상이었다. 이 임시 관리·임시 보관의 원칙은 재산에만 적용되는 것이 아니라 인간의 목숨에도 똑같이 적용되지 않겠느냐는 것이다.

　대부분의 사람들은 자기의 목숨을 개인적인 소유라고 생각한다. 그러나 곰곰이 생각해 보면 인간의 목숨이 어떤 개인이 개발해 낸 것은 아니지 않은가. 세상의 모든 생명은 우주 자연의 움직임에서 파생적으로 생긴 것이라고 할 수 있다. 생명 현상은 우주의 동작과 같은 것이다. 우주 전체가 만들어 낸 목숨을 인간이 자기의 것이라고 소유권을 주장하고 나서는 데서 인간의 불행은 잉태된다. 소유권이라고 하더라도 임시라는 전제를 붙인다면 좋겠지만 영구히 개인의 소유라고 생각하면 본래의 주인인 우주가 개인적인 목숨을 회수해 갈 때, 인간은 고통을 받게 된다. 만약 우리가 우리의 목숨을 개인적인 것으로 생각하지 않고 임시 관리인·임시 보관인으로 생각한다면 우리에게는 우주의 몸짓이 있을지언정 죽음은 없게 된다.

죽음에는 양면성이 있다. 개인적으로 죽는 죽음과 우주적인 몸짓으로 생각하는 것이다. 개인적으로 생각하면 죽음으로써 일단의 막이 내리고 새로운 윤회가 시작된다. 우주적인 것으로 생각하면 죽음은 없고 영원이 있을 뿐이다. 그래서 똑같은 죽음도 고통스러운 것과 영원으로 회귀하는 것으로 갈라지게 된다.

부처님이 예전에 바사익 왕을 위로하기 위해서 누구나 다 죽는다고 말했을 때 바사익 왕에게 인간이 누구나 죽는다는 말까지만 해주고, 인간의 생명은 개인의 것이 아니라는 것은 말해 주지 않았다. 자기의 목숨뿐만 아니라 자기가 통치하는 나라 안의 모든 목숨들까지도 자기의 소유라고 생각하는 왕에게 목숨을 임시적으로 보관한다는 생각을 이해시키는 것은 너무 무리였다. 그래서 누구나 죽는다는 말만 했다. 그러나 이제 대승 보살에게는 한걸음 더 나아가서 말할 수 있다. 우주 자연을 모든 목숨의 본래 주인이라고 볼 때 깨달은 이의 목숨은 죽을 것이 없다는 것이다.

다섯째 마당 · 지워야 할 육신과 나투어야 할 법신   371

66. 소승의 쌓아 둠과 대승의 쌓아 둠(사상품 15)

> 부처님이 법신을 산다고 하는 것은 나를 지우고 남을 사는 것이다. 남을 살리려면 내 것을 없애고 모든 것을 남의 것으로 만들어야 한다. 쌓아 두지 말고 베풀어야 한다.

　소승의 쌓아 둠과 대승의 쌓아 둠, 소승의 소유욕과 대승의 소유욕이 어떻게 다른가? 가섭 보살의 질문에 의해서 소승의 소유 축적이 잘못되었다는 것을 밝힐 뿐이다. 도를 닦으려고 하는 사람에게 있어 강한 소유욕은 대소승을 막론하고 잘못된 것이기 때문에 축재를 금하는 것은 대소승을 가릴 필요가 없을 것이다.
　가섭 보살은 부처님이 과거에 하신 말씀을 상기시키면서 부처님께 질문을 올린다. 물질적인 것은 어느것이든지 쌓아 두지 말고 아무리 좋지 않은 음식에도 만족할 줄 알되 마치 새들이 허공을 날더라도 아무런 자취를 남기지 않는 것과 같이 해야 한다는 것이었다. 여기서 가섭 보살의 의문은 부처님의 열반장에 모인 대중 가운데서 누가 그렇게 아무것도 소유하지 않는 경지에 이르렀으며 그렇게 닦은 이는 어떻게 되느냐는 것이다. 가섭 보살의 이 물음에 대해 부처님은 다음과 같이 답변하신다.

　　가섭이여, 쌓아 두는 것은 재물이니라. 선남자여, 쌓아 두는 일이 두 가지니 하나는 하염 있는 것이요, 또 하나는 하염 없는 것이니라. 하염 있게 쌓아 둠은 성문의 행이요, 하염 없게 쌓아 둠은 여래의 행이니라. 선남자여, 스님도 두 가지니 하염 있는 스님과 하염 없는 스님이니라. 하염 있는 스님은 성문이라 하며 성문인 스님은 쌓아 두는 일이 없나니, 종이나 법답지 아니한 물건이나 광이나 미곡이나 소금·메주·참깨·콩·팥 따위니라. 어떤 이가 말하기를 여래가 종이나 하인 따위의 물건을 쌓아 두도록 허락하였다 하면 혀가 말려 들어가게 될 것이니 나의 성문 제자들은 쌓아 두는 일이 없다 할 것이며 음식에도 만족할 줄을 안다 할 것이니 음식을 탐하는 이는 만족할 줄을 모르는 것이요 음식을 탐하지 않는 이라야 만족할 줄을 안다고 이름하리라. 자취를 찾을 수 없다는 것은 위없는 보리에 가까운 것이니 이 사람은 비록 가더라도 이를 곳이 없다고 하느니라.

부처님은 모아서 저축해 두는 것을 재물이라고 규정한다. 모든 종류의 물건이나 곡식 그리고 노예를 소유하는 것도 축재에 속한다. 음식을 탐하는 사람은 만족할 줄 모르는 사람이고, 식탐이 없는 사람이 만족할 줄 아는 사람이다. 부처님은 여기서 무서운 말을 하신다. 만약 어떤 사람이 부처님의 이름을 빌려서 축재하는 것을 허락했다고 말한다면 그는 혀가 말려 들어가는 과보를 받는다는 것이다.

그런데 부처님은 어떤 종류의 것을 막론하고 축재하는 것을 금하기는 하지만 그럼에도 불구하고 축재하는 유형을 두 가지로 구분한다. 유위 즉 인위적인 축재와 인위 조작이 없는 무위의 축재이다. 소승의 성문 제자는 인위적인 축재에 걸릴 수가 있고 대승 보살은 무위의 축재를 하기 때문에 재물에 걸림이 없다는 것이다. 열반에 드는 부처님의 우선적인 관심사는 법신이 이 세계에 항상 머무른다는 것을 확실히 해두는 것이다. 그래서 대승 보살이 이루는 무위의 축재라는 것도 결국은 법신상주와 실유불성으로 귀결된다.

일반 불자들을 염두에 둘 때 너무 높은 차원에서 재물을 쌓아 두는 것을 논하기보다는 우리가 처해 있는 이 상황에서 어떻게 부처님이 가르치는 무소유의 정신을 실천하느냐를 생각해 보는 것이 더 중요할 것 같다. 부처님은 출가 대중에게 곡식을 소유하는 것마저도 금하셨지만 사람들은 다소의 차이가 있겠지만 각기 상당한 재산을 소유하고 있을 것이다. 만약 현재 소유하고 있는 재산을 인정하지 않고 무소유를 이야기한다면 우리의 이야기는 허공을 맴돌다가 사라지는 공리공론이 되고 말 것이다. 그렇다면 재산을 이미 소유하고 있는 우리가 어떻게 부처님의 가르침인 무소유를 행할 수 있는지 생각해 보아야 할 것이다.

먼저 물질의 소유에서 생기는 해독을 살펴보자. 부를 축적하는 것에는 중독성이 있다고 한다. 하나를 가지면 둘을 가지고 싶고, 아흔아홉 개를 가지면 백 개를 채우고 싶어한다. 부를 누리는 것은 마치 목마른 사람이 짠 바닷물을 마시는 것과 같다. 짠물은 마시면 마실수록 더 목이 마르다. 술은 아무리 많이 마시고 깊이 취하더라도 깨어날 수가 있지만 재물을 모으고 부를 누리는 데 취하면 깨어날 기약이 없다. 가난을 너무 싫어하고 무서워한 나머지 돈을 모으는 데 청춘을 다 보내고 일하지 않고도 먹고 살 수 있을 정도가 되니까 병을 얻어서 눕게 되는 사람을 많이 본다.

그런데 재물을 모으려고 하는 것 자체에도 독성이 있지만 더 큰 문제는 인간 관계 속에서의 진정한 삶을 포기하고 부를 누리는 데서 어떤 이상 세계를 기대한다는 데 있다. 전에 재물을 많이 가진 한 분의 몸가짐·마음가짐을 관찰해 본 적이 있다. 그분은 인정도 많고 어려운 사람들을 도와주기를 좋아하는 형이었다. 단지 결점은 고집이랄까 자기 주장이 강한 분이었다. 주변 사람들과 좋은 인간 관계를 유지해 나가지만 갑자기 사소한 일에서 자기 고집을 부리고 그것이 관철되지 않으면 다른 사람과 같이하기로 굳게 약속했던 일도 일방적으로 파기해 버리곤 했다. 그분의 마음가짐을 곰곰이 살펴보니 자기가 소유한 재산이 자기를 행복하게 해줄 것이라고 믿고 있는 듯했다. 주변 사람들과의 인간 관계가 잘못되더라도 자기의 재산만 있으면 또 다른 많은 사람들이 자기 곁으로 모이게 될 것이라는 생각이었다. 필자는 그분에게 자만심을 지우라고 충고를 많이 해주었다. 그러나 그분이 필자의 충고를 받아들이고 겸손하게 된 것은 정권이 뒤바뀜으로 인해서 하루 아침에 집안이 몰락하고 가난하게 된 다음이었다. 물질적으로 어렵게 된 것은 안쓰러운 일이지만 자기를 돌아보고 모든 사람을 귀중하게 여기는 자세로 돌아온 것은 그가 잃은 많은 재산보다도 더 가치 있는 소득이라고 생각한다.

아무리 큰 집을 가지고 있어도 사람이 앉고 눕는 곳은 고작 몇 평이다. 아무리 재산이 많더라도 사람이 먹는 것은 하루 세 끼뿐이다. 너무 많이 먹고 너무 많이 마시면 병만 생긴다. 재산이 많다고 해서 모자를 두 개씩 겹쳐서 쓰거나 신발을 두 개 겹쳐서 신을 수는 없다. 값비싼 것을 누리는 것도 다 부질없는 일이다. 세상에서 높은 값을 쳐주는 것들이 실제로 좋은 것은 아니다. 오직 희소가치만 있을 뿐이다. 남이 가지지 않은 것을 가지고 뽐내려고 하는 것은 참으로 우스꽝스럽고 어리석은 일이다.

꼭 필요한 만큼의 재물을 소유하는 것조차 잘못이라고 말하는 것이 아니다. 아무리 재물을 많이 소유하고 있더라도 내적으로는 검박하고 외적으로는 베풀 줄 아는 사람이 있는가 하면 아무리 가난하더라도 내적으로는 방탕하고 외적으로는 인색한 사람이 있다. 무리하게 재물을 모으려고 하는 것은 경계할 일이지만 재물이 있더라도 그것에 취하지 않는다면 재물을 소유하는 일은 죄가 될 수 없다.

재벌의 자제들이 그랜저 승용차를 몰고 가다가 프라이드 승용차가 앞에 끼어드는 것을 보고 소형차가 건방지게 대형차의 앞을 가로막았다고 해서 소형차의 운전자에게 폭행을 가한 일을 신문과 방송에서 읽고 들은 바 있다. 이처럼 방탕하는 마음가짐이라면 재물이 많거나 적거나에 상관없이 문제가 된다. 재물이 많으면 함부로 낭비할 것이고 재물이 없으면 비굴해질 것이다.

또 재물의 많고 적음에 관계없이 검박함과 인색함은 다르다. 재물을 아끼면서도 남에게 베풀 줄 아는 사람이 참으로 검박한 사람이고 재물을 아끼기만 하고 베풀 줄 모르는 사람은 인색한 사람이다. 일생 동안 모은 재산을 장학금으로 희사하는 사람들의 이야기를 신문에서 종종 본다. 그런데 그렇게 거액을 희사하는 사람들은 대개 어렵게 재산을 모았다는 데 공통점이 있다. 먹고 싶은 것을 못 먹고 입고 싶은 것을 못 입으면서 모은 것이다. 돈을 모을 때는 인색하게 보이기도 했을 것이다. 그러나 모은 재산을 선뜻 사회에 바치는 순간 그 사람의 일생은 검박한 것이 된다. 가난하게 살면서도 궁극적으로는 남에게 베푸는 삶을 살았기 때문이다.

그리고 보니 검박함과 인색함을 다른 방면에서 구별해도 되겠다. 자기 몸을 위해서 물질을 사용하지 않는 것을 검박이라고 하고 남을 위해서 쓰지 않는 것을 인색이라고 할 수 있다. 부처님은 출가승에게 일체의 것을 소유하지 못하게 하셨지만 이렇게 하는 이유 가운데는 검박함을 가르치려고 하는 뜻도 포함되어 있을 것이다. 자기 자신을 위해 일체의 재물을 저축하거나 사용하지 않게 하는 것이다. 열반에 드는 부처님의 법신은 이 육신에 있는 것이 아니다. 육신을 버린 법신에 있다. 법신을 산다고 하는 것은 나를 지우고 남을 사는 것이다. 남을 살리려면 내 것을 없애고 모든 것을 남의 것으로 만들어야 한다. 쌓아 두지 않고 베풀어야 하는 이유가 여기에 있는 것이다.

67. 신심 있는 이 치료 후에 떠나는 의사 (사상품 16)

> 사바 세계의 중생은 음욕의 화살·성냄의 화살·어리석음의 화살을 맞고 고통을 당하고 있는데 부처님은 그 화살을 뽑아 주고 독을 치료하기 위해서 잠시 들렸을 뿐이다.

아무것도 쌓아 두지 말라고 가르치는 부처님은 왜 이 세상에 항상 머무르는 법신을 남겨야만 하는가. 가섭 보살은 유위와 무위 즉 하염 있고 없음, 쌓아 둠과 감춤을 연결시켜서 부처님께 여쭌다. 성문은 하염 있지만 쌓아 둠이 없는데 부처님은 하염 없기 때문에 더욱이나 쌓아 둠이 없을 것이라는 말이다. 그리고 쌓아 둠이 있다는 것은 감추는 것인데 만약 부처님을 중생의 머리로 헤아릴 수 없는 법신으로 상정한다면 감춤이나 아낌이 없다는 부처님의 말씀과 어긋나지 않느냐는 질문이다. 이에 대한 부처님의 답변을 들어 보자.

선남자여, 어떤 사람이 독한 화살을 맞고 고통을 받을 적에 좋은 의사를 만나 화살을 빼고 약을 발라서 고통을 여의고 낙을 받았다. 그 의사가 다시 다른 도시나 시골로 다니면서 병환이 있고 앓는 이들이 있는 곳을 찾아다니면서 병을 치료하나니 여래도 그와 같아서 등정각을 이루고 훌륭한 의사가 되어 남섬부주에서 괴로움을 받는 중생들이 한량없는 세월에 음욕·성내는 일·어리석은 번뇌의 화살을 맞고 크게 고통하는 것을 보고 이런 이를 위하여 대승경전의 감로 법약을 말하여 병을 치료하여 마치고는 다시 다른 곳으로 다니면서 번뇌의 화살이 있는 곳에서 부처가 되어 병을 치료하나니 그러므로 대반열반이라 하느니라.

대반열반은 해탈하는 곳이니, 조복받을 중생이 있는 곳을 따라서 여래가 그곳에 나타나는 것이며 이런 진실하고 깊은 뜻으로 '대열반'이라 이름하느니라.

부처님은 법신이 이 세상에 항상 머무른다고 하더라도 그것이 고정적으로 쌓아 두는 것이 아님을 나타내기 위해서 이동하는 의사에 비유한다. 의사가 병자 있는 곳을 찾아다니며 병을 치료하고 다시 다른 마을로 떠나듯이 부처님도 이 사바 세계에 오셔서 중생의 병을 치료하고 다른 곳으로 떠난다는 것이다. 이 사바 세계에서 사람들은 음욕의 화살·성냄의 화살·어리석음의 화살을 맞고 고통을 당하고 있는데 부처님은 그 화살을 뽑아 주고 독을 치료하기 위해서 잠시 들렀을 뿐이라는 말이다. 부처님이 이 세상에 오셔서 도를 이루었다는 이유로 전에 없던 영원의 몸을 새롭게 얻는다고 하면 무엇인가를 쌓아 둔다고 하겠지만 본래 있던 법신의 몸이 이 세계에 있는 중생을 구하고 다시 떠나는 것이므로 쌓아 둔다고 할 수 없다는 것이다.

부처님이 사바 세계의 중생을 치료하고 다른 곳의 환자를 찾아서 이동한다는 말을 들은 가섭 보살은 아주 중요한 의문을 제기한다.

부처님의 말씀이 여래가 남섬부주에서 중생의 병을 치료하였다 하시니 만일 치료하였다면 모든 중생들 가운데 어찌하여 열반을 얻지 못한 이가 있나이까. 만일 다 열반을 얻지 못하였으면 여래께서 어찌하여 치료하여 마치고 다른 곳으로 간다 하시나이까.

우리도 묻고 싶어하는 질문이다. 부처님이 사바 세계에서 고통받는 중생을 치료한다고 하면 왜 아직까지도 열반을 얻지 못한 사람이 있으며 아직 열반을 얻지 못한 사람이 있는데도 불구하고 왜 부처님은 치료를 마친 것으로 가정해서 다른 곳으로 떠나느냐는 물음이다. 우리도 아직은 욕망의 불을 끄지 못했다. 아직 번뇌의 불이 타고 있다. 늙은 몸의 경우에는 기운이 없어서 번뇌를 마음대로 부리지 못할 수도 있겠지만 그렇다고 해서 번뇌가 완전히 소멸된 것은 아니다. 번뇌는 잠복 상태에 있을 뿐이다. 이런 마당에 부처님을 중생의 번뇌 병을 치료하는 의사라고 가정하고 사바 세계의 중생을 치료한 뒤에 다른 환자를 찾아서 떠난다고 하니 앞뒤가 맞지 않는다. 부처님의 답변을 들어 보자.

선남자여, 남섬부주의 중생에 두 가지가 있으니 하나는 신심이 있고 다른 하나는 신심이 없느니라. 신심이 있는 이는 치료할 수 있나니, 왜냐하면 반드시 열반을 얻어 헌 데가 없는 까닭으로 남섬부주의 중생들을 치료하여 마쳤다는 것이요, 신심이 없는 중생은 일천제라 하나니, 일천제는 치료할 수 없느니라. 일천제를 제하고는 모두 치료하였으므로 열반에는 헌 데가 없다고 이름하느니라.

부처님은 중생제도와 관련해서 이 세계의 중생을 두 가지로 분류한다. 한 가지는 부처님의 가르침을 믿고 따를 자세가 되어 있는 신심이 있는 중생이고, 다른 한 가지는 부처님이 가르침을 주신다고 하더라도 그것을 믿고 따를 자세가 되어 있지 않은 중생이다. 부처님의 말씀을 듣고 받아들여서 그대로 실천하는 이는 구제할 수 있을 것이다. 하지만 그렇지 않은 이를 구제할 수는 없다. 부처님은 서양의 신처럼 신통변화를 부리는 사람이 아니다. 이 세상을 마음대로 만들기도 하고 부수기도 하는 장난꾼도 아니다. 부처님은 인간에게 참다운 삶의 길을 가르치려고 하는 분이다. 말을 물 앞에까지 끌고 갈 수는 있지만 억지로 물을 먹게 할 수는 없다. 중생들에게 번뇌를 쉬는 법을 일러줄 수는 있지만 받아들이지 않는 중생들에게 억지로 주입시킬 수는 없다. 중생의 내부로부터 신심이 스스로 우러나오도록 기다리는 수밖에 없다는 말이다.

《경덕전등록(景德傳燈錄)》에는 원규 선사가 부처님이라도 어찌할 수 없는 세 가지를 말한다. 절집에서는 보통 삼불능(三不能)으로 알려져 있다. 첫째는 중생이 지어 온 과거의 업은 부처님이라도 임의로 녹여서 그 과보를 면하게 할 수 없다는 것이다. 둘째는 인연이 없는 중생을 제도할 수 없다는 것이다. 그리고 셋째는 일체중생을 한꺼번에 다 제도할 수 없다는 것이다.

첫째 정해진 업을 면하게 할 수 없다는 것부터 생각해 보자. 어떤 사람이 악을 저질렀을 경우에 그 사람에게는 그에 상응하는 나쁜 과보가 있어야 할 것이다. 만약 악을 저지른 사람이 부처님에게 아첨한다고 해서 좋은 과보를 받고, 좋은 일을 한 사람이 부처님에게 인사도 올리지 않는다고 해서 나쁜 과보를 받는다면 그러한 부처님은 아무런 원칙이 없는 분이 된다. 업의 흐름이란 물이 아래로 흘러내리는 것과 같다. 높은 곳에서 낮은 곳으로 뛰어내리기로 작정하고 몸을 던졌을 경우 기대하는 것은 뛰어내린 사람이 낮은 곳에 떨어지는 것이다. 부처님이 높은 곳에서 낮은 곳으로 뛰어내리는 사람을 낮은 곳에서 높은 곳으로 뛰어오르게 할 수는 없다는 말이다.

둘째 인연이 없는 중생을 제도할 수 없다고 하는 것은 신심이 없는 중생을 제도할 수 없다는 것과 맥이 통하는 말이다. 세상의 모든 것은 서로 의지하는 관계 속에서 이루어져 있다. 이쪽에서 소리를 치면 메아리로 되돌아오게 되어 있다. 저편에 메아리를 돌려보내는 산이 있다고 해서 소리도 지르지 않고 메아리를 기대할 수는 없다. 부처님에게 손을 내밀면 부처님이 잡아 주시고 손을 내밀지 않더라도 부처님이 손을 먼저 내어서 이끌 수는 있지만 부처님 앞에 나타나지 않으려고 하거나 부처님이 잡아 끌더라도 따라오지 않는 사람은 제도할 수 없다.

셋째 일체중생을 한꺼번에 제도할 수 없다는 것은 동쪽에 떠오르는 태양도 먼저 비추거나 늦게 비추는 일이 있는 것과 같다. 해가 높은 산은 먼저 비출 것이고 낮은 골짜기는 차츰 비추게 된다. 마찬가지로 부처님이 중생을 교화할 때도 인연이 앞선 중생을 먼저 제도할 것이다. 중생들은 업이 다르고 신심이 다르다. 중생이 지은 업을 어찌할 수 없고, 신심과 인연이 없는 중생을 어찌할 수 없다면 당연히 모든 중생을 한꺼번에 제도할 수는 없을 것이다.

　그런데 부처님이 어찌할 수 없다는 이 세 가지는 나와 너, 내 것과 남의 것을 가르는 중생의 논리로 본 것이고, 이 세상에 항상 머무르는 법신 부처님의 입장에서 보면 부처님이 할 수 없는 일이란 있을 수가 없다. 중생은 악을 지우고 선을 세우고 병을 지우고 건강을 세우고자 하지만 부처님은 악과 선, 병과 치료를 구분해서 하나를 세우고 다른 것을 없애려 하지 않는다. 인간에게는 본래부터 선과 악, 미혹과 깨달음, 병과 건강이 함께 갖추어져 있다. 불교의 전통적인 수행 단계를 들어서 말한다면 인간의 마음에는 처음부터 지옥·아귀·축생·아수라·인간·천상·부처의 마음이 골고루 섞여 있다. 지옥·아귀·축생·아수라가 나쁜 마음이라고 해서 그것을 없애려고 하는 것은 파도를 없애기 위해서 바닷물을 퍼내려고 하는 것과 같다.

　부처님의 법신은 바로 세상의 모든 것에 스며 있기 때문에 중생이 열반을 얻으려면 자신이 부처님 몸의 일부라는 것을 깨닫기만 하면 된다. 부처님의 가르침은 다른 것이 아니다. 번뇌를 가지고 있는 중생의 몸, 업의 몸이 바로 부처님의 몸이라는 것이다. 불신상주와 실유불성은 바로 이 말을 하는 것이다. 우리가 부처님의 이 가르침을 믿기만 하면 번뇌나 업을 조금도 없애거나 여의지 않은 이 자리에서도 바로 열반을 얻게 된다. 부처님은 자신을 환자를 치료하고 떠나는 의사에 비유했지만 그것은 중생들이 알아듣기 쉬운 말로 한 것이고 법신상주의 원칙에서 보면 모든 중생 각자의 자리에 부처님이 항상 그대로 있는 것이다.

68. 해탈의 특징 1(사상품 17)

> 자기를 지우고 해탈을 얻은 사람에게서는 다른 사람의 악은 바로 자기의 악이다. 세상의 악을 자기의 것으로 소화시키기 때문에 아무리 어리석고 악한 사람도 사랑할 수 있다.

 대열반의 특징은 해탈이다. 부처님은 열반을 해탈과 일치시키고 해탈에 대해서 긴 설명을 하신다.
 가섭 보살이 부처님께 대열반의 행과 해탈의 뜻을 설명해 줄 것을 부탁한다. 부처님은 가섭 보살을 찬탄하면서 해탈의 뜻을 설명하신다.
 해탈은 태어남이 없다. 태어나는 것은 음양의 인연이 화합해서 이루어지기 때문에 음양화합이라는 속박이 있다. 육체적인 사랑으로 태어난 것은 다시 그것의 고향인 육체적인 사랑을 구하게 되고 육체적인 사랑을 구하다 보면 그것에 구속을 받게 된다. 현실적으로 인간은 플러스와 마이너스의 양극 접합점에 있다. 언제나 양극이 인간을 잡아 끌기 때문이다. 만약 어떤 사람이 육체적인 음양의 사랑에서 완전히 벗어날 수 있다면 그는 참으로 자유인이라고 할 수 있을 것이다.
 돈과 권력과 명예를 얻으려고 하는 인간 심리의 바닥에는 성적으로 음양의 상대에게 어필하기 위한 점도 많이 작용하고 있다. 또 사람 중에는 이성보다는 동성에게 더 끌리는 이도 있고 보통 사람과는 다른 방법으로 성적인 표현을 하는 이도 있다. 성심리학자들은 인간의 모든 행동을 육체적인 음양의 화합과 관련지어서 생각한다. 인간은 성잠재 심리를 떠나서는 한 생각도 낼 수 없다고 말하기도 한다. 부처님은 인간이 음양으로부터 해탈해야 한다고 해서 다겁생래에 걸쳐서 길들여진 육체를 버리라고 가르치는 것은 아니다. 음양의 양극점을 작은 개인에서 큰 우주로 옮기고, 작은 몸의 움직임에서 우주의 동작을 보라고 가르치신다. 개아적인 음양에서 우주적인 음양으로 승화하는 것이라고 말해도 좋을 것이다. 여하튼 해탈의 제1보는 남녀 음양의 화합에서 완전히 벗어나는 것이다.

   부처님은 해탈이 여래이고 허무라고 말씀하신다. 여래는 부처님의 별명이다. '진여의 세계로부터 오신 어른'이라는 뜻이다. 허무는 말 그대로 아무것도 없이 텅 빈 상태를 의미한다. 부처님이 해탈을 여래와 허무로 빗대어 말하는 것은 실체화와 허무화를 동시에 방지하는 데 목적이 있는 것 같다. 여래는 해탈의 상태를 인격화해서 나타낸 것이다. 해탈은 그저 속박에서 벗어나기만 하는 것이 아니라 중생구제의 종교성이 있다는 것을 여래라는 인격화를 통해서 나타내려고 하는 것이다. 그러나 여래가 법신으로 항상 있다는 것은 존재와 비존재 또는 있다와 없다를 초월해서 있는 것이다. 만약 해탈의 인격적인 면을 강조해서 여래와 같은 것으로만 설명하면 해탈을 실체화할 염려가 있다. 그래서 부처님은 다시 해탈이 허무와 같다고 말한다. 여래라는 종교적인 면이 있다 하더라도 그것은 완전히 빈 상태에 있다는 공사상의 범위를 벗어나지 않는다는 것이다. 개인적으로 텅 비어서 아무것도 없을 때 우주적으로 꽉 차 있을 수 있다는 뜻이다. 이 같은 해탈의 특징을 나타내기 위해서 부처님은 해탈이 결코 만들어졌다가 깨어지는 옹기와 같은 것이 아니라고 말한다.

   또 해탈은 늙음과 병듦에서 벗어나는 것이라고 한다. 모든 사람은 세월의 구속을 받는다. 세월이 가면 늙고 병들기 때문이다. 인간은 시간의 흐름이 만드는 무상으로부터 도망칠 길이 없지만 사람들은 늙음과 병듦을 괴로워한다. 세상의 모든 것, 산하대지와 산천초목 그리고 모든 생물들이 다 늙고 병들고 죽지만 '나'만은 예외가 되고 싶어한다. 이 예외를 바라는 마음은 바로 '나'에 대한 집착에서 나온다. 해탈은 그러한 집착의 원인 제공자인 '나'라는 감정을 근본적으로 없애 버리기 때문에 늙음과 병듦과 죽음 속에 있으면서도 그것에 의해서 흔들리지 않는다. 이런 의미에서 해탈은 늙고 병드는 것으로부터 벗어 났다고 하는 것이다.

해탈은 또 안정이나 안온에 비유된다. 모든 번뇌의 속박으로부터 벗어나면 마음이 편안해진다. 두려움도 없어진다. 얻고자 하는 마음이 있을 때 잃을 것이 있고 빼앗길 것이 있을 때 공포가 생기지만 얻으려고 하기보다는 오히려 어떻게 하면 더 많이 버릴 수 있는가에 대해서 관심을 갖게 되면 공포심이 일어날 수가 없다. 이 안온한 상태에서는 나를 알아주는 동무가 필요하지 않다. 근심이나 기쁨이 들어설 자리도 없다. 그저 혼자 스스로 편안할 뿐이다.

해탈에는 순금 같은 보배의 특징이 있다. 물질적으로 무엇인가를 구하려고 하는 사람은 아무리 많이 구하더라도 더 많이 구하려고 하기 때문에 항상 가난하게 된다. 또 돈 드는 사업을 벌이려고 하기 때문에 빚쟁이와 같이 된다. 그러나 물질적인 욕심에서 벗어난 사람은 구하는 것이 없기 때문에 가난을 모르고 아무것도 없는 상태에 만족하기 때문에 항상 보배를 가지고 있는 부자와 같다.

또 해탈한 사람은 다른 생명을 핍박하지 않는다. 육체와 육체에서 나오는 힘을 중요하게 여기는 사람은 다른 생명을 죽이고 그 시체를 먹으려고 한다. 또 인간을 중심으로 생각해서 환경을 함부로 취급한다. 그러나 '나'라는 생각을 지우고 해탈을 얻은 사람은 '나' 뿐만이 아니라 인간을 중심으로 한 교만심이 없다. 환경이 어떤 종류의 것이든지에 관계치 않고 환경을 보호하고자 한다.

필자는 원주 치악산에 살고 있는 도반 스님에게서 감명을 받은 바 있다. 필자가 치악산을 방문한 적이 있었는데 스님의 방에는 벌레가 기어다니고 있었다. 그 벌레를 휴지에 싸려고 하니까 도반 스님은 벌레가 답답해 할 것을 걱정해서 창문 밖으로 던져 버리는 것이었다. 그 스님은 아무리 작은 벌레라도 다치지 않게 하려고 노력하고 있었다. 해탈을 얻은 사람은 누가 시키지 않더라도 세상에 있는 생명들을 함부로 다루지 않으려고 할 것이어니와 다른 생명을 존중하는 사람만이 참으로 편안함을 누릴 자격이 있다고 할 것이다.

또 해탈에는 마음이 흔들리지 않는 특징이 있다. 사람이 좋은 일이나 나쁜 일을 당해서 마음이 동하게 되는 것은 자기 의식을 가지고 세상을 대하기 때문이다. 자기를 완전히 지워 버리면 기쁜 일이 있다고 해서 그것에 취하거나 기분 나쁜 일이 있다고 해서 그것에 흔들리지 않는다. 그래서 해탈의 세계에서는 특별히 좋아하는 사람이나 특별히 미워하는 사람이 없다. 나를 지운 상태에서는 모두를 다 나로 삼기 때문에 평등하게 모든 사람을 아낀다는 말이다.

해탈은 또 사람을 변화시키는 특징이 있다. 만약 사람이 변화될 수 없다고 한다면 불교에서 극악의 상징인 일천제는 영원히 성불할 수가 없다. 그러나 부처님은 일천제라도 깨끗한 신심을 내기만 하면 그 일천제로부터 벗어날 수가 있고 따라서 불도를 이룰 수가 있다고 한다. 사람이 일천제와 같이 극악인이 되는 원인은 자기라는 감옥에 갇히기 때문이다. 그러나 자기를 지우고 자기로부터 벗어날 수 있는 사람은 무한히 변화될 수가 있다. 일천제의 마음을 바꾸어서 부처님의 법신에 대한 믿음을 내면 마침내 해탈을 얻을 수가 있다.

해탈의 특징을 설명하는 가운데 부처님은 분명하게 불교에서 구제불능이라고 낙인 찍은 일천제마저도 성불할 수 있다고 단언하신다. 《열반경》에는 일천제가 성불할 수 없다고 설하는 부분이 있는가 하면 일천제가 성불할 수 있다고 가르치는 부분도 있다. 그래서 《열반경》을 읽는 사람들이 혼란에 빠질 수도 있겠지만 《열반경》은 법신상주와 실유불성 또는 법신상주와 천제성불을 가르치고 있다. 부처님의 몸이 이 세상에 항상 머물고 있고 모든 중생에게 부처가 될 성품이 있다면 당연히 일천제에게도 부처가 될 성품이 있을 것이다. 일천제는 성불할 수 없다고 가르치는 부분은 일천제가 변화되지 않고는 성불할 수 없다는 뜻이다. 일천제는 발심을 할 수가 없고 좋은 사람으로 변화될 수 없다는 것을 뜻하지는 않는다.

 세상 사람들은 보통 한번 죄를 지은 사람을 '그런 사람'으로 낙인 찍는 수가 많다. 죄를 지은 사람이 감옥에서 새 사람이 되어 사회에 나오더라도 사회는 감옥에 간 전력이 있는 사람을 무서워하고 경계한다. 그러나 해탈을 얻은 사람의 마음은 잘못을 저지른 사람도 껴안고 감쌀 정도로 넓다. 자기를 지우고 해탈을 얻은 사람에게서는 다른 사람의 악은 바로 자기의 악이다. 세상의 악을 자기의 것으로 소화시키기 때문에 아무리 어리석고 못나고 악한 사람도 평등하게 사랑할 수가 있다.

 해탈은 사람을 참으로 크고 넓고 높고 깊게 만들기 때문에 보통 사람으로서는 그 깊이를 헤아릴 수 없다. 바닷물을 찻잔 수로 헤아릴 수 없고 허공을 풍선 안에 담을 수 없듯이 해탈을 얻은 사람의 마음 깊이도 짚어 볼 수 없다고 한다.

69. 해탈의 특징 2(사상품 18)

> 해탈한 사람은 아무것도 구하는 바가 없기 때문에 세상이 설치해 둔 유혹의 덫에 걸리지 않는다. 어떤 유혹의 줄도 해탈한 사람을 얽어 맬 수가 없다. 그에게는 대자유가……

 어느 분이 다음과 같이 두 가지 질문을 해왔다. 첫째, 부처님께서는 해탈을 얻은 사람에게는 좋은 일만 생긴다고 하는데 도대체 이 세계의 역사 속에서 그러한 경지를 얻었다고 객관적으로 인정받을 만한 분이 누구냐는 것이다. 둘째, 인간은 어떤 것이든지 한 쪽에 마음이 기울어지면 다른 쪽으로부터 마음이 멀어지게 되는데 좋은 마음을 먹고 좋은 행동만을 해서 좋은 일이 생기는 것인지, 아니면 해탈을 얻으면 자연적으로 좋은 마음만 먹게 되는 것인지 분명치 않다는 물음이었다.
 첫째 이 세계의 역사 속에서 해탈의 특징을 누리는 사람이 과거에 있었거나 지금 있거나 또는 앞으로 있을 것이라고 외형적으로 확인할 수 있는지에 대해서 생각해 보자. 간단히 말하면 없다. 해탈은 마음으로 누리는 것이기 때문에 겉 모양으로 단정할 수는 없다. 수도의 경력이 길고 복이 많고 명예가 천하에 드날리는 사람이 있다고 해서 그가 꼭 해탈을 얻고 누린다고 말할 수는 없다. 부처님이 태어난 인도가 종교성이 강하다고 해서 인도 사람들 가운데 해탈한 사람이 많다고 할 수는 없다. 도시 사람보다 시골 사람들이 조용한 생활을 하므로 시골에는 해탈의 경지에 근접한 사람이 많고 도시에는 적을 것이라고 말할 수도 없다. 큰 고뇌가 폭발해서 천지가 개벽하는 것과 같은 마음의 변화가 있을 때 해탈의 맛을 조금 본다고 할 수 있기 때문에 고뇌가 많은 도시에서 번뇌로부터 탈출하려는 시도가 더 많다고 생각할 수도 있다. 마음속에서 일어나는 해탈을 형상에서 찾을 수는 없다. 단지 부처님과 조사 스님들은 《열반경》에서 묘사하는 것과 같은 해탈의 맛을 누렸을 것이라고 짐작할 뿐이다.

둘째, 해탈의 특징들은 우리가 일부러 닦아야 할 것인가 아니면 수행해서 번뇌를 여의면 해탈의 특징들이 자연히 나타나는가 하는 문제를 생각해 보자. 모든 사람에게는 사랑의 마음과 미움의 마음이 갖추어져 있다. 이 사랑과 미움은 인간에게 번뇌와 괴로움을 주는 것이지만 그러나 이 사랑과 미움에 의지하지 않고는 우리는 큰 해탈의 맛에 접근할 수가 없다. 크게 미워했을 때 큰 용서가 있다. 그리고 크게 사랑했을 때 큰 놓아 줌이 있다. 사랑이란 상대를 이기적으로 장악하는 의미로 쓰여졌기 때문에 사랑의 반대로 놓아 줌을 말하고 있다.

미움이 만드는 복수의 감정을 끝까지 따라가 보면 마지막에는 허무를 만나게 된다. 일생 동안 아버지를 죽인 원수를 찾아 헤매다가 마침내 상대를 해쳐 원수를 갚게 되었다고 할 경우 복수를 마친 사람은 그간의 증오와 복수가 무의미했음을 느끼게 된다. 사랑으로 자신을 농락하고 떠난 사람을 미워하며 일생을 보내다가 마침내 상대에게 복수할 기회를 얻었을 때 자신이 품어 온 미움이 실제로는 맹목적인 사랑이었음을 알고 허탈에 빠지게 된다. 극렬한 사랑도 마찬가지로 필경에는 허무를 만나게 된다. 어떤 상대를 마음에 깊이 새기고 사랑할 경우 상대와 영원히 만나지 못하게 되면 그 같은 감정을 계속적으로 가질 수 있거니와 만약 상대를 만나서 자신의 사랑을 마음대로 풀고 상대의 실체를 완전하게 알게 되면 반드시 사랑이라는 것이 부질없음을 느끼게 된다. 미움이나 사랑의 끝에서만 허무를 맛보게 되는 것이 아니라 재물·명예·권력·안락 같은 것에서도 마찬가지로 허무를 맛보게 된다.

모든 것이 부질없음을 완전히 깨달은 사람은 돈과 사랑과 명예를 대단히 귀하게 여기고 그것들을 얻기 위해 분주하게 움직이는 사람들을 보면서 측은한 마음을 가진다. 이기적으로 행동하는 사람을 보고 그를 꾸짖거나 미워하기보다는 그를 불쌍하게 생각한다. 설사 죄를 저지르는 사람이 있다고 하더라도 그를 용서하게 된다. 이 세상에서 무엇인가를 잡아 보겠다고 방황하는 사람들도 그들의 마음에 저주를 받은 악의 씨앗을 품고 나온 사람들이 아니다. 모든 것이 부질없다는 것을 모르고 저처럼 날뛰는 것이기 때문에 선악이나 좋고 나쁨의 측면에서 그들을 규정하기보다는 그들이 세상의 실체를 모르는 것이 안타깝다는 입장에서 연민의 마음을 내게 된다. 연민의 마음 즉 세상 사람들을 불쌍히 여기는 마음이 발전되어서 일체중생에 대한 큰 사랑 또는 큰 자비가 샘솟아 나온다. 《열반경》에 나오는 해탈의 여러 가지 특징들은 이 같은 큰 사랑의 작용을 여러 각도에서 묘사한 것이라고 할 수 있다. 질문에 대한 답을 다시 한번 간단하게 정리하면 《열반경》에 나온 해탈의 특징들은 번뇌의 끝을 보고 해탈을 얻었을 때 자연적으로 얻어지는 결과이지 인위적으로 닦아서 만들어지는 것이 아니라는 말씀이다.

　다음은 해탈의 특징들이다. 해탈을 단단하고 알차다고 한다. 모든 것이 부질없다는 것을 깊이 느낀 사람은 세상에 으레 있게 되는 갖가지의 미혹과 악을 보고도 마음에 동요를 느끼지 않게 된다. 이 세상은 번뇌의 소굴이다. 그곳에 번뇌가 있고 얄미운 이가 있는 것은 당연하다. 굴뚝에 들어가서 굴뚝 안이 검다고 화낼 필요는 없다. 해탈한 사람은 세상의 놀림에 일체 흔들리지 않게 된다.

　해탈은 또 볼 수가 없다는 특징이 있다. 해탈은 내면적인 것이지 외형적인 것이 아니다. 해탈한 사람이 별도의 몸을 가지지는 않는다. 오히려 몸을 버린다. 육신을 통해서 행복을 구하려 하지 않는다. 육신을 버리기 때문에 육신에 병도 없다. 사실적인 의미에서 육신에 병이 생기지 않는다는 말이 아니라 육신에 병이 있고 없는 것이 해탈한 사람의 마음을 흔들어 놓지 못한다는 뜻이다. 해탈한 사람에게 육신이 큰 의미를 갖지 못하는 것은 마치 보름달을 가린 구름이 결국은 없어지는 것과 같다.

해탈을 얻은 사람은 모든 생명을 평등하게 보살핀다. 그래서 생명을 죽이지 않는다. 우리가 불살생계를 지킬 때는 부처님의 가르침을 타율적으로 따르는 것이지만 해탈을 얻은 사람은 아무리 작은 생명에 대해서도 자율적으로 불쌍한 마음을 가지는 것이다. 죽이지 않는다는 말은 짐승이나 곤충의 생명 같은 육체적인 것뿐만 아니라 정신적인 의미도 있다. 사람의 마음을 다치게 하는 것도 일종의 살생이다. 해탈한 사람이 평등한 사랑을 사람들에게 베푸는 것은 바로 사람들의 마음을 상하지 않게 한다는 뜻도 포함되어 있다.

또 해탈을 얻은 사람은 만족할 줄을 안다. 해탈은 세상에서 가장 맛있는 음식과 같고 가장 아름답고 사랑스러운 애인과 같고 가장 귀한 명예와 같다. 해탈이라는 맛있는 음식을 먹는 사람은 세상의 음식을 먹고 싶지 않다. 맛이 없기 때문이다. 아름다운 애인과의 사랑에 맛을 들인 사람은 다른 사람은 거들떠보지도 않는다. 마찬가지로 해탈에 일단 맛을 들이면 다른 것을 더 이상 구하려고 하지 않는다. 따라서 모든 욕망은 쉬고 마음은 고요히 가라앉는다.

물고기가 낚시를 무는 것은 미끼를 먹고자 하기 때문이다. 해탈한 사람은 아무것도 구하는 바가 없기 때문에 세상이 설치해 두는 유혹의 덫에 걸리지 않는다. 어떤 유혹의 줄도 해탈한 사람을 얽어 맬 수가 없다. 해탈한 이에게는 대자유가 있을 뿐이다.

해탈은 또 잠잠하다는 특징이 있다. 욕망이라는 태풍이 부는 바다에는 큰 파도가 일고 요란한 소리가 난다. 집에 가만히 있으면 편할 사람이 갑자기 밖으로 나가고 싶어하고, 이리 갈까 저리 갈까 방황하는 것은 번뇌의 파도가 출렁이기 때문이다. 그러나 해탈을 얻은 사람은 이미 모든 번뇌를 쉬어 버렸기 때문에 더 이상 움직일 바람이 없다. 마음은 언제나 잠잠하고 고요하다.

해탈은 또 한없이 넓고 무한히 큰 것을 받아들이는 특징이 있다. 세상에서 사람들이 다투는 것은 땅이나 집이 좁아서가 아니다. '나'라는 터를 아주 좁게 잡고 그 좁은 터가 많은 사람들을 용납할 수 없기 때문이다. 서로가 서로를 받아들일 수 없기 때문에 넓은 땅이 좁게 되어 버린다. 그러나 해탈을 얻은 이는 근원적으로 '나'를 지워 버렸기 때문에 나를 중심으로 한 울타리 자체가 없다. 우주 전체가 나가 된다. 그래서 모든 사람들의 마음을 받아들인다.

또 해탈을 얻으면 교만을 완전히 항복받게 된다. 사람이 제 잘난 체하고 아만이 있는 것은 마음이 좁고 세상을 넓게 보지 못하기 때문이다. 해탈한 사람은 이미 사랑과 미움의 줄을 뛰어넘었다. 사람들의 마음이 사랑과 미움에 얽혀 있는 것이 환하게 보인다. 이러한 초월자에게는 아무런 경쟁심리가 있을 수 없다. 다투는 마음이 없으므로 남과 비교해서 아만을 부릴 것도 없다.

부처님은 해탈에 들어가는 조건을 무아 즉 나를 지우는 것으로 잡고 있다. 나와 내 것을 지우면 돈·사랑·명예 같은 것이 붙을 자리가 없다. 욕망의 번뇌가 없으면 얽어 맬 것도 괴로울 것도 없다. 그래서 해탈의 기본 조건은 무아를 철저하게 체득하는 것이라는 말씀이다.

70. 스님에게 귀의함이 삼귀의의 기본 (사상품 19)

> 스승이 없이 불교를 배우려고 하는 것은 일층을 짓지 않고 삼층 집만을 얻으려고 하는 것과 같다. 승보에 귀의하고 공양하는 것이 바로 부처님과 진리에 공양하는 입문이다.

스님네에게 귀의하는 것은 부처님이나 부처님의 가르침에 귀의하는 것과 같다. 부처님은 불법승 삼보를 각각 나누기도 하고 또는 합해서 하나로 만들기도 한다. 어떤 의미에서 삼보가 하나가 된다는 것인지 또 스님네에게 공양을 올리는 것이 삼보에 공양을 올리는 것과 똑같다고 함으로써 스님네를 중요하게 여긴다면 그 이유는 무엇인지에 대해서도 생각해 보아야 할 것 같다.

선남자여, 삼귀의도 그와 같아서 이름과 뜻이 모두 다른 것이어늘 어찌 하나라 하겠느냐. 그러므로 내가 마하파사파제에게 말하기를 "나에게 공양하지 말고 스님네에게 공양하라. 스님네에게 공양하면 삼귀의에 구족히 공양함이 되리라." 하니 마하파사파제가 대답하되 "스님네 가운데는 부처님도 없고 법도 없삽거늘 어찌하여 스님네에게 공양하면 삼귀의에 구족히 공양함이 된다고 하나이까." 하기에 내가 "내 말을 따름은 부처에게 공양함이요, 해탈을 위하므로 법에 공양함이요, 스님네가 받으므로 스님네에게 공양함이 된다."고 대답하였다. 선남자여, 그러므로 삼귀의는 하나가 되지 못하느니라. 선남자여, 여래가 어떤 때에는 하나를 말하여 셋이라 하고 또 셋을 말하여 하나라 하나니, 이런 이치는 부처의 경계요 성문이나 연각들의 알 것이 아니니라.

가섭 보살은 부처님에게 삼귀의에 대해서 여쭈었다. 만약 열반과 불성과 여래가 한가지라면 왜 별도로 삼귀의가 있어야 하느냐는 것이다. 이 물음에 부처님은 두 가지로 대답한다. 한 가지는 삼귀의가 각기 다르다는 것이요 다른 한 가지는 다르지 않다는 것이다. 불법승이 각기 다르다는 것은 쉽게 납득이 간다. 우선 용어와 그 뜻이 다르기 때문이다. 삼귀의가 별도로 셋이 있는 것이 아니라 한통속이라고 하는 것을 스님네에게 공양을 올리는 것과 관련지어서 대답한다. 스님에게 귀의하고 공양하는 것이 불법승 삼보에게 귀의하고 공양하는 것과 같다는 것이다. 부처님은 당신 자신에게 공양하지 말고 스님네에게 공양하라고 가르친다. 부처님의 이 말씀을 따르는 것 자체가 부처님에게 공양하는 것이요, 해탈을 목표로 하기 때문에 진리의 법에 공양하는 것이다. 스님네가 받으니까 스님네에게 공양하는 것이 된다고 한다.

부처님의 말씀을 따른다거나 해탈을 목표로 스님네에게 공양을 올리기 때문에 스님네에게 공양을 올리는 것이 불법승 삼보 모두에게 공양을 올리는 것과 같다고 하는데 우리는 두 가지 방면으로 관심을 가질 수가 있다. 첫째는 불법승 삼보를 한 뭉치로 보는 것이다. 둘째는 삼보가 한 뭉치라면 왜 부처님이 아닌 스님에게 공양 올리는 것을 삼보 전체에게 공양 올리는 것과 같다고 보아야 하느냐는 것이다.

먼저 삼보가 한 뭉치라는 문제부터 생각해 보자. 우리는 전에 윤회 과정으로서의 십이인연을 혹업고(惑業苦) 삼도 즉 미혹과 악업과 고통으로 압축한 바 있다. 관점에 따라서는 여러 가지 다른 방면으로 십이인연을 분류할 수도 있겠지만 미혹·악업·고통의 세 가지로 분류했다고 하는 것은 불교의 우선적인 관심이 미혹과 깨달음, 업과 해탈, 고통과 진리에 있기 때문이었을 것이다. 십이인연을 윤회의 과정으로 볼 때는 혹업고 삼도가 되지만 같은 십이인연을 무명이 멸하면 행이 멸하고, 행이 멸하면 식이 멸하는 식의 해탈 과정으로 보고 압축할 때는 법신·반야·해탈 수행의 삼덕이 된다. 삼덕은 혹업고 삼도를 뒤집은 것이다. 즉 미혹을 뒤집으면 반야가 되고 악업을 뒤집으면 해탈 수행이 된다. 그리고 고통을 뒤집으면 법신이 된다.

혹업고 삼도와 법신·반야·해탈의 삼덕은 모두 경지행(境智行) 삼법(三法)의 관점에서 구분한 것이다. 진리의 경계가 법신의 상태이냐 아니냐 하는 것, 지혜가 있느냐 없느냐 하는 것 그리고 수행을 하느냐 않느냐 하는 것이다. 그런데 부처님의 몸을 세 가지로 분류한 법신·보신·화신의 삼신이나, 불교의 기본인 불법승 삼보도 이 경지행 삼법에 속한다. 법신이나 법보는 진리의 경계에 속하고, 보신이나 불보(佛寶)는 수행을 해서 얻은 지혜에 속한다. 그리고 화신이나 승보(僧寶)는 해탈을 위한 수행에 속한다.

우리는 전에 혹업고 삼도가 시간적으로 차이가 있는 것이 아니라 오직 논리적으로 선후가 있을 뿐이라는 것을 살펴본 바 있다. 미혹과 악업과 고통이 동시적이라는 것이다. 그렇다면 혹업고 삼도를 뒤집은 법신·반야·해탈의 삼덕도 역시 동시적이 된다. 법신자리는 수행을 하지 않으면 없고 수행을 하면 새롭게 생겨나는 것이 아니라 우리가 수행을 하거나 말거나에 상관없이 본래부터 있다. 법신상주나 불신상주는 바로 법신자리가 본래부터 항상 이 세계에 머무르는 것을 밝히는 것이다. 그런데 법신이 상주한다고 할 때 그 법신 자체에 그것을 알아보는 지혜나 지혜를 얻는 수행이 갖추어져 있지 않다고 하면 그러한 법신이 있는 것만으로는 아무런 의미가 없다. 수행을 해서 지혜를 얻지 못한다면 우리가 법신을 알아보지 못할 것이다. 중생이 알아보지 못하는 법신은 중생과는 아무런 상관이 없기 때문이다. 그래서 법신이 상주한다는 말 속에는 그것을 알아보는 지혜와 지혜를 얻는 수행이 포함되어 있음을 나타낸다. 또 본래부터 항상 있는 법신자리를 알아보는 지혜는 우리가 법신자리가 있음을 믿고 수행을 하는 그 자리에 있다.

그렇다면 법신이 있는 순간 지혜와 수행이 있고 수행이 있는 순간 지혜와 법신이 있다. 이 삼덕을 불법승으로 번역해서 말한다면 법신자리의 법보에는 수행의 승보와 지혜의 불보가 포함되어 있고 수행의 승보에는 법보와 불보가 포함되어 있다. 그래서 불보·법보·승보 가운데 어느 하나만을 집으면 다른 두 가지가 같이 따라 나온다. 보통의 경우에는 불법승 삼보가 부처님과 부처님의 가르침과 스님네로 이해되지만 여기에서는 불보를 깨달음의 지혜로, 법보를 우주진리 법신자리로, 승보를 해탈을 위한 수행으로 잡고 있다.

불법승 삼보가 한 몸체이기는 하지만 그럼에도 불구하고 우리가 법신자리에 접근하는 길은 악업을 뒤집은 수행으로부터 시작해야 한다. 법신상주와 실유불성이라는 부처님의 가르침을 믿고 그것을 닦기만 하면 그 자리에 법신을 볼 수 있는 지혜의 눈을 얻게 된다. 불법승 삼보 가운데서 수행은 진리의 길을 닦는 승보에 속한다. 스님네에게 공양을 올리는 것이 불법승 삼보 전체에 공양을 올리는 것과 같다고 하는 것도 수행을 통해서 법신자리와 깨달음의 지혜에 접근할 수 있다는 것을 암시한다고 생각할 수 있다. 《열반경》의 서두는 열반 장소에 모인 사람들이 부처님에게 마지막 공양을 올리려고 하는 것으로 시작하고 있다. 그럼에도 불구하고 부처님께서는 스님네에게 귀의하고 공양하는 것이 바로 부처님과 진리에 공양하는 것과 같다고 말한다. 스님네를 통해서만 법을 전할 수 있다는 이유 외에도 수행을 통해서만 법신상주와 실유불성을 터득할 수 있음을 가르치려는 의도도 포함되어 있다고 할 수 있다.

현실적으로도 우리는 승보를 통해서 불보와 법보에 다가갈 수 있다. 불교에 대해서 많은 관심 내지 호감을 갖고 있는 소설가 한 분을 알고 있다. 그 작가는 불교를 좋아하기는 하지만 불교를 신앙적으로 받아들이기는 꺼려하는 분이다. 만약 불교를 자신의 종교로 택하게 되면 믿음에 빠지기 때문에 냉철하게 바라보는 작가의 눈을 잃어버릴 염려가 있다는 것이다. 그와 같은 태도는 스님네를 대하는 데서도 나타난다. 스님네에게 의지한다거나 존경을 표하는 의식을 생략하고, 오직 스님네로부터 불교의 진리에 관한 이야기만 듣고 싶어한다.

그러나 이 작가는 크게 잘못 생각하고 있는 것이다. 스님네를 통하지 않고 불교를 배우려고 하는 것은 일층을 짓지 않고 삼층 집만을 얻고자 하는 것과 같다. 설사 머리를 깎은 스님네를 피해서 재가 법사나 교수를 통해서 불법을 배운다고 하더라도 그 재가 법사를 믿고 존경하는 마음이 없으면 법사의 가르침이 제대로 들어오지 않는다. 법사가 불교를 가르쳐 주려고도 하지 않는다. 불교는 결코 머리로만 받아들이고 전해 주는 종교가 아니다. 자기를 지우는 행동을 가르치는 종교이다. 열반의 길은 자기를 낮추고 자기를 지우는 길이다. 자기라는 허울의 굴레를 벗어 버림으로써 세계와 자기가 둘이 아닌 경지에 들어갈 수 있다. 그런데 자기를 낮추고 자기의 허울을 벗어버리기를 거부하면서 자기를 버리는 법을 배울 수는 없는 것이다. 스님네가 존경을 받지 못하면 배가 고프다거나 큰 일이 생기기 때문이 아니라 내가 나를 버리는 법을 배우기 위해서 스님네에게 귀의하고 공양하는 것이다.

71. 모든 것을 버린 후에 열반락을 받는 주체 (사상품 20)

> 자기를 지울 때 우주가 자기에게 들어올 수 있고 우주가 화가의 손에서 기운을 낼 때 화가 개인이 아니고 우주가 그리는 그림이 나올 수 있다.

열반을 얻으려면 자기라는 생각을 비롯한 모든 것을 버려야 한다. 그렇다면 열반락을 받을 주체는 무엇인가.

"부처님의 말씀과 같이 필경까지 안락한 것이 열반이라 하심은 무슨 뜻이오니까. 열반은 몸을 버리고 지혜를 버림이니 몸과 지혜를 버렸으면 누가 안락을 받겠나이까."

"선남자여, 어떤 사람이 밥을 먹고 가슴이 답답하여 토하려고 밖에 나갔다가 이미 토하고 다시 들어왔는데, 동무가 묻기를 '그대는 답답한 병이 모두 나아서 돌아왔는가.' 하였다. 그의 대답이 '아주 나아서 편안하여 졌노라.' 하였으니, 여래도 그와 같아서 25유(有)를 끝까지 여의고 열반의 안락한 곳을 영원히 얻으면 변동할 수도 없고 끝나는 일도 없어서 온갖 받음(受)을 끊었으므로 받는 일 없는 즐거움(無受樂)이라 하나니 이렇게 받는 일 없음이 항상한 즐거움이어늘 만일 여래가 즐거움을 받는다 하면 옳지 아니하니라. 그러므로 필경까지 즐거움이 열반이요, 열반은 참 해탈이며 참 해탈은 곧 여래니라."

가섭 보살이 부처님에게 여쭌다. 부처님은 언뜻 듣기에 모순되는 것 같은 말씀을 하신다. 한편으로 모든 것을 남김없이 버리는 것이 열반이라고 말씀하신다. 그리고 다른 한편으로는 열반에 크나큰 즐거움이 있다고 하신다. 그렇다면 모든 것을 다 버리는 일과 열반락을 받는 것 사이에 모순이 생긴다. 나와 내 것을 버린다면 열반을 받는 주체가 없어지는데 도대체 어떤 주체가 열반의 즐거움을 받느냐는 것이다.

가섭 보살의 물음에 대해서 부처님은 비유를 들어 대답하신다. 음식을 먹고 체한 사람은 그 음식을 토해 냈을 때 속이 편안하다. 미혹한 중생들에게 있어서 나라고 생각하는 모든 것과 내 것이라고 생각하는 모든 것은 먹어서는 안 될 음식과도 같다. 사람이 독약을 먹으면 물을 먹여서 토하게 하고 위장을 청소시킨다. 마찬가지로 나라는 생각, 내 것이라는 생각을 토하는 것은 몸 속의 독을 빼내는 것과 같다. 그곳에 불가사의한 즐거움이 있다. 일체의 윤회를 끊는 것은 우리가 받은 일체의 몸을 끊는 것과 같다. 몸을 받아 윤회하면 괴로움이 있거니와 일체의 몸을 받지 않을 때 그곳에 항상한 즐거움이 있다. 사람들은 보통 무엇을 뱃속에 넣는 식으로 먹어야만 즐거움이 있다고 생각하지만 배탈이 났을 때는 뱃속의 것을 토해 버려야 편안해지는 도리가 있다.

필자는 물을 좋아해서 자주 바다에 나가 수영을 한다. 먼 거리를 나가려고 한다거나 빠른 속도로 움직이려 하면 힘들고 지치지만 물과 파도에 몸을 맡기고 온몸의 힘을 빼면 그렇게 편안할 수가 없다. 언젠가 바다 밑의 모래와 바위를 보기 위해 물안경을 쓰지 않은 채 눈을 뜨고 물 속에서 오랫동안 노닌 적이 있다. 너무도 편안하고 너무도 황홀해서 숨을 쉬지 않고 이대로 죽어 볼까 하는 생각도 들었다.

물을 무서워하는 사람들도 있다고 들었다. 아마도 물 속에서 자기를 완전히 지워 버리고 물과 하나가 되는 법을 모르기 때문이 아닌가 생각한다. 어둠을 무서워하는 사람도 있다. 그러나 어둠도 대하기 나름이다. 자기 중심으로 생각하고 자기에게 집착하면 어둠으로부터 무엇이 나와서 자기를 해치지 않을까 겁이 난다. 그러나 자기를 하찮은 것으로 생각하고 어둠에 자기를 묻어 버리면 어둠은 무섭지 않다. 오히려 어둠 속에 자신을 숨길 수 있어서 편안한 생각이 들기까지 한다.
 바닷가 절벽 낭떠러지 위에서 바다를 바라보고 있노라면 뛰어내리고 싶은 충동을 느끼는 경우가 있다. 특히 파도가 절벽을 치고 거품을 품으며 흩어지고 물러갈 때 그 파도와 함께 부서지고 싶은 생각이 들기도 한다. 아주 극단적인 황홀경에서는 '나'라는 의식이 희미해진다는 것을 말하려고 하는 것이다. 일상 생활 속에서도 무아지경 즉 내가 없는 경지는 극히 행복하고 기분 좋은 심경을 뜻한다.
 그림을 그리는 사람이 자기 그림에 몰두하면 자신을 잊어버린다. 자기를 의식하면서 그리는 그림은 오직 상품을 만들기 위한 노동이지 예술 작업이 아니다. 완전히 무아지경에서 그리는 그림이 진정으로 우주의 신기가 서린 예술 작품이 된다. 자기를 지울 때 우주가 자기에게 들어올 수 있고, 우주가 화가의 손에서 기운을 낼 때 화가 개인이 아니고 우주가 그리는 그림이 나올 수 있다.
 글을 쓰는 일도 마찬가지이다. 소설가나 시인이 작업을 할 때 개인으로서의 자기를 완전히 버리고 어떤 신기를 부리느냐 않느냐에 따라서 그가 만드는 작품의 질이 결정된다. 신기가 들지 않고 인위적으로 쓴 글은 어딘가 표가 난다. 세상 사람들에게 감동을 주는 모든 문학작품들은 작가가 어떤 개아의 의식을 가지고 쓴 것이 아니라 무아지경에서 만들어진 것이다.
 가섭 보살은 무아의 열반과 즐거움을 누리는 주체가 모순된다고 지적했지만 실제로는 전혀 모순되지 않는다. 자기를 버리고 자기를 지워서 무아지경이 되는 사람만이 참으로 극에 달한 즐거움을 맛볼 수 있기 때문이다. 이것은 반대로 말해도 좋다. 행복이나 즐거움이 극에 달하면 사람은 무아지경이 될 수밖에 없다는 말이다.
 가섭 보살은 부처님의 가르침을 유도해 내기 위해서 짐짓 모르는 척하고 질문을 하지만 가섭 보살의 물음에는 불교에서 가장 경계하는 유사상 또는 실체사상이 들어 있다. 가섭 보살은 몸을 버린다고 할 때

버리는 것이 있고 열반을 얻는다고 할 때 새로이 얻는 것이 있다고 생각한다. 그러나 부처님의 기본적인 입장은 인연법이고 공사상이다. 부처님은 모든 것은 상호의존의 상태에 있기 때문에 한 가지도 공하지 않은 것은 없다고 가르친다. 우리가 항상 공한 상태에 있다면 우리가 버린다고 하지만 새롭게 버릴 것이 없다. 죽을 때에 몸을 버리고 죽는다고 생각하지만 사람의 늙음에는 헤아릴 수 없이 많은 죽음마디가 축적되어 있는 것이다. 사람이 세월을 사는 것은 계속적으로 자기의 몸을 버려 왔음을 의미한다. 사람의 삶 전체가 바로 버림의 연속이라고 가르치는 것이 공사상이다. 그런데 열반을 맞이해서 몸을 갑자기 버린다고 생각하는 것은 공사상에 위배된다는 말이다.

죽음으로 버린다고 해서 새삼스럽게 버릴 것이 없는 것과 마찬가지로 열반의 즐거움을 얻는다고 해서 새삼스럽게 얻을 것이 없다. 사람에게 괴로움이 있는 원인은 사람이 항상 버리는 상태에 있다는 것을 체달하지 못하기 때문이다. 찰나 찰나 버리는 상태에 있고 나라고 할 만한 것이 없다는 것을 확실하게 깨닫는 순간 괴로움이라고 생각했던 것이 실제로는 괴로움이 아니라는 것을 알게 된다. 괴로움이 그대로 즐거움이 된다. 그러므로 열반의 즐거움은 없던 것이 새로 나타나는 것이 아니라 본래 있던 것이 우리의 눈에 띄게 되었을 뿐이다.

부처님은 버려야 할 괴로움, 얻어야 할 즐거움 그리고 괴로움을 버리고 즐거움을 느껴야 할 주체를 말했지만 그것들은 모두 비유일 뿐이라고 한다. 비유를 할 때는 그 취지를 잘 알아야 한다. 얼굴이 달덩이처럼 환하다고 했을 때 이 비유는 오직 달처럼 둥글고 환하다는 것을 나타낼 뿐이다. 달이 지구를 돌듯이 얼굴이 지구를 돈다는 뜻은 아니다. 또 설탕이 눈처럼 희다고 했을 때 오직 흰 색깔만을 비유했을 뿐이지 설탕이 눈처럼 차다는 것까지 비유한 것은 아니다. 모든 것을 버린다는 말과 열반의 즐거움을 얻는다는 말도 비유적으로 쓰여졌기 때문에 오직 비유의 초점만 이해하도록 하라는 말이다.

72. 바른 법과 네 종류의 사람 (사의품 1)

> 늑대가 사슴들에게 겁을 줄 때 늑대를 항복받아서 산중 전체를 평화롭게 하듯이 우리도 내 마음속에 함부로 설치는 욕망의 늑대를 조복받아서 마음의 평화를 얻어야 한다.

대승을 배우는 사람은 번뇌를 무서워하지 않는다. 굳은 마음으로 대처해서 항복을 받는다. 부처님은 가섭 보살에게 《대반열반경》가운데에 바른 법을 수호하고, 세우고, 생각하면서 세상 사람을 위하는 네 종류의 사람이 있다고 말씀하신다. 번뇌의 성품을 구족한 사람, 수다원(須陀洹)과 사다함(斯陀含)을 얻은 사람, 아나함(阿那含)을 얻은 사람, 아라한(阿羅漢)을 얻은 사람이다.

그러나 가섭 보살은 그러한 네 종류의 사람에게는 의지하지 않겠다고 사뢴다. 왜냐하면 부처님께서 아무리 성인의 모습을 하고 나타나더라도 그가 참인지 거짓인지를 판정해서 의지하라고 했기 때문이다. 참과 거짓을 판단하는 이유는 마왕 파순도 성인의 모습으로 변장해서 나타날 수가 있기 때문이다.

부처님도 가섭 보살의 말이 옳다고 인정하신다. 육안을 가진 성문들을 위해서 소승의 네 종류 사람에게 의지해서 마군을 항복받으라고 한 것이지 대승을 배우는 사람에게 한 말이 아니라고 한다. 그러나 마군을 항복받는다는 점에서는 대소승을 가릴 것이 없다. 소승보다는 대승이 더욱 강력하게 번뇌의 마군에게 대처해야 한다는 것이다.

선남자여, 비유하건대 어떤 용이 흉악한 성질을 가지고 사람을 해하려 할 때에 혹은 눈으로 보기도 하고 혹은 기운을 불기도 하므로 모든 사자·호랑이·표범·늑대·이리·개 따위가 모두 공포를 내며 이런 짐승들이 소리를 듣거나 형상을 보거나 그 몸을 건드리기만 하여도 생명을 잃게 되느니라. 주문을 잘하는 사람이 주문의 힘으로써 이러한 악독한 용이나 금시조(金翅鳥)나 코끼리나 사자나 호랑이·늑대 따위를 잘 길들여서 타기도 하고 몰고 다니면 저 나쁜 짐승들이 주문하는 사람을 보기만 하여도 곧 조복되나니, 성문과 연각도 그와 같아서 마왕 파순을 보고는 공포를 내지만 파순은 조금도 두려워하지 않고 마군의 짓만 하느니라. 대승을 배우는 사람도 그와 같아서 성문들이 마군을 무서워하므로 대승에 대하여 신심을 내지 못함을 보고는 먼저 방편으로 마군을 항복받아 길들이고 조복하여 타고 다닐 수 있게 하고, 인하여 가지가지의 묘한 법을 연설하면 성문·연각들은 마군이 항복됨을 보고는 무서운 생각을 내지 않고 대승의 훌륭한 법에 대하여 믿고 좋아하는 마음을 내고 말하기를 우리들도 이제부터는 이러한 바른 법에 장난을 짓지 아니하리라고 할 것이니라.

또 선남자여, 성문과 연각은 번뇌에 대하여 공포심을 내거니와 대승을 배우는 사람은 이런 힘이 있으므로 내가 예전에 말한 것은 저 성문·연각들로 하여금 마군을 조복케 하려 함이었고 대승을 위한 것이 아니니라. 이 대열반의 미묘한 경전은 소멸하거나 굴복할 수 없는 것이니 매우 기특한 일이니라. 어떤 이가 듣고 받아 가지며 여래가 항상 머무르는 법인 줄을 믿으면 이런 사람은 대단히 희유하여 우담바라 꽃과 같으리니, 내가 열반한 뒤에 어떤 이가 이렇게 미묘한 대승경전을 듣고 믿고 공경하는 마음을 내면 이런 사람들은 오는 세상에서 백천억 겁이 지나도록 나쁜 갈래에 떨어지지 아니하리라.

부처님은 무서운 번뇌를 물리치는 방법을 무서운 짐승을 물리치는 방법으로 비유해서 설명하신다. 호랑이나 사자가 산중의 왕으로서 무섬기는 하지만, 용은 더욱 무섭다. 만약 흉포한 용이 성질을 부리고 악을 쓰면 모든 짐승들이 겁을 내고 달아난다. 일단 용이 무섭더라는 이미지가 머리 속에 입력되면 용의 형상만을 보아도 짐승들은 벌벌 떨게 된다. 그런데 어떤 도인이 모든 짐승들이 무서워하는 호랑이·사자를 비롯해서 용을 항복받고, 그것들에게 심부름을 시킨다면 모든 짐승들은 도인을 보기만 해도 그에게 굴복하고 도인의 말을 따르게 된다.

이 비유에서 소승의 성문은 흉포한 용을 무서워하는 호랑이나 사자와 같고 흉포한 용은 마왕 파순과도 같다고 한다. 그러나 대승을 배우는 사람은 호랑이나 용처럼 무섭게 설치는 번뇌에 대해서 두려운 생각을 내지 않는다. 사람들이 그것들을 무서워하는 것을 보고는 방편으로 마군을 항복시키고 그것들을 타고 다니기까지 하는 것을 보여 준다. 그러면 소승 성문들이 무서운 마군도 무너지는 것을 보고는 더 이상 번뇌에 대해 두려운 생각을 하지 않고 대승법을 믿어 받아들인다는 것이다.

우리는 세상을 떠들썩하게 한 조계사 개혁 운동을 기억하고 있다. 총무원에서 약 7개월 동안 머무른 후 산으로 다시 들어간 스님으로부터 소감을 들은 적이 있다. 스님은 총무원에 있어 보니 사찰의 주지나 권력의 문제가 너무 강하게 부각되어 마치 총무원의 모든 일이 권력이나 직책을 조정하는 곳처럼 생각될 정도라는 것이었다. 사람이 모이는 곳에는 조직이 있게 마련이고 조직이 있는 곳에는 힘의 문제가 대두되기 마련이다. 승속을 막론하고 모든 단체에는 힘의 기울기를 조절하는 문제를 피할 수가 없다.

그런데 조직에서의 힘이라는 것이 무엇일까. 넓은 의미에서 명예가 아닐까. 권력이나 재력을 누리고 휘두르는 것도 넓게 보면 일종의 명예를 누리는 것이라고 할 수 있다. 인간에게서 명예를 누리고자 하는 욕구는 대단히 강렬하다. 춥고 배고파서 명예를 누리려고 하는 것이 아니다. 다른 사람들로부터 인정받고 존경을 받고 싶어하는 본능이 세차게 꿈틀거리기 때문이다. 부처님이 흉포한 용이 겁을 준다고 한 것은 바로 인간의 마음에 있는 명예의 본능이 용트림하는 것을 나타내는 것이다. 사람들은 그 본능을 만나서 어찌할 바를 모른다. 생각으로는 명예를 누리는 것이 부질없다는 것을 알면서도 막상 자기 일로 당하게 되면 그 본능 앞에 무릎을 꿇고 만다. 어떤 이는 본능의 문제점을 의식하면서 굴복당하기도 하고 다른 이는 잘못된 것인지도 모르고 그냥 본능을 따라간다. 마치 고양이 앞에 쥐가 꼼짝하지 못하는 것과 같고 사자 앞에 토끼가 맥을 못 쓰는 것과 같다.

　사람들이 본능의 욕망에 굴복하고 있을 때 분연히 일어나서 그 욕망을 꺾는 사람이 있다면 사람들은 그것을 보고 자기도 시도해 보겠다는 의욕과 용기를 얻게 될 것이다. 욕심 없이 검박하게 사는 모범을 보이는 인물로 세상 사람들은 태국의 잠롱 시장을 꼽고 있다. 요즘에는 부총리가 되었다고 들었지만 방콕 시장으로 더 잘 알려져 있다. 그분은 관직에 있으면서도 나라로부터 나오는 차량이나 호화공관 같은 것을 모두 사양하고 빈민굴에서 생활한다고 한다. 또 자기가 받는 월급은 모두 자선기관에 보낸다고 한다. 이렇게 살기는 어렵다. 요즘에는 재래식 화장실에서 변을 보기 싫어하는 사람들이 많다. 필자가 살고 있는 절은 환경 문제 때문에 재래식 화장실을 이용하고 있는데 사찰을 방문하는 사람들 가운데는 재래식 화장실에 대해서 불평하는 이들이 있다. 이런 때에 태국 수도의 시장직·당수직·부총리직에 있는 사람이 빈민굴에 산다는 것은 세상 사람들에게 검박하게 사는 길을 충격적인 행동으로 보이는 셈이다.

　잠롱 시장의 모범은 속세의 일이거니와 부처님 집안에서도 무서운 욕망을 항복받는 일이 많다. 부처님은 왕궁을 떠나서 6년 동안 고행을 하는 모범을 보였다. 부처님 이후에 조사 스님들이 번뇌를 항복받는 모범의 예는 너무나 많기 때문에 여기서 다 들 수가 없을 것 같다. 현재 우리 곁에 생존해 있는 스님의 예를 보자. 절집에는 장좌불와라는 수행 생활법이 있다. 24시간 365일 눕지 않고 앉아서 참선 공부하는 것이다. 보통 사람은 하룻밤만 누워서 잠을 자지 않아도 피곤해 어찌할 바를 모른다. 그런데 장좌불와 수행을 10년 동안 계속한다거나 일생 동안 계속하는 사람이 있다면 인간의 본능을 과감히 제압하고 조복시키는 그의 용기와 결단은 너무도 대단한 것이다. 그런데 그렇게 수행하는 스님들이 현재 한국에도 많이 계신다. 해인사의 방장이신 혜암 큰스님, 태안사의 청화 큰스님, 도성암의 성찬 큰스님, 범어사 원효암의 지유 큰스님 등은 장좌불와로 이미 널리 알려져 있다. 그 외에 밖으로 드러내지 않고 장좌불와의 수행을 하는 스님네는 아주 많다.

    세상의 용기 가운데서 가장 큰 용기는 자기의 즐거움을 없이 하고 행하기 어려운 일을 행하는 것이다. 인간이 가진 명예욕·색욕·재물욕·권력욕 같은 것을 완전히 없애기는 참으로 어렵다. 만약 우리가 이 같은 욕망을 완전히 항복시킬 수 있다면 우리의 수행은 더욱 깊어지고 도는 더욱 높아질 것이다. 참선 수행하는 스님네들이 장좌불와를 한다고 해서 우리도 그와 같이해야만 수행이 되는 것은 아니다. 지금 내가 서 있는 이 자리에서 최선을 다해 내가 항복받을 수 있는 것만 항복받으면 된다. 남과 나를 비교해서 높이 올라가려고 하는 마음, 호화롭게 살고 싶은 마음, 이런 것들만 가라앉힐 수 있다면 그것만으로도 대단한 수행이 될 것이다. 늑대가 사슴들에게 겁을 줄 때 늑대를 항복받아서 산중 전체를 평화롭게 하듯이 우리도 욕망의 늑대를 조복받아서 세상을 평화롭게 만들어야 할 것이다.

73. 열반의 해가 뜨면 업의 안개는 사라져 (사의품 2)

> 안개가 자욱하더라도 해뜨기 전까지만 있을 수 있 듯이 나쁜 악업도 대승경전에 대한 신심을 내기 전 까지만 힘을 쓸 수 있다. 일단 불법을 닦기로 마음 을 정하기만 하면……

　열반의 해가 뜨면 업의 안개는 사라진다. 소승《열반경》을 읽을 때 우리는 늦게 출가한 한 비구가 부처님의 열반 소식을 듣고 기뻐하는 것을 본 바 있다. 그 늦깎이 비구는 부처님을 잔소리꾼으로 생각하고 부처님이 없는 것이 더 좋다고 말한다. 대승《열반경》에서도 부처님 은 그 어리석은 비구의 악업에 대해서 언급하신다.

　　선남자여, 어떤 나쁜 비구가 내가 열반에 들었단 말을 듣고는 수심하 지도 않고 '오늘 여래가 열반에 든 것은 매우 통쾌한 일이라며, 여래가 세상에 있으면서 나의 이익을 방해하더니 이제 열반에 들었으니 누가 다시 나의 이익을 빼앗으랴. 빼앗는 이가 없으면 나는 도로 옛날의 이 익을 얻을 것이며, 여래가 세상에 있을 적에는 계율로 금지함이 엄숙하 더니 이제 열반에 들었으니 모두 버릴 것'이라 하니…… 만일 이 경전 을 믿지 않는 이는 금생에 한량없는 고통의 시달림을 받고 여러 사람에 게 모욕을 당할 것이며…… 다만 용렬한 하등 사람만이 상종하고 국왕 이나 대신은 아는 체하지 아니하며 설사 그의 말하는 것을 듣더라도 그 이론은 믿어 주지 아니하느니라.

　소승《열반경》에 나오는 이야기를 여기 대승《열반경》에서는 부처님의 예언식으로 말씀하신다. 늦깎이 비구가 부처님이 안 계셔서 마음대로 할 수 있게 되었다고 말한 것은 부처님이 열반하고 일주일이 지난 후였다. 그러나 여기에서는 아직 살아 계신 부처님이 미래의 일을 예언하는 형식으로, 늦깎이 비구처럼 부처님을 비방할 사람들을 경계하고 계신다.

늦깎이 비구의 부처님에 대한 비방은 대승경전에 대한 비방으로 해석된다. 그래서 부처님은 대승경전을 비방하는 사람이 받게 되는 갖가지의 고난과 고통을 열거하신다. 너무 길기 때문에 관심이 가는 것만 보기로 하자. 먼저 이 《열반경》을 믿지 않는 사람은 고통과 시달림을 받고 다른 사람으로부터 모욕을 당한다고 한다. 세상을 살아가는 데 있어서의 모든 괴로움은 여기에 다 포함된다. 우리가 고달프고 괴로운 것은 어떤 개인이나 단체로부터 시달림을 당하고 모욕을 당하기 때문이다. 사람이 보다 잘되려고 노력하는 이유 가운데는 본인이 의식하거나 않거나에 관계없이 다른 이로부터 손가락질을 받지 않으며 살고자 하는 의지가 포함되어 있다. 부처님은 대승경전을 비방하는 이에게는 모욕과 시달림을 받는 과보가 뒤따른다고 설하신다.

또 부처님은 대승경전을 비방하는 데서 오는 과보 가운데 재미있는 것을 말씀하신다. 사회적인 지위가 높은 사람들로부터 인정을 받지 못하고 아무리 합당하고 중요한 말을 하더라도 다른 사람들이 믿어 주지 않는다는 것이다. 세상에는 똑똑한 사람도 많고 착한 사람도 많다. 또 좋은 원력을 가진 사람도 많다. 그러나 똑똑하고 착한 사람이 모두 잘되는 것은 아니다. 세상 사람들이 알아 주지 않으면 가지고 있는 능력을 발휘할 수가 없다. 또 세상을 잘되게 하는 기상천외한 생각이 있다 하더라도 그것을 들어주고 채택하는 사람이 없으면 좋은 생각은 그냥 버려지고 만다. 대승경전을 비방하면 바로 훌륭한 사람으로부터 인정을 받지 못하는 과보를 받는다는 것이다. 그리고 천한 사람들과 어울리게 되고 마침내는 자신이 천하게 된다고 했다. 부처님 말씀이 아니라고 하더라도 좋은 이야기를 하는 사람이 있으면 그의 말에 귀를 기울여야 한다. 남의 말을 무조건 부정하면 상대로부터도 좋은 대접을 받을 수가 없다. 하물며 부처님의 말씀을 믿지 않고 부정하거나 비방하는 사람이라면 다른 면에서도 긍정적이기보다는 부정적인 삶을 살 것이다. 그런 사람에게 일이 잘될 리가 없다.

《열반경》에서 대승을 비방하는 과보를 말할 때 사회적인 지위의 높고 낮음이나 천격과 귀격을 나누는 것은 모든 생명의 평등을 가르치는 부처님의 정신에 부합하지 않는 것이 아니냐고 생각하는 이도 있을지 모르겠다. 그 말이 맞다. 부처님의 기본 정신은 모든 생명을 평등하게 생각하는 것이다. 일체의 귀천을 두지 않는 것이다. 그러나 그것은 원리의 입장에서 본 것이고 현실의 사변적인 입장에서 보면 복을 짓는 사람과 업을 짓는 사람 사이에는 분명히 차이가 있다. 불법을 닦고 깨달음을 얻는 것도 복이 있어야 가능하다. 지금 《열반경》을 읽고 계신 독자들도 대승경을 읽을 수 있는 복을 누리고 있다. 부처님이 대승법을 비방하는 과보를 말하는 의도는 업을 짓는 사람들을 복을 짓는 사람으로 전환하기 위해서이다. 결코 사람들에게 나쁜 과보를 주기 위해서가 아니다. 그러므로 중생으로서의 우리는 평등을 가르치는 부처님이 빈부귀천을 나누는 것을 옳다 그르다고 생각하지 말고 대승경전의 가르침을 익히고 따르도록 노력하는 데만 주력해야 할 것이다.

《열반경》과 같은 대승경전을 비방하는 사람에게는 재앙이 있고 불경의 가르침을 믿고 행하는 이에게는 복이 있다는 말씀을 하신 부처님은 이제 대승법을 믿지 않는 마음을 바꾸는 것이 중요하다고 강조하신다.

선남자여, 비유하건대 안개가 아무리 자욱하더라도 해뜰 때까지만 있는 것이요 해가 뜨면 할 수 없이 스러지나니, 선남자여, 모든 중생의 지은 나쁜 업도 그와 같아서 세상에 머물러 있는 세력은 대열반의 해를 볼 때까지니, 대열반의 해가 뜨면 모든 나쁜 업이 소멸하게 되느니라. 또 선남자여, 어떤 사람이 출가하여 머리를 깎고 가사를 입었으나 사미의 십계를 받지 못하였을 적에 어떤 장자가 스님네의 공양을 청하면 대중과 함께 가서 공양을 받나니 계는 비록 받지 못하였으나 대중 축에 들어 있는 까닭이니라. 선남자여, 어떤 사람이 처음으로 마음을 내어 대승경전인 《대반열반경》을 배우고 지니고 쓰고 읽고 외우는 이도 그와 같아서 지위가 비록 십주(十住)에 이르지 못하였더라도 이미 십주 총중에 들었음이니라.

대승불경에 대한 신심을 강조하기 위해서 부처님은 아주 멋있는 비유를 쓰신다. 안개가 아무리 자욱하더라도 해뜨기 전까지만 있을 수 있듯이 사람들에게 있는 나쁜 악업도 대승경전에 대한 신심을 내기 전까지만 힘을 쓸 수 있다는 것이다. 일단 불법을 닦기로 마음을 정하기만 하면 당장에 중생의 업이 부처의 업으로 바뀌어지는 것이다. 마치 불도를 닦는 데는 초심자라고 하더라도 비구 대중 가운데 끼이기만 하면 대중 스님과 함께 공양 초청을 받는 것과 같다고 한다.

안개가 아무리 진하다 하더라도 오직 해뜨기 전까지만 있다고 하는 비유 외에도 오랜 기간의 악업도 마음을 돌리면 순식간에 없어질 수 있다는 것을 나타내는 여러 가지의 비유가 있다. 하나는 안개의 비유를 어둠으로 돌린 것이다. 아무리 오래 된 동굴의 어둠이라 하더라도 일단 불빛이 비치기만 하면 순식간에 천년 묵은 어둠이 사라지는 것이다.

꿈을 이용한 비유도 있다. 꿈속에서 아무리 오랜 기간 동안 죄를 지었다고 하더라도 일단 꿈을 깨기만 하면 모든 죄업이 순식간에 사라진다는 것이다. 일생 동안의 죄업이 마음을 바꾸거나 깨달음을 얻는 순간 소멸된다는 말은 49재 법문에서 많이 들을 수 있다. 망인이 생전에 알게 모르게 죄를 지었다고 하더라도 다른 몸을 받으려고 하는 49일 동안에 과거를 뉘우치고 새로운 신심을 발하면 극락 세계에 왕생할 수 있다는 것이다. 《열반경》에서도 마찬가지이다. 사람들이 소승만을 믿고 대승을 비방하는 일이 있었다고 하더라도 일단 《열반경》을 맞이해서 부처님의 가르침을 받아들인다면 과거의 모든 죄업이 해뜰 때 안개가 사라지고 꿈을 깬 후에 꿈속의 죄업을 찾을 수가 없듯이 소멸된다는 것이다.

우리 자신들의 마음을 돌아보면 눈앞의 물질적인 이익과 손해에 대해서는 재빠른 반응을 보이고, 영원의 목숨을 사는 참다운 이익에 대해서는 무딘 관심을 보인다. 대승불경을 읽고 그 안의 가르침을 새기고 살아가면 좋은 줄 알기는 하지만 행동이 따라가지 못한다. 수행을 잘하는 스님들의 예를 보면 우리도 그 길을 따르고 싶지만 막상 나서려고 하면 업으로 뭉친 몸이 우리를 주저앉힌다. 그리고 마음의 안팎이 다르다. 겉으로는 천사의 모양을 하고 있지만 속에는 악마가 꿈틀거리고 있다. 그러나 아무리 우리의 업이 두텁고 신심이 부족하다고 하더라도 실망할 필요는 없다. 일단 부처님의 가르침을 따라 살기로 마음을 내기만 하면 과거의 업이 순식간에 녹아지기 때문이다.

불신상주와 실유불성 즉 부처님의 법신이 이 세계에 항상 머물고 모든 중생에게 불성이 있다고 하는 《열반경》의 가르침은 깨달음의 해가 항상 떠 있음을 나타낸다. 현실 세계에서는 지구의 자전과 공전에 따라서 해가 보이기도 하고 보이지 않기도 하지만 《열반경》의 가르침에서는 해가 항상 그 자리에 있다고 한다. 단지 해를 보지 못하고 구름이나 안개나 어둠만을 보는 것은 순전히 우리 자신의 문제다. 눈을 뜨기만 하면 법신의 해는 바로 그 자리에 있다. 지혜의 눈을 뜨고 《열반경》을 믿으면 좋은 사람이 우리를 알아보고 우리를 믿어 주고 우리를 도와줄 것이다.

74. 방편으로 파계한 이는 공경해야(사의품 3)

> 중생이란 참다움보다는 거짓에 가깝고 선보다는 악에 가깝기 때문에 가지가지의 거짓과 악을 저지름으로써 사람들에게 접근할 수도 있다. 구제 방편으로 악을 범하는 이에게는……

정법 보호를 위해서 방편으로 파계하는 이를 공경해야 한다고 한다. 가섭 보살이 부처님에게 여쭌다. 계행을 잘 지키는 연로한 스님이 젊은 스님에게 도에 대해서 묻고자 할 때 예배를 해야 하는 것인지 또는 계행을 잘 지키는 젊은 스님이 계행을 파한 연로한 스님에게 도를 물을 때에 예배를 해야 하는 것인지, 또는 출가한 스님이 속가에 있는 사람에게 도를 물을 때에 예배를 해야 하는 것인지 확연하게 알 수 없다는 것이다. 부처님은 평소에 도를 가르쳐 주는 이를 스승으로 삼으라고 하신다. 그래서 상대가 자신보다 어린 사람이거나 계행을 파한 사람이거나 속인일 경우에 그를 스승으로 받들어 모셔야 하는 것인지 아닌지가 아리송하다는 말이다.

가섭 보살의 질문에 대해서 부처님은 이런 예를 드신다. 한 나라의 임금이 갑자기 죽었다. 죽은 왕의 대를 이을 아들은 나이가 어리다. 그때에 재물과 권속이 많은 천민 계급의 사람이 있었는데 그는 그 기회를 잡아서 나라를 뒤집고 왕권을 탈취했다. 그러자 지식인들과 정의감이 있는 사람들은 다른 나라로 도망쳐 나가거나 설사 그 나라에 남아 있다고 하더라도 왕권 탈취자에 대해서 항상 악감정을 가지고 있었다. 그러자 왕권 탈취자는 자신의 왕권을 인정하고 자신을 돕는 상류층 사람에게는 나라의 반을 주겠다는 제의를 했다. 또 위협을 하기도 했다. 만약 상류 지식인들이 한 명도 자신에게 협조하지 않으면 모든 상류층 사람들을 천민들과 같이 살도록 하겠다는 것이다. 그렇지만 지조 있는 지식인들은 그 말에 끄떡하지도 않았다. 아무도 왕권 탈취자에게 자신의 지조를 팔려고 하지 않았다. 그때에 준수하고 실력 있는 한 지식인 청년이 왕권 탈취자에게 협조하겠다고 나서자 상류층 지식인들은 청년을 꾸짖었다. 지식인으로서의 도리를 저버리고 불의와 타협해서 이권을 얻으려고 해서야 되겠느냐는 것이었다. 그럼에도 불구하고 청년은 왕권 탈취자와 뜻을 같이하게 되었고 약속대로 왕권 탈취자로부터 나라의 반을 받았다. 그러나 청년이 왕권 탈취자와 손을 잡은 것은 권력과 부를 누리려는 데 뜻이 있지 않았다. 틈을 보아서 왕권 탈취자를 왕의 자리에서 몰아내기 위해서 방편으로 불의에 협력하는 모양을 지었다. 마침내 기회를 잡아서 왕권 탈취자를 왕궁에서 쫓아 내게 되었다. 그러자 온 나라의 상류층 지식인들은 청년의 진의를 알고 청년의 지혜와 용기를 높이 찬탄했다.

이상이 부처님이 든 비유의 대강 줄거리이다. 부처님의 말씀을 현대식으로 약간 바꾸었다. 이 비유를 들고 난 부처님은 가섭 보살의 질문에 대해서 다음과 같이 말씀하신다.

선남자여, 내가 열반한 뒤에 바른 법을 보호할 보살들도 그와 같아서 방편으로써 계를 파한 이나 이름만 빌린 이나 모든 부정한 것을 쌓아두는 스님들과 더불어 모든 사업을 함께 하거든, 그때의 보살들도 비록 그가 계율을 범하였더라도 계행을 비방하는 나쁜 비구들을 다스리기 위함인 줄을 알고 곧 그이에게 가서 공경하고 예배하고 네 가지 일로 공양하며 경전이나 모든 필요한 물건을 받들며, 자기에게 없거든 방편을 써서 단월에게 빌려서라도 이바지하여야 하나니, 이런 일을 위하여서는 여덟 가지 부정한 것도 저축할 것이니라. 왜냐하면 이 사람은 저런 나쁜 비구들을 다스리기 위한 것이니 마치 동자가 전다라를 몰아내는 일과 같은 까닭이니라. 이때에 보살들은 비록 이런 사람에게 공경하고 예배하며 여덟 가지 부정한 것을 받아 쌓더라도 죄가 없나니 그 이유는 이 보살이 나쁜 비구들을 배척하고 청정한 스님네로 하여금 편안히 머물게 하기 위함이며 대승 방등경전을 유포하여 모든 천상과 세간 사람들을 이익케 하기 위함일세라…… 어떤 사람이나 만일 법을 수호하려는 이가 파계한 스님과 함께 일을 하는 것을 보고 죄가 있다고 말하는 이가 있으면 그런 사람은 스스로 재앙을 받을지언정 법을 수호하는 사람은 죄가 없는 줄 알아야 하느니라.

만약 어떤 사람이 부처님 법을 전하고 정법을 보호할 목적으로 일부러 다른 사람들과 어울리기 위해서 계행을 파하거나 재물을 끌어 모았다면 그에게 예배하고 공양해야 한다고 한다. 마치 앞의 예에서 든 청년이 방편으로 나쁜 사람과 어울려서 나쁜 사람을 물리치면 죄가 안 되듯이 불도를 닦는 사람은 정법을 지키기 위한 방편으로 나쁜 사람들과 어울리더라도 죄가 되지 않는다는 것이다. 오히려 그런 방편 지혜의 사람을 알아보지 못하는 사람에게 죄가 있다는 것이다.

《열반경》은 참으로 특이한 경전이다. 앞에서 부처님은 정법을 지키기 위해서라면 불법을 닦는 사람이 창칼 같은 무기를 들어도 좋다고 허락하셨다. 여기에서는 정법을 지키기 위해서 술수를 부려도 좋다는 말씀을 하신다. 어떤 악인이 있을 경우에 필요하다면 그 악인과 같은 무리가 되어서 나쁜 일을 하다가 기회를 보아서 악인을 물리치라는 것이다. 《열반경》은 살생만 하지 않는다면 온갖 방법을 다 동원해서라도 부처님 법을 지키고 전해야 한다는 입장이다.

육식이야 건강을 생각해서 허락한다고 하지만 술과 담배는 아무런 이익이 없다. 더욱 이해할 수 없는 일은 담배를 피우는 것이다. 담배는 연기로 주위 사람들에게 피해를 주고, 담뱃재와 담배꽁초는 환경을 더럽힌다. 담배꽁초와 술이 섞이면 그 지독한 냄새는 참을 수가 없다.

필자에게도 가섭 보살이 질문한 것과 같은 처지에 이른 적이 있다. 나 자신은 담배를 피우지 않고 상대는 담배를 피우는 사람인데 필자가 상대에게 도를 묻기 위해서 예배와 공양을 올려야 하는 입장이 된 것이다. 필자는 깊이 생각하지 않고 상대에게 경의를 표하기는 했지만 마음속에서는 무엇인가 잘못되었다는 생각을 했다.

그러나 필자도 도시를 다니면서 도시의 때가 묻게 되었다. 세상에는 술 마시는 사람도 많고 담배 피우는 사람도 많다는 것을 알게 되었다. 담배 피우는 사람과 일생을 같이 사는 사람도 헤아릴 수 없이 많다는 것도 알게 되었다. 예전에 담배를 피운다는 이유로 엉터리라고 생각했던 사람들을 다시 관찰해 보니 그들에게도 담배를 피우는 이유가 있었다. 담배를 피움으로써 상대와 대화가 편안해질 수 있다는 것이다. 엄숙한 분위기에서 이야기하면 잘 안되는 일도 담배를 피우고 술을 마시면서 이야기하다 보면 일이 되는 쪽으로 풀리는 수가 많다는 것이다. 평소에 절대로 담배를 피우지 않던 사람이 상대를 교화하기 위해서 담배를 피우는 것을 볼 때 존경심이 생기기까지 하였다. 그래서 요즘에는 담배를 피우는 사람에 대해 경계하는 마음이 없어졌다.

예전에는 사업을 하는 사람은 술을 마실 줄 알아야 했다. 술자리가 아니면 사업이 제대로 풀리지 않았기 때문이다. 어떤 불자의 남편은 일거리를 맡기 위해서 사업하는 사람들과 술 마시는 일을 오랜 기간 동안 계속하다 보니 마침내 간장에 이상이 생기게 되었다고 한다. 예전에는 술을 마시는 사람들이 술이 좋아서 마시는 줄로만 알았는데 실제로는 그렇지 않다는 것을 알고 이제는 그들의 인내에 감탄하게 되었다.

불법을 펴는 데는 방편이 중요하다. 팔만 사천의 법문이 있는 이유는 팔만 사천의 다른 근기가 있기 때문이다. 중생의 근기를 생각하지 않고 내 원칙에 따라서만 포교를 하겠다고 주장하는 사람이 있다면 그는 남을 위하겠다는 생각을 내는 사람이 아니라 자기 원칙에 따라 살겠다는 사람이다. 물론 좋은 방향으로 세운 자기 원칙을 지키는 사람이 그렇지 않은 사람보다 훌륭하기는 하지만 대승 보살도의 정신은 사람들을 구하는 것이다. 자기가 옳다는 것을 내세워서 배짱을 부리려는 것이 아니다. 중생들에게 불심을 심어 주기 위해서는 자기의 원칙을 굽히고 중생들과 같이 어울릴 수 있어야 한다.

　중생에게 접근하는 길이 어찌 담배를 피우고 술을 마시는 일만 있겠는가. 중생이란 참다움보다는 거짓에 가깝고 선보다는 악에 가깝기 때문에 가지가지의 거짓과 악을 저지름으로써 사람들에게 접근할 수도 있다. 부처님은 이런 사람에게 예배와 공양을 올리라고 가르치신다. 악을 저지른다고 해서 무조건 배척하지 말라고 하신다. 물론 조건이 있다. 존경해야 할 상대가 중생을 구하고 중생에게 다가가기 위한 방편으로 악을 행해야 한다는 것이다. 이 방편을 악용해서 자신이나 남의 죄악을 합리화하려고 해서는 절대 안 될 것이다.

75. 본래의 계는 있다 (사의품 4)

> 좋은 일을 하고 뽐내면서 으스대는 사람과 나쁜 일을 했으나 겸손하게 뉘우치는 사람이 있을 경우 앞으로 잘 될 가능성이 더 많은 쪽은 후자이다.

방편으로 파계하더라도 참회하면 본래 받아서 가슴에 지닌 계율은 항상 살아 있다. 가섭 보살이 부처님에게 여쭌다. 대승 보살이 정법을 보호하기 위해서 방편으로 계를 파하고 결과적으로 계를 철저하게 지키지 못할 경우 그 보살에게 본래 받은 계율이 아직 살아 있느냐는 질문이다. 부처님은 이렇게 대답하신다.

선남자여, 너는 그런 말을 하지 말라. 왜냐하면 본래 받은 계는 그대로 있어 잃은 것이 아니요, 설사 범하였더라도 참회하면 깨끗하니라. 선남자여, 마치 낡은 둑이 구멍이 뚫리면 물이 새듯이 사람이 막지 아니하는 연고며 막기만 하면 새지 않느니라. 보살도 그러하여 비록 파계한 사람과 함께 포살(布薩)하고 계를 받고 자자(自恣)하고 중의 일을 같이하더라도 본래 있는 계율은 낡은 둑이 새는 것과는 같지 아니하니, 왜냐하면 만일 청정하게 계율을 가지는 이가 없으면 스님네가 줄고 느그러짐과 게으름이 날마다 늘려니와 청정하게 계를 가지는 이가 있으면 곧 구족하여 본래 받은 계를 잃지 아니하리라. 선남자여, 법(乘)에 느즈러진(緩) 이는 느즈러졌다 하려니와 계에 느즈러진 이는 느즈러졌다 아니하느니라. 보살마하살이 대승에 대하여 마음이 게으르지 아니하면 계율을 받든다고 이름하나니, 바른 법을 수호하기 위하여 대승의 물로 목욕하므로 보살은 비록 현재에 계를 파하여도 느즈러졌다고 하지 않느니라.

부처님은 방편으로 계를 파하더라도 참회하면 본래의 계가 없어지지 않는다고 말씀하신다. 이를 설명하기 위해 낡은 둑을 비유로 든다. 둑을 관리하지 아니하고 오래 방치하면 큰비가 왔을 때 한 쪽이 터지거나 구멍이 생길 수가 있다. 저수지에 모이는 물의 양이 지정된 통로로 흘러나가는 물의 양보다 많을 경우 잘못되면 둑 전체가 한꺼번에 무너져서 피해가 생길 수 있다. 그럴 때는 일부러라도 둑에 구멍을 뚫어서 물이 잘 빠지게 해야 한다.

언젠가 한여름에 비가 많이 와서 한강 물이 넘칠 지경에 이른 적이 있었다. 인천 앞바다로 흘러내려 가는 물보다 훨씬 더 많은 양이 한강으로 흘러내려 서울 시내를 덮치게 된 것이다. 그때 일산 지역의 한강 둑이 무너져서 큰 물이 일산 지역을 휩쓸었다. 일산 지역 주민들은 그로 인해 큰 피해를 보았다. 사람들은 서울 도심 지역의 피해를 줄이기 위해서 일부러 피해가 적은 일산 지역으로 물길을 터준 것이 아닌가 하고 의심을 하기도 했지만 그 내막은 알 수가 없다. 그러나 설사 고의로 일산 지역으로 한강 물이 빠지게 했다고 하더라도 나라 전체로 보면 피해를 줄인 것이라고 국민들은 공감하고 있었다. 아울러 국민들 특히 서울 중심가에 사는 사람들은 일산 지역의 수해 주민들에게 충분히 보상해야 한다고 생각했고 수해를 입은 일산 지역 주민들에 대해서 미안해 했다.

물이 많아져서 둑에 구멍이 생겼을 때 큰 물을 빼고 난 후에 둑의 구멍을 다시 막으면 본래의 물이 새지 않는 둑이 된다. 마찬가지로 정법을 보호하는 사람이 필요에 의해서 방편으로 계를 파했을 경우 다시 참회하고 계를 지키면 본래의 계로 회복된다는 것이다.

부처님은 대승법을 지키는 일과 대승계를 지키는 일이 상충될 때 대승계를 지키기보다는 대승법을 지키는 일에 우선 순위를 두어야 한다고 말씀하신다. 대승법을 지키는 데 소홀한 사람이 있으면 그를 보고 게으르고 무책임하다고 하거니와 대승법을 지키기 위해서 일시적으로 계를 파하는 사람에게는 게으르고 무책임하다고 말할 수는 없다는 것이다. 보살이 대승법을 지키는 일에 소홀하지 않으면 그는 부지런한 사람이라고 할 수 있고, 정법을 보호하기 위한 방편으로 계율을 지키지 않는 데서 생기는 더러운 때는 다시 참회라는 목욕물로 씻어 내면 된다는 것이다.

부처님은 정법을 지키기 위해서 무기를 드는 것도 허락하고 속임수의 음모를 쓰는 것도 허용한다. 이제는 계율을 파하는 것조차도 허락한다. 《열반경》의 대의 가운데 하나가 계율을 강조하는 것이지만, 그렇게 가르치고자 하는 계율을 희생하면서까지라도 정법을 지켜야 한다는 입장이다. 부처님 법을 다치지 않게 하느냐 계율을 지켜야 하느냐 하는 양자택일의 기로에 있을 때 대승법을 따르는 사람은 불법을 지키는 길을 택해야 한다는 것이다.

그런데 어떤 것이 정녕 우리가 계율을 희생하면서까지 보호해야 할 부처님의 정법이냐에 대해서 단정적으로 대답하기는 쉽지 않다. 현재 한국불교는 선 중심의 통불교를 표방하고 있지만 그것을 떠받치는 기반은 기복불교이다. 신도들 가운데 참선하거나 교리공부를 하는 사람이 많기 때문에 한국불교가 지탱되는 것이 아니다. 이만큼이라도 유지해 나가는 저변에는 기복불교가 주류를 이루고 있다. 그렇다면 신도들의 복을 빌어 주는 일에 몰두해서 신도들을 모으고 불교를 발전시켜야 하는데 세간적인 복을 비는 일은 영원의 목숨을 가르치는 《열반경》의 근본정신과 완전히 일치된다고 말하기가 어렵다. 또 절집에서 살림을 하다 보면 이익을 추구하는 개인이나 집단과 호흡을 맞추어야 할 때도 있다. 그럴 때면 스님네가 이렇게 사는 것이 중노릇의 전부여서야 되겠는가 하는 회의를 가지기도 한다. 이 경우 불교를 발전시키기 위해 사찰이나 종단의 발전을 위해서 정법이라고 생각되는 것을 제쳐 두어야 하는 것인지, 아니면 자기가 생각하는 정법의 불교를 구현하기 위해서 현실을 부수어야 하는 것인지 판단하기가 쉽지 않다.

비구승이라는 전통을 지켜 온 조계종의 입장에서 보면 해방 후 수십 년 간에 걸친 정화운동 즉 절집에서 대처승을 몰아내기 위한 싸움은 극히 정당한 것이었다. 그러나 물질적인 발전에 초점을 맞추고 한국불교의 역사를 뒤돌아볼 때 그와 같은 싸움으로 많은 삼보 정재와 수십 년의 시간을 허비하지 않았다면 한국불교는 지금의 서양 종교의 발전을 훨씬 상회하는 참으로 대단한 발전을 이룰 수도 있지 않았겠나 하는 생각도 할 수 있다. 물론 이것은 순전히 가정일 뿐이다. 정화운동이 일어나지 않았다면 한국불교는 더 죽었을지도 모른다.

우리는 《열반경》의 가르침을 조심스럽게 받아들여야 한다. 정법을 지킨다는 명목으로 함부로 방편을 쓰거나 계를 파해서는 안 된다. 계율을 지키는 일보다는 정법을 지키는 일이 우선이라고 하는 원칙은 분명하지만 어떤 것이 정법이며 어떻게 해야 진정으로 정법을 지킬 수 있느냐 하는 것은 간단한 문제가 아니다. 깨달음의 지혜가 아니면 쉽게 판단할 수 없는 난제이다.

대승불교에는 큰 약점이 있다. 마치 헤겔의 변증법에서 정반합을 끊임없이 반복해 올라가서 참으로 바른 것을 찾듯이 부처님 법에서도 어떤 고정된 이상을 두지 않고 끊임없이 더 높은 이상을 향해서 올라가는 장점이 있기는 하지만 만약 어떤 사람이 이와 같이 터놓은 점을 개인의 허물을 합리화하는 데 악용한다면 그런 사람에 대해서 대승불교는 손쓰기가 쉽지 않다는 것이다. 미혹에 쌓인 개인의 업에 의해서 계행을 파하고는 정법을 보호하기 위해서 방편으로 계행을 파했다고 주장하는 사람이 있을 경우 대승불교는 그런 사람을 처리하기가 곤란하다는 것이다.

방편으로 계행을 파한 사람이 참회의 목욕물로 본래 지니고 있던 계를 되살리는 문제가 있다. 불교의 기본정신에서 보면 설사 방편으로 계를 파한 것이 아니라 자기 통제가 무너짐으로써 계율을 파했다고 하더라도 참회하면 잘못은 녹아 없어진다. 계율에 정해진 죄목 가운데는 참회로 용서되는 것과 용서되지 않는 것이 있다. 계율은 승단이라는 조직의 질서를 잡기 위한 것이고 종교적 또는 철학적인 입장에서 보면 참회한 사람은 반드시 용서받을 수 있다. 물론 그 용서가 금생 내에 이루어질 수도 있고 오랜 억겁의 생을 거쳐야만 하기도 하지만 참회할 경우 모든 죄가 용서된다는 원칙만은 분명히 서 있다.

좋은 일을 성취하고 뽐내면서 으스대는 사람과 나쁜 일을 했으나 겸손하게 뉘우치는 사람이 있을 경우 앞으로 잘될 가능성이 더 많은 쪽은 나쁜 일을 저질렀지만 잘못을 깨닫고 참회하는 사람이다. 모든 방면에서 어떤 성취를 이루었다고 해서 자만하는 사람은 세간·출세간을 막론하고 잘못된 길로 빠질 확률이 더 많다.

그런데 참회하면 용서된다고 해서 참회를 미루고 계속해서 잘못을 저지르면 안 된다. 연장된 참회는 불순한 것이 된다. 잘못을 깨닫는 순간 바로 그 자리에서 참회하는 것이 정법의 불도라는 큰 길로 들어서는 힘이 된다.

76. 파계인과 지계인의 구별법 (사의품 5)

> 공부를 잘하는 스님네에게는 공부를 잘하기 때문에 예배를 올리면 좋고 공부가 부족한 스님네에게는 더욱 열심히 도를 닦아서 중생을 구제해 주십사는 의미로 예배를 올리면 좋다.

가섭 보살은 부처님에게 스님네의 파계와 지계를 어떻게 구별하느냐고 여쭌다. 부처님은 중생의 육안으로 봐서는 알기 어렵다고 대답하신다. 중생 세계에서는 스님들이 금지된 물건을 받지 않고 외관상으로 계율을 파하지 않으면 사람들로부터 예배와 공양을 받지만 겉모습만 가지고 스님네의 내면 세계를 판단하기는 어렵다. 중생의 육안으로는 외모로 계율을 지키고 지키지 않음을 판단하기 어렵다는 것을 나타내기 위해서 비유를 든다.

나무와 열매의 형태가 비슷한 두 종류의 과실목이 있다. 열매의 맛까지도 구별하기가 어렵다. 그런데 한 나무의 열매는 먹으면 약이 되고 기운을 얻지만 다른 나무의 열매에는 독이 들어 있다. 그 열매를 먹으면 독이 스며들어 죽게 된다. 한 여인이 약 나무와 독 나무가 뒤섞인 숲에 가서 열매를 따다가 시장에서 팔았다. 여인에게서 열매를 사 먹은 사람이 죽었다. 사람들이 여인에게 열매를 어디서 따왔느냐고 물었다. 여인의 설명을 들은 사람들은 그녀에게 그 숲은 독 나무가 열 개라면 약 나무는 한 개에 불과하다고 말했다. 여인과 여인에게서 열매를 사 먹은 사람은 다같이 독 나무와 약 나무를 구별할 줄 몰랐던 것이다.

이 예에서의 여인이나 여인에게서 열매를 사 먹는 사람과 마찬가지로 우리 중생들은 참다운 스님과 거짓 스님을 구별할 수 없다는 것이다. 부처님의 말씀을 들어 보자.

선남자여, 어떤 도시에 사는 약장사가 설산에서 나는 좋은 약을 팔면서 다른 약도 팔았는데 맛이 좋기는 비슷하였다. 그때 사람들이 모두 설산에서 나는 약을 사려 하였으나 분별할 수 없으므로 약을 파는 곳에 가서 설산에서 나는 약이 있느냐고 물었다. 약장사가 있다고 대답하고 다른 약을 주면서 설산에서 나는 약이라고 속였더니 약을 사는 사람은 잘 분별하지 못하고 약을 사가지고 가서 설산에서 나는 좋은 약을 얻었다고 좋아하였다. 가섭이여, 성문 대중 가운데는 이름만 빌린 중도 있고 진실한 중도 있고 화합한 중도 있으며 계행을 갖는 이도 있고 계율을 파한 이도 있는데 이 중들에게 평등하게 공양하고 공경하고 예배하나니. 이 우바새가 육안이어서 분별하지 못하는 것이 마치 약을 사는 사람이 설산의 좋은 약을 분별하지 못하는 것과 같느니라. 누구는 계행을 가지고 누구는 계행을 파하며 누구는 참 중이고 누구는 가짜 중인 것은 천안통을 얻은 이라야 아느니라.

독 나무와 약 나무의 열매를 혼동하는 비유에 이어서 부처님은 맛은 비슷하지만 원산지와 효과가 다른 약의 비유를 드신다. 설산에서 나는 약을 도시에서 파는 사람이 있다. 설산에서 나는 약은 복용하기만 하면 효과가 대단히 좋다. 만병통치약과도 같다. 그런데 그 약은 아주 희귀해서 구하기도 어렵고 값도 비싸다. 그러므로 약장사는 설산에서 나는 약과 비슷한 모양의 가짜를 가져다 진짜 약이라고 판매한다. 사람들은 육안으로 어느것이 진짜 약인지 또는 가짜 약인지 구별할 수가 없다. 가짜 약을 사가지고는 진짜 약이라고 좋아한다.
앞의 두 가지 비유와 마찬가지로 비구 대중 가운데는 이름만 빌린 이도 있고 진실한 이도 있다고 부처님은 말씀하신다. 또 계행을 갖는 이도 있고 갖지 못하는 이도 있다고 한다. 우리 중생들은 육안으로 분별할 수 없기 때문에 무조건 평등하게 스님네를 공경해야 한다고 한다. 공경해야 할 스님네와 공경하지 않아야 할 스님네를 가리는 일은 천안통을 얻어야만 가능하다고 한다. 부처님은 모양이 같은 독 나무 열매와 약 나무 열매의 이야기 그리고 설산의 약과 가짜 약의 이야기를 예로 들었는데 그 핵심은 바로 모든 스님네를 평등하게 공경해야 한다는 데 있다. 평범한 범부의 눈으로는 도가 높고 낮은 스님네나 진실로 공부하거나 공부하지 않는 스님네를 가릴 수가 없으니까 모든 스님네에게 최선을 다해 공경하고 공양하기만 하면 된다는 말씀이다.

　불자들 가운데는 조계사 근처에 나가 본 이들이 더러 있을 것이다. 조계사 주변에는 불교 서적이나 불교 용품을 파는 곳이 많고 또 스님네의 옷을 만드는 승복집들이 있기 때문에 특별히 조계사를 방문하지 않더라도 많은 스님네와 신도님들이 그곳에 오신다. 그곳에 들르는 스님네들을 보면 우선 복장부터가 가지각색이다. 승복의 색깔이 회색에서 시작해서 검정색·밤색·흰색·노랑색 등이 있다. 어떤 승복은 회색과 밤색으로만 잘게 잘라서 누더기를 만든 것이 있는가 하면 어떤 승복은 회색 옷감과 속인들의 옷감을 뒤섞어서 누더기를 만든 것도 있다. 어떤 스님네는 머리를 빡빡 깎았는가 하면 다른 스님네는 장발을 하기도 하고 긴 수염을 늘어뜨리기도 하고 벙거지를 쓰기도 했다. 스님네가 신은 신발의 종류도 다양하다. 흰 고무신에서 시작해서 신사화형 가죽 구두·부츠형 쎄무 구두·운동화·농구화·등산화가 있다. 또 등에 걸머지는 걸망의 종류도 요즘에는 다양해졌다. 예전 식의 걸망이 있는가 하면 여러 가지의 등산용 배낭도 있다.

　20여 년 전부터 스님네들의 복장을 통일해야 한다는 의견과 또 절에서 공부할 때 입는 옷, 일할 때 입는 옷, 출행할 때 입는 옷, 법당에서 예식할 때 입는 옷 등이 각기 달라야 한다는 승복 개선론이 강하게 대두되어 왔지만 이 논의를 실현하는 것이 불가능하게 되었다. 우선적으로는 스님네들의 개성이 강하기 때문에 어떤 한 종단 내에서조차 복장을 통일하기가 어렵고 또 현재 문화체육부에는 32개의 종단이 등록되어 있다고 하는데, 각기 다른 종단 스님네들의 복장을 획일화하기는 더욱 어렵기 때문이다.

일반인의 눈으로 보면 통일되지 않은 스님네의 복장부터가 이상하게 느껴질 것이다. 너무 개인의 개성을 강하게 드러내서 만들어진 승복을 보면 존경심은커녕 거부감이 들 수도 있을 것이다. 그런데 문제는 그렇게 험한 옷을 입은 스님네 가운데에도 도인들이 있다는 것이다. 만약 참으로 공부하는 스님들이 정상적인 회색 옷만을 입으면 그 쪽에만 예배하고 공경하면 되는데 도인들이 혹은 귀티를 내기도 하고 혹은 거지 모양을 하고 있기도 하기 때문에 그렇게 할 수도 없다. 그렇다면 조계사 앞에서 만나는 모든 스님들, 젊은 스님이나 늙은 스님, 머리를 깎은 스님이나 기른 스님들에게 차별 없이 예배하고 공경을 표하는 수밖에 없다.

조계사 부근을 걸어 가노라면 신도들 가운데 인사하는 분들이 많다. 너무도 고맙고 귀하게 느껴진다. 그 신도는 이 골목 저 골목, 이 모퉁이 저 모퉁이에서 스님네를 만나게 될 터인데 만나는 스님들 모두에게 절을 하기는 힘들 것이다. 그럼에도 불구하고 합장하고 허리를 굽히는 것이 너무도 고맙다. 아마 그 같은 신도의 합장을 받는 모든 스님네의 심정은 한결같이 중 노릇을 잘해야 겠다는 것일 것이다. 불자들의 입장에서는 도가 높고 낮은 스님네를 구분하기도 어렵고 또 그렇게 할 필요도 없다. 공부를 잘하는 스님네에게는 공부를 잘하기 때문에 예배를 올리면 좋고 공부가 부족한 스님네에게는 더욱 열심히 도를 닦아서 중생을 구제해 주십사 하는 의미에서 예배를 올리면 좋다. 그래서 부처님은 천안을 얻지 못하고 육안을 가진 사람들은 모든 스님네를 평등하게 공경해야 한다고 하는 것이다.

모든 스님네를 똑같이 존중하는 태도는 모든 거지나 모든 어려운 사람들을 똑같이 불쌍히 여겨야 한다는 것으로 풀이할 수도 있다. 예전에 비해서 요즘은 거지가 많이 줄어들었지만 요즘의 거지들 가운데는 가짜가 있다고 한다. 거지란 가장 천한 것인데 '가짜 거지'라는 말이 이상하게 들리기는 하지만 장애가 있다거나 일할 형편이 못 되어서 거지 생활을 하는 것이 아니라 그저 일하기가 싫고 또 일해서 얻는 수입보다는 남에게 구걸해서 얻는 수입이 더 좋다는 생각에서 직업적으로 거지 생활을 하는 사람들이 있다는 말이다. 그런데 동냥을 줄 때 상대가 가짜냐 진짜냐를 구별하기는 쉽지 않다. 거지에게 동냥을 주면서 진짜·가짜를 알아보려고 애쓰는 것은 어리석은 일이다. 거지는 거지일 뿐이다. 가짜 거지라고 하더라도 그런 일을 택하기로 작정한 사람은 마음이 거지이다. 거지의 마음에 동냥을 주는 일이 억울할 것은 없다. 억울하게 생각되면 동냥을 주지 않으면 된다.

근래에는 또 좋은 일을 하겠다는 사람이 많다. 불교에는 사회복지가 특히 취약하기 때문에 이 방면에 원력을 세우는 사람들이 많다. 그 가운데는 가짜가 있지 않을까 하고 의심되는 경우도 있을 것이다. 이 때에 부처님의 지혜는 간단하다. 옥석을 구분하기 어려우나 뜻이 좋을 때는 자기의 힘에 따라서 돕기만 하면 된다는 것이다.

77. 의법불의인(依法不依人) (사의품 6)

> 진리에 의지하고 다른 사람에게 의지하지 말라는 말의 뜻 가운데 하나는 아무리 세상에서 잘못된 관행이 판친다고 하더라도 흔들리지 말고 자기 원칙에 의해서 살라는 것이다.

소승 《열반경》에서 부처님은 자기에게 의지하고 남에게 의지하지 말며, 자기를 등불로 삼고 남을 등불로 삼지 말라는 말씀을 하신 바 있다. 또 부처님은 열반에 들기 직전에 계율에 의지해서 수행하라고 유언을 남기신 바도 있다. 여기 대승 《열반경》에서도 이 자귀의 법귀의(自歸依 法歸依) 또는 자등명 법등명(自燈明 法燈明)의 정신이 이어진다. 소승 《열반경》에서 막연히 자기와 법을 의지해야 한다는 것이 여기 대승 《열반경》에서는 의지해야 할 것이 보다 구체적으로 제시되고 그에 따라 의지해서는 안 되는 것을 밝히고 있다.

가섭 보살은 앞에서 부처님이 모든 스님네를 평등하게 공경해야 한다는 말을 듣고 잘 받아들이겠다고 말한다. 아울러 불도 수행자가 의지해야 할 것이 무엇인가에 대해서 자기 나름대로 이해한 바를 부처님께 사뢴다. 첫째 의법불의인(依法不依人) 즉 진리에 의지하고 사람에게 의지하지 말라는 것이다. 둘째 의의불의어(依義不依語) 즉 이치에 의지하고 말에 의지하지 말라는 것이다. 셋째 의지불의식(依智不依識) 즉 지혜에 의지하고 지식에 의지하지 말라는 것이다. 넷째 의요의경불의불요의경(依了義經不依不了義經) 즉 요의경에 의지하고 불요의경에 의지하지 말라는 것이다.

가섭 보살이 이와 같이 네 가지 의지해야 할 것과 의지하지 않아야 할 것을 부처님께 사뢰자 부처님은 이 네 가지에 대해서 차례로 설명해 주신다. 첫번째 의법불의인 즉 진리에 의지하고 사람에 의지하지 말라고 하였는데 의지해야 할 법이란 무엇이고 의지하지 말아야 할 사람이란 어떤 사람인지 부처님의 가르침을 보자.

선남자여, '법'을 의지한다는 것은 곧 여래의 대반열반이니 모든 부처님 법이 곧 법의 성품이며 법의 성품이 곧 여래니라. 그러므로 여래는 항상 머물고 변하지 않는 것이어늘 어떤 이가 여래가 무상하다고 말한다면 그 사람은 법의 성품을 알지도 못하고 보지도 못하는 것이니 법의 성품을 알지 못하고 보지 못하는 이에게는 의지하지 말아야 하느니라.…… 만일 어떤 사람이 여래의 깊고 비밀한 법장을 잘 알고 여래가 항상 머물고 변역하지 않는 줄을 안다면 이런 사람은 이양을 위하여서 여래가 무상하다고 말하지 아니하리니, 어떤 사람에게도 의지하여야 하겠거늘 하물며 네 종류 사람에게 의지하지 아니하겠는가. 법에 의지함은 곧 법의 성품이요, 사람에게 의지하지 아니함은 곧 성문이며, 법의 성품은 곧 여래요, 성문은 곧 하염 있는 것이며 여래는 항상 머무르는 것이요, 하염 있는 것은 무상이니라. 선남자여, 어떤 사람이 파계한 몸으로 이양을 위하여 여래가 무상하고 변역한다고 말하면 이런 사람에겐 의지하지 않아야 하나니, 선남자여, 이것을 결정한 이치라 하느니라.

《열반경》에서의 법이란 부처님께서 드시는 대열반이다. 열반에서는 여래의 법신이 항상하기 때문에 법을 법신이 항상한 것으로 이해해도 좋고 그냥 여래라고 이해해도 좋다. 중요한 것은 열반에서 여래의 법신은 무상하지 않고 항상하다는 것이다. 그래서 법에 의지한다고 하는 것은 열반에 드신 부처님의 법신이 우리가 사는 세계에 항상 계시다는 것을 확실히 믿는 것이다.

사람에게 의지하지 말라는 말의 내용은 법에 의지하라는 말의 내용과 반대가 된다. 열반에 든 부처님의 법신이 무상하다고 생각하는 사람 또는 죽은 다음에는 아무것도 없다는 단멸론적 허무주의에 빠진 사람이 바로 의지하지 않아야 할 사람이다. 그러니까 《열반경》에서 의법불의인의 원론을 말한다면 열반에 든 부처님의 법신이 항상하다는 진리에 의지하고, 그러한 진리를 부정하거나 의심하는 사람 또는 그러한 진리와 반대되는 주장을 하는 사람을 의지하지 말라는 것이다.

의법불의인을 말 그대로만 본다면 진리에 의지하고 사람에 의지하지 말라는 뜻이지만 그 내용을 보면 구태여 사람을 의지하면 안 된다는 것을 의미하지는 않는다. 열반에 든 부처님이 항상 이 세계에 머문다는 것을 확실히 믿고 가르치는 사람에게 의지하면 잘못될 것이 없기 때문에 진리를 바로 알고 바로 전하는 사람은 의지해야 할 사람이고 그렇지 못한 사람은 의지하지 말라는 뜻이 된다.

그런데 《열반경》에 있는 원론적인 의미와는 달리 지금 한국불교의 절집에서는 불상사라든지 잘못된 일을 변명할 때 이 말을 자주 쓴다. 절집도 사람들이 모여 사는 큰 조직이기 때문에 그곳에도 사람과 사람 간의 갈등이 있고 충돌이 있다. 옳고 그름을 따지는 수도 있다. 그러나 절집 밖에서 보면 절집 안에서 나는 분규가 이상하게 느껴진다. 무상·무아를 가르치는 스님네에게 분규가 웬 말이냐는 것이다. 절집 내에서 서로 다른 의견들이 충돌하게 되는 이유와 다른 의견을 허용하는 단체가 가장 민주적인 단체라고 설명하더라도 세상 사람들은 그것을 구차한 변명으로만 듣고 절집만을 욕한다. 이때에 어떤 변명이든 설명을 포기한 절집에서는 불교에 대해서 실망하는 사람들에게 의법불의인 즉 법에 의지하고 사람에게 의지하지 말라는 말을 한다. 불교 단체의 조직을 엮어 가는 사람들에게 문제가 있을지언정 부처님의 법 자체가 잘못된 것은 아니므로 분규 관계자들에게 실망하지 말고 부처님의 진리에만 의지해서 신앙 생활을 계속하라고 한다.

한국불교의 교단은 과거에 뼈아픈 상처를 가지고 있다. 강남 봉은 사 주지 교체 때와 서의현 전 총무원장 3선 반대 때, 절 집안 내의 불미스러운 모양이 그대로 밖에 노출되었다. 그때마다 많은 불자님들이 불교로부터 멀어져 갔거나 마음을 거두었다. 세월이 주는 망각이라는 약이 사람들의 마음을 다시 절로 돌려 놓기는 했지만 그런 일이 있을 때마다 불교인들에게 강한 주인의식이 없다는 것이 드러나곤 한다. 절 집에 문제가 생기면 그것은 불교를 믿는 모든 불자들의 문제이다. 바로 우리가 참으로 수행하는 지도자를 받들지 않고 아무나 권력을 쥐는 사람을 무조건 떠받들려고 하기 때문이다. 그러나 절집에 불상사가 있을 때 절이 밉다고 절에 나오지 않는 것은 집안에 큰 일이 있을 때 집에서 도망치는 것과 같다. 나라에 어려움이 있을 때 다른 나라로 도망치는 것과 같다. 근래에 와서는 절집의 분규 소식에도 둔감해져서 불자님들이 크게 동요하지 않게 되었지만 그 같은 부동의 신앙 태도가 사건에 대한 불감증에서 나와서는 안 된다. 바로 나의 일이라는 주인 의식에서 나와야 할 것이다.

　진리에 의지하고 그 진리를 잘못 다루고 잘못 전하는 사람에게 의지하지 말라는 가르침은 절집의 분규가 있을 때만 변명용으로 쓰여질 것이 아니라 모든 경우에도 항상 명심하여야 할 가르침이다. 세상에는 정의라는 것과 불의라는 것이 있다. 그런데 정의감이나 원칙에 의해서 살려고 하는 사람이 원칙이 없이 오직 자기가 세운 목표로만 살아가는 사람에 비해서 손해를 보는 경우가 많다. 가령 어떤 사업을 한다고 할 경우에 원칙만을 따지고 별도의 비자금을 지출하지 않는 사람은 비자금을 조성해 두고 약간씩 풀어 쓰는 사람에 비해서는 일이 제대로 풀리지 않는 세상이다.

　건설업자가 정부의 어떤 공사를 입찰에서 따낼 때에도 다른 업자의 입찰 가격과 경쟁하려면 터무니없이 낮은 공사비 액수를 써넣어야 하고 일단 공사를 따낸 후에는 손해를 덜 보거나 이익을 더 많이 얻기 위해서 설계보다 품질이 낮은 재료를 쓰거나 돈을 덜 들이는 편법으로 공사를 진행하게 된다. 과거에 건설업계의 이러한 관행은 너와 나를 가릴 것이 없이 횡행하고 있었기 때문에 그렇게 하지 않는 사람은 낙오자가 될 뿐이었다. 성수대교가 끊어지고 아파트나 상가가 무너지고 일산의 아파트 기둥이 부서지는 것은 모두 이러한 관행 공사의 결과이다. 남들이 그렇게 하니까 나도 그렇게 한 결과라는 말이다. 의법불의인 즉 진리에 의지하고 다른 사람에게 의지하지 말라는 말은 아무리 세상에서 잘못된 관행이 판친다고 하더라도 원칙에 의해서 살고 세상의 관행을 따르지 말라는 뜻이다.

거리에 나가 보면 인간 도덕에 대해서 말할 수 없을 정도로 젊은 사람들이 함부로 행동한다고 한다. 어른들에게 담배나 담뱃불을 빌려 달라고 하는 것은 보통이거니와 젊은 사람들에게 나이를 따질라치면 두들겨 맞기가 십상이라고 한다.

아주 희한한 사건이 있었다. 한 남자 대학생이 거리에서 50대의 술 취한 어른과 맞부딪쳐서 시비를 가리다 그 어른을 두들겨 패주고 집으로 돌아왔다. 그런데 애인에게 전화를 걸어 보니 애인의 아버지가 두들겨 맞고 파출소에 있다는 것이었다. 대학생이 파출소로 달려가 보니 자기가 두들겨 팬 사람이 바로 애인의 아버지였다. 참으로 기막힌 일이다. 의법불의인이라는 말은 아무리 다른 젊은이들이 나이 많은 어른에게 함부로 대하더라도 나만은 절대로 다른 사람들을 본받지 말고 인간 도리대로 살라는 뜻이다.

78. 의의불의어(依義不依語)(사의품 7)

> 어떤 상대가 나에게 악의를 가지고 있다는 사실 자체가 업에 매이는 불쌍한 처지에 있다는 것을 나타낸다. 상대의 악의나 악구에 매이지 않고 전체 상황을 이치로 관찰하면……

뜻에 의지하고 말에 의지하지 않는 것에 대해서 생각해 보겠다. 가섭 보살이 네 가지 의지해야 할 법에 대해서 부처님에게 사뢴 바 있고 그에 대해 부처님이 차례로 설명하는 중이다.

이치에 의지하고 말에 의지하지 말라는 것은 이치는 깨달음이요, 깨달았다는 뜻은 못나고 약하지 않음이요, 못나고 약하지 않다는 뜻은 만족함이요, 만족하다는 뜻은 여래의 항상 머물러 변역하지 아니함이요, 여래의 항상 머물러 변역하지 않는다는 뜻은 법이 항상함이요, 법이 항상하다는 뜻은 중이 항상하다는 것이니, 이것이 이치에 의지하고 말에 의지하지 아니함이니라. 어떤 것이 말에 의지하지 말라는 것인가. 꾸며대는 언론과 번드르르한 문장이니, 부처님이 말한 경전들과 같이 탐심이 많아 만족한 줄을 모른다거나 간교하고 아첨한다거나 가면으로 친한 체하거나 점잖은 모양을 꾸며 이양을 구하거나 세속 사람들을 위하여 일을 하거나, 또 말하기를 '부처님도 비구들에게 종이나 부정한 물건인 금·은·보배·곡식·창고·소·양·코끼리·말 따위를 받아서 저축하는 일과 장사하여 이익을 구함을 허락하였으며, 흉년 드는 세상에서 제자들을 불쌍히 여기어 비구들에게 저축하고 묵이면서 손수 밥을 지으며 받지 않고 먹을 것을 허락하였다' 하면 이런 말은 의지할 수 없느니라.

 이치 또는 뜻에 의지하고 말에 의지하지 말라고 했는데 뜻과 말이 각기 무엇을 의미하는가에 대해서 부처님이 설명하신다. 부처님은 하나는 둘이고 둘은 셋이고 셋은 넷이라는 식으로 뜻 또는 이치의 의미를 풀이하신다. 결과적으로 이치와 동격이 되는 구절들을 보면 깨닫는 것, 못나고 약하지 않은 것, 만족한 것, 여래의 법신이 항상 머물러서 바뀜이 없는 것, 부처님 법이 항상한 것, 스님네가 항상한 것 등이다. 이 구절들을 말이 되도록 연결시켜 보면 열반에 드시는 부처님의 법신이 항상 이 세계에 머무르시는 것을 깨달아서 만족함을 얻고 그에 따라 부처님의 법이 항상해서 약화되지 않고 스님네도 계속해서 정법을 지키고 전한다는 뜻이 된다. 간단히 말하면 부처님의 법신이 항상함을 깨닫고 보니 만족을 알게 되고 물질적으로 구함이 없는 경지에 이른다는 것이다. 뜻에 의지한다는 것은 부처님의 법신이 항상하다는 깨달음에 의지한다는 말이 된다.

 다음으로 말에 의지하는 것은 뜻에 의지하는 것의 반대가 된다. 열반에 드신 부처님의 법신이 항상하다는 것을 깨닫지 못하게 되면 자연히 이 세계를 전부로 알고 물질에 집착하게 될 것이다. 그러면 물질을 구하려고 하거나 물질의 세계에 탐착하게 된다. 만족을 모르고 물질을 구하기 위해서 간교하게 아첨하는 말이나 번드르르하게 꾸며 대는 말이 있게 된다. 물질 세계를 합리화하기 위해서 부처님이 팔부정물(八不淨物) 즉 여덟 가지 깨끗하지 못한 물건을 수행자에게 지니도록 허락했다는 말도 있다. 그래서 말에 의지하지 말라는 뜻은 열반 세계에 법신이 항상함을 부정하고 물질 세계에서 행복을 찾으려고 하는 말에 의지하지 말라는 것이 되겠다.

 열반 세계가 아닌 물질 세계에서 수행자가 경계해야 할 물건 여덟 가지가 있는데 바로 앞에서 수차례 언급한 바 있는 팔부정물이다. 여덟 가지 물건을 금하기만 하고 구체적으로 열거하지 않았는데 여기서 부처님은 여덟 가지 물건을 부정한 것으로 열거한다. 노예, 보배, 곡식, 창고, 가축을 기르는 것, 장사해서 이익을 구하는 것, 재물을 모으는 것, 솥을 걸고 밥을 지어 먹는 것이다.

한국불교의 현실에 비추어 볼 때 수행자가 곡식마저도 쌓아 두지 못하고 솥을 걸어 밥을 해먹을 수 없다는 조항은 지켜지기 힘들다. 왜냐하면 옛날 인도의 수행자들 생활 풍습과 현재 한국에서의 수행자 생활 습속이 크게 다르기 때문이다. 더운 지방인 인도에서는 지금도 태국이나 스리랑카의 수행자들이 하는 것처럼 매일 탁발해서 먹는 문제를 해결한다. 사계절이 있는 한국에서는 매일 탁발하는 것이 어렵다. 그래서 절에서는 농사를 짓기도 하고 쌓아 둔 곡식으로 밥을 지어 먹기도 한다. 그러나 부처님이 가르치려고 하는 근본 정신만은 옛날이나 지금이나, 인도나 한국이나 다를 바가 없다. 수행자는 물질의 세계에서 행복을 얻으려고 하지 말고 열반의 법신에서 즐거움을 얻어야 한다는 원칙에는 조금도 달라질 것이 없다.

《열반경》은 처음부터 끝까지 일관되게 열반 후 부처님의 법신이 이 세계에 항상 머물고, 열반에는 상락아정 즉 항상함·즐거움·나·깨끗함이 있다고 하신다. 왜일까. 왜 부처님은 말끝마다 부처님의 법신이 항상하다고 하실까. 부처님은 우리 중생들에게 진정한 영원과 진정한 즐거움을 찾는 길을 알려 주고 싶은 것이다. 참다운 즐거움은 결코 물질에서 얻을 수 없다는 것이다. 물질에서 얻는 즐거움은 반드시 끝이 좋지 않다는 것이다. 모든 물질에는 독이 있다는 것이다.

부처님이 아무리 물질 세계가 주는 재물·권력·명예·애욕 같은 것에서 참다운 행복을 얻을 수 없다고 말씀하더라도 우리는 그 말을 건성으로 듣게 된다. 물질 세계라는 산마루를 넘은 저 열반 세계의 행복은 간단하게 이론적으로 이해되는 것이 아니기 때문이다. 물질 세계에 대해서 철저하게 무상을 느끼거나 열반 세계에 대한 확철대오(廓

徹大悟)가 있어야만 항상한 법신의 세계를 짐작할 수 있다. 우리가 물질 세계에 대한 미련을 버리지 못하는 한《열반경》의 가르침은 귓가만 스치고 지나가고 말 것이다. 얼굴을 스치는 바람결과 다름없이 될 것이다.

의의불의어 즉 뜻에 의지하고 말에 의지하지 말라는 말을 법신상주의 세계를 확실하게 믿고 열반 세계의 반대인 물질 세계에는 의지하지 말라는 뜻으로 이해하는 것이《열반경》에서 의도하는 것이지만 우리는 이 말을 광범위한 뜻으로 해석하고 사용할 수도 있다. 먼저 양쪽의 옳고 그름을 가릴 때 뜻에 의지하고 말에 의지하지 않는 것을 생각해 보자. 가령 친하게 지내던 두 사람이 어떤 사안에 대해서 자기 주장을 하면서 말다툼을 벌인다고 치자. 사람 사이에서 말다툼은 흔히 있는 일이다. 그런데 당초에 두 사람이 주장하던 내용에 집중하지 않고 설전을 주고받으면서 말하는 방법이 잘못되었다는 문제로 옮아가는 현상을 자주 볼 수 있다. 상대방이 옳은 주장을 할 경우 그 주장이 옳다면 그것을 인정하고 설전을 끝내면 되겠는데 상대의 주장은 옳지만 그것을 주장하는 방법이 잘못되었다고 시비를 하게 된다. 주장하는 방법의 옳고 그름을 따지다가 중간에 다른 허점이 생기면 다시 그것을 공격한다. 이런 식으로 설전을 벌이다 보면 마침내 어떤 문제로 설전을 벌였는지조차 알 수 없게 된다. 뜻에 의지하고 말에 의지하지 말라는 말은 어떤 주제를 문제로 삼았을 경우 그 주제에만 집중하고 중간 과정의 말에 끄달리지 말라는 뜻으로 풀이할 수도 있다.

또 이 의의불의어를 아예 다른 이와 시비를 벌이지 않을 수 있는 방편으로 활용할 수도 있다. 상대의 말을 따라가지 않고 상대가 말하는 뜻을 알고자 할 경우 상대의 말에 의해서 흥분하지 않을 수 있다. 사람이 아무리 악한 마음을 먹는다고 하더라도 그 근본 원인이 나를 특별히 겨냥해서 생겨난 것은 아니다. 다겁생래의 업과 미혹에 의해서 악심이 생겨난 것이다. 현재 나에 대해서 악의가 있다고 하더라도 그

밑바닥에는 무명의 업이 작용하고 있다. 알고 보면 어떤 상대가 나에게 악의를 가지고 있다는 사실 자체가 상대가 업에 매이는 불쌍한 처지에 있다는 것을 나타낸다. 상대가 부당한 악의를 품고 부당한 말을 하는 것을 이치로 관찰할 경우 상대에 대한 미운 마음이 생기지 않는다. 이쪽에서 미운 마음을 내지 않으면 상대의 말과 마음도 달라진다. 법신상주 즉 부처님의 법신이 이 세계에 항상 머무르신다는 것은 참답고 옳은 것이 반드시 이긴다는 것을 의미한다. 한쪽에서 바르게 대하면 상대도 반드시 바르게 된다는 신념을 나타낸다. 이 의의불의어의 정신에 철저하면 마음에서 어떤 상대와 싸워야 할 필요성이나 의욕 자체가 생기지 않을 것이다.

또 의의불의어를 우리로 하여금 모든 사물의 겉모습 뒤의 참모습을 바라보게 하는 좌우명으로도 쓸 수 있다. 이 글귀에는 진리가 언어와 형상을 초월해서 있고 전달될지언정 말로 전달될 수는 없다는 의미가 담겨 있다. 그렇다면 모든 사물의 이름과 모양은 우리가 그렇게 이름 붙이고 그렇게 생각한 것에 불과하지 결코 사물의 본체는 아니다. 사물의 본래 모습은 우리가 사물을 고착화시키는 언어 개념을 초월하는 데서 찾을 수 있다. 이 의의불의어의 자세를 가진다면 우리는 형상이나 말에 끄달리지 않고 사물의 참모습을 보려고 노력하게 될 것이다.

79. 의지불의식(依智不依識)(사의품 8)

> 지혜는 영원을 사는 이야기를 하는 것이고 지식은 육체를 사는 이야기를 하는 것이다. 지혜는 욕망을 쉬고 버리는 일에 관심을 갖고 지식은 어떻게 물질적인 욕망을 채울 수……

지혜에 의지하고 지식에 의지하지 않고 어떻게 지혜와 지식을 구별해야 하는지 《열반경》에서의 부처님 말씀을 보자.

지혜에 의지하고 식에 의지하지 말라는 것은 지혜라 함은 곧 여래니 만일 성문들이 여래의 공덕을 잘 알지 못하거든 그런 식은 의지하지 말아야 하며, 여래가 곧 법신인 줄을 알면 그러한 참 지혜는 의지할 만하거니와 여래의 방편으로 이룬 몸을 보고 그것이 오음·육입·십팔계에 소속된 것이며 음식으로 기르는 것이라 말하면 의지하지 말아야 하나니, 그러므로 식은 의지하지 못할 것이며 또 어떤 사람이 이런 말을 하는 것이나 그런 경전도 의지하지 말 것이니라.

여기서 지혜라고 하는 것은 열반에 드신 부처님의 몸이 이 세계에 항상 머무르는 법신인 줄을 아는 것이다. 한문으로 줄여서 말하면 법신상주와 실유불성이다. 그리고 지식이라고 하는 것은 부처님이 방편으로 나툰 육신만을 보고 부처님의 몸이 색수상행식(色受想行識)의 오온(五蘊)과 안이비설신의(眼耳鼻舌身意)의 육입(六入)과 육경(六境)·육식(六識)의 십팔계(十八界)로 이루어진 것이라는 것을 아는 것을 뜻한다. 부처님의 법신을 감각기관이나 정신적·물질적 요소에서 찾는 것은 잘못되었다는 말이다. 그래서 바로 의지해야 할 것은 지혜 즉 부처님의 몸이 이 세상에 항상 머무르는 법신이라는 깨달음이다. 그렇다면 의지불의식 즉 지혜에 의지하고 지식에 의지하지 말라는 말을 다른 말로 바꾸면 부처님의 법신에 의지하고 육신에 의지하지 말라는 말이 된다.

부처님은 육신을 이루는 구성 요소를 여러 가지로 설명한다. 오온·육근·육경·육식이다. 이것을 줄여서 오온·십이처·십팔계라고 말하고 보통 더 줄여서 온처계(蘊處界)라고 부른다. 오온이란 세계의 모든 것을 이루는 정신적·물질적 요소이다. 색수상행식 다섯 가지 요소 가운데서 색은 물질적인 요소를 총칭해서 말한다. 지금은 원소의 종류가 100가지가 넘게 발견되었지만 옛날에는 물질적인 원소의 종류를 기껏해야 네 가지로 보았다. 지수화풍(地水火風) 즉 땅과 물과 불과 바람이다. 색을 제외한 나머지 수상행식은 정신적인 요소인데 물질의 세계에 살면서도 물질은 한 가지로만 취급하고 정신적인 것을 네 가지로 다룬 것으로 보아서 물질보다는 정신적인 것에 관심이 많았음을 알 수 있다. 정신적인 것 네 가지 가운데 첫번째의 수는 느낌을 뜻하고 두번째의 상은 생각을 뜻한다. 세번째의 행은 의지 작용을 뜻한다. 의지 작용은 몸과 마음을 움직이는 원동력이 되기 때문에 행은 일종의 정신적인 업이라고 할 수 있다. 그리고 네번째의 식은 인식 작용을 의미한다. 그러므로 색수상행식 오온이란 물질·느낌·생각·의지 작용·인식 작용이 된다.

여섯 가지 감각기관은 여러 가지 이름으로 불리운 육근·육적·육입 등이다. 육근(六根)이란 말 그대로 여섯 가지 감각기관을 뜻하고 육적(六賊)이란 여섯 가지 도둑을 뜻한다. 인간의 감각기관이 도둑놈처럼 끊임없이 좋은 것만을 탐하기 때문에 여섯 가지 도둑이라고 이름을 붙인 것이다. 육입이란 여섯 가지를 끌어들이는 것이다. 우리의 감각기관이 좋은 것을 끌어들이려고 하기 때문에 이런 이름이 붙은 것이다. 육근이란 안이비설신의(眼耳鼻舌身意) 즉 눈·귀·코·혀·몸·뜻이다.

　여섯 가지 감각기관의 대상은 육경이라 부른다. 여섯 가지 바깥 경계라는 뜻이다. 여섯 가지란 색성향미촉법(色聲香味觸法) 즉 모양·소리·향기·맛·감촉·의지반응 작용이다. 《반야심경》을 외우는 불자는 색성향미촉법을 바로 외울 수 있을 것이다. 그런데 이 여섯 가지 감각기관의 대상 가운데서 다른 것은 다 번역하기가 쉬운데 법은 번역하기가 어렵다. 이것은 정신적인 의지의 대상이기 때문이다. 그래서 임시로 의지반응 작용이라고 번역했다.

　여섯 가지 감각기관과 여섯 가지 대상을 합해서 불교에서는 십이처라고 부른다. 이 십이처는 인간이 감각할 수 있는 모든 것을 망라한 것이다. 감각기관과 그 대상이 합쳐지면 각 감각기관마다 인식이 생겨날 것이다. 여섯 가지의 감각기관은 여섯 가지의 인식을 만들어 낼 것이기 때문에 이 여섯 가지 인식을 육식이라고 부른다. 육근·육경·육식을 모두 합하면 18가지가 된다. 우리는 이것을 십팔계라고 부른다. 18가지의 영역이라는 뜻이다.

　부처님은 인간이 경험할 수 있는 것만을 일체법 즉 세상의 모든 것으로 보았다. 물질과 정신, 여섯 가지 감각기관, 여섯 가지 대상, 여섯 가지 인식 이런 것들은 평범한 인간이면 누구나 경험할 수 있는 것이다. 사람에게 있어서 온처계 즉 오온·십이처·십팔계는 사람을 이루는 모든 것이다. 이 온처계 가운데는 정신적인 요소도 있기는 하지만 대체적으로 물질적인 요소이고 정신적인 것이 있다고 하더라도 그것은 형상적인 것이다. 우리의 몸과 감각기관의 범위를 벗어나지 못한다는 말이다. 온처계 삼과(三科)는 육신을 뜻하게 된다. 지혜에 의지하고 지식에 의지하지 말라는 말을 바꾸어 표현하면 감각기관에 의지하지 말고 감각기관을 벗어나서 법신을 찾으라는 말이 된다.

　그런데 이 의지불의식은 우리의 일상 생활에서 광범위하게 활용할 수 있다. 《열반경》의 해석에 구애받지 않고 풀어 쓸 수도 있다. 그렇다면 먼저 지혜와 지식의 차이점부터 생각해 보자. 먼저 지혜는 스스로 깨달아서 얻어진 것이고 지식은 남에게서 얻은 정보를 기억한 것이라고 할 수 있다. 낚시질과 물고기에 비유한다면 지혜는 낚시질해서 물고기 잡는 법을 터득한 것이고 지식은 다른 이로부터 물고기를 얻는 것이다. 남에게서 얻은 물고기는 없어지면 그만이지만 물고기 잡는 법을 아는 사람은 낚시질만 하면 언제고 다시 물고기를 얻을 수가 있다.

볼 관(觀)자와 볼 견(見)자는 다르다. 본다는 것은 똑같지만 보는 방법이 틀리다. 관하는 것은 마음으로 보는 것이고 견하는 것은 물질적인 육안으로 보는 것이다. 마음으로 보는 데서는 지혜가 생기고 형상과 이름으로만 보는 것에서는 지식이 생긴다.

또 지식과 지혜의 용도는 다르다. 지혜는 궁극적으로 사람을 살리는 데 쓰는 것이고 지식은 사람을 죽이고 살림에 관계없이 제공되는 것이다. 지혜로운 사람 가운데는 술수를 쓰는 상대를 술수로 따돌리는 수도 있다. 그것은 과정의 일이고 결과적으로는 상대와 나를 다같이 살리는 방향으로 사태를 이끌어 간다. 선사들이 방(棒)과 할(喝)을 쓰지만 그것은 상대를 살리기 위한 것이다. 상대를 두들겨 잡으려고 하는 것이 아니다. 그러나 지식은 다르다. 가령 원자폭탄을 만드는 지식은 그것이 꼭 좋게만 사용되도록 만들어지지는 않는다. 핵에 관한 지식이 원자력 발전소를 만들어서 비용을 적게 들이고 많은 양의 전기를 만들어 내기도 하는 반면 그 지식으로 핵폭탄을 만들게 되면 많은 사람을 죽일 수도 있다. 인류 역사 속에서 우리는 이미 핵폭탄의 투하를 경험한 바 있다.

지혜는 사람을 편안하게 만들고 지식은 사람을 피곤하게 만든다. 우리가 불도를 닦는 목적은 평화를 얻기 위해서이다. 슬픔이나 죽음에도 흔들리지 않는 영원한 평화를 얻기 위해서 우리는 인생무상의 법칙을 체득하려고 한다. 그리고 무상한 세상에 남을 것이라곤 서로 상대를 아껴 주는 일뿐이라는 것을 깨달으려고 한다. 그런데 세상에 있는 돈과 명예와 이성에 관한 정보를 몽땅 가져와서 그것에 관한 이야기를 걸면 우리는 바로 피로를 느낀다. 그런 상대는 말은 많이 하지만 인생의 진실에 대해서는 크게 다루지 못한다. 그러나 세상의 쓴맛 단맛을 다보고 만고풍상을 겪은 사람과 대화를 나누면 편안해진다. 상대는 외워야 하는 정보를 가지고 이야기하는 것이 아니라 삶이란 무엇이며 어떻게 살아야 하는가에 대한 문제를 맴돌면서 생각하거나 말하기 때문이다. 대화의 상대에 따라서 피로를 느끼거나 기운을 얻는 것은 상대가 지식으로 이야기하느냐 지혜로 이야기하느냐에 따라 좌우된다.

《열반경》에서도 지혜와 지식을 분명하게 구별해 주고 있다. 지혜는 영원을 사는 이야기를 하는 것이고 지식은 육체를 사는 이야기를 하는 것이다. 열반에 드신 부처님의 법신이 항상하다고 아는 것이 지혜라는 말은 번뇌와 몸의 소멸 속에서 영원을 얻는 깨달음이 바로 지혜라는 것이다. 그러니 지혜는 욕망을 쉬고 버리는 것에 대해서 관심을 가지는 것이고 지식은 반대로 어떻게 하면 물질적인 욕망을 채울 수 있을까에 대해서 관심을 가지는 것이다.

지혜도 아는 것의 일종이고 지식도 마찬가지이다. 지혜와 지식은 똑같이 아는 것이다. 단지 지식과 지혜는 목적하는 바가 다르다. 영원과 현실이다. 그러므로 지식이라고 하더라도 영원의 세계 참다운 사랑의 세계를 묘사하는 데 쓰여지면 지혜가 될 것이고 지혜라 하더라도 욕망의 세계, 물질의 세계에 대해서 이야기하는 데 쓰여지면 지식으로 전락하고 말 것이다. 속세에서는 속세 나름대로 지혜와 지식을 구별하겠지만 《열반경》의 근본정신이나 불교의 기본교리에서 본다면 영원한 목숨의 세계에 대해서 아는 것만이 지혜가 된다. 물질에 대해서 아는 것은 지식일 수밖에 없다.

80. 의요의경불의불요의경(依了義經不依不了義經) (사의품 9)

> 불경들이 각기 최고라고 하는 것은 나름대로의 독특성을 갖고 있다는 점에서 최고라는 것이지 다른 불경과 상대적으로 최고라고 말하는 것은 아니다.

궁극적인 가르침은 대승불경에 의지하고 방편적 가르침인 소승경전에 의지하지 말라는 것이다. 《열반경》에서 부처님께서는 의요의경불의불요의경(依了義經不依不了義經) 즉 요의경에 의지하고 불요의경에 의지하지 말라고 가르치신다. 요의경이란 무엇이고 불요의경이란 무엇인지 왜 요의경에 의지해야 하고 불요의경에는 의지하지 않아야 하는지에 대해서 부처님의 말씀을 직접 들어 보자.

요의경에 의지하고 불요의경에는 의지하지 말라는 것은 불요의경은 성문승이니 부처님의 깊고 비밀한 법장을 듣고 의심을 내고 이 법장에서 큰 지혜를 내는 줄을 알지 못함이 마치 어린아이가 아는 것이 없음과 같은 것을 불요의라 하고, 요의라 함은 보살의 진실한 지혜를 말함이니 그 마음을 따르는 걸림 없는 지혜는 마치 어른이 모르는 것이 없는 것과 같으니 그것을 요의라 하느니라. 또 성문승은 불요의요 위없는 대승은 요의이며, 여래가 무상하여 변역한다고 말하는 것은 불요의요 여래가 항상 머물러 변역하지 않는다고 하는 것은 요의며, 성문의 말한 것을 증득하여 알아라 함은 불요의요 보살의 말한 것을 증득하여 알아라 함은 요의며, 만일 여래가 음식으로 자란다 하면 불요의요 만일 항상 머물러 변역하지 않는다 하면 요의며, 여래의 열반에 드는 것이

나무가 다하여 불이 꺼짐과 같다 하면 그것은 불요의요 여래가 법의 성품에 든다고 하면 그것은 요의니라. 성문승의 법은 의지하지 말지니, 왜냐하면 여래가 중생을 제도하기 위하여 방편으로 성문승을 말하였으므로 마치 장자가 아들에게 반쪽 글자를 가르침과 같느니라. 선남자여, 성문승은 밭을 처음 갈고 열매를 거두지 못함과 같으므로 이것을 불요의라 하나니, 그러므로 성문승은 의지하지 말 것이니라. 대승의 법은 의지할지니, 왜냐하면 여래가 중생을 제도하기 위하여 방편으로 대승을 말한 것이므로 의지할 것이라 하면 이것은 요의라 하느니라. 이러한 네 가지 의지할 데를 알아야 하느니라.

요의경에 대한 부처님의 말씀을 그대로 정리해 보자. 요의는 대승 보살의 모르는 것이 없는 진실한 지혜로 열반에 드신 부처님이 항상 머무르신다는 것을 아는 것이다. 《열반경》의 주된 관심사는 법신상주이기 때문에 부처님의 법신이 상주한다고 가르치는 불경이 요의경이 된다.

불요의경이란 소승 성문승에게 설해진 방편의 불경이다. 마치 어린이에게 어른들만 알 수 있는 것을 모두 말해 줄 수 없는 것처럼 근기가 낮은 소승 성문에게는 대승의 높은 가르침을 알려 줄 수 없기 때문에 궁극의 경지를 완전히 드러내지 않고 설법했다고 한다. 소승 성문 대중에게 열반에 드신 부처님의 법신이 이 세계에 항상 머무른다고 말해 주면 그들은 그와 같은 경지를 도저히 이해할 수도 없고 받아들일 수도 없기 때문에 부득이 방편설을 편 것이 불요의경이 되었다는 것이다.

《열반경》에서 어떤 불경이 요의경이냐 불요의경이냐를 가르는 기준은 그 경이 법신상주를 설하느냐 설하지 않느냐에 있다. 열반에 드신 부처님의 법신이 상주한다고 설하는 불경이면 대승 요의경이 되고 열반에 드신 부처님이 없어지거나 변한다고 가르치는 불경이면 불요의경이 된다. 또 부처님은 오랜 겁전에 이미 성불하신 법신이지만 중생들을 구제하기 위해서 짐짓 형상을 지어서 이 세계에 들렸다가 몸을 감출 뿐이라고 가르치는 것은 요의경이요, 반대로 석가모니 부처님이 이 세계에 오셨을 때 새롭게 온 바가 있다거나 부처님이 음식을 먹고 자랐다거나 부처님이 늙어서 돌아가셨다고 가르치는 것은 불요의경이 된다.

요의(了義)라는 말은 부처님이 중생들에게 가르치고자 하는 진리의 알맹이가 조금도 남김이 없이 드러내졌다는 뜻이고, 불요의(不了義)라는 말은 요의와 반대로 궁극적인 진리가 담겨져 있지 않고 방편적이고 임시적인 진리만 담겨 있다는 뜻이다. 그래서 최고의 마지막 가르침을 요의교(了義敎)라고 부르고, 낮은 근기의 중생들에게 주는 하열한 가르침을 불요의교(不了義敎) 또는 미요의교(未了義敎)라고 부른다. 불요의교나 미요의교는 모두 요의교가 아니라는 의미이다. 요의교가 담긴 불경을 요의경이라고 부르고, 불요의교 또는 미요의교가 담긴 불경을 불요의경 또는 미요의경이라고 부른다.

요의경과 불요의경을 가르는 말은 《열반경》에서 전하는 독특한 법문이다. 법신상주와 실유불성을 집중적으로 가르치고자 하는 《열반경》의 입장에서 보면 이 문제에 뜻을 같이하고 관심을 갖는 대승불경을 요의경이라고 할 것이고 마음의 문제에 관심을 갖는 《화엄경》의 입장에서 보면 일체유심조를 가르치는 불경을 요의경이라고 할 것이다. 물론 요의경이라는 표현은 《열반경》에서 쓰이는 독특한 표현이기 때문에 다른 불경들에서도 똑같이 나타나는 것은 아니다.

모든 불경들은 각기 불경을 받아 지니는 공덕이 크다고 말하고 있다. 각기 최고의 공덕을 말하기 때문에 자화자찬하는 것과 같다. 그래서 사람들이 서로 여러 불경들이 다같이 최고의 경전이라고 주장한다면 경전의 등급은 어떻게 매겨야 하느냐고 질문할 수도 있다. 그러나 불경들이 각기 최고라고 하는 것은 나름대로의 독특성을 갖고 있다는 점에서 최고라는 것이지, 다른 불경과 상대적으로 최고라고 말하는 것은 아니다. 가령 《반야경》은 공사상의 지혜를 가르치는 점에서 최고가 될 것이고 《화엄경》은 일체유심조를 가르치는 데 최고가 될 것이다. 또 《법화경》은 만선성불(萬善成佛)과 삼승귀일(三乘歸一)을 가르치는 데 최고가 될 것이고, 《열반경》은 법신상주와 실유불성을 가르치는 데 최고가 될 것이다. 불경들이 각기 강조하는 점에서 최고를 주장하기 때문에 최고가 여럿이라고 하더라도 서로 모순되거나 충돌될 것이 없다.

대승불교라는 말은 소승불교에 대해서 자기 높임으로 나온 말이다. 그래서 대승불교 일반의 입장에서 보면 대승불경들이 요의경이 될 것이고 모든 소승불경들은 불요의경이 될 것이다. 물론 소승불교에서는 소승이라는 말을 수용하지 않는다. 부처님이 직접 행하시던 법식과 전통을 그대로 물려받았다고 생각하고 대승불교는 힌두교화된 불교 즉 외도화된 불교라고 생각한다. 또 소승불교에서도 요의교와 불요의교로 나눈다. 당연히 부처님의 가르침을 요의교라고 하고, 외도의 가르침을 불요의교라고 부른다. 그러나 모든 사람들이 똑같이 불경을 읽는다고 해서 모든 사람들이 똑같이 부처님 말씀의 진의를 완전하게 파악하는 것은 아니다. 더 깊이 들어가는 사람도 있을 것이고 수박겉핥기 식으로 이해하는 사람도 있을 것이다. 이 경우에 부처님 말씀의 진의를 완전하게 파악하는 사람에게는 불경이 요의교가 될 것이고, 같은 불경을 읽더라도 완전하게 파악하지 못하는 사람에게는 불요의교 또는 미요의교가 될 것이다.

예를 들면 출퇴근 시간에 차가 계속해서 밀리기 때문에 신호를 기다려서 대로로 나아가려고 하거나 차선을 바꾸는 것이 불가능할 때가 있다. 그래서 억지를 쓰다시피 양보를 받아 내서 차량을 진입시키는 수가 있는데 양보를 해주는 상대방 운전자 특히 피곤하게 운전하리라고 짐작되는 일반택시나 시내버스 운전자들은 가끔 차가 충돌할 것처럼 위협적으로 차를 바짝 들이대는 수가 있다. 이러한 경우를 당할 때는 같이 맞부딪쳐 볼까 하는 찰나적인 충동을 느끼는데 그런 동물적인 생각을 하는 자신을 발견하고 깜짝 놀라곤 한다. 그러면서 이런 의문을 가져 본다.

먼저 상대방 운전자는 왜 그럴까에 대해서 생각해 본다. 그리고 부처님의 법신이 온 세계에 가득 차 있다는 《열반경》의 가르침과 연결시켜서 생각해 본다. 사람들은 아무런 생각 없이 서 있는 돌이나 나무에 대해서 원망하거나 화를 내지는 않는다. 생각이 있으리라고 기대되는 것에 대해서 성질을 부린다. 그런데 생각이 있으리라는 기대 가운데에는 상대가 합리적으로 그리고 정의롭게 사고할 수 있는 능력이 있으리라는 기대가 포함되어 있다. 상대에게 화를 내는 것은 '왜 바르게 생각하고 바르게 행동할 수 있는 네가 이처럼 부당하게 행동하느냐'라고 하는 힐책이 들어 있다. 《열반경》식으로 말하면 '부처님의 법신이나 불성이 있는 네가 왜 그렇게 생각하고 행동하느냐'는 것이다. 모든 사람 아니 모든 생명의 마음속에는 수준의 차이는 있을지언정 '생각하는 생명은 바르게 생각할 수 있는 능력이 있다'는 믿음이 있다는 것이다.

모든 사람에게 이와 같은 믿음이 있다는 것을 아는 순간 우리에게는 잘못될 것이 아무것도 없다. 잘못되는 것은 오직 의사전달이 제대로 되지 않는 데서 일어나는 일뿐이다. 나와 똑같은 법신의 몸체인 상대로부터 부당한 대우를 받았다고 해서 크게 억울해 할 것이 없다. 사고는 오직 커뮤니케이션이 안 되는 것에서 일어났을 뿐이다. 사고라고 하더라도 한 법신의 몸체 속에서는 새롭게 잃을 것이나 얻을 것이 없다. 그래서 《반야심경》에서는 무소득 즉 아무것도 얻을 바 없음을 가르친다. 요의경의 가르침 즉 요의교는 바로 이것을 깨우치고자 하는 것이다.

여 • 섯 • 째 • 마 • 당

거짓 없는 영원과 기쁨

―――――●―――――

"세존이시여, 만일 비구가 꿈에 음행을 하면 범계가 되나이까."
(사정품)

"선남자여, 어떤 사람이 여래의 깊고 깊은 경계가 항상 머물고 변치 않는 비밀한 법신임을 알지 못하고 밥 먹는 몸이요, 법신이 아니라 하면, 이는 여래의 도덕과 위력을 모르는 것이니, 그것을 괴로움이라 이름하느니라."
(사제품)

"세간 사람도 나가 있다 말하고 부처님 법에서도 나가 있다 말하거니와, 세상 사람은 비록 나가 있다 말하나 부처 성품은 없다는 것이니, 이것은 나가 없는데 나라는 생각을 내는 것이므로 뒤바뀜이라 하느니라. 부처님 법에서 나가 있다 함은 곧 부처 성품인데, 세간 사람은 부처님 법에 나가 없다고 말하니, 이것은 나라는 데서 나가 없다는 생각을 내는 것이니라."
(사도품)

81. 마군의 말과 부처님 말씀을 구별하는 법 (사정품 1)

> 마군의 말과 부처님 말씀이 갈라지는 분기점은 부처님이 금생에 처음으로 성불하신 분이냐 아니면 무량겁 전에 이미 성불했지만 금생에 짐짓 중생의 모습으로 나타나서……

변장한 마군의 말과 부처님의 말을 구별하는 기준에 대해서 가섭보살이 부처님에게 여쭌다. 마군은 자기의 정체를 감추고 변장한 모습으로 우리에게 다가오기 때문에 말하는 사람의 형태만으로는 누가 마군이고 누가 부처님인지 알아볼 수 없다. 어떻게 마군의 말과 부처님의 가르침을 구별해야 하느냐는 것이다.

가섭이여, 내가 열반한 지 칠백 년 뒤에 마왕 파순이 점점 나의 법을 혼란케 하리니, 마치 사냥꾼이 몸에 가사를 입듯이 마왕 파순도 그와 같이 비구·비구니·우바새·우바이의 모양을 가장하기도 하고 또 수다원의 몸과 아라한의 몸과 내지 부처님의 몸을 꾸미되 마왕의 유루한 형상으로 무루한 몸을 가장하고, 나의 바른 법을 파괴하며 파순이 바른 법을 파괴할 적에 말하기를 '보살이 옛날에 도솔천에서 없어지고 이 가비라성 정반 왕의 궁에 올 적에 부모의 애욕으로 접촉함을 의지하여 이 몸을 낳아 기른 것이라'…… 이런 말을 한 경전이나 계율은 마군의 말인 줄 알지니라.
선남자여, 만일 경과 율에 말하기를 여래는 벌써부터 불도를 이루었건만은 지금에 성불하는 일을 보이는 것은 중생들을 제도하기 위하여 일부러 부모의 애욕으로 인하여 태어났으며 세상을 따르기 위하여 이렇게 나타났다고 하면 이런 경과 율은 참으로 여래의 말인 줄을 알지니라.……

어떤 경이나 율에 '보살이 태자로 있을 적에 음욕으로 말미암아 사방에서 아내를 맞아 궁중에 두고 오욕으로 즐기며 기뻐하였다.'고 말하였으면 그러한 경과 율은 마군의 말이요, 만일 '보살은 벌써부터 탐욕과 처자의 생각을 여의었으며, 내지 삼십삼 천의 훌륭한 오욕락도 침 뱉듯이 버렸거늘 하물며 인간의 욕락이리오. 머리를 깎고 출가하여 도를 닦았느니라.'고 말하였으면 그런 경과 율은 부처님의 말씀이니 마군의 경과 율을 따르면 마군의 권속이요, 부처님의 경과 율을 따르면 곧 보살이니라.

부처님께서 열반한 지 칠백 년 뒤에 마왕 파순이 출가대중으로 변장해서 나타난다. 수다원과(須陀洹果)나 아라한과(阿羅漢果)를 얻은 것처럼 행동을 한다. 변장한 마왕은 석가모니 부처님이 도솔천에서 내려와 마야 부인의 태에 드신 역사를 인용해서 실제로 부처님이 정반왕과 마야 부인 사이에서 애욕으로 접촉해서 생겼다거나 음식을 먹고 자라서 늙고 병들고 죽는다고 말한다면 이 말은 바로 마왕 파순의 말이라는 것이다. 이러한 내용을 담은 경이나 율은 바로 마설이지 불경이 아니라고 한다.

반대로 부처님께서 이미 무량겁 전에 불도를 이루었건만 금생에 일부러 애욕의 접촉으로 태어나고 다시 성불하는 모양을 보이는 것은 모두 중생들을 제도하기 위한 것이라고 말한다면 그 말은 바로 부처님의 말씀이라고 한다. 그러므로 여기서 마군의 말과 부처님 말씀이 갈라지는 분기점은 부처님이 금생에 처음으로 성불하신 분이냐 아니면 무량겁 전에 이미 성불했지만 금생에 짐짓 중생의 모습으로 나타나서 성불하는 척했느냐 하는 것이다. 금생에 처음으로 성불했다고 말하면 마군의 말이 되고 무량겁 전에 이미 성불했다고 말하면 부처님의 말이 된다.

　그렇다면 이와 같이 마군의 말과 부처님의 말을 가르는 기준이《열반경》에서 왜 중요한가에 대한 의문이 생긴다. 석가모니 부처님이 금생에 처음 성불한 것이 아니라, 과거에 이미 성불했다고 하는 것이 왜 그렇게도 중요하냐는 것이다. 첫째로 모든 중생에게 불성이 있다는 것을 나타내기 위해서이다. 전에도 수차례 이 문제에 대해서 생각해 본 바가 있지만 모든 중생에게 불성 즉 부처가 될 가능성이 있으려면 과거에 부처를 이룬 경력이 있어야 한다. 더욱이 부처님이 이 세상에 항상 계신다는 것을 분명히 하려면 과거에 이미 성불한 지 오래이고 금생에는 단지 중생을 구제하기 위해서 모양만 보이는 것이 되어야 한다. 만약 금생에 처음으로 태어나서 온갖 노력 끝에 성불했다면 그리고 지금 열반에 들려고 한다면 그러한 부처님은 중생들의 목숨과 다를 바 없다. 태어나고 죽는 일을 하기 때문이다. 금생의 일이 방편의 일이 되려면 과거에 이미 부처를 이룬 바가 있어야 한다. 그래서 부처님은 이《열반경》에서 지침 없이 부처님의 몸이 애욕으로 태어난 것이 아니라고 강조하는 것이다. 태어났더라도 태어난 것이 아니고 죽더라도 죽는 것이 아니라고 말하는 것이다.

　둘째는 중생들에게 형상적으로 불성사상과 공사상을 조화시켜서 보이기 위해서이다. 불교의 기본은 연기법이고 공사상이다. 아울러 누구나 다 부처가 될 수 있다는 것이다. 그러나 중생들은 공사상을 이해하기도 어렵거니와 누구나 다 부처가 될 수 있다는 것을 믿기는 더욱 어렵다. 그래서 부처님은 과거 전생의 이야기를 하게 된다. 과거에 이미 부처를 이루어서 금생에 방편으로 몸을 나툰다면 금생에 행하는 모든 일은 꿈이나 연극 속에서 행해지는 것과 같다. 어린 아기로 태어나서 늙어 죽는 일이 두려울 것이 없다. 모두 허상이다. 모두가 꿈과 같고 허상이라는 것을 확실하게 전달해 주는 점에서 과거성불의 이야기는 세상이 공하다는 것을 형상적으로 보여 주는 것이다. 중생들은 또 자기들에게 부처 될 성품이 있다는 것을 믿지 못한다. 부처님을 좋아하고 존경하더라도 자신이 저 부처님처럼 될 수 있다는 것이 도저히 믿어지지 않는다. 그러나 석가모니 부처님이 이미 오랜 겁 전에 성불하셨다면 금생의 열반은 방편열반이 분명하다. 그리고 모든 중생들은 부처가 될 수 있다는 것을 확실하게 믿을 수 있다. 부처가 되는 일은 금생에 처음으로 부처를 만드는 것이 아니라 예전에 이미 이루어 놓은 부처를 알아보기만 하면 되기 때문이다. 그래서 석가모니 부처님이 이미 오랜 과거에 성불했다는 것을 이 경에서는 처음부터 끝까지 일관성 있게 강조하는 것이다.

셋째는 지금 당장 이 자리에서 본래의 부처를 살도록 하기 위해서이다. 석가모니 부처님께서 무량겁 전에 부처를 이루었다면 그 부처는 개인적인 것이 아니라 우주적인 것이다. 석가모니라는 개인 혼자만 잘 되는 부처가 아니라 이 세계의 모든 생명이 똑같이 잘되게 하는 그러한 부처를 이룬 것이다. 그렇다면 우리가 부처를 이룬다고 할 때 불도를 닦아서 본래의 부처를 보아야만 부처를 이루기도 하지만, 설사 우리가 부처를 알아보지 못하고 부처를 이루지 못한다고 하더라도 우리는 본래 부처의 상태에 있다. 마치 옷에 보배의 구슬이 꿰어져 있을 때, 그 옷을 입은 거지가 자기 옷에 달린 보배 구슬을 알아보거나 알아보지 못하거나에 관계없이 보배 구슬은 항상 그 자리에 있는 것과 같다.

그런데 본래부처라는 것을 우리 자신 스스로 알아보면 좋겠지만 그렇지 못하면 곤란하다. 이런 경우에는 믿음으로 들어가는 길이 있다. 깨달음을 얻는 것이 어렵다면 우리가 본래부처라는 것을 믿을 수는 있을 것이다. 그렇게 되면 세상의 악을 보고 화낼 것이 없다. 악을 저지르는 사람들은 자신이 본래부처인 것을 모르는 사람들이다. 백만장자가 되고도 남을 보배를 가지고 거지 생활을 하는 안타까운 사람들이다. 다른 한편으로는 본래부처 자리에서 보면 그것을 알아보는 것과 알아보지 못하는 것을 구별할 것이 없다. 먹을 것이 없을 때 배고픈 사람과 배부른 사람을 구별할 필요가 있지 먹을 것으로 꽉 차 있는 세상에서 배고픈 사람을 걱정하는 것은 의미 없는 일이다. 황금으로 된 세계에 살면서 황금을 집에 가져가지 않는 사람을 바보라고 말하는 사람이 있다면 오히려 그가 바보이다. 온 세계가 황금으로 된 마당에 새삼스럽게 황금을 챙길 필요가 없기 때문이다. 본래부처 자리도 마찬가지이다. 모두 부처인 마당에 자기의 신분을 알아보지 못한다고 해서 신분이 변해지는 것이 아니다. 부처는 항상 그대로 있다. 악이 아무리 많더라도 그 악이 본래부처 자리를 바꿀 수는 없다. 남이나 나에게 사소한 악이 있다고 하더라도 그것이 내가 본래부처라는 사실을 뒤집을 수는 없다는 것이다.

누가 마군이의 모양을 했느냐 부처의 모양을 했느냐가 중요한 것이 아니다. 왜냐하면 마군들도 비구나 아라한이나 부처의 모습으로 변장할 수 있기 때문이다. 마군과 부처를 가르는 기준은 말의 내용이 우리가 본래부처인 것을 인정하느냐 않느냐에 있다. 본래부처라는 것을 인정하면 그것은 부처님의 말이고 그렇지 않으면 그것은 마군의 말이다. 어떤 사람이 악을 저지르거나 어리석은 마음을 가질 때 그것을 보고 흥분하거나 마음이 흔들리는 사람이 있다면 그는 마군은 아니지만 마군에 가깝다. 왜냐하면 악을 저지르는 사람과 선을 행하는 사람이 똑같이 본래부처라는 것을 인정하지 않기 때문이다. 진짜 부처님의 말씀은 지금 이 자리에 있는 그대로 모든 사람이 다 부처라고 하는 것이다.

82. 깨닫지 못하고 깨달았다고 하는 바라이 죄 (사정품 2)

> 어떤 사람이 지금 자기가 부처가 되어 있지는 않지만 앞으로 부처가 될 것이 확실하다고 말한다면 그 사람은 바라이 죄를 범한 것이 아니다. 그러나 지금 부처라고 한다면……

깨달음을 얻지 못했으면서도 도를 이루었다고 말하면 바라이 죄를 범하게 된다. 그러나 본인은 수행에만 전념하는데 주위에서 본인의 의사와 관계없이 도를 이루었다고 추켜세운다면 그것은 수행자의 죄가 아니라는 것이다.

만일 어떤 이가 남보다 수승한 법을 얻었노라고 스스로 말하면 그것은 바라이를 범한 것이니 그 이유는 실지로는 얻은 것이 없으면서 겉으로 얻은 듯이 꾸미는 것이므로 이런 사람은 사람 되는 법을 잃은 것이어서 바라이라 하느니라. 만일 어떤 비구가 욕심이 적고 만족함을 알며 깨끗이 계행을 가지면서 고요한 곳(阿鍊若)에 있는 것을 임금이나 대신이 보고서 이 비구가 아라한과를 얻은 줄 생각하고 앞에 나가 찬탄하고 공경하고 예배하면서 말하기를, '이 스님은 이 몸을 버리고는 아뇩다라삼먁삼보리를 얻으리라.' 하거든 비구가 듣고 임금께 말하기를, '나는 참으로 사문의 도과(道果)를 얻지 못하였으니 대왕은 나더러 도과를 얻었다고 말하지 마십시오.……' 하였다. 임금은, '스님은 참으로 아라한과를 얻어서 부처님과 다름이 없다.'고 하면서 널리 선전하여서 나라 안팎의 사람들과 궁중의 후비들로 하여금 모두 사문과를 얻은 줄 알게 하였으므로 들은 이들이 공경하고 믿는 마음을 내어 공양하고 존중하였다 하면 이 비구는 참으로 범행이 청정한 사람이니, 이런 인연으로써 여러 사람들이 큰 복덕을 얻게 되었으므로 이 비구는 바라이 죄를 범한 것이 아니니라. 왜냐하면 사람들이 스스로 환희의 마음을 내어 찬탄하고 공경한 것이니 이 비구가 무슨 죄가 있겠느냐.

부처님은 수행자가 큰 깨달음을 얻지 못했으면서도 도를 얻었다고 말하면 바라이 죄가 된다고 한다. 거짓말을 하더라도 작은 거짓말과 큰 거짓말이 있다. 작은 거짓말은 일상생활에서 사실과 달리 꾸며서 말하는 것이고 큰 거짓말은 자신이 깨달음을 얻지 못했으면서도 깨달음을 얻었다고 주장하는 것이다. 작은 거짓말은 피해가 적지만 큰 거짓말은 불법을 해치고 많은 사람에게 피해를 준다. 그래서 불교에서는 도를 얻지 못했으면서도 도를 얻었다고 주장하는 이에 대해서 사회의 재판 제도로 말하면 사형에 해당하는 바라이 죄를 범한 것으로 여긴다.

우리들은 길을 잃고 헤매는 사람들과 같다. 도를 얻은 사람은 목적지로 가는 길을 아는 사람과 같다. 가령 우리가 찾기 어려운 집을 찾아간다고 할 경우 그 지역에 대해서 전혀 아는 바가 없는 사람이라고 하더라도 자기가 길을 잘 안다고 주장한다면 상대를 모르는 우리는 그 사람에게 의지해서 길을 찾으려고 할 것이다. 그러나 길을 모르는 사람이 길을 잃은 사람을 바로 안내할 수는 없다는 것은 너무도 뻔한 일이다. 길을 잃은 사람을 더욱 혼란스럽게 만들 것이다. 깨닫지 못했으면서도 깨달았다고 주장하는 것도 마찬가지이다. 갈 길을 잡지 못하고 방황하는 사람들의 인생을 뒤죽박죽으로 만들 것이다. 길을 잃고 집을 못 찾는 것이야 하루의 일로 끝나지만 인생의 방향을 잘못 잡는 것은 일생의 그르침이 될 것이다. 그러므로 도를 이루지 못하고 도를 이루었다고 주장하는 것은 승단으로부터 용서받지 못하고 추방당하는 바라이 죄가 된다.

그러나 본인 자신은 도를 이루었다고 주장하지 않았지만 남이 그렇게 말하며 주위에서 도를 이루었다고 존경을 한다면 그것은 죄가 되지 않는다고 한다. 가령 조용한 장소에서 검박하고 근면하게 수도하는 사람이 있을 경우 사람들이 그에게 가서 스님은 깨달음을 얻었느냐고 물었다고 치자. 수행자가 깨달음을 얻지 못했다고 대답했음에도 불구하고 그렇게 말하는 것을 겸손으로 알고 수행자가 도를 이루었다고 주변 사람들이 말하고 그를 공경하면 그것만으로는 수행자가 바라이 죄를 범한 것이 아니라는 것이다. 수행자 자신이 자기의 도를 높여서 말한 것이 아니라 주위 사람들이 수행자를 높여서 말했기 때문이다. 그러나 여기에도 함정은 있다. 만약 어떤 사람이 자기 입으로 도를 이루었다고 말하지 않더라도 의도적인 쇼맨십을 발휘해서 교묘하게 사람들이 자기를 높여서 말하도록 유도한다면 그것은 큰 죄가 될 것이다.

그런데 부처님은 다시 불성에 대해서 언급하신다. 어떤 사람이 지금 자기가 부처가 되어 있지는 않지만 앞으로 부처가 될 것이 확실하다고 말한다면 그 사람은 바라이 죄를 범한 것이 아니라는 것이다. 부처가 될 가능성은 누구에게나 다 있기 때문에 미래에 부처가 될 것이라는 말은 잘못된 것이 없다는 것이다.

옛 선사들에 관한 이야기 가운데는 크고 작은 깨달음을 얻었다는 말이 자주 나온다. 스님에 따라서 한 번의 확철대오도 있고, 1차 깨달음이나 2차 깨달음이 있는가 하면 또 3차 깨달음까지도 있다. 옛 선사들의 행적을 읽을 때마다 이런 의문을 가져 본다. 왜 예전에는 스님들이 깨달음을 얻기가 쉬웠는데 요즘에는 깨달음을 얻었다고 말하는 스님들이 많지 않느냐는 것이다. 불경에 보면 부처님의 설법 장소에 모인 대중들이 부처님의 법문을 듣는 자리에서 큰 깨달음을 얻었다고 묘사하는 경우가 많다. 최근에 열반하신 큰스님들의 행적에서도 '한 소식'이라든지 어떤 '견처(見處)'가 있었다는 말들을 흔히 볼 수 있다. 그 스님네들은 20~30대에 벌써 상당한 깨달음을 얻은 것으로 묘사되어 있다. 그런데 현재 50~60대 이후의 스님네들은 왜 깨달음을 얻었다고 공식으로 발표하는 일이 없느냐는 물음이다.

어떤 스님은 이 의문에 대한 해답을 이렇게 설명하기도 했다. 옛날에는 정보의 양이 적었기 때문에 웬만한 깨달음만 얻어도 그것을 일관되게 실천하고 또 그 깨달음의 정신을 연장해서 밀고 나가면 사람들을 지도할 수 있었지만 요즘에는 정보의 양이 너무 많아서 아주 큰 깨달음을 얻지 않으면 소소한 깨달음을 가지고는 복잡한 현대사회를 구제할 수 없다는 것이다. 따라서 수행에 의해서 상당한 경지에 이른 스님네들도 가볍게 자신의 깨달음을 드러내거나 자랑하지 않는다는 것이다.

또 현대에 깨달음을 얻었다고 주장하는 수행자가 많지 않은 이유를 현대의 산만한 수행 풍토에서 찾는 분도 있다. 예전에는 수행자들이 마음을 집중해서 공부하기가 좋았는데, 현대 산업사회에는 산에 호랑이가 없어질 정도로 모든 산들이 시끄러워졌다는 것이다. 사람들이 등산을 많이 하기 때문에 산이 시끄러워졌다는 것이 아니라 산속에도 현대의 물질문명이 침투해서 일체의 물욕을 버리게 하는 깨달음을 얻기가 점점 더 어려워졌다는 것이다.

10여 년 전에 전국 불자들로부터 흠모와 존경을 받은 큰스님의 법문 녹음 테이프를 들어본 적이 있다. 그 노스님은 이미 80세가 넘었다. 그런데 그 큰스님께서는 법문하는 가운데 자신은 깨닫지 못했다고 말씀하시는 것이었다. 그 말을 듣고 큰스님에 대해서 크게 실망했다. 큰스님은 승속을 막론하고 모든 불자들이 큰 깨달음을 얻은 도인으로 존경하고 있는데 궁극의 경지를 보지 못했다고 말씀하셨기 때문이다. 그 녹음 테이프를 들은 이후로 스님에 대한 존경심을 한 동안 거두어들였다. 그러나 최근에 이르러서 스님의 말씀을 다시 생각해 보게 되었다.

도를 얻은 스님네 가운데는 깨달았다고 밝히시는 분이 있는가 하면 자신의 깨달음을 숨기는 분도 있을 것이다. 옛날에는 자신의 얻은 바를 서슴없이 밝히는 스님네가 많았고 요즘에는 밝히지 않는 스님네가 많다. 자신이 깨닫지 못했다고 법문 중에 말씀하시는 큰스님은 옛날 어른이기 때문에 자신의 도를 자랑할 수 있는 세대임에도 불구하고 자신의 깨달음을 밝히거나 자랑하지 않는다는 점에서 더욱 존경스럽게 생각되었다.

《열반경》의 입장에서 본다면 개인적으로 특별히 깨달은 바가 없다고 하더라도 이 세계 전체를 부처님이 가득한 곳으로 말할 수도 있고 반대로 시간적인 면에서 고정적인 깨달음이 있을 수 없다고 말할 수도 있다. 과거 무량겁 전에 부처님께서 이미 불도를 이루었고 부처님의 몸은 이 세계에 항상 가득 차 있다. 그렇다면 우리가 본래부처를 알아보거나 말거나에 관계없이 이 세계는 부처로 가득한 세계이다. 이런 의미에서라면 "나는 부처자리를 보았다."고 말하는 것이 조금도 허물 될 것이 없다. 다른 한편으로 어떤 순간에 깨달음을 얻었다고 해서 그 순간의 깨달음이 고정적으로 모든 시간에 영향을 미칠 수 있다고 말할 수는 없다. 본래부처이기는 하지만 그 본래부처는 우리가 불도를 닦는 동안에만 나타나고 닦지 않으면 바로 사라지는 것이다. 그래서 부처님은 자신의 수행에 의해서 주변 사람들이 불도를 이루었다고 칭찬하거나 수행을 하면 부처를 이룰 수 있다고 말하는 것이 죄가 되지 않는다고 가르치는 것이다.

83. 대승의 바다에 불성이 있어 (사정품 3)

> 부처가 될 성품이 있다는 말을 아무리 뇌이고 또 뇌여 본들 그것의 가치를 인정하고 부처가 되려고 노력하지 않으면 그 불성은 아무 소용이 없다.

 불성이 있더라도 그것을 수행방편을 통해서 개발해야 한다. 불성과 부처가 다르다는 문제는 이미 제기되었지만 본래부터 불성이 구족되어 있다고 하더라도 그것을 밝혀 내지 않으면 그 불성이 아무 소용이 없고 불성이 없는 것과 다를 바 없다.
 우리는 모든 중생에게 불성이 있다는 것을 여러 각도에서 생각할 수 있다. 불성이 있다거나 불성이 있음을 믿는 일이 중요하다는 것을 강조하는 입장에서 생각해 보면 불성의 개발 여부와 상관없이 우리는 본래부처이다. 반면에 본래 갖추어진 불성을 개발해야 한다는 측면에서 생각해 보면 우리에게 불성이 있다는 것을 믿지도 않고 불성을 바로 숨쉬게 해 주지 않으면 그 불성은 아무런 힘을 발휘하지 못하게 된다. 불성이 없는 것과 마찬가지가 된다.
 부처님은 근기가 낮은 소승 성문 대중에게 불성에 대해서 전혀 언급하지 않았다. 성문 비구에게 불성에 대해서 말하지 않았다고 해서, 성문 비구에게는 불성이 없고 대승 보살에게는 불성이 있다고 말했다고 해서 대승 보살에게만 불성이 별도로 있는 것은 아니다. 모든 생명에게는 똑같이 불성이 있다. 단지 소승 성문들은 불성이 있다는 것을 믿거나 그것을 개발할 자세가 되어 있지 않기 때문에 부처님께서는 소승불경에서 성문에게는 불성에 대해서 언급하지 않고 대승불경에 이르러서야 보살들에게 불성에 대해서 말하게 된 것이다.

선남자여, 외도들은 혹은 내가 항상하다고 말하고 혹은 내가 아주 없다고 말하거니와 여래는 그렇지 아니하여 내가 있다고도 말하고 내가 없다고도 말하나니 이것을 '중도'라 하느니라. 만일 부처님이 중도를 말할 적에 온갖 중생에게 모두 부처의 성품이 있건만은 번뇌에 가려서 알지도 보지도 못하나니, 그러므로 부지런히 방편을 닦아서 번뇌를 끊어야 한다고 하였다 하면 이런 말을 하는 사람은 사바라이를 범한 것이 아니고, 이런 말을 하지 않는 이가 바라이 죄를 범한 것이며, 만일 내가 이제 아뇩다라삼먁삼보리를 성취하였다면 그 이유는 부처의 성품이 있는 까닭이니라. 부처의 성품이 있는 이는 반드시 아뇩다라삼먁삼보리를 이루는 것이니 이 인연으로 내가 이제 보리를 성취하였노라 하면 이 사람은 바라이 죄를 범하였다 하리라. 왜냐하면 비록 부처의 성품이 있더라도 좋은 방편을 닦지 못한 연고로 보지 못하는 것이며 보지 못한 연고로 아뇩다라삼먁삼보리를 이루지 못한 것이니, 그러므로 부처님 법이 깊고 깊어서 헤아릴 수 없다는 것이니라.

불성의 문제는 '나'와 관련이 있기 때문에 먼저 나가 있느냐 없느냐에 대해서 부처님은 외도의 주장과 자신의 주장을 구별하신다. 어떤 외도는 내가 항상 있어서 영원히 멸하지 않는다고 주장하는가 하면, 다른 외도는 내가 아주 없어진다고 주장한다. 그러나 부처님은 내가 항상하다거나 아니면 없어진다고 치우쳐서 말하지 않는다. 나라고 하는 것이 어떤 의미에서는 항상할 수도 있고 또 다른 의미에서는 본래 없을 수도 있다. 형상에서 영원한 나를 찾고자 하면 그것은 불가능하다. 모든 형상은 순간 순간 찰나 찰나 변하기 때문이다. 이 세상에서 한순간이라도 변하지 않는 것은 아무것도 없기 때문이다. 그래서 형상을 유지하는 나는 없다고 말한다. 다른 한편으로 개인적인 내가 아닌 우주적인 내가 있을 수 있다. 그 나는 형상적인 것도 아니고 개인적인 것도 아니다. 우주 전체로 있는 것이기 때문에 무상의 법칙이라든지 공사상과 위배될 것이 없다. 그 나는 부처님의 법신으로 불러도 좋고 모든 중생에게 두루 있는 불성으로 불러도 좋다. 그래서 부처님은 내가 없다고 말하기도 하고 또 있다고도 말하지만 이는 내가 항상하다는 것과 무상하다는 것이 어긋나지 않는 중도의 입장 또는 진리의 입장이라고 한다.

우주와 내가 구별되지 않는 우주적인 나라고 하거나 불성이 있다고 해서 그것이 바로 아뇩다라삼먁삼보리 즉 최고의 지혜를 이룬 부처와 같은 것은 아니라고 한다. 불성은 부처가 될 가능성이요, 부처는 수행을 통해서 불성을 개발한 것이다. 불성을 씨앗이라고 한다면 부처는 꽃과 열매라고 할 수 있다. 씨앗이 있다고 해서 그것이 그대로 꽃과 열매가 되는 것은 아니다. 불성이 있다는 이유를 내세워서 자기가 부처라고 주장하는 사람이 있다면 그는 바라이 죄를 범한 것이라고 한다.

금이 아무리 땅속에 묻혀 있다고 하더라도 그것을 캐내서 제련하지 않으면 금을 얻을 수가 없다. 부뚜막에 있는 소금도 집어 넣어야 짜다는 속담이 있다. 소금이 옆에 있는 것과 소금을 집어 넣어 간을 맞추는 것은 분명히 다르다. 불성도 마찬가지라는 것이다. 불성을 닦아서 부처를 뽑아 내지 않으면 미혹 속에 잠겨진 불성은 소용이 없다는 것이다.

한국불교의 큰 병폐 가운데 하나는 '성불하십시오'라고 인사는 잘 하면서 실제로 성불하겠다는 의욕은 내지 않는다는 것이다. 이 문제는 여론 조사기관에 의뢰해서 설문조사를 벌일 사안은 아니기 때문에 어떤 단체나 개인이 한국불교도들의 부처가 되겠다는 의식에 관해서 공식적으로 조사해 본 바는 없다. 그러나 개인적으로 대화해 본 바에 의하면 불교도들 가운데 금생에 기어이 부처를 이루겠다고 다짐하는 분은 많지 않다. 자신이 부처가 되리라고 생각하거나 또는 상대가 부처가 될 것이라고 믿지도 않으면서 입으로만 '성불하십시오'라거나 '성불하십시다'라는 표현을 많이 쓴다는 말이다. 부처님께서 우리의 마음을 아신다면 걱정하실 것이다. 마음에 없는 말을 형식적으로 내뱉기 때문이다.

보통 '성불하십시오'라는 인사는 인사하는 사람을 제외하고 상대에게만 성불하라고 말하는 것 같지만 자신도 같이 노력해서 성불하겠다는 뜻을 포함하고 있다. 상대와 내가 다같이 불도를 열심히 닦아서 이루자는 말이다. 그러나 지옥과 부처를 다 포함하고 있는 우리는 마음은 다른 곳을 헤매면서 입으로만 성불을 말하는 수가 많다. 성불합시다라든가 성불하십시오라는 인사가 일반화되는 것은 참 좋은 일이지만 그렇게 하고자 하는 마음 자세도 함께 갖추어져야만 하겠다.

불자들은 법문 듣기를 좋아한다. 옛날에 도인이 되는 이야기를 듣기 좋아하는 젊은 사람이 있었다. 그 젊은이는 유명한 고승들을 찾아다니며 개인적으로 면담을 청하기도 하고 또 공식적인 법회에서 법문을 듣기도 했지만 아무리 법문을 많이 들어도 자신의 도가 높아지는 것 같지가 않았다. 그러던 중 냇물이 흐르는 깊은 산속에서 한 스님을 만났다. 그 스님에게 까닭을 물었다. 그러자 스님은 땅속에 묻힌 돌을 하나 주워 오라고 말했다. 다시 그 돌을 냇가에 가서 씻어 오라고 말했다. 젊은 사람이 흙 묻은 돌을 냇물에 씻으니까 그 돌은 아주 깨끗하고 예쁜 돌이 되었다. 스님은 젊은이에게 말했다.

"젊은이여, 어떤가. 자네 손에 있는 예쁜 돌은 땅속에 있을 때도 똑같은 모양이었네. 그러나 땅속에 계속 묻혀 있었더라면 깨끗하고 보기 좋은 돌로 자기 역할을 할 수는 없었을 것이네. 자네 손으로 물에 씻었기 때문에 그 돌이 자기가 가진 본래의 가치를 발하게 되는 거라네. 도에 대해서 알기만 하는 것은 땅속에 돌이 있다는 것을 듣기만 하는 것과 같다네. 자네가 직접 닦았을 때만 그 도를 자네 것으로 만들 수가 있다네. 이제 발심하게."

 이런 이야기는 절집에서 흔히 들을 수 있는 것이다. 불성에 대해서 배우는 것도 마찬가지이다. 부처가 될 성품이 있다는 말을 아무리 뇌이고 또 뇌여 본들 그것의 가치를 인정하고 부처가 되려고 노력하지 않으면 그 불성은 아무 소용이 없다. 모든 중생에게 불성이 있다거나 부처님의 법신이 이 세계에 꽉 차 있다고 하는 말은 아무 쓸모가 없다. 《열반경》의 분량은 상당히 많지만 처음부터 끝까지 전하고자 하는 뜻은 아주 간단하다. 우리 모두에게 불성이 있다는 것이다.

84. 꿈속의 음행과 성기의 유무 문제 (사정품 4)

> 이성에 대해 호기심을 갖는 것도 문제가 되지만 혐오감을 갖는 것도 문제가 된다. 싫어하는 것은 좋아하는 것을 뒤집었다는 문제가 있기 때문이다. 이기적인 애욕을 버린……

꿈속의 음행은 죄가 되는가. 또 성기가 완전하게 갖추어져 있어야 출가할 수 있다는 문제에 대해 가섭 보살의 문제 제기와 부처님의 대답을 들어 보자.

"세존이시여, 만일 비구가 꿈에 음행을 하면 범계가 되나이까?"
"아니다. 음욕에 대하여 더럽다는 생각을 하고 잠깐이라도 깨끗하다는 생각을 내지 말아야 하며 여인을 사랑하는 번뇌를 멀리 여읠 것이니, 만일 꿈에 음욕을 행하면 깨어서 뉘우칠 것이니라."

가섭 보살이 부처님에게 중생들이 궁금해 하는 질문을 했다. 수행자는 음행이 금지되어 있는데 현실에서는 당연히 그렇게 해야 할 일이라는 것은 너무도 분명하다. 만약 꿈속에서 음행을 했다면 그 음행이 죄가 되느냐는 것이다. 이에 대해서 부처님은 꿈속에서라도 음행을 했다면 꿈에서 깨나자마자 바로 참회해야 할 것이며 참회하면 죄가 되지 않는다고 하신다.

그런데 가섭 보살의 물음 즉 꿈속에서 음행을 하고 또 현실에서는 자신도 모르게 정액이 흐르는 일은 예전에도 문제가 되었고 최근의 예에도 있다. 부처님께서 열반에 드신 후 100년경에 불교는 크게 대중부와 상좌부라는 두 부파로 갈라졌다. 이 근본분열로 인해 뒤에는 18가지의 자잘한 분열로 이어졌다. 대중부는 부처님의 가르침을 진보적으로 해석하려는 그룹이었고 상좌부는 보수적으로 지키려는 그룹이었다. 불교가 이처럼 진보와 보수라는 두 그룹으로 분열하게 된 데는 여러 가지 원인이 있었으리라고 짐작된다. 그 원인 가운데 하나가 바로 잠자는 중에 아라한이 정액을 흘릴 수 있느냐는 문제였다. 즉 진보적으로 불교를 이해하려고 한 대천은 다섯 가지의 혁신적인 주장을 했는데 첫번째가 바로 '아라한에게 번뇌는 없지만 꿈에 천마(天魔)가 유혹할 때는 깨끗하지 못한 정액이 흐르는 수가 있다'는 것이었다.

어느 날 아침에 대천이 제자에게 몽정을 한 더러운 옷을 빨아 오게 했다. 그것을 본 제자는 이상스럽게 생각할 수밖에 없었다. 스승은 아라한과를 얻었다고 하는데 아라한과를 얻은 고승이 어떻게 꿈속에서의 유혹을 이기지 못해서 몽정을 할 수 있느냐는 것이다. 그래서 제자는 스승인 대천에게 몽정에 대해서 물었다. 그러자 대천은 아라한도 몽정을 하는 수가 있다고 대답한다. 대천이 이러한 주장을 하자 대천과 의견을 달리하는 사람들은 대천을 아주 나쁜 일을 많이 한 사람이라고 묘사했다. 그래서 대천에 대해서는 아주 나쁜 이야기가 많이 있다. 그 같은 나쁜 이야기가 사실일 수도 있기는 하겠지만 대천의 혁신적인 주장에 반대하기 위한 방법의 일환으로 생겨난 점도 있었으리라고 짐작된다.

대승불교가 근본분열을 할 때 대중부로 갈라진 사람들의 맥을 이은 점이 많았으리라 생각된다. 그런데 역설적으로 대승불교는 계율을 지키는 점에서는 소승불교보다도 더욱 철저했다. 대승불교의 전신인 대중부 계통은 계율 문제에서 진보적인 생각을 가지고 있었는데 그 진보파로부터 생겨난 대승불교는 계율을 지키는 데에서는 상좌부라는 보수파보다 한술 더 떴던 것이다. 소승 계율에서는 육식이나 오신채에 대해서 신경을 쓰지 않지만, 대승불교의 계율에서는 육식을 금하고 있다. 《열반경》의 앞부분에서 우리는 부처님이 육식을 금한 것을 읽은 바 있다. 요즘에도 남방불교의 스님들 가운데는 사람들이 많은 곳에서 자유롭게 담배를 피우는 분들이 많지만 한국에서는 그런 모습을 보는 것은 쉽지 않다. 따라서 대승불교의 계율정신을 이어받은 한국불교에서는 전통적으로 진보적인 주장을 한 대천에 대해서 부정적인 평가를 내려오고 있다.

불교방송에서 주최하는 성지참배 순례단에 참여했을 때였다. 한 신도가 큰스님의 법문을 녹화한 비디오 테이프를 가져와서 버스 안에서 틀어 주었다. 목적지가 남해 보리암이었기 때문에 차를 타는 시간이 길었던 터라 큰스님 법문 비디오를 본다거나 녹음 테이프를 듣는 것은 이중의 효과를 냈다. 신도들이 장거리 승차에 지루하지 않게 지낼 수 있었고 또 큰스님들의 법문을 들을 수 있었기 때문이다. 우리는 대구 부근에 계시는 한 큰스님의 법문을 비디오로 보고 있었는데 그 큰스님께서는 춘원(春園)의 사랑 이야기를 법문의 소재로 사용하고 있었다. 인간이 사랑할 때 혈액이나 침 같은 것이 어떻게 달라지는가를 관찰하고 분석하는 방법이었다. 법문 도중에 큰스님은 자신도 피곤할 때 정액을 흘린다고 말씀하셨다. 정액에서 유황 냄새가 난다는 것까지 말씀하셨다. 그 큰스님은 평소 법문하는 중에 욕설을 재미있게 섞어 쓰는 것으로 유명했기 때문에 법문을 듣는 사람들은 큰 저항감이나 부담감이 없이 재미있고 기쁘게 경청했다. 신도들이 있는 자리여서 겉으로 표를 내지는 않았지만 이 누정(漏精)의 문제가 큰스님네에게도 있구나 하고 속으로 생각했다.

가섭 보살이 부처님에게 꿈속의 음행에 대해서 질문하고 부처님이 대답한 것으로 보아 가섭 보살과 부처님은 그것에 대해서 사전 지식이 있는 것이 분명하다. 적어도 《열반경》을 편집한 조사 스님들에게는 그런 문제가 있었던 것이 확실하다. 대천에게도 꿈속에서 하늘 마군이의 유혹이 있었다. 꿈속에서 마군이의 유혹을 받았다면 꿈속에서 음행이 있었다는 말이 된다. 과거나 현재를 막론하고 몽정이나 피로에 의한 누정은 독신으로 사는 사람이라면 누구나 경험할 수 있는 것이다.

부처님은 꿈속의 음행이라고 할지라도 바람직한 것으로 생각하지 않으신다. 꿈속의 일은 사람이 마음대로 할 수 없기 때문에 그것을 탓할 수는 없지만 그런 일이 있으면 바로 참회하라고 말씀하신다. 사람은 자기가 생각한 것만큼 살고 생각한 대로 행동한다. 꿈속이라고 하더라도 그것은 결코 남의 일이 아니다. 평소에 음행에 직접 간접으로 관련된 생각에 시달려 왔기 때문에 그러한 일이 생기는 것이다. 막연하게나마 이성에 대해서 호기심을 갖는 것도 문제가 되지만 극단적으로 혐오감을 갖는 것도 문제가 된다. 싫어하는 것은 좋아하는 것을 뒤집었다는 문제가 있기 때문에 무심하려고 애쓰는 것보다 수행자 자신의 마음을 지키는 것에서 뒤떨어진다. 무심을 잃으면 꿈속의 일이 생길 수 있다는 말이다.

성철 스님은 생전에 공부하는 사람이 몽중일여(夢中一如)할 수 있어야 한다고 가르치시곤 했다. 낮에 화두를 드는 사람은 밤에 자면서도 화두를 들 수 있어야 한다는 말씀이다. 이 몽중일여의 경지에 이르면 꿈속에서 음행하는 문제를 걱정할 필요가 없게 된다. 꿈속에서 자기의 마음을 자재로 잡을 수 있는데 무슨 음행이나 몽정이 문제가 되겠는가.

꿈속의 음행 문제에 뒤이어 부처님은 출가할 사람은 성기를 완전하게 갖추고 있어야 한다고 말씀하신다. 내시처럼 성기를 제거한 사람, 성기가 본래부터 없는 사람, 남녀의 성기를 동시에 가진 사람, 성기가 고정되지 않고 15일마다 변하는 사람 그리고 불구인 사람들은 출가할 수 없다는 것이다. 강하게 집중되는 양기 또는 음기가 모여서 정기가 되고 정기가 있어야 불도로 깊이 파고들 수 있다. 힘이 없으면 아무리 노력하더라도 무명이라는 철벽을 꿰뚫지 못한다. 화두를 드는 선사식으로 말한다면 화두를 타파하지 못한다.

　속가에서 결혼 생활을 경험하고 출가한 노스님과 대화를 하는 가운데 "40이 넘어서 불법을 공부하기 시작하면 기운이 없어서 화두를 타파할 수 없다."는 말씀을 들은 적이 있다. 40세 이전에 쇠라도 뚫을 수 있는 힘이 있을 때라야 도를 통할 수 있다는 말씀이었다. 또 공부하는 도반 스님들과 대화를 해보면 한결같이 기운이 있어야 공부가 된다는 말씀을 하신다. 정기가 약해지면 양기로 나타나는데 그러한 양기는 참다운 기운이 아니고 허기(虛氣) 즉 헛바람이 새는 기운이다. 참으로 강한 양기는 공부할 때에 함부로 방해하는 일을 하지 않는다. 힘이 있어야 공부가 되기 때문에 공부하는 스님들 특히 벽을 보고 참선하는 스님들은 보약 들기를 좋아한다. 세상 사람들은 스님네가 무슨 보약이 필요하냐고 물을지도 모르지만 공부하는 스님네에게 기운이 필요한 것만은 분명하다. 단지 기운을 보약에서 찾는 것이 옳은 것인지 또 보약은 참으로 보약의 역할을 하는 것인지에 대해서는 확실하게 대답할 수 없다.

　부처님이 성도하시기 전날밤에 마군의 항복을 받았다고 전해지는데 모든 큰스님들의 공부담을 들어 보면 한결같이 평소에 강한 집중력이 필요하고 특히 마지막 관문을 뚫을 때는 젖 먹던 힘까지 다 써야 한다고 한다. 그 어려움을 스님네는 모기가 철벽을 뚫는 것으로 표현한다. 약한 모기가 철벽을 뚫기는 현실적으로 불가능하듯이 도를 통하는 것도 그와 같이 어렵고 힘들다는 이야기이다.

　있는 힘을 다 끌어 모아야 하기 때문에 공부하는 스님네에게 있어서 성적인 자위 행위는 있을 수가 없다. 물론 호기심이 많은 어린 시절에야 자위 행위를 할 수도 있지만 철이 들어서 참으로 참선공부를 하게 되면 공부 욕심 때문에 힘을 버리는 일을 할 수가 없다. 얼마 전에 미국에서 진보적인 생각을 가진 한 여성 장관이 청소년들에게 자위 행위를 가르쳐야 한다는 말을 했다가 보수적인 사람들로부터 항의가 빗발치자 해임된 일이 있었다. 그 흑인 여성은 공중위생국 장관이었기 때문에 에이즈와 같은 성병이나 성범죄들을 예방하기 위해서 이 같은 주장을 한 모양이다. 그 기사를 보면서 자위 행위 대신에 화두를 타파하는 참선을 미국의 청소년들에게 가르친다면 어떨까 하고 생각해 보았다.

85. 법신의 항상함을 모르는 것이 괴로움(사제품 1)

> 우리가 세상에 대해서 기대를 하고 세상에 끌려 다니다가 세상으로부터 버림을 받는 것은 세상이 특별히 악의를 가지고 나를 대해서가 아니다. 내가 세상에 대해 기대를……

불교의 가장 기본적인 교리를 말하라고 한다면 우리는 사성제와 십이연기를 꼽을 것이다. 사성제는 부처님이 문제로 삼는 것과 문제를 해결하는 방법을 제시하고, 연기법 또는 십이연기는 고통이 일어나거나 고통이 없어지는 논리적 근거를 밝혀 준다. 원시불교 이후에 부파불교와 대승불교를 거치면서 불교교리는 아주 복잡하게 발전했지만, 아무리 복잡하고 심오한 교리라 하더라도 사성제나 십이연기를 더욱 깊이 있게 해석하거나 새롭게 각색한 것에 불과하다. 《열반경》에서 부처님이 정의하는 고통과 고통의 진리이다.

 괴로운 것은 괴롭다는 참 이치(苦聖諦)라 이름하지 않나니 무슨 까닭이냐. 만일 괴로운 것을 괴롭다는 참 이치라 한다면 온갖 축생과 지옥 중생에게도 참 이치가 있으리라. 선남자여, 어떤 사람이 여래의 깊고 깊은 경계가 항상 머물고 변치 않는 비밀한 법신임을 알지 못하고 밥 먹는 몸이요 법신이 아니라 하면, 이는 여래의 도덕과 위력을 모르는 것이니 그것을 괴로움이라 이름하느니라. 어떤 이가 "나는 당초에 이 이치를 몰라서 생사를 헤매면서 그지없이 돌아다녔더니 오늘에야 참 지혜를 얻었노라." 한다면, 이렇게 아는 것은 참으로 괴로움을 닦는 것이어서 이익이 많으려니와 만일 알지 못하면 아무리 부지런히 닦아도 이익이 없으려니, 이것은 괴로움을 아는 것이며 괴롭다는 참 이치라 하겠지만 만일 이렇게 닦지 못하면 괴로움이라고는 하려니와 괴롭다는 참 이치는 아니니라.

부처님은 괴롭다는 것과 괴로움의 진리를 구별하신다. 괴로움은 부처님의 법신이 항상함을 알지 못하는 데서 온다. 불도를 닦는 수행자가 부처님이 이미 무량겁 전에 불도를 이룬 바 있고 우리 모두가 부처님의 분신과 같다고 생각한다면 그 사람은 괴로울 것이 없다. 밖의 세상을 향해서 무엇을 얻으려고 하거나 성취하려고 할 때 괴로움이 생기는데 밖에서 얻고자 하는 것이 없기 때문에 초조함도 없다. 그래서 괴로움의 근원은 부처님의 법신이 항상하고 모든 중생에게 부처를 이룰 가능성이 공평하게 있다는 것을 받아들이지 않는 데 있다고 한다.

그런데 열반의 진리를 모르는 사람들이 괴로워한다고 해서 그것이 바로 괴로움의 진리가 되는 것은 아니다. 만약 괴로움을 느끼는 모든 것에 괴로움의 진리가 있다고 말하기로 한다면 지옥이나 아귀나 축생의 세계에도 괴로움의 진리가 있을 것이다. 삼악도에는 괴로움이 있을 뿐이다. 괴로움의 진리가 있는 것은 아니다. 괴로움의 진리라고 하는 것은 중생들이 본래 부처인 것을 알아보지 못하고 괴로워하고 있다는 것을 여실히 파악할 때 그것을 괴로움의 진리 즉 고성제(苦聖諦)라고 한다. 그래서 괴로움의 진리를 파악한 사람에게는 괴로움이 있는 것이 아니라 괴로움을 바로 보는 깨달음이 있다는 말이다.

불교에서는 가장 기본적인 괴로움으로 팔고(八苦) 즉 여덟 가지 고통을 꼽고 있다. 사는 것, 늙는 것, 병드는 것, 죽는 것, 좋은 사람과 떨어져 살아야 하는 것, 싫은 사람과 같이 살아야 하는 것, 마음대로 되지 않는 것 그리고 몸을 가지고 있는 것 등이다. 이 여덟 가지 고통은 생로병사(生老病死) 네 가지와 애별리고(愛別離苦)·원증회고(怨憎會苦)·구부득고(求不得苦)·오음성고(五陰盛苦)의 네 가지이다. 이 같은 고통은 환멸감과 비애감을 주는 현실 폭로적인 것이라 정의하고 싶다.

우리는 세상에 대해서 상당히 기대에 차 있다. 어렸을 때는 성인이 되면 어떤 선망의 대상이 되겠다는 꿈을 갖지만 아이들은 자라면서 공상적인 꿈이 아닌 현실적인 소망을 가지게 된다. 대통령이 되겠다는 아이가 나중에는 택시 운전기사나 자동차 수리공이 되겠다는 말도 하게 된다. 아이는 세상에는 마음대로 되지 않는 벽이 있다는 것과 원한다고 해서 모든 일이 다 그대로 성취되지는 않는다는 것을 알게 된다. 동쪽에 가도 '공부해라', 서쪽에 가도 '공부해라', '공부, 공부, 공부'라는 말을 숱하게 들어온 아이들 가운데는 자신에 대한 주위의 기대가 주는 중압감을 견디다 못해 자살하는 학생들도 나타난다. 고3 학생뿐만 아니라 중학생·국민학생까지도 자살하는 사건을 신문과 방송에서 종종 본다. 살아 있음으로 해서 받는 괴로움과 현실에 대한 실망이 없는 것은 아니다. 현실에 어려움과 괴로움이 있기는 하지만 괴로움보다는 앞으로 살 세계에 대한 기대가 더 크기 때문에 사람들은 아직 살기로 작정하고 있다.

남녀간의 사랑에 대해서도 사람들은 큰 기대를 한다. 자기가 원하는 사람과 결혼해서 항상 떨어지지 않고 같이 살기만 하면 꿈속에서 사는 것처럼 행복하리라고 기대한다. 그러나 막상 같이 살게 되면 시간의 흐름에 따라 좋아하는 도수는 떨어지게 된다. 예전에는 멋이라고 생각했던 것이 단점으로 보이기 시작한다. 예전에는 파트너 한 사람에게만 있었다고 생각되던 장점이 이제는 모두에게 똑같이 있는 것으로 생각된다. 오히려 남들에게 많은 장점이 내 상대자에게는 없어 보이기까지 한다. 어느 날 참으로 멋없게 보이는 상대를 바라보면서, '저 사람이 예전에 위장술을 써서 나를 홀리지 않았나.' 하고 생각을 하기도 한다. 그러나 아직도 기대가 있다. 재산과 명예와 사회적인 인간 관계가 살 만한 보람을 줄 것이라고 생각한다.

최고의 명예를 누려본 사람은 명예가 별 수 없다는 것을 잘 알고 있다. 돈을 많이 가지고 있는 사람은 자신이 돈 때문에 멋을 부리고 힘을 쓰기는 하지만 그 돈이 참으로 사람을 치사하게 만든다는 것을 잘 알고 있다. 자식을 많이 키워본 사람은 내 품 안에 있을 때 내 자식이지 품을 떠나면 똑같이 나름대로의 욕망을 가진 남이라는 것을 잘 알고 있다. 나이를 먹으면 별 수 있을까 했더니 기대한 대로 물질적인 환경은 약간 좋아졌지만 이제는 늙어가기 시작한다. 저쪽에서 젊은이들이 자리를 비켜 달라고 몰려오는 것이 보이는 듯하다. 병이 든다. 세상이 무상하게 느껴지지만 돌이켜보면 내가 가장 사랑한다고 생각했던 사람을 가장 미워하게 되는 경우가 있는가 하면 내가 가장 미워하려고 했던 사람을 가장 사랑하게 되는 경우도 있다. 그런데 기묘하게도 참으로 진한 미움은 내가 가장 잘 아는 사람에 대해서 생기고 참으로 진한 사랑은 내가 가장 모르는 사람에 대해서 생긴다는 것이다. 그래서 모르면 사랑이던 것이 알면 미움이 되어 버리는 기구한 운명의 장난이 연출되곤 한다. 이렇게 보면 생로병사를 비롯한 여덟 가지 고통이란 결국 인간이 환멸과 비애로 가득 찬 현실을 폭로시키는 특별한 계기들을 모은 것이라고 할 수 있다.

　우리가 세상에 대해서 기대를 하고 세상에게 끌려다니다가 세상으로부터 버림을 받는 것은 세상이 특별히 악의를 가지고 나를 대해서가 아니다. 내가 세상에 대해서 기대하고 요구하고 매달렸기 때문이다. 부처님의 법신이 세상에 항상 가득 차 있다고 하는 것은 세상이 법당에 모셔진 황금 부처님의 몸으로 되어 있다는 뜻이 아니다. 지금 있는 세상의 모양이 바로 부처님의 모습이라는 말이다. 단지 우리가 어떤 자세로 세상을 보느냐에 따라서 세상은 부처님으로 보이기도 하고 괴로움으로 가득 차 보이기도 한다. 우리는 전에 윤회 과정으로서의 십이인연을 혹업고(惑業苦) 삼도로 압축한 바 있다. 또 해탈 과정으로서의 십이인연을 법신·반야·해탈이라는 삼덕으로 풀이한 바 있다. 혹업고 삼도에 있는 고는 바로 고통을 말하는데, 이것을 삼덕에서 뒤집어 말한 것이 법신이다. 똑같은 연기의 세계를 이렇게 보면 고통이 되고 저렇게 보면 부처님의 법신이 되는 것이다. 고통의 세계와 법신의 세계가 달라서가 아니라 미혹의 눈으로 보았느냐 깨달음의 눈으로 보았느냐에 따라서 다르게 이름붙여졌을 뿐이다.

  세상이 고통으로 보이기도 하고 법신으로 보이기도 한다는 말은 세상을 고통이 가득 찬 곳으로 보면 중생이고, 즐거움이 가득 찬 곳으로 보면 부처라고 생각할 염려가 있다는 말이다. 부처님에게 문제가 있다고 하는 사람은 바로 고통으로 가득 찬 세상을 바로 보지 못하고 즐거움으로 가득 찬 곳으로 착각하는 사람이다. 고통의 세계를 고통으로 보지 못하면 고통에서 벗어나고자 하는 강한 동기가 제대로 생기지 않는다. 그래서 일단 고통으로 가득 찬 세상을 바로 볼 수 있어야 한다.

  관찰이랄까 깨달음이 높아지는 단계에 따라서 세상을 바로 보는 것에 등급으로 매긴다면 3등급이 될 것 같다. 먼저 자신의 존재에 대한 아무런 물음도 없이 세상을 따라가는 단계가 있고 다음으로는 이 세상을 고통으로 가득 차 있다고 보는 단계가 있겠다. 조금 더 높은 단계로는 세상을 자기 중심으로 보지 않고 있는 그대로 보는 것이다. 자기를 지우고 세상을 보니 모든 세계가 한 부처님의 몸뚱이처럼 보이게 된다.

86. 법신상주를 모르는 것이 괴로움의 원인 (사제품 2)

> 어둠은 사람으로 하여금 번뇌를 일으키게 하고 무엇인가 일을 저지르고 싶어하게 만든다. 술집이나 춤추는 집들은 한결같이 어둠을 이용해서 무드를 잡는다.

《열반경》에서는 고통의 원인과 한결같이 열반에 드시는 부처님의 법신이 항상하다는 것을 가르치고 있기 때문에 고통의 원인을 법신상주를 알지 못하는 데서 찾는다. 우리에게는 이런 문제가 제기된다. 불교 일반적인 의미에서 고통의 원인은 무엇이며, 그것과 불신상주를 알지 못하는 것을 어떻게 연결짓느냐는 것이다. 또 우리는 《열반경》을 읽어 오는 동안 불경의 내용 안에서 헤매다 보니 현실로부터 너무 멀리 떨어져 나간 감이 있었다. 그렇다면 이미 살기로 작정한 우리, 불교를 배운다고 해서 지금 당장 머리를 깎고 산속으로 들어갈 수 없는 우리들은 어떻게 현실을 바탕으로 고통의 원인을 이해해야 할 것인가.

괴로움을 모아 일으키는 이치(苦集諦)란 것은 참 법 가운데서 참 지혜를 내지 못하고 종과 하인 따위의 부정한 것을 받으며 잘못된 법을 바른 법이라 하고 바른 법을 끊어 버리어 오래 머물지 못하게 하나니, 이런 인연으로 법의 성품을 알지 못하고 알지 못하므로 생사를 헤매면서 많은 고통을 받고 천상에 나거나 바른 해탈을 얻지 못하는 것이요, 만일 법이 항상 머물고 변하지 않는 줄을 알면 이것은 모아 일으킴을 아는 것이며, 모아 일으키는 참 이치라 하련만 만일 이와 같이 닦지 못하면 모아 일으킴이라고는 하려니와 모아 일으킨다는 참 이치는 아니니라.

부처님은 괴로움이 일어나게 하는 원인을 지혜를 발휘하지 않고 물질적인 욕락을 누리려는 중생의 자세에서 찾는다. 부처님은 열반에 들기 직전에 설법하고 있는데, 열반에 드신 부처님의 몸이 형상을 초월해서 있을 것이라고 믿는 것은 현실적으로 눈앞에 보이는 물질에서 얻으려고 하는 것과는 정반대의 태도가 된다. 물질에 매달리는 것은 밖으로부터 형상을 통해서 이상을 성취하려는 태도이고, 열반에 드신 부처님의 몸을 믿는 것은 안으로 형상을 초월해서 이상을 보려는 자세이다. 부처님의 법신을 믿는 것은 부처님이 가르치신 법이 항상함을 믿는 것과 같다.

부처님은 또 고통의 원인이 무엇인가를 아는 것과 고통의 원인을 알고 그것을 제거하기 위해서 수행하는 것을 구분하신다. 단순히 고통의 원인을 보기만 하고 그것을 없애기 위해서 노력하지 않으면 그것은 고통의 원인은 될지언정 고통을 일으키는 원인의 진리는 되지 못한다는 것이다.

그러면 불교 일반적인 의미에서 고통의 원인이 무엇인가에 대해서 생각해 보자. 가장 원론적인 것을 들자면 무명(無明)과 갈애(渴愛)가 있다. 무명은 미혹을 뜻한다. 마음이 어둡고 어리석다는 뜻이다. 어두울 때는 사리(事理)가 바로 보이지 않는다. 무명은 마음이 어두운 것을 말하지만 일상 생활 가운데서도 어둠이 있을 때 마음이 흔들리는 경우가 많다. 이 세상을 사는 사람치고 외롭지 않은 사람은 아무도 없을 것이다. 혼자인 사람은 혼자이기 때문에 외롭고 높이 올라 간 사람은 높아서 외롭고 바닥에 있는 사람은 너무 낮아서 외롭다. 외로운 사람이나 외로움을 잘 타는 사람이 가장 힘들 때는 해가 지고 어두워질 즈음이다. 이때의 외로움은 도시와 시골을 구분할 것이 없다.

한때 도반 스님에게 왜 초저녁에는 사람이 쉽게 외로워지느냐고 물은 적이 있다. 그 스님은 초저녁은 해가 바로 진 뒤라서 어둠이 특히 강하게 느껴지기 때문이라고 대답하는 것이었다. 그런데 실제로 경험하면서 생각해 보니 초저녁의 어둠과 새벽녘의 어둠은 큰 차이가 있었다. 초저녁의 어둠은 사람의 마음을 흔들어서 번뇌를 일으키려고 하고, 새벽녘의 어둠은 사람의 마음을 차분하게 가라앉히는 듯했다. 여하튼 어둠은 사람으로 하여금 번뇌를 일으키게 하고 무엇인가 일을 저지르고 싶어지게 만든다. 술집이나 춤추는 집들은 한결같이 어둠을 이용해서 무드를 잡는다. 사람들은 빛을 써서 조명을 밝히지만 실제로는 어둠을 이용해서 사람에게서 '에라 모르겠다. 취하고 보자.'라는 마음을 일으키게 하는 것이다.

밤의 어둠과 마찬가지로 마음의 어둠도 사람에게 번뇌를 일으키게 한다. 어리석은 마음은 사람으로 하여금 자기의 분수를 망각하게 한다. 엉뚱한 욕심을 내게 만든다. 어리석은 마음은 황당한 과욕을 낼 뿐 아니라 과감한 행동력도 있다. 무식한 사람이 용기 있다는 말이 있듯이 어리석은 사람에게는 앞뒤를 살피지 않고 돌진하는 용기가 있다. 사기당했다고 하는 사람치고 욕심 내지 않은 사람은 한 명도 없다. 사기를 당하는 것은 상대가 자신보다 영리해서라기보다는 이쪽의 마음이 상대보다 어두워 욕심을 냈기 때문에 일어나는 것이다. 어두운 마음 즉 우리 마음의 무명과 미혹은 모든 욕망의 원인이 되고 이것이 만드는 욕망에 의해서 인간에게는 고통이 있게 되는 것이다.

그렇다면 우리의 마음속에는 왜 어둠이 깃드는 것일까. 다른 말로 왜 우리의 마음이 어리석게 될까 하는 물음이 나온다. 이에 대한 답은 바로 앞에서 말한 갈애에 있다. 목마른 사람이 물을 찾듯이 사람이 무엇인가를 잡기 위해서 목마른 사람처럼 헐떡거리며 설치기 때문에 마음이 어두워진다는 말이다. 바둑이나 장기를 둘 때, 옆에서 남의 대전을 보면 아주 잘 보인다. 그러나 자기가 직접 나서면 어두워진다. 남의 바둑과 자기의 바둑을 보는 데 차이가 생기는 이유는 욕심이 있느냐 없느냐에 차이가 있기 때문이다. 또 다른 사람이 다툼을 벌일 경우 그 다툼의 옳고 그름을 가리는 데는 똑똑한 사람이 막상 자기가 일을 당해서는 옳고 그름을 판단하지 못하는 수가 많다. 이때도 자기를 위주로 한 욕심 때문에 바른 판단이 나오지 않고 미혹해지는 것이다.

무명 즉 어리석은 마음은 갈애 즉 목마른 사람처럼 집착의 욕심을 내는 데서 생긴다. 그 갈애는 또 어디에서 생기느냐는 물음이 나온다. 무명이 갈애로부터 생긴다면 갈애가 생기는 원인도 분명히 있을 것이다. 간단히 대답한다면 갈애의 원인은 다시 무명이 된다. 사람은 욕심이 있을 때는 처한 상황을 바로 보지 못하고 어리석게 되며 다른 한편으로는 사람의 마음이 어리석을 때 자기 분수를 모르는 욕심을 일으키게 된다. 그렇다면 무명이라는 어리석은 마음은 욕망을 불붙게 하는 원인을 제공하고 반대로 인간의 욕심은 사람의 눈을 가려서 마음을 어리석게 한다는 말이다. 무명과 갈애는 고통을 일으키게 하는 기본적인 원인이다. 이 두 단어의 관계를 말한다면 무명은 갈애 때문에 생기고 갈애는 무명 때문에 생기며 다시 무명은 갈애 때문에 생긴다는 식으로 무한히 상호원인이 계속된다.

그렇다면 우리에게는 다시 이런 질문이 떠오른다. 인간이 가진 무명의 어리석음과 갈애의 집착은 도대체 어디서 이어져 왔느냐는 물음이다. 교리적으로 간단하게 대답한다면 혹업고(惑業苦) 삼도(三道)에서 찾을 수 있다. 미혹의 갈애는 삼도의 혹에 해당된다. 이 미혹의 원인은 전생이나 금생의 업 즉 습관에 있다는 것이다. 사람들은 다시 미혹의 원인이라고 하는 업은 어디서 생겨났느냐고 묻고 싶을 것이다. 이런 질문을 할 때 현대인들은 서양 종교에서 흔히 쓰는 최초의 조물주 같은 것을 기대하지만 불교는 그런 식으로 풀어 가지 않는다. 직선적이 아니라 순환적으로 생각한다. 미혹의 원인이 업이라면 업 위에 다시 또 다른 원인이 있다고 하는 것이 아니라 바로 미혹에서 업의 원인을 찾는 것이다. 갈애의 무명 또는 무명의 갈애 때문에 업을 짓게 되고 업의 습관 때문에 무명의 갈애나 갈애의 무명이 있게 된다는 것이다.

고통이 생기게 하는 원인을 무명과 갈애에 돌리고 갈애의 원인은 무명에 돌렸다. 또다시 무명과 갈애를 뭉쳐서 이 두 가지의 원인을 업에 돌렸다. 여기서 끝나지 않고 또다시 업의 원인을 무명에 돌리고 보니까 이리저리 원인을 돌리기만 했을 뿐 참으로 근본적인 뿌리를 파내지는 못했다. 부처님은 고통을 만드는 원인으로 사람들이 열반한 부처님의 법신을 받아들이지 않는다는 것을 들고 있다. 부처님의 법신이란 우주적인 몸을 의미한다. 지금까지 우리의 논리는 개인적인 몸을 전제로 하고 있었다. 부처님의 법신을 받아들이는 것은 바로 개인적인 몸을 버리는 것을 의미한다. '나'라는 것을 지운다는 말이다.

앞에서 고통의 원인으로 무명·갈애·번뇌를 이리저리 돌리면서 들먹였지만 한마디로 말해 그것들이 생기는 가장 원초적인 원인은 바로 '나'와 '내 것'을 앞세우는 우리의 마음에 있다. 나와 내 것을 지우면 모든 고통의 원인이 해소되기 때문에 부처님은 자질구레한 설명을 생략한 채 다짜고짜 항상한 법신을 받아들이지 못하는 사람들의 문제만을 집중적으로 제기한 것이다.

그러나 아직도 질문은 끝나지 않았다. 지금 부처님처럼 육신을 지우고 열반에 들려고 하는 사람들이 아니기 때문이다. 우리는 아직 이 육신을 가지고 재미있게 살아볼 궁리를 하는 낮은 근기의 사람들이다. 때문에 우리의 근기를 전제로 해서, 어떻게 하면 고통의 원인을 지우고 열반의 맛을 조금이라도 볼 수 있느냐는 질문을 해야 한다.

87. 법신상주를 아는 것이 괴로움의 소멸 (사제품 3)

> 마취의 원칙은 향기에만 있는 것이 아니다. 인간의 행복에도 적용된다. 사람이 행복하게 될 때 처음에는 그 행복을 느낄 수 있지만 시간이 지나면 그 행복에 마취된다.

《열반경》에서 설명하는 열반의 상태를 이 세계에 살고 있는 사람의 현실적 입장을 전제로 생각해 보자.

괴로움을 없애는 이치(苦滅諦)란 것은 설사 공한 법을 많이 닦아도 그것은 선하지 못한 것이니, 왜냐하면 온갖 법을 없애는 연고며 여래의 참 법장을 무너뜨리는 연고라, 이렇게 닦는 것은 공한 법을 닦는 것이니라. 괴로움이 없어짐을 닦는 것은 모든 외도들과는 다른 것이어늘, 공한 법을 닦는 것으로 괴로움이 없어지는 이치라 한다면 모든 외도들도 공한 법을 닦으니 역시 괴로움을 없애는 이치가 있다고 하리라.…… 만일 여래의 비밀한 법장은 '내'가 없고 공적하다고 하며 닦는 이가 있으면 이런 사람은 한량없는 세월을 생사중에 헤매면서 고통을 받을 것이요, 그렇게 닦지 않는 이는 번뇌가 있더라도 빨리 멸할 수 있으리라.

부처님은 모든 사물이 공함을 닦는 수행 방법이 부처님의 법신이 항상함을 닦는 수행 방법과 어긋날 수 있음을 경계하고 계신다. 모든 것이 텅 비었다고 해서 지우는 것만으로 괴로움이 없어진다고 생각한다면 그것은 외도들의 수행과 다를 바가 없다고 한다. 물론 여기서 부처님이 경계하는 공한 법은 《반야경》에서 말하는 참다운 공이 아니라 허무주의에 빠진 공을 뜻할 것이다. 허무주의의 입장에서 무조건 모든 것의 존재를 부정하기만 하는 것은 고통을 소멸시키는 데 도움이 되지 않는다고 한다. 허무적으로 공을 닦으면 일체의 가치를 부정하게 되고 그러다 보면 현실적 쾌락주의라든지 '될 대로 되라'는 주의에 빠질 염려가 있다. 조심스럽게 행동하지 않고 함부로 막 사는 사람들 가운데는 의식적이거나 무의식적으로 허무주의에 빠진 이들이 많이 있다. 바른 인생관이나 가치관이 없다 보니 윤리·도덕심은 물론이고 여럿이 같이 살면서 지켜야 하는 기본적인 질서의식조차도 없어지게 된다. 닥치는 대로 먹고 마시고, 닥치는 대로 만나고, 닥치는 대로 붙잡고 쓰러지는 자포자기적인 행동이 나오게 된다. 허무주의에 빠지게 되면 특별히 쾌락주의라든지 현세주의라는 의식이 아니라 어려운 것을 피하거나 잊고 싶다는 생각이 무의식적으로 작용하게 된다. 요즘에 어렵고 힘든 일을 피하면서 살고자 하는 젊은이들의 풍조 뒤에는 어떤 허무주의적인 생각이 부분적으로나마 작용하고 있다고 볼 수 있다. 부처님은 이 같은 허무적인 공을 닦아서는 진정으로 고통을 소멸할 수 없다고 하신다.

 참다운 공을 닦는 길은 법신의 부처님을 믿는 것과 배치되지 않는다. 다겁생래의 미혹이라든지 업에 의해서 조종받는 개인적인 나 또는 이기적인 나의 관념을 지우는 것은 우주적인 나 즉 법신 부처님을 인정하는 것과 전혀 어긋나지 않는다. 부처님의 몸은 개인적인 것이 아니라 전체적인 것이기 때문이다. 《반야경》에서의 부처님이라면 공사상을 강조해서 개인적인 나를 지우라고 가르치시겠지만 여기 《열반경》에서의 부처님은 정반대의 방법을 쓰신다. 우주적인 법신으로 항상 계신 부처님을 받아들임으로써 개인적인 나를 그 일부로 소화시키고자 하는 것이다. 개인을 지워서 전체로 만들어도 좋고 전체를 받아들이게 함으로써 개인을 지워도 좋지만, 《열반경》에서는 부처님이 우주적인 목숨이라는 열반에 들려고 하시기 때문에 전체적인 몸을 강조하는 것이다.

　현실적으로 고통을 지우는 방법을 생각하기 전에 우리는 왜 고통을 지워야 하는가를 먼저 따져 봐야 한다. 고통을 없애려는 것은 좋기 위해서이다. 고통과 반대로 즐겁거나 행복하기 위해서이다. 그런데 여기서 주의할 점은 고통의 실체 또는 정체가 무엇이냐 하는 것이다. 고통은 실제로 있는 것인가가 문제이다. 부처님의 대답은 고통이라는 것이 실제하는 것이 아니라고 한다. 혹업고 삼도를 뒤집은 것으로 법신·반야·해탈의 삼덕이 있는데, 이 가운데서 고통의 반대는 법신이 된다. 법신을 미혹과 업으로 잘못 보고 잘못 다루어서 고통으로 착각하거나 만들었을 뿐이라는 것이다. 고통의 실체는 바로 법신이라는 것이다. 모든 번뇌를 소멸해서 열반에 들고 법신을 본다고 해서 고통의 형태가 없어지는 것이 아니라 윤회의 생활에서는 고통으로 알았던 것이 해탈의 깨달음에서 보니 법의 몸이 되더라는 것이다.

　우주적인 몸 즉 법신은 고통과 즐거움, 불행과 행복, 좋은 것과 나쁜 것 등의 상대를 초월한 절대에서 얻어야 한다. 고통도 없고 행복도 없는 초월의 경지에 이르러야 한다. 그러나 고통과 행복을 초월한 절대경지라고 하는 것은 고통과 즐거움이 엄연히 존재하는 현실의 상대경지를 무시하고 있을 수는 없다. 상대의 세계를 바탕으로 하고 상대의 세계를 인정하는 절대경지여야지 바로 눈앞에 있는 상대의 세계를 못 본체 한다거나 고의적으로 상대적인 것을 의식하지 않도록 훈련하는데서 얻어진 절대경지는 억지로 만든 인위적인 것이지 자연스러운 것이 아니다. 불법은 인위나 창작이 아니라 본래 있던 것을 있는 그대로 누리는 자연적인 것에서 찾아야 한다. 부처님께서 무량겁 전에 이미 불도를 이루었다고 말하면서 우리에게도 불성이 있다고 가르치는 이유도 여기에 있다. 새롭게 억지로 만들어서 보라는 것이 아니라 본래 있던 것을 되찾아서 보기만 하면 된다는 것이다. 즉 자연으로 돌아가기만 하면 된다는 말이다.

고통과 즐거움이라는 상대 속에서 절대를 보는 방법을 생각하던 중에 필자는 고통이 없이는 즐거움이 없다는 아주 평범한 진리를 확인할 기회를 가진 바 있다. 오대산에 계시던 도반 스님 한 분이 필자에게 산더덕을 선사했다. 시중에서 파는 더덕의 대부분은 재배한 것이어서 향이 별로 없으니 산더덕의 강한 자연 향기를 맛보라는 것이었다. 방에서 더덕 한 뿌리의 껍질을 벗기니까 그 향이 방안에 가득히 진동했다. 밖에서 들어온 사람들은 더덕 냄새를 맡고는 한쪽이라도 얻어먹고 싶어했다. 그 향기를 즐겼다. 그 향기를 쫓아와 더덕을 얻고자 하는 사람들에게 더덕을 나누어 주는 일도 재미있었다.

그러나 더덕 냄새를 맡는 데 문제가 생겼다. 처음에 더덕 껍질을 벗기거나 자르면 냄새를 맡고 알 수 있었지만 계속해서 냄새를 맡고 있었더니 그 좋은 향기를 느낄 수 없게 되었다. 더덕의 향기를 맡으려면 밖에 나가서 한참 있다가 다시 방으로 들어와야 했다. 더덕 향기뿐이 아니다. 방에 향을 피울 때면 향 냄새가 나는데 처음에만 그 냄새를 느낄 수 있고 장시간 향 냄새와 접촉하다 보면 향 냄새를 분별할 수가 없게 된다.

참으로 흥미 있는 법칙이다. 몸에 좋은 향기는 계속해서 맡으면 그것을 알아볼 수가 없게 되고 몸에 좋지 않은 나쁜 향기는 계속해서 맡으면 머리가 아파 오므로 나쁜 냄새를 지속적으로 알 수 있다는 것이다. 나쁜 향기와 좋은 향기에 공평하게 마취성이 있어야 하는데 좋은 향기는 마취성이 있어서 느낄 수 없게 되고 나쁜 향기는 계속해서 분별할 수 있게 된다는 것이다.

마취의 원칙은 향기에만 있는 것이 아니다. 인간의 행복에도 적용된다. 사람이 행복하게 되면 처음에는 그 행복을 느낄 수 있지만 조금 지나고 나면 그 행복에 마취된다. 행복을 알아볼 수 없게 된다. 남이 보기에는 분명하게 행복할 것이라고 생각되는 사람들의 내면도 들여다보면 실제로는 행복을 느끼지 못하고 사는 경우가 많다. 행복을 느

끼지 못하는 데는 인간의 끝없는 욕망에도 원인이 있겠지만 인간에게
는 좋은 것을 계속해서 좋아할 수 없게 하는 마취성이라는 것이 크게
작용하기 때문이다.

그렇다면 산더덕의 냄새를 계속해서 알아보려면 어떻게 해야 할까.
산더덕의 냄새를 계속해서 맡지 말아야 한다. 코의 감각을 맑은 공기
로 씻어 내야 한다. 좋아하는 냄새가 아닌 나쁜 냄새를 맡아야 한다.
그래야만 좋아하는 산더덕 냄새를 맡을 수가 있고 그것을 즐길 수가
있다. 이 원칙은 사람이 행복을 알아보고 누리는 데도 그대로 적용된
다. 사람이 계속 좋은 처지에 있으면 그 처지가 좋은지 어떤지를 알지
못하게 된다. 계속적으로 행복하게 살면 자신이 누리는 행복을 알아보
지 못하게 된다. 행복을 알아보기 위해서는 인간은 찰나 찰나 행복으
로부터 벗어나서 하늘도 보고 허공의 공기를 마셔야 한다. 행복이 아
닌 고통을 맛보아야 한다. 중립의 상태에 있다가 좋은 환경에 들어가
서 행복을 느끼는 것보다는 괴로운 상태에 있다가 좋은 환경에 들어
가서 즐거움을 느끼는 것이 훨씬 좋을 것이다.

괴로움이 없으면 즐거움을 알아볼 방법이 없다. 불행이 없으면 행
복을 알아볼 수가 없다. 괴로움이 있을 때 즐거움이나 영원한 법신을
보려는 발심이 있다. 아주 평범한 상대의 원리이지만 고집멸도 사성제
가운데 고통의 소멸을 얻는 것도 이 법칙을 이용해야 할 것이다. 불교
교리 가운데 고통과 법신을 하나로 본 지혜는 아주 놀랍다. 고통은 법
신을 잘못 본 것이고 법신은 고통을 바로 본 것이라고 한다. 고통과
법신은 둘이 아니고 하나라는 것이다.

그러나 둘이 아니고 하나라고 하는 절대의 논리에 주의해야 할 점
이 있다. 추상적으로 빠지는 것을 경계해야 한다는 것이다. 고통과 법
신을 하나로 보는 것은 무조건 고통을 없애고 법신의 즐거움만을 맛
보는 것이 아니다. 상대적인 고통을 한 틈도 쉼 없이 직시하면서 그
사이 사이에 법신의 즐거움을 여실히 맛보는 것이다. 그래서 부처님은

허무의 공으로 고통을 지우려고 애쓰지 말고, 바로 여래의 법신을 보라고 가르치는 것이다. 고통 속의 법신, 법신 속의 고통을 보라는 말이다.

88. 삼보와 해탈이 고통을 소멸하는 길 (사제품 4)

> 우리가 열반에 이르기 위해서는 부처님의 법신이 이 세상에 항상 머무를 수 있도록 주변 환경을 정리해야 한다. 그래서 우선적으로 불법승 삼보가 힘을 발휘하도록 해야 한다.

삼보가 항상하다는 것을 믿고 바른 해탈을 얻는 것이 고통을 소멸하는 길이다. 먼저 부처님께서 고멸도성제(苦滅道聖諦) 즉 고통을 소멸하는 길에 대해서 어떻게 가르치는지 알아보자.

도의 참 이치라 함은 불보·법보·승보와 바른 해탈을 말함이니, 어떤 중생이 뒤바뀐 마음으로는 삼보와 바른 해탈이 없고 생사를 헤매는 것이 환술과 같다고 말하며 그런 소견을 익히면, 그 인연으로 삼계를 헤매면서 오래오래 고통을 받으리. 만일 바른 마음을 내어 부처님이 항상 머물러 변치 아니하며, 법보·승보와 바른 해탈도 그러함을 보면 이 한 생각으로 말미암아 한량없는 세월에 자재한 과보를 마음대로 얻으리라. 어떤 사람이 삼보가 무상하다고 말하면서 그런 소견을 닦으면 그것은 허망하게 닦는 것이요, 도의 참 이치가 아니며, 법이 항상 머무른다고 닦는 이는 나의 제자니라. 진실한 소견으로 성인의 네 가지 참 이치를 닦는 것을 사성제(四聖諦)라 이름하느니라.

고통을 소멸하고 열반에 이르는 길이란 부처님과 부처님의 가르침과 스님네 그리고 해탈 수행이라고 한다. 《열반경》에서 부처님의 몸이 항상 머무르는 것은 이미 전제된 일이다. 그러나 불법을 보살피지 않아도 부처님의 법신이 머무르는 것은 아니다. 부처님의 법신이 머무르고 모습을 나툴 자리를 마련해야 한다. 부처님의 몸이 항상 머무르게 하기 위해서는 먼저 승보인 스님네가 법보인 진리를 닦아야 한다. 그래서 삼보에 수행을 강조하는 해탈이 들어갔다. 스님네란 수행하는 사람을 뜻하기 때문에 들어가지 않아도 되지만 사성제 가운데 도성제(道聖諦) 즉 열반에 이르는 길은 해탈 수행을 의미하기 때문에 수행을 강조하기 위해서 해탈이 추가된 것이다. 해탈은 삼덕에서 본 것처럼 이미 해탈한 상태를 말하는 것이 아니라 해탈을 향해서 수행하는 것을 의미한다. 불법승 삼보와 해탈의 항상함을 말하면 바르게 고통을 소멸하는 도를 닦는 것이고 그렇지 않으면 잘못되었다는 것이다.

고집멸도 사성제 가운데 도란 열반에 이르는 수행의 길을 뜻한다. 열반에 이르는 길은 개인적인 것과 사회적인 것으로 생각할 수 있다. 내적인 것과 외적인 것이라고 말해도 좋겠다. 개인이 수행하는 방법으로는 원시불교의 팔정도를 기본으로 한 37조도품이 있고, 대승불교에 이르면 육바라밀을 기본으로 해서 각 종파에 따라 특별한 수행법이 추가된다. 가령 정토종에서는 서방정토 극락 세계에 가기 위한 염불을 주로 하고, 진언종에서는 즉신성불을 위한 진언 주력을 외운다. 화엄종이나 천태종에서는 《화엄경》이나 《법화경》의 가르침을 닦고, 선종에서는 참선을 주된 수행 방법으로 삼는다. 현재 한국에서는 교리공부나 염불기도는 공부의 보조 수단으로 간주하고 참선 수행을 주된 수행으로 여기고 있다.

사회적인 의미에서 열반으로 사람들을 인도하는 것은 개인적인 수행 방법을 사회화함과 아울러 불교교단이 힘을 받도록 밀어 주는 것이다. 불법승 삼보가 형식을 갖춘 교단에만 있는 것은 아니지만 현실적으로는 교단 또는 승단이 있어야만 삼보가 입을 가지고 법을 펼 수가 있다. 《열반경》에서 불법승 삼보와 해탈 수행을 열반의 길로 잡은 것은 개인적인 수행과 사회적인 포교를 한 묶음으로 만드는 착상이라고 할 수 있다.

　스님네가 도성에 출입도 하지 못하던 조선시대에 비하면 일본 사람들이 통치하던 시기의 불교교단의 형편은 조금 나아졌다. 그러나 불교는 여전히 조직화되지 못한 채 해방을 맞았다. 서양 종교가 민주화라든지 사회정의를 외치면서 대중과 밀착되고 발전할 때, 불교 승단은 정화 운동의 내분에 얽매여 있었다. 과거에 강한 힘을 가지고 통치하던 사람들은 불교를 선거 때에 이용하기만 했고 불교가 조직적인 힘을 가지도록 밀어 주지 않았다. 오히려 불교가 자생적인 조직력을 갖지 못하도록 방해하거나 경계했다. 이 시기에 서양의 자본·신교육과 함께 들어온 서양 종교는 학교·병원·복지기관·교회 등을 세우고 다양한 방법으로 포교를 했다. 특히 민주화를 외치며 투쟁하는 정치인이나 학생들을 돕고 보살폈다. 만약에 정부가 서양 종교인을 핍박하면 미국이나 유럽의 강대국들이 정부에 압력을 가했다. 그래서 서양 종교를 믿는 사람만이 야당 정치인으로 남아 있을 수 있었다. 과거에 세 분의 김씨라는 정치인들이 모두 서양 종교의 신교나 구교에 속했던 것은 우연한 일이 아니다. 서양 종교의 조직이 정치하는 사람들을 감쌀 수 있었기 때문이다.

　서양 종교가 이렇게 대중과 고통을 같이하는 모양을 취할 때 불교는 무엇을 했는가. 아무것도 하지 않았다. 할 수가 없었다. 조직력이 약한 불교는 국민들에게 겁을 주어야 겠다고 생각한 한 군인 대통령으로부터 본보기로 두들겨 맞는 역할만을 했다. 그것이 바로 80년 10월 27일에 있었던 법난이다. 만약에 서양 종교가 그렇게 당했다면 외국의 연계 기관에서 난리가 났을 것이다. 그러나 불교는 외부 세계와 완전히 단절되어 있었다. 불교와 인연이 많은 중국은 공산화되었고 불교를 국교처럼 생각하는 일본과는 과거의 침략 관계로 단절되어 있다. 동남아에 불교 국가가 있지만 대부분 힘이 약한 나라들이다. 미국처럼 강한 나라가 아니면 한번 칼을 들고 목을 치기로 작정한 사람을 말릴 수가 없을 것이다. 한국의 승려들이 10·27법난 때 당한 것은 마치 깊은 산속에서 술취한 남편이 부인을 사정없이 두들겨 패는 것과 같은 형국이었다. 외국에서도 말리는 나라가 없었고 한국 내에서도 조직력이 없는 불교인들은 힘을 쓸 수가 없었다.

지금 과거 이야기를 하자는 것이 아니다. 현재 불교 조직의 힘에 문제가 있다는 것을 말하려고 한다. 과거에는 서양 강대국의 지원을 받을 수 있었던 서양 종교가 야당 정치인들을 밀어 주었는데 이제는 여야를 막론하고 서양 종교인이 아니면 힘을 쓸 수 없다는 인식이 확산되고 있다. 과거에 불교를 믿었거나 불교와 인연이 있었다고 하더라도 만약 어떤 사람이 정치를 하겠다고 마음을 먹는 순간 자신의 종교를 무엇으로 발표해야 할 것인가에 대해서 심한 고민에 빠진다고 한다.

서양 종교인들은 자기네 종교를 가진 사람과 타종교를 가진 사람들을 구별해서 자기 종교를 가진 사람을 적극적으로 후원한다. 그러나 불교인들에게는 그런 의식이 전혀 없다. 불교인들의 표를 모으는 데는 불교인이라는 것이 전혀 도움이 되지 않는다는 말이다. 결과적으로 불교를 종교로 가진 정치인은 손해를 볼 수밖에 없다. 서양 종교인들은 종교를 구별해서 불교인에게 차별대우를 하지만 불교인들은 같은 종교를 가진 정치인에 대해서는 나 몰라라 한다. 보통 신심을 가진 사람이 아니면 불교를 내세울 수가 없게 되었다.

대구·경북 지역은 타지방에 비해서 불교 신자 수가 많은데도 불구하고 분명히 불교를 종교로 가진 정치인들이 종교를 불교라고 발표하지 않는다는 것이다. 그 지역에 있는 타종교인들의 표를 의식해서 그렇다는 것이다. 그리고 불교인들은 종교에 관계없이 표를 던질 사람들이니 종교를 불교라고 발표해서 손해 볼 필요는 없다는 것이다.

불교 전국 신도회 회장을 맡았던 이가 서울 지역구에서 국회의원 선거에 출마한 적이 있다. 그는 자신이 불교 전국 신도회 회장이라는 것을 밝히지 않았다. 그것을 밝히면 서양 종교인들의 표를 기대할 수 없다는 이유에서였다. 어떤 불교인들은 그 후보가 종교를 떳떳하게 밝히지 않은 것을 탓하기도 하지만 이 세상 어느 정치인이 자기의 정치 생명에 손해를 끼치면서까지 종교를 밝히려고 하겠는가.

정치에만 불교인들이 움츠러드는 것은 아니다. 모든 공직에 있는 사람들도 자기 종교가 불교라고 밝히려 들지 않으려고 하고 있다. 종교를 불교라고 밝히면 손해본다는 생각을 하는 모양이다. 공무원만이 아니다. 사업을 하는 사람들 가운데도 종교를 감추는 사람들이 있다. 수십 년 동안 불교를 믿어 온 사업가가 갑자기 무종교인이 되는가 하면 어떤 때는 타종교인이 되기도 한다. 지난번 선거 때 국민들에게 불교인으로 잘 알려진 큰 재벌의 실질적 대표가 자기 종교를 유교라고 발표한 적이 있다.

《열반경》을 설할 때에는 조직체의 힘이 크게 대두되지 않았기 때문에 주로 정법을 보호하라는 말을 하고 있다. 그러나 여기에서도 대승과 소승의 대결은 치열하다. 《열반경》은 대승의 입장에서 소승을 여지없이 깔아뭉갠다. 소승불교가 기성의 힘 즉 기득권자라고 한다면 대승불교는 신진 세력이었다. 신진 세력을 옹호하는 것과 정법을 지키는 것은 거의 같은 뜻으로 이해되는 분위기였다. 만약 지금 부처님이 설법을 한다면 불교인들에게 불교교단을 중심으로 한 어떤 단합의식이 있어야 한다고 가르칠 것이다. 정치를 하거나 사업을 하는 사람들 또 갑자기 장관으로 발탁된 사람들이 자기 종교를 숨기거나 서양 종교라고 대문짝만하게 발표하는 일이 없게 하라고 가르칠 것이다.

우리가 열반에 이르기 위해서는 부처님의 법신이 이 세상에 항상 머무를 수 있도록 주변 환경을 정리하는 것이 우선이다. 그렇게 하려면 불법승 삼보가 힘을 발휘하도록 해야 한다. 불법승 삼보가 힘을 쓰려면 먼저 불교인들이 모든 분야에서 힘을 쓸 수 있어야 한다. 왜 부처님이 삼보가 항상하다고 말하는 것을 열반에 이르는 길로 삼았는지 깊이 생각해 보자.

89. 전도된 상락아정 (사도품 1)

> 진정한 나와 나의 것은 저 버림과 배설을 여실하게 보는 깨달음에서 얻을 수밖에 없다. 크고 위대한 버림의 열반에서 상락아정을 얻을 수밖에 없다는 말이다.

　열반사덕인 상락아정(常樂我淨)을 거꾸로 이해하는 것에 대해서 생각해 보겠다. 《열반경》에서는 열반의 네 가지 특징인 상락아정을 중요하게 여기기 때문에 여러 차례 이것에 대한 설명을 반복하고 있다. 우리는 앞에서 두 번쯤 전도된 상락아정에 대해서 다룬 것 같다. 오늘은 앞에서의 설명을 되풀이할 것이 아니라 열반사덕의 기본적인 것만 다시 한번 짚어 보고 그것으로부터 《열반경》이 이상으로 여길 삶의 가치관이 무엇일까 생각해 보자.
　〈사도품(四倒品)〉이라는 말은 네 가지 전도된 생각을 말한다. 물론 열반의 내용에 관한 뒤바뀐 생각을 말한다. 상락아정 즉 항상함·즐거움·나·깨끗함을 반대로 이해하는 데 두 가지가 있다. 하나는 진정한 상락아정이 아닌 것에서 진정한 상락아정을 찾으려는 것이고, 다른 하나는 부처님의 열반은 진정한 상락아정인데 거짓된 것으로 잘못 아는 것이다. 원시불교에서는 무상(無常)·무아(無我)·고(苦)·공(空)이 자주 쓰였지만 여기서는 공 대신에 더러움(不淨)이 들어가서 네 가지의 반대인 상락아정이 나왔다.
　네 가지 잘못된 가치관을 보자. 세간에서의 문제점은 우선 물질적이고 형상적이고 감각적인 데서 이상을 구하려고 한다는 것이다. 인간을 이루는 정신적이거나 물질적인 요소, 감각기관과 그 대상, 감각기관으로부터 생기는 인식 그리고 재물과 명예 등 다섯 가지의 욕망을 항상한 것으로 보거나 즐거운 것으로 보거나 나와 내 것으로 보거나 깨끗한 것으로 보는 것이다. 불교적인 술어로 말한다면 색수상행식(色受想行識)의 오온(五蘊), 안이비설신의(眼耳鼻舌身意)의 감각기관, 색성향미촉법(色聲香味觸法)의 감각기관 대상, 감각기관과 그 대상이 결합하는 데서 나오는 여섯 가지 인식 그리고 재색식명수(財色食名睡)의 오욕락(五欲樂)을 상락아정한 것으로 생각하는 것이다. 감각적인 것에서 삶의 가치를 찾으려고 하는 것이 잘못되었다는 것이다.

진정한 상락아정으로 인정해야 할 부처님의 법신·열반·여래·가르침을 무상하고, 괴롭고, 무아이고, 더러운 것으로 보는 것이 문제이다. 열반에 드신 부처님의 법신은 항상한데 무상한 것으로 보고, 열반은 즐거운데 괴로운 것으로 본다. 열반에 든 여래는 진정으로 우주적인 나를 누리고 있는데 여래를 무아로 생각하고 부처님께서 가르치는 진리는 깨끗한데 깨끗하지 않은 것으로 본다.

부처님이 설정하는 참다운 삶의 가치에 대해서 머리로는 수긍하면서도 가슴으로는 따라가지 못하는 경우가 많을 것이다. 먼저 부처님은 모든 감각적인 것은 무상하다고 말씀하신다. 말씀은 옳지만 감각적인 것을 빼놓고 특별히 재미를 붙일 만한 것이 생각나지 않는다. 지금 당장 속세를 청산하고 출가할 마음이 있는 것도 아닌데 감각적인 즐거움을 여읠 수는 없을 것 같다.

먹는 것부터 포기하기가 힘들다. 먹지 않고 살라고 하면 그 세상은 재미가 없어서 살 기분이 나지 않을 것이다. 눈으로 세상을 보지 말고 살라 해도 마찬가지이다. 텔레비전이나 신문·잡지를 보지 않기도 힘들거니와 좋아하는 물건이나 사람을 보지 않고 살기는 더욱 어려울 것 같다. 부드럽고 따뜻하고 포근한 감촉을 놓치기도 어렵다. 이런 것들은 감각적인 것들이거니와 근본적으로 재물이나 명예나 이성 같은 것 없이 살기도 쉬울 것 같지 않다.

어느 목욕탕에서 일회용 칫솔을 쓰면서 이런 생각을 한 적이 있다. 칫솔은 석유 제품인데 하나의 칫솔이 만들어지기 위해서는 중동을 비롯한 산유 지역에서 원유를 배에 싣고 우리 나라까지 와야 한다. 원유는 다시 정제되고 분류된다. 원유에서는 아스팔트를 만드는 원료도 나오겠고, 플라스틱 제품의 원료도 나올 것이다. 또 경유·석유·휘발유 등도 나올 것이다. 원유에서 나온 플라스틱 제품의 원료는 다시 칫솔회사로 옮겨져서 칫솔로 만들어질 것이다. 칫솔회사는 만든 칫솔을 다시 포장하고 목욕탕에 공급한다. 그 일회용 칫솔은 필자의 이빨을 한 번 닦고 쓰레기통에 버려진다. 너무도 허망하다는 생각이 들었다. 물자를 낭비한다는 생각에서 아깝다는 말이 아니라 여러 사람이 여러 과정을 거쳐서 공을 들여 만든 것이 허망하게 버려지는 것이 안타깝다는 것이다.

곰곰이 생각해 보니 칫솔만 그처럼 하찮은 역할로 일생을 마쳐야 하는 것이 아니라 음료수 병이나 깡통도 마찬가지였다. 칫솔질은 한 번 해도 되고 안 해도 되는 것처럼 음료수도 마셔도 되고 안 마셔도 되는데 병공장에서 나온 제품이나 알루미늄 공장에서 나온 깡통은 한 번 목을 축이는 음료수를 담아 나르는 것으로 일생의 과정을 끝내야 하도록 되어 있다. 병이나 깡통이 생각을 한다면 너무도 억울해 할 것이다. 일회용 종이 컵이나 종이 접시는 유리 제품·플라스틱 제품·알루미늄 제품에 비해서 쉽게 만들어지리라고 생각되어서 같이 열거하지 않겠다.

일회용 제품만 일생의 역할이 허무한 것이 아니다. 요즘에 나오는 첨단 전자 제품의 운명도 허무하게 끝나기는 마찬가지이다. 우선 컴퓨터를 보면 봄에 비싼 값으로 산 것이 가을이 되면 싼 값이 된다. 더욱 기능이 강화된 새로운 첨단 제품이 등장해서 전에 나온 것을 뒤진 것으로 만들어 버린다. 몇 년 전에 수백만 원을 들여서 구입한 컴퓨터가 이제는 후진 것이 되어서 최근에 나온 소프트웨어로는 사용할 수도 없는 고물이 되어 버린다.
　물건만 일생의 역할이 허망한 것이 아니다. 사람의 역할도 마찬가지이다. 어떤 노인이 회춘하고 싶었다. 젊은이들처럼 부인의 손을 잡아 보고 싶었다. 약방에 부탁해서 녹용이 든 보약을 먹었지만 회춘하는 데 크게 도움이 되지 않았다. 그래서 태국에 가서 신문에 보도되는 곰발바닥이나 다른 것들을 먹었다. 이것저것 먹은 덕분에 노인은 약간 회춘이 되었다. 한국에 돌아와서 부인을 만났다. 만난 시간은 아주 짧았다. 노인의 기분을 물어 보지는 않았지만 허망할 것이다. 그렇게 오랜 기간 동안 많은 돈과 공을 들여서 이룩한 것을 순식간에 배설해 버린 것이다.
　인간은 가치 있는 한순간을 위해서 일생이라도 바칠 수 있다고 생각한다. 노인이 한순간의 회춘을 위해서 많은 투자를 한 것을 억울하게 생각하는 것이 아니다. 단지 허망하게 생각하는 것은 노인이 배설기관의 역할만을 하고 만 데에 있다. 설사 배설의 시간이 몇 년이나 몇십 년이 된다고 하더라도 배설기관의 역할이 노인이 노력해서 얻은 전부라고 하는 사실이 안타깝다는 것이다.
　그런데 우리 자신을 돌아보고 따져 보면 그 노인만이 배설기관의 역할을 되돌리기 위해서 노력하는 것은 아니다. 우리 모두는 배설기관을 회춘시켜 보겠다고 경쟁을 벌이는 사람들이 아닌가? 우리가 먹는 음식 모두가 우리 몸에 저축되지는 않는다. 모두 배설된다. 맛있는 것을 먹어도 배설되고 비싼 것을 먹어도 배설된다. 먹는 것만 배설되는 것이 아니라 입는 것도 마찬가지이다. 입는다는 것에 배설이라는 말이 적당치는 않겠지만 우리가 여러 가지 옷들의 옷걸이가 되어 준다는 말이다. 사람들은 각기 자기가 옷을 입었다고 생각하지만 다른 관점에서 보면 우리는 하나의 옷걸이가 되어 옷의 전시품으로 움직인다고도 할 수 있다.
　어떤 마네킹에 관한 동화가 생각난다. 한 마네킹이 고급 디자이너가 운영하는 옷집의 진열장에 서게 되었다. 디자이너는 새로운 옷을 만들어서 마네킹에 입혀 주곤 했다. 사람들은 진열장 앞에 모여들었다. 마네킹은 아주 우쭐해졌다. 자신이 대단히 인기가 있다고 생각했다. 옆에 있는 다른 마네킹에게 자기 자랑을 하기도 했다. 그런데 어느 날 밤에 그 진열장에 도둑이 들었다. 도둑은 마네킹을 업고 도망쳤다. 그런데 쓰레기 수거차 옆을 지나던 도둑은 마네킹을 쓰레기 차에 버리고 옷만 가지고 갔다. 그제야 마네킹은 사람들이 쳐다보고 모여든 것이 자기 때문이 아니라 자기에게 걸쳐진 옷 때문이라는 것을 알았다.

   우리를 돌아보자. 우리는 배설기관이나 통과기관이 아닌가. 음식과 옷과 이성과 사랑과 명예가 입혀졌다가 벗겨지는 마네킹이 아닌가. 저 일회용 칫솔의 역할만 허망한 것이 아니라 우리가 이루는 일생의 역할도 아주 허망하다. 우리는 먹는 것, 입는 것, 노는 것에서 참다운 삶의 가치를 찾을 수가 없다. 참으로 영원한 항상함과 즐거움과 깨끗함을 찾을 수가 없다. 우리가 감각기관의 요구를 충족시켜서 남는 것은 아무것도 없다. 단지 이 몸을 통과시킨 것뿐이다. 얻은 것은 내 것이 아니라 모두 남의 것이었다. 우리가 몸에 걸쳤던 것들과 뱃속에 넣었다가 배설시킨 것들만 남의 것이 아니라 우리의 감각기관 자체까지도 남의 것이었다. 진정한 나와 나의 것은 저 버림과 배설을 여실하게 보는 깨달음에서 얻을 수밖에 없다. 부처님이 말씀하시는 열반에서 상락아정을 얻을 수밖에 없다는 말이다.

일•곱•째•마•당

번뇌의 인연과 본래불성

●

"여래의 비밀한 법장의 맛도 그와 같아서 모든 번뇌의 숲속에 묻혀 있으므로 무명이 두터운 중생들이 맛좋은 약을 보지 못하느니라. 부처 성품이 번뇌로 말미암아 가지가지 맛을 내나니 소위 지옥·축생·아귀·천상·인간·남자·여자·남자 아닌 이·여자 아닌 이·찰제리·바라문·비사·수다라 따위가 되지마는, 부처 성품은 웅장하고 용맹하여 깨뜨릴 수 없으므로 살해하지 못하느니라."
(여래성품)

"그러므로 젖 가운데 결정코 타락이 있다고 말할 수 없으며, 젖 가운데 결정코 타락이 없을진댄 젖 속에 어찌하여 토끼의 뿔은 나지 않으며 젖 속에 독약을 넣으면 타락이 사람을 죽게 하나니, 그러므로 젖 가운데 결정코 타락이 없다고도 말할 수 없느니라. 만일 타락이 다른 데서 난다면, 어찌하여 물에서는 타락이 생기지 않느냐. 그러므로 타락이 다른 데서 난다고도 말할 수 없느니라."
(여래성품)

90. 여래성과 여래장(여래성품 1)

> 본각 즉 깨달은 바가 있으므로 그 본각을 알아보기만 하면 된다는 말은 이미 금광을 개발해서 제련해 놓은 금을 꺼내서 쓰기만 하면 된다는 말과 같다.

다른 사람이 왜 사느냐고 묻는다면 태어났기 때문에 산다고 우선 대답할 것이다. 이렇게 대답하는 것은 상대방의 질문에 대해서 응답을 하기는 해야 하겠는데 왜 살아야 하는지에 대한 뚜렷한 확신이 없기 때문에 임시적으로 삶에 대한 근본적인 물음으로부터 모면하기 위해서이다. 태어났으니까 산다고 하는 말은 과거에 청담 스님께서도 자주 쓰던 말이지만 그 말로 상대의 질문에 대답했다고 해서 참으로 왜 사는지에 대한 의문이 풀린 것은 아니다. 내가 살아야 할 가치랄까 의미가 있기 때문에 태어났으리라는 것이다. 철이 들지 않았을 때는 삶의 가치에 대해서 깊이 생각하지 않는다. 그러나 자기의 삶에 대해서 물음을 가지게 되면 어렴풋이나마 살아야 할 가치가 있다는 것, 살다 보면 앞으로 좋은 수가 있지 않겠느냐는 믿음을 가지게 된다. 설사 자신이 왜 사는가에 대해서 한번도 자문을 해본 적이 없는 사람이라고 하더라도 계속 살기로 작정했거나 적어도 자살하기로 마음을 먹지 않는 것은 아주 막연하나마 살다 보면 좋은 수가 있을지도 모른다는 기대가 있기 때문일 것이다.

일반적으로 살 만한 가치가 있다는 말을 불교적으로 옮긴다면 부처가 될 자격이 있다는 말이 될 것이다. 불교의 궁극적인 이상은 부처가 되는 것이다. 부처가 될 가능성이나 자질이라는 말을 여래성·여래장·불성·나·본각 등으로 부른다. 먼저 그 내용을 정리하고 여래성이나 여래장에 대해서 생각해 보자.

  가섭 보살이 부처님에게 여쭌다. 중생들이 살아가는 25가지의 존재 형태에 각기 나라고 하는 것이 있느냐는 것이다. 25유(有)라는 것은 삼계 육도에 사는 목숨들이 누리는 삶의 유형을 의미한다. 이에 대해서 부처님은 '나'라고 하는 것을 여래장과 불성에 일치시킨다. 나라고 하는 것은 여래장이고 불성이라는 말이다. 불성이라는 말이 부처가 될 성품을 의미한다는 것에 대해서는 이미 여러 번 살펴본 바가 있다. 부처라는 말과 여래라는 말은 동의어이다. 부처는 깨달은 어른이라는 뜻이고 여래는 진리의 세계에서 오신 어른이라는 뜻이다. 그래서 불성이라는 말과 여래성이라는 말은 어감만 다를 뿐 뜻은 거의 같다. 여래성이라는 말은 여래의 성품이라는 뜻인데 이 성품은 현재 이루어져 있지 않지만 앞으로 이루어질 자질이나 가능성이 있다는 것을 의미한다. 여래장의 장(藏)자는 태아를 의미한다. 앞으로 여래가 될 태아 또는 여래가 될 가능성이라는 뜻이 된다. 그래서 여래성과 여래장이라는 말은 거의 같은 의미로 보아도 크게 잘못된 것이 없다. 여래장은 범어로 타타가타 가르바(tathāgata-garbha)라고 부르지만 이것과 같은 뜻은 아니다.

  불성이나 여래장을 나타내는 말로는 여러 가지가 있다. 대표적인 것으로 종성(種姓)이라는 의미의 고트라(gotra), 심성(心性)이라는 의미의 칫타(citta), 성(性)이나 계(界)라는 의미의 다투(dhātu), 법신(法身)이라는 의미의 다르마카야(dharmakāya) 등이 있다. 여기서는 가장 기본적인 것만 들었지만 이 말들이 다른 말들과 합쳐지면 많은 복합어나 파생어를 만든다. 여러 경론에서 여래장과 같은 의미로 쓰여지고 있다. 가령 《법화경》에서는 일승(一乘)이라는 말이 여래장과 같은 의미로 쓰여진다.

  중생이 번뇌에 덮여 있는 상태를 설명하기 위해서 부처님은 집안에 감추어져 있으나 알아보지 못하는 순금 독의 비유를 든다. 어떤 가난한 여인의 집에 순금 독이 묻혀 있는데 집안 사람들은 아무도 그것에 대해서 모르고 궁하게 지냈다. 만약 그 순금 독만 팔아서 쓴다면 가난은 완전히 물러가고 큰 부자가 될 것이다. 그 여인이 사는 집의 내력에 대해서 잘 아는 사람이 여인에게 제의를 했다. 만약 자기 집에 와서 일을 해준다면 그 순금 독을 찾아 주겠다는 것이다. 그 제의는 받아들여졌고 가난한 여인은 순금 독을 찾아서 부자가 되었다. 이 비유 다음에 설해진 부처님의 말씀을 들어 보자.

> 선남자여, 중생의 부처 성품도 그와 같아서 모든 중생들은 볼 수 없는 것이 마치 순금 독을 가난한 사람들이 알지 못하는 것과 같느니라. 선남자여, 내가 이제 모든 중생에게 있는 부처 성품이 번뇌에 가리웠던 것을 보여 주는 것이 마치 가난한 사람들이 그때까지 자기 집에 있는 순금 독을 보지 못한 것과 같느니라. 여래가 오늘 중생에게 있는 본각(本覺) 광을 보여 주나니, 그것은 부처 성품이니라. 모든 중생들이 이것을 보고는 기쁜 마음으로 여래에게 귀의하리라. 수단이라 함은 곧 여래요, 가난한 여인은 온갖 중생들이요, 순금 독은 부처 성품이니라.

중생들이 각자 가지고 있는 진정한 나 또는 불성을 모르는 것은 가난한 여인이 자기 집에 묻힌 순금 독을 모르는 것과 같다고 한다. 부처님이 중생들에게 불성이 있다는 것을 가르쳐 주는 것은 마치 가난한 여인의 집안 내력을 잘 아는 사람이 순금 독을 찾아 주는 것과 같다는 것이다.

부처님은 앞에서 나를 여래장이나 불성과 같은 것으로 취급하더니 다시 본각(本覺) 즉 본래의 깨달음과 같은 것으로 설명하신다. 중생이 가지고 있는 불성은 막연한 가능성이 아니라 본래 깨달음을 이룬 것이라는 말이다. 금광에서 금을 파낼 때 아무리 금광에 금이 많다고 하더라도 그것을 파내서 제련하고 금을 골라내는 일은 쉽지 않다. 그렇지만 과거에 이미 제련해 놓은 순금 덩어리를 꺼내서 쓰기만 하는 일은 어렵지 않다. 본각 즉 본래 깨달은 바가 있으므로 그 본각을 알아보기만 하면 된다는 말은 이미 금광을 개발해서 제련해 놓은 금을 꺼내서 쓰기만 하면 된다는 말과 같다.

순금 독의 비유는 알아보기 쉽지만 오욕락을 살고 있는 현실에서 본래의 깨달음을 찾기는 쉽지 않다. 돈이 너무 많아서 돈 때문에 골머리를 앓았던 사람이 돈에 대해서 무상감을 느낄 수가 있고 열광적인 인기를 누리다가 갑자기 인기를 잃어 본 사람이 대중의 인기라는 것이 무상하다는 것을 절감할 수 있다. 그러나 우리는 아직 배 터지도록 오욕락을 누려본 적이 없다. 재물을 싫증날 정도로 많이 모아 보았거나 써본 바도 없고, 이성과의 관계도 진력이 날 정도로 가져 본 적이 없다. 음식은 풍부하더라도 소화기의 한계나 체중 문제 때문에 마음대로 먹어보지도 못했다. 명예나 인기 때문에 대중의 눈을 피하고 싶을 정도로 고민해 본 적도 없다. 우리에게는 아직 재색식명수의 오욕락에 대한 미련이 남아 있다. 이런 마당에 우리가 철저한 무상감을 느끼고 불성이나 여래장을 알아보기는 쉽지 않다.

그렇다. 지금 가지고 있는 이 몸이나 마음으로 모든 것을 경험하지는 못한다. 그래서 이 몸 그대로 철저한 무상감을 느낄 수는 없다. 그런데 부처님께서 여래장과 관련시켜서 하시는 말씀은 지금 새롭게 오욕락을 경험해서 무상을 느껴 보라는 것이 아니다. 과거에 이미 우리는 충분한 오욕락을 누린 바가 있고 그 무상감에 의해서 깨달은 바가 있다는 것이다. 석가모니 부처님은 왕자로서 29세까지 왕궁에 살다가 출가했다. 귀한 왕자가 왕궁에서 오욕락의 어느것 하나 부족함이 없이 누렸으리라는 것은 쉽게 짐작할 수 있다. 그런데 석가모니 부처님은 금생에서만 처음으로 오욕락을 실컷 누려 본 것이 아니다. 무량억겁을 지내면서 왕이나 왕자로 태어난 바가 있다. 1겁의 기간 동안에 왕자로 태어난 횟수를 계산하기도 어려운데, 무량억겁의 기간 동안에 왕자로 태어난 횟수를 모두 계산하는 것은 도저히 불가능하다. 분명한 것은 눈꼽만큼의 미련을 갖지 않아도 될 만큼 충분히 오욕락을 누렸고 충분히 오욕락에 대해서 질려 버린 경험이 있다는 것이다. 철저하게 타락해 보기도 하고 철저하게 무상감을 느껴 보기도 한 부처님은 오랜 겁 전에 깨달음을 이루었는데 그 깨달음이 바로 우리의 것이라는 것이다. 우리의 본각은 바로 그 경험과 무상감과 깨달음을 뜻한다는 것이다.

 어떤 사람은 이런 생각을 할지도 모르겠다. 부처님이 아무리 오랜 겁 동안 충분하게 오욕락을 누리고 무상감을 느꼈다고 하더라도 그것은 부처님의 경험이지 우리의 경험이 아니지 않느냐는 것이다. 교리적인 원론으로 말하면 부처님의 경험은 바로 우리의 경험이다. 부처님의 법신과 우리의 법신, 부처님의 나와 우리의 나가 따로 있는 것이 아니기 때문이다. 그러나 중생으로서의 우리가 별도로 '나의 경험'을 원한다면 그것을 인정해도 다를 바가 없다. 우리는 과거에 무량억 천만겁을 살아오면서 충분하게 오욕락을 경험했고 충분하게 싫증을 냈고 충분하게 무상감을 느꼈고 충분하게 발심을 해서 충분하게 여래의 법신을 깨달았다는 것이다. 우리에게 본각 즉 본래의 깨달음이 있다고 하는 것은 바로 이와 같은 경험이 있었다는 것을 의미한다. 우리는 그 경험을 알아보기만 하면 된다.

91. 본각의 나가 있는데 왜 문제가 생기나 (여래성품 2)

> 본각의 불성이 처음부터 끝까지 좋은 것이기를 바랄 때 그 바람에는 부처의 자리를 중생의 입장에서 부리고자 하는 억지가 들어 있다. 중생자리는 떠나지 않으면서 부처자리의……

우리 모두에게는 본래 모든 것을 경험하고 깨달음을 얻은 나가 있다. 왜 인생사에는 갖가지의 문제가 생기는지 가섭 보살의 문제 제기를 들어 보자.

세존이시여, 실로 '나'가 없겠나이다. 왜냐하면 어린 아기가 갓날 적에는 아는 바가 없나이다. 만일 나가 있다면 나던 날에도 앎이 있어야 할 터이오니 그러므로 결정코 나가 없는 줄을 아나이다. 만일 결정코 나가 있다면 태어난 뒤에는 죽는 일이 없을 것이며, 모든 것이 다 부처 성품이 있어 항상 머무른다면 무너짐이 없을 것이며, 만일 무너짐이 없을진댄 어찌하여 찰제리·바라문·비사·수다라·전다라·축생의 차별이 있겠나이까. 지금도 업의 인연이 가지가지 같지 않고 여러 갈래가 각각 다름을 보겠나이다. 결정코 나가 있을진댄 모든 중생이 낫고 못함이 없을 것이오매 이런 이치로 부처의 성품이 항상한 법이 아님을 결정코 알겠나이다. 만일 부처 성품이 결정코 항상하다면 무슨 인연으로 죽이는 일, 훔치는 일, 음행하는 일, 이간하는 말, 욕설하는 말, 거짓말, 번드르한 말, 탐욕, 성내는 일, 삿된 소견이 있사오며, 만일 '나'라는 성품이 항상하다면 어찌하여 술 취한 뒤에는 아득하고 허황하나이까.

가섭 보살은 부처님의 말씀을 끌어내기 위해서 짐짓 모르는 척하고 질문을 한다. 만약 우리 중생들이 과거에 모든 것을 경험하고 무상감을 느낀 다음에 깨달음을 얻었다고 한다면 왜 금생에 다시 이처럼 미혹하게 되었느냐는 것이다. 옛날에 본각을 얻은 나가 있다고 한다면 어린아이가 태어나서도 아는 바가 있어야 하고, 태어난 다음에 죽는 일도 없어야 한다는 것이다. 모든 중생들이 아무런 차별이 없이 평등해야 하고 나쁜 일을 저지르지도 않아야 할 터인데 현실은 그렇지 않다. 갓난아기는 아무것도 아는 바가 없고 태어난 사람은 반드시 죽는다. 그리고 사람들 사이나 사람과 다른 몸을 받은 것들 사이에는 차별이 있다. 죽이는 일, 훔치는 일, 이간질하는 말, 탐욕, 성냄 같은 것이 있다. 이 같은 현실로 보아서 본래 깨달은 나가 있다는 말이 틀리지 않느냐는 물음이다.

가섭 보살의 질문에 공감이 간다. 우리가 본래에 깨달은 경험이 있다면 부처님 말씀대로 우리가 본각의 상태에 있다면 왜 우리에게는 좋은 생각만 들지 않고 온갖 잡된 생각이 다 드는지 알 수가 없다. 무량겁 전에 세속적인 오욕락을 충분히 경험했다면 금생에 그 효과가 나타나서 다시는 오욕락에 대해서 관심이 없어야 할 터인데 눈만 뜨면 생각나는 것이 감각적인 욕망의 충족뿐이다. 우리의 마음을 기쁘게 하고 평화롭게 하는 데 아무런 도움을 주지 못하는 불성·여래성·여래장·본각 등이 무슨 필요가 있겠는가라는 생각이 들기도 한다.

이 물음에 대해서 부처님은 이렇게 비유로 대답하신다.

옛날 임금의 집에 한 기운 센 장사가 있었다. 옛날의 풍습에 따라서 그 장사는 이마에 다이아몬드 구슬을 달고 있었다. 다른 사람과 서로 밀치기를 하다가 부딪쳐 이마에 있던 금강주가 살 속으로 들어가 버렸다. 장사가 귀한 금강주를 잃었다고 생각하고 섭섭해 하고 있을 때 이마의 상처를 치료해 주던 의사가 금강주가 아직 이마에 박혀 있음을 알려 주었다. 장사는 처음에 믿지 않다가 직접 거울을 보고 살 속에 있는 구슬을 확인했다.

　부처님은 우리 중생들이 자신이 가지고 있는 본각의 불성을 알아보지 못하는 것이 장사가 이마 속에 박힌 구슬을 알아보지 못하는 것과 같다고 하신다. 우리가 본각의 여래장을 알아보지 못하는 이유는 첫째로 탐내는 마음, 성내는 마음, 어리석은 마음이 있기 때문이고, 둘째로 선지식을 만나지 못했기 때문이다. 중생인 우리에게 탐진치 삼독이 있는 것이야 어쩔 수 없다고 하더라도 좋은 스승을 만나면 본래의 깨달음으로 돌아갈 수 있을 터인데 스승을 만나지 못하기 때문에 이 미혹으로부터 벗어날 수 없다는 것이다.

　요즘에는 정보가 홍수를 이루는 시대이다. 라디오와 텔레비전을 비롯해서 헤아릴 수 없이 많은 종류의 신문·잡지들이 있다. 집에 배달되는 신문·잡지·광고물들은 다 읽기도 힘들 정도이다. 책도 많이 쏟아져 나온다. 너도 나도 책을 펴내다 보니, 어떤 책을 읽어야 할지도 알 수 없게 된다. 사람들은 많이 팔리는 책 즉 베스트셀러가 어떤 것인가를 보고 책을 고르는 수가 있는데 보도에 의하면 베스트셀러도 조작하는 수가 있다고 한다. 출판사와 저자가 책을 몽땅 사들여서 베스트셀러 순위에 들어가게 만드는 수가 있다는 것이다. 이처럼 정보가 넘치다 보니 어떤 정보를 믿어야 할지 알 수 없게 된다.

　불교를 가르치는 스승들도 많이 생겨난다. 포교당이나 불교 교양대학들도 여기저기 생겨난다. 포교하겠다는 의욕을 가진 사람들이 많이 있다는 것은 아주 좋은 현상이다. 그렇지만 이렇게 스승을 자청하고 나서는 사람들이 많다 보니 어느 스승이 참으로 의지해야 할 선지식인지 구별하기가 힘들게 된다. 이렇게 생각하고 저렇게 생각하면서 망설이다 보면 스승에게 자기를 고백하고 가르침을 받는 일을 할 수 없게 된다. 스승과 제자 간의 교류가 없는 상태에서는 공부가 제대로 될 수 없다. 그저 건성으로 조용한 곳을 찾는다거나 기복이나 수양을 하는 정도로 불도를 닦게 된다.

도를 가르치는 스승의 입장에서 보면 배우고자 하는 사람들에게 구도심이 없는 것처럼 보인다. 사람들이 진정으로 도를 닦는 스승을 찾아가기보다는 건물이나 이름을 찾아가는 수가 많다. 또 배우는 사람은 완전히 자기의 마음을 비우고 스승의 가르침을 받아들이는 자세를 취해야 한다. 그러나 요즘에는 배울 사람이 있는 곳으로 스승이 될 사람을 불러서 무엇을 가르쳐 줄 수 있느냐고 묻는 세상이 되었다. 그러니 《열반경》에서 말하는 선지식을 만나기가 하늘의 별따기처럼 어렵게 될 수밖에 없다.

부처님은 본각의 여래장을 가진 중생들이 본각의 성품을 보지 못하는 원인이 중생의 미혹집착과 선지식을 만나지 못한 것에 있다고 한다. 이 말씀은 극히 원론적이기 때문에 이 원칙에 반해서 대들 수는 없지만 우리는 다시 이렇게 물을 수가 있을 것 같다. 본각의 여래성이 미혹 때문에 숨겨져 있다면 왜 우리가 탐진치의 미혹에 휩싸이고 선지식을 만나지 못하게 되느냐는 것이다. 무량겁 전에 이룬 부처님의 깨달음이 참으로 효력이 있는 것이라면 중생에게 그것을 알아보지 못할 미혹이 아예 생기지 않게 하고 중생들이 선지식을 가까이하게 해야지 그렇지 않다면 그 좋다는 본래의 깨달음이 무슨 소용이 있느냐는 물음이다. 본각의 여래장이나 불성이라고 하는 것이 참으로 좋은 것이라면 처음부터 좋기만 하면 되지 왜 중간에 그것을 못 보게 하는 미혹이 끼여들게 하느냐는 것이다.

사실 이 물음에는 허점이 있다. 첫째 좋다고 하는 개념의 문제이다. 차가 움직인다고 할 때 그 움직임은 바퀴와 땅 사이의 마찰을 전제로 하고 있다. 바퀴가 땅을 밀어 내야 한다. 또 차가 앞으로 나아가면 옆에 있는 것과는 멀어져야 한다. 만약에 차가 달리기를 원하면서 땅과 마찰이 없기를 바란다거나 옆에 있는 것과 떨어지지 않기를 바란다면 그러한 바람은 성취될 수가 없을 것이다. 그런데 우리가 본각의 불성이 처음부터 끝까지 좋은 것이 되기를 바랄 때 그 바람에는 부처의 자리를 중생의 입장에서 부리고자 하는 억지가 들어 있다. 욕망에 의해서 움직이는 중생자리는 떠나지 않으면서 부처자리의 좋은 것을 누리고자 하는 것이다. 마치 차가 옆에 있는 것과 떨어지지 않으면서 달리기를 바라는 것과 같은 것이다. 둘째는 인간의 의지가 작용하는 문제이다. 만약 무량억겁 전에 얻은 부처님의 깨달음이 우리의 의사와 관계없이 모든 것을 다 좋게 처리해 버린다면 그것은 우리의 의사와 전혀 관계없는 것이 된다. 우리가 살거나 죽거나 좋거나 나쁘거나 아무 관계없는 일이 되어 버린다. 불교는 자기가 서 있는 이 자리에서부터 출발하는 것인데 출발점이 없어져 버리게 되는 것이다. 부처님을 신통이나 부리는 장난꾼으로 만들어 버리게 되는 것이다. 중생의 입장에서 부처의 자리를 조종할 수 없다는 것과, 인간의 의지가 작용되어야 한다는 점에서 본각의 불성은 우리 자신의 직접적인 수행과 깨달음을 요구한다고 하겠다.

92. 번뇌 맛을 내되 불변하는 불성 (여래성품 3)

> 악을 저지른 사람이 불성을 가졌다면 그리고 그 악행 속에 불성이 포함되어 있다면 세상의 모든 악은 상황 속에서 만들어지는 것이지 결코 특정한 개인의 악이 아니다.

불성이 번뇌에 스며들어 갖가지의 맛을 내지만 그 불성은 절대로 부서뜨릴 수 없다. 부처님은 불성이 일상 생활 속에 흩어지는 것을 설명하기 위해서 비유를 말씀하신다. 설산에 만병통치의 약이 있었다. 많은 사람들이 그 약을 얻으려고 하지만 약이 있는 곳을 찾지 못했다. 그 약은 성숙되면서 흘러내려서 설산 전체에 퍼져서 여러 종류의 풀과 나무에 스며들었다. 같은 약이지만 스며든 풀이나 나무에 따라서 다른 맛으로 변했다. 약이 다른 것들과 섞여서 변형되었고 평소와 다른 맛을 내었기 때문에 복을 짓지 않은 사람들은 그 약을 알아볼 수가 없었다. 그때 한 전륜성왕이 복을 많이 짓고 그 복력으로 그 약을 얻을 수 있었다. 이 이야기를 마치신 부처님은 이렇게 말씀하신다.

선남자여, 여래의 비밀한 법장의 맛도 그와 같아서 모든 번뇌의 숲속에 묻혀 있으므로 무명이 두터운 중생들이 맛좋은 약을 보지 못하느니라. 부처 성품이 번뇌로 말미암아 가지가지 맛을 내나니. 소위 지옥・축생・아귀・천상・인간・남자・여자・남자 아닌 이・여자 아닌 이・찰제리・바라문・비사・수다라 따위가 되지만 부처 성품은 웅장하고 용맹하여 깨뜨릴 수 없으므로 살해하지 못하느니라. 비록 깨뜨리지도 못하고 보지도 못하건만 아뇩다라삼먁삼보리를 성취하면 증득하여야

아나니 이런 인연으로 살해할 이가 없느니라.

부처님의 법신이나 가르침도 설산의 곳곳에 스며 숨은 약과 같아서 번뇌의 숲만을 보는 중생들은 알아볼 수 없다고 한다. 불성이 번뇌와 합쳐져서 세상에 있는 온갖 모양으로 나타나는데 지옥에서 시작해서 아귀・축생・아수라・인간・천상・남자・여자・하류층・상류층 등이 된다. 그런데 불성의 생명력은 죽일 수가 없다. 불성이 번뇌와 합쳐져서 여러 종류의 형태를 취했을 때 그 물건들을 부순다고 해서 불성까지 부서지게 할 수는 없다. 불성은 조금도 해칠 수가 없지만 불도를 닦아서 아뇩다라삼먁삼보리 즉 최고의 지혜를 얻으면 불성을 알아볼 수 있다고 한다.

비유로 쓰인 이야기의 줄거리는 짜임새가 엉성하지만 그 비유에는 대단히 흥미 있는 착상이 들어 있다. 불성 또는 여래장이 모든 번뇌들 속에 숨어 있다는 것과 그 속에 있는 불성을 절대로 해치거나 부서뜨릴 수가 없다는 아이디어가 참으로 놀랍다.

인간이란 번뇌 뭉치이다. 왜냐하면 인간은 생각을 가진 동물인데 그 생각들 속에 '나'라는 것을 만들고 나 중심으로 생각하고 나 중심으로 행동하고 나 중심으로 살기 때문이다. 나 중심으로 살기만 한다면 그쯤이야 봐 줄 수가 있지만 내 것을 만들려고 하는 데서 문제가 생긴다. 인간은 물건만을 내 것으로 만들려고 하는 것이 아니라 자신과 똑같은 사람도 내 것으로 만들고자 한다. 한 사람만 내 것으로 만들려고 하는 것이 아니라 많은 사람 내 것으로 만들고자 한다. 많은 사람을 자기 것으로 만든 사람을 똑똑한 사람이라고 부르고 남의 것이 된 사람을 못난 사람이라고 부른다. 사람이 재물과 권력을 잡고자 하는 이유도 다른 사람을 자기 것으로 묶어 놓고자 하는 욕심 때문이다. 세상에서 혈연・지연・학연・종교연 등으로 줄을 서서 손을 내밀거나 그 손을 끌어당겨 주는 것도 모두 자기 사람을 만들기 위해서이다. 법적·도덕적 그리고 논리적으로는 절대로 내 사람이라는 것이 허용되지 않지만 나 중심의 인간은 법이나 도덕에 아랑곳하지 않고 지침 없이 자기 것을 만들고자 한다.

세상에서 일어나는 모든 범죄·사건·사고들은 예외 없이 인간이 자기 중심으로 자기 것을 만들려고 하는 과정에서 생긴 부작용들일 뿐이다. 배운 사람이 법으로 내 것을 만들고자 하면 배우지 못한 사람은 완력으로 자기 것을 만들고자 한다. 똑똑한 사람이 낮에 자기 것을 만들고자 하면 똑똑하지 못한 사람은 밤에 자기 것을 만들고자 한다. 잘난 사람이 공개적으로 자기 것을 만들고자 하면 못난 사람은 비밀리에 자기 것을 만들고자 한다. 훔치는 일, 사기치는 일, 싸우는 일, 행패부리는 일, 남녀 애증 관계의 일, 자기 편을 챙기는 일 이 모든 것들이 나를 중심으로 한 내 것을 만들고자 하는 데서 생긴 추악상들이다.

나 중심으로 내 것을 만들고자 하는 인간들은 성냄으로써 지옥의 마음을 일으키고, 탐냄으로써 아귀의 마음을 일으킨다. 집착으로 어리석음에 빠지므로 축생의 마음을 일으키고 남과 대결하고자 함으로써 아수라의 마음을 일으킨다. 또 변덕에 빠져서 인간의 마음을 일으키는가 하면 남을 돕고자 하는 천상의 마음도 일으킨다.

그런데 부처님은 본각의 성품 즉 불성이나 여래장이라고 하는 것은 인간이 저지르는 모든 번뇌와 모든 악에 다같이 섞여 있다고 한다. 지옥의 마음에도 불성이 섞여 있고 아귀의 마음과 축생의 마음에도 불성이 섞여 있다고 한다. 모든 악에 불성이 섞여 있다면 국민들은 박한 상의 사건을 보고 치를 떨면서 패륜아라고 탄식하면서도 그 패륜아에게도 불성이 스며 있다고 해야 할 것이다. 지존파의 사람들에게도 불성이 섞여 있을 것이다. 이 사람들은 범죄가 드러나게 나쁜 일을 했지만 아직까지 들키지 않고 나쁜 일을 해온 사람들에게도 불성이 있다고 할 것이다. 이처럼 나쁜 사람들에게도 불성이 있다면 아무리 나쁜 마음을 많이 먹은 경험이 있다고 하더라도 확실하게 불성을 가지고 있을 것이다.

따라서 불성이 모든 사람에게 스며 있다는 앞의 부처님 말씀은 충분하지 못하다. 악을 저지르는 사람의 행동, 번뇌를 따라 움직이는 사람의 마음에도 불성이 스며 있다고 보아야 하기 때문이다. 인간이 생각하고 행동할 수 있는 모든 악심과 모든 악행에도 불성이 섞여 있다고 보아야 한다. 성수대교나 아파트를 부실 공사한 사람, 국민의 세금을 훔친 사람, 지하가스가 폭발하도록 방치한 사람들의 밉살스러운 행동에도 불성이 듬뿍 섞여 있다고 보아야 한다.

그렇다면 세상의 모든 악에 불성이 섞여 있고, 그 불성을 우리가 조금도 해칠 수 없다는 것은 무슨 뜻으로 이해해야 하느냐가 아주 큰 과제로 남는다. 모든 악행과 모든 악심에게 무엇으로도 다치게 할 수 없는 불성이 스며들어 있다는 말의 의미를 여기의 나와 밀착시켜서 해석해야 하지 않겠는가.

세상에 일어나는 모든 악은 결코 그것을 행동한 사람과 그것과 직접적으로 관련된 사람만 저지르는 것이 아니라 우리 모두가 저지르는 일이라는 것이다. 내가 불성을 가졌고 악을 저지른 사람이 불성을 가졌다면 그리고 그 악행 속에 불성이 포함되어 있다면 세상의 모든 악은 상황 속에서 만들어지는 것이지 결코 특정한 개인의 악에 의해서만 성립되는 것이 아니라는 말이다. 갑이라는 사람이나 환경은 을과 관련되어 있고 을은 병과 관련되어 있다. 병은 다시 정과 관련되어 있다. 이와 같이 무한히 관련되어서 이 세상에는 나와 어떤 의미에서든지 관련되어 있지 않은 것은 한 가지도 한 사람도 없다.

부처님이 복이 없는 사람은 숲에 섞인 만병통치의 약을 찾을 수 없다고 했듯이 복을 짓지 않은 사람, 남에게만 모든 책임을 뒤집어씌우는 사람은 불성을 볼 수 없다고 한다. 악인에게서 불성을 보고 악행이나 악심에서 불성을 볼 수 있으려면 그 사람들의 불성에 대해서 믿어야 한다. 그들에게 불성이 섞여 있다면, 그들이 저지른 악은 그들에게만 책임이 있는 것이 아니라 불성이라는 것 즉 우주의 양심 전체에 책임이 있다. 상대의 악행과 악심이 나에게도 책임이 있다면 나는 상대를 용서할 수밖에 없다. 상대를 용서할 때 내 마음은 편안해지고, 내 마음이 편안해질 때 나로부터 남에게 이익을 주고 자비를 베푸는 선행이 나올 수 있다. 이쪽에서 내 책임으로 돌리고 나올 때 그 메아리로 저쪽에서도 저쪽의 책임으로 돌리고 나올 수 있다.

93. 대승법은 감로도 되고 독약도 돼 (여래성품 4)

> 만약 영겁의 부동심은 슬쩍 빼놓고 일념 가운데 영원을 얻을 수 있다고 말하는 사람이 있으면 그는 불법이라는 감로를 독약으로 변질시켜서 마시고 있는 것과 같다.

대승법은 감로도 되고 독약도 된다. 이 세상에 있는 모든 것은 좋게 될 가능성과 나쁘게 될 가능성을 똑같이 가지고 있다. 부모의 복을 많이 받고 태어난 사람은 부모가 물려준 재산 때문에 어려움을 모르고 공부하거나 생활할 수 있지만, 다른 한편으로는 물려준 재산만 믿기 때문에 노력하지 않을 수도 있고 그 재산을 탕진하느라고 일생을 망칠 수도 있다. 또 가난하게 태어난 사람은 그 가난 때문에 고생할 수도 있지만 더욱 분발하고 노력해서 훌륭한 사람이 될 수가 있다.

우리가 《열반경》에서 가르치는 부처님의 법신이라든지 모든 중생이 가지고 있는 불성을 받아들이는 데도 잘못될 위험성은 잠복하고 있다. 우리가 가진 불성에 지옥의 마음은 없고 보살이나 부처의 마음만 있는 것이 아니다. 법신이나 불성에도 지옥·아귀·축생의 마음이 포함되어 있다. 단지 부처님은 지옥을 비롯한 육도의 마음을 가라앉히고 부처의 마음만을 쓰는 분이고, 중생은 부처나 보살의 마음을 잊어버리고 지옥·아귀 등 육도의 마음만을 쓰는 사람들이다. 사람에게 불이나 도구가 좋은 것이기는 하지만 불을 잘못 쓰면 귀한 재산을 삽시간에 태워 버릴 수가 있고 편리한 칼이 사람을 다치게 할 수도 있다.

"선남자여, 방등경은 감로와도 같고 독약과도 같느니라."

"세존이시여, 무슨 인연으로 방등경이 감로와도 같고 독약과도 같다고 말씀하시나이까."
"선남자여, 그대는 여래의 비밀한 법장의 진실한 이치를 알고자 하는가."
"저는 참으로 여래의 비밀한 법장의 이치를 알고자 하나이다."
이때에 부처님이 게송으로 말씀하셨다.

어떤 이는 감로를 먹고 단명하였고
어떤 이는 감로를 먹고 장수했으며
어떤 이는 독약을 먹고 살았다 하고
어떤 이는 독약을 먹고 죽었다 하네.

걸림 없는 지혜의 감로인 대승의 경전
대승경을 독약이라 말도 하나니.
타락・생소・제호・사탕까지도
잘 삭이면 약이 되고 못 삭이면 독이 되네.

방등경도 그러하여 지혜 있는 이는
감로라고 하지마는 어리석은 이는
부처 성품 알지 못해 독약이 되고
성문・연각・대승에겐 감로되나니.

먼저 부처님은 '방등경'이 감로와도 같고 독약과도 같다고 말씀하신다. 방등이라는 말은 방대・광대・방광(方廣) 즉 넓고 크다는 뜻이다. '방등경'이라고 하면 불경에 있는 내용이 광대하다는 것 또는 넓고 크고 깊고 높은 부처님의 가르침을 담은 경전이라는 의미이다. 경전이 양적으로 크다기보다는 가르침의 의미가 심오하고 다루는 범위가 방대하다는 것이다. 그래서 방광이라는 말은 대승이라는 말과 동의어로 쓰이기도 한다. 방등경이라고 하면 일반적인 대승불경을 뜻하지만 방등부 경전이라고 하면 조금 지칭하는 내용이 달라진다. 대승불교의 4대 경전이《반야경》《법화경》《화엄경》《열반경》인데, 이 4대 경전을 제외한 모든 대승경전을 방등부 경전이라고 부른다. 여기서 부처님은 방등경을 일반적인 대승경전이라는 뜻으로 쓰고 있다. 대승불경이 감로도 되고 독약도 된다는 것이다.

그 말을 들은 가섭 보살은 그 이유를 물을 수밖에 없다. 왜 대승경전이 양약도 되고 독약도 되느냐는 것이다. 부처님은 가섭 보살의 물음에 대답하신다. 어떤 사람은 감로를 먹고 죽기도 하는가 하면 어떤 사람은 독약을 먹고 회생하기도 한다고 한다. 아무리 좋은 것도 잘 삭이면 약이 되고 잘못 삭이면 독이 된다고 한다. 잘 삭이는 것은 지혜 있게 부처님의 가르침을 받아들이는 것이고 잘못 삭이는 것은 어리석게 이해하고 어리석게 실천하는 것이라고 한다.

복어라는 물고기가 있는데 예전에는 그것을 먹고 많은 사람이 죽었다고 한다. 복어의 내장과 알에 독이 있다는 것을 사람들이 오래 전부터 알기는 했지만 이상한 것은 복어를 먹는 사람들이 모두 다 죽지는 않는다는 것이었다. 두 사람이 먹었을 경우 한 사람은 죽고 다른 사람은 멀쩡하기도 하다는 것이다. 최근 20년 동안 복어를 전문으로 다룬 요리사가 복어를 먹고 죽었다는 것이 신문에 보도되기도 했다. 그 일에 대해서 의문이 있었는데 한의사 선생님의 설명을 듣고 이해할 수 있었다.

예전에는 복어의 뼈나 살의 피 속에 독이 들어 있는 것을 몰랐다고 한다. 최근에야 독이 있는 것을 알아냈는데 문제는 그 복어의 피 속에 있는 독을 알맞게 먹으면 사람의 피로를 풀어 주는 작용을 한다고 한다. 요즘에는 은행잎에서 추출한 약으로 혈액의 응고를 풀고 피 순환을 잘되게 하고 있지만 복어의 독에도 응고된 혈액을 풀어 주는 성분이 있다는 것이다. 그래서 복어를 칼질해서 물 속에 얼마나 오랫동안 담가 두느냐에 따라서 피가 완전하게 빠지기도 하고 덜 빠지기도 하는데 피를 완전하게 뽑아 내면 안전하기는 한 반면에 복어에 있는 약 성분을 섭취할 수가 없고 만약 피를 덜 뽑아 내고 먹으면 약이 되는 수가 있기는 하지만 목숨을 잃을 염려가 있다는 것이다.

부처님은 대승법의 가르침이 감로약이 되기도 하고 독약이 되기도 한다고 말씀하시지만 복어처럼 약 성분과 위험 부담이 공존하고 있다는 뜻은 아닐 것이다. 부처님의 가르침에는 약 성분은 많고 독 성분은 아주 적을 것이다. 그러나 세상의 이치가 그렇고 부처님의 가르침이 그러하듯이 좋은 것은 좋은 만큼 잘못 쓰여질 위험성도 내포하고 있다. 대승불교의 가르침에는 특히 악용될 소지가 많이 있다.

가령 부처님의 몸이 이 세계에 항상 꽉 차 있고 불성이 모든 중생에게 평등하게 있다고 하자. 이 가르침을 듣고 업과 미혹으로 뭉친 개인적인 나를 살기보다는 '나와 너'가 한 몸이 되는 우주적인 부처님의 몸을 살겠다고 마음먹는 사람이 있을 수도 있다. 그러나 온 세계가 모두 부처님의 몸이라면 그리고 모든 것에 불성이 있다면 이래도 좋고 저래도 좋은데 무엇 때문에 골치 아프게 무엇인가를 잘해 보겠다고 신경 쓰고 노력할 필요가 있겠느냐고 생각하는 사람도 있을 것이다. 전자의 사람은 부처님의 가르침을 감로로 썼지만 후자의 사람은 같은 가르침을 자기의 잘못을 합리화하는 독약의 논리로 악용한 것이다.

《아미타경》에 보면 서방으로 십만억 국토를 지나서 아미타불이 주불로 계시는 극락 세계가 있다고 설한다. 《육조단경》에서는 여기에 나오는 십만억 국토를 십악(十惡)으로 풀이한다. 여기까지는 좋다. 그런데 한걸음 더 나아가서 극락 세계가 멀리 있는 것이 아니라 바로 내 옆에 있다고 말하고는 아무리 잘못을 저지르더라도 마음을 빼앗기지 말고 언제고 한 마음을 돌리면 바로 극락에 들 수 있다고 하는 사람이 있다. 그렇게 말하는 사람은 지금 좋은 쪽으로 마음을 돌리면서 그런 말을 하는 것이 아니라 현재 나쁜 행동을 하고 있으면서 그것을 바로 교정하려고 하지 않고 자기의 잘못된 행동을 합리화하는 데 부처님과 조사 스님네의 가르침을 왜곡되게 악용하는 것이다. 대승불교는 최고의 경지를 '이것이다'라고 정하지 않기 때문에 사람마다 자기의 처지나 취향에 맞게 부처님의 가르침을 활용하는 장점이 있다. 반면에 그것을 자기 잘못을 합리화하는 데 악용하려고 하는 사람을 만나면 손을 쓰기가 힘들게 왜곡되는 약점도 안고 있다.

《화엄경》은 마음을 중요시해서 한 마음 가운데 무한의 시간과 공간을 찾고자 한다. 영원은 일념에 있다고 한다. 일념을 바로 가지면 영겁의 시간을 목숨으로 얻는다는 것이다. 그러나 일념을 영겁으로 만들 경지에 이른 사람은 영겁 동안 일념으로 흔들리지 않을 수 있는 수행과 깨달음이 있어야 한다. 만약 영겁의 부동심은 슬쩍 빼놓고 일념 가운데 영원을 얻을 수 있다고 말하는 사람이 있으면 그는 불법이라는 감로를 독약으로 변질시켜서 마시고 있는 것이다. 우주에 가득 찬 법신과 모든 생명에 꽉 차 있는 불성도 영겁 동안 우리가 부처처럼 행동할 때 효과를 발생한다. 만약 이 순간의 게으름과 방일을 합리화하거나 연장하는 데 사용한다면 우리를 여지없이 죽이는 독약이 될 것이다. 부처님의 귀한 가르침을 감로약으로 먹느냐 독으로 먹느냐는 순전히 우리의 마음에 달려 있다.

94. 단견과 상견을 여읜 중도 (여래성품 5)

> 중생들은 물질이나 감각적인 것처럼 항상하지 않은 것에 대해서는 항상하다는 생각을 내고 부처님의 법신처럼 실제로 항상한 것에 대해서는 항상하지 않다는 생각을 낸다.

단견과 상견의 양변은 불성에 의해서 중도로 통합된다. 부처님의 가르침은 한마디로 중도의 가르침이라고 할 수 있다. 상대 개념의 양극단을 초월하거나 통합하는 지혜를 가르치기 때문이다. 중도에는 행동적인 것과 철학적 또는 사상적인 것이 있다.

수행자에게 있어 중도의 행이란 극단적인 고행과 극단적인 안락의 중간을 택해서 수행하는 것을 의미한다. 너무 극단적인 고행은 수행자의 건강을 해친다. 그리고 고행주의는 삶의 진실상에 대해서 깨달음을 얻으려고 하기보다는 몸을 학대하는 데만 집착하게 될 염려가 있다. 수행자에게 고행이 나쁘기만 한 것은 아니지만 수행하는 목적은 깨달음을 얻어 그 지혜로 중생을 구제하는 데 있는 것이지 몸을 학대하는 데 있지는 않다. 물론 고행의 반대인 안락을 수행이라고 할 수는 없다. 몸을 너무 편안하게 하면 게으름에 빠지거나 엉뚱한 망상에 시달리기가 쉽다.

부처님께서 출가하신 후 오랜 기간 동안 고행을 하다가 어느 날 고행이 바른 수행법이 아님을 깨닫고는 니련선하에서 몸을 씻고 우유죽을 받아 드신다. 부처님을 따라다니던 교진여(憍陳如) 등 오비구는 갑자기 고행을 포기하는 부처님의 변화를 보고 부처님이 타락했다고 생각했다. 그러나 부처님은 극단적인 고행은 깨달음에 도움이 안 된다고 생각하신 것이다. 부처님이 목욕을 하고 우유죽을 받아 드신 것은 바로 고행과 안락의 양변을 버리고 중도적인 수행의 길을 택한 상징이라고 할 수 있다.

철학적인 면에서 중도란 인간의 삶을 중심으로 한 양변적인 상대극단을 여의는 것을 뜻한다. 가령 유물론과 유심론, 일원론과 다원론, 상주론(常住論)과 단멸론(斷滅論) 등이 있을 때, 어느 한편에 치우치지 않고 깨달음의 지혜를 중심축으로 잡아서 양변을 그대로 두면서도 양변에 걸림이 없도록 소화시킬 때 그것을 중도라고 한다. 편의상 '철학적'이라는 용어를 썼지만, 이것은 행동적인 것과 대립시키기 위해서 임시적으로 사용했을 뿐이다. 불교는 어디까지나 종교이고 종교의 근본은 중생 구제에 있기 때문에 중생 구제를 최우선으로 하는 종교에서는 철학적인 것은 보다 교리적이거나 사상적인 것을 의미한다.

부처님은 불성을 중심축으로 삼아서 상주론과 단멸론의 양극단을 통합하려고 한다. 양극단이란 어떤 것들이 있는지 부처님의 말씀을 직접 들어 보자.

좋다, 좋다! 선남자여, 그대가 깊고 훌륭한 지혜를 성취하였으니, 내가 이제 그대에게 여래장에 들어가도록 말하리라. 만일 '내'가 머무른다면 그것은 항상한 법이니 괴로움을 여의지 못하고 만일 내가 없다면 깨끗한 행을 닦아도 이익이 없으리라. 모든 법이 내가 없다고 말하면, 그것은 아주 없다는 소견(斷見)이요, 내가 머무른다면 그것은 항상하다는 소견이며, 모든 변천하는 법이 무상하다고 말하면 그것은 아주 없다는 소견이요, 모든 행법이 항상하다는 것은 곧 항상한 소견이며, 만일 괴롭다고 말하면 곧 아주 없다는 소견이요, 즐겁다고 말하면 그것은 항상한 소견이니라. 온갖 법이 항상하다는 것을 닦는 이는 아주 없다는 소견에 떨어지고 온갖 법이 아주 없다고 닦는 이는 항상하다는 소견에 떨어지리니, 마치 자벌레가 앞발로 인하여 뒷발을 옮기듯이 항상하다는 소견과 아주 없다는 소견을 닦는 이도 그와 같아서, 반드시 아주 없다는 소견이나 항상하다는 소견을 말미암게 되느니라.

부처님은 '나'라고 하는 것이 항상하다는 것과 항상하지 않다는 것을 가르고, 항상하다는 것에는 어떤 생각들이 있을 수 있고, 항상하지 않다는 것에는 어떤 생각들이 있을 수 있는지 여러 가지의 예를 보인다. 그런데 여기서의 나는 부처님의 법신과 같은 나가 아니다. 법신으로서의 나는 개인적인 것을 완전히 버리고 우주 전체와 하나가 되는 그런 것이다. 그렇지만 여기서 항상 존재한다 항상 존재하지 않는다고 말하는 나는 개별적으로 존재한다거나 존재하지 않는 것을 의미한다. 부처님의 법신은 우주적이고 전체적인 데 비해서 이 나는 개인적인 것이다. 인간 존재가 항상하다는 것은 나라고 하는 것이 죽은 다음에도 개별적이고 독립적인 것으로 존재한다는 것을 뜻한다. 이것을 상견(常見) 또는 상주론(常住論)이라고 한다. 그리고 죽은 다음에 모든 것이 모두 없어져서 항상하지 않는다는 것을 단견(斷見) 또는 단멸론(斷滅論)이라고 한다.

불교에서는 상견과 단견 또는 상주론과 단멸론을 다같이 그릇된 것으로 생각한다. 인간이 죽은 다음에도 개인적인 의미에서 항상 존재한다는 것은 인연법칙에 어긋난다. 모든 존재는 인연에 의해서 존재하기 때문에 죽은 다음뿐만 아니라 살아 있을 때조차도 항상해서 변하지 않고 존재할 수가 없다. 순간 순간 찰나 찰나 모든 것이 변해 간다. 그래서 어떤 것이든지 개인적인 몸을 가지고 항상 존재할 수가 없다고 하는 것이다. 그리고 죽으면 모든 것이 끝장이라는 생각도 잘못된 것이다. 인간의 몸이 왔을 때 그것은 임시로 온 것이다. 실제로 온 것은 없다. 돌아갈 때 임시로 왔던 것이 본래의 자리로 돌아간다. 없어진 것은 아무것도 없다. 그럼에도 불구하고 우주적인 것이 있다. 달빛이 호수에 비쳤다가 호수에 물이 마르거나 구름이 달을 가렸을 때 달이 호수에 보이지 않는다고 하더라도 하늘의 달은 그대로 떠 있다. 호수에 달이 떠 있다고 해서 달이 온 바가 없고 호수에서 달이 없어진다고 해서 달이 간 바가 없지만 하늘의 달은 항상 그대로 있다는 것이다.

상견과 단견이라는 양극단은 중도적인 법신이나 불성과 유사점과 차이점이 있다. 먼저 상견과 법신사상의 유사점을 보면 다같이 내가 있고 내가 항상하고 죽은 다음에도 내가 영원히 존재한다고 하는 것이다. 그러나 상견과 법신의 나는 내용적으로는 완전히 다른 것이다. 상견의 나는 업과 미혹과 집착으로 뭉친 개인적인 나를 죽지 않고 항상한 것으로 생각하는 반면에 법신으로서의 나는 개인적인 나가 완전히 없어지고 우주적인 나만 영원히 남아 있다고 생각하는 것이다. 상견이나 상주론은 영혼이 개별적으로 존재한다고 생각하는 반면에 법신사상에서는 개인적인 영혼은 기본적으로 존재하지 않고 우주적인 영혼만 존재한다고 생각한다. 영혼을 말할 경우 상견에서는 부처님의 영혼과 개인의 영혼이 다르다고 생각하지만 법신사상에서는 부처님의 영혼과 개인의 영혼을 하나로 본다. 단지 중생들이 미혹해서 자기의 본래 몸을 알아보지 못하는 데서 착각의 문제가 있을 뿐이라는 것이다.

단견이나 단멸론도 법신사상과 유사점과 차이점이 있다. 유사점은 다같이 개인적인 나 또는 독립적인 영혼을 영원히 존재한다고 인정하지 않는 것이다. 그런데 차이점은 단견이 근본적인 본각의 나, 《열반경》에서 말하는 여래성·여래장·불성·법신 같은 것을 인정하지 않는다는 것이다. 단견에서는 개인적인 나는 죽은 다음에는 존재하지 않는다고 하지만 이것은 개인적인 내가 항상 존재하기를 기대하는 마음에 기반을 둔 허무론적인 것이다. 죽은 다음에 아무것도 남는 것이 없다고 생각하는 사람의 마음에는 살아 있을 때는 무엇인가 개인적인 것이 있다고 생각한다. 단멸론과 법신사상의 차이는 허무주의와 진공묘유의 사상의 차이와 같다. 겉으로 보기에는 허무주의와 공사상이 비슷하지만 내용적으로는 전혀 다르기 때문이다.

중생들은 보통 단견과 상견을 무질서하게 가지고 있는 경우가 많다. 철저하게 세상의 모든 것이 항상하다는 생각을 가지지만 내가 있거나 없거나 살거나 죽거나 소유하거나 말거나 항상하기 때문에 물질적인 것에 대해서 미련을 가질 필요가 없다. 또 철저하게 모든 것이 사후에 존재하지 않는다는 생각을 한다면 죽기 전이나 죽은 다음이나 관계없이 항상 개인적인 목숨이 존재하지 않는 것이 되어서 우주적인 전체로서의 존재를 생각하게 될 것이다. 그러나 실제로 우리 중생들은 물질이나 감각적인 것처럼 항상하지 않은 것에 대해서는 항상하다는 생각을 내고 부처님의 법신처럼 실제로 항상한 것에 대해서는 항상하지 않다는 생각을 낸다. 다르게도 표현할 수도 있겠다. 우리는 눈으로 볼 수 있고 손으로 만질 수 있는 것에 대해서는 확실히 믿을 만하고 항상하다고 생각하지만 형상이 없어서 육안으로 보이지 않는 것은 없는 것으로 생각한다.

우리는 얼마 전에 참으로 어이없는 일을 보았다. 자기 애인과 만나는 상대를 땅속에 묻어 버리는가 하면, 인기배우 매니저를 살해하고 그 죽은 사람의 카드로 돈을 빼내어 쓰는 사람들을 보았다. 이 사람들은 상견을 가진 사람일까 아니면 단견을 가진 사람들일까. 눈앞에 보이는 것이 확실히 있다고 생각하는 점에서는 상견을 가졌다고 할 수도 있지만 자신의 인생을 포기하는 범행을 저질렀다는 점에서는 전체적으로 단견에 빠졌다고 할 수 있다. 허무주의에 빠져 있다는 말이다.

요즘에는 함부로 죽이기도 하고, 스스로 자살하는 사람도 많아서 아주 겁나는 세상이 되었다. 이렇게 된 데에는 가치관의 공백에 큰 원인이 있다고 하겠다. 사람들의 머리가 텅 비었다는 것이다. 어떻게 사는 것이 참답고 의미 있게 사는 것인지 알지 못하는 참으로 겁 없고 무서운 사람들이 되었다. 모든 범죄와 자살의 근원에는 단멸론이나 단견이라는 허무주의가 있다. 먼저 우리부터 부처님의 법신상주 법을 받아들여야 하고 그것을 주위에 전해야 한다. 허무주의를 물리치는 첩경은 영원히 우리 곁에 있는 부처님, 무량겁 전에 부처를 이루어 우리 모두를 본각의 상태에 있도록 만들어 주신 부처님을 받아들이게 하는 데 있다.

95. 항상한 본래불성과 인연생의 법칙 (여래성품 6)

> 전체 우주적인 생명의 입장에서 보면, 풀이 죽고 우유가 생기고 우유가 변해서 크림이 되는 것이 어떤 변화나 이동일지언정 죽음이나 태어남이 되지는 않는다.

　불성이나 법신은 어떤 형태로 있는가. 불성의 존재를 설명하기 위해서 부처님은 먼저 가섭 보살에게 우유에서 유제품이 나오는 비유를 든다. 우유로부터 크림이 생기고 크림에서 요구르트가 생긴다고 치자. 여기서 의문을 만들어 본다.
　크림이 젖에서만 생기는가 스스로 생겨나는가 아니면 다른 것에서도 생기는가가 문제이다. 만약 크림이 우유 외에 다른 것에서도 생긴다면 우유가 없어도 생겨날 것이기 때문에 아무 데서나 크림이 생기게 될 것이다. 그러면 온 세상이 크림으로 가득 찰 것이다. 그러므로 우유가 없이 크림이 생긴다는 말은 틀렸다. 그렇다고 해서 우유가 스스로 크림이 될 수는 없다. 만약 우유가 스스로 크림이 된다고 하면 우유는 처음부터 크림이기 때문에 우유라는 것은 있을 수가 없다. 또 크림이 요구르트가 될 것이므로 우유와 크림은 없고 요구르트만 있는 것이 된다. 그러므로 우유 속에는 크림이나 요구르트의 성질은 있을지언정 우유 자체가 크림이나 요구르트는 아니다. 그렇다면 크림이나 요구르트는 우유에서만 나오는 것도 아니고 우유 외에 다른 곳에서 나는 것도 아니다. 우유 속에 본래 크림이나 요구르트의 성질이 있다고 하더라도 스스로 크림이나 요구르트가 될 수는 없다.
　부처님은 다시 이 문제를 우유와 크림의 관계가 아닌 풀과 우유의 관계로 옮겨서 설명하신다. 풀에 우유의 성질이 있기는 하지만 단맛을 내는 풀과 쓴맛을 내는 풀이 있어서 소가 단맛을 내는 풀을 먹으면 우유가 달고, 쓴맛을 내는 풀을 먹으면 우유가 쓰다는 것이다. 부처님은 좀 복잡하게 설명하시지만 이 비유를 드는 이유가 불성이나 법신의 실상을 밝히는 데 있기 때문에 기본적인 줄거리만 파악하면 되겠다. 이 설명을 들은 가섭 보살이 부처님께 문제를 제기한다.

세존이시여, 부처님 말씀에 젖 속에 타락이 있다는 이치는 어떠하오니까. 세존이시여, 만일 젖 속에 타락거리가 있지만 너무 미세하여서 보지 못한다면 어찌 젖의 인연으로 타락이 난다고 말하오리까. 무슨 법이든지 본래 없던 것을 난다고 말하옵는데, 이미 있던 것이면 어찌 난다고 말하오리까. 만일 젖 가운데 결정코 타락거리가 있다고 말할진대 온갖 풀 가운데도 젖이 있어야 하고 그와 같이 젖 가운데도 풀이 있어야 할 것이며, 만일 젖 가운데 결정코 타락이 없다면 어찌하여 젖으로 인하여서 타락이 생기나이까. 법이 본래 없었는데 뒤에 생긴다 하오면 젖 가운데서 왜 풀은 나지 않나이까.

가섭 보살의 질문이 아주 날카롭다. 무엇이든지 난다고 하는 것은 없던 것이 생기는 것을 뜻하는데 만약 우유에 크림이 본래 있었다고 한다면 크림이 생겼을 때 어찌 그것이 생겼다고 할 수 있느냐는 것이다. 또 우유에 크림의 성분이 본래 있다면 소가 먹는 모든 풀에도 우유나 크림의 성분이 있어야 할 것이고 우유나 크림에도 풀의 성분이 있어야 할 것이다. 앞과 뒤의 관계가 없이 갑자기 어떤 것이 생겨난다면 우유에서도 풀이 생길 수 있어야 할 터인데 소가 풀을 먹고 우유를 만들지언정 우유를 먹고 풀을 만드는 일은 없다. 가섭 보살의 질문은 우유에 크림의 성분이 본래부터 있다고 하는 대답에도 문제가 있고 없다고 하는 대답에도 문제가 있으니 부처님의 가르침은 어느 쪽이냐는 것이다. 이 물음에 대한 부처님의 대답이다.

　선남자여, 젖 가운데 결정코 타락이 있다고도 없다고도 말할 수 없고 다른 데서 난다고도 말할 수 없느니라. 만일 젖 가운데 결정코 타락이 있을진대 어찌하여 그 자체와 맛이 각각 다르냐.
　그러므로 젖 가운데 결정코 타락이 있다고 말할 수 없으며, 젖 가운데 결정코 타락이 없을진댄 젖 속에 어찌하여 토끼의 뿔은 나지 않으며 젖 속에 독약을 넣으면 타락이 사람을 죽게 하나니. 그러므로 젖 가운데 결정코 타락이 없다고도 말할 수 없느니라. 만일 타락이 다른 데서 난다면 어찌하여 물에서는 타락이 생기지 않느냐. 그러므로 타락이 다른 데서 난다고도 말할 수 없느니라.

　부처님은 우유에 크림이 있다고 할 수도 없고 없다고 할 수도 없다고 하신다. 만약 우유 속에 크림이 있다면 우유 맛과 크림의 맛이 다를 수가 없고 우유 속에 크림이 없다면 우유에서 토끼 뿔도 생겨야 하고 또 우유가 아닌 물에서도 크림이 생겨야 한다는 것이다. 또 우유와 크림이 아무런 관련이 없다면 독약을 탄 우유로 크림을 만들었을 경우 그 크림을 먹은 사람이 죽지 않아야 할 터인데 독약이 든 우유로 만든 크림을 먹은 사람은 죽게 되므로 우유와 크림과는 관련이 있다는 말씀이다.
　가섭 보살의 질문과 부처님 말씀의 요점은 이렇다. 우유에서 크림이 생기기 때문에 우유가 없이는 크림을 얻을 수 없지만 우유와 크림은 분명히 다르다는 것이다. 따라서 우리가 크림을 얻으려면 먼저 우유를 가져다가 숙성시켜야 한다는 것이다. 이 비유에서 우리는 여러 가지를 깨달을 수가 있다. 풀에서 우유가 나오고 우유에서 크림류가 나오는데 다시 더 거슬러 올라가서 풀이 나오는 곳을 생각해 보면 땅이 된다. 그러나 흙이 바로 풀이 되는 것은 아니다. 거름과 습기가 있어야 한다. 흙에서 풀이 나오려면 이외의 다른 요소도 많이 필요하지만, 그러한 것들을 다 들면 혼란스러워지기 때문에 우선 흙에 있는 성분만 열거한 것이다. 흙 속의 거름은 여러 가지가 썩어서 이루어진다. 썩는 것은 무엇이든지 다 거름이 될 수가 있다. 그렇다면 풀은 흙에 있는 거름에서 나오고, 거름은 다시 세상에 있는 모든 썩는 것에서 나온다. 여기서 더 거슬러 올라간다면 세상의 모든 것은 우주에 있는 모든 것들이 상호간에 영향을 주고받아서 이루어지는 셈이 된다. 요구르트의 앞에는 크림이 있고 크림의 앞에는 우유가 있고 우유의 앞에는 풀이 있고 풀의 앞에는 땅의 거름이 있고 거름 앞에는 세상의 모든 것이 있다. 세상 만물이 순환적으로 그리고 직접적이거나 간접적으로 서로 영향을 주고받아서 이루어진다는 말이다.

 이와 관련시켜서 법신의 성품 즉 불성의 뿌리를 생각해 보면 불성은 결코 어떤 나무나 곡식의 씨앗과 같이 개별적으로 새로 태어나는 것의 원인이 된다는 의미에서 있는 것이 아니라 세상의 모든 사물이 전체적으로 순환해서 서로 원인이 되고 서로 결과가 된다는 의미에서 있는 것이다. 크림의 원천을 찾는다고 할 때 그것의 뿌리인 우유나 풀 등을 계속 거슬러 올라가다 보면 결국 세상에 있는 모든 사물이 된다. 마찬가지로 불성의 뿌리도 열반에 드는 석가모니 부처님이 법신을 남기고 그 법신이 백천 만억 개로 분해되어서 우리 몸에 있다는 말이 아니다. 세상에 있는 모든 사물이 빠짐없이 서로서로 연결되어 있어서 크게 보면 우주 전체가 하나의 몸체라는 의미에서 우주적인 생명이 있다는 말이다. 전체적인 생명의 입장에서 보면 풀이 죽고 우유가 나는 것, 우유가 변해서 크림이 되는 것 그리고 크림이 변해서 요구르트가 되는 것이 어떤 변화나 이동일지언정 죽음이나 태어남이 되지는 않는다. 개별체의 입장에서 볼 때는 죽음이 있을지언정 전체의 입장에서 보면 우주 몸체의 움직임이나 이동과 같다는 것이다.

 또 풀과 우유, 우유와 크림 사이에는 각기 차별성과 동일성이 있다고 정리할 수도 있다. 각기 다르면서도 앞의 것이 없으면 뒤의 것도 또한 있을 수 없기 때문이다. 이 차별성과 동일성을 염두에 두고 중생의 불성을 생각해 보면 불성의 성질을 짐작할 수가 있다. 단견은 앞의 것과 뒤의 것의 다른 점만을 강조해서 보는 것이고, 상견은 앞의 것이 없으면 뒤의 것이 생기지 않으므로 앞의 것과 뒤의 것이 같다고 보는 것이다. 그러나 부처님이 가르치는 중도의 불성은 차별성과 동일성을 통일적으로 보는 것이다. 법신이라고 해서 같은 모양으로만 고정되어 있지 않고 계속 변화되는 상태에 있으며 또 변화된다고 하더라도 상속의 인연 원칙이 무너진 것이 아니라 연관성이 있다는 것이다. 법신의 입장에서 보면 풀·우유·크림·요구르트 등은 각기 차별성을 가지면서도 동일성이 있고 세상의 만물도 또한 마찬가지라는 것이다. 이렇게 되면 다시 《열반경》의 원칙으로 돌아오게 된다. 개인을 버리고 우주적인 법신의 자리로 돌아갈 때 상호의존의 상태에 있는 세상의 만물 또는 우주적인 몸체가 있는 그대로 보인다는 것이다. 변화나 움직임은 차별성이 되고 연속적인 관련은 동일성이 되는 것이다.

　이 차별성과 동일성의 원리를 가지고 세상을 바라보면 세상의 모습이 있는 그대로 보인다. 내가 잘났다고 자만할 것도 없고 못났다고 서러워할 것도 없다. 나는 세상의 산물이고 세상은 바로 나의 산물이기 때문이다. 나라고 하는 놈은 순환적인 의미에서든 아니면 직접 간접으로 영향을 주고받는다는 의미에서든 세상이 만들어 놓은 작품이다. 또 세상은 내가 어떤 방식으로든지 영향을 미쳐서 만들어진 것이다. 이렇게 내용적으로 나와 세상이 연결되어 있지만 나와 세상은 도저히 같을 수가 없다. 풀과 우유와 크림이 다르듯이 세상이 만들어 놓은 나, 내가 만들어 놓은 세상은 분명히 다르다. 나와 세상 사이에 동일성과 차별성이 동시적으로 있음을 확실히 느낄 때 나는 편안해질 수 있다. 법신자리로 들어갈 수 있다. 개인적인 나를 죽이고 진정으로 큰 나를 살 수가 있다.

96. 불성을 알아보기 어려운 이유 (여래성품 7)

> 세상의 모든 개념은 가설이다. 하늘이라는 개념, 땅이라는 개념, 이런 개념들이 사람의 머리에 들어올 때 이미 그 개념은 사물의 실상을 전부 담고 있지 않다.

 중생들은 불성을 가지고 있다고 하더라도 그것을 알아보지 못한다. 오직 믿음으로 불성을 받아들이는 수밖에 없다.
 부처님은 중생들이 불성을 볼 수 없는 것을 여러 가지 비유를 들어 설명하신다. 장님이 안과 의사에게 눈을 치료받을 때 눈을 치료하기 전까지는 볼 수가 없다고 한다. 마찬가지로 미혹하기가 소경과 같은 중생들은 지혜의 눈이 떠질 때까지는 불성을 볼 수 없다. 허공 멀리 있는 물체를 알아보는 것도 쉽게 되지 않는다고 한다. 처음에는 흐리게 보이다가 한참 시력을 집중하면 보이는 것과 같이 멍한 상태에 있는 중생이 바로 불성을 볼 수는 없다는 것이다. 지혜로 집중해야 보인다는 말이다. 또 술 취한 사람이 먼 길을 갈 때에 확실하게 길을 찾을 수 없듯이 미혹에 취해 있는 중생들이 고해의 길을 갈 때에 불성이라는 보배의 장소를 알 수 없다고 한다. 미혹에서 깨어나야 불성이 보인다는 것이다. 이외에도 많은 비유를 들었지만 비슷한 것들이어서 모두 다 열거할 필요가 없을 것 같다. 이렇게 불성을 보기가 어렵다고 하니까 가섭 보살이 여쭌다. 가섭 보살의 질문과 부처님의 답변을 들어 보자.

 "세존이시여, 부처의 성품이 이렇게 미세하여 알기 어렵사오면 어떻게 육안으로 볼 수 있겠나이까."

"선남자여, '비상비비상천'도 2승으로는 알 수 있는 것이 아니지만 경전을 따라서 믿음으로 아는 것처럼 선남자여, 성문과 연각이 이런 《대반열반경》을 믿음으로써 자기의 몸에 여래의 성품이 있는 줄을 아는 것도 그와 같느니라. 선남자여, 그러므로 《대반열반경》을 부지런히 익혀야 하나니, 선남자여, 이러한 부처 성품은 부처님만이 아는 것이요, 성문이나 연각으로는 미칠 수 없느니라."

부처님은 미혹한 중생들이 불성을 알 수 있는 방법은 오직 믿음밖에 없다고 하신다. 《열반경》의 가르침을 믿어서 자기 몸에 여래의 성품 즉 불성이 있다는 것을 알아야 한다는 것이다. 비상비비상천 같은 낮은 경계도 성문이나 연각은 알 수가 없고, 중생은 더욱 깜깜할 터인데 하물며 불성에 대해서 소승 성문만도 못한 중생들이 모르는 것은 너무도 확연하다는 것이다.

타종교의 예를 들면 서양 종교에 비해서 불교는 믿음에 대해서 덜 강조하는 편이다. 서양 종교가 처음부터 끝까지 믿음으로 신앙을 이끌려 하는 반면에 불교는 믿음뿐만 아니라 이해를 중요하게 여긴다. 신해행증(信解行證)이라는 수행의 네 가지 단계 가운데 먼저 신해 즉 믿고 이해한 다음에 행동으로 옮겨서 증득하는 과정을 제시하고 있다. 목적지와 그곳으로 가는 길을 알아야 몸을 움직여 목적지에 이를 수 있다는 것이다. 어떤 경우 특히 선불교에서는 끝없는 자기 반성과 자기 회의 내지는 의심을 권장하기까지 한다.

그러나 이해하는 것도 믿음이 없이는 불가능하다. 세상의 모든 개념은 가설이다. 하늘이라는 개념, 땅이라는 개념 이런 개념들이 사람의 머리에 들어올 때 이미 그 개념은 사물의 실상을 전부 담고 있지 않다. 땅이라는 말만 있고 땅이라는 실재가 없다는 것이 아니라 사람의 머리 속에 그려진 땅이라는 개념은 실제로 땅의 상태를 있는 그대로 모두 전해 주는 것이 아니라는 말이다. 사람은 땅의 개념을 이해할 때 자신과 관련된 것, 자신이 관심을 갖는 분야에 대해서만 집중적으로 생각하고 땅이 가지는 전체적인 것에 대해서는 알려고도 하지 않고, 알 필요도 없고, 알 수도 없다는 것이다.

　형태를 가진 물건에 대한 개념보다도 추상적인 것에 대한 개념에 이르면 가설적인 것은 더욱 두드러진다. 세상의 모든 개념은 상대적인 것인데 크다는 개념은 작다는 것을 전제하거나 가정해서 쓰여지는 것이고, 좋다는 개념은 나쁘다는 것을 가정해서 쓰여지는 것이다. 인간의 사고와 언어는 상대적인 것을 전제로 하고 있기 때문에 가설적이라는 것이다. 행복은 불행을 상대로 해서 가설된 것이고, 즐거움은 괴로움을 상대로 해서 가설된 것이다. 불행이라는 개념을 임시적이나마 믿지 않고는 행복을 이해할 수 없다. 괴로움이라는 개념을 믿지 않고는 즐거움을 이해할 수 없다. 세상의 모든 개념은 직접적이거나 간접적인 상대 개념을 의지해서 생겼기 때문에 사람이 무엇이든지 이해하려고 하면 먼저 상대 개념을 임시적으로나마 믿지 않으면 안 된다.

　불교에서는 믿음보다 이해를 우선으로 생각하지만 그러나 이해하기 위해서는 믿음이 있어야 한다. 그래서 《열반경》에서뿐만 아니라 《화엄경》이나 《법화경》에서도 믿음을 강조한다. 《화엄경》에서는 믿음을 도의 근원이요 모든 공덕의 어머니라고 설하고 있고, 《법화경》에서는 이신득입(以信得入) 즉 믿음에 의해서 《법화경》의 가르침에 들어갈 수 있다고 설한다. 상당한 경지에 오른 사람도 믿음에 의지해서 부처님의 말씀을 이해할 수밖에 없는데 하물며 미혹한 사람들이야 말할 것이 없다는 것이다. 《열반경》도 똑같은 취지로 믿음을 강조한다. 불성에 대해서는 아무리 강조해도 건성으로만 들리고 잘 이해도 가지 않기 때문에 우선은 믿음으로 달려들라는 것이다.

　사람이 어떤 것에 대해서 아는 데는 대개 세 가지의 길이 있다. 첫째는 직접 눈으로 보아서 아는 것이다. 하늘이나 땅은 눈으로 볼 수 있는 것이어서 쉽게 알 수 있을 것으로 생각된다. 그러나 여기에도 허점은 있다. 가령 물에 긴 막대기를 담갔을 경우 물에 담긴 부분의 막대기가 구부러져 보인다. 물에서 꺼내 보면 분명히 반듯한 막대기를 물에 담그면 틀림없이 구부러져 보이는 것이다. 이 경우에는 직접적인 육안보다는 이성적인 판단을 믿어야 하는 수밖에 없다.

둘째는 어떤 현상을 보고 미루어 짐작해 아는 것이다. 가령 산에서 연기가 높이 솟아오르면 산에 올라가서 직접 보지 않더라도 불이 있다는 것을 짐작할 수 있다. 강 하류에 물이 많이 불어나 있으면 상류에 비가 왔거나 물이 많이 내려올 만한 원인이 있었으리라는 것을 쉽게 짐작할 수 있다.

셋째는 남의 가르침을 듣고 믿어서 아는 것이다. 나이가 어린 사람은 경험이 없으므로 나이가 많고 경험이 있는 사람으로부터 배워서 세상 일에 눈뜰 수가 있다. 과학 상식이 없는 사람은 과학에 대해서 좀더 아는 사람이거나 전문 과학자로부터 배울 수가 있다. 종교에 대해서 모르는 사람은 전문가로부터 배울 수가 있다. 대단한 지식이 아니라고 하더라도 길을 모르는 사람은 길을 가르쳐 주는 사람의 말을 믿고 배울 수밖에 없다. 따라서 모르는 사람은 가르치는 사람에 대한 믿음이 있어야 한다. 《열반경》에서 믿음을 강조하는 것은 셋째의 이유에서이다. 불성이나 법신에 관한 것은 전문가인 부처님의 말씀을 듣고 믿어서 알라는 것이다. 모든 욕망을 소멸하고 열반의 경지에 이른 부처님의 말씀을 믿어서 모든 중생에게 부처가 될 성품 즉 완전하고 참답고 영원한 생명을 얻을 가능성에 대해서 배우라는 것이다.

어떤 이는 이런 질문을 할 수도 있다. 불교가 믿음을 강조하는 것을 보니 서양 종교의 신앙 방법과 크게 다를 바 없지 않느냐는 것이다. 표면적으로는 그렇다. 그러나 내용적으로 믿음의 종류는 완연히 다르다. 서양 종교의 신앙은 처음부터 끝까지 믿음만을 요구하고 있다. 믿음이 없이는 도저히 신앙 생활을 계속할 수 없다. 그러나 불교에서의 믿음은 임시적이고 방편적인 것이다. 이해하지 못하는 것을 이해하기 위해서 일단 가설을 믿고 다시 이해한 다음에는 한 단계 더 올라가서 이전에 믿었던 가설을 버리고 다시 새로운 가설을 믿기를 반복하면서 최고의 높은 단계로 올라간다. 믿음과 이해를 나선형을 돌듯이 순환하면서 경지를 높여 가는 것이다. 그러다 보니 중간에 회의와 의문이라는 걸림돌이 있게 된다. 굳은 믿음을 가지기 위해서는 끊임없이 의심을 품으면서 사물의 실상을 보려고 노력해야 하고 이해하기 위해서는 다시 믿어야 한다.

따라서 서양 종교의 믿음이 고정적인 것이라면 불교적인 믿음은 믿음과 의심과 이해를 찰나도 쉬지 않고 반복해야 하는 순환적인 것이라고 할 수 있다. 서양 종교의 믿음은 악을 내버려 둔 채 완전한 선을 전제로 하지만 불교적인 믿음은 악과 선을 다같이 불성이나 법신 같은 것에 포함시켜 계속적인 선의 수행과 깨달음을 강조한다. 서양 종교의 믿음은 믿으면 끝난다는 식이지만 불교적인 믿음은 깨달음에 이르기 위해서 방편적으로 이용하는 과정적인 것이다.

한국의 불교신자들은 대부분 신심이 깊다. 그런데 그 신심에는 두 가지의 문제가 있다. 한 가지는 너무 나만을 위주로 하는 기복의 믿음을 가지고 있다는 것이고, 다른 한 가지는 그 믿음을 생활 속에서 실천하지 않는다는 것이다. 기복불교를 나쁘게 생각하는 것은 아니다. 기복은 모든 종교의 출발점이다. 그러나 그 기복이 이기적인 데만 머물러 있으면 안 된다. 처음에는 나와 내 집안 식구가 잘되게 해주십사고 기도하는 데서 시작하겠지만 점차로 이웃을 위한 기도도 추가되어야 한다. 마침내는 생사를 벗어나서 열반에 이르게 해주십사 하는 기도로 발전되어야 한다. 그리고 자신의 신앙을 생활 속에서 행동으로 보여야 한다. 그렇게 행동하는 사람에게는 부처님이 복을 줄 수밖에 없게끔 자기의 믿음 즉 부처님의 가르침을 실천해야 한다.

97. 불성과 중생성 (여래성품 8)

> 큰 나무가 있을 때, 그 나무의 나뭇잎이나 잔가지나 몸통이나 뿌리가 각기 별도의 자기가 있다고 생각하고 물위에 비친 달이 스스로 별도의 자기가 있다고 생각하는 것과 같다.

중생이 말하는 중생 성품과 부처님이 설하는 부처 성품에 대해서 생각해 보겠다.

가섭 보살이 문제를 제기한다. 성인이 아닌 범부 중생들은 자기들에게 '나'라고 하는 중생 성품이 있다고 말하는데 이러한 생각은 어떠냐는 것이다. 언뜻 생각하면 중생들이 각기 자기 성품이 있다고 여기는 것은 그럴듯하게 보인다. 세상에 있는 것은 한 가지도 똑같은 것이 없이 모두 다르다. 편리하게 유형이 같은 것으로 분류할 수는 있을지언정 엄격하게 차이점을 생각하면 한 가지도 같은 것이 없다. 사물이 모두 다르고 중생이 모두 다르다면 중생들에게도 제각기 독특한 성품이 있을 것이 아니냐는 생각이 들 수가 있다. 부처님에게는 부처 성품이 있을 것이고 중생들에게는 중생 성품이 있을 것이라는 말이다.

이 물음에 대해서 부처님은 비유로 대답하신다. 두 사람이 친구가 되었는데 한 사람은 왕자이고 다른 한 사람은 거지였다. 거지는 왕실에 드나들면서 왕자에게서 왕궁에 보배 칼이 있다는 말을 들었다. 그런데 어느 날 왕자가 그 칼을 가지고 다른 나라로 도망을 쳤고, 거지는 그 보배 칼을 생각하고 길거리에서 잠을 자다가 "칼, 칼"하고 잠꼬대를 했다. 관청 사람이 그 소리를 듣고 왕에게 데려가서 문초했다.

거지는 듣기만 했을 뿐 직접 보거나 가지지는 않았다고 대답했다. 왕이 다른 왕자들과 신하들에게 물었지만 대답이 모두 달랐다. 어떤 이는 양의 뿔 같다고 대답하고 다른 이는 깨끗하기가 우발라 꽃과 같다고 했다. 또 뱀 같다고 말하는 사람이 있는가 하면 빛이 붉어서 불더미 같다고 말하는 이도 있었다. 옛날의 비유이기 때문에 요즘의 우리들에게 이것이 본래 의도했던 기능을 제대로 발휘할지는 의문이지만 여하튼 이 비유를 들고 난 부처님은 다음과 같이 말씀하신다.

선남자여, 보살마하살도 그와 같아서 세상에 나서 '나'의 진실한 모양을 설명하고 곧 떠나간 것이 마치 왕자가 훌륭한 칼을 가지고 다른 나라로 도망한 것과 같고, 어리석은 범부들이 '모든 것에 나가 있다'고 말하는 것은 마치 빈천한 사람이 다른 집에서 자다가 '칼, 칼' 하고 잠꼬대하던 것과 같고, 성문·연각이 중생들에게 묻기를 나는 어떤 모양인가 하니, 어떤 이는 나의 모양이 엄지손가락 같다 하고 혹은 쌀 같다 하고 혹은 가래찌 씨 같다고 하며 어떤 이는 나의 모양이 마음속에 있는데 해처럼 찬란하다고 하니, 이와 같이 중생들이 나의 모양을 알지 못하는 것은 마치 신하들이 칼의 모양을 모르는 것과 같느니라.…… 범부들이 차례차례로 계속하여 가면서 잘못된 소견을 일으키므로 그런 소견을 끊어 버리기 위하여 여래가 일부러 '나'가 없다고 말하였으니 마치 왕이 신하들에게 말하기를 '나의 광에는 그런 칼이 없었다'고 하는 것과 같느니라.

여기서 부처님은 처음에 내가 없다고 말했다가 뒤에 내가 있다고 말하는 이유를 설명하신다. 부처님의 설법은 기본적으로 내가 없다는 데서부터 출발한다. 모든 욕망과 번뇌와 괴로움과 업이 모두 내가 있다는 착각에서 생기기 때문에 부처님은 무아와 공을 강조하신 것이다. 모든 것이 서로 의존해서 생긴다는 인연법이나 인연생멸이므로 모든 사물에 자성이 없다는 공사상도 무아 즉 나가 없다는 것을 뒷받침하는 교리들이다. 그러나 여기 《열반경》에서 부처님은 참으로 영원한 내가 있다고 말씀하신다. 내가 없다는 것을 이해시키기도 어려운 데 내가 있다는 것을 추가로 이해시키기는 더욱 어렵다. 사람들은 '나'라고 하면 모두 같다고 생각하지만 중생들이 생각하는 나와 부처님이 가르치고자 하는 영원한 나는 다르다. 부처님은 중생들이 생각하는 나는 잘못된 것이므로 부정하고 부처님이 전하고자 하는 영원한 법신의 나를 대신 들어 앉혀야 했다. 그래서 칼의 비유를 든 것이다.

중생들은 나가 아닌 것을 나라고 생각하고 있다. 큰 나무가 있을 때 그 나무의 나뭇잎이나 잔가지나 몸통이나 뿌리가 각기 별도의 자기가 있다고 생각하는 것과 같다. 물위에 비친 달이 별도의 달처럼 생각되는 것과 같고 방송국의 전파를 받아서 전하기만 하는 텔레비전이나 라디오의 수신기가 별도의 자기를 생각하는 것과 같다.

부처님 당시에는 보배 칼을 중요하게 여겼을 것이다. 요즘에야 물질이 풍부하고 제련 기술이 발달했기 때문에 칼과 총 같은 무기를 만드는 것이 어렵지 않지만 옛날에는 손으로 쇠를 뽑아 내고 손으로 두들겨서 칼을 만들어야 했기 때문에 한 개의 좋은 칼을 만드는 데는 많은 노력과 경비가 들어야 했을 것이다. 그래서 부처님은 보배 칼의 비유로 지워야 할 거짓 나와 받아들여야 할 참다운 나를 설명하고자 했다. 중생들이 나라고 생각하는 중생 성품은 보배 칼을 가지고 있지도 않고 보배 칼을 보지도 못한 사람들이 일반적인 칼의 모양만을 보고 보배 칼이 양의 뿔처럼 생겼다거나 엄지손가락과 같다고 상상하는 것과 같다고 한다. 상상으로 보배 칼을 말하다 보니까 처음에는 칼과 비슷한 것으로 묘사하다가 나중에는 칼이 해처럼 빛을 낸다고 하거나 모양이 일반 칼과 달리 쌀처럼 생겼다고 말하는 경우도 있다는 것이다. 중생들이 있지도 않은 자기를 상상하다가는 확실하게 있는 것으로 단정하는 것도 이와 같다는 것이다.

그렇다면 가섭 보살이 질문한 중생 성품이라는 것은 왜 생겼을까, 왜 중생들은 실제로 있지도 않은 내가 있는 것처럼 생각할까 하는 문제로 돌아가야 겠다. 중생들이 불성을 가졌다면 처음부터 부처의 길만을 생각하면 문제가 없을 터인데 불성의 길로 가지 않고 중생의 길을 가는 것이 문제이다. 그러나 이 물음으로 들어가면 우리는 그르치게 된다. 불교는 세상을 순환적으로 설명하기 때문에 시초에 대해서 묻는 것은 무의미하다. 닭이 먼저냐 달걀이 먼저냐고 묻는 것은 무의미하다. 불교는 무시무종(無始無終) 즉 시작도 없고 끝도 없이 서로 의지하고 서로 영향을 미쳐서 세상이 진행되는 것으로 생각한다. 여기에서 중생들이 왜 나라고 하는 것을 처음 가지게 되었느냐고 물으면 부처님께서는 만 동자에게 보였던 침묵을 보일 수밖에 없다. 우리는 왜 처음에 중생들이 중생 성품이 있다고 생각하기 시작했느냐고 묻지 말고, 지금 나라고 생각하는 것을 어떻게 하면 빨리 지우고 그 자리에 불성이나 여래의 법신을 들어앉힐 수 있느냐고 물어야 한다.

거지가 보배 칼에 대해서 듣기만 하고 자기 나름대로의 칼을 상상하는 것을 보고 왜 거지는 처음부터 칼을 가진 왕자가 되지 않고 거지가 되었느냐고 묻는다면 가섭 보살이 제기하는 문제의 초점과 어긋난다. 현실적으로 우리 앞에는 왕자처럼 생각하는 사람도 있고 거지처럼 생각하는 사람도 있다. 부처 성품을 받아들이는 사람이 있는가 하면 중생 성품을 영원한 것으로 주장하는 사람도 있다는 말이다.

실제로 불자들은 의식적으로 중생으로서의 나에게 영원한 성품이 있다고 생각하지는 않는다. 그러나 나로 태어난 이 몸을 무가치하고 무의미하다고 생각하지도 않는다. 부처님 말씀은 우리가 각기 가진 이 몸을 의미 있고 가치 있는 것으로 여기려는 태도가 잘못되었다는 것이 아니라 나라고 하는 주인을 들어앉히는 게 틀렸다는 것이다. 우리가 나라고 생각하는 것은 참다운 내가 아니라 과거의 업과 미혹이 만든 환상일 뿐인데 그 환상을 나라고 하는 것이 문제라는 것이다. 진정한 나는 개인적인 몸과 개별적인 마음을 중심으로 일어나는 것이 아니라 그 개인적인 나를 지우고 우주적인 나를 받아들이는 데서 얻을 수 있다고 한다. 개인적인 나는 거지가 꿈에 '칼, 칼' 하고 외우는 것과 같고 우주적인 나는 왕자가 실제로 가진 보배의 칼과 같다는 것이다.

《열반경》이 법신상주와 실유불성 즉 부처님의 법신도 이 세계에 항상 머물고 모든 중생에게 불성이 있다고 말씀하시지만 이 말씀을 한 마디로 줄이면 개인적인 나를 지우고 우주적인 나를 받아들이라는 것이다. 나를 지우는 일이 어렵기는 하지만 나를 지우고 보면 세상이 바로 보이고 즐겁게 보이고 깨끗하게 보인다는 것이다. 이것이 바로 열반이고 열반에 있는 상락아정의 네 가지 덕이다.

수주 전에 한 병원에서 있었던 생체 간 이식 수술에 대한 보도를 중생 성품을 지우고 부처 성품을 실천한 한 예로 생각을 해보자. 태어난 지 9개월 된 딸의 간이 나빠서 죽게 되었다. 37세인 딸의 아버지는 자신의 간 가운데 4분의 1을 딸에게 이식하기로 했다. 과거에도 간 이식 수술이 있기는 했지만 주로 뇌사 상태에 있는 사람의 간을 이용했었다. 그러나 이번에는 살아 있는 사람 그리고 아직 젊은 사람의 간을 4분의 1이나 떼어 내서 딸에게 옮기는 수술을 했다.

수술을 담당한 의사의 말로는 간을 일부 떼어 내더라도 건강한 사람에게는 없어진 부분이 짧은 기간 내에 보충된다고 한다. 그러나 보통 사람이 멀쩡한 자신의 간을 떼어 주는 수술을 하겠다고 결심하기는 쉽지 않을 것이다. 사람들은 자식이기 때문에 부모라면 누구라도 그렇게 할 것이라고 생각할지도 모른다. 그러나 지금까지 많은 어린이들이 병으로 죽었지만 모든 부모들이 자신의 내장 일부를 떼어 주지는 않았다. 이번에 자신의 간을 떼어 준 아버지는 참으로 위대한 모범을 우리에게 보였다. 이제부터는 부모나 자식이 자신의 일부를 떼어 내 사랑하는 사람을 살리는 일이 보다 쉽게 되었다.

여 • 덟 • 째 • 마 • 당

무상의 옷을 입은 진리의 몸

───────────── ● ─────────────

"중생의 부처 성품은 그렇지 않아서 문자를 가자한
뒤에야 깨끗하여 지는 것이 아니니, 왜냐하면 성품이
본래 깨끗한 것이므로 비록 오음 · 육입 · 십팔계에
있더라도 오음 · 육입 · 십팔계와 같지 아니하리라."
(문자품)

"만일 근심과 슬픔이 없다면 어떻게 중생을 평등하게
보기를 라후라와 같이한다고 말하며, 만일 근심과
슬픔이 있다면 어떻게 성품이 공과 같다고 말하겠느냐.
선남자여, 마치 환술장이가 가지각색으로 궁전을
변화시켜 만들고 죽이고 기르고 얽매고 놓아 주며, 또
금 · 은 · 폐유리 · 보물과 숲과 나무들을 만들어도 모두
참된 성품이 없나니, 여래도 그와 같아서 세상을 따라서
근심과 슬픔을 나타내지마는 진실하지 아니하나니라."
(조유품)

"비유컨대 마치 사람들이 달이 뜨지 않음을 보고는 달이
없어졌다고 말하면서 없어졌다는 생각을 하지만 달의
성품은 참으로 없어진 것이 아니며, 다른 지방에 달이 뜰
때 그 지방 중생들이 달이 떴다고 하지만 달의 성품은
참으로 나는 일이 없음과 같으니, 왜냐하면 수미산에
가리워서 나타나지 못할지언정 달은 항상 있는 것이어서
났다 없어졌다 하는 것이 아니니라."
(월유품)

98. 법신불을 나타내는 문자의 상징성 (문자품 1)

> 근기가 낮은 사람에게는 외도의 표현이라고 하더라도 우선 허용해서 안정을 취하게 하고, 그 다음에 더 높은 단계로 이끌 수 있는 기회를 인내심을 가지고 기다려야 한다.

부처님이 말씀하는 반(半)자와 만(滿)자 즉 반쪽 글자와 완전한 글자는 무엇인지 그리고 그것들이 불교의 어떤 것을 상징하는지 먼저 문자에 관한 부처님과 가섭 보살의 대화를 들어 보자.

부처님이 또 가섭 보살에게 말씀하셨다.
"세계에 있는 가지각색 다른 언론과 주술과 말과 글자는 모두 부처님이 말씀한 것이요, 외도가 말한 것이 아니니라."
가섭 보살이 여쭈었다.
"세존이시여, 어떤 것이 여래께서 말씀하신 글자의 근본이오니까."
"선남자여, 처음에 반쪽 글자(半字)를 말하여 근본을 삼아 가지고 모든 언론과 주술과 문장과 오음의 실제법을 기록하게 하였으므로 범부들은 이 글자의 근본을 배운 뒤에야 바른 법인지 잘못된 법인지를 알 것이니라."
"세존이시여, 글자라는 것은 그 뜻이 어떠합니까."
"선남자여, 열네 가지 음을 글자의 뜻이라 이름하고, 글자의 뜻을 열반이라 하며, 항상한 것이므로 흘러 변하지 않느니라. 만일 흐르지 않는다면 그것은 다함이 없는 것이요, 다함이 없는 것은 곧 여래의 금강 같은 몸이니라. 이 열네 가지 음을 글자의 근본이라 하느니라."

부처님은 세상에 있는 모든 말과 글자와 주술을 자신이 말씀한 것이라고 하신다. 부처님 자신이 세상에 있는 말과 글자를 직접 만들었다고 해석하기보다는 부처님은 하근기로부터 시작해서 상근기의 사람들에게까지 가지가지 방편을 베풀어서 구제하기 때문에 모든 언어와 글자가 부처님의 가르침과 통한다고 풀이해야 할 것 같다. 부처님에게 있어 일체 중생은 모두 구제해야 할 대상이기 때문에 외도와 불도가 따로 없고 외도의 주술과 불도의 다라니가 따로 없다. 단지 정법에 얼마나 가깝고 얼마나 멀리 있느냐에 따라서 보다 진실법에 가깝다거나 방편법에 가깝다고 할 수 있다. 그래서 부처님은 외도가 쓰는 주술까지도 부처님이 말씀하신 것이라고 한다.

사람들에게 불법을 전할 때 어떤 근기의 사람은 불교적인 표현보다는 무속적인 표현을 더 쉽게 받아들이고, 어떤 근기의 사람은 동양적인 개념이나 용어보다는 서양적인 것을 더 편안하게 받아들인다. 불교에서 포교를 하는 목적은 세력을 확장하기 위해서가 아니라 사람들에게 우선 평화를 주고 참다운 삶의 길로 안내하는 데 있다. 그래서 근기가 낮은 사람에게는 외도의 표현이라고 하더라도 우선 허용해서 안정을 취하게 하고 그 다음에 더 높은 단계로 이끌 수 있는 기회를 인내심을 가지고 기다려야 한다. 부처님 가까이 있는 사람이나 멀리 있는 사람 또는 부처님을 향하고 있는 사람이나 등지고 있는 사람 모두가 넓게 보아서는 부처님이 구제해야 할 대상이기 때문이다.

가섭 보살은 다시 부처님이 말씀하신 글자 가운데 기본적인 것은 무엇이며 그 뜻이 어떠하냐고 여쭌다. 이에 대해서 부처님은 반자 즉 반쪽 글자가 기본이 된다고 한다. 반쪽 글자는 열네 가지인데 그 글자 안에 모든 기본적인 가르침을 다 담았다고 한다. 열네 가지 기본음이란 범어의 전체 모음 16음 가운데 ṃ와 ḥ 두 자를 뺀 것을 말한다. 열네 가지란 a, ā, i, ī, u, ū, e, ai, o, au의 열 가지 음과 r̥, r̥̄, l̥, l̥̄의 네 가지이다. 이 모음들이 자음들과 합해서 많은 글자들을 만들기 때문에 열네 가지의 모음을 기본적인 글자라고 한다.

그런데 《열반경》이 편찬될 당시 인도에서는 어린이들에게 공부를 시킬 때 먼저 기본적인 모음 글자를 가르치고 뒤에 자음 34자를 가르친 듯하다. 처음에 쉬운 것을 가르치고 뒤에 어려운 것을 가르친다는 취지였을 것이다. 어린이들에게 처음 가르친 기본 모음만으로는 완전한 글자를 이루지 못하기 때문에 열네 가지의 모음 글자를 반쪽 글자 즉 반자라고 한다. 그리고 34가지의 자음까지 합쳐진 글자를 완전한 글자 즉 만자라고 한다. 14가지 모음에 ṃ와 ḥ 두 자를 합하면 16자가 되고 여기에 34자를 합하면 총 50자가 된다. 50자를 전부 배워야 글자에 대해서 완전히 마스터하는 것이 된다. 범어 50자에 대해서는 《열반경》에서뿐만 아니라, 《문수문경(文殊問經)》《불본행집경(佛本行集經)》《방광대장엄경(方廣大莊嚴經)》《대일경(大日經)》《대품경(大品經)》《대지도론(大智度論)》 등에도 나온다.

부처님은 기본 모음인 반쪽 글자를 익히는 것과 자음인 완전한 글자까지 익히는 것을 소승과 대승을 상징하는 것으로 사용한다. 어린이들이 반쪽 글자만 공부하는 것은 소승의 성문이 방편적인 얕은 교리만 공부하는 것과 같고, 어른들이 완전한 글자를 이루는 자음까지 공부하는 것은 대승 보살이 궁극의 진리를 배우는 것과 같다고 한다. 또 반쪽 글자는 번뇌를 생기게 하는 것을 상징하고 완전한 글자는 선과 지혜를 생기게 하는 글자를 상징하기도 한다. 반자 즉 반쪽 글자만 배우는 것은 모자란 것이고 만자 즉 완전한 글자까지 다 익히는 것을 인격이 완성되는 것으로 여기는 것이다.

현대인들의 생각에는 기껏해야 글자 몇 자를 익히는 것을 가지고 어린이와 어른을 구별한다거나 소승과 대승을 구별하는 것이 이상스럽게 생각될지 모르지만 《열반경》이 편집될 당시에는 반쪽 글자만을 공부하는 것과 완전한 글자를 공부하는 것은 국민학교를 졸업하는 것과 대학교를 졸업하는 것과 같은 차이가 있었으리라고 짐작된다. 《열반경》의 많은 곳에서 부처님은 이 반쪽 글자와 완전한 글자를 대소승을 구별하는 상징으로 쓰고 있다. 또 대승 내에서도 《열반경》에서 가르치는 바와 같이 부처님의 법신이 상주하고 모든 중생에게 불성이 있다는 것을 가르치는 불경은 완전한 글자의 가르침에 속하고 그렇지 않은 것은 반쪽 글자의 가르침에 속한다고 한다.

중국에서는 반쪽 글자와 완전한 글자를 교상판석(敎相判釋)에 이용해서 반자교(半字敎)와 만자교(滿字敎)라는 말을 쓰기도 한다. 부처님의 가르침을 설해진 시기, 설한 내용, 설한 방법 등에 따라서 구별하는 것이 교상판석인데 낮은 수준의 가르침을 반자교라 하고, 높은 수준의 가르침을 만자교라고 하는 것이다. 중국에서 담무참(曇無讖)·혜원(慧遠)·지의(智顗)·규기(窺基) 등이 반자교와 만자교를 이용해서 소승의 가르침과 대승의 가르침을 구별했다. 중국에서 반자교와 만자교를 구별하는 근거로 삼은 불경은 물론 우리가 공부하는 《열반경》이다.

한글은 처음에는 자음과 모음을 합해서 28자로 이루어졌었지만 현재는 사용되지 않는 글자가 있어서 기본 모음 10자와 자음 14자로 되어 있다. 자음은 닿소리이다. 어떤 자음이 발음될 때마다 목구멍으로부터 나오는 기운이 음성기관의 어느 부분에 부딪히기도 하고 또 음성기관의 어느 부분은 막히고 다른 부분은 트이기도 한다. 닿소리가 음성기관과 어떻게 부딪쳐서 나는가를 알아보기는 어렵지 않다. 그런데 모음 즉 홀소리는 입 안에서 아무런 막음이 없다. 각기 다른 홀소리가 나기 위해서는 혀의 위치와 모양이 달라야 하는데 현대에는 X선으로 입안의 혀 모양을 촬영하는 것이 가능하지만 예전에는 그렇지 못했다. 그래서 한글을 만드는 사람들은 홀소리 즉 모음을 만드는 원리를 철학적인 데서 찾았다고 한다. 먼저 천지인(天地人) 즉 하늘과 땅과 그리고 그 사이에 있는 사람을 상징해서 기본 글자를 만들고 여기에 음양의 의미를 붙여서 전체의 모음을 만들었다는 것이다. 요즘에는 한글에 음의 길이만 있고 높낮이는 없지만, 옛날에는 평성(平聲)·

거성(去聲)·상성(上聲)의 세 가지 음의 높이를 표시했다고 한다.

한글의 모음에 하늘·땅·사람 그리고 음양의 원리가 상징적으로 담겨 있듯이 부처님은 범어의 각 음에도 상징적인 의미를 붙였다. 각 글자에 어떻게 상징적인 의미를 붙였는지 짧은 아와 긴 아의 일부분을 읽어 보자.

> 짧은 '아(a, 阿)'는 파괴하지 못함이요, 파괴하지 못할 것은 삼보니 마치 금강과 같느니라. 또 '아'는 흐르지 않음이요, 흐르지 않는 것은 여래니, 여래의 아홉 구멍에는 흐를 것이 없으므로 흐르지 않으며, 또 아홉 구멍이 없으므로 흐르지 않나니, 흐르지 않는 것은 항상하고 항상함은 곧 여래니, 여래는 짓는 것이 없으므로 흐르지 않느니라. 또 '아'는 공덕이라 하나니, 공덕은 곧 삼보이므로 '아'라 하느니라.
> 다음에 긴 '아(a, 阿)'는 이름이 '아사리'니 아사리란 뜻은 무엇인가. 세간에서 성인이라 함이라. 어째서 성인이라 하는가. 성인은 집착이 없음이니, 욕심이 없어 만족할 줄을 알므로 청정이라고도 하느니라. 3유(有)에서 흐르는 나고 죽는 바다에서 중생들을 제도하므로 성인이라 하느니라.……

여기서 부처님은 짧은 아(a)에 파괴되지 않는 것, 삼보, 번뇌가 흐르지 않는 것, 항상한 것, 여래, 공덕 등의 상징적인 의미를 붙인다. 또 긴 아(ā)에는 아사리·성인·무집착·만족·청정 등의 상징적인 의미를 붙인다. 짧은 아로 시작되는 단어를 아누삼사(anuśaṃsa) 즉 공덕(功德)으로 잡고, 공덕과 관련되는 여러 가지 의미를 짧은 아에 붙이는 것이다. 또 긴 아로 시작되는 단어를 아차랴(ācārya) 즉 아사리(阿闍梨)로 잡고 이와 관련되는 여러 가지 의미를 붙이는 것이다. 우리가 어린이들에게 글자를 가르칠 때 글자뿐만 아니라 그 글자가 쓰이는 단어를 가르치고 또 어떤 단어를 가르칠 때는 그 단어가 쓰이는 문장을 가르치는 것과 같다. 국어나 외국어를 막론하고 단어를 외울 때 단어가 쓰이는 문장을 같이 공부하지 않으면 단어는 아무런 쓸모가 없게 된다. 물론 부처님은 《열반경》에서 각 글자마다 그것이 쓰여지는 단어를 들 때 반드시 수행에 필요한 말들을 쓰고 있다. 짧은 아자 하나를 배울 경우에도 금강석처럼 부서지지 않는 삼보의 공덕에 대해서 익히도록 하는 것이다.

99. 열반경은 무상을 항상으로 바꿔 (조유품 1)

> 열반경에서 일관되게 가르치고자 하는 것 즉 모든 중생이 부처님의 한 법신 속에 있다는 것을 알게 되면 세상의 모든 미움과 어려움이 없어진다.

《열반경》의 가르침으로 세상을 바라보면 무상한 것이 항상하게 되고 괴로운 것은 즐겁게 되고 내가 아닌 것은 내가 된다. 부처님이 가섭 보살에게 새를 비유로 들어서 괴롭고 무상하고 내가 없는 것과 즐겁고 항상하고 내가 있는 것과의 관계를 설하신다. 가린제 새와 원앙새는 단짝이어서 서로 떨어지지 않는데 이는 마치 무상·무아·고통이 항상함과 나와 즐거움과 떨어지지 않는 것과 같다고 한다. 무상의 이면에는 항상함이 있고, 무아의 이면에는 진정한 내가 있으며 괴로움의 이면에는 즐거움이 있다는 것이다.

부처님은 과거와는 다른 새로운 방법으로 무상을 항상으로 전환시키려고 한다. 그전에 부처님은 보통 소승 성문과 대승 성문을 구별해서 소승 성문은 어린아이와 같으므로 반쪽 글자만 가르치고 대승 보살은 어른과 같으므로 완전한 글자를 가르친다고 했다. 반쪽 글자의 가르침은 세상이 무상하고 무아고 괴롭다는 것이고, 완전한 글자의 가르침은 열반의 세계가 항상하고 내가 있고 즐겁다는 것이다. 수준이 낮은 소승에게는 무상을 가르쳤지만 그것은 방편적인 것이고 대승에게는 항상함을 가르치는데 그것이 진정한 가르침이라는 것이다. 그러나 여기 〈조유품(鳥喩品)〉에서 부처님은 무상함과 항상함이 붙어 있고 내가 없는 것과 내가 있는 것이 붙어 있고 괴로운 것과 즐거운 것이 붙어 있다고 한다. 그 이유를 설명하는 데 곡식이 자랄 때와 결실을 맺을 때가 차이가 있다는 점을 이용한다. 씨앗에서 싹이 움트고 잎과 꽃을 이룰 때까지는 무상하지만 그것에서 열매가 맺히고 먹을 수 있는 곡식이 생기면 항상하다는 것이다. 곡식이 자라는 과정에서는 무상하고 완전히 자란 다음에는 항상하다는 비유는 언뜻 생각하면 이상하게 들린다. 곡식이 무상하다면 씨앗에서 자라나서 열매를 맺는 과정 전체가 무상하다고 보아야 하고, 항상하다면 전 과정을 항상하다고 보아야 할 터인데 자라는 부분은 무상하고 결실된 부분은 항상하다는 것이 쉽게 수긍되지 않는다. 그러나 이 점은 부처님의 말씀을 더 들어 보면 이해가 간다. 부처님은 나름대로 생각이 있어서 그렇게 말씀하시기 때문이다. 다음의 말씀을 들어 보자.

그러하니라, 선남자여. 비록 모든 경전의 선정을 닦더라도 《대반열반경》을 듣지 못하면 온갖 것이 모두 무상하다고 말할 것이며 이 경을 듣기만 하면 비록 번뇌가 있더라도 번뇌가 없는 것 같아서 모든 세간 사람과 천상 사람을 이익케 하느니라. 왜냐하면 자기의 몸에 부처 성품이 있는 줄을 분명히 알므로 항상하다 하느니라. 또 선남자여, 마치 암마라 나무가 꽃이 처음 필 적에는 무상하지만 열매가 익어서 이익이 많으면 항상하다고 하는 것과 같느니라. 이와 같이 선남자여, 비록 모든 경전의 선정을 닦더라도 이 《대반열반경》을 듣지 못하였으면 모든 것이 무상하다고 하거니와 이 경을 들으면 비록 번뇌가 있더라도 번뇌가 없는 것과 같아서 곧 모든 세간 사람과 천상 사람을 이익케 하나니 왜냐하면 자기의 몸에 부처 성품이 있는 줄을 알므로 항상하다 하느니라.

이 예문에서도 부처님은 암마라 나무가 꽃이 필 적에는 무상하지만 열매가 익어서 이익이 많으면 항상하다고 하신다. 처음에는 무상하게 보이던 것이 그 실상을 알고 자세히 보면 실제로는 항상한 것이라는 말씀이다. 부분적으로 보았을 때 무상한 것이고, 전체적으로 보면 항상한 것이라는 말과 같다. 부처님이 곡식이나 나무의 예를 들고 이런 말씀을 하시는 이유는 《열반경》의 가르침으로 세상을 보면 무상함이 항상함과 다름없다는 것을 설명하기 위해서이다. 개인의 몸이 아닌 진리의 몸을 알기 전에는 모든 것이 무상하고 법신을 받아들이면 번뇌가 있더라도 그것이 바로 지혜가 된다는 것이다. 마치 어떤 두 사람이 개인적인 감정에 얽혀서 서로 미워하는 마음을 낼 때 두 사람이 예전에 같은 학교를 졸업한 동기동창이라는 것을 알게 되면 지금까지의 미움이 즉시 미안함과 웃음으로 변하는 것과 같다.

우리는 이런 보도를 본 적이 있다. 한 형사가 소매치기를 검거했는데, 소매치기는 자기의 죄를 실토하려고 하지 않았다. 한참 조서를 꾸미다 보니 형사와 소매치기는 고등학교 동기동창이었다. 그때부터 형사는 소매치기를 정중하게 대했고 소매치기는 순순히 자기의 죄과를 불었다고 한다. 《열반경》에서 말하는 모든 중생이 부처님의 한 법신 속에 있다는 것을 알게 되면 세상의 모든 미움과 어려움이 없어진다는 이야기는 바로 이를 두고 한 말이다.

한 독신주의 여자에게서 그녀의 과거 이야기를 들은 적이 있다. 대학에 입학한 갓 스무 살 무렵에 그녀는 심한 절망감에 빠졌다고 한다. 그녀가 생각하기에 산다는 것은 결국 즐기는 것인데 그 즐긴다고 하는 것이 그녀를 몹시 역겹게 했다. 즐기는 것으로 삶의 전부를 삼는 세상이 허무하게 느껴지기까지 했다. 그녀가 이러한 생각을 깊이 할수록 내가 진정으로 이 세계에 존재해야 하는 이유는 무엇인가, 존재의 정당성은 무엇인가라는 물음과 함께 삶에 대한 회의가 연속적으로 일어났다. 문학도였던 그녀는 자신이 품은 인생에 대한 이러한 물음들을 여러 문학 서적을 탐독하며 풀어 보려 했지만 문학 서적에서는 해답을 찾을 수가 없었다. 철학 서적도 읽어 보았지만 그 또한 마찬가지였다. 급기야는 지식이 너무나 쓸모없이 여겨지고 육신조차 무력감에 빠졌다. 삶에 대한 의욕을 잃고 학업을 포기한 상태로 무단 결석도 하고 시험도 치르지 않게 되었다. 그녀는 자신이 굳이 이 세상에 살아야 할 이유를 찾을 수가 없었다.

　삶의 허무로 자신을 가누지 못할 때 서점의 불교 코너를 지나다가 우연히 불경을 접하게 되었다. 불경을 한두 권 읽다 보니 경전에 나온 말들이 자신에게 맺힌 삶의 멍울들을 조금씩 풀어 주는 것 같았다. 부처님 법에 대한 여러 가지 입문 서적들을 읽을수록 마음에 사무치는 그 무엇인가가 느껴졌다. 그때부터 그녀에게 세상은 아무것도 아니었으며 자신 또한 너무나 보잘것없는 존재처럼 생각되었다. 불경을 접하기 이전에도 그녀에게는 절망감이 있었지만 새로이 느끼는 아무것도 아니라는 생각은 그전 것과 내용이 달랐다. 참으로 자신이 아무것도 아니라는 생각을 하니 예전에 느껴 보지 못했던 묘한 희열이 가슴에 가득 찼다. 이상하게도 가슴은 텅 빈 듯한데 말할 수 없는 충만감이 그녀를 휩싸고 있었다.

　그때부터 그녀는 자신이 한때 그렇게 멸시했던 책 앞에 다시 서게 되었고 점차 불경을 읽으면서 그전에 그녀가 지녔던 세계에 대한 이해가 전부가 아니라는 것을 깨달았다. 따라서 학교 생활도 다시 정상적으로 시작하게 되었다. 삶의 짙은 허무 때문에 학업뿐만 아니라 삶까지도 포기하려 했던 그녀는 10년이 지난 지금도 한 문학도로서 문학 수업을 하고 있다.

　그녀는 과거에 존재의 정당성 혹은 존재의 이유 앞에서 절망하였고 삶을 포기하려고까지 했지만 이것은 그녀가 한편으로는 삶에 대해서 지나친 기대를 걸었고 다른 한편으로는 삶을 너무 가볍게 생각한 데 있다. 가섭 보살은 왜 중생 세간의 법에는 무상함과 괴로움이 항상 따라다니느냐고 물었다. 부처님은 중생들이 작은 나의 눈으로 세상을 잘못 보기 때문이라고 한다. 개인적인 나를 지워서 큰 나를 얻으려고 하지 않고 변화하는 과정의 물질에 의지해서 보기 때문에 세상이 무상하다는 것이다. 육체의 형상으로 된 세계를 크게 보지 말고 형상을 넘어선 세계의 삶을 보아야 한다는 것이다.

저 독신주의 여인은 형상의 세계에만 눈길을 줌으로써 육체에 집착하게 되었고 집착으로부터 불가피하게 일어나는 허무감에 빠졌다. 지금 그 허무감의 굴레로부터 얼마나 벗어나 있는지는 알 수 없다. 단지 그녀가 불경을 접하면서 전에 가졌던 세계에 대한 이해가 전부가 아니라고 깨달은 것은 열반 즉 자기 소멸을 통해서 얻는 법신의 길로 한 걸음 나아갔음을 의미한다.

《열반경》의 가르침을 따라서 부처님의 법신이 항상함을 보게 되면 그 자리에서 모든 번뇌는 지혜가 되고 모든 윤회는 해탈이 된다. 모든 망설임과 모든 방황은 흔들림이 없는 금강의 마음이 된다. 왜냐하면 번뇌와 지혜의 갈림길 즉 사물의 실상을 바로 보느냐 그렇지 않느냐의 갈림길은 텅 빔과 꽉 참의 원칙을 가지고 보느냐 않느냐에 있기 때문이다. 공(空)과 구(具)가 일치하는 원칙으로 보면 모든 것은 텅 비어 있으면서 동시에 꽉 차 있고, 반대로 업을 따르는 눈으로 보면 세상을 겉모습으로만 항상하다고 보거나 없어진다고 보게 된다.

저 여인이 체험한 텅 빈 충만이라는 것도 사물의 실상을 여실하게 본 경지에 이르렀다고 할 수는 없다. 그녀가 생각하는 대단한 깨달음이라고 하는 것이 깊은 불도의 입장에서 보면 도의 문턱에도 이르지 못한 초라한 것이 된다. 그러나 《열반경》의 눈으로 보면 무상이 항상이 된다는 것과 같이 그녀는 불경을 통해서 무상함에 침잠해 있던 삶의 포기로부터 목숨을 다시 건지게 되었다.

한 마음을 돌리면 저 시기 질투의 마음과 제 잘난 체하는 마음과 죽자 살자 높이 오르고 보자 하는 마음 또는 세상이 끄는 대로 끌려가는 이 마음이 그대로 희생하는 마음도 되고 양보하는 마음도 되고 참되게 살고자 하는 마음도 된다. 열반을 통해서 얻는 법신의 눈이 아니면 세상을 바로 보고 바로 살 수가 없는 것이다.

100. 해탈한 부처님에게 근심이 있는 이유 (조유품 2)

> 부처가 된다는 것은 고통과 근심이 있는 중생 세계로부터 멀어지는 것이다. 그러나 중생의 고통을 남겨둔 채 혼자서만 즐거워할 수 없는 부처님은 근심이 있는 중생의 세계로……

모든 욕망과 번뇌를 여읜 부처님에게 왜 근심과 슬픔이 있는지에 대해 가섭 보살이 이렇게 문제를 제기한다.

> 세존이시여, 여래께서는 근심하고 슬퍼하는 독화살을 이미 여의었나이다. 근심하고 슬퍼함을 하늘이라 하지만 여래는 하늘이 아니며, 근심하고 슬퍼함을 사람이라 하지만 여래는 사람이 아니며, 근심하고 슬퍼함을 25유(有)라 하지만 여래는 25유가 아니어서, 여래는 근심이나 슬퍼함이 없삽거늘 어찌하여 여래께서 근심과 슬픔이 있다고 하옵나이까.

근심하고 슬퍼하는 사람은 미혹의 독화살, 번뇌의 독화살, 업의 독화살을 맞았기 때문이다. 어리석을 때 욕심이 생기고 욕심이 생길 때 집착이 생긴다. 그리고 집착으로부터 갖가지의 번뇌와 괴로움이 생기고 괴로움으로부터 근심과 슬픔이 생긴다. 중생들에게는 욕망이 있고 괴로움이 있기 때문에 걱정할 것이 있고 슬퍼할 것이 있다. 그러나 부처님은 중생에게 있는 일체의 미혹과 욕망과 번뇌로부터 해탈한 어른이다. 그런데 가섭 보살이 관찰한 바로는 부처님에게도 수심과 슬픔이 있는 것 같다. 그렇다면 부처님은 해탈한 어른이 아니거나 근심과 슬픔이 없거나 둘 중에 하나여야 한다. 가섭 보살은 바로 이 점을 지적해서 질문을 한다. 이 물음에 대한 부처님의 대답 가운데 중요한 부분만 읽어 보자.

선남자여, 허공에는 집이나 티끌이 머물러 있을 수 없지만 만일 집이 허공에 머무르지 않는다 하면 옳지 않느니라. 이런 이치로 집이 허공에 머물렀다 허공에 머무르지 않았다 할 수 없나니. 범부들은 집이 허공에 머물렀다 하지만 허공은 실로 머물 데가 없느니라. 왜냐하면 성품이 머물 수 없는 연고니라. 선남자여, 마음도 그와 같아서 오음·육입·십팔계에 머물렀다거나 머무르지 않았다고 말할 수 없느니라. 무상천의 수명도 그러하고 여래의 근심·슬픔도 그러하니, 만일 근심·슬픔이 없다면 어떻게 중생을 평등하게 보기를 라후라와 같이한다고 말하며, 만일 근심·슬픔이 있다면 어떻게 성품이 공과 같다고 말하겠느냐. 선남자여, 마치 환술장이가 가지각색으로 궁전을 변화시켜 만들고 죽이고 기르고 얽매고 놓아 주며, 또 금·은·폐유리·보물과 숲과 나무들을 만들어도 모두 참된 성품이 없나니, 여래도 그와 같아서 세상을 따라서 근심·슬픔을 나타내지만 진실하지 아니하니라.

부처님은 두 가지의 의미심장한 말씀을 하신다. 하나는 허공에 집을 지을 수 없지만 만약 허공이 없다면 집을 지을 수 없다는 것이다. 다른 하나는 만일 부처님에게 근심과 슬픔이 없다면 어떻게 중생을 평등하게 보기를 라후라같이 한다고 할 수 있으며, 만약 해탈한 부처님에게 슬픔이 있다면 어떻게 성품이 텅 비었다고 할 수 있느냐는 것이다.

우리가 불도를 닦고 부처가 되고자 하는 것은 이고득락(離苦得樂)하기 위해서이다. 고통을 여의고 즐거움을 얻는다는 것이다. 그런데 완전히 이고득락을 하고 완전히 부처가 되려면 이 세상에 고통이 남아 있어서는 안 된다. 나의 고통이 없어진다고 해도 그것이 완전히 고통을 여의는 것도 아니며 완전한 부처가 되는 것도 아니다. 그래서 중생은 부처가 되기 위해서 애쓰고 부처님은 중생을 구제하기 위해서 애쓴다. 중생의 입장에서 보면 부처님은 혼자만 즐거움을 얻고 중생에 대해서 걱정하지 않아도 되리라고 생각할 수 있지만 부처님의 입장에서 보면 모든 중생을 구하지 않으면 한 중생도 참으로 완전한 즐거움을 얻을 수가 없다. 그래서 부처님은 대자비심을 가지고 중생을 구제해야 한다.

 허공에 집을 지으려면 허공이 없어도 안 되고 허공에만 의지해서도 안 된다는 말씀은 바로 이를 두고 한 것이다. 부처를 이루고 즐거움을 얻고자 하는 것은 허공이라는 중생의 세계로부터 벗어나려는 것과 같다. 그러나 참으로 완전한 부처는 한 중생도 남아 있지 않아야만 가능하다. 중생의 고통이 남아 있는 한 완전한 즐거움을 누릴 수가 없다. 그래서 부처님은 허공을 떠나려고 하면서도 허공이라는 터를 이용해서 집을 짓게 된다. 중생 세계를 여의려고 하면서도 중생에게 사랑하는 마음을 내는 것도 마찬가지이다. 부처가 된다는 것은 고통과 근심이 있는 중생 세계로부터 멀어지는 것이다. 그러나 중생의 고통을 남겨둔 채 혼자서만 즐거워할 수 없는 부처님은 근심이 있는 중생의 세계로 걸어 나와야 한다. 중생과 같이 괴로워하고 중생과 같이 슬퍼해야 한다. 중생을 구제하기 위해서 짐짓 슬픈 모양을 짓는 것이다.

 여고생을 수년 동안 가르쳐 온 한 여자 과외 선생과 상담을 하게 되었는데, 그 과외 선생으로부터 감동적인 눈물 잔치 또는 슬픔 잔치에 관한 이야기를 들었다. 어느 날 과외 선생이 그 여고생을 가르치러 여고생의 집으로 갔다. 현관문에 들어서자 여느 때와 달리 아이도 어머니도 보이지 않고 누군가의 우는 소리만 들려 올 뿐이었다. 놀람 반 걱정 반으로 과외 선생이 여고생의 방에 들어섰을 때 방의 정경은 의외였다. 어머니는 침대 끝에 넋을 놓고 앉아 있었고 여고생은 책상 앞에 오기 있게 앉아 울고 있었다. 둘 다 어지간히 많이 울었는지 얼굴이 심하게 붉어져 있었다.
 어머니는 슬픔에 싸여서 과외 선생에게 자신의 심정을 털어 놓았다. 딸의 친구로부터 전화가 걸려왔는데 그 아이에게서는 전화 예절을 찾아볼 수가 없었다고 한다. 그래서 어머니는 딸의 친구를 약간 꾸짖었는데 어이없게도 그 아이는 무례하게 대들었다. 수화기를 놓은 어머니는 분한 마음에 단숨에 자신의 딸 방에 들어가 대뜸 손찌검을 했다. 저 같은 불량스런 친구로부터 전화가 걸려 오고 또 그러한 친구를 사귀고 있는 자신의 자식 또한 비슷한 수준의 학생이라고 생각한 것이다. 전후 사정을 알지도 못하고 엉겁결에 매를 맞은 딸은 우선 반발심이 생겼다. 그리고 자신의 어머니가 자신을 자기의 친구와 동일시하는 것에 화가 났다.
 어머니는 자식으로부터 어떤 반성을 기대했고 딸은 자신이 전화를 한 친구와 같은 유의 사람이 아니라고 주장했다. 양쪽 다 물러서지 않는 상황 아래서 어머니는 연거푸 매를 들었고 그럴수록 딸은 더욱 반발했다. 서로 분함에 지쳐 어머니와 딸이 한 방에 앉아서 고성으로 울어댔다.
 물론 그날은 과외 수업을 할 수가 없었다. 과외 선생과 학생은 집 밖 커피숍에서 조용히 삶에 관해 이런 저런 얘기를 나누게 되었다. 커피숍에서 나왔을 때 여고생은 공중전화 박스에서 전화를 했는데 얼마 후 도로변에 택시가 섰다. 여고생은 그리로 쏜살같이 달려갔다. 과외 선생은 택시에 타고 있는 다른 여고생들을 보는 순간 갑자기 가출이라는 불길한 생각이 들었다.
 과외 선생은 울면서 여고생을 붙잡았다. 여고생은 5년 동안 자신을 가르친 과외 선생의 눈물을 처음 보았다. 그리고 깊은 사랑을 확인했다. 과외 선생의 슬픔에 찬 사랑뿐만 아니라 자신을 때리고 자신 앞에서 울던 어머니의 애절한 사랑도 깊이 느끼게 되었다. 그날 어머니와 딸과 과외 선생이 울어댄 눈물의 잔치로 인해 여고생의 태도는 완전히 달라졌다. 육체적인 태도가 아니라 정신적인 인생의 가치관이 달라졌다. 이제는 공부하라는 어머니의 걱정을 듣기 싫은 잔소리로 생각하지 않게 되었다. 아예 어머니의 걱정을 들을 만한 행동을 하지도 않았다. 어머니도 딸을 조심스럽게 대하게 되었다. 어머니와 과외 선생이 보인 슬픔과 눈물이 한 사람의 마음을 완전히 바꾸어 놓은 것이다.

여기에서 부처님의 인격과 딸을 때리고 울어 버린 한 어머니의 인격을 직접적으로 비교하는 것은 무의미한 일이다. 그 어머니는 미혹 속에 허덕이는 새까만 중생이고 부처님은 높은 곳에서 중생들을 걱정스럽게 내려다보고 계시는 성인이기 때문이다. 그러나 부처님이 중생을 위해서 베푸는 근심이나 슬픔과 여학생의 어머니가 딸에게 보이는 울음 사이에는 차이점과 함께 공통점도 많이 있으리라고 생각된다.

먼저 공통점을 들어 보자. 첫째 부처님이 외아들 라후라를 간절하게 사랑하듯이 어머니는 딸을 간절하게 사랑한다. 부처님이 라후라와 같이 생각하는 중생들의 어리석음과 괴로움을 슬퍼하듯이 어머니는 철들지 않은 딸이 잘못될까 봐서 안절부절못한다. 부처님이 중생을 위해서 자기 몸을 버리고 열반에 들 수가 있듯이 어머니도 자식을 위해서라면 자기가 가진 모든 것을 다 버릴 수가 있다. 이외에도 부처님의 중생에 대한 걱정과 어머니의 자식에 대한 걱정 사이에는 공통점이 더 있겠지만 막상 비교하려고 해보니 사랑의 깊이와 폭이 너무 차이가 나고 또 사람을 살피는 지혜의 수준 격차가 너무 크기 때문에 공통점을 더 이상 열거하거나 차이점을 말해 보는 것이 쓸데없는 일이 될 것 같다.

그러나 이것만은 분명하다. 우리가 어머니의 사랑을 영원히 잊을 수 없는 것은 어머니의 슬픔에 찬 사랑 때문이다. 우리가 잘못을 저지를 때 우리를 혼내려고 하기보다는 울어 버리는 어머니, 아니 울지도 못하고 눈시울을 붉히며 슬픔을 속으로 삭이는 어머니이기 때문에 우리에게는 어머니에게 무엇인가를 보여 주고 싶다는 마음이 있다. 심리학자들에 의하면 어머니의 슬픔에 찬 사랑이 자식의 무의식 속에 깊이 각인되어서 일생 내내 영향을 준다고 한다. 그래서 중생을 사랑해야 하는 부처님은 가장 감동적인 효과를 가지는 근심과 슬픔을 지니신다. 그러나 이것도 중생의 짐작이다. 부처님이 근심과 슬픔을 지니신 보다 구체적인 깊은 경지는 부처님이 아니면 알 수가 없다.

101. 왜 방일하지 않는 열반이 좋은가(조유품 3)

> 지금 이 자리에서 부처의 행을 하느냐 마느냐에 따라 부처가 나타나기도 하고 숨기도 한다. 생사의 흐름에 몸을 맡기면 지옥이고 헤엄을 쳐서 나오면 부처이다.

왜 방일하지 않고 부지런히 수행 정진하는 열반이 즐거운가. 보통 사람들은 열반이나 해탈을 마음을 완전히 비우고 얽매인 것을 완전히 버리는 것으로 생각하고 있다. 그런데 나쁜 쪽으로 집착하던 것만 놓아 버리는 것이 아니라 좋은 쪽으로 더욱 노력해야 할 것까지 포기해 버리는 것으로 오해하는 일이 생길 수가 있다. 가령 입산 출가하면 속가의 모든 것을 버리게 되는데 불문에 들어가면 아무런 노력을 하지 않기 때문에 편안하게 될 것이라고 생각하는 사람들이 생길 수 있다는 것이다. 열반이라는 말 자체가 욕망의 불을 끄는 것이기 때문에 한번 욕망을 지우면 다시 그 욕망이 살아나지 않을 것이라고 생각할 수도 있다. 바로 이 문제가 오늘 우리가 생각해야 할 주제이다. 열반의 법신 상태에서는 한번 욕망을 지우면 영원히 그것이 죽어 버려서 다시 욕망에 대해서 걱정하지 않아도 되는지, 아니면 욕망은 찰나 찰나 일어나고 사라지는 상태에 있기 때문에 그것에 대해서 항상 관심을 가져야 하는지가 문제라는 말이다. 부처님의 말씀을 들어 보자.

> 삼가하고 놀지 말라.
> 이런 것이 감로니라.
> 방일하고 안 삼가면

이를 일러 죽음이라 하느니라.

방일하지 않는 이는
안 죽을 데 얻게 되고
방일하게 노는 이는
죽을 길만 가게 되리라.

 방일함은 하염 있는 법이요, 하염 있는 법은 제일 괴로운 것이며, 방일하지 아니함은 열반이니 열반은 감로라 하여 가장 큰 즐거움이니라. 모든 행을 따라감은 죽는 것이니 가장 큰 괴로움을 받고 열반에 나아가면 죽지 않는 것이니 가장 훌륭한 낙을 받느니라. 만일 방일하지 아니하면 비록 모든 행을 모으더라도 이것은 항상하고 즐겁고 죽지 않고 파괴되지 않는 몸이라 하느니라. 어떤 것이 방일이요 어떤 것이 방일하지 않음인가. 성인 아닌 범부는 방일이라 하나니 항상 죽는 법이요, 세상에서 뛰어난 성인은 방일하지 않으므로 늙고 죽음이 없느니라. 왜냐하면 제일 가는 항상하고 즐거운 열반에 드는 까닭이니, 이런 이치로 다른 법이 괴로움이요 다른 법이 즐거움이며, 다른 법이 '나'이고 다른 법이 '내'가 없음이라 하였느니라.

 부처님은 수행하지 않고 게으름을 피우면서 노는 사람은 죽음의 길을 가는 것이고 부지런히 정진해서 지혜의 궁전에 오르는 사람은 열반을 누릴 수 있다고 하신다. 성인의 길은 부지런히 수행하는 것이고 범부의 길은 나태에 빠져서 자신을 낭비하는 것이라는 말씀이다.
 우리는 앞에서 제기한 문제를 또 만나게 된다. 열반이라는 것은 번뇌를 소멸시키는 것이기 때문에 중생이 방일하지 않고 계속 수행해야만 열반에 이른다는 말은 쉽게 이해할 수 있지만, 성인도 마찬가지로 방일하지 않아야 한다는 이유는 어디 있느냐는 것이다. 이 문제는 다시 번뇌와 지혜가 어떤 상태로 있느냐 하는 문제로 옮겨 간다. 만약 번뇌와 지혜가 섞여 있는 가운데, 번뇌를 소멸하고 지혜만 남게 된다면 한번 소멸한 번뇌는 다시는 나타나지 않을 것이다. 그러나 번뇌라는 것이 소멸되는 것이 아니라 바로 봄으로써 지혜로 만들어야 한다면 우리는 끊임없이 번뇌의 세계를 바로 보는 수행을 해야 하겠다.

이에 대한 답은 《열반경》에 이미 분명하게 나와 있다. 법신·반야·해탈의 삼덕을 말하고 있기 때문이다. 이 삼덕은 해탈의 경계에 있는 특징인데 윤회의 경계에 있는 특징은 혹업고(惑業苦)의 삼도가 된다. 미혹과 악업과 고통이다. 삼덕은 바로 삼도를 뒤집은 것이며 삼덕 가운데 법신은 고통을 바로 본 것이다. 고통을 소멸시키고 법신자리를 새롭게 얻는 것이 아니라 고통을 있는 그대로 바로 보면 그 고통의 실상이 법신이라는 말이다.

고통의 실상을 바로 보는 일이 해탈수행이고 그 수행으로부터 얻어지는 것이 반야지혜이다. 수행해서 지혜를 얻을 때 세상이 바로 보이고 세상을 바로 보면 고통의 세계가 그대로 법신의 세계로 보인다는 것이다. 고통은 본래 있던 것이 아니라 중생이 잘못 본 것이다. 법신자리는 본래 있던 것이라고 할 수도 있고, 반대로 고통과 법신은 하나인데 중생이 어떻게 보느냐에 따라서 법신도 되고 고통도 된다고 할 수도 있다. 이 관계를 그대로 번뇌와 지혜로 옮긴다면 번뇌와 지혜가 따로 있는 것이 아니라 번뇌는 지혜를 잘못 본 것이고 지혜는 번뇌를 바로 본 것이 된다. 번뇌를 바로 바라보면 바로 수행이 된다. 그렇다면 열반은 끊임없이 사물의 실상을 바로 보는 수행이 된다. 한번 수행해서 지혜를 얻는다고 해서 다시는 번뇌가 일어나지 않는 것이 아니라 항상 그 자리에 있는 번뇌를 바로 보는 것이 지혜가 되고 열반이 된다는 말이다. 열반을 얻었다고 해서 수행을 중단하고 게으름을 피우면 안 된다는 것이다.

불교의 기본인 공사상의 원칙으로 보아도 열반과 법신자리는 계속 닦아야 한다. 만약 한번 번뇌를 지우고 법신을 얻을 때 그 법신자리가 계속 유지된다고 보면 그러한 고정적인 법신은 실체적인 것이다. 항상 변한다는 공사상의 원칙에 위배된다. 아무리 좋은 칼도 계속 갈아야 하고 아무리 좋은 기계도 계속 기름을 쳐야 한다. 아무리 훌륭한 운동선수도 계속 연습해야 한다. 수행하는 것이 이 같은 비유들과 꼭 같은 것은 아니지만 계속 수행해야만 깨달음의 상태에 있을 수 있다. 잠깐이라도 한눈을 팔고 마음을 빼앗기면 아무리 도가 높은 이도 잘못될 수 있다. 그래서 성인의 길은 수행정진의 길이고, 범부의 길은 나태의 길이라고 하는 것이다.

인간의 마음에는 지옥도 있고 천상도 있고 부처도 있다. 불교에서는 수행의 단계를 10가지로 나누고 있다. 바로 지옥·아귀·축생·아수라 등의 십계(十界)이다. 우리가 어떤 마음을 먹기만 하면 이 열 가지 마음 상태의 하나에 속하게 된다. 그런데 지옥의 마음을 먹었다고 하더라도 그 마음 속에는 부처의 마음도 같이 들어 있고 부처의 마음을 먹었다 하더라도 그 속에는 지옥의 마음도 들어 있다. 부처님은 누구인가. 같은 자리에 있는 지옥의 마음은 쉬게 하고, 부처의 마음만 활동하게 하는 분이다. 반대로 일천제는 같이 있는 부처의 마음은 쉬게 하고 지옥의 마음만 활동하게 한다. 그래서 부처와 일천제가 별도의 터에 있는 것이 아니라 부처의 마음이 움직이면 부처가 움직이는 것이 되고 지옥의 마음이 움직이면 일천제가 움직이는 것이 된다. 부처의 종자를 가지고 있느냐 일천제의 종자를 가지고 있느냐가 문제가 아니라 지금 이 자리에서 부처의 행을 끊임없이 닦느냐 그렇지 않느냐에 따라 부처가 나타나기도 하고 숨기도 하는 것이다. 생사의 흐름에 몸을 맡기면 지옥이고 헤엄을 쳐서 나오면 부처가 되는 것이다.

부처와 지옥이 한통속에 있다면 생사와 해탈, 번뇌와 지혜, 고통과 법신 모두 한통속에 있는 것이 된다. 아니 한 몸체이다. 아무리 수행을 많이 했던 사람도 만약 닦지 않고 게으름을 피우게 되면 번뇌를 만나게 되고 아무리 번뇌가 많은 사람도 수행을 오래 계속하면 지혜를 만나게 된다. 그렇다면 우리가 처음에 물었던 질문에 대한 답은 뻔하다. 번뇌는 소멸되는 것이 아니라 바로 보여지는 것이 아니기 때문에 번뇌가 이루는 존재의 실상을 여실히 보도록 끊임없이 정진해야 한다는 것이다.

출가한 절집에서만 부지런한 노력이 필요한 것이 아니다. 세상에 사는 사람도 부지런히 노력해야 한다. 사람이 어떤 일을 할 수 있느냐 못 하느냐는 부지런하게 일을 하느냐 아니면 게으름을 피우고 나태하냐에 달려 있다. 참으로 근면하다면 세상에서 이루지 못할 것이 하나도 없고 게으른 사람은 지금 무슨 일이 잘되고 있더라도 반드시 무너지고 말 것이다.

또 힘들게 일하는 데는 즐거움이 있다. 고통을 법신으로 본다는 말은 힘들게 일하는 고통을 받아들여야 법신을 볼 수 있다는 뜻으로 풀이할 수도 있다. 우리는 가끔 산을 오른다. 세상의 일에 지치고 때로는 일상의 삶에서 벗어나고 싶을 때 차가운 겨울산을 오르는 맛은 참으로 별다르다. 찬 바람을 가르며 정상을 향해 올라가노라면 오르막길마다 힘이 들고 등줄기로 땀이 흐른다. 산에 오를 때 힘을 쓰는 것이 괴로움으로 느껴질 수도 있고 무덤덤하거나 기분 좋게 느껴질 수도 있다. 아무래도 좋다. 힘든 과정을 거쳐서 산꼭대기에 올라서서 아래를 내려다보면 올라올 때 느꼈던 고통들이 삶의 전부인 듯하고 또 그 한 순간의 고통들이 아무 것도 아닌 듯이 여겨진다. 고통과 즐거움은 다르지 않다고 느껴지는 것이다. 근면한 자세로 적극적으로 받아들이면 힘든 고통이 즐거움이 될 수가 있고 나태한 자세로 힘든 일을 피하면 즐거움도 고통이 될 수가 있다.

어떤 중요한 과제가 있을 때 바깥 세상을 잊고 그 일에 몰두한다고 치자. 학교에 다니는 학생은 논문을 쓰거나 시험 공부에 몰두할 수가 있고, 소설가는 한 작품을 완성하는 데 몰두할 수가 있다. 화가나 음악가도 자기가 목표로 한 작품을 끝내기 위해서 자기 일에 깊이 빠질 수가 있다. 그런데 세상의 모든 것 특히 노는 것을 잊고 자기 일에 몰두한 후에 일을 마치고 어느 화창한 날 창 밖을 바라보면 갑자기 세상이 환하게 보이는 수가 있다. 과거에는 아주 무덤덤하던 세상이 갑자기 달라져 보이고 순간적으로 가슴이 벅차 오르는 수가 있다. 그 동안 항상 그 자리에 있었지만 보지 못하고 지나쳤던 햇살이 새롭게 보인다. 이러한 경험은 어떤 일에 집중한 나머지 자기 자신도 놓아 버리는 무아의 경지에 이를 때 맛볼 수 있다. 수행 정진에는 기쁨이 따른다는 것이다.

102. 같은 달도 때와 장소에 따라 달리 보여 (월유품 1)

> 그림자에 의지하지 말고 그 그림자를 내는 것을 바로 보아야 한다. 법신이라는 뿌리로 돌아갈 때 진정한 목숨과 진정한 삶이 있다는 말씀이다.

부처님은 항상 그대로 있지만 중생들의 소견에 따라서 부처님이 보이기도 하고 숨기도 한다. 이 법신자리의 항상함을 설명하는데 〈월유품(月喩品)〉의 취지를 따라 달이 구름에 의해서 보이기도 하고 숨기도 한다는 비유를 이용하도록 하겠다. 먼저 부처님의 말씀을 들어 보자.

비유하건대 마치 사람들이 달이 뜨지 않음을 보고는 달이 없어졌다고 말하면서 없어졌다는 생각을 하지만 달의 성품은 참으로 없어진 것이 아니며, 다른 지방에 달이 뜰 때 그 지방 중생들이 달이 떴다고 하지만 달의 성품은 참으로 나는 일이 없음과 같으니라. 왜냐하면 수미산이 가리워서 나타나지 못할지언정 달은 항상 있는 것이어서 났다 없어졌다 하는 것이 아니니라.

여래·응공·정변지도 그와 같아서 여래가 삼천대천세계에 나타나 혹 남섬부주에서 부모를 가지게 되면 중생들은 말하기를 남섬부주에서 나셨다 하고 혹 남섬부주에서 일부러 열반을 나타내면 여래의 성품은 진실로 열반이 없지만 중생들은 모두 여래가 참으로 열반에 들었다 함이 비유하자면 달이 없어졌다고 하는 것과 같느니라. 선남자여, 여래의 성품은 나고 없어짐이 없건만 중생을 교화하기 위하여 났다 없어졌다

하는 듯이 보이느니라.

　부처님은 여래의 법신이 항상 이 세계에 머무르는 것을 달에 빗대어서 설명하신다. 사람들은 달이 뜰 때는 달이 있다고 말하고 달이 뜨지 않을 때는 없다고 말한다. 또 달이 초생달의 모양을 지으면 달이 새롭게 생겨서 크기 시작한다고 생각하고 그믐달의 모양을 지으면 달이 목숨이 다해서 죽어 없어진다고 생각한다. 동쪽에 달이 보일 때는 서쪽에서는 달이 보이지 않을 수가 있고, 반대로 서쪽에 달이 있을 때는 동쪽에서는 달이 보이지 않을 수가 있다. 그러나 하늘에 있는 본래의 달은 그 자신이 초생달이 되거나 보름달이 되지는 않는다. 새로 생기거나 늙어서 없어지지도 않는다. 달은 항상 그대로이다. 사람들이 초생달·보름달·그믐달 등으로 분별해서 볼 뿐이다. 마찬가지로 여래의 법신도 항상하지만 사람들이 태어남이 있고 늙고 죽음이 있는 것으로 잘못 생각한다는 것이다.
　부처님은 달이 살아나서 죽는 것을 부처님 자신의 구체적인 성장시기와 견주기도 한다. 부처님이 처음 태어나는 것은 초하루의 달과 같은데 이때에 사람들은 아기가 처음 생겼다고 말한다. 싯달타 태자가 일곱 걸음을 걷는 것은 초이틀의 달과 같고 글방에서 글을 배우는 것은 초사흘의 달과 같다. 출가하는 것은 여드레의 달과 같고 부처님이 되어서 중생을 교화하다가 열반에 드는 것은 월식과 같다. 달이 없어진다고 해서 달이 죽은 것이 아니듯이 부처님이 열반에 드셨다고 해서 실제로 죽은 것이 아니라는 것이다.
　부처님은 이 달의 비유를 이용해서 《열반경》의 일관된 가르침인 법신상주(法身常住)를 말하려고 하셨지만 필자는 이 달의 비유를 들으면서 중생으로서의 인간이 사물의 실상을 여실히 보는 데는 한계가 있다는 것을 생각하게 된다. 여기서는 하늘의 달이 구름에 가리거나 지역의 이동에 따라서 보이고 보이지 않음을 말하고 있지만, 달 앞에 구름 한 점 없다고 하더라도 미혹의 중생은 하늘의 달을 있는 그대로 볼 수가 없다.

중생 인식의 한계를 더듬는 데 하늘의 달부터 시작하지 말고 물위에 비친 달을 보는 눈으로부터 시작해야 하겠다. 물위에 달이 떠 있을 경우 눈이 달을 보지만 눈이 촬영한 사진을 인간의 뇌가 있는 그대로 받아들이는 것은 아니다. 눈의 위치나 상태에 따라서 본 대로만 인식하는 것이다. 그런데 물위의 달은 물론 하늘의 달이 아니다. 그림자일 뿐이다. 그러면 하늘의 달빛은 참으로 자기로부터 나오는 것인가. 아니다. 하늘의 달은 태양의 광선을 반사할 뿐이다. 불경에서는 옛날 인도의 세계관에 의해서 수미산이 가리느냐 마느냐에 따라서 달이 온전하게 나타나기도 하고 초생달이나 그믐달이 된다고 생각하기도 하지만 실제로는 태양과 지구와 달의 위치가 어디에 있느냐에 따라서 반사체의 모양이 달라져 보일 뿐이다. 그렇다면 태양은 자기로부터 빛을 발하고 있는가. 현재의 과학은 태양이 스스로 타고 있다고 설명한다. 그러나 저 태양이 불기운을 내는 에너지를 어디서 받는 지는 아직 밝혀 내지 못하고 있다. 태양이 계속 타려면 어떤 형태로든지 연료가 공급되어야 할 터인데 현재의 과학은 자체 연소로만 설명하고 있을 뿐이다. 태양에서 불타는 연료는 우주의 어떤 기운이 반사된 것이라고 생각할 수도 있다. 달이 태양의 빛을 받듯이 태양도 다른 곳으로부터 빛을 내는 기운을 받는다는 말이다.

그렇다면 우리가 머리 속에 받아들인 달은 여러 단계의 반사체가 된다. 우주 기운이 태양에 반사되고 태양은 빛을 달에 반사한다. 달은 다시 물에 반사하고 물은 다시 눈에 반사한다. 시각으로부터 우리가 정보를 얻기는 하지만 그것마저도 완전한 것이 아니다. 우리의 마음이 담아 두고 싶은 면만을 받아들이기 때문이다. 달빛뿐만이 아니다. 세상의 모든 것이 마찬가지이다. 우리는 세상의 실상을 있는 그대로 볼 수가 없다.

한국문학사에는 훌륭한 작품을 남긴 작가들이 많이 있다. 우리가 익히 잘 알고 있는 김동인의 '배따라기', 한용운의 '님의 침묵', 김소월의 '초혼' 그리고 이상의 '날개' 등은 아직까지도 꾸준히 애독되고 있다.

우리 나라는 일제로부터 해방된 후 얼마 지나지 않아서 6·25전쟁과 남북분단이라는 비극을 겪어야 했다. 이런 과정을 거치는 동안 납북되거나 월북된 문인이 생겨났고 남북이 갈라진 이후에는 남과 북이 각각의 이데올로기에 따라 어떤 문인은 문학사 속에 남겨 두기도 하고 또 다른 문인은 문학사로부터 그 자취를 지워 버리기도 했다. 남한의 문학사에서 일제시대에 좌익작가로 지목되었던 한설야나 임화 등의 이름은 거론되기 힘들었고, 북한의 문학사에서는 일제시대에 우익작가로 분류되었던 이상이나 이효석 등의 이름은 완전히 삭제되었다고 한다.

있었던 일을 진실하게 전하는 문학사라면 과거의 문인들을 이데올로기에 의해서 가르지 말고 사실대로 소개해야 한다. 한 시대의 작가와 작품은 시간을 초월해서 존재하기 때문이다. 그러나 이념에 얽매일 수밖에 없는 사람들은 확실히 알고 있는 역사마저도 있는 그대로 소개할 수가 없었다. 다행스럽게 남한에서는 1987년 10·29조치 이후 몇 차례의 월북문인들에 대한 해금조치가 있었다. 그로 인해 과거의 문학사 원형에 접근하는 작업을 가능케 했지만 그러나 어찌 이것이 전부이겠는가. 과거에 뒤틀린 것이 있었다면 지금도 뒤틀린 부분이 남아 있을 수 있다. 지금 그렇다면 미래에도 마찬가지일 것이다.

얼마 전에 한 유명 여가수가 책을 냈다. 그 여가수는 1979년 10·26 당시 궁정동 안가 '최후의 만찬' 자리에서 박정희 대통령의 시해현장을 직접 본 사람 가운데 한 사람으로 자기가 본 것을 사실대로 책에 적었다고 한다. 그런데 그 내용은 당시 그 사건을 조사한 기관의 발표와도 다르고 특히 그 자리에서 같은 역할을 하면서 같이 있었던 다른 여인의 증언과도 완전히 다르다. 같은 방에 있던 한 사람은 고 김재규씨가 어떤 말을 했다고 하고, 다른 사람은 그런 말을 한 적이 없다고 한다. 이것은 무엇을 뜻하는가. 사람들은 두 사람 가운데 한 명은 거짓말을 하고 있다고 생각할지 모르지만 필자의 생각은 다르다. 진실이 하나라고 하더라도 두 사람은 각기 다르게 볼 수 있다. 첫째 사람은 자기에게 관심이 있는 것만 보고 듣는 경향이 있고, 둘째 설사 두 사람이 똑같이 보고 들었다고 하더라도 자기 중심으로 해석하거나 재편성하는 경향이 있다. 재판장에서 증언하는 사람이 많이 있지만 그 증언들이 모두 진실한 것으로 채택되지는 않는다. 또 진실한 증언으로 채택된 것이라고 하더라도 그 모든 것들이 진실하다고 할 수는 없다.

사람은 달의 진실한 모습만 있는 그대로 볼 수 없는 것이 아니라 세상에서 일어나는 모든 일도 있는 그대로 볼 수가 없다. 비쳐진 대로만 보고 이해된 대로만 받아들이게 된다. 그래서 《열반경》의 부처님은 누누이 말씀하신다. 진실한 삶과 죽음의 모습 그리고 이 세상에 항상 하시는 여래 법신의 모습은 부처님만이 알 수 있고 소승 성문은 알 수 없다는 것이다. 성문이나 연각이 알 수 없다면 성문이나 연각의 경지에 이른 이들보다 까마득히 미혹한 우리들은 더욱 알 수가 없을 것이다.

그러나 이것만은 짐작할 수 있다. 겉모습 뒤에는 반드시 뿌리가 있다는 것이다. 호수의 달 뒤에는 하늘에 떠 있는 달이 있고 하늘에 떠 있는 달 뒤에는 태양이 있다. 그리고 태양 뒤에는 다른 우주의 기운이 있다. 《열반경》에서 말하는 법신은 우주의 기운과 비슷한 것이라고 할 수 있다. 다시 역사라든지 사물의 진실면에서 생각해 보자. 우리가 보고 듣는 모든 사건이나 물건의 겉모습은 전부가 아니다. 그 뒤에 사람이 있고 사람을 움직이는 역사의 힘이 있다. 그 힘 뒤에는 다시 우주적인 인연의 기운이 있다. 우리는 그 기운을 무어라고 이름붙일 수 없지만 《열반경》식으로 표현한다면 이것도 역시 법신이 된다. 달이 아무리 뜨고 지고, 가리고 보이지 않더라도 우주의 기운은 항상 그 자리에 있고 사람의 역사가 아무리 바뀌더라도 그 뒤에 있는 우주적인 힘은 항상 그 자리에 있다. 부처님은 달이나 사람들의 겉모습을 보지 말고 저 우주적인 힘을 보라고 하신다. 그림자에 의지하지 말고 그 그림자를 내는 것을 바로 보라는 것이다. 법신이라는 뿌리로 돌아갈 때 진정한 목숨과 진정한 삶이 있다는 말씀이다.

103. 벙어리는 여래를 벙어리로 보아 (월유품 2)

> 우리는 시간이나 공간이나 사람의 변덕에 관계없이 흔들리지 않는 것을 원한다. 그렇다면 흔들리는 나뭇가지를 잡고 좋아할 것이 아니라 흔들림이 없는 저 나무 몸통 즉 법신을……

사람들이 자기의 마음, 자기의 말, 자기의 모습으로 부처님을 보는 점에 대해 달의 비유를 가지고 생각해 보겠다. 사람이 몸과 이름을 가지게 되면 그는 추가해서 자기라는 것을 만든다. 그리고 자기 중심으로 말하고 생각하고 행동한다. 세상에 있는 모든 사물도 자기 중심으로 풀이한다. 봄·여름·가을·겨울이 오는 것은 재미있게 바라볼 수 있으면서도 자기 자신에게 늙음과 죽음이 오는 것은 부당하게 생각한다. 이웃집에 있는 사람에게 닥친 불행은 안쓰러워하면서도 편안하게 볼 수 있지만, 자기 자신에게 오는 불행은 억울하게 생각한다. 걸어갈 때는 차들을 귀찮게 생각하고 차를 타고 갈 때는 길 건너는 사람들을 귀찮게 생각한다. 내가 배고플 때는 모든 음식들이 맛있게 보이고 내가 배부를 때는 반대로 맛없게 보인다. 내가 좋아하는 색깔이나 음악에 대해서 다른 사람들이 좋아해 주기를 바라고 다른 사람이 좋아하는 것에 대해서 내가 따라가는 것은 잘못된 것처럼 생각된다. 부처님은 달의 비유를 가지고 인간이 가지고 있는 자기 중심의 마음을 설명하신다. 부처님의 말씀을 들어 보자.

선남자여, 마치 보름달이 모든 곳에 비칠 적에 간 데마다 도시나 시골에나 산에나 구렁에나 강물에나 우물에나 못에나 물그릇에나 모두 나타나면 모든 어리석은 중생은 백 유순이나 백천 유순 길을 갈 적에 달이 항상 따라오는 것을 보고는 허망한 억측을 내어 말하기를 내가 본래 아무 도시의 집에서 이 달을 보았는데 이제 이 못에서도 보겠으니 이것이 본래 보던 달인가, 그 달과 다른 달인가 하여 제각기 생각을 달리하며 달의 형상이 크고 작은 것도, 혹은 소죽고리와 같다 하고 혹은 수레바퀴와 같다 하고 혹은 사십구 유순과 같다 하며, 모든 사람이 달의 광명을 보지만 혹은 둥글기가 쟁반과 같다 하여 달은 본래 하나이건만 여러 중생들이 제각기 달리 보는 것과 같나니. 선남자여, 여래도 그러하여 세상에 나타나면 어떤 하늘 사람이나 세상 사람은 여래가 지금 내 앞에 있다고 생각하고, 어떤 축생들은 여래가 지금 자기의 앞에 있는 줄로 생각하며, 귀머거리나 벙어리는 여래를 볼 적에 귀머거리나 벙어리 같다고 하며, 여러 중생들의 말과 음성이 제각기 다르거든, 모두 생각하기를 여래가 자기네 말과 같은 말을 한다고 하며 또 각각 자기의 집에 와서 자기네의 공양을 받는다 하며 어떤 중생은 여래의 몸이 엄청나게 크다고 보기도 하고 대단히 작다고 보기도 한다.

하나의 달을 여럿이서 각기 제 마음대로 꾸며서 간직한다. 네 발로 기는 짐승은 달도 네 발로 기어 다닐 것이라고 생각하고, 날아다니는 새는 달도 날아다닐 것으로 생각한다. 귀머거리는 달도 귀가 먹었을 것이라고 생각하고, 벙어리는 달도 말을 못할 것이라고 생각한다. 동쪽 나라 어린이들은 달도 동쪽 나라 말을 쓰고 이해할 것이라고 생각하고, 서쪽 나라 어린이들은 달도 자기 말을 쓸 것이라고 생각한다. 마찬가지로 사람들은 부처님을 자기 마음대로 생각한다. 인도 사람들은 부처님이 인도 말을 쓸 것이라고 생각하고, 한국·중국·일본 사람들은 각기 자기 나라 말을 부처님이 이해할 것이라고 생각한다. 음식도 마찬가지이다. 인도 사람들은 자기네가 좋아하는 음식을 부처님도 좋아할 것이라고 생각하고, 한국·중국·일본 사람들도 각기 자기네 음식을 부처님이 좋아할 것이라고 생각한다. 부처님의 몸이 크다고 생각하는가 하면 아주 작다고 생각하기도 한다. 그래서 인도의 부처님·중국의 부처님·한국의 부처님이 각기 다르다.

밤에 논길을 천천히 걸어가는 어린이는 달도 자기를 따라 천천히 걷는다고 생각하고, 달리는 어린이는 달도 자기를 따라 달린다고 생각한다. 시골에서 인상적으로 달을 보았던 어린이는 도시에 와서 시골의 아름답던 달이 어디에 갔느냐고 묻는다. 마찬가지로 사람들은 부처님이 자기들을 따라온다고 생각하는가 하면 또 죽어서 없어진다고 생각하기도 한다. 그러나 하나의 저 달, 항상 그대로인 저 달과 같이 여래의 법신은 항상 그 자리에 그대로 있다. 부처님은 키가 줄어들거나 커져 본 적도 없고 귀머거리나 벙어리가 되어 본 적도 없다.

달은 흔히 한국적 정서를 상징한다. 그래서 그런지 우리 나라의 문학작품에는 달을 소재로 한 작품이 아주 많다. 박두진의 시로 '해'가 생각나고 나도향의 수필 '그믐달'이 생각난다. 그리고 이효석의 '메밀꽃 필 무렵'도 생각난다. 이 작품들은 다같이 달을 제재로 썼지만 각기 달에 대한 표상이 사뭇 다르다.

박두진의 유명한 시 '해'를 조금 읽어 보자.

　　해야 솟아라. 해야 솟아라. 말갛게 씻은 얼굴 고운 해야 솟아라. 산 넘어 산 넘어서 어둠을 살라 먹고, 산 넘어서 밤새도록 어둠을 살라 먹고, 이글이글 앳된 얼굴 고운 해야 솟아라.
　　달밤이 싫어, 달밤이 싫어, 눈물 같은 골짜기에 달밤이 싫어, 아무도 없는 뜰에 달밤이 나는 싫어……
　　해야, 고운 해야. 니가 오면 니가사 오면, 나는 나는 청산이 좋아라. 훨훨훨 깃을 치는 청산이 좋아라. 청산이 있으면 홀로라도 좋아라……

박두진 시인은 해와 달을 대조적인 상징물로 사용하고 있다. 해는 원초적인 무한 생명력이고 모든 것을 있게 하는 힘이 된다. 그러나 달은 비생명적이다. 처량함·비극·차가움을 상징하고 있다. 시인은 달을 아주 부정적인 이미지로 보고 있다.

나도향의 '그믐달'은 박두진의 시와 아주 딴판으로 달을 찬양한다. 몇 구절만 읽어 보자.

나는 그믐달을 몹시 사랑한다. 그믐달은 요염하여 감히 손을 댈 수도 없고, 말을 붙일 수도 없이 깜찍하게 예쁜 계집 같은 달인 동시에 가슴에 저리고 쓰리도록 가련한 달이다.…… 어떻든지 그믐달은 가장 정 있는 사람이 보는 중에, 또는 가장 한 있는 사람이 보아 주고, 또 가장 무정한 사람이 보는 동시에 가장 무서운 사람들이 많이 보아 준다. 내가 만일 여자로 태어날 수 있다 하면 그믐달 같은 여자로 태어나고 싶다.

나도향은 보름달도 아닌 그믐달을 사랑한다. 보름달은 너무 크고 너무 화려하다. 큰 달은 고독과 슬픔을 모를 것 같고 고독과 슬픔을 모르는 것은 인생에 대해서 잘 모를 것 같다. 외롭고 한스럽고 가냘프고 가련하게 생긴 그믐달, 이제는 마지막 숨을 거두려고 하는 희미하고 작은 달이 좋다는 것이다. 작가가 초생달과 같은 사람을 사랑하는 마음이 감각적으로 묘사되어 있다.

이효석의 아름다운 소설 '메밀꽃 필 무렵'에는 달이 또 다른 이미지로 묘사된다. 작가는 장돌뱅이인 허생원이 친구인 조선달과 메밀꽃 핀 달밤에 산길을 넘으면서 젊은 시절 달밤에 홀려 물레방앗간에서 성 서방네 처녀와 기연을 맺은 추억을 이야기하는 장면을 만든다. 여기서 달밤은 첫정을 맺은 여인을 생각나게 하는 상징물이 된다. 달빛이 꾸미는 분위기만으로도 사람이 가지고 있는 정의 뿌리를 흔들기에 충분하지만 여기에 첫정의 인연까지 연결시키고 보니까 그 분위기는 더욱 황홀해진다.

한국문학에서 중요한 위치를 차지하고 있는 세 작가가 그린 달을 살펴보았지만 똑같은 달에 대해서 각기 다른 의미를 붙인다. 한 작가는 빛의 반대인 어둠을 상징하게 하고, 다른 작가는 한스러운 슬픔을 상징케 한다. 또 다른 작가는 언제나 밤이면 떠올라서 첫정을 생각나게 하는 것으로 그린다.

부처님은 사람이나 축생들이 각기 자기 나름대로 달에 대해서 생각한다고 하지만 과학이 발달한 시대에 살고 있는 요즘 사람들, 또 도시에 살고 있는 사람들은 달에 대해서 옛날 사람들처럼 생각하지 않을 것이다. 부처님은 보통 사람들은 자기가 걸어가면 달도 같이 따라오는 것으로 생각한다고 말씀하시지만 요즘에 그렇게 생각하는 사람들은 많지 않을 것이다. 예전에는 깊은 밤에 산길을 걸으면서 달이 따라오며 길을 밝혀 줘서 고맙다고 생각한 적도 있고, 또 논길을 걸으면서 항상 곁에 따라오는 달에 대해서 신기하게 생각한 적도 있다. 그러나 요즘에는 그렇게 생각하지 않는다. 달에 대해 너무 잘 알다 보니 달에 대한 신비감이 무너진 것이다. 그러나 요즘의 도시 사람들이 아무리 달을 상대로 해서 특별한 의미를 붙이거나 나름대로 생각하지 않는다고 하더라도 우리가 짚은 세 작가는 분명하게 자기 나름대로 달을 보고 느끼고 또 그리고 있다. 어찌 세 작가만 각기 똑같은 달을 각기 다른 의미로 받아들이겠는가. 백 명이나 천 명의 작가, 동양에 사는 사람과 서양에 사는 사람들이 각기 미묘하게 다른 느낌으로 달을 받아들일 것이다.

부처님은 달의 비유로 법신이 사람들에게 각기 다르게 받아들여지는 것을 설명하고자 했지만 사람들은 달에 대해서만 각기 다른 느낌을 갖는 것이 아니다. 세상에 있는 모든 것에 대해서도 마찬가지일 것이다. 법신자리는 우주의 질서이고 몸체이다. 사람들이 어떻게 생각하는지에 관계없이 항상 그대로 있다. 우리는 영원한 생명을 얻고자 한다. 시간이나 공간이나 사람의 변덕에 관계없이 흔들리지 않는 것을 원한다. 그렇다면 흔들리는 나뭇가지를 잡으면서 재미있다고 깔깔 댈 것이 아니라 흔들림이 없는 저 나무 몸통 즉 법신을 잡아야 할 것이다. 법신으로 목숨을 삼아야 생사에서 벗어나 영원한 평화를 얻을 수 있다는 말씀이다.

104. 일천제가 법신을 해치지 못해 (월유품 3)

> 나라는 생각에 매달린 가을의 나뭇잎에게는 죽음이 있고 서글픔이 있겠지만 봄과 가을과 겨울을 한 몸으로 삼아 버리는 우주에게는 새롭게 죽어야 할 것이 아무것도 없다.

부처님이 일천제(一闡提)를 구제불능이라고 한 것은 실제로 그렇기 때문이 아니라 후세에 일천제 같은 사람이 생기지 않도록 경계하기 위해서 방편으로 그렇게 말했을 뿐이다. 불교에서 일천제는 성불할 수 없는 사람으로 되어 있다. 《열반경》에서도 여러 군데에서 일천제가 성불할 수 없다고 단정적으로 말하고 있다. 그러나 다른 곳에서는 일천제도 성불할 수 있다고 말하기도 한다. 같은 《열반경》 내에 일천제가 성불할 수 있다는 말과 성불하더라도 일천제만은 제외된다는 말이 같이 뒤섞여 있기 때문에 어느 쪽을 부처님의 뜻이라고 받아들여야 할지 난처해진다. 부처님은 일천제가 성불할 수 있다는 말과 성불할 수 없다는 말이 서로 배치되지 않도록 둘을 연결시켜 주는 말씀을 하고 있다. 부처님의 말씀을 들어 보자.

어떤 중생이 여래의 있는 곳에서 나쁜 마음을 내어 부처님 몸에 피를 내며 다섯 역죄를 짓거나, 일천제가 되는 것을 보임은 오는 세상의 중생들을 위해서 이와 같이 스님네를 깨뜨리며 법을 끊게 하여 난처한 일을 보이거니와 한량없는 백천 마군이라도 여래의 몸에 피를 낼 수가 없나니 왜냐하면 여래의 몸은 피나 살이나 힘줄이나 골수가 없으며 여래는 진실하여 괴롭거나 파괴함이 없으며 중생들은 모두 말하기를 교법과 스님네가 파괴되고 여래가 없어진다고 하거니와, 여래의 성품은 진실하여 변함이 없고 파괴됨도 없건만 세상을 따르느라고 이렇게 나타내는 것이니라.

……여래도 그와 같아서 중생들을 교화하기 위하여 계율을 제정하면서 마땅히 이렇게 지니고 범하지 말며 오역죄를 짓거나 정법을 비방하거나 일천제가 되지 말라 하는 것은 오는 세상에 이런 일을 저지를 사람을 위하여 규모를 보이는 것이며, 비구들로 하여금 부처님 열반한 뒤에 이것은 경전의 깊은 이치요, 이것은 계율의 경하고 중대한 것이요, 이것은 아비달마의 분별하는 글귀인 줄을 알게 한 것이니, 마치 의사의 아들과 같느니라.

부처님은 달의 월식에 비유해서 부처님의 법신을 다치게 할 수 없다고 하신다. 월식을 할 때 달 전체가 보이지 않는다고 하더라도 그때는 일시적으로 달이 완전히 가렸을 뿐이지 달이 없어진 것은 아니다. 달은 보이거나 보이지 않거나 항상 그대로 있다. 구름이나 다른 어떤 것이 달을 가렸다고 해서 달이 없어진 것이 아니다. 또 어떤 구름이 달에게 칼을 꽂는 그림자를 만들었다고 해서 달이 칼을 맞아 죽는 것은 아니다.

마찬가지로 일천제 같은 가장 극악무도한 사람이 부처님 몸에 피를 내는 나쁜 일을 저질렀다고 하더라도 일천제는 실로 부처님을 다치게 한 것이 아니다. 일천제가 실제로 부처님을 다치게 할 수 없는 이유를 부처님은 두 방면으로 설명하신다.

첫째는 구름이 달을 가렸다고 해서 구름에게 달을 가려야 겠다는 고의성이 없듯이 어리석은 사람이 부처님을 해쳤다고 하더라도 그것은 미혹이 문제이지 고의성이 있다고 할 수는 없다. 《열반경》이 처음부터 끝까지 강조하듯이 모든 중생에게는 불성이 있다. 모든 사람에게는 나쁜 일을 하기보다는 좋은 일을 하고자 하는 마음이 있다. 악한 마음과 선한 마음이 뒤섞여 있다고 하더라도 인간의 불성은 최후에 악이 이기게 하기보다는 선이 이기고 선으로 회향하게 하고 싶어한다.

인간은 악을 저지를 수 있다. 어떤 사람은 몸서리쳐지도록 무섭고 징그러운 악을 저지르기도 한다. 그러나 그것이 인간의 전부는 아니다. 인간이 저지르는 악은 본성의 문제가 아니라 어리석음의 문제이다. 어리석은 사람은 눈앞을 못 보는 장님과 같다. 장님이 부처님의 배를 밟아서 다치게 했다고 하더라도 그것은 고의가 아니라 실수이다. 인간의 모든 잘못도 고의가 아니다. 미혹이 중생의 눈을 멀게 해서 실수하게 만든 것이다. 그러므로 모든 중생은 한 명도 부처님을 다치게 할 수 없는 것이다.

둘째, 부처님의 몸은 형상이나 이름에 의지해서 있는 것이 아니기 때문에 미혹한 인간의 실수가 부처님을 다치게 할 수는 없다. 부처님과 일천제의 관계는 달과 먹구름의 관계와 같다. 아무리 먹구름이 달을 가리더라도 달에 영향을 미칠 수가 없다. 아무리 미혹에 빠진 중생들이 형상의 세계에서 부처님을 해치고자 해도 형상을 초월한 부처님에게 손이 미칠 수가 없다. 개인의 몸이 우주의 몸에 부딪쳐서 어떤 상처를 냈다고 하더라도 개인 몸의 입장에서 보았을 때는 상처라고 할 수 있지만 우주 몸의 입장에서 보면 단순한 모습의 변화라고 할 수 있다. 나라는 생각에 매달린 가을의 나뭇잎에게는 죽음이 있고 서글픔이 있겠지만, 봄과 가을과 겨울을 한 몸으로 삼아 버리는 우주에게는 새롭게 죽어야 할 것이 아무것도 없다. 단지 색깔의 변화만 있을 뿐이다. 그래서 일천제는 부처님의 몸을 다치게 할 수 없는 것이다.

인류의 역사에서 왕권이나 정권의 변화는 많은 사람을 망하게 만들기도 하고 또 흥하게 만들기도 했다. 어떤 집안이 권력을 가진 사람에 의해서 망하게 되었을 때 당한 사람들은 그 권력자를 원망할 것이다. 만약 권력자가 내 가족을 다치게 했다면 보복하고 싶은 마음도 생길 것이다.

과거 권력에 의해 망했던 사람이 있는데 갑자기 정권이 바뀌어서 권력자는 망하고 그 권력자에게 당했던 사람이 새롭게 권력을 잡았다. 새 권력자는 과거에 당했던 것을 설욕하고자 했다. 그런데 상대에게 당할 때는 복수하고 싶은 마음이 있었는데 권력을 잃어버린 상대가 새 권력 앞에서 초라하게 굽실거리는 모습을 보는 순간 복수하고 싶은 마음이 싹 가셔 버리더라는 것이다. 돈과 권력을 얻기 위해서라면 무슨 짓이든지 다하는 인간, 가졌을 때는 호령하고 잃었을 때는 납작 엎드리는 인간에 대해서 어떤 잘잘못을 따지는 것이 무의미하게 생각된 것이다. 근원적인 문제는 인간에게 있는 것이 아니라 인간이 가진 여러 가지 치사한 면에 있다는 것을 생각했다.

권력을 잡은 다음에 과거에 자기를 괄시했던 사람들을 너그럽게 봐 줄 수 있는 이 사람의 마음도 넓고 크다고 할 수 있지만, 이 사람의 마음보다도 무량억천만억 배가 더 큰 마음을 가진 부처님이 죄를 많이 지은 중생들을 볼 때 어떤 마음이 들겠는가. 부처님은 처음부터 중생의 잘못에 대해서 미워하는 마음을 내지 않을 것이다. 불쌍히 여기고 슬퍼하는 마음을 낼 것이다. 아무리 극악무도한 죄를 저지른 사람이 있다 하더라도 부처님은 그 사람을 영영 버리지 않을 것이다.

부처님은 일천제의 죄를 없애 주는 데 크게 신경을 쓰고 계신다. 과거에 부처님께서 오역죄를 범하지 말라고 하거나 일천제가 되지 말라고 한 것은 미래에 이런 일을 저지를 사람들을 예방하기 위해서라는 것이다. 큰 죄를 저질렀을 때 그것을 용서하는 일보다 앞서 해야 할 일이 있다. 죄를 짓지 않게 하는 것이다. 일천제의 죄를 용서하는 것도 자비이지만 죄를 짓지 않도록 경계하는 것도 자비이다. 그래서 부처님은 언뜻 듣기에 앞뒤가 어긋나는 말을 하게 된 것이다. 일천제를 예방하기 위해서는 일천제가 절대로 성불하지 못한다고 해야 했고, 또 모든 중생들에게 불성이 있고 모든 중생들이 다 성불할 수 있다는 것을 확실하게 하기 위해서는 일천제도 성불할 수 있다고 해야 했던 것이다.

　일천제 즉 극악무도한 사람은 경계할 일이기는 하지만 일천제의 악행은 다른 인간이 가진 문제점을 있는 그대로 나타내는 것이기도 하다. 18세기로 거슬러 올라가면 환상문학이라는 것이 있다. 환상문학은 질서정연한 삶에 의문을 제기하고 인간의 내면 세계를 추구하는 것이다. 인간이 품고 있는 사랑이라는 그릇에 담긴 악의 씨앗을 있는 그대로 찾아내서 그리려고 하다 보니까 다분히 비현실적인 면이 있게 된다. 환상문학의 대표자인 프랑스의 사드는 패륜적인 글을 쓰고 부도덕한 사디즘의 작가로 알려져 있다. 그는 자신의 작품에서 인간의 성적 욕망 같은 것을 아주 리얼하게 묘사하고 있다. 사드는 환상적인 성적 도착을 통해 당시 귀족 사회의 허구성을 폭로하려고 했다. 사드는 프로이트 이전에 있었던 욕망의 해방자로 알려져 있다. 사드는 사랑에 관한 상상의 금기 사항들을 풀어 놓고자 했다는 죄목으로 거의 온 생애를 바스티유·벵센·샤랑통 등의 감옥에 갇혀 보냈고 말년에는 정신병원에 입원하게 되었다고 한다.

　사드는 당대에 탕아로 버림받았지만 후대에는 그의 에로티시즘에 담긴 인간 내면의 진실상을 높이 평가하고 있다. 인간의 내면에 있는 사랑이라는 이름의 탈을 쓴 악들을 남김없이 드러내고자 했던 사드의 문학이 그가 죽고 난 뒤 오랜 세월이 지난 다음에야 가치를 인정받게 된 것이다.

　사드와 일천제 사이에는 인간의 내면에 있는 악을 드러냈다는 공통점이 있다. 사드는 환상적인 글을 통해서 인간이 가진 성적 도착증을 있는 그대로 글로 나타내고자 했고, 일천제는 인간이 가진 악을 행동으로 보이고자 한다. 한쪽은 글이고 다른 쪽은 행동이지만 양쪽 모두 인간 내면의 악을 있는 그대로 드러내고자 한다. 부처님은 인간의 마음속에 얼마나 극악무도한 면이 많은지를 잘 아신다. 부처님이 악보다는 선을 좋아하고 악을 짓지 못하도록 경계하고 악을 이미 지었으면 마지못해 그것을 용서해 주는 것은 사실이지만, 다른 한편으로는 일천제가 저지른 악을 인간의 내면을 짐작케 하는 견본으로 사용하고 계신 것이다.

105. 순간에 보이는 백천 만억 번의 열반(월유품 4)

> 열반경을 듣고 부처님의 법신을 받아들인다면 우리의 미혹은 해뜰 때의 안개처럼 없어진다. 우리의 티끌같이 작은 마음은 순식간에 저 우주를 삼키는 큰 마음이 된다.

부처님의 불가사의한 세계를 중생들은 그 억만분의 일도 짐작할 수가 없다. 중생의 좁은 소견으로는 부처님의 세계와 부처님의 자비를 함부로 재단할 수 없다. 부처님이 이 세상에 출현하시고 중생을 교화하시다가 열반의 상을 보이시는 것은, 모두 중생에 대한 자비를 펴신 것이다. 달이 나타났다 사라지더라도 달은 결코 없어지는 것이 아니다. 마찬가지로 여래도 나고 죽는 수명을 보이지만 여래 법신은 항상하다는 것이다. 오히려 부처님의 일은 달이 나타나고 사라지는 일보다 더 불가사의하다.

아마데우스라는 영화가 있다. 이 영화는 음악의 천재 모차르트의 생애를 다루는 동시에 동료 천재의 비범함에 절망하는 살리에르라는 사람의 고뇌와 시기가 담겨 있다. 살리에르는 당시 궁정음악의 책임자였다. 보통 사람들에 비하면 음악에 대해 비범하다고 할 수 있다. 또 그 위치에 오르기 위해서 남다른 노력도 했다. 그러나 살리에르의 그러한 자질과 노력도 모차르트라는 음악의 천재가 나타나는 순간 빛을 잃고 만다. 살리에르는 모차르트의 천재성을 시기하면서도 천재의 음악을 알아보는 눈을 가졌기에 절망한다. 차라리 천재의 음악을 알아보지 못할 만큼 둔재였다면 절망할 것도 없고 따라서 시기할 것도 없었을 것이다. 당시 음악계에서 살리에르의 위치는 모차르트가 감히 따르지 못할 만큼 안정과 성공을 이루고 있었다. 그러나 이 모든 현상적인 성공과 안정도 살리에르에게는 위안이 되지 못한다. 또 이 영화에서 나타나는 모차르트의 모습은 천재들이 가진 일반적인 약점 즉 광기를 지니고 있다. 지나치게 자신의 재능에 자신을 가진 나머지 다른 이에 대해서는 신경을 쓰지 않는다. 이기적이기도 하고 방탕하기도 하다. 이는 예의바르고 사교적인 살리에르와 대비되는 모습이다. 모차르트가 천재임에는 틀림없지만 과연 훌륭한 인간인가 아니면 살리에르가 훌륭한가 하는 문제는 음악적 성취와는 또 다른 문제인 것이다.

이 영화에서의 살리에르는 동료의 천재성을 시기하고 질투하기는 하지만 그것을 알아보는 눈이 있다. 천재성은 자신의 노력에 의해서 금생에 얻어질 수 없다는 것을 절감하고 있다. 그런데 우리 중생들은 어떠한가. 부처님의 천재성, 부처님 세계의 불가사의한 경지를 알아보지도 못한다. 우리 인간들이 부처님의 높은 경지를 저 살리에르처럼 시기하고 질투하는 것은 아니지만 인간 세계에 대한 자만이 있다. 형상과 이름에 의해서만 보고 듣고 생각하는 인간의 기준으로 부처님의 세계를 평가하려고 한다. 우주적인 몸을 개인적인 몸으로 생각하고 무한의 시간과 공간을 유한의 개념으로 단정하려고 한다. 인간의 미혹에 찬 이 같은 자만은 모차르트의 천재성을 알아보고 시기하는 저 살리에르만도 못한 것이다.

부처님은 인간의 생로병사를 모두 보이셨다. 부처님은 29세에 출가해서 6년 간 수행하신 후 35세에 성불하셨다. 부처님은 성도하신 후에 45년 간 인도의 척박한 땅을 맨발로 다니시며 중생을 교화하셨다. 결코 짧지 않은 세월이다. 탄생도 어머니 마야 부인이 친정으로 가는 도중에 길에서 이루어지고 열반 또한 길에서 이루어진다. 참으로 감동적이고 어려운 길이었다. 당시의 인도에서 80세면 대단히 장수한 것이라고 할 수 있다. 바로 몇백 년 전 영국의 평균 수명이 25세가 안 되었다는 점만 생각해 보아도 그렇다. 그렇지만 중생의 욕심에는 아쉽기만 하다. 사람몸 받기가 그토록 어려운데 게다가 한 세계에 한 분밖에 출현하지 않는다는 부처님을 만나기는 더더구나 어려운 일인데 부처님은 열반의 모습을 보이려 하신다. 중생들은 안타깝다. 그렇지만 부처님은 절망하지 말라고 말씀하신다. 중생들의 눈에는 여래가 한번 가서 다시 오지 않을 듯이 보이지만 부처님은 순간 순간에 백천 만억 번의 열반상을 보이시며 항상하신 분이라고 중생들을 위로한다. 그 부처님의 말씀을 직접 들어 보자.

선남자여, 인간 세상에서 달을 보면 여섯 달 만에 한번 월식하지만 위에 있는 하늘에서는 잠깐 동안에 여러 번 월식함을 보나니, 왜냐하면 하늘의 세월은 오래고, 인간의 세월은 짧은 연고니라. 선남자여, 여래도 그러하여 천상이나 인간들이 여래의 수명이 짧다고 하는 것은 천상에서 잠깐 동안에 여러 번 월식을 보는 것과 같느니라. 여래는 또 잠깐 동안에 백천 만억 번 열반함을 보이어 번뇌의 마군·오음의 마군·죽는 마군을 끊나니, 그러므로 백천 만억 하늘의 마군들은 모두 여래가 열반에 드는 줄로 알며 또 한량없는 백천 가지 지나간 업의 인연을 나타내나니, 세간의 가지가지 성품을 따르는 연고니라. 이렇게 한량이 없고 갓이 없는 헤아릴 수 없는 일을 나타내므로 여래는 항상 머물러서 변하지 않느니라. 여래의 성품은 길고 짧음이 없으면서도 세상을 위하여서 이렇게 나타내나니, 이것이 부처님들의 진실한 법의 성품이니라.……

여러 해 전에 미국은 우주선을 발사한 적이 있다. 달이나 화성·목성 등 가시적인 목표물을 향해 보낸 것이 아니라 태양계의 바깥으로 지구 인류의 메시지를 전하겠다는 의도였다. 지능이 있는 생물이라면 인간이 보냈다는 것을 이해할 수 있도록 많은 사람이 노력했다. 언어로 설명하면 다른 생물이 이해할 수 없을 것이니까 그림과 음악으로 인류를 표현하고자 했다. 그래서 남자와 여자의 그림과 그림 좌표로 표시한 태양계와 지구의 위치를 실었다. 그런데 문제는 인류의 역사였다. 지구 역사를 대략 45억 년쯤으로 보고 있는데 그중에서 생명체의 출현은 대략 2억 년 전, 인류의 출현은 아무리 거슬러 올라가도 백만 년 수준에서 멈춰 버리는 것이다. 인류의 역사에서 문명시대는 다시 일만 년 안쪽이다.

그러고 보니 곤란한 일이 생겼다. 지구가 탄생해서 생물이 출현하고 인류가 문명을 건설해서 외계로 메시지를 보낼 수 있는 수준까지 발전했다는 것을 장엄한 음악으로 표현하려고 했는데 1시간짜리 녹음에서 인류의 탄생은 끝부분의 1초도 못 되고 문명의 탄생은 그야말로 0.0001초의 소리로 그치고 마는 것이다. 현대 과학이 잡고 있는 지구의 전체 역사를 45억 년쯤으로 잡고 인류의 문명이 발달한 시간을 그 안에 배분하려고 하니까 이런 일이 생기는 것이다.

외계의 지능 생물이 아무리 자기가 살고 있는 위성 밖의 다른 세계를 알아보는 안목이 있다고 하더라도, 1시간짜리 녹음에서 끝부분 0.0001초 음악을 인류의 문명을 알리는 음악이라고 알아듣기는 어려울 것이다. 어쩌면 그 소리를 잡음으로 생각할 수도 있고 그것에 대해서 아무런 주의도 기울이지 않고 지나칠 수도 있다. 우리 인류가 자랑하는 문명이라는 것은 지구 역사에 비하면 한낱 잡음에 불과하다. 그래서 문명 부분을 억지로 길게 잡아서 녹음했다고 한다.

중생의 좁은 소견으로는 광대무변한 부처님의 세계를 이해하기 어렵다. 그러면서도 스스로의 소견이 좁다고는 생각하지 않고 달이 없어졌다, 부처님이 열반에 들었다고 호들갑을 떤다.

중생들은 부처님의 수명이 다함이 없다는 것에 반신반의한다. 그러나 인간 세계에서는 한 번 일어나는 일이 하늘 세계에서는 백천 번 일어날 수 있고 하늘 세계에서는 하루마다 일어나는 일이 인간 세계에서는 1억 년마다 한 번씩 일어나는 것처럼 보일 수 있는 것이다. 부처님께서 잠깐도 쉬지 않고 무량 백천 만억 번의 열반을 보이더라도 우리들에게는 1억 년에 한 번쯤 열반을 보이는 것으로 생각될 수 있다는 것이다. 인간의 전 역사가 지구의 역사에 비할 때 잡음처럼 들리듯이 인간 하나의 수명도 인류의 역사에 비하면 티끌처럼 하잘것없이 보일 수도 있을 것이다. 영원한 생명인 부처님과 비한다면 더더군다나 티끌 가운데 아주 작은 것이다.

우리는 돈과 섹스와 명예라는 검정 덮개에 눈이 가려져 있다. 보이고 생각나는 것은 오욕락과 관계된 것뿐이다. 김동인의 '감자'와 '배따라기'는 어리석은 욕망에 찬 우리 마음의 실태를 그리고 있다. '감자'에서 순진한 처녀였던 복녀는 무능한 남편으로 인해 점점 타락하게 된다. 부자인 왕 서방에게 자신의 몸값으로 큰 돈을 받게 되고, 급기야 왕 서방을 자기의 소유로 삼으려다 죽게 된다. '배따라기'는 한 사나이의 의처증이 아내를 죽음으로 이끄는 이야기를 그리고 있다. 이 두 작품은 여러 측면에서 논의할 수 있겠지만 《열반경》을 공부하는 우리 식으로 풀이하자면 욕망에 덮인 인간의 마음을 문제삼고 있다. '감자'나 '배따라기' 같은 작품 안에서뿐만이 아니다. 현실의 생활을 보아도 우리의 마음은 오욕락에 푹 빠져 있다. 《열반경》에서 아무리 우리를 보잘것없는 것으로 말하고 무한의 세계를 소개하더라도 우리는 그 세계를 이해할 엄두를 내지 못한다. 욕망의 현실 세계에서 그것과는 전혀 차원이 다른 부처님의 세계에 대해서 듣기만 하는 우리는 절망하게 된다. 중생은 도대체 언제나 부처님의 법신을 얻으며 열반을 증득할 수 있을지 막막하기 때문이다. 안 될 것이라면 차라리 포기하고 되는 대로 살아 버리자고 생각할 수도 있을 것이다. 그러나 부처님은 우리에게 희망을 주신다. 부처님의 말씀을 조금 더 들어 보자.

선남자여, 마치 해가 뜨면 안개가 모두 걷히는 것과 같으니, 이 대반열반의 미묘한 경전도 그와 같아서, 세상에 일어나 중생들의 귀에 한 번만 지나가도 모든 나쁜 짓과 무간 지옥의 죄업이 모두 소멸되느니라.

그렇다. 해가 뜨면 주위를 깜깜하게 하던 안개가 모두 걷힌다. 우리가 아무리 탐욕의 세계에서 마음이 오그라들었다고 하더라도 이 《열반경》을 듣고 이 세계에 항상하신 부처님의 법신을 받아들인다면 우리의 미혹은 해뜰 때의 안개처럼 없어질 것이다. 나라는 마음을 지우고 우주법신의 마음과 합할 때 우리의 티끌같이 작은 마음은 순식간에 저 우주를 삼키는 큰 마음이 된다.

아・홉・째・마・당

중생의 병 부처의 아픔

――――――● ――――――

"선남자여, 손에 부스럼이 난 사람이 독약을 잡으면 독이 따라 들어가지마는 부스럼이 없는 이는 독이 들어가지 않나니, 일천제들도 그와 같아서 보리의 인이 없음이 마치 부스럼이 없는 이에게 독이 들어가지 않음과 같느니라. 부스럼이라 함은 위없는 보리의 인연이요, 독이라 함은 제일의 묘한 약이요, 부스럼이 없는 이는 일천제를 이름이니라."
(보살품)

"문수사리여, 그대가 병을 얻으면 나도 그렇게 병을 얻으리니, 왜냐하면 모든 아라한・벽지불・보살・여래는 실로 먹는 것이 아니지마는 중생들을 교화하기 위하여 일부러 중생들의 한량없는 보시를 받고 그들의 보시바라밀다를 구족케 하여 지옥・아귀・축생을 제도하느니라."
(일체대중소문품)

106. 대열반의 광명이 평등히 비치는 이유 (보살품 1)

> 해와 달의 광명은 미운 사람을 덜 비추고 고운 땅을 더 비추지 않는다. 여래법신의 자비 광명도 마찬가지다. 단지 그 광명을 알아보거나 알아보지 못하는 것은 중생에게 달려 있다.

대열반의 광명이 중생을 차별하지 않고 평등하게 비추는 이유에 대해서 생각해 보겠다. 부처님의 가르침은 한마디로 보편적인 진리라고 할 수 있다. 특정한 시대나 특정한 사람에게만 적용되는 진리가 아니다. 혹은 선택적으로 정해진 사람만을 위한 가르침도 아니다. 시대와 지역·인종을 초월하여 부처님의 법을 지키는 사람은 누구나 성불할 수 있다는 가르침이다. 타종교에서는 자기 종교, 자기 교회를 통하지 않고는 구원을 받지 못한다고 주장하는 이들이 있지만 불교에서는 성불로 가는 데 많은 길이 있다고 한다. 성문에 들어가는 입구가 많고 산에 올라가는 길이 많은 것과 같다.

세계 역사를 살펴보면 종교가 다툼과 분쟁의 원인이 된 적이 많았다. 옛날에는 30년 종교전쟁이 있었다. 지금 이 시간에도 유럽에서는 기독교와 회교도 간의 싸움이 휴화산처럼 끓고 있다. 바로 보스니아 내전이다. 전 미국 대통령이 중재를 해서 휴전에 들어갔지만 민족간 또는 종교간의 갈등을 완전히 해소하는 데는 아직도 많은 숙제들이 남아 있다. 중동에서는 최근 유대 국가인 이스라엘과 회교 국가들 사이에 화해 무드가 조성되고 있기는 하지만 지금까지 종교적인 이유로 수많은 전쟁을 해왔다. 같은 종교인 회교 내부에서도 파가 다르다고 해서 전쟁을 한 바 있다. 바로 이란·이라크 전쟁이다. 그러나 불교

역사에서는 불교가 전쟁의 원인이 된 적이 없다. 여기에는 여러 가지 교리적인 원인이 있겠지만 그 가운데 하나는 부처님이 만민평등을 가르치기 때문이라고 하겠다. 부처님은 인종이나 지역·학식·재산·노소 등의 이유로 차별하는 것은 옳지 않다고 가르치신다.

부처님 당시의 인도는 사람에 대한 차별이 극에 달한 사회였다. 인도 땅에 먼저 살고 있던 원주민인 드라비다 족을 무력으로 정복한 아리안 족은 철저한 신분 차별로 통치 질서를 유지했다. 크게 종교와 철학을 독점한 바라문 계급과, 정치와 전쟁의 무력을 담당한 크샤트리아 계급, 상업을 담당한 바이샤 계급 그리고 최하층에는 인간으로서의 존엄성과 권리를 전혀 인정받지 못하는 수드라 계급이 있었다. 이 네 가지 계급 상호간에는 결혼도 금지되었다. 노예계급인 수드라는 바라문교의 경전을 볼 수도 들을 수도 당연히 배울 수도 없었다. 만일 수드라가 바라문교의 성전 《베다》를 들으면 그 귀에 끓는 납을 부어 넣고, 《베다》를 보면 그 눈을 도려 내었으며, 《베다》를 암기하면 목을 잘랐다.

부처님은 이러한 사회에서 평등의 깃발을 높이 들었다. 출신과 계급을 불문하고 누구나 부처님의 교단 안에서는 평등했다. 갖가지의 강물들이 바다에 들어오면 한가지의 짠맛이 되는 것과 같이 세속의 여러 계급들이 일단 출가하면 오직 한 계급이 되었다. 부처님은 태어난 계급이 중요한 것이 아니라 어떤 행위를 하느냐가 중요하다고 가르치셨다.

그런데 〈보살품〉에서는 중요한 질문이 던져진다. 가섭 보살은 부처님의 대열반의 광명이 모든 중생에게 평등하게 입혀진다면 계행을 잘 지키고 수행한 사람과 그렇지 못한 사람이 무슨 차이가 있겠느냐고 따진다. 평등은 고귀한 가치지만 무조건적인 평등은 악평등이 아니냐는 것이다. 세상살이에서도 그렇다. 만약 열심히 일하면서 성실하게 사는 사람과 빈둥빈둥 놀면서 일확천금이나 꿈꾸는 사람에게 똑같이 복이 내린다면 사람들은 성실하게 살아야 할 필요가 없다고 생각할 것이다. 공부하고 정직하고 근면한 것 등도 마찬가지이다. 만약 정직한 사람과 정직하지 못한 사람이 똑같은 대우를 받는다면 사람들은 정직하게 살려고 하지 않을 것이다. 가섭 보살의 질문을 들어 보자.

세존이시여, 부처님이 말씀하신 바와 같이 《대반열반경》의 광명이 모든 중생들의 털구멍으로 들어가서 중생이 비록 보리심이 없더라도 그들을 위하여 보리의 인연을 짓게 한다는 말은 옳지 않겠나이다. 왜냐하면 세존이시여, 네 가지 중대한 죄를 범한 이와 다섯 가지 역죄를 지은 이와 일천제들이라도 광명이 그의 몸에 들어가서 보리의 인을 짓는다면 그런 무리들과 계행을 깨끗이 가지며 선한 일을 닦은 이와는 무슨 차별이 있사오리까.

부처님은 열반에 들 때에 일어나는 자신의 광명이 모든 중생에게 평등하게 입혀져서 사람들이 모두 보리심을 발하게 한다고 하셨다. 그런데 만약 사형의 벌을 받을 만한 사바라이 죄나 오역죄를 범한 사람과 열심히 수행한 사람이 똑같이 보리심을 발하게 한다면 죄를 지은 이와 수행을 하는 이 사이에 어떤 차이가 있겠느냐는 물음이다. 가섭 보살의 질문에 대해 부처님은 이렇게 대답하신다.

선남자여, 일천제를 제외한 다른 중생들이 이 경을 들으면 모두 보리의 인연을 지을 것이요, 법문 소리의 광명이 털구멍에 들어가면 결정코 아뇩다라삼먁삼보리를 얻을 것이니라. 왜냐하면 어떤 사람이라도 한량없는 부처님들을 공경·공양하고야 《대반열반경》을 듣게 될 것이요 박복한 사람은 들을 수 없나니, 그 까닭은 큰 공덕을 쌓은 사람이라야 이렇게 큰 법을 들을 수 있을 것이요, 용렬한 범부들은 듣지 못하느니라. 무엇을 크다 하는가. 모든 부처님의 깊고 비밀한 여래의 성품을 말함이니 이런 뜻으로 큰 일이라 하느니라.

　가섭 보살의 질문에 대해 부처님은 《대반열반경》을 듣는다는 것 자체가 이미 한량없는 부처님을 공경·공양한 까닭이라고 말씀하신다. 만일 그러한 공덕을 쌓지 않았다면 《열반경》을 들을 수 없고, 《열반경》을 들었다는 것은 복력이 있다는 것이므로 대지혜를 얻을 수 있다는 것이다.
　불교에서 중생은 윤회한다고 가르친다. 전생에 지은 업으로 인해 현생의 몸을 받고 현세의 과보로 미래의 몸을 받는다는 것이다. 이 대목을 비관적으로 받아들이면 현재는 견뎌 내야 하는 수동적인 과보이다. 회피할 수 없는 과보이다. 그러나 이 부분을 달리 받아들이면 전혀 뜻이 달라진다. 인간은 과거세의 업보를 받기 위해 현세를 살아나가는 것이 아니라 성불의 인연을 짓기 위해 현세를 살아간다는 것이다. '나는 깨닫기 위해 이 땅에 태어났다'가 되는 것이다. 그리고 깨달을 수 있는 기틀은 모두에게 내재한 소중한 불성인 것이다.
　달마 대사와 양 무제의 만남은 유명한 일화이다. 양 무제는 수만의 사찰을 짓고 탑을 쌓았다. 또 많은 재물을 보시했다. 자신의 보시에 대해서 자만심을 가진 양 무제는 자기가 지은 공덕이 얼마나 크냐고 달마 대사에게 물었다. 달마 대사는 아무런 공덕이 되지 못한다고 대답했다. 이 문답으로 인해 달마 대사는 양 무제로부터 핍박을 받게 된다. 달마 대사가 죽음을 당했다는 말을 해서는 안 될 것 같다. 갈잎을 타고 강을 건너간 것으로 전해지고 있기 때문이다.
　가섭 보살은 중생들의 마음이 양 무제와 같다는 것을 잘 안다. 스스로 계행을 잘 지키고 수행했다는 자만이 있다. 수행한 사람들은 죄를 저지른 사람들보다 좋은 대우를 받기를 바란다. 대부분의 중생들이 가진 마음이다.
　가섭 보살의 질문에 대해 부처님은 "계행을 잘 지키고 올바르게 수

행하는 것은 좋은 일이다. 그렇지만 그것이 다른 중생의 성불을 제한
하는 것일 수는 없다. 일체 중생은 스스로 성불할 복덕을 지은 바 있
으며 부처님의 광명은 중생을 차별하지 않고 평등하게 비추기 때문에
누구나 성불할 수 있다."고 말씀하신다.

중생은 다른 사람을 볼 때 지위를 보고 권력을 본다. 다른 사람의
재물을 보고 그를 평가한다. 중생심이 종교의 모양을 빌리게 되면 그
사람의 계행은 어떠하니 수행은 어떠하니 평가하고 비판한다. 그러나
부처님은 중생들의 불성을 본다. 부처님이 볼 때는 모든 중생들이 평
등하게 불성을 가진 존재들이다. 중생들은 선악의 차별상을 보는 데
비해서 부처님은 불성의 평등상을 보기 때문에 부처님은 모든 이에게
보리심을 발하게 할 광명이 평등하게 비친다고 하는 것이다. 해와 달
의 광명은 미운 사람이라고 덜 비추고 고운 땅이라고 더 비추지 않는
다. 부처님의 자비광명도 마찬가지이다. 그 광명을 보고 안 보고는 중
생에게 달려 있는 것이다. 광명을 보려고 하지 않고 외면하는 일천제
만 아니라면 누구나 볼 수 있다.

보시를 많이 한 사람과 남의 것을 많이 빼앗은 사람이 언젠가 그 차
액을 물어내야 한다고 하면 그것은 좋다. 그러나 동시에 누구나 부처
님의 법신 세계로 평등하게 돌아갈 수 있어야 한다. 여비가 없는 사람
이나 돌아갈 곳이 없는 사람도 우주 법신의 품안으로 돌아갈 수 있어
야 한다. 고 천상병 시인의 시 가운데 '추일에'와 '귀천'의 부분들을
읽어 보자.

아버지 어머니는
고향 산소에 계시고
외톨박이 나는
서울에 있고
형과 누이들은

부산에 있는데
여비가 없으니
가지 못한다.
저승 가는 데도
여비가 든다면
나는 영영
가지를 못하나
생각느니 아,
인생은 얼마나 깊은 것인가. (추일에 중에서)

나 하늘로 돌아가리라.
새벽빛 와 닿으면 스러지는
이슬 더불어 손에 손을 잡고,
나 하늘로 돌아가리라.
노을빛 함께 단 둘이서
기슭에서 놀다가 구름 손짓하면,
나 하늘로 돌아가리라.
아름다운 이 세상 소풍 끝내는 날,
가서, 아름다웠더라고 말하리라. (귀천 중에서)

대열반의 여래 법신에게 가는 길은 돈을 가진 사람이나 못 가진 사람이나 아무런 차별이 없다. 여비가 필요치 않기 때문이다. 또 누구나 갈 수 있다. 빈방이 많이 있기 때문이다. 천상병 시인이 부처님의 평등한 법신광명에 대해서 미리 알았더라면 시에 열반 부처님의 이름을 넣었을 것이다.

107. 발심하지 못한 이가 발심하는 이유 (보살품 2)

> 부처님 말씀을 들을 때 참 생명에 대해서 많은 물음을 가지고 달려드는 사람은 열반의 이상 세계를 가고자 하는 마음을 내지만 멍하니 있는 사람은 아무런 도심을 내지 못한다.

보리심을 내지 못한 사람이 《열반경》을 듣고 발심하는 이유에 대해 알아보도록 하자.

부처님의 가르침을 믿고 따르는 이유는 여러 가지가 있겠다. 마음의 평안을 찾기 위해서 불교를 믿는 사람도 있겠고 무언가 소망하는 바를 이루기 위해 불보살의 가피에 의지하는 사람도 있을 수 있다. 혹은 불치의 병에 걸려서 기적적인 치유를 갈구하는 사람도 있을 수 있겠고 혹은 그저 절이 좋거나 스님이 좋아서 불교를 믿는 사람도 있을 것이다. 그러나 이러저러한 이유에도 불구하고 부처님을 믿고 따르면서 이루고자 하는 궁극의 목표는 하나이다. 바로 부처를 이루겠다는 것이다.

그렇다면 부처를 이루기 위한 인연을 갖추어야 할 것이다. 불교에서는 이 인연을 중요시한다. 씨앗에 비유하자면 인(因)은 씨앗에 해당되고 연(緣)은 씨앗이 싹이 나서 성장하기 위한 환경적·주변적 조건에 해당된다. 씨앗이 없으면 싹은 당연히 나지 않겠고 씨앗이 있다고 하더라도 적당한 온도와 수분·토양이 없다면 씨앗은 싹이 날 수도 성장할 수도 없을 것이다. 그래서 인과 연은 적절히 어우러져야 한다.

부처가 될 씨앗 즉 인은 누구에게나 있다. 모든 중생들이 빠짐없이 불성을 가지고 있다. 그렇지만 누구는 부처를 이루고 누구는 범부중생으로 머물러 윤회한다. 우리에게 진정한 생명을 살 만한 자격 즉 불성이 있다고 하더라도 그것만으로는 충분하지 못하다. 그 불성이 싹트도록 도울 연이 필요하다. 바로 발보리심(發菩提心) 또는 발심(發心)이다. 보리 즉 깨달음을 얻겠다는 의지를 세우는 것이다. 언뜻 생각하면 발심하는 것은 아주 쉬운 일 같지만 그렇지 않다.

작심삼일이란 말이 있다. 정초에 세웠던 계획들은 과연 잘 진행되고 있는가. 새벽기도를 하거나 108배를 하겠다고 계획을 세우신 분들, 술을 끊겠다고 생각하신 분들, 담배를 끊겠다고 생각하신 분들, 계획대로 해나가고 있는지 궁금하다. 국민학생들은 방학이 시작될 때 생활계획표를 작성한다. 아침에는 몇 시에 일어나고 오전에 몇 시간 공부하고 무슨 운동을 하고 방학 숙제는 매일같이 하고 등등 말이다. 그러나 그렇게 계획표대로 되지 않는다. 방학이 끝날 때가 되어서야 바쁘다. 밀린 숙제도 해야 하고 하다못해 방학 기간의 일기도 마지막 이삼일 동안에 다 써야 한다. 새해가 시작된 지 얼마 되지 않았지만 벌써 국민학생 생활계획표처럼 작심삼일이 되신 분들도 있을 것이다.

그렇다면 《열반경》에서 중생들이 발심하기 위해서는 어떻게 해야 하는지 부처님의 말씀을 들어 보기로 하겠다. 가섭 보살은 부처님께 보리심을 내지 못한 사람이 보리심을 내는 이유가 어디에 있느냐고 여쭌다. 이에 대해 부처님은 이렇게 대답한다.

《대반열반경》의 거룩하고 신기한 힘이 능히 보리심을 내지 못한 이로 하여금 보리의 인을 짓게 한다고 하느니라. 선남자여, 이것을 '보살이 마음을 내는 인연'이라 이름하나니, 인연이 없는 것이 아니라 이런 이치로 대승의 묘한 경전은 참 부처님이 말씀한 것이니라. 또 선남자여, 마치 허공에서 큰비를 내리어 땅에 부으면 마른 나무나 돌로 된 산에나 높은 둔덕과 두드러진 언덕에는 물이 고여 있지 아니하고 흘러내려 가서 논과 봇도랑에 가득 차서 많은 중생들을 이익케 하는 것과 같이 이 《대반열반경》의 미묘한 경전도 그와 같아서 큰 법비를 내려 중생들을 윤택케 하거니와 일천제만은 보리심을 내지 못하느니라.……

초발심시변정각(初發心時便正覺)이라는 말이 있다. 첫 마음을 내는 그 자리가 바로 깨달음의 자리라는 말이다. 처음 지닌 마음의 순수성을 잘 지키는 것이 깨달음이라는 뜻이다. 가섭 보살이 말한 보리심은 바로 깨달음의 마음이다. 깨닫고자 하는 서원이다. 그래서 보리심은 바로 초발심이다. 《대반열반경》의 거룩하고 신기한 힘이 보리심을 내지 못한 중생에게 보리심을 내게 한다고 한다.

보리심은 세간의 재물이나 명예처럼 다른 것과 함께 가질 수 없다. 보리심을 내기 위해서는 다른 모든 것을 포기해야 한다. 그래서 보리심이 쉬우면서도 어려운 것이다. 중생심은 가진 것 위에 더 가지려고 한다. 가진 것을 포기하기가 어렵다. 조금 더 가지기 위해 다른 사람에게 슬픔을 주고 고통을 주는 것이 중생의 세계이다. 그런 중생이 보리심을 내기는 참으로 어려운 일이다.

부처님의 자비는 허공에서 퍼붓는 큰비와 같다. 산마루나 골짜기, 나무나 풀, 높은 곳과 낮은 곳을 가리지 않고 내린다. 그렇지만 마른 나무나 산이나 높은 언덕에는 빗물이 고여 있지 못한다. 세상에는 산이나 높은 둔덕, 두드러진 언덕과 같은 사람들이 많다. 저마다 우물 안의 자기 세계에서 왕으로 군림한다. 자기 속의 독재자가 되기도 한다. 마음의 그릇에 이미 아만의 물이 가득 채워져 있다. 부처님이 자비의 감로수를 붓더라도 넘치고 만다. 자기를 높이는 마음 즉 증상만(增上慢)의 마음으로부터 홀대를 당하고 밀려난 광명의 물은 낮은 곳으로 흘러내린다. 흘러내려 나를 버리고 나를 지우고 나를 낮추는 마음의 그릇에 담기게 된다. 구도의 정열로 빈 그릇을 준비한 사람의 마음에 고이게 된다.

부처님은 왕궁의 부귀영화를 버리고 깨달음을 위해 출가했다. 그것이 보리심이다. 중생들이 보리심을 낸다는 것은 자신이 현재 누리고 있는 모든 가치와 즐거움을 허망하고 헛된 것이라 생각하고 미련 없이 버리는 일이다. 백 년 미만의 목숨과 으스댐이 아닌 영원한 참 생명의 지혜를 얻겠다고 나서는 일이다. 다른 이들이 조금 더 많은 재물을, 명예를, 쾌락을, 권세를 얻기 위해 노력할 때 보리심을 낸 사람들은 오직 깨달음만을 구하고자 한다. 알고 보니 나라고 하는 놈이 정말 아무 것도 아니라고 스스로 겸손해 하고 하심을 내는 사람들이다. 그렇게 자기를 비우고 낮추는 사람들에게 깨달음의 빗물이 모인다는 것이다.

그런데 발심하는 데는 계기가 있다. 현실의 흐름을 그냥 따라가는 사람에게는 발심할 기회가 오지 않는다. 세상을 보면서 도대체 저것이 전부인가, 무엇을 위해서 저렇게 살아야 하며 저렇게 덤비면 궁극적으로 무엇이 남는가 하고 물을 수 있어야 한다. 그래서 부처님은 이런 말씀을 하신다.

또 선남자여, 손에 부스럼이 난 사람이 독약을 잡으면 독이 따라 들어가지만 부스럼이 없는 이는 독이 들어가지 않나니. 일천제들도 그와 같아서 보리의 인이 없음이 마치 부스럼이 없는 이에게 독이 들어가지 않음과 같느니라. 부스럼이라 함은 위 없는 보리의 인연이요, 독이라 함은 제일의 묘한 약이요, 부스럼이 없는 이는 일천제를 이름이다.

여러 사람이 독약을 손으로 집어들었을 경우에 손에 상처가 없는 사람은 그 독이 손에 침투하지 못하지만 상처가 있는 사람에게는 독이 스며든다. 지금 열반에 드는 부처님의 말씀을 많은 사람이 같이 듣는다고 하더라도 손에 상처가 있는 사람 즉 세상에 대해서 많은 물음을 가지고 달려드는 사람에게는 열반의 이상 세계로 가고자 하는 마음이 생기지만 그렇지 않고 멍하게 있는 사람에게는 아무런 충격도 주지 못한다는 것이다.

  그런데 비유치고는 좀 색다르다. 건강한 손이 깨달음의 인연이면 좋겠는데 하필이면 부스럼인가. 그리고 하필이면 제일의 묘한 약을 독으로 비유했을까. 보리심을 낸 사람은 세상의 기준으로 보면 무언가 잘못된 사람들이다. 남들이 다 좋다고 하는 것들을 싫다고 하는 사람이다. 남들은 더 많은 재물·권력·명예를 위해 낮이고 밤이고 뛰어다니는데 보리심을 낸 사람은 그런 것들에는 관심이 없다. 깨달음이니 자비니 봉사니 하는 손해보는 짓만 하는 사람들이다. 세상의 기준으로 보면 부스럼 중에서도 아주 큰 것이다.

  중·고등학교가 평준화되기 이전의 이야기다. 시골의 한 여학생이 도시의 명문고에 합격해서 유학을 하게 되었다. 어느 봄날 그 학생은 화단에 핀 꽃을 보고 의문을 갖게 되었다. '아름다운 저 붉은 장미꽃들은 누구를 위해서 피는 것인가? 한 해만 피어도 좋건만 왜 해마다 다시 피어나는 것인가?' 이런 의문은 다시 '결국 죽으면 모든 게 그만이 아닌가. 죽음 앞에서 공부를 잘한다는 것이 무슨 의미가 있는가'라는 회의로 이어졌다. 그때부터 1, 2등을 다투던 학생의 성적은 중간으로 밀리게 되었다. 그러나 그녀는 부끄러워하지 않았다. 모든 사람이 죽음으로 끝나기 때문에 떨어진 성적을 부끄러워해야 할 이유가 없었다.

  결국 그녀는 부모의 기대에 미치지 못하는 대학에 들어가게 되었고 그때부터 그녀는 다시 절망에 빠졌다. 고등학교 시절에 가졌던 문제의식, 즉 '꽃과 인간의 피고 지는 것'에 대한 의문과 회의가 더욱 큰 얼굴로 다가온 것이다. 방황의 와중에서 그녀는 우연히 불경을 만났다. 흡사 공이 땅에 세게 부딪칠수록 더 높이 튀듯이 그녀의 큰 절망은 큰 발심을 일으키게 했다. 마른 땅에 비가 내렸을 때 많은 물을 빨아들이듯 그녀는 불법에 깊이 심취하게 되었다. 그녀의 부모나 지금 어른이 된 본인은 일류대학을 희생하고 얻은 인생에 대한 회의와 발심에 대해서 아까워하는 마음을 가지고 있을지 모르겠다. 하지만 그녀의 손에

난 상처 즉 보리심이라는 약이 스며들게 한 저 회의가 일류대학보다도 더 가치 있다고 생각한다. 일류대학에 가서 정신 없이 출세하는 사람들은 많다. 그런 일은 그들에게 맡기면 된다. 참 생명의 도를 향한 발심은 그녀만이 가질 수 있는 것이다.

108. 열반경의 선악과 인과 (보살품 3)

> 부처님은 일천제의 불성을 인정해야 하는 문제와 일천제에게 믿음이 없는 문제를 아직 태어나지 않은 소경의 예로 푼다. 태어난 장님들은 다 치료할 수 있다지만 뱃속의……

선과 악 그리고 인과에 대한 《열반경》의 해석을 보자.

철학과 종교의 차이점은 논리와 실천이다. 철학이 인간은 왜 사는가 하는 문제를 고민한다면 종교는 어떻게 살아야 하는가를 고민한다. 그러나 인도에는 이러한 철학과 종교의 대립이 없다. 인도에는 고대로부터 철학 없는 종교는 맹목이고, 실천 없는 철학은 관념이다라는 경구가 있어 왔다. 즉 무조건 믿으라는 맹목적 신앙이나 인생과 세상의 고민을 하나도 해결하지 못하는 관념적 말장난을 철저히 배격했던 것이다.

실천하기 위해서는 무언가 행동 기준이 있어야 한다. 해서는 안 되는 나쁜 일과 해야 하는 좋은 일이 구별되어야 하는 것이다. 또한 세계와 인간을 합리적으로 설명할 수 있어야 한다. 설명하지 못한다면 잘못된 것이고 거짓이다. 그래서 실천의 기준으로 선과 악의 개념이 나왔고 세계와 인간을 합리적으로 설명하기 위해서 인과의 개념이 등장했다.

원효 대사는 요석 공주와의 사이에서 신라의 대학자이며 이두표기법을 완성한 설총을 낳았다. 설총이 장성하여 원효 대사에게 삶의 지침이 될 가르침을 청했다. 그때 원효 대사는 "착한 일을 하지 말아라."라고 했다. 설총은 깜짝 놀랐다. 착하고 좋은 일을 하라고 가르칠 줄 알았는데 오히려 하지 말라고 하니 그 뜻을 짐작하기 어려웠다. 그래서 조심스럽게 "그럼 나쁜 일은 해도 됩니까."하고 여쭤 보았다. 그러자 원효 대사는 "남들이 다 하라는 착한 일도 하지 말라는데 하물며 나쁜 일을 해서야 쓰겠느냐."고 대답했다. 착하다, 나쁘다 하는 것은 사실 주관적인 것이다. 여기에는 자신의 잣대로 판단하지 말라는 뜻이 담겨 있다. 가섭 보살이 부처님께서 전에 설했던 게송을 가지고 부처님께 여쭌다.

> 선한 일은 보지도 짓지도 않고
> 나쁜 짓만 보고 또 짓기도 하면
> 이런 곳이 대단히 무서운 데라
> 외딴 곳 험악한 길과 같나니.

선한 일은 피하고 나쁜 일만 하면 악도에 떨어진다고 했는데 열반에 드는 이 시점에서 부처님이 가르치고자 하는 참으로 선한 일은 무엇이며 악한 일은 무엇이냐는 물음이다. 이에 대해 부처님은 이렇게 대답하신다.

선남자여, 보지 않는다 함은 부처 성품을 보지 못함이요, 선한 일은 곧 아뇩다라삼먁삼보리요, 짓지 않는다 함은 선지식에게 친근하지 않음이요, 오직 본다 함은 인과가 없다고 봄이요, 나쁜 짓은 방등 대승경전을 비방함이요, 짓기도 한다 함은 일천제가 방등이 없다고 말하는 것이니라. 이러므로 일천제들은 청정하고 선한 법에 나아갈 마음이 없나니, 무엇이 선한 법인가, 곧 열반이니라. 열반에 나아가는 이는 선한 행을 닦거니와 일천제는 선한 행이 없으므로 열반에도 나아가지 못하느니라. 이런 곳이 무섭다 함은 바른 법을 비방함이니 누가 무서운가, 이른바 지혜 있는 사람이다. 왜냐하면 법을 비방하는 이는 선한 마음과 방편이 없는 연고며, 험악한 길이라 함은 모든 행법이니라.

《열반경》은 영원한 부처님, 항상 계신 부처님을 가르친다. 그래 법신상주를 믿고 그것과 하나 되기 위한 수행을 하면 선이 되고, 반대로 믿지도 않고 비방하면 악이 된다. 항상 계신 부처님은 동시에 모든 중생 속에 있는 불성을 말하기도 한다. 부처님의 법신은 중생의 불성으로 있기 때문이다. 법신을 믿고 법신의 길을 간다는 것은 개인적인 나를 지우고 나와 이웃과 우주가 한 몸을 이루는 것이다. 모든 사람과 환경이 한 식구가 되어서 같이 잘사는 길로 가는 것이다. 그리고 모든 중생에게 불성이 있다고 하는 것은 아무리 사소한 것이라고 하더라도 세상에 존재해야 할 아주 귀중한 가치와 의미가 있다는 것을 인정해 주는 것이다. 일천제는 법신과 불성을 믿지 않는 사람이기 때문에 나와 이웃이 같이 살아야 하고 모든 것을 존중해야 한다는 것을 인정하지 않는 사람과 같다.

불교인들은 서로간에 합장하고 '성불하십시오'라고 인사를 한다. 이는 단순한 행위가 아니다. 상대방이 간직한 영원한 부처님의 모습 즉 불성을 깨우는 작업이고 반드시 불도를 이루기를 기원하는 서원이며 부처님에 대한 귀의의 표시이다. 불교인만이 아니라 모든 중생은 불성을 간직하고 있기에 더없이 소중하고 거룩하다. 그리고 평등하다. 중생의 소중함과 평등함을 부정하는 것은 바로 악이다. 그것은 일천제의 행위이다. 서로간에 '성불하십시오'라고 하는 것은 끊임없는 발심의 자세로서 구원과 완성의 길로 나아가는 소중한 일인 것이다.

일천제는 인과를 보지 못한다. 왜냐하면 나와 이웃을 토막내서 보고 사람과 환경을 끊어서 보고 과거와 현재와 미래를 또한 별개의 것으로 보기 때문이다. 나와 내가 사는 국토는 나누어서 생각할 수 없다. 국토가 사막이 되면 나는 사막에 살아야 하는 사람이 되어서 결국 죽게 된다. 내가 지금 환경을 부수면 뒤에 죽어 버린 환경의 혼이 나를 죽인다. 법신사상은 나와 남, 나와 환경, 나와 세계, 나와 시간을 하나로 보는 것이다. 이 법신사상을 부정하는 일천제는 결국 인과를 부정하는 셈이 된다.

일천제가 법신을 부정하고 결과적으로 인과를 부정하는 사람이 되고 보니 부처님은 곤란하게 된다. 부처님은 항상 인과가 분명하다고 가르쳤고 제자들이 미혹에서 헤맬 때 전생의 인과를 설해서 교화했다. 인과를 부정하는 것은 부처님의 가르침을 부정하는 것과 같다. 인과를 말하지 않더라도 일천제는 법신을 받아들이지 않기 때문에 근본적으로 부처님을 인정하지 않는 셈이다. 다른 한편으로 부처님은 모든 중생에게 평등하게 불성이 있다고 했다. 법신과 인과를 부정하는 점을 생각해서는 일천제는 성불할 수 없다고 해야 할 것이고, 모든 중생에게 불성이 있다고 한 점을 생각한다면 일천제도 성불할 수 있다고 해야 할 것이다. 부처님은 일천제가 성불할 수 있다고 말하기가 어렵게 되었고 그렇다고 해서 성불할 수 없다고 단정하기도 어렵게 되었다. 그래서 부처님은 이 곤란한 문제를 이렇게 풀어 낸다. 부처님의 말씀을 들어 보자.

선남자여, 마치 용한 의사가 기묘한 약으로 소경들을 치료하여 해와 달과 별 따위의 밝은 빛을 보게 하나 뱃속의 소경은 고치지 못하듯이 대승경전인 《대반열반경》도 그와 같아서 성문이나 연각들의 지혜의 눈을 뜨게 하여 한량없고 갓이 없는 대승경전에 머물게 하며, 발심하지 못한 이와 네 가지 중대한 계율과 오무간(五無間) 죄를 범한 이라도 모두 발심케 하거니와 뱃속의 소경인 일천제들은 제외하느니라.

부처님은 일천제의 불성을 인정해야 하는 문제와 그 불성을 자신이 받아들이지 않는 문제를 뱃속에서 아직 태어나지 않은 소경의 예를 들어서 해결한다. 용한 의사는 모든 장님들을 다 치료할 수 있지만 뱃속에서 아직 태어나지 않은 장님은 치료할 수 없다는 것이다. 마찬가지로 아무리 무거운 죄를 범한 사람이라도 부처의 길로 가도록 발심케 할 수가 있지만 일천제는 발심시킬 수 없다는 것이다.

그러나 일천제가 영원히 성불하지 못하는 것은 아니다. 일천제가 성불을 받아들이지 않는 것이 문제이기 때문에 만약에 법신상주와 실유불성을 받아들이게 되면 일천제도 성불할 수가 있다. 부처님은 최후의 순간까지도 일천제에 대해 구원의 문을 열어 놓고 있다. 일천제를 태 속에 있는 장님과 같다고 했지만 태 속에 있는 아기는 언젠가는 태어나게 되어 있다. 태어난 사람이 모두 치료받아 광명을 찾을 수 있다면 태 속의 아기도 언젠가는 태어나서 구제받을 수 있는 것이다.

개와 고양이는 똑같이 애완동물이지만 두 동물의 성격은 두드러지게 차이가 난다. 개는 주인이 아무리 혼내고 때려도 대들지 않지만 고양이는 아무리 평소에 잘해 주었다고 하더라도 세 번만 때리면 주인에게 달려든다. 그리고 고양이는 심술이 많다. 아무데나 똥을 누었다고 스님네가 혼내기라도 하면 예불 모시는 사이에 신발을 벗어 놓은 돌 위에 죽은 쥐를 갖다 놓아 스님들이 밟고 미끄러지게 하기도 한다.

고양이에게 심술이 있기도 하지만 요즘 사람들도 충성심 없는 고양이를 좋아하지 않는다. 사람들이 고양이에게 정을 주지 않으니까 고양이들은 집을 나가 도둑 고양이가 된다. 그래서 근래에는 도둑 고양이들이 아주 많다. 이 고양이들이 낮에는 산에서 살다가 밤에는 먹을 것을 찾아서 부엌으로 내려오기 때문에 산 고양이라고 부르기도 한다. 필자가 사는 절 주변에도 숫자를 파악할 수 없는 많은 고양이들이 몰려다닌다.

그런데 지리산 쌍계사에 가보니 절에서 수십 마리의 고양이를 키우고 있었다. 이유를 물으니까 정을 받지 못하고 헤매던 고양이들에게 스님네가 친절하게 대해 주니까 처음에는 몇 마리가 몰려오더니 나중에는 다른 친구와 짝들을 데리고 와서 고양이의 숫자가 계속 늘어나고 있다는 것이었다. 그런데 고양이를 키우는 쌍계사 스님의 말씀이 인상적이다. 아무리 악한 짐승도 자기에게 잘해 주는 사람은 알아보고 따르는데 고양이가 심술을 부리는 것은 사람들이 진정으로 고양이에게 정을 주기보다는 고양이의 참을성을 시험해 보려고 건들기 때문이라는 것이다.

일천제가 아무리 악하다고 하더라도 일천제로부터 바라는 것이 아무것도 없고 일천제가 가지고 있는 악의 본능을 자극시켜서 시험하려고 하지 않는다면 일천제가 악행을 저지르는 일은 없을 것이다. 우리가 먼저 확고하게 법신을 받아들인다면 우리 앞에 일천제는 아예 없다는 말씀이다.

109. 사바라이 죄도 용서받는 이유 (보살품 4)

> 고의나 실수를 막론하고 상대의 잘못을 선뜻 용서해 주지 못하는 이유는 작은 나를 지운 법신을 살지 않고 개인을 살기 때문이다. 나라는 놈만 지우면 용서란 말을 쓸 것도 없다.

선근의 뿌리를 끊어 버린 중생들은 어떻게 구제를 받을 수 있는 것일까.

사회의 법률은 잘못을 저지른 사람에게 죄에 따른 벌을 주고 새롭게 변화시키기 위해 교도소를 운영한다. 그러나 지은 죄가 큰 사람은 새롭게 교화하는 것이 아니라 이 사회로부터 영원히 격리시킨다. 무기징역이다. 그보다 더 심한 처벌은 생명을 끊는 일이다. 사형은 새싹을 틔울 가능성을 원천적으로 봉쇄한다.

중생의 잘못 가운데서 사바라이 죄나 오역죄는 극악의 죄이기 때문에 무기징역 정도가 아니라 사형선고를 받아야 한다. 그들은 다시는 싹을 틔우지 못하는 나무처럼 깨달음의 세계를 향해서 발심할 수가 없다. 그러나 부처님은 아무리 나쁜 죄를 저질렀다고 하더라도 참회하면 용서를 받을 수 있다고 가르친다. 가섭 보살이 그 이유를 여쭌다. 어떻게 믿음의 싹을 영원히 잘라 버린 사람이 다시 발심할 수 있느냐는 것이다. 이에 대해 부처님은 이렇게 대답하신다.

이 대반열반의 대승경전도 그와 같아서 여러 가지 중생들이 이 소리를 들으면 모두 탐욕·성내는 일·어리석음이 모두 소멸되어 그중에서 마음으로 생각하지 않는 이라도 《대반열반경》의 번뇌를 없애는 힘으로 번뇌가 저절로 소멸되며 네 가지 중대한 계율과 오무간 죄를 범한 이들도 이 경을 듣기만 하면 위 없는 보리의 인이 되어서 번뇌를 끊는다.

사형선고를 받을 만큼 큰 죄를 지은 중생들도 《열반경》의 가르침을 들으면 열반이라는 이상 세계로 향하려는 마음이 새로 돋아난다고 한다. 부처님은 해의 비유를 들어서 그 이유를 설명한다. 중생의 미혹은 캄캄한 밤과 같다. 밤에는 사물이 바로 보이지 않는다. 갖가지 나쁜 길로 빠지기 쉽다. 사바라이나 오역죄는 밤과 같은 미혹 때문에 일어난다. 이것이 발심을 막는다. 그러나 해가 뜨면 어둠은 순식간에 사라진다. 《대반열반경》은 해와 같다. 우주 법신의 가르침으로 개인을 지우고 전체를 보게 해주기 때문이다.

사람이 사물의 실상을 여실히 보지 못하는 것은 '나'와 '내 것'이라는 것 때문인데 법신이 항상하다는 가르침은 나와 내 것을 지우게 해서 나와 남을 있는 그대로 보게 해준다. 이렇게 되면 누구든지 지옥보다는 극락으로 가기를 원하고 윤회보다는 해탈로 가기를 원한다. 인간에게는 좋은 쪽으로 가고자 하는 마음이 본래적으로 담겨 있다. 바로 불성이다. 불성을 가진 사람은 《열반경》의 가르침을 듣고 발심할 수밖에 없다는 것이다. 죄를 짓지 않은 사람은 물론이거니와 죄를 많이 지은 사람 특히 불교에서 보통 용서받지 못할 죄를 지은 사람도 《열반경》의 법신사상을 만나면 발심할 수 있다는 것이다.

사회의 법률은 동해보복(同害報復)의 원칙에 바탕을 두고 있다. 남이 내게 해를 입힌다면 나 또한 상대에게 동일한 해를 입혀야 한다. 고대 함무라비 법전에 나오듯이 눈에는 눈, 이에는 이인 것이다. 다만 사람마다 서로가 원수를 갚고자 싸우고 다툰다면 사회가 너무 혼란스러워지기 때문에 법률기구가 개인이나 단체를 대신하도록 한 것이다. 직접적인 보복이 아니라 국가기구를 통한 간접적인 보복이라는 차이가 있을 뿐 사람을 미워하고 복수하는 마음에는 차이가 없다.

사람들은 이런 이야기를 만들어 낸다. 어떤 사람이 식인종에게 붙잡혀 잡아먹힐 지경에 처했다. 그런데 식인종 추장이 영어를 아주 세련되게 구사하는 것이었다. 궁금해서 물어 보니 젊었을 때 영국에 유학까지 다녀온 인텔리였다. 이제는 살 수 있게 되었구나 생각하며 식인종에게 영국에서 배운 것들을 기억하고 있느냐고 물었다. 그는 인도주의·박애·인본주의 같은 것을 기대했다. 사람을 먹는 것이 나쁘다는 것을 추장이 안다면 자신은 살아날 수 있다고 생각했던 것이다. 그런데 추장은 전혀 다른 각도에서 말했다. 자신이 영국에서 문화적인 식사법을 배웠기 때문에 이제는 자기 부족도 사람을 먹을 때 냅킨을 두르고 포크와 나이프를 사용한다는 것이다. 형식의 차이만 있을 뿐 사람을 먹는다는 점에서는 차이가 없다. 법률의 이름으로 죄지은 사람을 벌하고 복수하는 것도 겉모양만 바꾸었을 뿐, 보복한다는 기본 원칙에는 달라진 것이 없다는 말이다.

부처님에게는 아예 죄가 없다. 죄는 오직 중생이 미혹해서 지은 실수일 뿐이다. 미혹한 중생에게 광명만 비치면 미혹이 만든 실수는 교정될 수가 있다. 그 광명이란 물론 《열반경》의 법신사상이다. 부처님은 《열반경》을 여러 가지로 비유한다. 용한 의사가 나쁜 독을 변화시켜 해독제를 만들듯이 《열반경》의 깨달음도 죄를 변화시켜서 발심하는 계기를 만든다는 것이다. 또 하늘에서 내리는 비가 여러 가지 곡식을 적셔 주고 자라게 하는 것처럼 여래의 법비도 여러 가지 열병을 모두 소멸케 한다는 것이다. 《열반경》을 잠시라도 듣고 여래가 항상한 줄을 안다면 그는 보살마하살이라고 하신다. 잠시 들어도 보살이라 하는데 하물며 배워 익히고 쓰고 읽고 외운 사람은 더 말할 것이 없다.

부처님에게는 용서되지 못하는 죄가 없지만 사회는 그렇지 못하다. 우리 나라에는 아직도 사형제도가 있다. 다른 나라에도 사형제도가 있는 경우가 여럿 있으나 직접 집행하는 나라는 많지 않은 것으로 알고 있다. 여러 스님들이 사형수를 교화하기 위해 애쓰고 있다. 그런데 사형수들을 교화하는 스님의 이야기를 들어 보면 사형수들만큼 종교적인 사람들이 없다고 한다. 사형수들은 흉악범인 경우가 많다. 흉악범인 데다가 삶의 희망도 없기 때문에 난폭하게 굴거나 교화하는 스님들을 냉소적으로 보지 않겠느냐고 생각하기 쉽다. 그런데 실제로는 아주 경건하고 종교적이라는 것이다. 죽음 앞에서 각기 자신의 과거를 겸허하게 반성하면서 삶을 마무리하려고 한다는 것이다. 그래서 사형수들을 교화하시는 분들은 열렬한 사형폐지론자가 된다. 사형제도를 폐지하든지 당장 폐지가 어렵다면 사형집행이라도 중지해 달라고 사회에 호소하고 있다.

지존파 죄인들을 보면서 하루라도 빨리 사형집행을 했으면 하는 사람들이 많이 있었다. 더 오래 살려 두면 최소한 밥은 먹여 줘야 하는데 쌀이 아깝다는 것이다. 그런데 저 지존파 사람들이 처음 붙잡혔을 때는 죄의식이나 반성하는 기색을 전혀 보이지 않았지만 이제는 달라졌다고 한다. 과거를 뉘우치고 담담하게 죽을 각오를 하고 있다고 한다. 사람들은 어서 빨리 저들을 처치하고 그 일을 잊고 싶어하지만 부처님은 죄인들을 벌하는 데 관심을 두지 않는다. 죄인들을 참회의 길로 이끌어서 새 사람으로 만드는 일을 중요하게 여긴다. 죄인들이 제 정신이 아니어서 반성하지 못하고 있는 상태에서 죽이는 것은 마치 술취해서 자기 정신을 잃고 많은 실수를 저지른 사람을 술이 깨기 전에 사형에 처하는 것과 같다.

한 인간이 다른 이의 생명을 빼앗을 권리는 없다. 그런데 우리 사회는 법률의 이름으로 생명을 빼앗는다. 그리고 대부분의 사람들은 사형제도에 대해 무감각하다. 부처님은 자기가 저지른 잘못으로 인해 캄캄한 어둠에 잠겨 있는 사람도 진리의 해가 뜨면 밝은 광명을 보고 보리의 인을 지을 수 있다고 말씀하신다. 아무리 극악한 범죄를 저지른 사람도 각자의 속에는 더러움에 물들지 않는 깨끗한 불성이 간직되어 있다. 우리 사회가 법률의 이름으로 사형을 집행하는 것은 보리의 인을 지을 수 있는 가능성을 아예 없애는 것이다. 진리의 해가 뜰 때도 그 광명을 바라보지 못하게 하는 것이다. 사형폐지운동이 사형수를 보살피는 사람들만의 일이 되어서는 안 되겠다. 부처님의 정법을 믿는 모든 불자들의 일이 되어야 하겠다. 모든 중생 속에 내재된 거룩한 부처님의 성품을 믿는다면 생명을 끊는 사형을 용납할 수 없기 때문이다.

　용서받기 위해서는 다른 이의 잘못을 용서할 수 있어야 한다. 잘못을 미워하기보다는 잘못에도 불구하고 보리의 인을 지을 수 있는 가능성을 더 소중히 생각해야 한다. 그것이 부처님의 마음이다. 다른 사람이 나에게 불리한 말이나 행동을 했을 경우 상대의 고의성 여부에 따라서 용서하기도 하고 용서하지 못하는 경우도 있다. 가령 눈길에 미끄러져서 자동차 사고가 났을 경우 피해를 당한 쪽은 속상해 하면서도 상대의 잘못이 고의가 아닌 실수이기 때문에 이해할 수 있다. 그러나 나에게 고의로 해를 끼친 사람에 대해서는 용서하려고 하지 않는다. 설사 머리로 용서한다고 하더라도 가슴이 따라 주지를 않는다. 고의나 실수를 막론하고 상대의 잘못을 선뜻 용서해 주지 못하는 이유는 나를 지운 법신을 살지 않고 개인을 살고 있기 때문이다. '나'라는 놈만 지우면 용서란 말을 쓸 것도 없이 용서가 된다. 그래서《열반경》에서는 해가 뜰 때 극악죄를 저지른 사람들이 발심할 수 있다고 하는 것이다. 열반 즉 모든 육신적인 번뇌를 소멸하고 얻은 법신자리에서는 용서하거나 용서받는 사람이 모두 한 몸이 되기 때문이다.

110. 여래는 훌륭한 뱃사공 (보살품 5)

> 나와 내 것을 내세우고 그것을 지키려는 중생들은 잃어버릴 것이 있으므로 두려움이 있지만 부처님은 죽음이라는 바다와 삶이라는 언덕이 한 몸체를 이루기 때문에 두려울 것이 없다.

부처님은 어떻게 고통의 바다를 건네주는 뱃사공이나 순풍이 될 수 있는가.

사람의 개인적인 능력으로는 큰 바다를 헤쳐갈 수 없다. 힘이 부쳐 물에 빠지기도 하고 상어 떼같이 무서운 것들을 만날 수 있다. 조오련이라는 수영 선수도 대한해협을 건널 때 상어를 막는 쇠그물과 음식을 전해 주는 호위선박을 달고서야 헤엄쳐 건널 수 있었다. 작은 해협 하나를 건너는 일이 인간이 발휘할 수 있는 능력의 최대치가 아닌가 한다. 그러나 배가 있다면 상황은 달라진다. 배는 바다의 풍랑을 이겨 내고 아무리 먼 거리라도 목적지까지 안전하게 승객을 건네준다. 부처님은 바로 고통의 바다를 건네주는 큰 배이며 뱃사공이다. 먼저 부처님의 말씀을 읽어 보자.

선남자여, 마치 큰 배가 바다에 떠서 이 언덕에서 저 언덕까지 갔다가 다시 저 언덕에서 이 언덕으로 오듯이 여래의 정각도 그와 같아서 대반열반이란 대승의 배를 타고 왔다갔다하면서 중생들을 제도할 적에 간 데마다 제도할 이가 있으면 모두 여래의 몸을 보게 하나니 이런 뜻으로 여래를 훌륭한 뱃사공이라 하느니라. 마치 배가 있으면 사공이 있고 사공이 있으므로 중생들이 큰 바다를 건너가는 것같이 여래가 항상 머물면서 중생들을 제도함도 그와 같느니라.

부처님은 가더라도 아주 가는 것이 아니고 오더라도 아주 오는 것이 아니라는 것을 뱃사공이 강의 양편 또는 바다를 사이에 두고 있는 두 육지를 오고 가는 것에 비유한다. 강이나 바다를 건널 사람이 있으면, 뱃사공이 그를 실어 나르기 위해서 물위를 오고 가듯이 부처님도 제도할 중생이 있으면 그에 따라 이 세상 저 세상을 오고 간다고 한다. 부처님은 열반에 듦으로써 가는 모습을 보이지만 실상은 항상 머물러 있으면서 중생들을 제도한다는 말씀이다.

작년에 '작별'이라는 텔레비전 드라마가 있었다. 종합병원의 한 의사가 불치의 병인 암에 걸려 시한부 인생을 사는 과정을 소재로 해서 꾸며진 것이다. 처음에 이 드라마는 별로 인기가 없었다. 그러나 드라마가 진행되면서 암이라는 진단을 받고 죽을 날만 기다리는 상황이 되자 인기가 폭발했다. 많은 사람이 방송사에 전화를 걸어 제발 죽이지 말아 달라고 하는 일까지 있었다. 자기 남편이나 자기 자식이 바로 그런 시한부 인생으로 기적을 바라는 실낱 같은 희망으로 하루하루를 보내고 있다는 전화였다. 드라마에서 의사가 죽게 된다면 모든 희망이 무너진다는 하소연이었다. 전화 내용 가운데는 감동을 주는 사연들이 많았다고 한다. 작가와 연출자의 의도는 제대로 맞아든 셈이다. 죽음이라는 주제는 시청자 누구라도 가볍게 흘려 버릴 수 없는 것이기 때문이다. 사람들은 드라마의 상황을 자신의 상황과 비교해 보며 극이 진행됨에 따라 슬퍼하고 안타까워했다.

죽음은 인간이 만나는 가장 절망스러운 상황이다. 죽음 앞에서는 이 세상의 재물도 권력도 아무 힘이 없다. 죽음은 누가 대신해 줄 수도 없다. 고독하게 맞닥뜨려야 하는 현실이다. 인간의 질병에 관해서 최고의 지식을 가지고 있고 최선의 치료를 받을 수 있다는 종합병원의 의사도 예외는 아니다. 중생은 누구나가 생사의 바다, 고통의 바다를 건너야 한다. 그러나 중생의 능력으로는 그 바다를 무사히 건널 수가 없다. 힘이 부치기도 하고, 사나운 상어 떼를 만날 수도 있고, 태풍이나 큰 풍랑이 중생을 삼켜 버릴 수도 있다. 오직 부처님만이 대승의 큰 배로 안전하게 건네준다. 나와 내 것을 내세우고 그것을 지키려고 하는 중생들은 잃어버릴 것이 있다. 잃어버릴 것이 있으므로 두려움도 있다. 그러나 부처님의 법신은 나와 우주를 한 몸으로 삼고 있다. 죽음이라는 바다와 삶이라는 언덕이 한 몸체를 이루기 때문에 두려워해야 할 것이 없다.

부처님은 자신의 열반을 통해 가르치는 법이 뱃사공과도 같고 순풍과도 같다고 했다. 먼저 뱃사공이란 누구인가. 뱃사공은 배를 조종할 수 있는 사람이다. 유능한 뱃사공인 부처님을 만나야만 안전하게 바다를 건널 수 있다. 배에서는 선장이 모든 결정권을 가지고 있다. 예전에 항해가 위험했던 시절에 선장은 배 안에서 사람을 살리고 죽일 수 있는 권한까지 발휘했다. 배에 타기 전에 어디서 무슨 일을 했는지에 관계없이 배를 탄 이상은 선장이 모든 일을 결정한다. 선장에게 목숨까지 맡기는 전폭적인 신뢰가 있어야만 안전한 항해가 이루어진다. 부처님을 유능한 뱃사공으로 모신 이상 자신의 생명까지 맡기는 전폭적인 신뢰가 있어야 생사의 바다를 무사히 건너 열반의 세계에 도달할 수 있다는 것이다.

또 열반을 통해 가르치는 법은 순풍과도 같다고 한다. 먼 대양을 노 젓는 힘으로만 갈 수는 없다. 목적지 방향으로 순조롭게 불어 주는 바람이 있어야 한다. 꼭 목적지 방향으로 바람이 불지 않더라도 요령 있는 뱃사람은 바람을 잘 이용한다. 인간이 가진 탐내는 마음·성내는 마음·어리석은 마음은 안전한 항해를 방해하는 역풍과도 같다. 이러한 삼독심은 거센 풍랑과도 같이 생사의 큰 바다를 거칠게 한다. 나라는 놈을 세우고 그것만을 위주로 생각하기 때문에 세상의 흐름이 있는 그대로 보이지 않는다. 모든 것에게 평등하며 호의적인 세상이 악의를 가진 것으로 보인다. 공연히 적과 장애를 만든다. 부처님의 열반의 법은 우주가 한 몸이다. 물에는 조류가 있고 허공에는 바람길이 있다. 부처님의 법신 배를 타면 자연히 세상사는 순풍이 되어 버린다. 나를 지운 마당에 걸릴 것이라곤 아무것도 없기 때문이다. 그야말로 순풍에 돛 단 듯이 생사의 바다를 헤쳐 갈 수 있다.

부처님의 영원한 생명을 보지 못하면 부처님의 열반은 단순한 죽음이 된다. 죽음에는 좌절만 남는다. 아무런 희망이 없다. 그렇지만 부처님은 단순히 가시는 분이 아니다. 뱃사공처럼 큰 배를 이쪽에서 저쪽으로 저어 가시면서 구원이 필요한 모든 사람들에게 여래의 몸을 보게 한다. 부처님은 낡은 육신을 벗으시면서 떠나는 모습을 보이지만 영원한 진리의 몸은 항상 우리 곁에 계신다. 이것을 믿는 것이 생사의 바다를 건너는 대승의 배를 타는 일이다.

티벳불교에는 덕 높으신 스승은 중생들에 대한 자비와 연민의 마음 때문에 이 세계를 떠나지 않는다는 믿음이 전해져 오고 있다. 중생은 업력으로 윤회하여 새로운 몸을 받지만 생사의 경계를 초월한 스승은 더 이상 윤회의 과보를 받을 것이 없다. 그러나 이 사바 세계에서 진리를 모르고 죄업을 짓는 중생들이 너무 가여워서 떠날 수 없기 때문에 새로운 인간의 몸으로 다시 태어난다는 것이다. 그러한 탄생은 윤회 전생이 아니라 자기가 발원해서 태어나는 환생이다. 노벨 평화상을 수상한 달라이 라마도 관세음 보살의 화신이라고 믿어지고 있다. 달라이 라마는 나라를 빼앗기고 세계를 유랑한 지 수십 년이 되었지만 중국을 미워하지 않는다. 나라를 되찾기 위한 노력은 하지만 비폭력의 평화 운동만 벌인다. 달라이 라마의 인격에서 우리는 자비의 화신 관세음 보살의 모습을 엿볼 수 있다.

우리 나라에도 달라이 라마의 스승의 환생이라는 티벳의 링 린포체라는 동자승이 다녀간 적이 있다. 세상의 상식으로 이해하기에는 참으로 신기한 일이다. 그러나 그 동자승이 고승이었던 전생의 기억을 지니고 있는 것을 보면 환생에 대해서 함부로 생각할 수도 없다. 그 동자승은 일찍부터 지도자로 훈련을 받았는지 아니면 전생의 지도자상이 그대로 나타났는지 모르겠지만 가까이서 보면 어떤 위엄이 느껴진다. 도반 스님 한 분이 그 동자승과 단둘이서 조각배를 탄 적이 있다고 한다. 도반 스님은 배에서 단둘이만 있으므로 자기가 상석에 앉고 그 동자승에게 배 바닥에 앉으라고 했다. 그러자 그 동자승은 묘하게 슬픈 표정을 지으면서 움직이지 않았다고 한다. 어떤 마력에 끌리듯이 도반 스님은 그 동자승에게 상석을 양보했다고 한다.

열반에 드는 부처님은 영원히 떠나는 것이 아니라 중생을 구제하기 위해서 오고 간다는 것을 설명하기 위해서 달라이 라마와 링 린포체의 환생 이야기를 들었다. 그렇지만 개인적으로는 달라이 라마나 링 린포체가 환생한 고승인지 아닌지 확실하게 말할 수가 없다. 환생의 과정은 육신을 넘는 영적인 문제가 개입되기 때문이다. 그러나 법신 부처님에 대해서는 확실하게 말할 수 있다. 열반을 얻어서 개인적인 나를 지우게 되면 그 자리에서는 환생이 있거나 없거나 상관없이 삶과 죽음을 자유롭게 부릴 수가 있다. 우주의 몸을 살기 때문에 서쪽으로 넘어가는 해를 죽음이라고 말하거나 동쪽에서 뜨는 달을 태어남이라고 말하지 않아도 된다. 넘어가는 해를 태어남이라고 말하고 돋는 달을 죽음이라고 말해도 된다. 둘 다를 태어남이라고 해도 좋고 또는 죽음이라고 해도 좋다. 삶과 죽음 그리고 그 둘을 벗어난 경지를 자유롭게 드나들 수 있다. 우주 전체의 입장에서는 봄의 싹을 태어남이라고 하거나 말거나 가을의 낙엽을 죽음이라고 하거나 말거나 아무렇게 말해도 좋기 때문이다.

111. 같은 이름으로 불리는 네 가지 다른 것 (보살품 6)

> 부처님은 중생들을 속이기 위해서 방편을 말씀하시는 것이 아니다. 중생들이 깨달을 수 있도록, 더 이상 미루지 못하도록 어머니의 사랑으로 아이의 말을 하는 것이다.

부처님은 여러 가지 방편을 보이신다. 어느 때는 방편으로 멸도한다고 하고 다른 때는 법신은 항상해서 멸하는 것이 아니라고 한다. 인연 없는 중생은 제도할 수 없다고 하는가 하면 일체 중생을 남김없이 제도할 것이라고도 한다. 이런 때는 이렇게 말하고 저런 때는 저렇게 말하기 때문에 우리의 머리는 혼란스러워진다. 세상에서도 어제 한 말 다르고 오늘 한 말 다른 사람은 믿으려고 하지 않는다. 부처님은 방편이라는 이름으로 여러 말을 해서 중생들을 어지럽게 하신다. 그렇지만 부처님은 우리의 마음이 어디가 막혀 있는가를 훤히 아는 듯하다. 부처님의 답변을 들어 보도록 하자.

선남자여, 여래의 비밀한 말은 깊고 깊어 알기 어려우니라. 어떤 임금이 신하들에게 '선다바'를 가져오게 하였다. 선다바란 이름은 같으나 실물은 넷이니 소금과 그릇과 물과 말이다. 이런 네 가지 물건을 모두 선다바라 한다. 지혜 있는 신하는 이런 이름을 잘 이해하여서 임금이 손이나 발을 씻으려 하면서 선다바를 찾으면 물을 받들고, 음식을 들면서 선다바를 찾으면 소금을 받들고, 식사를 마치고 물을 마시려 하면서 선다바를 찾으면 그릇을 받들고, 거동을 하려 하면서 선다바를 찾으면 말을 받든다.

지혜 있는 신하는 임금이 똑같은 '선다바'를 말하더라도 각기 그 상황에 적합한 물건을 왕에게 올린다고 한다. '선다바'라는 이름으로 물·소금·그릇·말의 네 가지가 불린다. 그래서 지혜 있는 신하는 주인이 어떤 일을 하면서 어떤 뜻으로 선다바라는 말을 하는지 잘 분별해서 대처해야 한다. 주인이 손발을 씻고자 할 때 선다바를 부르면 물을 올리고, 음식을 먹으면서 선다바를 찾으면 소금을 올린다. 목마른 기색으로 선다바를 찾으면 물그릇을 올리고, 외출하려고 선다바를 찾으면 말을 준비해야 한다.

이와 마찬가지로 부처님이 여러 제자들에게 같은 가르침을 주더라도 그것을 받아들이는 개인이나 그룹의 근기에 따라서 그 가르침이 다르게 이해될 수 있다. 또 부처님이 각기 다른 근기를 가진 제자들에게 각기 다른 가르침을 주었다고 하더라도 그 여러 종류의 가르침이 같은 뜻으로 이해될 수도 있다. 지혜 있는 제자는 부처님께서 열반에 든다고 하더라도 진실로 열반에 들지 않는다는 것을 잘 안다. 부처님은 세상이 항상하다고 말하는 이에게는 무상함을 말하고 열반에 든 부처님의 법신이 무상하다고 말하는 이에게는 항상하다고 말한다. 세상이 즐겁다고 말하는 이에게는 괴롭다고 말해 주고 열반이 괴롭다고 말하는 이에게는 즐겁다고 말해 준다. 아주 나쁜 죄를 지을 염려가 있는 중생들을 경계하기 위해서는 그러한 죄를 지으면 절대로 성불할 수 없다고 말하고 이미 나쁜 죄를 저지르고 자포자기 상태에 있는 중생들을 구제하기 위해서는 누구든지 부처님의 법신을 믿고 그것을 얻겠다고 발심하기만 하면 반드시 성불할 수 있다고 말해 준다.

부처님의 주된 관심은 어떻게 중생을 구제하느냐에 있다. 어떤 사물에 대해서 이렇게 말하느냐 저렇게 말하느냐를 중요하게 생각하지 않는다. 어차피 세상의 모든 사물은 인연에 의해서 임시로 화합된 상태에 있고 그나마도 사람의 주관에 의해서 제멋대로 보여지고 제멋대로 이름붙여지고 있다. 그래서 부처님은 한 사물에 대해서 여러 가지 다른 이름을 붙일 수도 있고 많은 사물에 대해서 한 가지 이름을 붙일 수도 있다.

갓난아기를 키우는 엄마들을 보면 참으로 놀랍다는 생각이 들 때가 많다. 우리가 들을 때는 하나도 다를 것이 없는 아기의 울음인데도 엄마는 울음 소리를 잘 구별한다. 어떤 울음에는 배가 고프구나 하면서 젖을 물리고, 또 어떤 울음에는 기저귀가 젖었구나 하면서 기저귀를 갈아 준다. 아기가 자라면서 옹아리를 시작하게 되는데 그러면 엄마는 이전보다 더 바빠진다. 아기가 하는 옹아리를 가만히 들어 보면 의미 없는 소리 투성이지만 가끔은 부정확한 발음으로 자신의 의사를 표시하기도 한다. 다른 사람은 도저히 못 알아듣는 말도 어머니는 잘 알아듣는다. 그리고 아이와 대화한다. 맘마·쭈쭈·응가·쉬 등 어린이와 대화하는 말은 평상시 사용하는 말이 아니다. 발음도 부정확한 어린이의 말로서 어머니는 아이와 대화하고 가르치는 것이다. 어머니는 무한한 인내심으로 아이와 뜻을 통하기 위해 노력한다. 그러면서도 짜증이 안 나는 것은 아이가 사랑스럽기 때문이다. 그러다가 아이가 어머니의 말을 알아들을 때가 되어야 정확한 발음을 하는 것이다.

부처님도 마찬가지이다. 중생을 무한히 사랑하기 때문에 중생이 알아들을 수 있는 말을 하는 것이다. 중생이 부처님의 말을 알아들을 때가 되면 그때는 더 이상 맘마가 아니라 밥이며 쭈쭈가 아니라 젖이라고 바르게 알려 주는 것이다. 〈문자품〉에서 공부한 바와 같이 어린이에게는 기본 모음만 가르쳐 준다. 모음만으로는 완전한 글자를 이루지 못하기 때문에 반자가 된다. 그러나 어른이 되면 자음까지 가르친다. 완전한 글자라고 해서 만자(滿字)가 된다.

물과 공기는 인간이 생존하기 위해 꼭 필요한 것들이다. 그러나 인간은 물과 공기의 귀중함을 잘 모른다. 어디서나 풍부하여 항상 호흡하고 언제라도 마실 수 있기 때문이다. 더군다나 경제개발이 국가의 최고 목표였던 시기에는 누구도 환경문제를 거론하지 못했다. 죄의식

없이 매연을 내뿜어 공기를 오염시키고 강과 하천에 오염물질을 마구 버렸다. 지금은 환경운동으로 저명인사가 된 최열 씨만 보더라도 80년대에는 이상한 사람으로 몰렸다. 공해를 고발하고 환경을 살리자고 한 것이 사회 불안을 조장한다는 어처구니없는 이유에서였다. 그런데 어느 날부터인가 한강에서 등이 구부러진 물고기가 잡히기 시작했다. 여름이면 수영객으로 붐비던 한강 백사장이 개발에 밀려 사라지고 한강에서 수영하면 피부병이 생기기 시작했다. 서울은 항상 희뿌연 안개 같은 광화학 스모그로 뒤덮이게 되었다.

산사에서 좋은 공기만 마시며 살다가 가끔 서울을 방문하는 스님들은 도시의 탁한 공기를 예민하게 알아차린다. 일부 강물이 더 이상 식수로 사용할 수 없을 만큼 오염되었다는 것이 밝혀지면서 어떤 지역에서는 식수파동도 일어났다. 이 지경이 되어서야 사람들은 환경에 관심을 기울이기 시작했다. 물과 공기를 안심하고 마시고 호흡하기 위해 우리가 지불해야 하는 대가는 참으로 크다. 한번 오염된 환경을 되살리기 위해서는 오염시킨 것보다 몇 배, 몇십 배의 노력이 필요하다. 환경보호에 무심했던 사람들도 자연을 되살리는 대열에 동참해서 애쓰고 있다. 환경이 오염된 이후에야 환경보호의 소중함을 안 것이다. 생각이 앞선 사람이 80년대부터 환경보호를 목터지게 외쳐 왔지만 대부분의 사람들이 무관심하다가 공해의 피해가 자신에게 닥치기 시작하자 겨우 관심을 갖기 시작했다.

법신이라는 것은 무엇인가. 법의 몸이라는 말이다. 법은 우주 질서를 의미하기 때문에 법신은 다시 우주 질서의 몸이라는 뜻이 된다. 줄이면 우주의 몸이다. 이 우주의 몸은 나와 너 또는 사람과 환경을 한 몸으로 삼는다. 내가 남의 도움을 받지 않고 혼자서 살 수가 없고 사람이 자연환경의 도움을 받지 않고 살 수는 없다는 것이다. 예전에 '나'라는 생각을 지우기 위해서 수도하던 스님들은 법신을 얻기 위해서 자기를 지우는 수련을 주로 많이 했을 것이다. 그러나 환경문제가 심각해진 요즈음에 이르러서는 똑같은 부처님의 말씀이 다르게 이해될 수가 있다. 바로 나와 환경이 둘이 아니라는 것이다. 사람이 없어도 환경에는 아무런 영향이 없지만 반대로 자연환경이 없으면 사람은 살 수가 없다. 선다바라는 말이 물·소금·그릇·말 등으로 쓰여지는 것처럼 부처님이 가르치는 법신사상도 어떤 때는 무상함을 가르치고, 어떤 때는 항상함을 가르치고 또 다른 때는 나와 환경, 나와 산하대지가 둘이 아니라는 것을 가르칠 수가 있다.

 부처님의 법은 참으로 귀하다. 그런데 그 귀한 부처님의 법을 부처님이 항상하다고 하여 중생들은 받아들이고 실천하는 데 게으르다. 부처님은 항상 계시니까 오늘 못 뵈면 내일 뵙지 하는 마음이다. 정법은 멸하지 않으니까 오늘 듣지 못하면 내일 들어도 별 탈 없을 꺼야 하는 게으른 마음으로 미룬다. 미루다가 결국은 부처님을 뵙지도 못하고 정법을 배우지도 못한다. 그래서 부처님은 방편으로 열반을 보이신다. 정법이 멸한다고 하시기도 했다. 중생들은 그제야 '아이고 더 이상 미루다가는 큰일나겠구나. 부처님을 뵐 수 있는 날이 며칠 안 남았구나. 정법을 배울 기회도 얼마 없구나.' 하며 긴장해서 정신차리고 수행하게 된다.

 부처님이 중생들을 속이기 위해서 방편을 말씀하시는 것이 아니다. 중생들이 깨달을 수 있도록, 더 이상 미루지 못하도록 어머니의 사랑으로 아이의 말을 하는 것이다. 중생들이 가진 근기에 따라 게으른 중생들은 부지런히 분발하게 하고, 교만한 중생들은 겸허한 마음을 가지게 하고, 그리고 어리석은 중생들은 지혜를 얻을 수 있도록 각기 알맞은 가르침을 주시는 것이다.

112. 열반경에 물을 타도 무량한 이익 (보살품 7)

> 우유에 물을 타면 맛이 흐려지기는 하지만 우유 맛은 남아 있다. 쓴맛을 제 아무리 좋게 해도 흐려진 우유 맛을 따라올 수 없듯이 아무리 열반경이 희석되었더라도……

《열반경》이 최고의 경전이라고 하는 것을 우유에 아무리 물을 타도 쓴맛보다는 좋다는 비유로 말씀하신다.

부처님의 가르침은 아주 단순하다. 우리가 처해 있는 현실의 상황과 그 원인 그리고 현실의 문제를 해결한 이상의 경지와 그 경지로 가는 길이 전부이다. 여기에 기본 교리로 연기법이 있고, 실천덕목으로 계정혜(戒定慧) 삼학·팔정도 또는 육바라밀이 있다. 이 기본적인 가르침으로부터 많은 종파가 생겨났다. 어떤 종파는 부처님의 가르침을 사후에 서방정토 극락 세계에 가는 길로 풀이했고, 어떤 종파는 진언이나 다라니를 외워서 이 몸을 가지고 성불하는 길로 이해했다. 사물이 공한 상태에 있다는 것을 중심으로 부처님의 가르침을 풀이한 종파가 있는가 하면 모든 사물은 예외 없이 서로서로 포함되어 있다는 성구사상(性具思想)을 중심으로 부처님의 가르침을 풀이한 종파도 있다. 부처님이 가르치신 마음을 미혹한 마음이라고 풀이하는 종파가 있는가 하면 참다운 마음이라고 풀이하는 종파도 있다. 또 모든 불경의 말씀이 부처님께서 입으로 전한 것이라고 한다면 부처님의 마음을 전한 것이 있을 것이라고 주장하는 종파도 있다. 부처님의 가르침에 대한 여러 방면에서의 해석은 여기에서 끝나지 않는다. 각 종파 내에서 다시 부처님의 가르침을 여러 가지로 해석한다. 큰 가지로 갈라진 해석이 다시 작은 가지로 가지를 치는 것이다. 따라서 부처님의 한 가르침은 천차만별로 벌어질 수가 있다.

불교 내에 여러 종파가 있는 것까지는 이해할 수가 있다. 부처님의 가르침 가운데 있는 특징을 다방면에서 들추어 냈다는 점에서 또 부처님의 교리적인 가르침을 시대와 지역에 맞게 응용해서 종교적으로 폈다는 점에서 종파불교의 발생을 좋게 생각할 수도 있다. 그러나 나름대로의 해석이 여기에서 그치지는 않을 것이다. 사람마다 천차만별로 풀이할 수가 있다. 부처님의 말씀을 제대로 풀이한 쪽도 있겠지만 전체적인 균형을 잃고 어느 한쪽에 치우쳐서 풀이한 이들도 있을 것이다. 부처님의 입장에서 보면 위험스럽게 풀이하는 사람들이 더 많을 수도 있다.

이뿐만이 아니다. 불경의 번역에도 많은 문제가 있을 수 있다. 본래 인도어로 되어 있던 불경이 중국어로 번역되었고, 중국어로 된 것이 다시 한글로 번역되어 있다. 인도어 그대로 불경을 읽더라도 천 명이 읽으면 천 가지의 해석이 나올 수가 있다. 본래 글이라고 하는 것이 작자의 손을 떠나면 이미 그것은 작자의 것이 아니라고 하지 않는가. 그런데 그것이 중국어로 번역되었다. 부처님이 직접 번역하지 않는 한 번역자의 개인적인 해석이 첨가될 수가 있다. 물론 우리는 불경을 번역한 조사 스님들을 부처님과 다름없이 믿지만 이론적으로 따져서 말하면 그렇다는 것이다. 다시 그 중국불경이 한글로 번역되었다. 경을 읽는 사람들은 자기의 소견대로 해석할 것이다. 여기서 우리는 의문을 가지게 된다. 불경이나 해설 서적이 원전의 취지와 완전히 일치하지 않거나 또는 읽는 사람들이 원전의 취지를 바로 파악하지 못하는 점이 있으면 어떻게 되느냐는 것이다. 부처님은 우리의 의문에 대답하신다.

이 대승의 《대반열반경》도 내가 열반한 뒤에는 중생들이 공경하지 아니하여 위덕이 없으리니, 왜냐하면 이 중생들이 여래의 비밀한 법장을 알지 못하는 연고니, 무슨 까닭인가. 중생이 박복한 탓이니라.······ 나쁜 비구들이 이 경에서 한 대문씩 뽑아 내어서 여러 책으로 갈라 만들어 바른 법의 빛깔과 향기와 아름다운 맛을 없앨 것이며, 나쁜 사람들이 그런 경전을 외우더라도 여래의 깊고 중요하고 비밀한 뜻을 없애 버리고 세상에 있는 어줍지 않게 문장치레나 한 무의미한 문구를 섞으며 앞의 것은 뽑아 뒤에 두고 뒤의 것은 뽑아 앞에 두며, 앞뒤의 것을 가운데 넣고 가운데 것을 앞뒤에 두리니······ 이 대승경전인 《대반열반경》도 그와 같아서 차츰차츰 싱거워져서 참 맛이 없을 것이나 비록 참 맛은 없더라도 다른 경전보다는 천 갑절이나 훌륭하다.

부처님이 가르치신 《열반경》의 핵심 내용은 시일이 지나도 처음 그대로 변하지 않는다면 가장 좋은 일일 것이다. 그러나 시대는 바뀌고 중생들의 근기도 다양해져서 《열반경》도 처음의 맛을 많이 잃게 된다. 마치 우유에 물을 탄 것처럼 맛이 흐려지게 되는 것이다. 그러나 우유에 물을 타도 우유의 맛은 약간이라도 남아 있다. 쓴맛을 제 아무리 좋게 한다고 하여도 흐려진 우유 맛을 따라올 수 없듯이 《열반경》이 비록 처음의 훌륭함을 많이 잃었더라도 다른 삿된 가르침에 비한다면 얻을 수 있는 이익이 무량하다는 것이다.

공자시대에 중국을 뒤흔든 세 사람의 사상가가 있었다. 공자와 노자와 묵자였다. 공자는 인의를 중시한 경세가로 유학의 창시자이다. 노자는 모든 인위적인 노력을 배격한 무위자연을 주장했다. 그리고 묵자는 모든 인류에 대한 보편적 사랑과 헌신을 주장한 겸애설로 유명하다. 이 시기는 후세의 사가들이 제자백가의 시대라 부를 만큼 온갖 사상이 풍미했다. 그리고 당시에는 공자보다는 노자와 묵자의 사상을 많은 이들이 따랐다고 한다. 제자백가의 철학은 서적으로 전해져 오다가 진시황의 분서갱유 때 대부분 모든 전적이 불타서 귀중한 사상이나 철학이 유실되었다. 분서갱유 때 난을 피한 소수의 책들만이 후세에 전해졌다. 그런데 전해지는 내용 중에 후세의 학자들이 골머리를 썩인 것이 있다. 바로 묵자의 책이다. 한문은 본래 문장을 새기는 방법이 여러 가지라서 해석이 여럿 있을 수는 있지만 묵자의 책은 도대체 무슨 소리인지 종잡을 수 없었다. 당대의 최고 학자라는 사람들이 해독을 시도했지만 번번이 실패했다. 그런데 전혀 엉뚱한 곳에서 해석의 실마리가 풀렸다. 근세에 이르러 중국의 옛날 고분에서 묵자의 책이 발견되었던 것이다. 물론 많이 상했으나 전해지는 책과 비교해서 보면 해석에는 무리가 없었다.

종이가 발명되기 전에는 글을 비단 두루말이나 대나무 조각에 썼다. 비단은 비싸기 때문에 대부분의 대나무를 좁게 쪼갠 죽간에 글을 썼다. 대나무 조각들은 가죽 끈으로 엮어서 흩어지지 않도록 했다. 그런데 죽간의 길이가 길다 보니 내용을 한 줄로 써넣으면 읽기가 불편했다. 그래서 묵자의 책도 윗문단과 아랫문단이 나뉘어 있었다. 그런데 어느 사람이 책을 옮기면서 문단 구분을 없애 버리고 위 아래를 그냥 붙여 버린 것이다. 여러 단으로 나뉘어진 신문의 글을 위에서부터 아래로 계속 읽어 내려가면 뜻이 통하지 않을 것은 당연한 일이다. 이것은 세월이 지남에 따라서 본래의 글이 바뀌어질 수 있는 극단적인 예이지만 불경이 전해지면서 이런 일은 벌어지지 않았다고 하더라도 약간의 왜곡은 얼마든지 있을 수 있다.

어린이들의 놀이에서 말 전하기라는 것이 있다. 서로 다음 사람에게 말을 전하는 것이다. 그런데 귓속말로 열 명만 지나가도 처음의 말은 크게 달라진다. 하물며 수천 년을 민족과 언어·국경을 넘어 전해지는 《열반경》이 처음을 유지하는 것은 무리일 것이다. 그렇다면 흐려지고 왜곡되었으니 가치가 없는가 하겠지만 부처님은 그렇지는 않다고 한다. 왜냐하면 《열반경》은 워낙 원료가 좋고 진하기 때문이다.

미국을 대표하는 것 둘을 꼽으라면 대부분 맥도날드 햄버거와 코카콜라를 선택하는 사람들이 많다. 코카콜라는 안 팔리는 곳이 없다. 제조 비법은 엄격한 비밀로 지켜지고 있다고 한다. 인도가 콜라의 상륙을 허용할 테니 제조 노하우를 밝히라고 했을 때 코카콜라 회사는 거부했다. 비법을 지키기 위해 6억의 인구가 있는 큰 시장을 포기한 것이다. 그런데 나라마다 코카콜라의 농도가 틀리다고 한다. 우리 나라에서도 병에 든 콜라는 간장처럼 진한데 피자 집에서는 물을 타서 흐리게 나온다. 흐리게 물에 타서 먹는 것이 정상이라고 말한다. 그러면 왜 진하게 팔까. 비판적인 사람은 그 이유를 콜라 회사가 소비자를 중독시키기 위해서라고 말한다. 일단 중독되면 계속해서 마시기 때문이다. 중국에서는 외국어를 자기 말로 표현하는 전통이 있으니까 콜라도 한문으로 이름지었다. 가구가락(可口可樂)이다. 입을 즐겁게 한다는 뜻으로 발음도 비슷하다. 중국에 코카콜라가 처음 상륙할 때는 카페인 농도가 우리 나라보다 몇 배나 진했다고 한다. 입맛을 길들이고 중독시키기 위해서였다. 일단 중독만 되면 그 다음부터는 땅짚고 헤엄치기이다. 흐리게 해도 콜라만 찾게 된다. 콜라는 흐리게 해도 원액의 맛이 아주 없어지지 않는다.

　이와 마찬가지로《대반열반경》이 세월을 거치면서 원액의 맛이 많이 희석된다고 하더라도 다른 것에 비해서는 억 천만 배의 좋은 맛을 낸다고 한다. 아무리 세월과 사람을 거치면서 희석된다고 하더라도 육신이 아닌 법신을 얻으라는 기본적인 가르침만은 전달될 것이기 때문이다. 그래서 설사 중국에서 편집된 불경들이라고 하더라도 절집에서는 불자님들이 읽도록 묵인하는 것이다.

113. 여성의 음욕업 (보살품 8)

> 대장부의 기상이 있어야 열반경의 가르침을 받아 지닐 수 있다고 한다. 그러나 남녀의 성차별을 이야기하는 것이 아니다. 부처님은 불성을 아느냐 마느냐로 대장부를 구분하신다.

대장부의 기상이 있어야 《열반경》의 가르침을 받아 지닐 수 있다고 한다. 장부의 기상과 대비되는 것은 여성적인 것이다. 그런데 《열반경》의 부처님은 여성의 음욕을 문제삼았다. 물론 이것은 남자와 여자의 성차별을 이야기하자는 것이 아니다. 부처님은 부처 성품을 아느냐 알지 못하느냐의 차이로 대장부인가 아닌가를 구분한다.

사명 대사는 수염이 아주 멋있었다고 전한다. 그런데 스승인 서산 대사가 보기에는 불제자가 수염을 기르는 것이 별로 탐탁치 않았던 모양이다. 그래서 어느 날 넌지시 "출가해서 삭발한 비구가 왜 수염을 기르느냐."고 물어 보았다고 한다. 그러자 사명 대사가 대답하길 "머리를 깎은 것은 부처님의 아들인 까닭이고 수염을 기른 것은 대장부이기 때문입니다."라고 대답했다고 한다.

부처님은 남성 특히 대장부의 기질을 가진 사람이라야 불도를 이룰 수 있다고 했는지 어떤 의미에서 남성과 여성을 가르는지 또 여성에게 불도를 이루는 데 장애가 되는 업이 많다고 하면 그것은 무엇인지 부처님의 말씀을 읽어 보자.

선남자여, 모든 선남자・선여인이 이 《대반열반경》을 듣고는 항상 여인의 모양을 꾸짖고 남자 되기를 구하나니, 왜냐하면 이 대승경전에 사내다운 기상이 있으니 곧 부처 성품이라. 만일 사람으로서 부처 성품을 알지 못하는 이는 남자의 기상이 없나니 무슨 까닭인가. 스스로 부처 성품 있는 줄을 모르는 연고며 부처 성품을 알지 못하는 이는 내가 그들을 이름하여 여인이라 말하고 스스로 부처 성품 있음을 아는 이는 대장부라고 말하느니라. 만일 여인이 자신의 몸에 결정코 부처 성품 있는 줄을 알면 그런 이는 곧 남자가 되느니라. 선남자여, 이 대승경전인 《대반열반경》은 한량없고 그지없고 헤아릴 수 없는 공덕 덩어리니, 왜냐하면 여래의 비밀한 법장을 말한 연고니라.

부처님은 여기서 남성과 여성을 구별하지만 우리가 말하는 세간적인 것이 아니라 출세간적인 의미에서의 차이를 뜻한다. 장부의 기개를 부처 성품을 아는 데 두고 있다. 육체적으로 남자의 모습을 갖추었다고 하더라도 부처 성품을 모르면 여자와 같고 반대로 여자의 모습을 갖추었다고 하더라도 법신과 불성에 대해서 알면 남자와 같다.

여성에게 있는 문제 가운데서 가장 심각한 것은 음욕이라고 한다. 여성의 음욕은 만족을 모르기 때문이라는 것이다. 부처님은 모든 땅덩이를 겨자씨 만한 환으로 만든다고 해도 음욕이 많은 여인은 그 먼지의 수효처럼 많은 남자를 상대해도 만족하지 못한다고 말씀하신다.

서양에서는 음란증을 메살리나즘이라 한다. 메살리나는 로마의 전설적인 폭군 네로의 왕비이다. 이 여인은 너무도 음탕하고 성적으로 만족할 줄 몰랐기 때문에 하룻밤에 수많은 군인들을 상대했다고 전해지고 있다. 실제로 그러했는지는 알 수 없지만 그녀의 이름은 무한한 불만족의 음욕을 뜻하는 의학용어로 정해졌다.

이 대목을 알아보기 위해서 몇 명의 성전문가들에게 도움을 요청했다. 첫째는 실제로 여성이 남성보다도 음욕이 많으냐는 물음이고, 둘째는 여성에게 음욕이 많다면 그 이유가 어디에 있느냐는 물음이었다. 한 여자 전문가는 여성보다는 남성에게 음욕이 더 많다고 말했다. 남성은 눈앞에 보이는 육체에 대해서 충동적으로 성욕을 느끼지만 여성은 미묘한 사랑의 감정이 긴 시간을 두고 일어나야만 성욕이 생기기 때문이라는 것이었다. 여성에게 음욕이 많다고 하는 것은 과거 남존여비 시대에 여성을 구속시켜야 한다는 생각 때문에 남자들이 일방적으로 퍼뜨린 낭설이라는 것이다.

그런데 한 남자 성전문가의 견해는 달랐다. 여성이 남성에 비해서 충동적인 성욕을 일으키지 않는 것은 분명하지만 남성은 1회의 절정감으로 성욕이 사그라지는 데 비해서 여성에게는 절정감의 연속성이라는 것이 있다는 것이다. 더욱이 남성은 체력이 없이는 성욕을 낼 수가 없지만 여성은 체력이 없이도 가능하기 때문에 신체구조상 여성에게 음욕이 많다고 할 수밖에 없다는 것이다.

어떤 전문가의 견해가 옳은지 판단할 수 없다. 그러나 만약 남자 전문가의 견해가 옳다고 한다면 여성의 음욕이 문제가 되는 것은 음욕 그 자체가 아니라 무한정하게 만족을 모르는 육체의 구조에 있다고 하겠다. 부처님이 여성의 음욕을 남자의 기질과 대비시켜서 문제로 삼은 것은 만족을 모르고 계속 추구한다는 점을 상징적으로 나타내기 위해서라고 생각된다. 물론 모든 인간에게는 만족을 모르고 끊임없이 더 좋은 것, 더 높은 것, 더 새로운 것을 추구하는 속성이 있다. 단지 성욕은 모든 사람이 만나야 하는 문제이기 때문에 부처님께서 만족을 모르는 여성의 음욕을 부각시켜서 그 상징의 효과를 높이고자 한 것으로 짐작된다. 만약 인간이 남녀를 막론하고 참으로 완전하게 음욕을 여읠 수 있다면 도의 길을 가는 데 큰 장애가 없을 것이다.

앞에서도 살펴보았지만 부처님은 성의 차이로 남성과 여성을 구별하지 않는다. 이 자리에서 만족을 아느냐 모르느냐로 남자와 여자를 구별할 뿐이다. 여성의 음욕은 무한 욕구인 반면에 남성의 불성에 대한 믿음은 현재 만족이다. 불성은 바로 미혹한 중생 모두가 완전하게 행복을 누릴 수 있는 자질을 말한다. 불성을 믿고 그 불성을 발현시키는 것은 지금 이 자리에 있는 그대로의 나와 우주를 여실히 보고 나와 우주가 한 몸이라는 것을 깨닫는 것이다. 내 속에서 우주의 몸을 얻고 우주 속에 내가 있음을 볼 때 그곳에는 경험하지 못한 사람에게는 도저히 알려 줄 수 없는 환희가 있게 된다. 조사 스님들은 그 경지를 "물을 마셔 본 사람이 물맛을 안다."고 말한다.

　부처 성품은 완전한 것이다. 타고난 완전성을 자각하는 것이 대장부다. 완전하기 때문에 당당하다. 만족을 바깥에서 찾는다면 여인의 음욕처럼 결코 채워질 수 없기 때문이다. 남자건 여자건 간에 자신의 완전성을 자각하고 당당하다면《열반경》을 받아 지닐 수 있는 대장부가 된다. 음욕만이 아니라 모든 면에서 만족을 모르고 욕망의 충족을 위해서 방황하는 중생은 대장부가 될 수 없다. 명예욕도 권세욕도 재물욕도 수면욕도 결국 음욕처럼 만족이 없기 때문이다.

　가진 것에 대해 만족을 모르고 완전한 이성을 찾는 사람에 대한 우화가 있다. 어떤 남자가 아무런 결점도 없는 완벽한 여성을 찾아 온 세상을 헤맸다. 결혼하기 위해서였다. 그러나 용모가 아름다우면 어리석은 면이 있고 머리가 좋으면 성격적인 결함이 있었다. 완벽한 여성은 없었다. 주위의 친구들은 헛된 노력은 그만두고 조건에 비슷하기만 하면 결혼하라고 충고했다. 그래도 그 사람은 단념하지 않았다. 이 세상 어디엔가는 완벽한 여성이 있을 것이라는 믿음 때문이었다. 친구들도 충고하기에 지쳐 하는 대로 내버려 두었다. 오랜 세월이 지난 뒤 그 사람은 고향에 돌아왔다. 친구들이 모두 모여 그간의 소식을 물어보았다. 물론 가장 궁금한 것은 완벽한 여성을 만났는가 하는 것이었다. 그 사람은 한 명 만났다고 대답했다. 친구들은 그 여자와 결혼했느냐고 물었다. 그러나 남자는 고개를 가로 흔들었다. 자기가 좋다고 생각한 여자도 완전한 남자를 찾기 위해서 끊임없이 헤매고 있었기 때문에 그녀를 잡을 수 없었던 것이다.

　파랑새라는 연극도 마찬가지 주제를 다루고 있다. 찌르찌르와 미치르라는 두 소년 소녀가 행복을 주는 파랑새를 찾아 집을 나선다. 온갖 어려움을 겪으며 파랑새를 손에 넣기 위해 애를 쓴다. 드디어 파랑새를 잡는다. 그러나 간신히 손에 넣은 파랑새는 집에 돌아와서 보니 더 이상 파랑새가 아니었다. 색이 변해 버린 것이다. 실망한 찌르찌르와 미치르의 눈앞에 집에서 기르고 있던 새가 보였다. 그 새가 바로 파랑새였다.

행복은 먼 곳에 있는 것이 아니다. 물질적으로 또는 밖으로 나서서 완전한 사람이나 행복을 구하는 사람은 결코 그것들을 얻지 못한다. 자기 자신의 속에 있는 불성 또는 완전성을 자각하지 못하는 사람은 집을 나서도 행복을 찾을 수 없고, 행복을 찾더라도 그 행복은 변해 버리고 죽어 버리는 것일 뿐이다.

사람들은 절에 오면 한번쯤 출가할 생각을 한다. 지나가는 말로라도 머리 깎고 출가하고 싶다고 한다. 옛날 중국에서 어떤 관리가 절에 와서 선사에게 출가하고 싶다는 뜻을 비추었다. 그런데 선사는 일언지하에 거절했다. 출가는 대장부나 할 일이지 장군이나 관리들이 할 수 있는 일이 아니기 때문이라는 것이었다. 세상 사람들은 장군이야말로 대장부라고 생각한다. 갑옷을 입고 병장기를 치켜 들고 적진을 향해 돌진하는 군인의 용맹성이 대장부의 기상이라 생각한다. 그런 사람들에 비한다면 출가 사문은 이 세상의 도피자처럼 보이기도 한다. 삭발하고 먹물들인 가사 장삼을 입은 출가수행자는 계율에 얽매여 자유가 없는 듯이 보인다. 그러나 선사는 출가수행자의 길은 진정한 대장부가 아니면 가지 못한다고 엄숙하게 선언하셨다. 재물욕·명예욕·색욕과 같은 것에 혼을 빼앗기고 무한정 밖으로 헤매는 사람은 아무리 군복을 입었다고 하더라도 장부가 아니라는 것이다. 자기가 안고 다니는 불성을 개발하려는 마음을 내는 사람만이 참다운 대장부라는 것이다.

114. 각급의 불과에 있는 불성의 동일성 (보살품 9)

> 부처님의 법신은 나와 남, 태어남과 죽음, 성공과 실패를 한 몸으로 삼는다. 따라서 지옥·아귀·축생에도 불성이 있다. 그렇다면 부처나 중생 사이에 불성의 차이는 없다.

부처님이나 보살·성문·연각이 지닌 불성은 어떻게 동일한가. 중생들이 보기에 사람은 각기 다른 것 같다. 똑똑한 사람이 있는 반면에 어리석은 사람도 있다. 일을 빨리빨리 능력 있게 처리하는 사람이 있는가 하면 별것도 아닌 일을 가지고 하루종일 끙끙거리는 사람도 있다. 또 일을 처리하기는커녕 손만 대면 오히려 더 어렵게 만드는 사람도 있다. 불성에도 차이가 있는 것 같다. 똑같이 사람 몸을 받았는데 석가모니는 부처님이 되셨고 어떤 이는 보살이 되고 또 어떤 이는 성문·연각이 된다. 대부분의 중생들은 그나마도 못 되어서 육도 윤회를 벗어나지 못한다. 그렇다면 그와 같은 차이는 어디서 생기는 것일까 하는 의문을 안 가질 수 없다.

〈보살품〉에서 갑자기 문수 보살과 순타가 등장한다. 문수 보살이 순타의 생각임을 내세워서 질문하기 때문에 순타가 직접적으로 대화에 참가하지는 않는다. 문수 보살이 순타를 대신해서 여쭌다. 불성이 항상하다고 하더라도 그것을 보지 못했을 때는 무상할 것이고 처음에 무상하다면 나중에도 무상할 것이다. 무상하다는 것은 처음에 없던 것이 뒤에 생겼다가 다시 없어지는 것이기 때문에 이런 원리를 부처·보살·성문·연각의 네 단계에 견주어서 생각한다면 비록 이 네 단계의 불과는 다르다고 하더라도 그 불과를 얻게 하는 불성은 똑같지 않겠느냐는 물음이다.

달리 물어도 된다. 일체 중생이 가진 부처 성품은 동일하다. 그러나 성문과 연각을 부처님과 동등하게 생각할 수는 없다. 더군다나 깨닫지 못한 범부 중생과 부처님은 판연히 다르다. 그렇다면 부처 성품이 본래 같은데 왜 차별이 생기느냐는 물음이 생긴다. 부처님의 답변을 읽어 보자.

선남자여, 자세히 들으라. 그대에게 말하리라. 선남자여, 어떤 장자가 젖소를 많이 기르는데 여러 가지 빛깔이 있었다. 이 사람이 어느 때에 제사를 지내기 위하여 여러 소의 젖을 짜서 한 그릇에 담다가 여러 소의 젖 빛이 똑같이 흰 것을 보고 문득 놀라서 '소 빛이 제각기 다른데, 젖 빛은 어찌하여 같을까.' 하고 생각하였다. 그러다가 모든 것이 중생들의 업보의 인연이어서 젖 빛이 같은 줄을 알았느니라. 선남자여, 성문·연각·보살도 그러하여 부처 성품이 마찬가지인 것이 젖 빛과 같으니, 왜냐하면 번뇌가 없어짐이 같은 까닭이니라.

부처님은 대승이나 소승 사이에 불성의 차이가 없다는 것을 설명하기 위해서 우유의 흰 빛이 같다는 비유를 들었다. 각기 털 색깔이 다른 여러 젖소의 우유를 짜더라도 오직 흰 빛깔의 우유만을 얻을 수 있는 것처럼 대승과 소승이 다르다고 하더라도 불성은 차이가 없다는 것이다.

《삼국지》에는 제갈공명이 등장해야 맛이 난다. 황건적의 난과 군웅할거의 시대를 거치면서 주인공인 유비·관우·장비가 도원결의를 맺지만 그 대목까지는 별로 재미가 없다. 그러다가 유비가 삼고초려(三顧草廬)로 제갈공명을 모셔오면서 《삼국지》는 재미가 붙는다. 제갈공명은 앉아서 천리 밖을 내다보고 전략을 세운다. 용맹스런 장수들도, 조조의 백만대군도 공명 앞에서는 장기판의 졸과도 같다. 《삼국지》의 주인공이 제갈공명으로 바뀐다. 전쟁과 혼란의 시기는 바로 책사(策士)의 시기이다. 조조·손권 모두 훌륭한 참모를 거느렸지만 공명을 따를 수가 없다. 《삼국지》에서 제일 압권은 적벽대전일 것이다. 공명이 동남풍을 불러 조조의 백만대군을 화공하는 장면은 많은 문인 시객들의 작품에서 재현될 만큼 웅대하다. 손권에게는 주유가 있었다. 주유는 공명이 동남풍을 부르는 것을 보고 두려워해서 그를 제거하고자 한다. 하지만 모든 시도는 공명의 지혜 앞에 실패해 버리고 주유는 피를 토하고 죽는다. 주유는 "하늘이 이 주유를 내시고 왜 또 공명을 내셨던가." 하고 원통하게 부르짖는다. 열심히 공부하는 사람을 당할 수 없다고 말하지만 아무리 공부해도 안 되는 경우가 있다. 답답하다. 선천적인 자질에서 차이가 있지 않다고 한다면 그 차이는 이해되지 않는다. 손권의 참모인 주유가 유비의 참모인 공명 앞에서 느끼는 절망이다. 부처님 말씀대로 공명이 가진 불성과 주유가 가진 불성이 똑같다면 왜 두 사람 사이에는 인위적인 노력으로 극복할 수 없는 능력의 차이가 있게 되는가 하는 의문이 생긴다.

  율곡 이이 선생은 조선조의 유명한 학자였다. 왜구의 침입을 예견하여 십만양병설을 주장하기도 한 분이다. 율곡 선생은 책을 굉장히 빨리 읽었다고 한다. 어떤 사람이 율곡 선생이 책을 읽는 것을 보고 도대체 얼마나 빨리 보느냐고 물었다. 율곡 선생은 한눈에 일곱 줄씩 본다고 했다. 뜻 글자로 된 한문책을 한번에 일곱 줄을 본다면 요즘 책으로는 많은 분량이 한눈에 들어오는 셈이다. 그 말을 듣고 깜짝 놀라자 율곡 선생은 자기의 속독이 별것 아니라고 말했다. 한번에 열 줄 이상을 읽는 사람도 있다는 것이었다. 대학자들이 많은 분량의 책을 한눈에 빨리 읽으면서도 그 내용을 정확히 파악하는 것을 보고 보통 사람은 놀라게 된다. 그런 분들은 평범한 우리들과는 전혀 다른 능력을 가지고 태어난 사람으로 생각된다. 불성으로 말한다면 아주 질이 좋은 불성을 가지고 태어난 것으로 그런 분들이 존경스럽기도 하고 부족한 우리 자신이 절망스럽기도 하다.

　사람의 지능을 측정하는 방법에는 여러 가지가 있는데 가장 많이 활용되는 것은 아이큐 검사법이다. 보통 사람은 100을 중심으로 잡는다. 130 이상이면 수재라고 하고 150이 넘으면 천재라고 한다. 그러나 사람들 중에는 뇌의 기능이 보통 사람들보다 뒤떨어지는 경우도 있다. 아이큐가 두 자리에 불과해 육체는 어른이지만 정신적인 능력은 어린 아이와 같은 장애자들이 있다. 그런 사람의 경우 자기 손으로 식사를 하고 대소변을 볼 수 있을 정도로 교육하는 데도 무척 많은 노력이 필요하다고 한다. 여기서 우리는 앞에 물었던 똑같은 의문을 만나게 된다. 왜 같은 불성을 가진 사람들의 능력이 각기 다르냐는 것이다.

　포레스트 검프라는 영화가 얼마 전에 큰 성공을 거두었다. 톰 행크스라는 배우가 주연한 이 영화는 보통 사람보다 지능이 떨어지는 사람을 주인공으로 삼고 그 사람의 시각으로 미국의 현대사를 해석하고 있다. 즉 비범한 사람들이 만들어 가는 역사가 아니라 보통 사람 아니 좀 모자란 사람이 보는 역사를 그리고자 한 것이다. 주인공은 일반 사회 기준으로 보면 바보이다. 그러나 그는 월남전에 참전해서 훈장도 받는다. 월남전은 람보같이 절대로 죽지 않는 영웅이 치른 것이 아니라 평범한 미국 시민의 전쟁이라는 것이다. 이 부족한 지능의 주인공은 뒤에 새우잡이로 큰 돈을 벌기도 한다. 보통 사람보다 지능은 부족하지만 순수한 마음과 성실한 노력으로 성공을 거두는 주인공의 모습을 보려고 많은 관객이 극장에 몰렸다.

　불경에도 출리 판타카의 이야기가 있다. 아무리 가르침을 들어도 기억하지 못하고 잊어버리기 때문에 형인 마하 판타카조차 부끄러워했다. 그래서 집에 돌려보내려고 했다. 그러나 출리 판타카는 부처님의 가르침을 기억하지 못해도 부처님 곁에 있는 것이 좋았다. 울고 있는 출리 판타카에게 부처님은 마당을 쓸라고 시켰다. 출리 판타카는 마당을 열심히 쓰는 가운데 어리석음을 쓸어 버리고 누구보다도 먼저 지혜를 얻었다.

　우리는 여러 방면의 능력이 다른 사람보다 아주 높은 사람과 부족한 사람의 예를 종종 본다. 출중한 사람들과 부족한 사람들이 각기 나름대로 이루는 성공을 보면서 왜 같은 불성을 가진 사람에게 다른 능력이 생기는가를 물었다. 그러나 우리의 물음을 곰곰이 생각해 보면 여기에는 허점이 있다. 바로 물질과 형상에 의해서 좋고 나쁜 것을 가리려는 속세적인 평가 기준이다. 나와 남을 가르고 나와 우주를 가르는 입장에서 보면 남보다 책을 빨리 읽고 남보다 지략이 뛰어나서 남을 이기고 남보다 성공을 거두는 사람들은 능력이 있는 것처럼 두드러지게 보인다. 대승과 소승, 부처와 성문·연각을 갈라서 보는 것도 마찬가지이다. 문수 보살이 어떻게 부처를 이룬 사람과 부처를 이루지 못한 사람의 불성이 같을 수 있느냐고 물었을 때 이 질문에는 부처를 어떤 형상적인 성취로 보려는 전제가 들어 있다. 성취와 실패를 가르는 것은 누구의 성취와 누구의 실패를 가르는 것이 된다. 나와 남을 가른다는 말이다. 나와 남을 가르는 것은 법신의 입장에서 본 것이 아니라 육신의 시각으로 본 것이다.

　부처님의 법신은 나와 남, 태어남과 죽음, 성공과 실패를 한 몸으로 삼는다. 화분에 꽃이 한 송이 피어 있다고 치자. 법신은 위쪽의 꽃 부분을 성공이라고 하거나 아래의 흙에 묻힌 뿌리 부분을 실패라고 보지 않는다. 꽃과 뿌리 즉 속세적인 의미의 성공과 실패는 한 몸이 된다. 이런 의미에서 부처와 중생의 불성은 아무런 차이가 없다는 것이다. 그래서 부처님은 노란 소·흰 소·검정 소가 다같이 흰색의 우유를 만든다고 한다. 모든 소의 젖이 흰색인 것처럼 모든 중생과 모든 부처의 불성이 똑같다는 것이다.

115. 빠른 원을 세우는 이에게 빠른 수기 (보살품 10)

> 장사치가 훌륭한 보배를 팔려고 할 때 보배의 가치를 알아보고 사고자 하는 사람에게 먼저 파는 것과 같이 부처님은 법신과 불성을 알아보는 이에게 먼저 성불의 수기를 주신다.

삼승의 열반은 차별이 있지만 모두 부처님의 열반으로 간다. 부처님께서 **빠른** 성불을 원하는 이에게는 **빠른** 수기를 주시는 까닭은 무엇인가.

가섭 보살이 부처님께 여쭌다. 만일 모든 중생에게 부처 성품이 있다면 부처와 중생 간의 차이는 무엇이며 또 모든 중생들이 모두 평등한 불성을 지녔다면 왜 소열반·중열반·대열반의 차이가 있느냐는 것이다. 사람들에게 부처 성품이 있다면 마땅히 다함께 여래의 대열반을 얻어야 하지 않느냐는 질문이다.

이에 대해 부처님은 열반이라는 것은 부처님이 얻는 열반만 있을 뿐이라고 대답하신다. 수행과 깨달음이 충분하지 못하면 아직 낮은 단계인 성문이나 연각의 2승 열반이 있을 수 있다. 그러나 그것은 완전한 부처님의 열반이 아니기 때문에 더 높은 경지의 열반으로 나아가야 한다. 마치 강물이 여기저기서 흐르지만 결국은 한바다로 흘러가듯이 삼승의 가는 길이 다른 듯이 보이더라도 필경은 부처님의 바다에서 하나가 된다. 그렇지만 불성이 같다고 해서 성문·연각·보살이 무조건 같지만은 않다. 불성은 평등하지만 번뇌의 섞인 정도가 다르면 각기 다른 길을 간다. 성문이라 하여도 일반 중생이 볼 때는 우유와 같은 대단한 성취이다. 그리고 우유를 발효해서 우유 크림인 타락(酪酥)을 만든다면 그 맛은 더욱 훌륭할 것이다. 그러나 이러한 성문과 연각 같은 소승의 길보다는 대승의 길을 가야 한다. 대승 보살은 타락을 더욱 발효시킨 치즈처럼 영양과 맛·향기에서 따를 것이 없다. 그렇지만 부처님이라는 최고의 맛인 야구르트와는 비교될 수 없다고 한다.

이렇게 소승과 대승이 다른 것은 근기에 차이가 있기 때문이다. 부처님의 가르침을 듣고 교화될 수 있는 소질과 능력이 각기 다르기 때문이다. 그릇은 그 크기만큼만 물을 받을 수 있다. 작은 그릇에는 아무리 물을 많이 쏟아 부어도 넘칠 뿐이다. 중생의 근기도 그와 같아서 부처님의 법을 받을 수 있는 그릇의 크기가 제각각 다르다. 그래서 소승인 성문·연각의 길과 대승인 보살의 길이 달라지게 되는 것이다.

가섭 보살은 다시 쿠시나가라 성의 전다라(旃陀羅)에게 부처님이 장차 부처가 되리라고 수기하신 것에 대해 여쭌다. 부처님의 제자 중에서 가장 뛰어난 사리불이나 목건련에게는 주지 않던 수기를 왜 하찮은 중생에게 먼저 주었느냐는 것이다. 이에 대해 부처님은 다음과 같이 말씀하신다.

선남자여, 어떤 성문이나 연각이나 보살들이 서원하기를 나는 오래오래 바른 법을 보호하다가 나중에 위 없는 부처님 도를 이루리라 하거니와 이는 빨리 이루려는 원을 내었으므로 빨리 수기하는 것이니라.……그러므로 빠르게 원을 세우면 빠른 수기를 주고, 바른 법을 두호하는 이는 먼 수기를 주느니라.

장사치가 훌륭한 보배를 시장에 내다 팔려고 할 때 가짜가 아니냐고 놀리는 사람에게는 그 보배를 팔지 않고 보배의 가치를 알아보고 사고자 하는 사람에게 먼저 파는 것과 같다. 부처님이 수기를 주시는 것도 받는 사람의 원력에 맞춘다는 것이다. 사람은 똑같이 불성을 가지고 있기 때문에 누구나 부처가 될 수 있지만 빨리 부처가 되겠다고 발원하는 이에게 먼저 수기를 준다는 것이다.

우는 아이에게 젖 준다는 속담이 있다. 모든 아기는 사랑받게 되어 있고 모든 엄마는 아기를 사랑하지만 아기가 울음으로 젖 달라는 신호를 할 때 엄마는 젖을 준다. 세상에는 재판정이 있다. 언뜻 생각하면 재판정은 정의를 수호하려고 하는 곳이기 때문에 재판관은 정의롭게 사는 사람들을 위해서 필요한 모든 판결을 내린다고 생각할 수도 있지만 사실은 그렇지 않다. 재판관은 재판을 신청한 사람이 원하는 부분만 판결한다. 논과 밭을 부당하게 빼앗긴 사람이 논을 되돌려 받겠다는 소송을 걸었을 경우에 논뿐만 아니라 밭도 같이 찾으라고 판결하지는 않는다. 논을 되돌려 받겠다고 하면 논에 대해서만 판결하고 밭을 되돌려 받겠다고 하면 밭에 대해서만 판결한다.

부처님 법도 마찬가지이다. 지장 보살을 만나겠다고 천일기도를 올린 사람에게 문수 보살을 보게 하지는 않는다. 지장 보살이나 문수 보살 또는 관세음 보살이 모두 한 법신인 부처님의 몸이라고 하더라도 지장 보살을 찾는 이는 부처님 몸에서 지장 보살의 모습만 보고 관세음 보살을 찾는 이는 같은 법신 부처님의 몸에서 관세음 보살의 모습만을 본다. 왜 그럴까. 모든 불보살이 한 법신 부처님의 몸이라면 지장기도를 하거나 관음기도를 하더라도 모든 불보살을 한꺼번에 만나게 하지 않는 이유가 무엇인가. 사람의 능력은 자기가 생각한 것만 얻을 수 있기 때문이다. 지장기도를 한 사람에게는 다른 불보살과 화엄 신장님들이 한꺼번에 나타나지 않기 때문이 아니라 사람이 스스로 자기가 보고 싶어했던 것만을 보는 것이다.

돌을 좋아하는 신도와 함께 조그마한 무인도에 간 적이 있다. 그곳에는 오랜 세월 동안 파도에 몸을 깎이면서 아름답게 다듬어진 크고 작은 돌들이 아주 많았다. 섬 전체가 모래와 자갈로 이루어져 있었다. 돌들을 보고 그 신도는 대단히 기뻐했다. 어떤 돌을 주워 가지고는 물고기 같다고 하고, 다른 돌을 주어서는 고양이가 웅크리고 앉아 있는 모양과 같다고 말했다. 수십 개의 돌을 주어서 각기 이름과 의미를 붙이고 보니 그럴듯하게 생각되었다. 그런데 어찌 돌만이 그렇겠는가. 세상 일이 모두 그렇지 않겠는가. 지금은 야구 선수・축구 선수・농구 선수들이 어린이들의 우상이 되고 있지만 지금으로부터 천 년 전의 어린이들에게 공을 치고 차고 던지는 일이 무슨 대단한 의미를 주었겠는가. 사람들이 재미있게 하는 룰을 정해서 경기를 만들고 그 경기에 의해서 스타가 만들어진다. 사람이 스스로 자기가 좋아하는 문화를 만드는 것이다.

사람은 원하는 것만 얻을 수 있고 보고 싶은 것만 볼 수 있다고 했다. 그렇다면 우주 법신의 몸을 살려고 하는 사람은 어떤 것을 원하고 어떤 것을 보려고 해야 하는지를 생각해 봐야 한다. 앞에서 우는 아기에게 젖을 준다는 속담을 인용했다. 이 경우 아기의 울음이 무엇인가를 원한다는 신호이기는 하지만 그것은 업에 의해서 본능적으로 나온 것이다. 다겁생래의 업이나 시대의 문화가 만드는 업에 의해서 움직일 뿐이라는 것이다. 그런데 원력이란 업과 정반대의 길을 가고자 하는 것이다. 업은 윤회라는 미혹의 길에서 자기도 모르게 정신없이 떠내려 가는 삶과 같고, 원력은 미혹에서 벗어난 해탈의 경지에서 스스로 세상을 헤엄쳐 나가는 것과 같다. 업으로 사는 사람은 다겁 전생의 영향력이라는 고삐에 묶여 있는 것과 같고, 원력으로 사는 사람은 묶인 바가 없는 자유인으로 사는 것과 같다. 업으로 사는 사람에게는 윤회의 고통 세계가 보이고, 원력으로 사는 사람에게는 해탈의 법신 세계가 보인다. 그래서 업의 습관을 지우고 새로운 원력으로 사는 사람에게 부처님의 수기가 있게 되는 것이다. 여기 《열반경》에서는 부처님이 임의로 사람을 봐서 수기를 주기도 하고 안 주기도 한다고 표현되어 있지만 실제로는 부처가 되겠다고 원력을 가지고 그 길을 따라 수행하는 사람에게 우주법신의 전파는 자연적으로 전달될 것이다. 항상 그 자리에 있는 전파이지만 원력을 가진 사람이나 보고자 하는 사람에게만 그 수기의 전파가 보이는 것이다.

포교하는 스님네들이 모여서 포교 성과에 관한 경험담을 나누다 보면 그릇의 크기라고 하는 것이 얼마나 중요한가를 절감하게 된다. 먼저 환경의 크기를 생각해 보자. 스님네들이 포교하면서 느끼는 것은 사람들이 법당의 크기만큼 모인다는 것이다. 일정한 수행력이나 법력을 가진 스님에게 여러 사찰의 주지를 맡길 경우 법당이 작은 사찰에 있을 때는 신도님들이 그 작은 법당에 꽉 차게 모이고, 법당이 큰 사찰에서 있을 때는 다시 큰 법당에 꽉 차게 사람들이 모인다는 것이다. 물론 기도터라든지 명산 고찰인 경우에는 사정이 다르다. 그러나 여기에도 산중의 크기는 적용된다. 스님이나 법당의 크기가 같고 똑같이 큰 도시를 끼고 있다고 할 경우 사람이 모이는 숫자는 그 산중의 크기나 기도 환경과 관련이 있다는 것이다.

환경에 따라서 사람이 많이 모이기도 하지만 다른 한편으로는 사람의 마음 크기에 따라서 달라지기도 한다. 큰 원력을 가진 스님에게는 큰 도가 이루어지고 큰 도를 이룬 스님에게는 많은 사람들이 모인다. 예전에 열반하신 전강 큰스님께서 주안에 용화사 선방을 만드셨다. 처음 그곳은 신도님들이 모이기에는 아주 조건이 좋지 않았다. 그러나 도인 스님이 자리를 잡고 앉아 계시니까 공부하는 스님네와 신도들이 모여들었다. 지금은 전국의 고사대찰(古寺大刹) 못지않게 많은 불자들이 모이고 있다. 큰 도를 이루겠다는 원력을 가진 이에게 큰 깨달음이 오고 도를 이루기보다는 잔 살림이나 하면서 일생을 마치겠다고 하는 이에게는 그런 일만 주어진다. 그러므로 수행자는 모름지기 큰 원을 갖는 것이 무엇보다도 중요하다.

116. 순타의 재등장과 마지막 공양(일체대중소문품 1)

> 순타는 단순히 한 끼의 음식을 드린 것이 아니다. 부처님께 올린 공양은 바로 영원한 생명 밥의 상징이다. 부처님이 그 공양을 받고 영원한 법신의 삶인 열반을 이루셨기 때문이다.

　순타의 마지막 공양을 받고 열반에 드는 부처님의 법신이 삼보로 나타난다는 점에 대해서 생각해 보겠다. 36권본 남본《열반경》의〈일체대중소문품(一切大衆所問品)〉은 6권본《니원경(泥洹經)》의 마지막 품이다. 그래서 이 품에서는 공양을 올리도록 허락을 받은 순타가 재등장해서 마지막 공양을 올리고 부처님과 대중들이 흡족하게 공양을 받는다.《열반경》은 부처님께서 입멸하신다는 선포를 듣고 많은 대중들이 부처님께 공양을 올리고 유언의 가르침을 들으려고 몰려오는 것으로 시작되었다. 물론 부처님께서 열반에 들지 말고 더 오래 계셔 주셨으면 하는 바람이 있었으므로 이 열반이 영원한 떠남을 의미하는 것이 아니라는 말씀이《열반경》가르침의 기본을 이룬다. 그것이 바로 법신상주 즉 부처님의 법신이 항상 우리 곁에 있다는 것이다.
　마지막 공양의 자리는 세밀하게 묘사되어 있다. 천인과 대중 그리고 순타와 그 권속이 등장하는 큰 모임이다. 순타와 대중들은 부처님께서 공양을 받으시는 것이 기쁘면서도 슬프다. 순타는 부처님께 공양을 올릴 수 있는 영광을 누릴 수 있게 되었지만 부처님은 오래지 않아 열반에 드실 것이기 때문이다. 부처님은 중생들의 슬퍼하는 마음을 아시고 위로한다. 중생들을 위로하는 부처님의 게송 몇 개를 읽어 보자.

여래는 모든 중생 굽어 보기를
모두 다 라후라와 같이하는데
어째서 자비한 맘 아주 버리고
영원히 열반에 들어가리오.

만일에 바른 행을 배우려거든
여래의 항상함을 닦을 것이며
이러한 묘한 법이 항상 있어서
변하지 않는 줄을 살피어 보고

삼보가 어느 때나 항상 있음을
마음속 간절하게 늘 생각하면
이것으로 큰 보호 얻게 되리니
죽은 나무 꽃피고 열매 맺듯이……

  부처님은 모든 중생을 외아들 라후라와 같이 사랑하기 때문에 영원히 떠나지 않는다고 한다. 보통 사람의 경우에는 아무리 사랑하는 사람이 이 세상에 있다고 하더라도 또 아무리 사랑하는 사람이 자신의 죽음을 슬퍼한다고 하더라도 늙고 병들어서 죽어야 할 때에 이르면 떠날 수밖에 없다. 그러나 부처님은 죽음으로부터 초탈하신 분이다. 부처님은 일찍부터 중생의 삶을 버렸기 때문에 중생의 죽음 같은 것은 있을 수가 없다. 외아들처럼 사랑하는 중생들을 두고 떠날 수는 없다. 부처님은 이 세계에 항상 머물러야 한다.
  그런데 부처님이 이 세계에 항상 머무르는 방법은 보통 사람의 것과 다르다. 보통 사람은 개인의 몸과 이름과 얼굴로 머물려고 한다. 또 죽은 사람을 극락 세계에서 만난다고 하더라도 예전의 그 육체로 만나기를 기대한다. 하지만 부처님은 다르다. 부처님의 몸은 불법승 삼보의 모습으로 우리 곁에 항상 계신다는 것이다. 자신의 개인적인 몸을 지우고 깨달은 이의 몸으로 나타난다는 것, 이것이 바로 불보이다. 육신이 아닌 진리로 나타난다는 것, 이것이 바로 법보이다. 그리고 업의 흐름에 떠내려가는 윤회가 아니라 서원의 수행으로 나타난다는 것, 이것이 바로 승보이다. 부처님의 몸은 개인의 몸이 아니라 우주의 몸이고 게다가 중생을 위하는 몸이기 때문에 중생이 삼보를 보호하고 수행을 하기만 하면 언제라도 부처님을 만날 수가 있다. 중생의 입장에서 부처님의 육신을 보지 못하기 때문에 삼보에 머무르는 부처님에 대해서 실망할 수도 있지만 영원의 몸을 얻기 위해서는 이 외에 다른 방법이 없다.

그런데 여기서 묘한 모습이 연출되었다. 보통 중생의 경우에는 이승에서 저승으로 떠나는 사람이 죽음에 대한 두려움이나 모든 인연을 여의어야 하는 깊은 슬픔을 느끼게 되지만 여기에서는 반대로 되었다. 위로받아야 할 부처님이 오히려 위로해야 할 중생들을 위로하게 된 것이다. 중생들 즉 자기가 지금 확보하고 있는 몸과 자기가 지금 살고 있는 세상을 그대로 누리면서 떠나는 부처님만 붙잡으려고 하는 중생들에게는 의식하지도 못하는 사이에 자기 중심적인 생각이 나타나고 있다. 만약 모든 사람들이 진정으로 자기 목숨 이상으로 부처님을 사랑하고 존경한다면 이승을 포기하고 부처님과 함께 저승으로 가려고 하는 마음을 낼 수도 있다. 그러나 중생들은 부처님을 여기에 붙잡아 두려고 할지언정 부처님을 따라서 죽음을 보이겠다고 생각하지는 못한다. 사람들은 인간이 이처럼 이기적이라는 것을 알아차리지도 못하고 있다.

마지막 공양을 올리기 위해 순타가 음식을 가지고 오자 대위덕천이 가로막았다. 그러나 부처님은 공양을 올리도록 허락했다. 순타는 부처님에게 이 세상에 한 겁은 더 머물러 주십사고 청했지만 부처님은 마지막 보시바라밀다를 빨리 행하라고 재촉했다. 부처님의 입장에서야 먹는 것과 배설하는 것을 완전히 초월했지만, 먹어야 사는 중생에게 있어서는 먹는 음식이 가장 먼저 떠오르는 보시가 된다.

공양은 생명을 살리는 일이다. 사람은 밥을 먹지 않으면 살 수가 없다. 그래서 김지하 시인은 밥이 한울이라고 하기도 하고 북한에서는 쌀이 사회주의라고 하기도 한다. 아프리카에서는 가뭄과 내전·질병으로 수천 수만의 사람이 죽어 가고 있다. 심할 때는 한 수용소에서 하루에 삼천 명이 죽기도 한다고 한다. 세계의 많은 국가들은 식량과 의약품 그리고 의료진을 파견하여 한 생명이라도 살리기 위해 애쓰고 있다. 인기 탤런트 김혜자 씨도 난민구호단체와 더불어 그 현장을 다녀왔다. 김혜자 씨는 굶주림과 죽음의 참상을 보고는 아무 말도 나오지 않았다고 했다. 팔을 걷어붙이고 죽을 퍼주면서 계속 울기만 했다고 했다. 보도를 통해 먹지 못해 뼈와 가죽만 남은 어린아이가 나오지 않는 어머니의 젖을 빠는 모습을 보고 있노라면 슬픔과 함께 분노가 일어난다. 특정한 누구를 향한 분노가 아니다. 저 참상을 저지른 고통을 외면하는 인류의 일원으로서 나 자신에 대한 분노이다. 김혜자 씨는 그 현장을 보았기에 더욱 심한 슬픔과 분노를 느꼈다고 한다. 그 현장에서는 한 끼의 공양이 그대로 한 사람의 생명이 된다는 것이다.

먹는 음식이야 같지만 여기에서의 마지막 공양은 의미가 다르다. 순타는 단순히 한 끼의 음식을 드린 것이 아니다. 부처님께 올린 공양은 바로 영원한 생명이다. 부처님은 순타의 공양을 받으시고 영원한 법신의 삶인 열반을 이루셨기 때문이다. 열반을 이루는 공덕이 있기에 순타의 공양 공덕이 위 없이 크다는 것이다.

부처님은 순타의 공양을 비구들과 하늘 대중과 더불어 차별 없이 먹었다. 모든 중생과 차별 없이 먹는다는 뜻이다. 부처님의 공양은 중생의 공양이고 중생의 공양은 바로 부처님의 공양이 된다. 굶어 죽는 사람들에게 공양을 해서 그들을 살린다면 그것이 바로 부처님께 올리는 공양이 된다.

'그때를 아십니까'라는 프로그램이 인기를 끈 적이 있다. 삼사십 년 전의 빛 바랜 흑백사진 같은 기록들을 보면서 많은 사람들이 "맞아 그랬어."하며 신기해 하고 지나간 추억을 이야기하곤 했다. 그 가운데 논산훈련소 이야기가 있다. 머리를 빡빡 깎고 사랑하는 사람들과 이별을 아쉬워하며 어머니가 꼬깃꼬깃 접어준 비상금을 속옷 속에 감추며 낯선 환경 낯선 사람들과 만나는 내용이다. 면회날이 되면 먼 고향에서부터 아버지 어머니가 떡보따리를 싸들고 와서 사랑하는 아들의 입에 넣어 준다. 배가 부르다고 해도 조금만 더 먹으라며 실랑이를 한다. 그때의 음식은 부모님의 사랑이다. 힘든 군대생활을 이겨내는 보약이다. 터미널 식당에서 성의 없이 나오는 음식이 아니다. 부모님의 사랑이 담긴 떡은 내무반에 들어가 함께 나누어 먹는다. 그런데 얼마 전에 신문 독자 투고에 이런 글이 실렸다. 아들 면회를 가면서 떡을 해갔더니 부대에서 가지고 들어가지 못하게 했다는 것이다. 며칠 후 신문에는 그 이유에 대한 글이 실렸다. 생활이 어려운 병사들에게 위화감을 주지 않기 위해 금지하고 있다는 것이었다. 이해할 수 있으면서도 한편으로는 서운하기도 하다. 그 떡에는 위화감보다 함께 나누는 사랑이 더 크게 들어 있을 것 같다. 설사 동료가 혼자서 어머니의 떡을 받아먹는다고 하더라도 그것에서 위화감을 느낄 군인은 없으리라고 생각된다.

　마지막 공양을 받으신 부처님은 그 공양을 중생에게 회향하고자 한다. 나고 죽는 육신이 아니라 진리의 몸 즉 법신(法身) 삼보(三寶)로서 이 세상에 남아 있다고 말씀하신다. 영원한 진리의 몸을 보는 것이 부처님의 열반을 바로 보는 것이라고 간곡하게 가르치신다. 6조 혜능스님은 《법보단경(法寶壇經)》에서 삼보를 각정정(覺正淨)이라 표현했다. 깨달음과 올바름과 청정함이다. 부처님이라 하면 부처님의 형상을 조각한 불상으로 오해될 수가 있다. 그래서 부처를 부처님의 내용이라 할 수 있는 깨달을 각이라고 하였다. 가르침은 경전으로 남아 있다.

경전의 가르침은 우주의 바른 질서를 전한다. 그래서 법보가 바를 정이다. 교단은 단순히 출가자의 무리가 아니다. 청정한 계행과 수행을 통해 법을 전하고 이루는 성스러운 공동체이다. 그래서 깨끗할 정이다. 이 삼보는 공경하고 보호해야 할 외적인 대상인 동시에 내적인 목표이기도 하다. 깨달은 삶·올바른 삶·청정한 삶을 사는 것이 법신 삼보의 뜻이기 때문이다.

117. 일천제를 빼고 모두에게 보시 (일체대중소문품 2)

> 일천제에게 보시하는 것을 제외한 이유가 있다. 첫째 남이 거저 주는 것도 받지 못할 일천제 같은 사람이 되지 말라는 것이고, 둘째 누구에게든지 무엇이든지 베풀어 주는 사람이 되라는 것이다.

순타가 마지막 공양을 올린 후 부처님께서 순타에게 보시와 계율에 대해 가르치신다. 순타는 부처님께 마지막 공양을 올린 공덕으로 무량공덕을 지었다. 부처님께 공양하는 복덕이 한량없다면 다른 이들에게 보시하는 공덕 또한 클 것이다. 먼저 부처님의 말씀을 들어 보자.

순타여, 네가 먼저 보았다는 한량없는 부처님은 모두 나의 화신으로서 모든 중생들을 이익되게 하고 즐거움을 얻게 하려 함이며, 그러한 보살마하살들이 행하는 일은 헤아릴 수 없어서 많은 부처님들의 일을 짓는 것이니라. 순타여, 너도 지금 보살마하살의 행을 성취하여 십지에 머물렀으며, 보살의 행할 바를 구족히 성취하였느니라.…… 순타여, 계율을 파한 일천제 외에는 누구에게 보시하여도 모두 찬탄할 일이며 큰 과보를 얻으리라.

보시는 육바라밀 중에서도 으뜸이다. 순타의 작은 공양을 부처님은 많은 대중들과 함께 크게 받으셨다. 공양이 끝난 뒤 열반을 슬퍼하는 중생들을 위로한 부처님은 가섭 보살과 함께 순타를 칭찬한다. 부처님께 공양을 올린 공덕만으로도 순타는 보살마하살의 행을 성취하여 십지에 머문다고 하신다. 공양하는 것이 바로 보살의 행할 바라는 말씀이다.

　문명이 발달하지 못한 원시부족일수록 손님에 대한 접대가 극진하다고 한다. 대가를 바라는 것이 아니라 손님을 환대하고 기쁘게 하는 것이 그들의 즐거움이다. 이와 반대로 문명이 발달할수록 사람과 사람 사이의 관계는 삭막해진다. 공식적인 교류 이외에는 누구나 관계없는 타인이 된다. 문을 꼭 걸어 잠그고 이웃과 교류를 피한다. 혼자 사는 노인들이 죽은 지 며칠 만에야 발견되었다는 기사가 심심치 않게 나올 정도이다. 물질은 풍요롭지만 외로움은 깊어 간다. 가진 것이 아무 것도 없는 원시부족도 아낌없이 나누는데 물질의 벽에 싸인 우리는 나눌 줄을 모른다.

　보시 중에 안시(顔施)라는 것이 있다. 얼굴 안자를 쓰기도 하고 눈 안자를 쓰기도 한다. 재물이 있는 사람은 재물로 남의 곤궁함을 덜어 줄 수 있다. 재물이 없으면 건강한 몸으로 노인에게 자리를 양보할 수도 있고 무거운 짐을 가진 사람을 거들어 줄 수도 있다. 베풀겠다는 마음이 있기에 가능하다. 그러나 재물도 건강도 없는 사람은 어찌해야 할까. 건강하지 않아 남에게 기대야 하고 재물도 없어 남에게 도움을 받아야 하는 사람이라도 보시할 수 있다는 것이 바로 안시이다. 베풀겠다는 마음만 있다면 화평한 얼굴과 온화한 눈빛으로 사람들에게 기쁨을 줄 수 있는 것이다. 항상 찌푸리고 있는 사람보다는 즐거운 낯을 하고 있는 사람이 좋지 않을까. 그래서 가진 것이 없어도 베풀겠다는 마음만 있다면 그것이 보살의 마음이며, 보살의 행을 구족하는 것이라고 부처님은 찬탄하신다.

　'소나기'의 작가로 잘 알려진 황순원의 작품 가운데 '필묵장수'라는 것이 있다. 여기에는 베풀면서 사는 순박한 인간의 삶이 감동적으로 그려져 있다. 주인공인 서 노인은 오랫동안 묵화를 쳐온 사람이지만 그것으로 만족하지 못하고 30년 가까이 필묵장수를 해온 떠돌이다. 서 노인은 어느 늦가을 비를 피하기 위해서 한 집에 들어간다. 그

집은 중늙은이 여인이 혼자 사는 집이었다. 필묵장수와 대화하던 여주인은 발뒤축이 보이고 발가락이 드러난 서 노인의 양말을 보게 된다. 그것을 안쓰럽게 생각한 여인은 아들의 혼수 중에서 무명을 꺼내어서 밤늦게까지 버선 한 켤레를 필묵장수에게 지어 준다.

70평생에 처음 따뜻한 버선 보시를 받은 필묵장수는 그녀에게 묵화로 매화 한 폭을 쳐준다. 그리고 필묵장수는 정말 마음에 드는 그림이 그려지면 그려 준 이 그림과 바꾸어 주겠다고 속으로 생각한다. 그 후 세월이 흘러 6·25전쟁이 났고 필묵장수가 그녀의 집을 다시 찾아보니 옛 집은 폭격에 맞아 이미 형체도 없이 부서져 있었다. 여인을 만나지 못하고 필묵장수로 떠돌던 서 노인이 어느 마을의 길목에서 갑자기 죽게 된다. 사람들이 그의 괴나리 봇짐을 풀어 보니 그 안에는 약간의 돈과 아직 한 번도 신지 않은 버선 한 켤레가 편지와 함께 있었다. 준비된 돈으로 장례를 치러 달라는 것과 수고스럽지만 버선을 신겨 달라는 내용이었다. 그런데 동네 사람들이 흰 버선을 들고 뒤척이다가 그 속에 곱게 접혀 있는 종이 한 장을 끄집어 냈는데 그것은 서 노인이 가장 잘 그려졌다고 생각한 매화 한 점이었다. 필묵장수를 하며 떠돌던 서 노인의 마음은 온통 버선보시로 꽉 차 있었던 것이다. 여인의 보시에 감격한 필묵장수는 죽을 때에 그 버선을 신으리라고 마음먹었고 보시를 한 여인에게 보답할 매화를 구상하고 그리는 데 온 마음을 집중했던 것이다. 이 소설의 작가는 필묵장수와 여인 사이에 어떤 남녀의 정을 나타내는 상징으로 버선보시를 그렸을지 모르지만 필자는 달리 해석하고 싶다. 어려운 사람에게 내가 할 수 있는 정성을 베푸는 것이 참으로 큰 감동을 주는 것이며 세상을 아름답게 만든다는 것이다. 좋은 세상은 남을 위하는 사랑이 있는 곳이다. 사랑을 가장 잘 표현하는 길은 보시이다.

보시 공덕을 받을 자격이 없는 사람들도 있다. 부처님은 계율을 파한 일천제에게는 보시 공덕이 없다고 하신다. 일천제는 누구일까. 출가 수행자나 재가 신도를 막론하고 추악한 말로 부처님의 정법을 비난하거나 죄업을 짓고도 참회하거나 부끄러워하지 않는 사람이다. 네 가지 중대한 계율을 범하거나 다섯 가지 역죄를 지었으면서도 애초부터 두렵거나 부끄러운 마음이 없어 털어놓고 참회하지 않는 사람이다. 부처님의 법을 보호하고 건설할 마음이 조금도 없고 오히려 불법을 훼방하고 천대하면 일천제가 된다. 불법승 삼보를 보호하거나 공경하지 않는 사람도 일천제이다. 이런 사람에게는 공양해서는 안 된다. 공양은 생명을 기르는 일인데 일천제를 공양하면 법을 훼방하는 악을 기르는 것이 된다는 것이다.

《열반경》에는 사바라이 죄와 오역죄라는 말이 자주 등장한다. 일천제는 바로 이 죄들을 범하고 참회하지 않는 사람이다. 먼저 바라이(波羅夷)라는 말은 범어 파라지카(pārājika)의 음을 그대로 옮겨서 번역한 것이다. 바라이의 뜻은 극악(極惡)·단두(斷頭)이다. 머리를 자를 정도로 극악한 죄라는 것이다. 바라이 죄에는 네 가지가 있는데 살인·도둑질·사음행 그리고 거짓말이다. 그리고 오역죄에는 소승의 것과 대승의 것 두 가지가 있다. 소승의 오역죄는 부모·아라한·부처님을 해치고 대중의 화합을 깨는 것이다. 《대살차니건자경(大薩遮尼乾子經)》에 나오는 대승의 오역죄를 보면, 첫째 절이나 탑 그리고 불상을 파괴하고 삼보의 물건을 빼앗거나 다치게 하는 데 직접·간접으로 관련되는 것이다. 둘째 불법을 비방하는 것이다. 셋째 출가자의 수행을 방해하거나 출가자를 다치게 하는 것이다. 넷째 소승의 오역죄 가운데 하나라도 범하는 것이다. 다섯째 업보를 부정하고 열 가지 악을 함부로 짓는 것이다. 소승 오역죄 가운데 한 가지만 범해도 대승의 오역죄를 범하는 것과 같기 때문에 대승의 오역죄는 보다 광범위하다고 하겠다. 그러나 요즘 한국불교에서 오역죄라고 할 때는 보통 소승의 것을 기본적으로 의미한다. 사바라이나 오역죄를 범하는 사람이 일천제니까 이들에게는 공양하지 말라는 것이다.

중요한 것은 일천제에게 공양하지 말라는 것이 아니다. 누구에게나 보시하라는 것이 더욱 중요하다. 일천제에게 공양하지 않는 것은 단순히 공덕이 없을 뿐이지만 누구에게나 공양하는 것은 보살의 행이 되기 때문이다. 보시의 공덕은 헤아릴 수 없이 커서 순타는 한 번의 공양으로 십지보살이 되기도 한다. 일천제에게 보시할까 걱정되어서 보시하기를 꺼려할 필요는 없다. 보시하는 가운데 일천제를 알아보지 못할까봐 걱정이 되기는 하지만 그렇다고 해서 보시의 공덕을 쌓지 않는다면 영원히 자기 중심적인 중생으로 남게 된다. 참으로 보시하려는 사람은 일천제에게 잘못 보시해서 지옥에 떨어지는 일이 있다고 하더라도 보시하겠다는 자세로 달려들어야 할 것이다.

보시는 권장사항이다. 계는 금지사항이다. 그런데 중생의 마음은 미묘해서 하라고 하면 꾀부리게 되고 하지 말라고 하면 자꾸만 더하고 싶어한다. 게으르고 어기는 중생심이 앞서면 보시도 안 되고 지계도 안 된다. 그렇다면 보시도 잘하고 계도 잘 지키는 방법을 생각해야 하겠다. 권장사항과 금지사항을 바꾸어 보면 어떨까. 계를 안 지키면 일천제가 된다는 생각을 바꾸어서 계를 잘 지키면 십지보살이 된다고 생각하는 것이다. 보시를 잘하면 십지보살이 된다를 바꾸어서 보시를 안 하면 일천제가 된다고 생각하는 것이다. 마치 유치원 어린이들에게 하루하루 착한 일을 하면 달력에 별표를 붙이게 하고, 잘못한 날에는 가새표를 붙이게 하듯이 자기의 하루를 보시와 지계 두 관점에서 반성하는 식으로 나간다면 보살의 길을 닦는 데 큰 향상이 있을 것이다.

부처님은 일천제를 제외한 사람에게 보시하라는 말로 두 가지의 효과를 기대한다. 하나는 남이 거저 주는 것도 받지 못할 일천제 같은 사람이 되지 말라는 것이고, 다른 하나는 누구에게든지 무엇이든지 베풀어 주는 사람이 되라는 것이다.

118. 파계자도 제도할 수 있어 (일체대중소문품 3)

> 육신에 의해서 나와 남을 나눌 때 가해자나 피해자가 있다. 법신에 의해서 한 몸이 되면 가해자도 피해자도 없다. 부수어야 할 지옥도 다시 건립해야 할 극락도 없다.

 파계한 사람도 제도할 수 있다는 부처님의 가르침을 살펴보도록 하겠다. 순타는 부처님께 파계한 이도 제도할 수 있느냐고 여쭌다. 그에 대해 부처님은 인연이 있으면 제도할 수 있다고 대답하신다. 부처님의 말씀을 들어 보자.

 마음에 부끄러움과 두려움을 항상 품고 스스로 책망하기를 '애닯다, 어찌하여 이런 중한 죄를 범하였으며 괴로워라, 어찌하여 이런 고통의 법을 지었는가' 하고 스스로 깊이 뉘우치고 법을 보호할 마음을 내어 바른 법을 세우려 하며…… 이런 사람은 파계한 것이 아니라고 내가 말할 것이니…… 만일 바른 법을 비방하던 이가 스스로 뉘우치고 법으로 다시 돌아와서 자기가 지은 나쁜 짓들이 제가 저를 해롭게 함과 같은 줄을 알고, 두려운 마음을 내어 놀라고 부끄러워하더라도 바른 법이 아니고서는 구제할 수 없나니, 그러므로 마땅히 바른 법으로 돌아와야 하느니라.

 파계한 사람이 구제받으려면 인연이 있어야 하는데 그 인연의 첫 번째가 바로 뉘우치는 마음이다. 둘째는 정법으로 돌아와서 정법을 지키고 펴겠다고 발심하는 일이다. 잘못을 저지른 사람이 과거를 뉘우치고 정법을 보호하기 위해 더 좋은 일을 하면 과거의 업이 녹아 없어지는 것이다.

　불교의 교리와 서양 종교의 교리에서 두드러지게 다른 특징 가운데 하나는 지옥에 관한 것이다. 서양 종교의 교리에서는 사람이 죄를 지었다고 하더라도 참회하면 그 죄를 용서받을 수 있지만 일단 지옥에 떨어지면 다시는 그 지옥에서 벗어날 수가 없게 되어 있다. 그러나 불교의 교리에서는 그렇지 않다. 죄를 지은 사람이 참회하면 그 죄를 용서받을 수 있는 것은 물론이거니와 설사 죄 값을 치르느라고 지옥에 떨어졌더라도 다시 인간이나 천상에 태어날 수 있다.

　《열반경》의 법신상주 정신에서 보면 파계를 하거나 죄를 지은 사람도 구제받을 수 있다. 법신이라고 하는 것은 온 우주 전체의 몸이다. 가령 지옥·아귀·축생 등에서 부처까지의 단계로 나누어 본다고 할 때 법신이 지옥은 없애고 부처의 몸만 두는 것이 아니라 지옥과 부처를 다같이 한 몸으로 삼는다. 지옥의 마음과 부처의 마음도 분리된 것으로 취급하지 않는다. 사물의 실상을 여실히 보면 부처의 마음이고 잘못 보고 잘못 움직이면 지옥의 마음이다. 그래서 아무리 죄악으로 가득한 어두운 밤도 열반법신의 해가 뜨기만 하면 순식간에 없어진다고 한다. 육신에 의해서 나와 남을 나눌 때만이 가해자나 피해자가 있다. 법신에 의해서 한 몸이 되면 가해자도 피해자도 없다. 부수어야 할 지옥도 다시 건립해야 할 극락도 없다.

　그러나 죄지은 사람이 무조건 용서되는 것은 아니다. 본인이 잘못을 깨닫고 발심해야 용서가 된다. 여기서 부처님은 파계자도 구제받을 수 있지만 일천제는 제외된다고 하셨다. 파계자와 일천제 사이에는 참회하고 발심하느냐 그렇지 않느냐의 차이가 있다. 일천제도 참회하면 용서받을 수 있는 파계자가 되고 파계자도 잘못을 깨닫지 못하면 구제받지 못할 일천제가 된다. 여기서 파계자란 자기의 잘못을 깨닫는 사람을 뜻하고 일천제란 자기의 잘못을 깨닫지 못하는 사람을 뜻한다.

2차 대전을 일으킨 전범국가이면서 동시에 패전국이었던 독일과 일본은 경제면에서 눈부신 성장을 이루었다. 두 나라 모두 유엔 안전보장이사회의 상임이사국 자리를 노리며 외교전을 펼치고 있기도 하다. 그런데 두 나라를 바라보는 주변국가의 시각은 판이하게 다르다. 나치 독일이 육백만의 유대 인 학살을 비롯한 수많은 전쟁 범죄를 저질렀음에도 불구하고 독일의 유엔 안보리 상임이사국 진출에 대해서는 거부감이 없다. 그런데 일본의 진출에 대해서는 아시아 각국이 한 목소리로 반대하고 있다. 똑같은 범죄를 저질렀는데 독일은 거의 용서받았고 일본은 용서를 받지 못하는 것이다.
 패전독일은 피해국들에게 진심에서 우러나오는 사과를 했다. 전쟁범죄자들을 찾아내어 재판정에 세웠다. 그리고 독일은 국가예산의 일정액을 다른 나라의 인도주의적 사업에 사용하도록 헌법에 명문화했다. 아무런 조건 없이 독일인들은 자신이 저지른 범죄를 조금이라도 보상하기 위해 다른 나라에 원조한 것이다. 잘못을 저지른 사람이 과거를 뉘우치고 더 좋은 일을 하는 동안 과거 전쟁의 원한은 차츰 녹아 없어졌다. 부처님이 말씀하신 대로이다.
 일본도 다른 나라를 침략하지 않겠다는 평화헌법을 제정했다. 그러나 일본의 군사비를 GNP 1% 이내로 제한한 것은 이미 80년대에 무너졌고 지금은 세계 5위의 군사력을 보유하고 있다. 피해국들에게 침략 행위에 대한 사과를 하기는커녕 이틀 동안 30만 명을 해친 남경 사건을 부인하고 종군위안부는 없었다고 발뺌해 왔다. 일본의 천황은 유감이라는 애매한 말로 과거를 덮어 두려고 했다. 그리고 지금은 경제력을 바탕으로 과거 침략했던 나라들로부터 막대한 무역흑자를 보고 있다. 일본은 자신의 침략으로 인한 피해는 아주 작은 부분만 인정하면서 원폭 피해국이라는 점은 크게 부각시키고 있다. 일본은 과거의 침략에 대해 뉘우치지도 않고 반성하려고 노력하지도 않는 나라, 경제력으로 다시 침략하는 나쁜 나라처럼 보인다. 참회할 줄 모르는 나라처럼 보인다. 금년이 광복되고 남북이 분단된 지 50년이 되는 해이기 때문에 일본이 과거의 침략에 대한 진정한 참회와 보상이 없는 데 대해서 안타까워하는 것이다.

　진정으로 계율을 지키고 깨뜨리는 것이 어떤 것인가에 대해서 생각해 보자. 계율을 엄격하게 지키기로는 인도의 자이나교도를 꼽는다. 자이나교도들은 중국인·유대 인과 함께 3대 상업민족 중 하나로 인도의 상업을 장악한 사람들이다. 마하비라가 창시한 자이나교는 부처님 당시에 큰 교단을 이루었다. 자이나교도가 계율을 얼마나 엄격히 지키는가는 쟁기 끝에 벌레가 죽을까봐 농사를 짓지도 못하게 한 것에서도 알 수 있다. 출가 수행자들은 호흡하다가 작은 생물을 삼킬까봐 마스크를 쓰고 다니기도 한다. 농사를 지을 수가 없으니 택할 수 있는 직업은 상업뿐이다. 상업으로 2500년을 지내온 집단이니 상술이 뛰어날 수밖에 없다. 그렇지만 자이나교도를 계율을 잘 지키는 모델로 삼기에는 문제가 많다. 자이나교는 부처님이 배격한 고행주의를 추구하기 때문이다. 마하비라와 그의 제자들이 너무도 엄격한 단식 고행을 했기 때문에 많은 수행자들이 굶어 죽은 일도 있었다. 계율은 깨달음과 완성을 위한 수단일 뿐이다. 부처님은 가르침도 버리라고 하셨는데 하물며 수단인 계율이 목적이 되어 고행하다가 굶어 죽는 일은 분명 잘못된 것이다.

　계를 지킨다는 것은 하지 말라는 금계이기도 하지만 적극적으로 행하라는 격려이기도 하다. 불살생의 계율을 소극적으로 해석하면 나만 낚시 안 다니고 고기 안 먹으면 되지 않느냐로 해석할 수 있을 것이다. 그래서 그 작은 범주에서 계를 지켰다 깨뜨렸다 할 것이다. 그렇지만 적극적으로 해석하면 생명을 위협하는 모든 것들을 없애 나가고 생명을 살리라는 뜻임을 알 수 있다. 생명에 가해지는 전쟁과 살인 같은 직접적인 폭력으로부터 생명을 보호하는 일이기도 하고, 환경오염처럼 서서히 생명을 위협하는 것으로부터 생명을 보호하기 위해 환경을 살리는 일이기도 하다. 또한 사회의 그늘지고 어려운 이웃들에게 도움을 주는 자비의 지침이기도 하다. 계율을 이렇게 해석한다면 생명을 살리는 적극적인 노력을 하지 않으면서 계를 지킨다고 하기는 어려울 것이다.

사람은 누구나 알게 모르게 잘못을 저지른다. 부처님은 말씀하신다. 가장 어리석은 사람은 한 번 걸려 넘어진 말뚝에 다시 넘어지는 사람이라는 것이다. 한번쯤은 모르고 걸려 넘어질 수 있다. 그러나 조심하지 않고 다시 걸려 넘어진다면 그는 어리석은 사람이다. 잘못을 반복하는 어리석은 중생은 제도되기 힘들다. 그래서 부처님은 교단에서 정기적인 자기 반성의 기회를 갖도록 했다. 바로 포살(布薩)과 자자(自恣)이다. 포살은 보름마다 한 번씩 동일한 지역 내의 출가자들이 일정한 장소에 모여 행한다. 계율을 잘 아는 스님이 계본을 설하고 만일 지난 보름간 계율을 지키지 못한 사람이 있으면 대중 앞에서 고백하고 참회하는 것이다. 자자는 석달에 걸친 여름 안거를 끝내면서 안거를 함께한 스님들이 모여 각자가 지난 안거 기간 동안 저지른 허물이 있다면 지적해 달라고 동료인 스님들께 청하는 것이다. 서로 지적할 것이 있으면 지적하고 지적받은 사람은 고백하고 참회함으로써 교단을 청정하게 유지했던 것이다.

파계자나 죄를 저지른 사람도 틀림없이 제도받을 수 있다. 절집에는 잘못을 저지르는 사람들, 잘못이 아니더라도 욕심과 번뇌가 많은 사람들에게 희망을 주는 말들이 많이 있다. 그 가운데 하나가 잡초가 많은 밭에 곡식을 심어도 곡식이 잘된다는 것이다. 잡초가 많다는 것은 그 밭이 기름지다는 것을 뜻한다. 기름진 밭에 곡식을 심어야 풍성하게 거둘 수 있다. 그러나 크게 잘못되는 것일수록 크게 잘될 가능성이 많다는 것만으로는 충분하지 않다. 파계자도 제도받을 수 있다는 것만으로는 충분하지 않다는 말이다. 문제의 사람이 제도받기 위한 인연을 지어야만 한다. 자기의 잘못을 반성하고 자신에게 있는 문제점을 살펴야 한다. 그리고 발심해야 한다. 이웃·환경·우주와 갈라선 자기를 살지 않고, 전체와 한 몸을 이루는 큰 목숨을 살겠다고 마음을 내야 한다.

119. 남 탓 말고 자기를 살펴라 (일체대중소문품 4)

> 만약 내가 남 때문에 잘되거나 잘못된다면 나의 삶은 내 것이 아니다. 남이 나를 결정하기 때문이다. 이때 나는 없고 남만 있다. 나는 남이라는 포승줄에 거짓 나를 묶고 있다.

남을 비판하기 전에 자신의 허물을 먼저 살펴보라는 부처님의 가르침을 살펴보자.

이혼율이 점점 높아지고 있다. 헤어지는 주된 요인은 성격 차이라고 한다. 특히 요즘은 결혼한 지 얼마 안 되는 젊은 부부의 이혼이 급증하고 있다고 한다. 영국의 예를 보면 지난 91년 결혼한 부부 두 쌍 중에 한 쌍이 이혼했다. 20년 전에 비하면 두 배로 높아진 것이다. 생각해 보면 이율배반이다. 과거처럼 부모가 정해 준 상대와 결혼한 것이라면 성격 차이로 이혼한다는 것이 이해될 수도 있지만 요즘은 거의가 자유연애를 통해 짝을 구한다. 부모의 거부권이 인정이 안 되는 세상이다. 그런데도 왜 이혼은 자꾸만 늘어날까. 부처님의 말씀을 들어 보자.

다른 이의 하는 말은
따라가며 안 어기고,

다른 이의 하고 안 함
꼬치꼬치 보지 말고,

자기 몸의 잘잘못만
자세자세 보살피라.

　……여래는 왕에게 이렇게 말하였느니라.
　"당신이 지금 아버지를 살해하여 가장 중한 역죄를 지었으니, 마땅히 털어놓고 참회하여 깨끗하게 되기를 구할 것이거늘 어찌하여 남의 허물만 보려 하느냐."

　문수 보살이 부처님께 여쭌다. 앞의 게송은 부처님이 먼저 말씀하셨던 것인데 남에게 거스르는 말을 하지 말고 자기 잘못만 살피라는 가르침의 참뜻이 무엇이냐는 것이다. 이에 대해 부처님은 아사세 왕에게 준 가르침이라고 대답하신다. 아사세 왕은 부처님을 따르던 자기 아버지 빈비사라 왕을 죽이고 왕위에 올랐다. 또한 부처님 교단의 반역자 제바달다를 후원했다. 아사세 왕은 부처님이 온갖 지혜가 있다고 하면서 왜 자기를 해치려는 제바달다를 제자로 받아들였는가 하고 야유했다.
　사람들은 점치는 이들에게 묻는다. 그렇게 용하면 자기 운명이나 바꿀 일이지 골방에서 남의 신세타령이나 듣고 있느냐고. 아사세 왕의 야유도 그런 뜻이었을 것이다. 이에 대해 부처님은 자기 잘못은 생각지 않고 남의 허물만 캐려 한다고 꾸짖었다. 부처님은 제바달다와의 전생인연 탓이라고 그 까닭을 밝힌다. 그리고 왕위에 오른 후 불면증과 악몽에 시달리고 있었던 아사세 왕을 꾸짖어 스스로의 잘못을 반성하게 하고 마침내 마음의 평안을 찾도록 해주었다.
　자기 잘못을 인정하기는 어렵다. 남의 탓만 하게 된다. 성격차 이혼이라는 것도 결국은 자기 주장을 굽히지 않아서 부딪치고 갈등하는 것이 아니겠는가. 다른 사람이 볼 때 서로 조금씩만 양보하면 될 터인데 자기 잘못은 생각지 않고 상대방의 결점만 부각시켜 보기 때문일 것이다.
 대학에서 그림을 전공하면서 활달한 생활을 하던 한 처녀가 연애를 했고 사정에 밀려서 갑자기 결혼을 하게 되었다. 그녀는 시집살이도 하지 않고 서울에서도 유명한 강남 부촌에다 신혼살림을 차렸다. 그런데 그녀가 신혼의 단꿈에 젖은 지 얼마 지나지 않아서 그녀는 차츰 우울해졌다. 좋은 그림을 그려서 예술 세계로 깊이 빠져 보리라고 생각했던 결혼 전 자신의 꿈은 여지없이 부서지고 하루 종일 남편만 기다리는 무기력한 삶에 대해서 회의가 생긴 것이다. 그녀는 이런 회의의 감정들이 솟구칠 때마다 억누르고 참았다.
 그녀의 불만에 관계없이 그녀는 남들과 같이 아기들의 어머니가 되었다. 아기들이 어느 정도 자라게 되자 그녀에게는 과거에 있었던 회의가 새롭게 찾아들었다. 그녀의 불만은 신경질로 나타났다. 예전에 가졌던 자신의 꿈과 능력은 보잘것없이 되어 버리고 대신 가정이라는 울 속에 갇혀 있는 자신에게 침체된 무력감만 엄습해 왔기 때문이다. 그녀는 남편과 아이들에 대해서 불만을 느끼게 되었다. 심지어 남편과 자식들이 자신에게 무언으로 희생을 강요해 온 것 같은 착각도 하게 되었다. 자신이 다시 능력을 펴고 싶어도 그럴 수 없는 것은 남편과 아이들 때문이라고 생각하기도 했다.
 그녀의 불만에 대해서 이해할 수는 있지만 그녀는 무엇인가 잘못 생각하고 있다. 첫째 결혼은 자신의 선택이었다. 자신의 선택이 가져오는 결과에 대해서는 자신의 책임으로 돌려야 한다. 둘째 경제적 안정을 얻은 대부분의 중산층 여성들이 그러하듯이 그녀는 자기가 하고 싶었던 일을 할 수 없어서가 아니라 새로운 시도에 대한 위험 부담으로 인해 용기 있게 자기 일을 해보겠다고 일어서지 못했다. 셋째 모든 사람은 각기 꿈을 갖지만 그 꿈을 이루는 사람은 많지 않다. 또 꿈을 이룬다고 하더라도 그것이 부질없는 일이라는 것을 깨달으면서 인생을 마무리하게 된다. 그렇다면 문제는 사람의 몸과 사람의 마음으로 살아야 하는 그녀 자신에게 있다. 자신이 스스로 만든 문제이거나 모든 사람이 나름대로 겪고 소화해야 하는 인간의 근본적인 고독의 책임을 남편이나 자식들에게 뒤집어씌우는 것이다.

이와 같은 뒤집어씌우기 작전은 우리가 예로 든 주부에게만 있는 것은 아니다. 모든 언덕과 모든 골짜기에 있다. 이 사회의 각계 각층에서 나름대로 성취를 한 사람이거나 못한 사람을 막론하고 완전하게 만족하는 사람은 한 명도 없다. 만족을 모른다고 하는 것은 자기가 아닌 남에게 원망감을 갖고 있다는 것이 된다. 설사 남에게 원망감이 없고 자기 자신에 불만이 있다고 하더라도 그 자기 자신이란 진정한 자기가 아니라 타인화된 자기이기 때문에 이미 자기가 아니다. 인간은 참다운 자기를 원망할 수가 없기 때문이다. 만약 어떤 사람이 자기는 아무런 불만도 없고 남에 대해서 원망도 없다고 말하는 사람이 있다면 그는 지금 공연한 자만을 부리고 있거나 불감증에 걸린 사람이다. 사람은 아무리 행복하게 살더라도 똑같은 행복이 반복되면 그 행복은 느낄 수 없게 되고 결국 권태라는 고통을 느끼게 된다. 인간은 구조적으로 자기의 문제를 남의 탓으로 돌리게 되어 있다. 그래서 불교에서는 자업자득(自業自得) 자작자수(自作自受)라는 말을 쓴다. 남의 원망을 자기의 탓으로 돌리라는 뜻에서 모든 일은 스스로 짓고 스스로 받는다고 가르치는 것이다.

서울 강남의 모 중학교 신입생이 자기는 곧 미국유학을 가야 한다고 교복을 입지 않고 등교했다. 마침 조기유학이 극성을 부리던 시기라 학교에서도 얼마 입지 않을 교복을 살 필요는 없겠다 싶어서 묵인했다. 그런데 곧 떠난다는 미국유학이 계속 연기되었다. 그 이유는 엉뚱한 데 있었다. 모 방송국에서 조기유학 실태를 취재하면서 막 떠나려는 학생이 있다는 정보를 듣고 그 학생 집을 찾아갔다. 그런데 그 학생의 부모는 깜짝 놀라는 것이다. 자신들은 유학을 보낼 계획도 없거니와 아이를 보낼 경제적인 형편도 안 된다는 것이다. 진상을 알아

본 결과 이렇다. 아이는 평소 어려운 집안 형편을 비관해 왔고 학교 생활에도 적응을 잘못했다. 그러면서 그 책임이 자기가 아닌 가정과 학교에 있다고 생각했다. 아이는 유학만 가면 바로 천국이 열리는 것처럼 생각해 왔다고 한다. 스스로의 환상에 도취돼서 주위 사람들을 속이다 보니 자기 자신도 실제로 유학을 가는 것처럼 믿게 되었다는 것이다.

자신의 허물은 보지 않고 남의 탓만 하는 사람은 세상을 투덜대며 살아간다. 무얼 해도 마음에 들지 않는다. 다른 사람이 망쳐 놓은 것 같다는 원망만 한다. 잘되면 내 탓, 잘못되면 조상 탓이라더니 온통 조상 탓만 있다. 한 직장을 진득하게 다니지도 못한다. 적성에 안 맞아서 옮기고 월급이 적어서 바꾼다. 동료가 마음에 안 들어서 때려치우고, 승진을 안 시켜줘서 그만둔다. 결국 하루 놀고 하루 쉬는 직업을 가질 수밖에 없다. 그런 지경에 빠져서도 남에 대한 원망은 쉬지를 않는다. 세상은 온통 자기를 해치려고 하는 사람들만 모인 곳으로 생각된다. 그런 마음가짐으로는 행복할 수 없다. 아사세 왕이 병으로 고통받듯이 스스로 고통을 당하게 된다.

똥 묻은 개가 겨 묻은 개를 나무란다는 속담이 있다. 중생들은 자기 허물을 보지 못하고 남의 허물만 보려고 한다. 남 탓하는 것은 개인만이 아니다. 집단이 그렇고 국가 또한 그렇다. 우리 불교인들을 슬프게 하는 현실 중의 하나는 이교도들의 치졸한 공격이다. 마치 광고에서 다른 제품을 깎아 내리듯이 불교를 욕하고 비난하는 데 열심이다. 신도들 중에는 그것에 적극 대응하자는 분들도 있다. 하지만 상대가 공격적이라고 해서 우리까지 같은 방법으로 대응할 수는 없다. 오직 바른 법에 의거하여 혹시라도 남의 비난을 살 만한 일은 없는가 하고 먼저 반성을 하는 것이 참다운 불제자의 길일 것이다.

《열반경》의 법신사상에는 어떤 일이 잘못되는 것에 대해서 남을 원망하기는커녕 남이라는 마음도 없어야 한다. 나와 남은 모두 법신이라는 우주의 몸으로 연결된 한 몸체이기 때문이다. 만약 내가 어떤 이유에서든지 남을 원망한다면 그것은 육체의 각 기관이 서로 다른 기관을 원망하는 것과 같다. 또 남을 원망하는 것은 자기의 책임자를 자기가 아닌 남이라고 생각하는 것과 같다. 만약 내가 남 때문에 잘되거나 잘못된다면 나의 삶은 내 것이 아니다. 남이 나를 결정하기 때문이다. 나는 없고 남만 있게 되고 남에게 얽매이게 되는 것이다.

120. 중생이 아프면 부처도 아프다 (일체대중소문품 5)

> 우주의 몸, 부처님의 법신은, 중생에게 막힘이 있거나 병이 있으면 같이 막히거나 병을 앓는다. 일체 중생은 바로 우주법신이기 때문이다.

중생이 병을 얻으면 부처님도 병을 얻는다는 가르침을 살펴보도록 하자.

문수사리여, 그대가 병을 얻으면 나도 그렇게 병을 얻으니, 왜냐하면 모든 아라한·벽지불·보살·여래는 실로 먹는 것이 아니지만 중생들을 교화하기 위하여 일부러 중생들의 한량없는 보시를 받고 그들의 보시바라밀다를 구족케 하여 지옥·아귀·축생을 제도하느니라.

사람들은 보통 혼자 좋아서 하던 일도 멍석을 깔아 놓으면 하기 싫다고 한다. 세상 사람 모두가 자유롭게 하고 싶은 일을 하는 것을 갈망하고 남이 시키는 일을 싫어한다. 그런데 부처님은 사람들이 싫어하는 '하지 말라'는 계율을 제정하였다. 문수사리는 질문의 형식을 빌려 부처님의 뜻을 밝힌다. 먼저 장자의 아들이 스승에게 매였다고 하거나 매이지 않았다고 하여도, 혹은 관계없이 자재하다 하여도 뜻이 성취되지 못한다는 것이다. 왕자는 세상 일을 제 마음대로 할 수 있지만 공부하기 싫어 꾀부리거나 악한 일을 하면 오히려 그 자유가 나쁜 결과를 맺는다. 그처럼 계율은 사람을 얽매어 당장은 자유를 구속하는 듯 불편하지만 그것은 더 큰 자유를 얻기 위해서이다. 자유는 누리는 사람의 책임이 뒤따라야 한다. 책임이 뒤따르지 않는다면 방종이 되고 기쁨보다는 고통의 씨앗이 된다.

　옛적 어떤 정승이 늦게 본 아들을 무척이나 귀여워했다. 아이가 성장하자 온 나라에서 가장 훌륭한 스승을 찾았다. 가장 지혜롭고 학식이 높은 스승에게 배우게 하기 위해서였다. 한 스승을 만나기는 했지만 그는 조건을 내걸었다. 공부를 완전히 마칠 때까지는 아이를 집으로 데려가지 못한다는 조건이었다. 정승은 쾌히 승낙했다. 스승은 아이를 데리고 깊은 산속으로 데려갔다. 몇 년이 흐른 뒤 정승은 아들이 무척 보고 싶었다. 그러나 처음의 약속도 있고 해서 아이를 데려오지 못했다. 하지만 안 보면 더 그리운 것이 사람의 마음이라 드디어는 산속까지 아들을 보러 몰래 갔다. 스승의 초막을 기웃거리다가 소피 보러 나온 아들을 만날 수 있었다. 키도 훤칠하게 컸고 눈빛도 맑게 빛나 많은 학식을 쌓은 듯이 보였다. 정승은 그간 얼마나 많은 학문을 배웠느냐고 아들에게 물었다. 아들은 '아직 천자도 다 배우지 못했다'라고 했다. 정승은 기가 막혔다. 벌써 몇 년이 지났는데 아직도 천자문의 천자도 떼지 못했다는 것을 이해할 수 없었다. 화가 머리 꼭대기까지 오른 정승은 그대로 아들의 손목을 움켜쥐고 집까지 끌고 왔다. 그런데 집에 와서 아들의 학문을 다시 점검해 보니 박학다식 무불통지였다. 정승은 놀라서 아들에게 어째서 천자도 배우지 못했다고 대답했느냐고 물었다. 아들은 하늘과 땅 사이의 온갖 만물의 이치를 어찌 몇 년 만에 다 배울 수 있느냐고 대답했다.

　정승은 크게 후회하고 아들을 데리고 산속의 스승을 찾았다. 스승에게 다시 아들을 받아 달라고 간절히 애원했지만 스승은 단호히 거절했다. 천지간의 이치를 배운 제자지만 학문이 익기도 전에 이미 세상 바람을 쐬어 교만심이 생겼기 때문에 더 이상 깊이 들어갈 수 없기 때문이라는 것이었다. 밥을 짓는 이치도 같다. 불을 끄더라도 뜸을 들여야 한다. 뜸들이지 않고 뚜껑을 열면 설익게 된다. 청출어람이라는 말이 있다. 남빛은 쪽에서 나왔으나 쪽빛보다 더 푸르다는 것이다. 스승보다 나은 제자가 되어야 가르친 스승도 기뻐한다고 한다. 그러나 스승보다 더 뛰어나기 전에 스승의 말을 공경하며 따르고 스승의 것을 자기 것으로 하는 과정이 꼭 필요하다.

누구나 자유로운 삶을 원한다. 더 많은 재물은 더 많은 자유를 주는 듯이 보인다. 더 많은 권력도 더 높은 자유를 주는 것처럼 보인다. 그러나 세상의 욕망은 자유를 주지 못한다. 그것은 새로운 형태의 속박이다. 재물 있는 사람은 재물을 잃을까 걱정하고 권세 있는 사람은 권력에서 밀려날까 두려워한다. 그래서 지혜로운 사람은 무엇인가를 '할 수 있는 자유'보다 '하지 않을 자유'를 더 소중히 여긴다. 그것이 참다운 지계의 길이다.

휴양 도시 칸느는 영화제로 유명하다. 또한 그 영화제에 버금가는 광고 필름의 경연장으로도 명성이 높다. 바로 그 칸느에서 상을 받은 광고 중에 이런 것이 있다. 2차대전 때 한 이탈리아 병사가 포로로 잡혔다. 사형선고를 받고 처형당하기 전에 마지막 소원으로 고향에 전화를 하고 싶다고 했다. 마지막 소원이니까 승낙을 했다. 먼저 사랑하는 아내와 통화를 시작했다. 그런데 이탈리아 사람들은 수다스럽기로 유명하다. 여러 가지 추억이야기, 아이들을 잘 부탁한다는 이야기 등등 한도 끝도 없었다. 겨우 통화가 끝나려 하니까 이번에는 어머니가 나왔다. 어머니 뒤에는 아버지, 또 그 뒤에는 사촌, 결국은 온 마을 사람들과 작별인사를 하는 것이었다. 사형장에서 총을 든 병사는 하나 둘 잠들어 버리고 결국은 집행을 책임진 장교마저 기다리다 지쳐 사라져 버린다. 마지막 자막은 이것이다. "전화가 없었다면 이런 일이 어떻게 가능할까요." 바로 전화회사 광고였다. 누구나 죽기는 싫다. 단 한순간만이라도 더 살기 위해 발버둥을 친다. 고향 마을 사람들과 통화가 끝나면 이웃 마을하고도 통화하려 할 것이다. 전화기를 붙들고 있는 동안은 살아 있는 것이다.

사람은 죽음을 두려워한다. 오래 살고 싶다. 순타의 공양을 받고 난 후에 죽음을 맞게 되는 것에 대해서 부처님에게 두렵지 않느냐고 문수 보살이 여쭌다. 부처님의 말씀을 듣고 싶어서 짐짓 여쭈어 본 것이다. 부처님은 중생이 병이 있으면 부처님도 병을 얻는다고 대답한다. 여래는 실로 먹을 필요도 없지만 중생을 교화하기 위해서 몸을 보이고 음식을 받고 병을 보인다는 말씀이다.

아이가 수험생이면 어머니도 수험생이라고 말한다. 물론 다른 가족들도 고3 수험생의 입시가 끝날 때까지는 큰소리도 못 내고 숨죽여 지내야 하지만 어머니는 더 힘들다. 새벽에 수험생이 일어나기 전에 아침 준비를 마치고 도시락 준비를 한다. 밤늦게 공부할 때는 밤참도 준비해서 체력이 뒤지지 않도록 한다. 아이가 시험 성적이 오르지 않을 때 짜증을 내더라도 화를 내지 못한다. 그래서 입시가 끝나면 아이에게 수고했다고 격려하는 것이 아니라 어머니에게 고생했다고 인사하는 것이 예의란다. 얼마 전에 쌍둥이 아이들의 수학능력 시험이 끝난 직후 어머니가 과로로 사망한 적이 있었다. 두 명의 수험생을 뒷바라지하느라고 남들보다 곱으로 힘들었던 모양이다. 어머니가 대학에 가는 것은 아니다. 그러나 자식이 밤늦게 공부하면 어머니는 잠을 잘 수가 없다. 공부하는 어려움을 함께함으로써 자식을 분발하게 한다. 자식은 어머니 보기 미안해서라도 공부를 안 할 수 없다. 입시의 중압감으로 수험생이 자살하는 경우도 많지만 입시가 끝나면 뒷바라지의 과로로 어머니가 사망하기도 한다.

부처님은 어머니와 같다. 자기가 시험을 보는 것은 아니지만 자식이 공부에 분발하도록 독려하기 위해 함께 밤을 새운다. 자식이 공부에만 전념할 수 있도록 뒷바라지를 한다. 그 같은 어머니의 마음으로 부처님은 문수 보살에게 중생이 병을 얻으므로 부처님도 병을 얻는다고 하신 것이다. 먹을 필요도 없지만 중생들을 교화하기 위해 보시를 받는다는 것이다. 신선처럼 떠나는 것이 아니라 이미 육신을 떠났지만 중생을 위해 돌아오는 것이다.

제웅이라는 것이 있다. 짚으로 사람의 형상을 만들어 제사를 지내고 끝난 후에는 태워 버리는 것이다. 혹은 제웅 속에 엽전 몇 닢을 넣어 사람이 많이 다니는 네거리에 버리기도 한다. 제웅이 아니라 떡이나 음식을 내다 놓는 경우도 있다. 지나가던 개라도 물어가 버리면 액운을 물어 간다고 해서 좋아한다. 이런 풍습은 우리 나라에만 있는 것이 아니라 세계 여러 나라에서 발견할 수 있다. 삶은 계란을 버리기도 하고 빵을 버리기도 한다. 결국은 나의 액운이나 병자의 고통을 남에게 떠넘기는 것이다. 중생들이 보시한다는 것도 어쩌면 액운을 방지하기 위해 먹을 것을 내다 버리는 것과 같은 의미가 있을지 모른다. 그 공덕으로 자신은 복받을지 모르지만 누군가는 그것에 대해 책임을 져야 한다. 부처님은 자신이 그 책임을 지는 분이라고 하신다. 보시를 받을 필요가 없지만 중생들에게 한량없는 보시공덕을 짓게 하기 위해서 받는 것이다. 지옥과 아귀와 축생까지도 제도하신다. 복받고자 하는 이기심으로 모든 병과 고통을 부처님께 떠넘기기 때문에 부처님은 병이 든다. 중생들이 이기심과 욕망, 어리석음과 번뇌의 병을 벗어나야 부처님의 병도 낫게 된다.

육신의 병은 오장육부의 신진대사가 잘 안 되는 것을 뜻한다. 몸에 피가 잘 돌고 모든 기관이 서로 잘 통하고 협조가 되면 병이 생기지 않는다. 열반에 드는 부처님이 얻는 법신은 우주의 몸이다. 법신에 병이 없으려면 이 세계에 살고 있는 모든 것들이 서로 통해야 한다. 중생에게 막힘이 있으면 법신에게도 막힘이 있다. 그래서 부처님은 중생의 아픔이 바로 부처님의 아픔이라고 하는 것이다.

지은이 / 석지명

동진출가. 범어사 강원을 나와 동국대학교 불교학과를 졸업하고, 미국 필라델피아 템플대학교 종교학과를 졸업했다. 철학박사. 속리산 법주사 주지를 역임하고 현재 괴산 각연사 주지로 있다.
저서로는 《허공의 몸을 찾아서》《깨침의 말씀 깨침의 마음》《무로 바라보기》《진흙이 꽃을 피우네》 등이 있다.

큰 죽음의 法身

●
●
●

2007년 9월 30일 개정판 1쇄 발행

●

지은이 / 석지명
펴낸이 / 김병무
펴낸곳 / 불교시대사

●

출판등록일 / 1991년 3월 20일, 제1-1188호
(우)110-718 서울 종로구 관훈동 197-28 백상빌딩 13층 4호
전화 / (02)730-2500, 725-2800
팩스 / (02)723-5961
홈페이지 / www.buddhistbook.co.kr
ISBN 978-89-8002-007-2 03220

●

※ 가격은 표지에 있습니다.
※ 잘못된 책은 바꿔 드립니다.